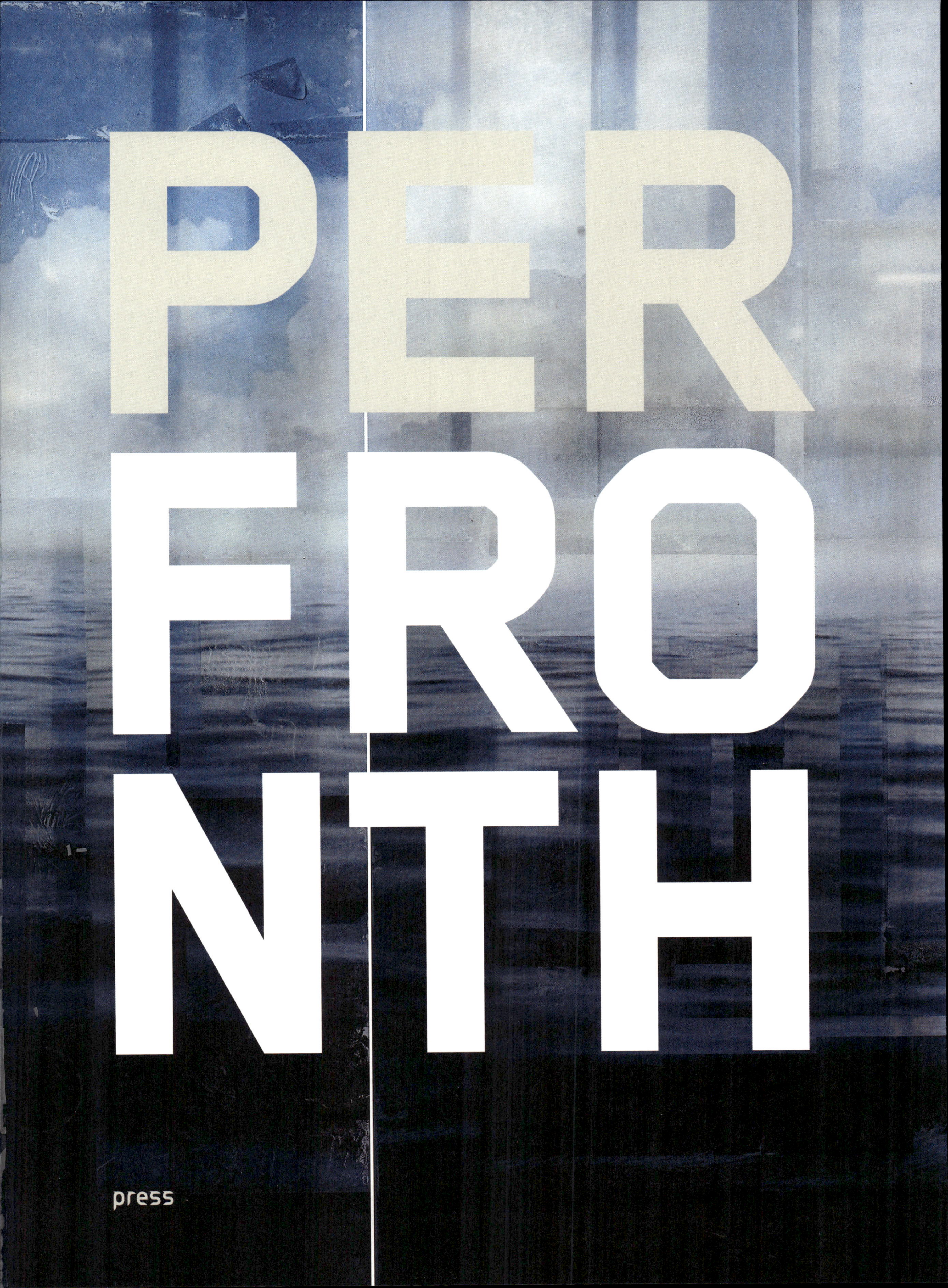

PER FRONTH

1-

press

PER FRONTH

Cecilie Tyri Holt

John August Wood

press

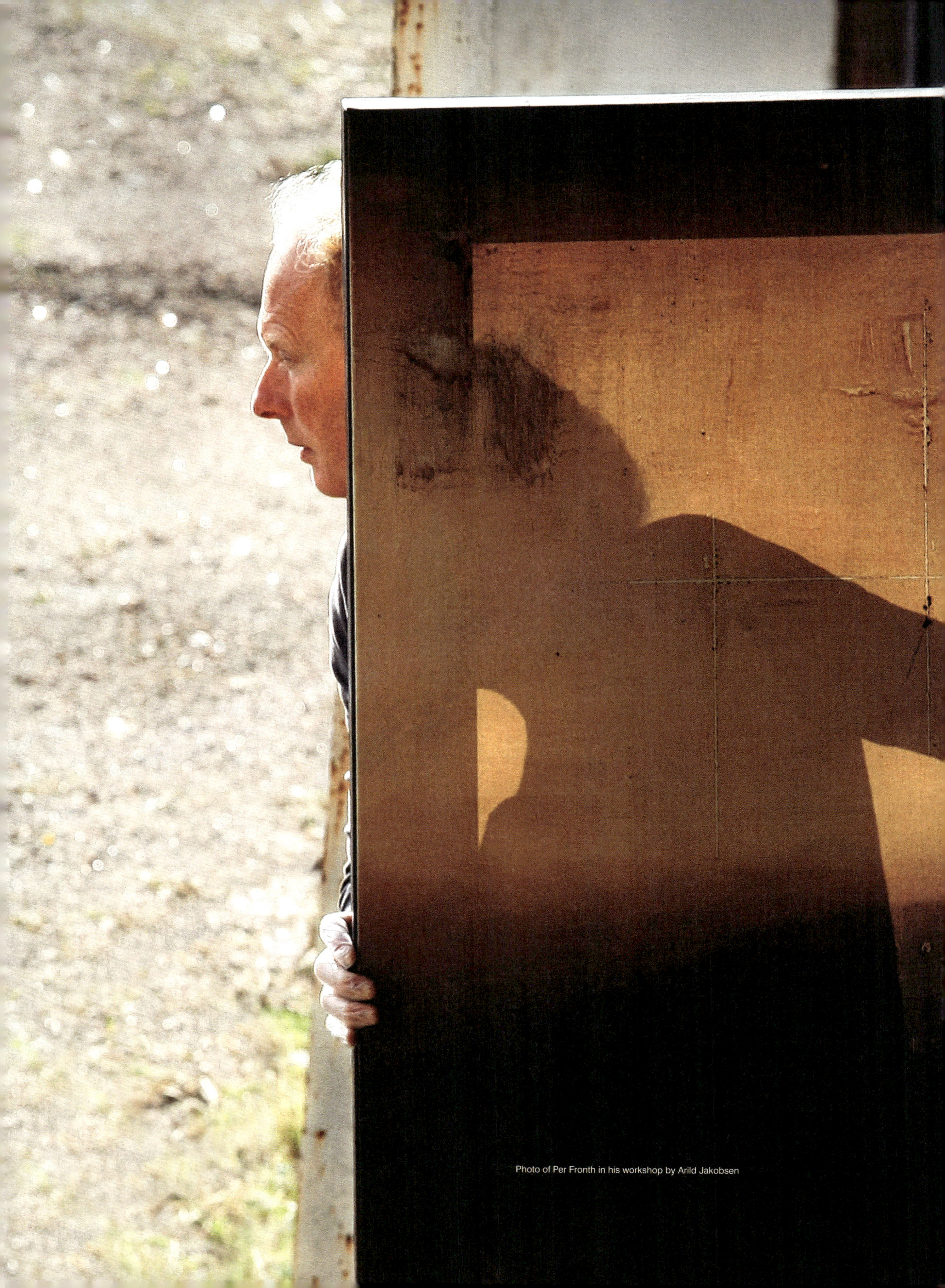

Photo of Per Fronth in his workshop by Arild Jakobsen

Index

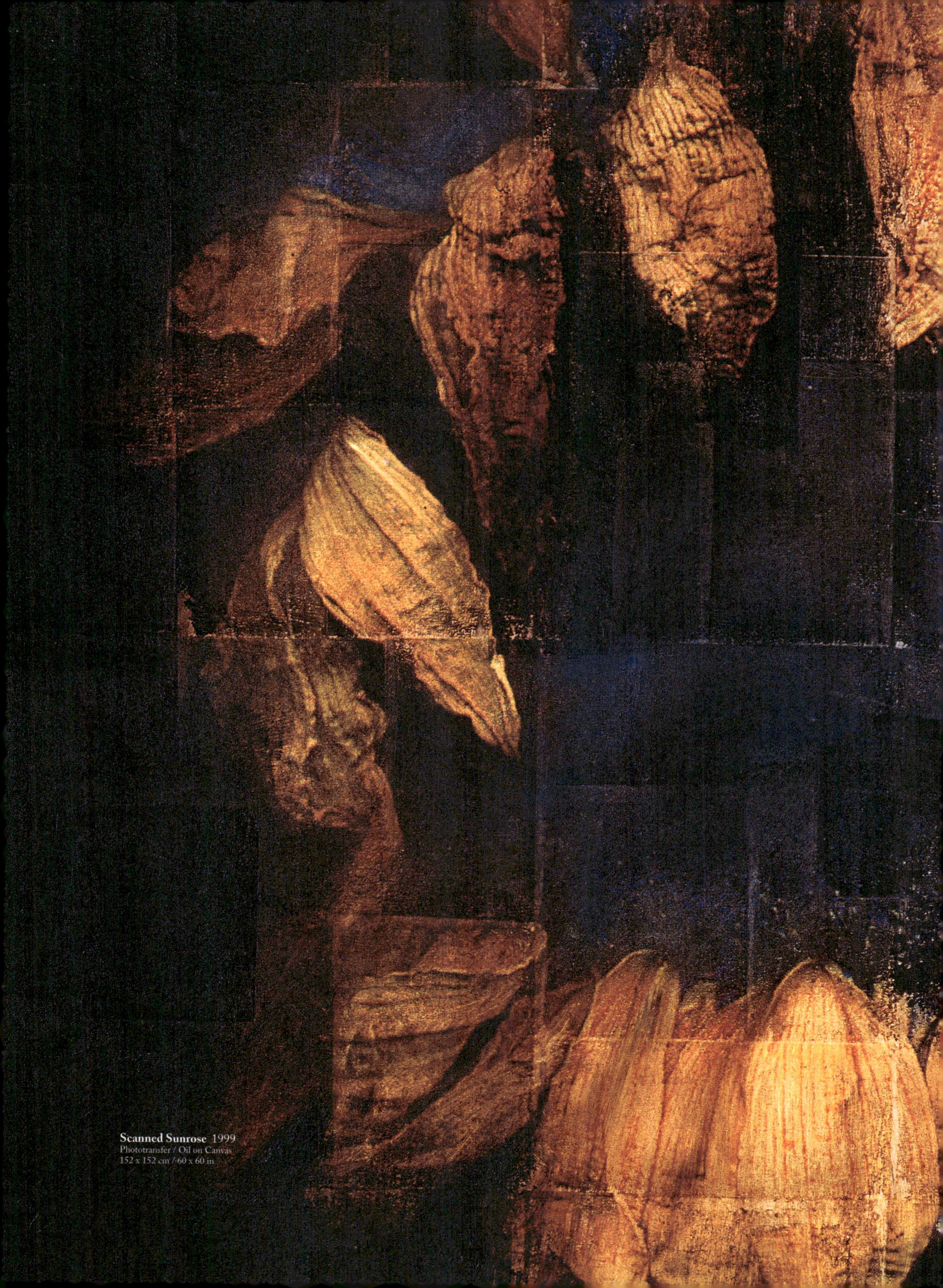

Scanned Sunrose 1999
Phototransfer / Oil on Canvas
152 x 152 cm / 60 x 60 in

Bridging the Light

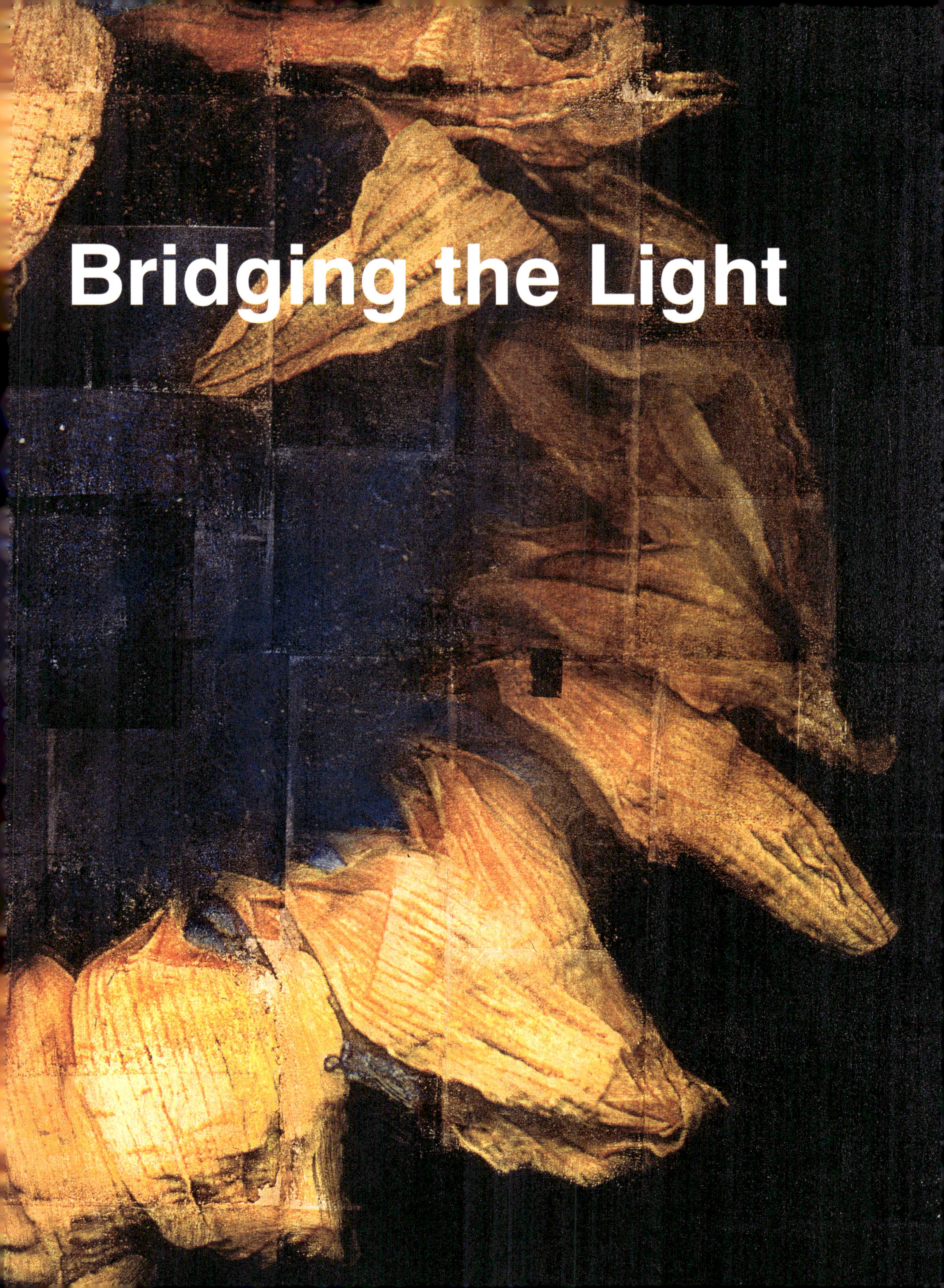

Bridging the Light:

An Introduction to the Art of Per Fronth

Lysets brobygger:

En introduksjon til Per Fronths kunst

John August Wood

Per Fronth is an artist who dreams large and creates even larger. His work offers a vast imaginative vision involving both photography and painting. With regard to the question that is so often raised about him—is he a painter or a photographer?—the proper response is that taxonomical questions in the visual arts have today become irrelevant. Fronth is a *Visual Artist*. Art is not biology. It does not require the minute categorizing of a Linnaeus in order to be understood. The only relevant questions to pose about an artist relate to the core of the artist's vision.

Apart from Fronth's craft, that sheer technical bravura of his work, the quality which gives his art its power is a haunting, myth-dreaming vision of contemporary life. Yet it is a vision neither alien to human experience nor manufactured *ex nihilo*. It is grounded in those essential passions we share with every other living human and with all those who have lived before us. The framework of Per Fronth's art is humanity, and his subjects are universal ones. He evokes the same loneliness we see in the strange, stark landscapes of Caspar David Friedrich; that shimmering glow of Nordic light seen in the paintings of Peder Krøyer, Eugène Jansson, and Prince Eugen, a light too long muted in the melancholy influence of Munch; that same sense of loss over vanishing races and the plight of indigenous peoples which we find in Samuel Bourne and Edward Curtis; the celebration of innocence and also its eventual loss, which comes with sexual maturity or is brought about by as war or even natural disasters.

He brings to his imagery the drama of narrative and symbol—both of which we know through the experience of our own lives and the experience of art. Art's eternal gift is additional life, which it delivers to us through vicarious, sympathetic experiences as intense as our own life's. And so his narratives unite us with him. We know his stories, but his imagery is radically

Per Fronth er en kunstner med store visjoner og som skaper ennå større verk. Arbeidene hans presenterer en enormt fantasifull visjon som involverer både maleri og fotografi. Når det gjelder det vanlige spørsmålet som blir forbundet med Fronth – om han er maler eller fotograf, er det rette svaret at taksonomiske spørsmål i forhold til billedkunst har blitt overflødige i vår samtid. Fronth er en visuell kunstner. Kunst er ikke biologi. Vi er ikke avhengige av Carl von Linnés kategorisering for å forstå kunst. Det eneste relevante spørsmålet som kan stilles gjelder kjernen i kunstnerens visjon.

I tillegg til Fronths håndverk, arbeidenes tekniske bravur og kvaliteten som gir kunstverkene hans styrke, finnes det en tilstedeværende, mytologisk og drømmende visjon om livet. Visjonen er verken fremmed for menneskelig opplevelse eller konstruert *ex nihilo* – den er basert på de grunnleggende lidenskapene som er felles for alle mennesker. Rammen rundt Per Fronths arbeider er menneskeheten, og motivene hans er universelle. Han fremkaller den samme ensomheten som vi finner i Caspar David Friedrichs stringente landskaper, gløden av nordisk lys i maleriene til Peder Krøyer, Eugène Jansson og Prince Eugen. Et lys som altfor lenge har blitt dempet i forhold til den melankolske påvirkningen fra Munch. Vi kjenner igjen den samme følelsen av savn av forsvinnende raser og kampen urfolk er nødt til å kjempe fra arbeidene til Samuel Bourne og Edward Curtis. Arbeidene til Fronth feirer uskylden, i tillegg til dens eventuelle tap, i forbindelse med seksuell modenhet, eller som en virkning av krig og naturkatastrofer.

Per Fronth tilfører arbeidene sine narrativ dramatikk og symbolikk som vi kjenner fra opplevelser både av vårt eget liv og opplevelsen i forbindelse med kunst. Kunstens evige gave er et ekstra liv som kunsten bringer til oss gjennom like intense opplevelser som de vi får gjennom våre egne liv. På den måten forener Fronths fortellinger oss med ham. Vi kjenner historiene hans, men billedbruken er ny – som i all stor kunst. Selv om han viser oss ting

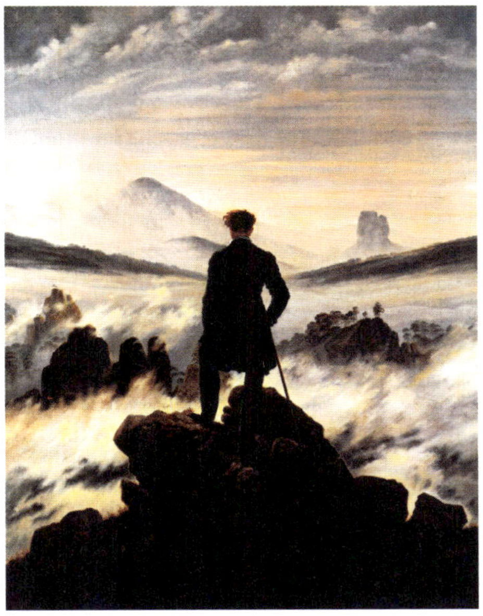

Caspar David Friedrich
Wanderer above the Sea of Fog 1818
Oil on canvas
94.8 cm × 74.8 cm / 37.3 in × 29.4 in
Kunsthalle Hamburg

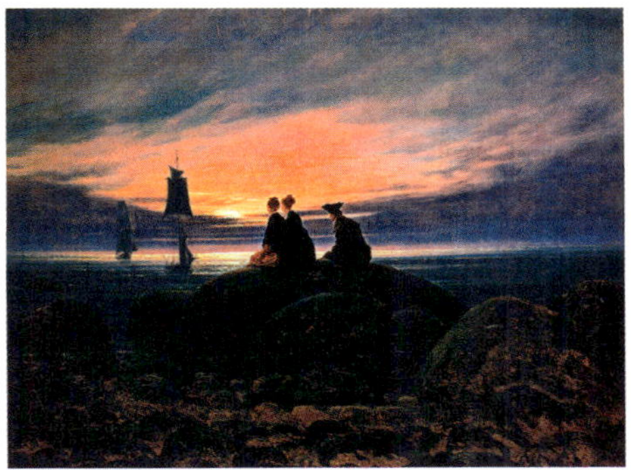

Caspar David Friedrich
Moonrise Over the Sea 1822
Oil on canvas
55 × 71 cm / 21.64 × 27.95 in
Alte Nationalgalerie, Berlin

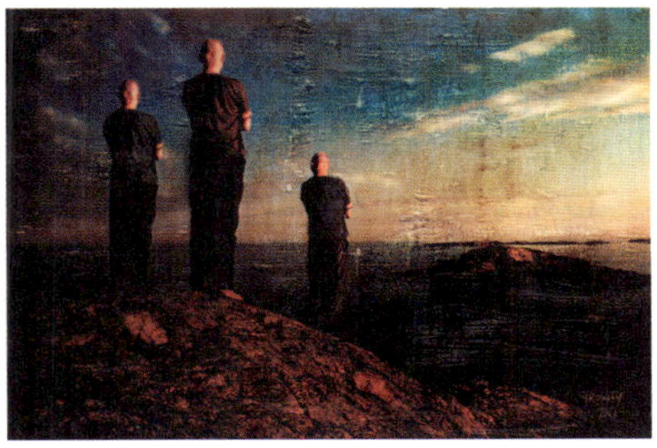

Reflection I – Cargo 1999
Phototransfer / Oil on Canvas
101 x 152 cm / 40 x 60 in
Collection of Meringoff Properties / New York

fresh and new to us, as it always is in great art. And though he shows us things we have not seen, the core of feeling at the heart of his work insinuates his imagery into the images and experiences of our own lives. And as is always the case with great art, Fronth's work will not let go of us. It compels us to return again and again to look and to accept his gift of more life. He has work, such as ***Winged Woman***, ***Turtle Egg Harvest***, ***Norwegian Wedding***, ***Reflection 1—Cargo***, **and** ***Dragging the Head***, which I have been returning to for ten years. Though the works are fixed in my head, I am still forced to go back and look again, and I'm richly rewarded each time, as if I am seeing them for the first time.

Fronth's work ranks with the most authentic art being created today, *i.e.*, work relevant to our lives while still being as aesthetically rich as the finest work from the past. Fronth evokes the Essential, that rare artistic quality which comes from a penetrating insight into humanity, an insight that is the heart's blood of art—the kind of insight that apprehends not only the individual but also his or her place on this small, dangerous, joyful world, be it Christianssand, the rainforests of Brazil, East Timor, New York, Sri Lanka, or Afghanistan. And so the geography of his work is the entire sensuous world—and all the ramifications of life's sensuousness, even aging and death. In Fronth's work, especially his self-portraits, ***Selfportrait—9 Desbrosses St.***, for example, the skull is always close, as close as in the paintings of the earlier Nordic artist Hugo Simberg. Like Simberg, Fronth is also a weaver of fairy tales (cf. Simberg's bearded old *King Hobgoblin Sleeping* out of doors beside two curious animals and Fronth's *Evolution of Melancholy II,* a portrait of Edvard Moseid, the Former Director Christianssand Zoo, appearing to be asleep in the grass and surrounded by monkeys). But Fronth has made his fairy tales from contemporary materials.

vi aldri har sett, indikerer følelseskjernen i arbeidene hans bilder og opplevelser fra våre egne liv. Og som all stor kunst, vil ikke Per Fronths verk gi slipp på oss. De oppfordrer oss til å komme tilbake gang etter gang for å se på og akseptere hans gave av liv. Jeg har kommet tilbake til arbeidene ***Winged Woman***, ***Turtle Egg Harvest***, ***Norwegian Wedding***, ***Reflection 1—Cargo*** og ***Dragging the Head*** i over ti år. Selv om verkene er fiksert i hodet mitt, er jeg allikevel tvunget til å returnere til dem – og jeg belønnes hver eneste gang som om jeg ser arbeidene for første gang.

Fronths verk kan sidestilles med den mest autentiske kunsten som lages i dag. Autentisk i den forstand at kunstverkene er relevante i forhold til våre liv, samtidig som de er like estetiske som de fineste kunstverk fra historien. Fronth fremkaller «det essensielle», den sjeldne kunstneriske kvaliteten som kommer fra en penetrerende innsikt inn i menneskeheten, en innsikt som er kunstens hjerteblod. Den form for innsikt som ikke bare angår selve individet, men også hans eller hennes plass på denne lille, farlige, gledelige verden, enten det er Kristiansand, regnskogen i Brasil, Øst-Timor, New York, Sri Lanka eller Afghanistan. Det geografiske aspektet ved arbeidene hans innebærer hele den sanselige verden og alle forgreiningene til livets sanselighet helt til alderdom og død. I Fronths arbeider, spesielt i selvportrettet ***Selfportrait—9 Desbrosses St.***, er hodeskallen alltid nær – som hos den nordiske billedkunstneren Hugo Simberg. Fronth vever også sammen eventyr, men han tar utgangspunkt i sin egen samtid.

Det er feil å betrakte eventyr kun som fantasifulle arbeider skapt til glede for barn. Eventyr er vevd sammen av mye av det samme materialet som myter, som menneskeheten i millennier har brukt for å forstå og forklare seg selv. Karakterer og motiver i eventyr pleier å være enklere enn de man finner i myter, men de er allikevel tigjengelige for seriøs fortolkning og analyse. Jeg bruker termen *eventyr* i referanser til arbeider med like rik resonans som Fronths

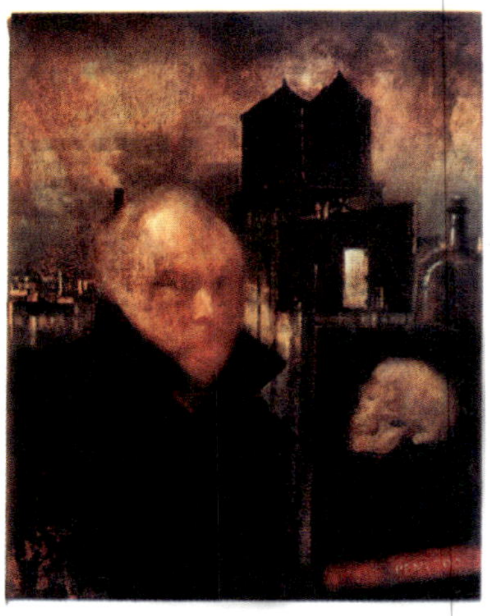

Selfportrait – 9 Debrosses st. 1999
Phototransfer / Oil on Wood
25 x 20 cm / 10 x 8 in
Collection of the Artist

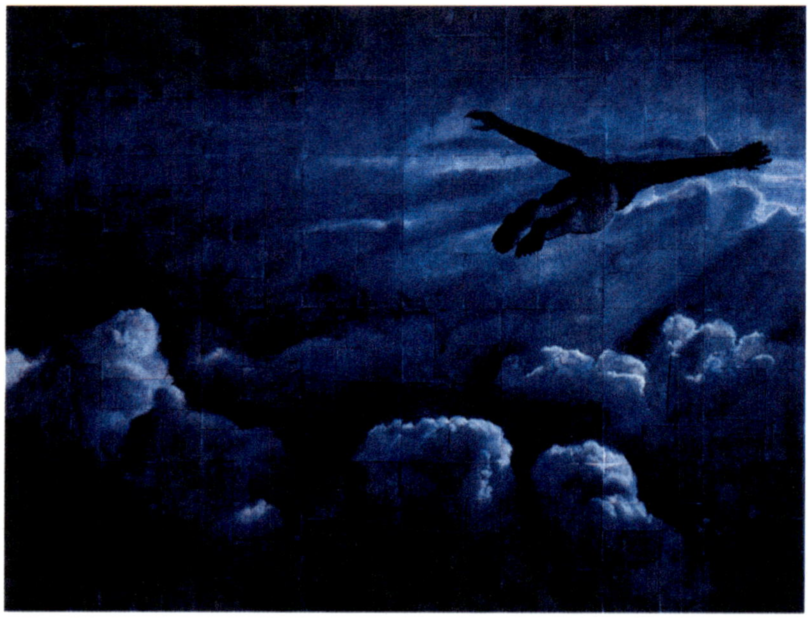

Dive 1998
Phototransfer / Oil on Canvas
162 x 213 cm / 64 x 84 in
Private Collection / London

It is a mistake to think of fairy tales merely as fanciful works created for children, to whom, of course, they do immediately appeal. Fairy tales are woven from much of the same material as myth, which is what humankind for millennia has used to understand and explain itself to itself. The characters and motifs of fairy tales tend to be simpler than those found in myth, but they are no less open to serious interpretation and analysis. I will be using the term *fairy tale* in reference to works with resonances every bit as rich as Fronth's more clearly mythic work but which do not appear to have mythic analogues.

Compare, for example, Fronth's beautiful ***Dive***, depicting obviously no ordinary cloud-swimmer but either Icarus or an angel, with the equally beautiful but actually more haunting ***Hymn for Aia***. What is happening there? Is a shower of gold descending or rising from the glowing child? What is that symbol at the top of the gold column of light; is it even a symbol or just bolts of light? Is that a chorus of protector-guardians surrounding the child? I am moved by this fairy tale without knowing what it means, other than that it is a presentation of a special child. But I know exactly what is going to happen in ***Dive*** and I know what it warning me of: listen to advice, especially your father's; do not be reckless and fly higher than it is safe to fly; and never be diverted by the bright and shining unobtainables. But I keep returning ***Hymn to Aia*** to because it suggests many narratives to me all of which are possible and are the result of Fronth's orchestration of the picture's three simple constituents: a baby, a shaft of light, and the men, who all appear to be the same man. I know of few artists who could create so abounding and pregnant a picture from so little. It is interesting that this more difficult and elliptical fairy tale image seems a richer work of art than the more understandable mythic one.

mer mytiske arbeider, men som ikke innehar en åpenbar mytisk forbindelse.

Sammenlikn Fronths vakre ***Dive***, som avbilder enten Ikaros eller en engel, med det like vakre og enda mer fascinerende ***Hymn for Aia***. Hva skjer her? Er det gull som dusjes ned over eller som stiger opp fra det gjødende barnet? Hva betyr symbolet øverst på gullsøylen? Er det i det hele tatt et symbol, eller bare en lysformasjon? Er det er kor bestående av beskyttere som står rundt barnet? Jeg beveges av dette eventyret uten å vite hva det betyr. Bildet er i hvert fall en presentasjon av et helt spesielt barn.
I ***Dive*** vet jeg nøyaktig hva som kommer til å skje og jeg vet hva bildet forteller meg: lytt til råd, spesielt fra din far, ikke vær skjødesløs og fly høyere enn det som er trygt, og la deg aldri distrahere av skinnende uoppnåelige ting.

Jeg kommer alltid tilbake til ***Hymn for Aia*** fordi bildet antyder mange mulige historier som alle er resultatet av Fronths sammensetting av bildets tre elementer: et barn, en lyssøyle og mennene – som alle virker å være samme mann. Jeg kjenner ikke til mange kunstnere som kunne skapt et blide av overflod ut av så lite. Det er interessant at dette mer kompliserte og elliptiske eventyrbildet fremstår som et rikere kunstverk enn de mer forståelige mytiske arbeidene til Fronth.

Fronths bilder av hoppende kvinner og kvinner som kjeder seg har et eventyrlig preg. Se ***One Hundred Years of Complete Boredom II*** i sammenheng med andre bilder av jenter som for eksempel det klart mytiske ***Salt (genome) I***. Kvinnene som kjeder seg er virkelige. Vi har alle sett dem. De er et autentisk aspekt ved vårt kontemporære landskap. Men hva gjør de? Hvilke historier antyder kvinner som kjeder seg? De ser på TV, spiser for mye, bruker penger eller har sex. ***One Hundred Years of Complete Boredom II*** har den samme øyeblikkeligheten og

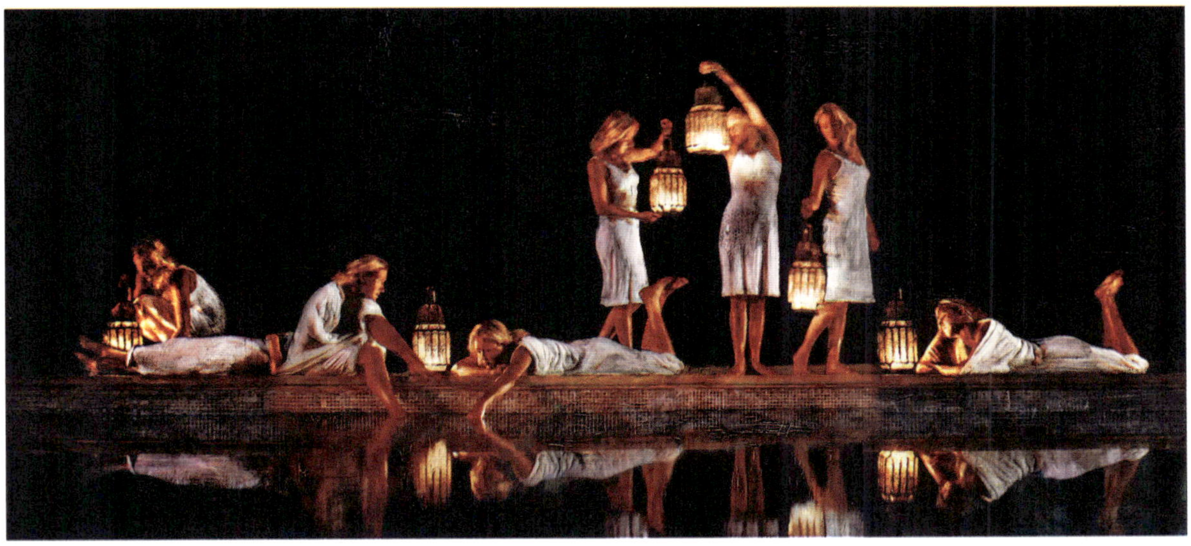

One Hundred Years Of Complete Boredom 2003
Mixed Media / Oil on Canvas
162 x 294 cm / 64 x 116 in
Collection of Ventelo / Norway

Fronth's pictures of bored and bouncing girls also seem the stuff of fairy tales. Consider his ***One Hundred Years of Complete Boredom II*** along side another panel of girls, the clearly mythic ***Salt (genome) I***. The bored girls are real; we've all seen them; they are an authentic aspect of the contemporary landscape. But what do bored girls do? What narratives do they suggest? There are not many. They watch television, over-eat, spend money, or have sex. Fronth's work has all the immediacy and truth of one of those forlorn and brilliant suburban dramas of Eric Fischl. But what about that very different canvas and those very different, more erotic, and alluring girls of ***Salt***? These are not mere bathing beauties perched on the rocks. We know these girls far better than the bored ones. We know them intimately and have for thousands of years because they are the stuff of universal myth. They represent the most ancient of cautionary tales.

They have many names. They are Odysseus's Sirens, who lure sailors to their destructive rocks. They are Gorgons, Theban Sphinxes, *femmes fatales*, and man-eaters. They are all these because they are the allure of sex, and they are often over-powering. Their image serves as a warning, a warning often unheeded, as Daedalus's warning to Icarus was.

Fronth's ***Salt*** Sirens seems a far greater work, both technically and emotionally, than the painting of the bored girls. He has made the myth so subtle and unobtrusive that we really do think of them just as lovely bathing beauties for quite some time—until we begin to consider the rocks and the fact that the girls are all exactly alike and that the light in the sky is not a bright beach light but has the ominous cast of an on-coming storm. I find it is one of Fronth's most powerful and beautiful works. And it finally brings us back to those girls suffering their century of boredom because we realize they, too, can be sirens of a sort—and every bit as dangerous. They've not set

sannheten som de briljante arbeidene til den amerikanske kunstneren Eric Fischl.

Men hva med de mer erotiske og forlokkende kvinnene i ***Salt***? Dette er ikke bare badende skjønnheter på et svaberg. Vi kjenner disse kvinnene mye bedre enn de som kjedet seg. Vi har kjent dem intimt i tusenvis av år fordi de er en del av universale myter. De representerer antikke historier om forholdsregler – og de har mange navn. De er Odyssevs sirener som lokket seilere mot farlige steiner. De er gorgonere, Thesbiske sfinkser, *femmes fatales* og manneetere. De er forlokkende og ofte mektige kvinner, og de representerer en advarsel – som Daidalos advarsel til Ikaros.

Salt er både teknisk og følelsesmessig et bedre arbeid enn bildet av kvinnene som kjeder seg. Fronth har fremstilt myten på en så subtil og diskret måte at vi en god stund faktisk betrakter kvinnene *kun* som vakre badende skjønnheter, helt til vi begynner å fokusere på steinene og det faktum at alle kvinnene er helt like. Lyset er heller ikke et klart strandlys, men har det samme illevarslende preget som lyset før en kommende storm har. Jeg syns dette arbeidet er et av Fronths mest mektige og vakre bilder – og det fører oss tilbake til de lidende kvinnene som kjeder seg gjennom et helt århundre fordi vi forstår at *de* også kan være like farlige sirener. Men tilstanden av kjedsomhet, som faktisk krever at vi har fritid nok til å gi etter for den, er den verste formen for narkotika og demoner – som den moderne tidens første profet, Charles Baudelaire, innså:

Only one is more hideous, twisted, and gnarled!
Never flashy or loud, seems no trouble—
But he could crumble the earth to rubble
And in a casual yawn swallow away the world.

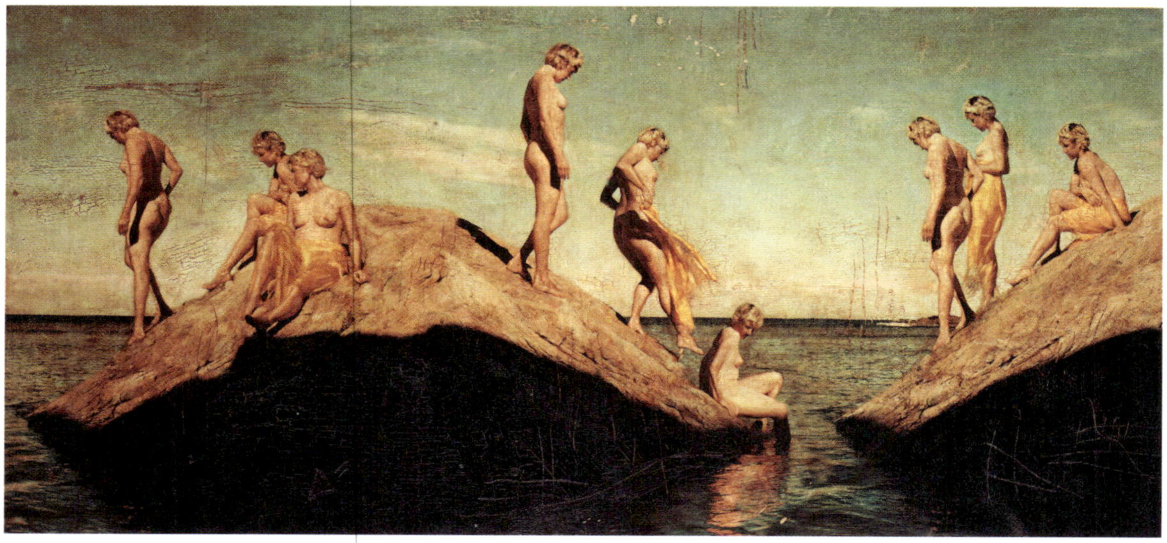

Salt (Genome) I 2001
Mixed Media / Oil on Canvas
112 x 245 cm / 44 x 96 in
Collection of Choice Hotels / Norway

out to wreck anyone, turn them to stone, or devour them. But boredom—which requires us to be leisured enough to indulge in it—is the worst of all drugs and demons, as Charles Baudelaire, the modern age's first prophet, realized:

> Only one is more hideous, twisted, and gnarled!
> Never flashy or loud, seems no trouble—
> But he could crumble the earth to rubble
> And in a casual yawn swallow away the world.
>
> He is Boredom! The worst! Worse than any other!
> He sits and smokes. His dreams are old and grim,
> Refined, monstrous. Don't say you don't know him
> My hypocrite reader—my double—my brother.
> from "To the Reader"

But what about Fronth's ***Norwegian Wedding*** which I earlier mentioned? Is it a fairy tale or a myth? One always hopes marriages will be fairy-tale stories of good husbands and wives and their abounding happiness, but that is often a myth. I have, of course, slightly altered the meaning of both "fairy-tale" and "myth." But it is still a relevant observation—and not just in today's world. More marriages may conclude in divorce today than in the past, but only because divorce is easier to obtain and less stigmatized than it once was. We have another Norwegian, Henrik Ibsen, to thank, at least in part for that social advance. Nora Helmer telling the world that one's "duty" to oneself was as sacred as any other duty and slamming the door at the conclusion of *A Doll's House* was both a dramatic and social breakthrough. I wrote about ***Norwegian Wedding*** once before in Fronth's 1990 catalogue *Cargo*: "The title … clarifies the shadowed veils flying in the wind and a bouquet the first figure holds in front of her. But the image quickly brings to mind, as if were its very antithesis, one of the

> He is Boredom! The worst! Worse than any other!
> He sits and smokes. His dreams are old and grim,
> Refined, monstrous. Don't say you don't know him
> My hypocrite reader—my double—my brother.
> fra «To the reader»

Er verket ***Norwegian Wedding*** et eventyr eller en myte? Man håper alltid at bryllup er et eventyr som forteller om gode ektemenn og koner, og deres overflod av lykke, men den forestillingen er ofte en myte. Jeg har så vidt endret betydningen både av «eventyr» og «myte» i denne sammenheng, men det er fortsatt en relevant observasjon om ikke bare i dagens samfunn. Flere ekteskap kan ende med skilsmisse i dag sammenliknet med tidligere, men bare fordi skilsmisse er lettere å gjennomføre og mindre stigmatisert nå enn det en gang var. Vi har en annen nordmann, Henrik Ibsen, å delvis takke for dette sosiale fremskrittet. Nora Helmer som forteller til verden at ens «plikt» til seg selv er like hellig som noen annen plikt, for så å slenge igjen døren på slutten av *Et dukkehjem* var både et dramatisk og sosialt gjennombrudd.

Jeg skrev om ***Norwegian Wedding*** i utstillingskatalogen i forbindelse med utstillingen *Cargo* i 1990: «Tittelen forklarer det skyggefulle sløret i vinden og buketten den første figuren holder foran seg, men bildet får meg raskt til å tenke på et av de mest kjente skandinaviske bildene fra det forrige århundret, nemlig den siste scenen fra *Det syvende segl* hvor Døden danser sine fanger inn i glemsel. Men Fronths skyggedansere er fanget i livets dans og det mirakuløse ved nye begynnelser.» Det vakre verket ***Norwegian Wedding*** får meg til å håpe at det har vært et eventyr for de som er avbildet – og at de fortsatt danser.

Finnes det en myte om en druknet jomfru? Ja, historien om den druknede gudinnen Ran, Ægirs kone. Ran er en annen sirene most famous Scandinavian images of the past century, another picture of figures dancing at the top of a hill, that closing scene of *The Seventh Seal* in which Death dances his captives into oblivion. But Fronth's shadow dancers are caught in the miraculous Dance of Life and new beginnings." The great beauty of ***Norwegian Wedding*** makes me hope that it has been a fairytale story for them and that they are still dancing.

Is there a myth of a drowned maiden? There is, of course, Ran, Aegir's wife, a drowned goddess. But she is really just another Siren luring sailors to their death. Life and literature are certainly crowded with drowned maidens—more I would think before divorce became easier. So who is the tragic figure in Fronth's ***Her Own Moment***? The title is frighteningly ironic—*her own* moment is the suspended blue moment of her death. Her death could have been an accident. She might have been dancing in the ballroom of a luxurious ocean liner that hit an iceberg. However, I don't think so. I'm sure she is a suicide, the other half of a fairy tale that went sour, as fairy tales so often do. It is a brilliant and sadly beautiful canvas chronicling another middle-class suburban tragedy—one of boredom, loneliness, and lost love, I would imagine. And Fronth in catching her own final moment has caught what is obviously not an uncommon event for we know that suicide rates among young women have tripled over the last twenty-five years.

It is not necessary to be able to identify a specific myth in a work of art in order to recognize its mythic and archetypal significance, to experience the *frisson* of knowing that we are looking at a work that reverberates through humanity's collective unconscious. Look at ***Reflection 1—Cargo,*** which is such a work. Who are these three figures? The Fates, perhaps—they certainly don't suggest the Graces—or any number of other groups of three. But it doesn't matter who they are. This is one of Fronth's most powerful works, and its power comes from those three figures and his placement of them looking out on that particular ominous skyscape. We know and feel their significance. In her introduction to Fronth's 2008 catalogue *Carbon Compositions*, art historian Cecilie Tyri Holt discusses Fronth's use of threes and writes about "the connection between numbers and living things" and "the number three [being] a symbol of completeness." We look at ***Reflection 1—Cargo*** and know that the composition is "complete," whole, and right, if only because of Fronth's perfect placement of the three figures. Whoever they are or whatever they represent, we can be certain they are a solemn jury of some kind looking out upon a scene they are passing their judgment upon.

Earlier I mentioned strange and stark landscapes, Nordic light, indigenous peoples, sexual maturity and the loss of innocence in relation to Fronth's work. His landscapes do have much of the feel of Caspar David Friedrich in them. ***Reflection 1—Cargo*** is, in fact, quite reminiscent of Friedrich's *Moonrise on the Sea* with its three figures looking out at a murky sky as strangely shaded as Fronth's. Friedrich's *The Solitary Tree* framed between two near mirror-images of mountains and with a pond in front of it is something of a pair with Fronth's ***Lower Lake, Adirondack***.

som lurer seilere inn i den sikre død. Livet og litteraturen er full av druknede jomfruer, så hvem er da den tragiske figuren i Fronths ***Her Own Moment***? Tittelen er skremmende ironisk – *sitt eget* øyeblikk representerer dødsøyeblikket. Hennes død kunne vært en ulykke. Hun kan ha vært midt på dansegulvet i et luksusskip som plutselig krasjet rett inn i et isfjell. Allikevel er jeg ikke overbevist. Jeg er sikker på at hun har tatt livet sitt og på den måten representerer den andre delen av et eventyr som ikke gikk den riktige veien – som i så mange eventyr. Det er et storartet lerret som forteller om en middelklasses forstadstragedie som jeg forestiller meg handler om kjedsomhet, ensomhet og tapt kjærlighet. Fronth har fanget kvinnens siste avgjørelse øyeblikk. Dette øyeblikket er dessverre ikke en uvanlig hendelse siden selvmordsratene blant unge jenter har blitt tredoblet i løpet av de siste 25 årene.

Det er ikke nødvendig å være i stand til å identifisere en spesifikk myte i et kunstverk for å gjenkjenne dets mytiske og arketypiske betydelighet. Som betraktere blir vi allikevel bevisste at vi står foran et verk som gir gjenlyd gjennom menneskehetens kollektive underbevissthet – som for eksempel i ***Reflection 1—Cargo***. Kan disse tre figurene være Skjebnene? De antyder i hvert fall ikke de tre gratiene eller noen andre grupper på tre fra kunsthistorien. Men det er faktisk ikke så viktig å identifisere de tre figurene. Dette er et av Fronths mektigste verk og dets makt kommer fra plasseringen av de tre figurene som betraktere av en innevarslende skyformasjon. Vi forstår og føler de tre figurenes betydelighet øyeblikkelig.

I forordet til katalogen til Fronths utstilling *Carbon Composition* i 2008, diskuterer kunsthistoriker Cecilie Tyri Holt Fronths bruk av tallet tre. Hun skriver om «forbindelsen mellom tall og levende ting» og «tallet tre som et symbol på helhet». Når vi ser på ***Reflection 1—Cargo*** oppfatter vi at komposisjonen er fullstendig, hel og riktig mye på grunn av Fronths plassering av de tre figurene. Det er det samme hvem de er og hva de representerer, men vi kan i hvert fall være sikre på at de representerer en slags høytidelig jury som ser ut på en scene som de bedømmer.

Tidligere nevnte jeg merkelige og stringente landskap, nordisk lys, urbefolkning, seksuell modenhet og tapet av uskyld i forhold til Fronths arbeider. Landskapene hans kan minne mye om Caspar David Friedrich – som for eksempel likheten mellom Fronths ***Reflection 1—Cargo*** og Friedrichs *Moonrise on the Sea* med tre figurer som ser ut mot en mørk himmel. Friedrichs *The Solitary Tree* som er innrammet av to speilbilder av fjell bak en innsjø, minner mye om Fronths ***Lower Lake, Adirondack***. I Fronths verk ligger innsjøen bak treet, men i begge tilfeller forener treet jorden og himmelen. Lynet slo en gang ned i Friedrichs tre, og derfor viser det både motstandsstyrke og fornyelse i sine grønne blader. På den måten blir Friedrichs tre et symbol på oppstandelsen. Fronths tre er også symbolsk ladet, og motsetning til Friedrichs, spenner treet fra bunnen til toppen av bildflaten og forener bokstaveligtalt himmel og jord. Fronths tre er mye mer massivt enn Friedrichs tre, i tillegg til å være perfekt balansert og symmetrisk. Et tre av denne størrelsen i hendene på en skandinavisk kunstner, selv om Fronth identifiserer stedet

In Fronth's the lake is behind the tree, but in both cases the tree unites earth and heaven. Friedrich's tree was once struck by lightening but shows its resilience and renewal in its green leaves and, therefore, can serve as a Resurrection symbol, even though it is in a Harz Mountains landscape. And Fronth's tree is equally symbolic. Unlike Friedrich's it actually does reach from the bottom to the top of the work and literally unites heaven and earth. It is far more massive than Friedrich's tree and perfectly balanced in its symmetry. Such a grand tree in the hands of a Scandinavian artist (even though he identifies it as being in the Adirondacks) can make one think of but a single tree—Yggdrasil, the great ash of Norse mythology, whose power grips and holds heaven, earth, and hell together.

Friedrich's best-known painting may be *The Sea of Ice* (or as it is sometimes called *The Polar Ice* or more erroneously *The Wreck of the "Hope"*). It is one of the most imposing paintings of the nineteenth century and along with Friedrich's solitary *Traveler Looking Over a Sea of Fog*, one of the two greatest masterpieces of German Romantic painting. Though different but equally austere and possessing that same monumentality of scope and vision are Fronth's ***Years end / afternoon /setesdal / helicopter I*** and ***Reservoir / Years end / Setesdal / Helicopter V***. Nature appears slightly more benign in Fronth's paintings, but only because we see no evidence of the glacier's destructive power and we do see a wrecked and ice-battered ship in Friedrich's. In both cases, however, each artist has given us the his bleakest, most hopeless vision of Nature. The sky in ***Years end*** has the pallor of a corpse while the sky of ***Reservoir*** is aflame. Perhaps the light in Setesdal does blaze out over the glaciers in such auroras, but my eye having never seen it, only sees the residue of explosions and an irradiated atmosphere. In spite of my foreboding descriptions, I am convinced that these are two of Per Fronth's greatest and most beautiful works. Even if I find both of them a little frightening, I'm sure nineteenth century viewers found Friedrich's *The Sea of Ice* just as frightening, as desolate, and as beautiful.

Fronth is a master at light's depiction. Look carefully at the virtuoso blending and layout out of colors in the sea of ***Måkeskjœr / Ny-Hellesund / 10:12 pm (archipelago)*** He can go from this brilliant neo-divisionist technique to corpse light and irradiations and on to the shimmered glories of *fin de siècle* Nordic light. Today, though, Edvard Munch and Vilhelm Hammershøi speak to us more persuasively than any other Scandinavians of their time, what so touches us in their work is not their light but something else. With Hammershøi it is, I think, the solitude, the silence, the sparseness, and the order—four qualities foreign to the way life is lived all over the globe today, from Los Angeles to New York to Oslo to Lagos to Moscow to Mumbai to Beijing. And Munch was perhaps the first to capture the hysteria of the modern world just as it was coming into being. But neither of them were the masters of light that some of their lesser—at least to current tastes—contemporaries were.

som Adirondackfjellene, får en til å tenke på ett spesielt tre – nemlig Yggdrasil i norrøn mytologi hvis enorme krefter holder himmel, jord og helvete sammen.

Friedrichs mest kjente maleri er sannsynligvis *The Sea of Ice*, som noen ganger blir referert til som *The Polar Ice* eller *The Wreck of the «Hope»*. Det er et av de mest imponerende maleriene fra 1800-tallet, i tillegg til Friedrichs *Traveler Looking Over a Sea of Fog*. Begge maleriene er to store mesterverk fra den tyske romantikken. De er forskjellige, men samtidig like strenge og innehar den samme monumentaliteten som Fronths ***Years end / afternoon / setesdal / helicopter I*** og ***Reservoir / Years end / Setesdal / Helicopter V***. Naturen virker litt vennligere i Fronths arbeider, men kun fordi vi ikke finner noen spor etter isbreens destruktive kraft, mens vi ser et ødelagt skip i Friedrichs maleri. I begge tilfeller har kunstneren gitt oss sin blekeste og mest håpløse naturvisjon. Himmelen i ***Years end*** er likblek, i forhold til den ildfulle himmelen i ***Reservoir.*** Kanskje lyset i Setesdal spres utover isbreen med en lik aura, men mine øyne har aldri sett det. Til tross for mine tidligere beskrivelser, er jeg overbevist om at disse er to av Fronths største og vakreste verk. Selv om jeg syns de er litt skremmende, er jeg sikker på at betraktere i det 19. århundre fant Friedrichs *The Sea of Ice* like skremmende som forlatt og vakkert.

Fronth er en mester i å fremstille lys. Se nærme på den virtuose blandingen av fargene i havet i ***Måkeskjœr/Ny-Hellesund/10:12 pm (archipelago)***. Han kan bevege seg fra briljant neo-divisjonistisk teknikk til skinnende glorier av nordisk lys á la *fin de siècle*. I dag snakker Edvard Munch og Vilhelm Hammershøi et mer overbevisende språk enn noen andre skandinaviske kunstnere fra deres samtid. Det som treffer oss i arbeidene deres er ikke lyset, men noe helt annet. Hos Hammershøi er det ensomheten, stillheten, sparsommeligheten og orden – fire fremmede kvaliteter for livet som leves i dag – fra Los Angeles til New York til Oslo til Lagos til Moskva til Mumbai til Beijing. Munch var kanskje den første til å fange den hysteriske siden ved den nye moderne verden. Men ingen av disse mestret å fremstille lys på lik linje med andre av sine samtidige kunstnere.

Både Peder Krøyer, Eugène Jansson og Prince Eugen hadde kvaliteter som selv impresjonistene ikke kunne lokke frem, inkludert skandinaviske impresjonister som Anna Archer, Gad Clement, Alfred Finch og Munch tidlig på 1890-tallet. Krøyers to mest kjente malerier fremstiller blåskimrende sommerkvelder ved Skagen. Det ene malerier viser ham selv og sin kone, mens det andre portretterer hans kone sammen med Anna Archer. I dag selges disse bildene som plakater på internett, noe jeg ikke nødvendigvis syns er en dårlig ting. Å se på kunst har en medmenneskelig påvirkning på oss, selv i form av en billig plakat. Og hvis det ikke gjør oss til bedre mennesker; jo mer tid vi bruker på å se på kunst, dess mindre tid bruker vi i hvert fall på å drepe hverandre.

Jeg mener Janssons beste maleri er ***Sunset*** fra 1895. Maleriet er annerledes enn tidligere arbeider, men er fortsatt et like hypnotiserende blått syn. Prince Eugens ***Cloud*** utfyller denne gruppen av fargemessige mesterverk fra slutten av det 19. århundre.

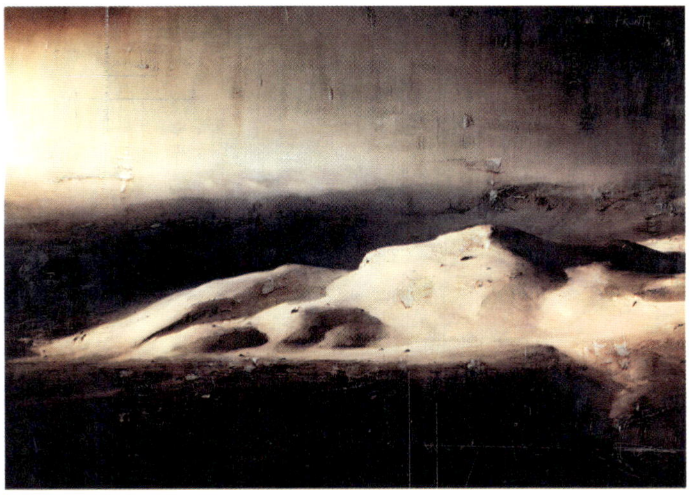

Reservoir / Years End / Setesdal / Helicopter V 2008
Mixed Media / Oil on Canvas
160 x 215 cm / 63 x 85 in
Collection of Møbelmiljø / Norway

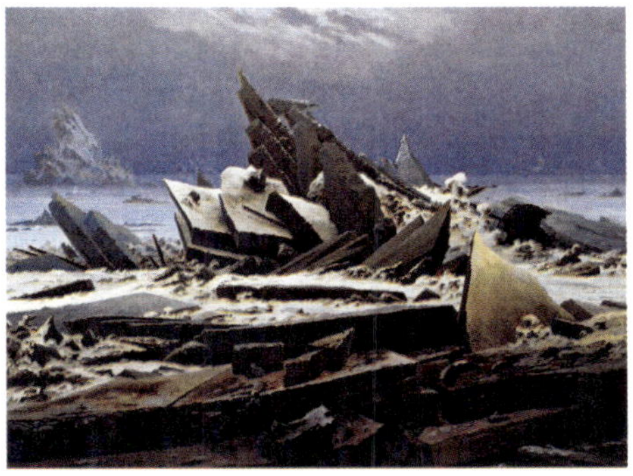

Caspar David Friedrich: The Sea of Ice 1823-24
Oil on canvas
96,7 × 126,9 cm / 38.07 × 49.96 in
Kunsthalle Hamburg

Peder Krøyer, Eugène Jansson, and Prince Eugen could each make blue take on qualities that even the Impressionists could not elicit, including Scandinavian Impressionists as fine as Anna Archer, Gad Clement, Alfred Finch, or Munch of the early 1890's. Krøyer's two best-known, best-loved paintings, even outside of the fine arts community, are of blue-shimmering summer evenings on the beach at Skagen, one of himself and his wife, the other of his wife and Anna Archer. They have even become popular today as poster art for sale on the internet, something I do not think is a bad thing. Looking at art has a humanizing influence upon us, even in the form of an inexpensive poster. And if it does not make us better people, at least the more time we spend in the contemplation of art, the less time we can spend killing one another. Jansson's finest painting is, I think, his 1895 *Sunset*, a different but equally mesmerizing spectacle of blue, while Prince Eugen's *Cloud* completes this late nineteenth century grouping of masterpieces of coloration. I realize it is difficult to make art historical arguments based on works that are not illustrated alongside the text, but I would suggest that if Fronth's ***Olavsundet*** were hung side-by-side with those other painters' works, it would be obvious that he is a master colorist of their equal and an artist of staggering craftsmanship.

Fronth's 1998 *Xingu Chronicles* is in a sense an artist's journal of an emotional visit with the Xingu Indians who live in a Brazilian rainforest. They remind one of Samuel Bourne's photographs made in the 1870's of the Toda tribe of South India and of Edward Curtis's monumental documentation of the North American Indians—fleeting images of vanishing peoples. The Xingu, however, are protected now—and though they still may eventually vanish, it will at least be through assimilation, not extermination. The world of the Xingu, though by no means easy, does look like a Westerner's conception of a world of innocence peopled with Rousseau's noble savages. The ***Winged Woman***

Jeg innser at det er vanskelig å komme med kunsthistoriske argumenter basert på verk som ikke er illustrert ved siden av teksten, men jeg tør påstå at dersom Fronths ***Olavsundet*** ble opphengt ved siden av disse kunstnernes arbeider, ville det vært åpenbart at han er en kolorist på lik linje med dem, samt en kunstner med et forbløffende håndverk.

Fronths serie *Xingu Chronicles* fra 1998 fungerer som en kunstners dagbok fra et emosjonelt besøk av Xingu indianerne som bor i den brasilianske regnskogen. De minner om Samuel Bournes fotografier av Toda stammen i Sør-India fra 1870-tallet, og Edward Curtis´ monumentale dokumentasjon av Nordamerikanske indianere. Flyktige bilder av et forsvinnende folkeslag. Indianerne ved Xingu elven er beskyttet nå, men selv om de fortsatt gradvis kan forvinne, vil det i det minste skje på grunn av assimilasjon og ikke utryddelse. Xinguverdenen likner på en vestlig oppfatning av en uskyldig verden befolket av Rousseaus fornemme villmenn. ***Winged Woman*** er innkapslet med myter fra alle kulturer, mens Fronths ***Xingu Chief*** er, på lik linje med Curtis´ beste arbeider, etnografi opphøyd til kunstverk.

Mange av Fronths arbeider beskrivelser uskyld – som for eksempel ***Red House (years of curiosity)***, ***Independence Day (east-timor)***, ***The Way the Sun Attaches to Her (archipelago)*** og ***Evolution of Melancholy—St. Matthews***. Uskyld er et av hovedtemaene hans, men hver beskrivelse av uskyld fører etter hvert til tanker om tap. Som Dylan Thomas sier i diktet «Fern Hill»:

And nothing I cared, at my sky blue trades, that time allows
In all his tuneful turning so few and such morning songs
Before the children green and golden
Follow him out of grace.

I referred to earlier is an archetypal image embedded in the myths of all cultures, while Fronth's ***Xingu Chief***, like Curtis's best work, is ethnography raised to art.

Fronth has many depictions of innocence: ***Red House (years of curiosity)***, ***Independence Day (east-timor)***, ***The Way the Sun Attaches to Her (archipelago)***, ***Evolution of Melancholy—St. Matthews***, *etc.* Innocence is one of his major themes. But every depiction of innocence eventually leads us into thoughts of its loss. As Dylan Thomas says in his great poem "Fern Hill":

And nothing I cared, at my sky blue trades, that time allows
In all his tuneful turning so few and such morning songs
Before the children green and golden
Follow him out of grace.

We grow up. We change in the grip of our own biology. And at the same time that our sexual natures take hold of us in ways more urgent than the curious exploration and play of children, we are also becoming more aware of what humans do to each other in the name of the chimeras of religion and politics. The world no longer seems to be that sweet world right outside the ***Red House***.

We are all left a little traumatized in some ways by the experience, but we cannot remain as children—our bodies won't let us, nor will the world. And if we try, we lead diminished lives. Life forces us to cross the bridge into adulthood. Consider Per Fronth's brilliant exploration of this very matter in his ***Bridge / Teenage Lux (archipelago)***. We see the young teenage boy aglow in the light of his on-coming maturity. He is setting out on what Joseph Campbell, the great scholar of comparative mythology, called the hero journey, a journey that is essentially the same in the myths and literature of all cultures world-wide. It is the classic journey every seeker of enlightenment, self-discovery, experience, or even adulthood must take if he or she is to come to illumination

The tragic flaw of Icarus in his blue ***Dive*** was not really disobedience but innocence. The Innocent may hear "the call to adventure," as Campbell termed it, and know he must leave his labyrinth to encounter an Old One, in Icarus's case his own father, who can offer him supernatural amulets for protection on his way, again in Icarus's case wings crafted from wax,. But if he does not put the magical gift, which is the fruit of age and experience, to proper use at the first threshold, which is the first danger or distraction, be it the sun, or seductive Sirens who will lure him to the rocks, then disaster will overtake him, as, in fact, it did.

Look at Fronth's teenage boy again—risen, standing, and coming out of the labyrinth of innocence. And he does appear to be coming from a cave in his little boat of self-hood. Notice the white-haired, older figure at the prow who is obviously helping him on this journey. The boy has dark waters before him, but they are the bridge to his future. We know where he is

Vi vokser opp. Vi forandres i forhold til vår egen biologi. Samtidig som vår seksuelle natur tar tak i oss raskere enn den nysgjerrige utforskingen og barnslige leken, blir vi også mer bevisste i forhold til hva mennesker gjør mot hverandre i religionens og politikkens navn. Verden virker ikke lenger så søt som verdenen utenfor ***Red House.***

Vi er alle på en eller annen måte traumatisert av våre opplevelser, men vi kan ikke forbli barn av den grunn. Verken våre kropper, eller verden generelt, vil tillate det. Og selv om vi hadde prøvd, ville vi isteden levd reduserte liv. Livet tvinger oss til å krysse de voksnes bro. Per Fronth utforsker dette temaet i ***Bridge /Teenage Lux (archipelago).*** Vi ser den unge tenåringsgutten i lys av hans kommende modenhet. Han begir seg ut på det den store læremesteren i komparativ mytologi, Joseph Campbell, kalte en heltereise. En reise som er den samme i myter og litteratur fra alle verdenskulturer. Det er den klassiske reisen som enhver som søker opplysning og selvoppdagelse må utføre.

Den tragiske mangelen til Ikaros i Fronths ***Dive*** var ikke ulydighet, men uskyldighet. Den uskyldige kan høre «the call to adventure», som Campbell skrev. Den søkende vet at han først må forlate sin labyrint for å møte «an Old One», i Ikaros´ tilfelle hans egen far, som kan tilby ham overnaturlige beskyttelsesamuletter på hans vei, i Ikaros´ tilfelle, vinger av voks. Men dersom han ikke bruker den magiske gaven, som er frukten av aldersom og erfaring, ved den første faren eller distraksjonen, vil katastrofen være over ham.

Se nok en gang på Fronths tenåringsgutt som kommer ut av uskyldens labyrint. Det virker som at han faktisk kommer ut av en hule i en liten båt. Legg merke til den hvithårede, eldre figuren i baugen av båten som tydeligvis hjelper ham på hans reise. Mørkt vann møter gutten, men det er broen til hans fremtid. Vi vet hvor han skal fordi vi kan se lyset i horisonten. Men nær er hans første fare, et distraherende lys tilsynelatende like strålende som hans mål. Vi håper at han unngår det og seiler forbi til en individuell øy av moden alder med hjelp fra *the Old One.* Øyen kronet med et fyrtårn, og vi behøver ikke Freud for å forstå betydningen av dette fyrtårnet. Kunsten er full av fallossymboler som, på lik linje med andre symboler, er bestanddeler av den menneskelige fantasien.

Den mytiske rikdommen i dette maleriet, dets skjønnhet og håndverk bekrefter Per Fronths posisjon som en stor kunstner i vår samtid. Det finnes mange gode kunstnere hvis verk kan være appellerende å betrakte i forbifarten, men det er kun noen ytterst få kunstnere i vår samtid hvis arbeider kan fortsette å fascinere oss i årevis, hvis verker vi faktisk trenger for å leve helt til vi dør. Per Fronth er en av disse.

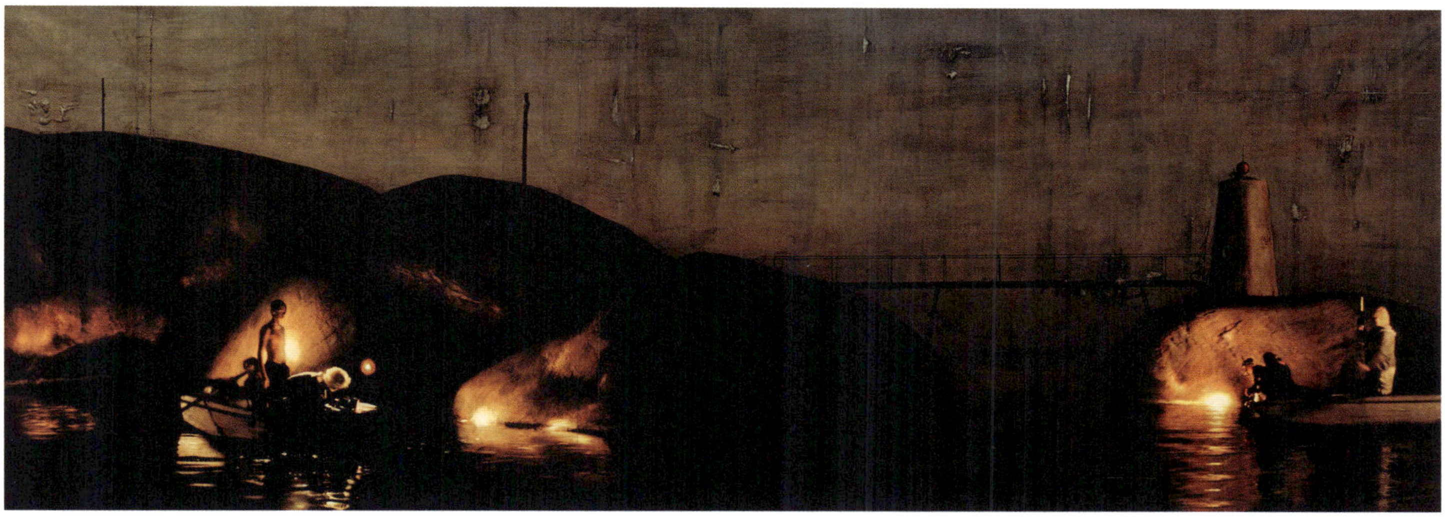

Bridge / Teenage Lux (archipelago) 2008
Mixed Media / Oil on Canvas
165 x 465 cm / 65 x 184 in

headed; we can see the light in the distance. But close at hand is the first danger, a distracting light seemingly as bright as his goal. We hope he will avoid it and sail on with the help of the Old One to the small, individual island of adulthood before him, an island crowned with a lighthouse. And we do not need Freud to understand the significance of the lighthouse. Art has always been studded with phallic symbols. They, like many other kinds of symbols, are constituents of the human imagination.

The mythic richness of this painting, its beauty, and its craft confirm Per Fronth's importance as a major artist of our time. There are many good artists whose work we can appreciate and enjoy looking at in passing. But there are only a few artists in any age whose works can compel us for years, whose works we need to live with until we die. Per Fronth is one of them.

About the Author:

John August Wood is a prize-winning poet and photographic critic. His most recent book of poems, *Endurance and Suffering: Narratives of Disease*, won the 2009 Gold Deutscher Fotobuchpreis. He co-curated the 1995 Smithsonian Institution exhibition *Secrets of the Dark Chamber* and has written and edited over thirty books—including historical studies and books on contemporary photographers including Joel-Peter Witkin, Sally Mann, Eikoh Hosoe, Luis Gonzáles Palma, Jan Saudek, Arthur Tress, Flor Garduño, and others. For thirty years he held Professorships in both the English and art departments at McNeese University in Louisiana. *The Los Angeles Times* praised him for drawing "boldly original revisionist conclusions … [and] systematically dismantling many of the myths surrounding photography and its history." He is the editor of 21st Editions and now lives in Vermont.

Om forfatteren:

John August Wood er en prisvinnende poet og fotokritiker. Hans siste utgitte diktsamling, *Endurance and Suffering: Narratives of Disease*, vant Gold Deutscher Fotobuchpreis i 2009. Han var med på å kuratere utstillingen *Secrets of the Dark Chamber* ved the Smithsonian Institution i 1995. Wood har skrevet og redigert over 30 bøker – inkludert historiske studier og bøker om samtidsfotografer som blant annet Joel-Peter Witkin, Sally Mann, Eikoh Hosoe, Luis Gonzáles Palma, Jan Saudek, Arthur Tress og Flor Garduño. I 30 år var han professor både ved engelsk- og kunstavdelingen ved McNeese University i Louisiana. The *Los Angeles Times* roste Wood for å trekke «boldly original revisionist conclusions …[and] systematically dismantling many of the myths surrounding photography and its history.» John August Wood er redaktør for utgiveren av kunstfotobøker, 21st Editions, og bor i Vermont.

Oversatt av Cecilie Tyri Holt

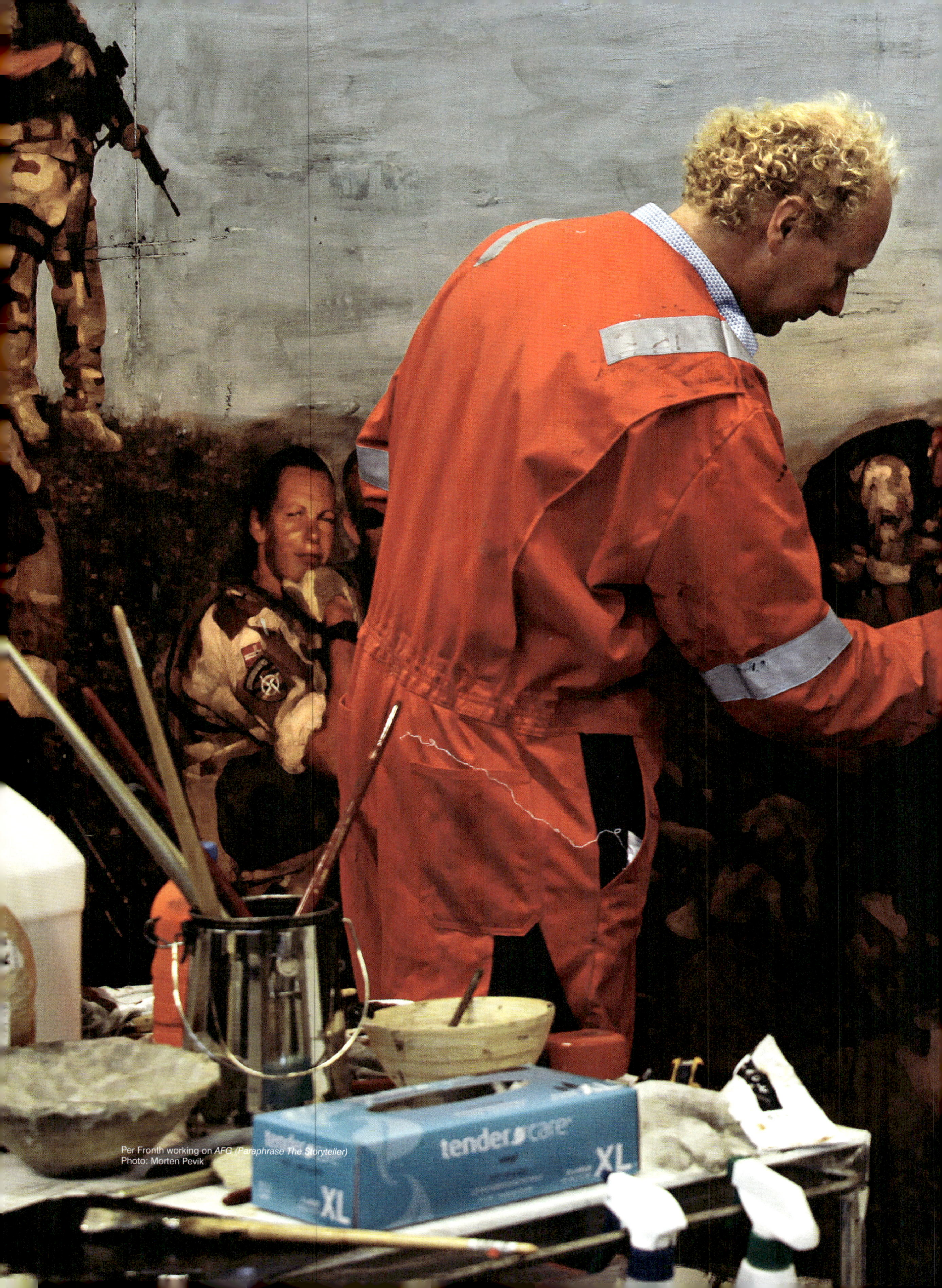

Per Fronth working on *AFG (Paraphrase The Storyteller)*
Photo: Morten Pevik

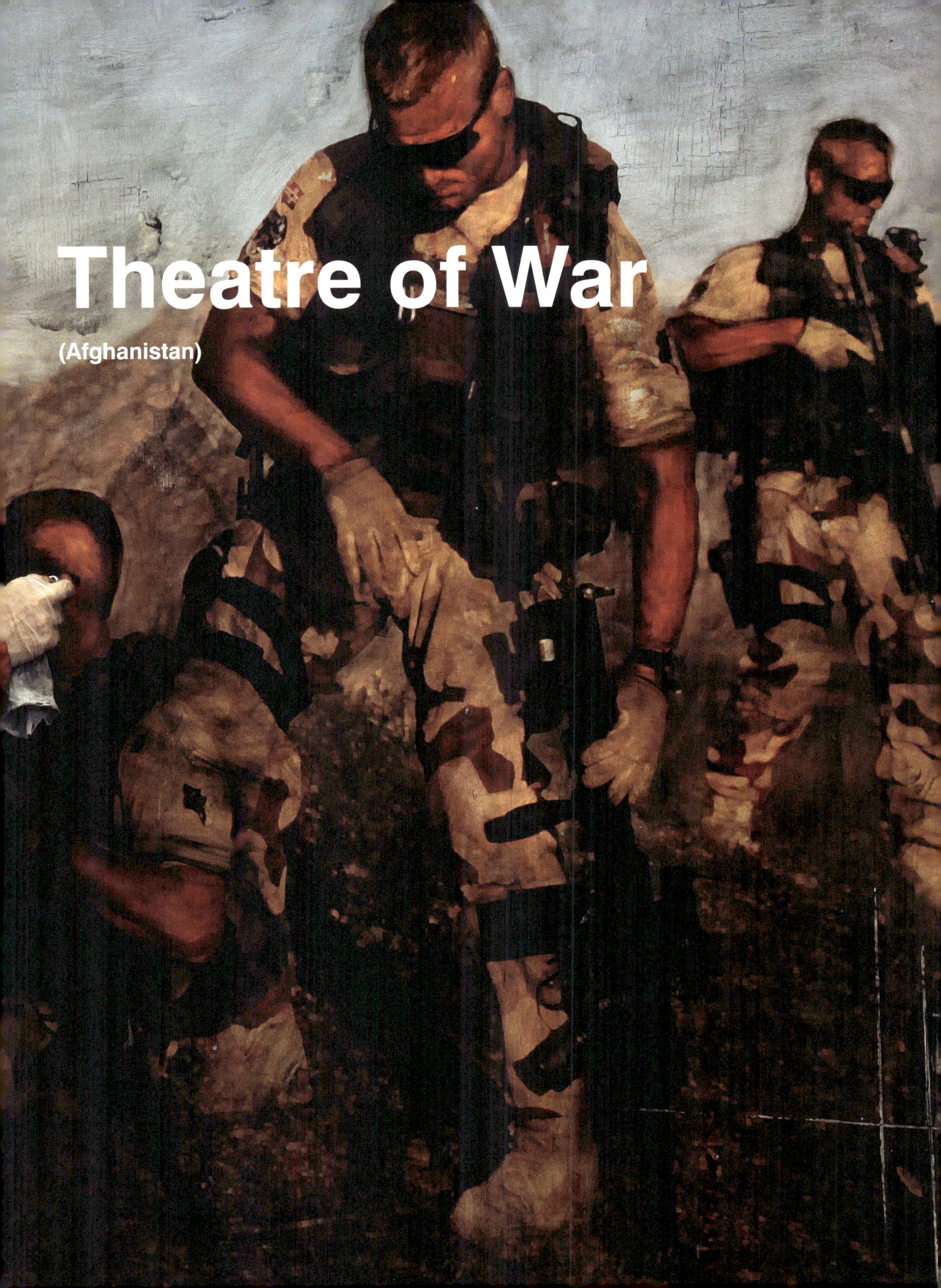

Theatre of War

(Afghanistan)

PER FRONTH

Theatre of War

(Afghanistan)

Ever since his days as a press photographer, Fronth's purpose as an artist has been to connect his works more closely to life than to art. In May 2009 he went to Afghanistan.

"On September 11th of 2001 I experienced my neighbourhood in New York being attacked. I was awakened by a loud boom when the first plane flew right over my head and thundered straight into the 90th floor of the north tower of the World Trade Center. This experience affected me for quite some time."

Fronth decided to follow the consequences of that unmerciful terrorist act in New York. The direct result was the Norwegian involvement in creating a better Afghanistan for Afghan citizens.

"Six years later my own country Norway was part of a geopolitical and military coalition trying to remove the injustice that prevails in Afghanistan. I am officially part of a Norway at war. I vote in Norway, and because of that the political process and the choices made by my representatives affect me. Even if I don't agree with everything decided by the Parliament and the Government, I cannot respond indifferently. I have an opinion and a vote."

The Norwegian artist Steinar Jakobsen (b. 1967) has known Per Fronth since they met in New York in the early 1990s. In 1995 they visited Havana, Cuba, and in 2009 they travelled to the Venice Biennale. Jakobsen considers Fronth's artistic agenda a two-sided relationship between reality and art.

"Per relates more closely to his contemporary surroundings than most other contemporary artists. Per has visited Afghanistan; not many artists do that. Per is a traditional thinker with an extreme commitment to the present state of the world."

Fronth points out that he considers it binding that Norway, being one of the world's richest nations, actively contributes to improving the living conditions of poor people in the world because democracy probably is the most suitable social form to promote balance and equality between people.

"I know of no better form of government that gives room for the individual's possibilities to reach their full potential. Is this

Per Fronth har siden dagene som pressefotograf hatt et ønske om at arbeidene hans skal forholde seg mer til livet enn til kunsten. I mai 2009 dro han til Afghanistan.

– Om morgenen 11. september 2001 våknet jeg av et drønn da det ene flyet raste inn i 90. etasje i det nordlige tårnet. World Trade Center lå i mitt nabolag i New York. Denne hendelsen, med sine katastrofale følger for 3000 mennesker og deres nærmeste, skapte et sår i meg.

Fronth tok noen konsekvenser etter terroraksjonen da tårnene falt i New York i 2001, som medvirket til at han engasjerte seg i det norske arbeidet for å skape et bedre Afghanistan for afghanske borgere.

– Seks år etter 9/11 deltar Norge, mitt eget land, i en geopolitisk og militær koalisjon som forsøker å gjøre noe med den urettferdigheten som råder i Afghanistan. Jeg er en del av et Norge i krig. Jeg stemmer i Norge, og derfor angår den politiske prosessen og det valget som blir gjort av mine representanter meg. Selv om jeg ikke er enig i alt Stortinget og regjeringen bestemmer, så kan jeg ikke forholde meg likegyldig til det. Jeg har en mening og en stemme.

– Per forholder seg mer tydelig til virkeligheten og omgivelsene enn veldig mange andre samtidskunstnere. Per drar til Afghanistan. Det er det ikke mange andre kunstnere som gjør. Per er en tradisjonell tenker som samtidig oppviser et voldsomt engasjement for nåtiden, sier den norske billedkunstneren Steinar Jakobsen (f. 1967). De to har hatt et nært forhold i mange år, siden de møttes i New York på begynnelsen av 1990-tallet. Han karakteriserer Fronths kunstneriske agenda som et tosidig forhold mellom virkelighet og kunst.

Slik Fronth ser det ligger det en forpliktelse i at rike Norge sender soldater til Afghanistan med de etiske problemstillinger det medfører. Han mener det er riktig å hjelpe dem til å skape demokrati, fordi demokratiet sannsynligvis er den samfunnsformen som best kan fremme like rettigheter og sameksistens mellom alle mennesker.

– Jeg vet ikke om noen annen styringsform som er bedre, som gir rom for enkeltindividet til å nå sitt fulle potensiale. Er dette politisk kunst? Ja, men subtil politisk kunst, fordi jeg går inn i et

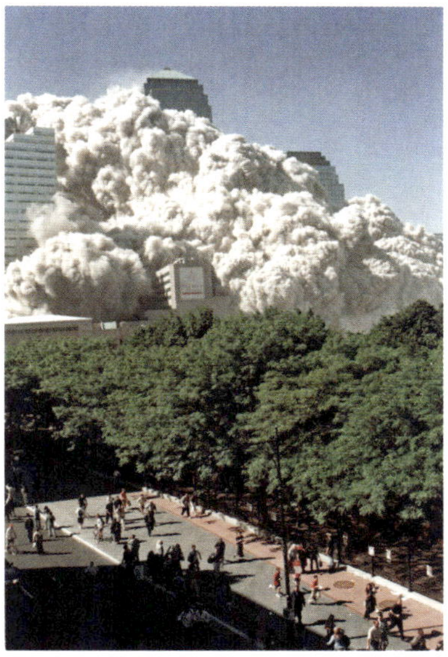

9/11 Aftermath: Per Fronth's photograph from his loft as the second Twin Towers cave in.

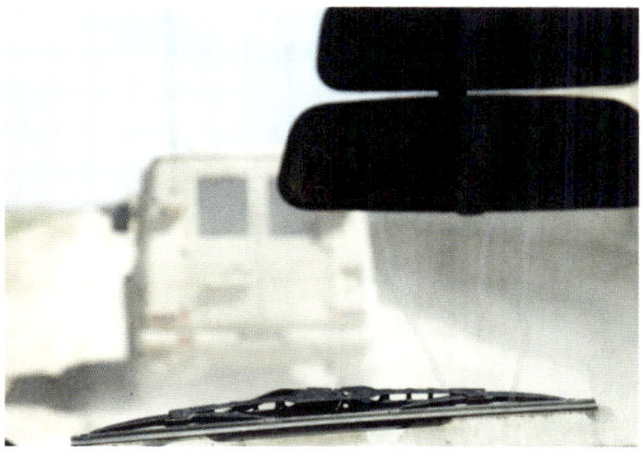

In armored vehicle on patrol with German forces in Northern Afghanistan May 2009.

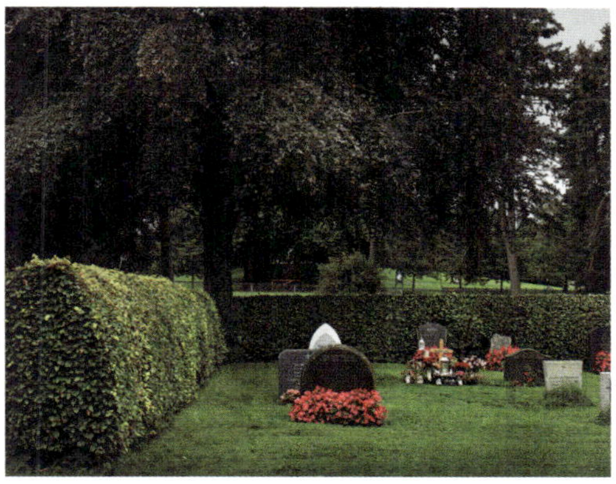

The last resting place of Norwegian Officer Trond Petter Kolset, killed by an IED outside Mazar - é - Sharif Afghanistan April 19th 2009.

political art? Yes, it is subtle political art because I enter a political domain operating as an artist. I do not go to Afghanistan to criticize but to make things visible."

Fronth contacted the Norwegian Armed Forces to gain access to Afghanistan as an artist. The art project from Afghanistan is one of many projects in which Fronth's adventurous outlook and engagement have led him – to places as diverse as the Amazon rain forest and the English country side – in his search for interesting backdrops for his works. He wishes to tell stories from a different angle than journalists and reporters usually do. He would rather present the story from a humanistic and artistically free perspective.

"Professional Norwegian soldiers go to Afghanistan to perform a task that the Norwegian government has assigned them to do. These people are soldiers of ideas. They're the ones who pave the way for our Western ideals to grow, so that all Afghans can eventually reach their full potential. The democratic ideals that we are used to in the West are unknown to other cultures. I wanted to view these aspects as an artist and a photographer. What can I contribute? Can I illuminate something else? As an artist I'm an informant and a documenter, but not in the usual sense. I'm totally free and use the reality that I am exposed to in Afghanistan to come up with pictures that I would never have made if I had not been there. That authenticity is very important to me. It's important that I have been there as a witness."

Most people are accustomed to seeing photographs of soldiers in the newspapers and on the news every day. But Fronth chooses to comment on these pictures in an art-historical context by using specific references. He usually wants his art works to refer to life, but for the first time he chose a more explicit reference in his work from Afghanistan. Fronth's panorama *AFG (Paraphrase The Storyteller)* is based on the Canadian photo-

politisk domene og opererer som billedkunstner. Jeg drar ikke dit for å kritisere, men for å synliggjøre.

Fronth søkte det norske forsvaret om å få innpass i Afghanistan som billedkunstner. Kunstprosjektet fra Afghanistan inngår i en rekke av prosjekter hvor eventyrlysten og engasjementet har ført ham til så vidt forskjellige steder som regnskogen i Amazonas og landsbygda i England. Disse stedene blir noe mer enn baktepper for de fotografiske arbeidene, for Fonth ønsker å fortelle historiene fra en annen vinkel enn den rene, journalistiske reporterens – kameraet er hans humanistiske blikk.

– Profesjonelle norske soldater drar til Afghanistan for å utføre en oppgave som norske myndigheter har pålagt dem. Mest av alt blir disse menneskene soldater for ideer. Det er de som skal legge forholdene til rette for at våre demokratiske vestlige idealer får grobunn i Afghanistan, slik at afghanere skal kunne realisere sine muligheter fullt ut. Dette er ideer som vi er godt kjent med i Vesten, men som er fremmede i andre kulturer. Dette ønsker jeg å se fra min synsvinkel som billedkunstner og fotograf. Hva kan jeg bidra med? Kan jeg belyse noe annet? Som billedkunstner fungerer jeg som formidler, en form for referent, men ikke i ordinær forstand. Jeg tar meg fullstendige friheter, bruker den virkeligheten som jeg eksponerer meg for i Afghanistan – og kommer ut med nye bilder som ikke kunne blitt lagde om jeg ikke hadde vært der. Den autentisiteten er ekstremt viktig for meg. At jeg er der det skjer. At jeg har vært der som vitne.

De fleste av oss er vant til å se bilder av soldater i krig i avisene og på nyhetene hver eneste dag. Men i sine arbeider sørger Fronth for å plassere disse vante tablåene inn i en kunsthistorisk sammenheng. Han lar kunsten speile livet, og omvendt. I hovedverket fra Afghanistan, panoramabildet *XX.* finnes en tydelig, eksplisitt referanse til fotografen Jeff Wall (f. 1946), og bildet kan oppleves som en parafrase over *The Storyteller* fra 1986, der Wall på sin side har parafrasert den franske maleren Édouard Manets (1832–83) *Dejuner sur l'herbe* («Frokost i det grønne») fra 1863.

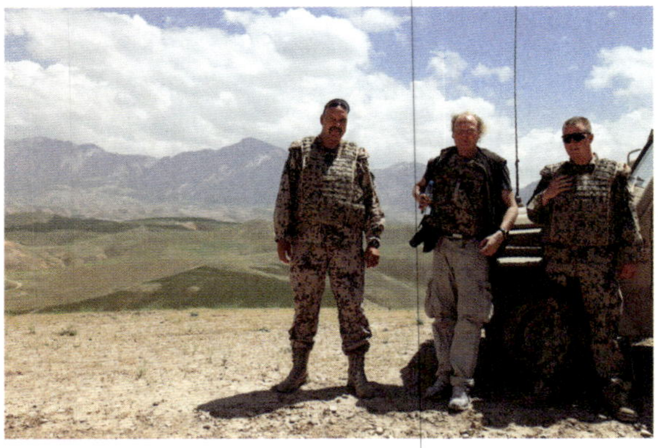

Collecting material for his new body of work; Per Fronth on patrol with German military.

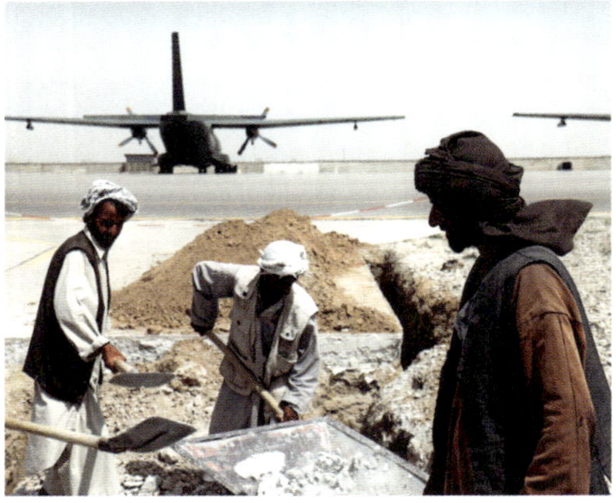

Afghan workers constructing a permanent new airstrip for the ISAF force

grapher Jeff Wall's photography *The Storyteller* from 1986 and Édouard Manet's painting *Le Déjeuner sur l'Herbe* from 1863.

"I wanted to see the outcome of combining art history with a war zone. For the first time I stepped out of life and into the world of art history. The composition and size both refer to Jeff Wall's *The Storyteller*. It has been inspiring to work with such a large picture. The experience of listening to a piece of music first loud and then soft is different. The same applies to experiencing big and small pictures."

AFG (Paraphrase The Storyteller) is a digitally constructed photograph printed on canvas. The composition is a group of standing male soldiers and a small sitting group comprising one female and two male soldiers. The composition has an obvious reference to Manet's painting, but Fronth has added six more figures around the trio.

"I don't know if I'm being ironic or if I'm just focusing on what happens when I add the art-historical reference. The only thing I've done is to twist Manet's scene a little and move it to a hilltop in the northern part of Afghanistan."

This composition is composed of several different photographs. Fronth deconstructs a situation to construct a new one that has never happened. It is one imaginary moment comprising several different moments.

"I find it interesting that I can fit many different moments into one picture. It almost works like a time machine in which I dissolve time but not space. This is exactly what painters have done for decades. But because the fibres of the photographic medium are closely attached to the way we perceive reality, the viewer reacts differently to the combination of painting and photography. You're being pushed to ask alternative questions."

Fronth is representing a medium that is perceived as a kind of a mirror image of reality even though doubts about "photographic truth" are not uncommon.

– Jeg ville se hva som skjedde hvis jeg begynte å leke med kunsthistorien i en krigssone. *AFG (Paraphrase The Storyteller)* er nærmest et absurd bilde, ved at det forholder seg til kunsthistorien midt oppi alt annet som skjer. For første gang går jeg ut av livet og inn i kunsthistorien. Bildet henviser til Jeff Walls *The Storyteller* både i komposisjon og størrelse. Det har vært en inspirasjon å få breie seg litt. Man får to forskjellige opplevelser når man lytter til en sang på lav lydstyrke og når man kjører opp volumet. Det samme gjelder for opplevelsen av store og små bilder.

AFG (Paraphrase The Storyteller) er et digitalt bearbeidet fotografi som er printet ut på lerret. Komposisjonen består av en rekke stående, mannlige soldater og en mindre gruppe på tre; én kvinnelig og to mannlige soldater som sitter. Kvinnen og de to mannlige soldatene utgjør en klar referanse til Manets maleri, men Fronth har tilføyd seks andre figurer rundt den sentrale trioen.

– Jeg vet ikke om dette er ironisk. Det er noe jeg forsøker å undersøke gjennom å se hva som skjer med bildet når dette kunsthistoriske samspillet oppstår. Det eneste jeg har gjort er å skru litt på scenen til Manet. Jeg har trukket Manets «Frokost i det grønne» opp på en høyde nord i Afghanistan, i kveldssol.

Bak dette verket ligger det en rekke ulike fotografier som Fronth har satt sammen til ett bilde. Han har dekonstruert en situasjon for å konstruere en ny situasjon som aldri har funnet sted. Flere ulike øyeblikk er satt sammen til ett fiktivt tidspunkt.

– Jeg syns det er interessant at jeg kan presse flere tidsøyeblikk inn i ett bilde på denne måten. Det blir nesten som en tidsmaskin. Jeg oppløser tiden, men ikke rommet. Det er nettopp det kunstmalere alltid har gjort, men siden fibrene i fotografiet knytter seg så sterkt opp til hvordan vi oppfatter virkeligheten, så får man en annen reaksjon på kombinasjonen av maleri og fotografi. Betrakteren blir tvunget til å stille helt andre spørsmål.

Fronth påpeker at fotografiet er et medium som gjerne oppfattes som et speilbilde av en virkelighet.

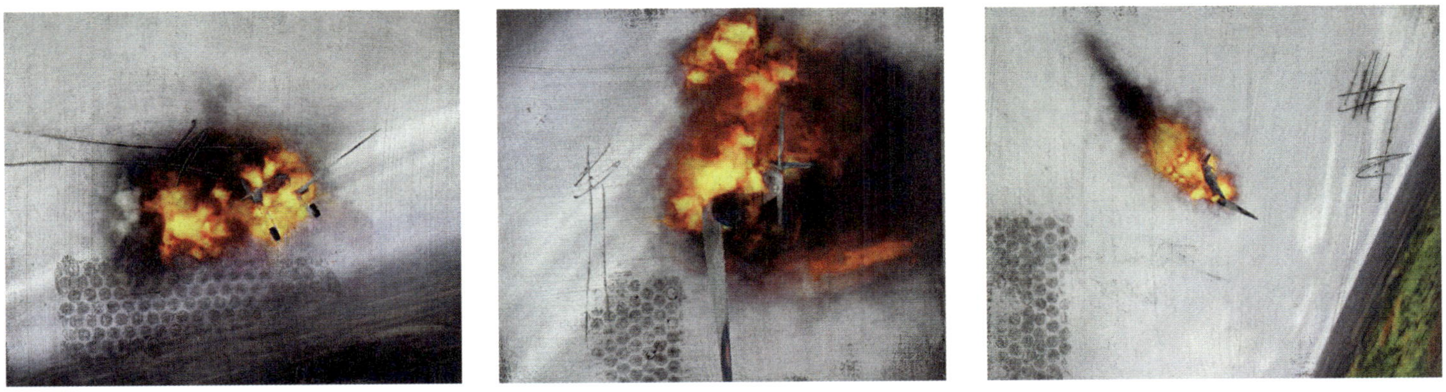

Monologues (Anger Management) Triptych 2003
Mixed Media / Oil on Canvas
Each 30 x 35 cm / 12 x 14 in
Collection of NATO / Norway

"Everything relies on the relationship between the viewer and the artist being based on trust. I function as the sender, and the viewer is the receiver. And what do I wish to accomplish? I'm an adventurer and I'm exposing myself to danger to gather the material from which I compose my stories. In a way I'm a soldier representing the ones who want to tell their stories. That standard by which I'm part of a band of observers, as a participant, a photographer and an artist, is very important to me."

AFG (Paraphrase The Storyteller) is a panorama that is composed of many different situations. The format, the bright colours, the guns and the uniforms can be interpreted as references to a pictorial universe from Fronth's childhood. Fronth has based a lot of projects on different hunting themes in which he portrays galloping horses and men with bows and arrows or guns and rifles. These pictures are reminiscent of the cartoons Fronth read when growing up, like "Silver Arrow", "Phantom", and "Asterix". These are stories that convey the relationship between good and evil, life and death.

In the war situation in Afghanistan there is obviously a close relationship between life and death. One moment can have dramatic consequences. Fronth makes use of this fact in his work and relates it to the *memento mori* theme one finds throughout the history of art to suggest the ephemeral nature of life. For example, in the middle of the Norwegian camp in Afghanistan there is a large white cooler whose function is to keep bodies from decomposing before their flight back to Norway.

The enlarged photograph *Remains* depict a hand holding pieces of glass. The glass pieces are the remains of the windshield of the car that Trond Petter Kolset (1978-2009) was sitting in when a suicide bomber killed him on 17 April 2009. The hand holding the glass thus becomes a symbol of how fragile life can be – a distinct *memento mori.*

– Selv om tvilen på fotografiets sannhetsgehalt alltid har vært der. Det hviler til slutt på en tillit mellom meg som avsender og publikum som mottager. Hva jeg ønsker å oppnå med det? Jeg er jo en eventyrer selv. Jeg må eksponere meg for farer når jeg henter inn materiale som jeg lager historier av. På en måte er jeg en soldat for alle oss som ønsker å fortelle noe her i verden. Den fanen holder jeg høyt – det at jeg som fotograf og billedkunstner inngår i et korps av deltagende observatører.

AFG (Paraphrase The Storyteller) viser et panorama med en rekke ulike situasjoner. Formatet, de klare fargene og elementer som gevær og uniformer kan fungere som referanser til tegneserienes billedunivers, hentet fra Fronths ungdom. Også andre av bildene hans viser pil og bue, skytevåpen og menn på galopperende hester – motiver som godt kan vise til tegneseriene han leste da han vokste opp. Sølvpilen. Fantomet. Asterix. Kampen mellom det gode og det onde. Hendelser som skjer på liv og død.

I krigssituasjonen i Afghanistan hvor Fronth befant seg, er det et nært forhold mellom liv og død. Et øyeblikk kan få drastiske følger. Fronth har plukket opp symbolske elementer som refererer til kunsthistoriens mange eksempler på *memento mori* – «husk, du skal dø!» – livets flyktighet festet i et penselstrøk på lerretet.

I Afghanistan finnes det en rekke objekter som kan tolkes nettopp som slike symboler. Midt i leiren der Fronth bodde da han besøkte de norske soldatene, sto det en stor hvit kjølecontainer. Det var 40 varmegrader og containeren sto klar i tilfelle de måtte kjøle ned drepte soldater i påvente av den siste flyreisen hjem. Den store hvite kuben sto der som et taust, men påtrengende symbol på den utsatte posisjonen soldatene befinner seg i.

I *Remains* har Fronth blåst opp et bilde av en hånd som holder mange små glasskår. Fotografiet er printet ut på lerret og har videre blitt bemalt. Fronth forteller at glasskårene er restene av frontruta på bilen den norske soldaten Trond Petter Kolset (1978–2009) befant seg i da en selvmordsbomber tok livet hans 17. april 2009. Også hånden med glasskårene blir et bilde på hvor skjørt livet kan være – et klart *memento mori.*

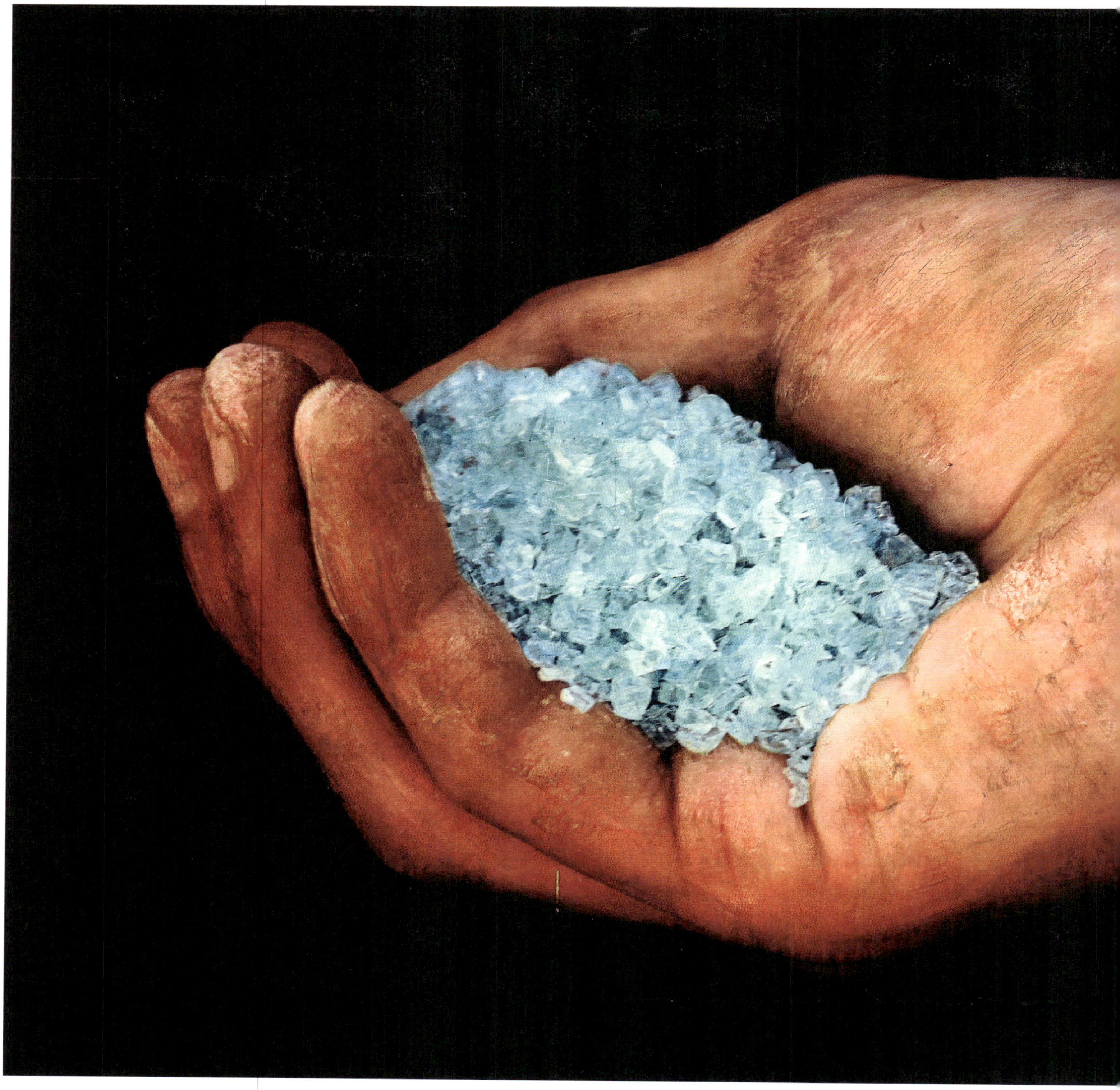

Remains 2009
Mixed Media / Oil on Canvas
102 x 167 cm / 40 x 66 in

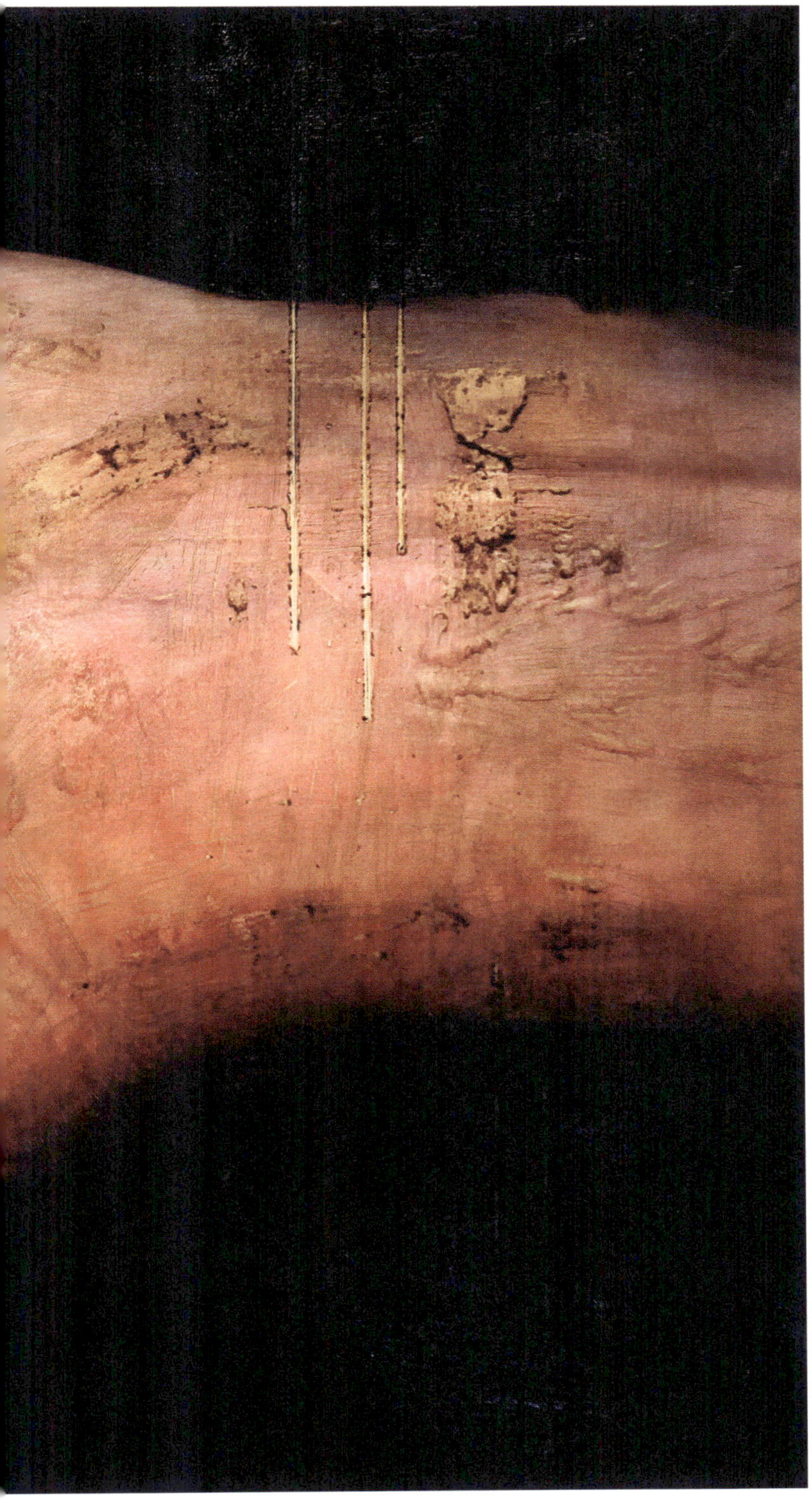

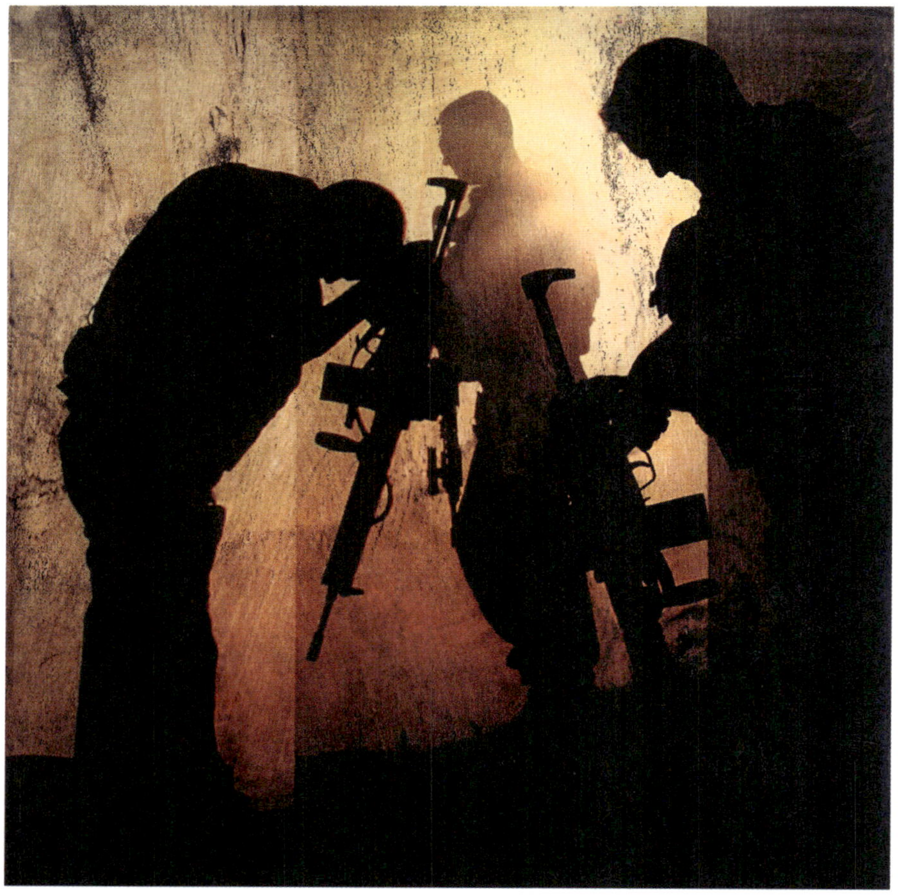

Silhouette I (Contact Sheet) 2009
Mixed Media / Oil on Wood
40 x 40 cm / 15 x 15 in

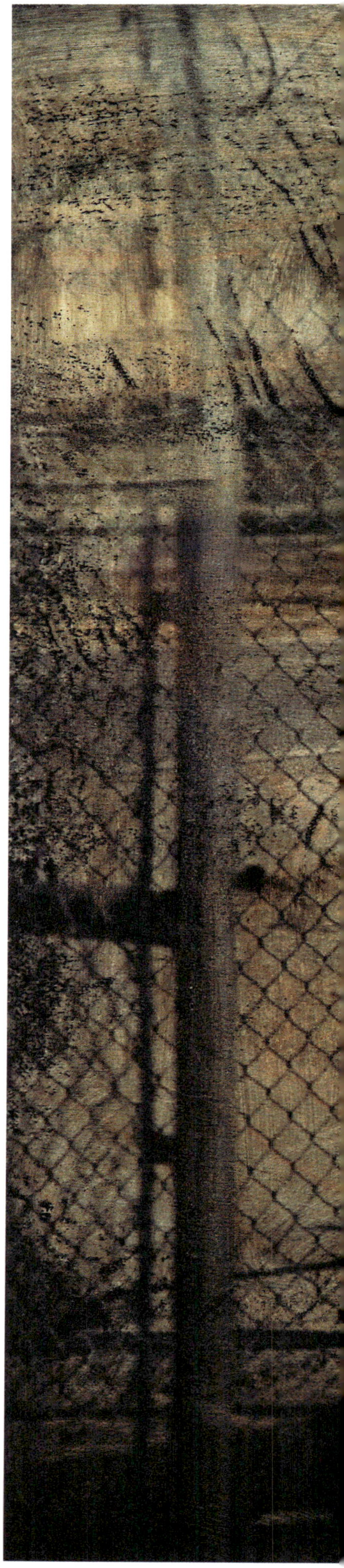

Gate (Contact Sheet) 2009
Mixed Media / Oil on Wood
40 x 40 cm / 15 x 15 in

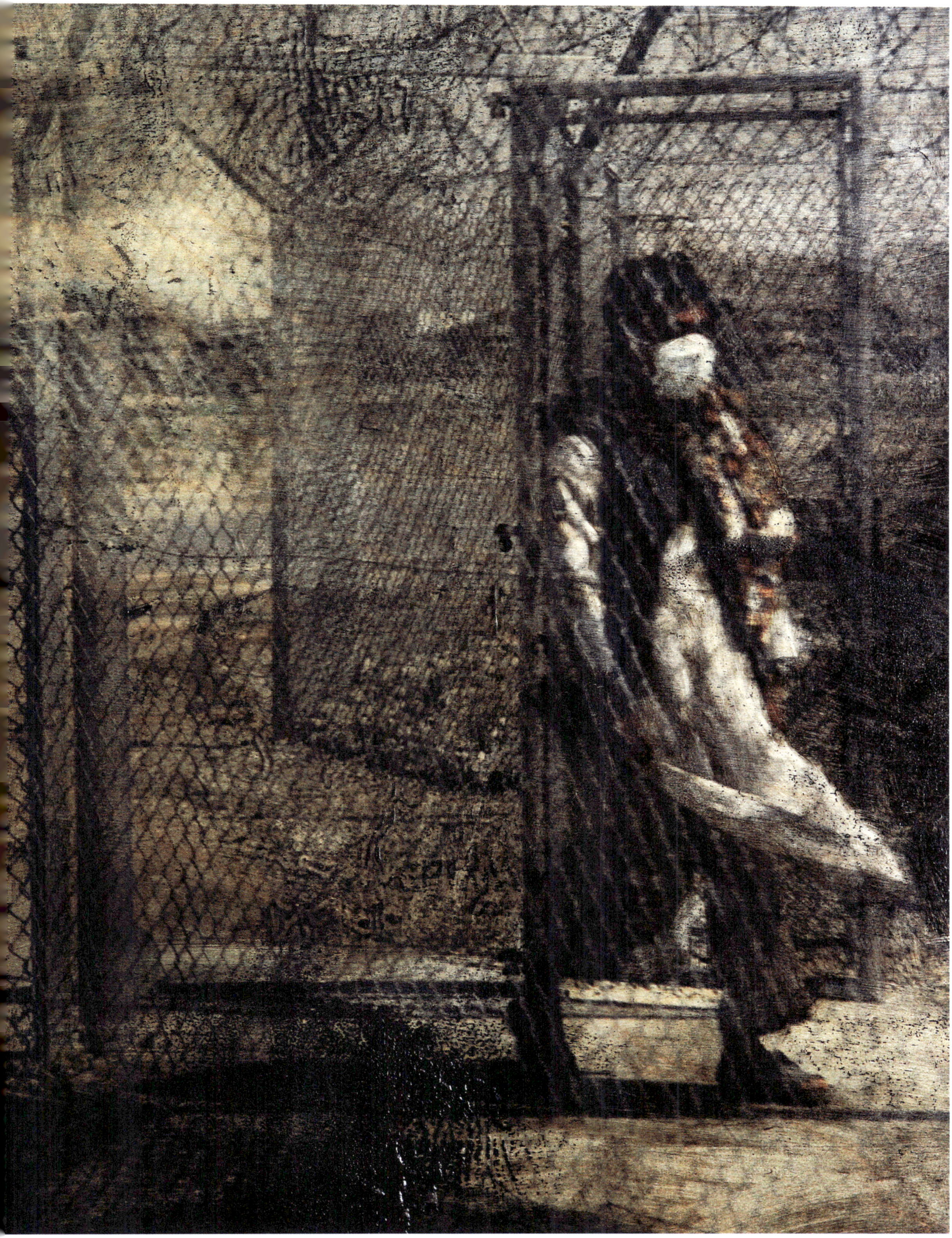

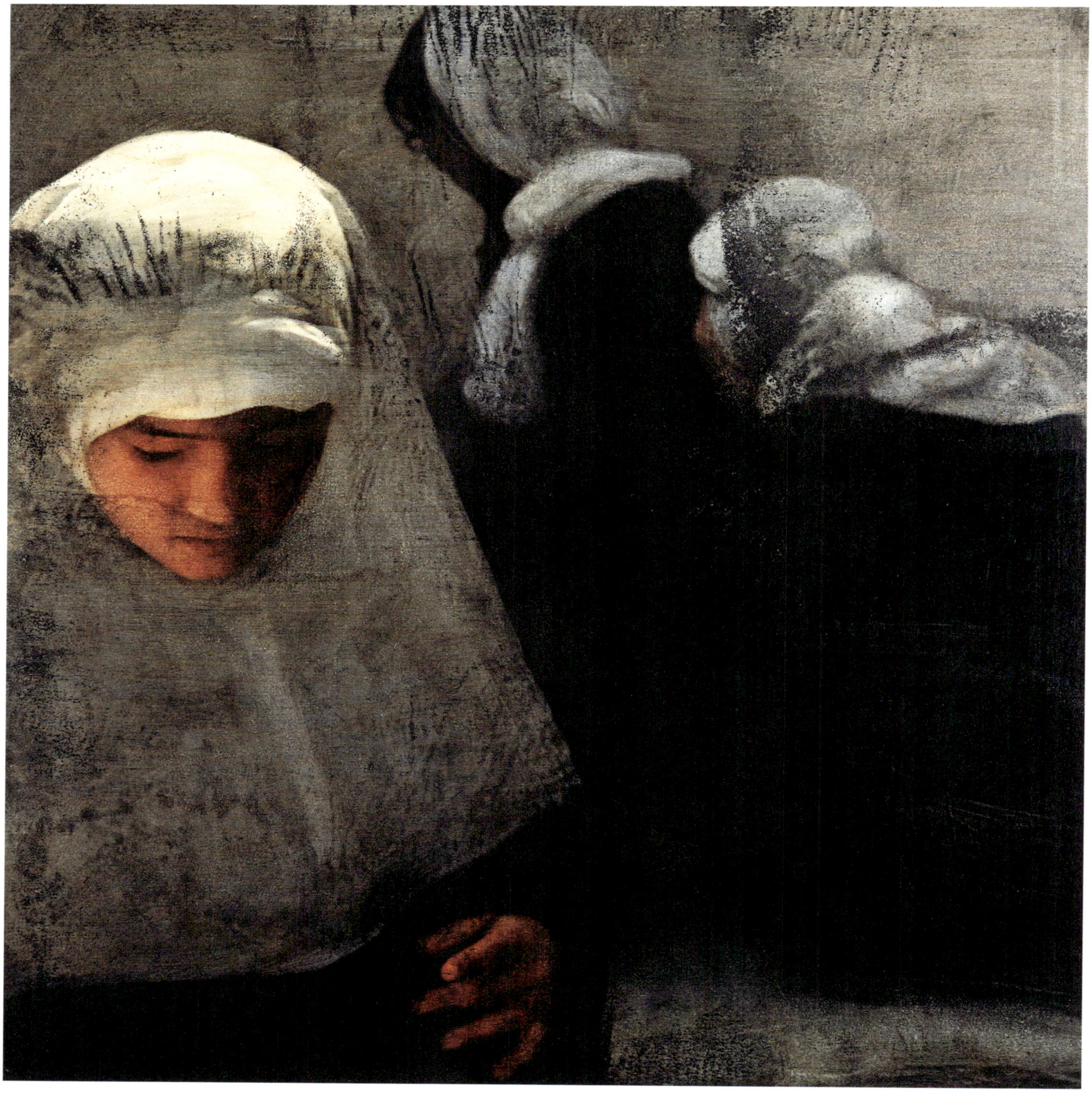

School (Contact Sheet) 2009
Mixed Media / Oil on Wood
40 x 40 cm / 15 x 15 in

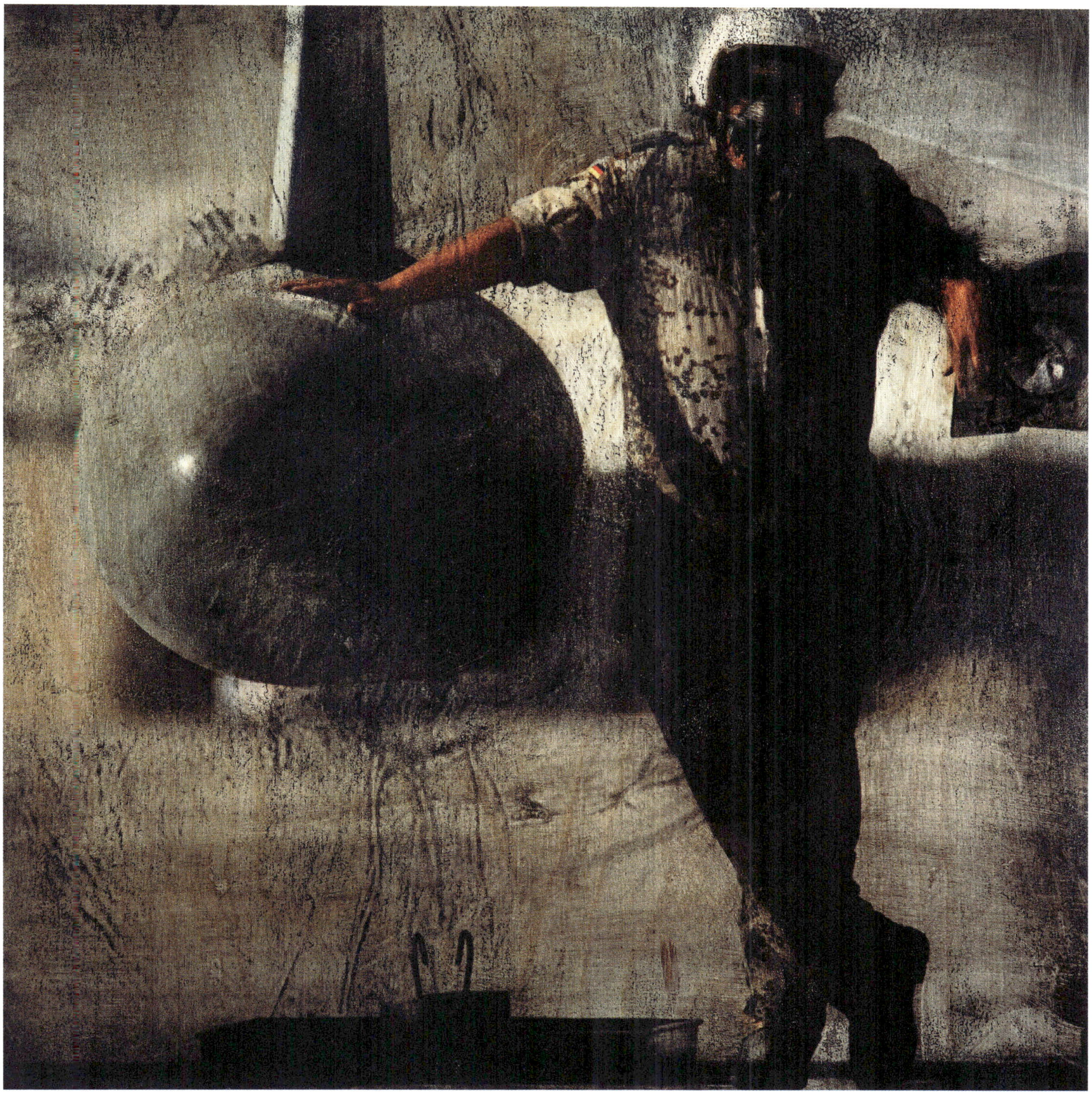

Pilot (Contact Sheet) 2009
Mixed Media / Oil on Wood
40 x 40 cm / 15 x 15 in

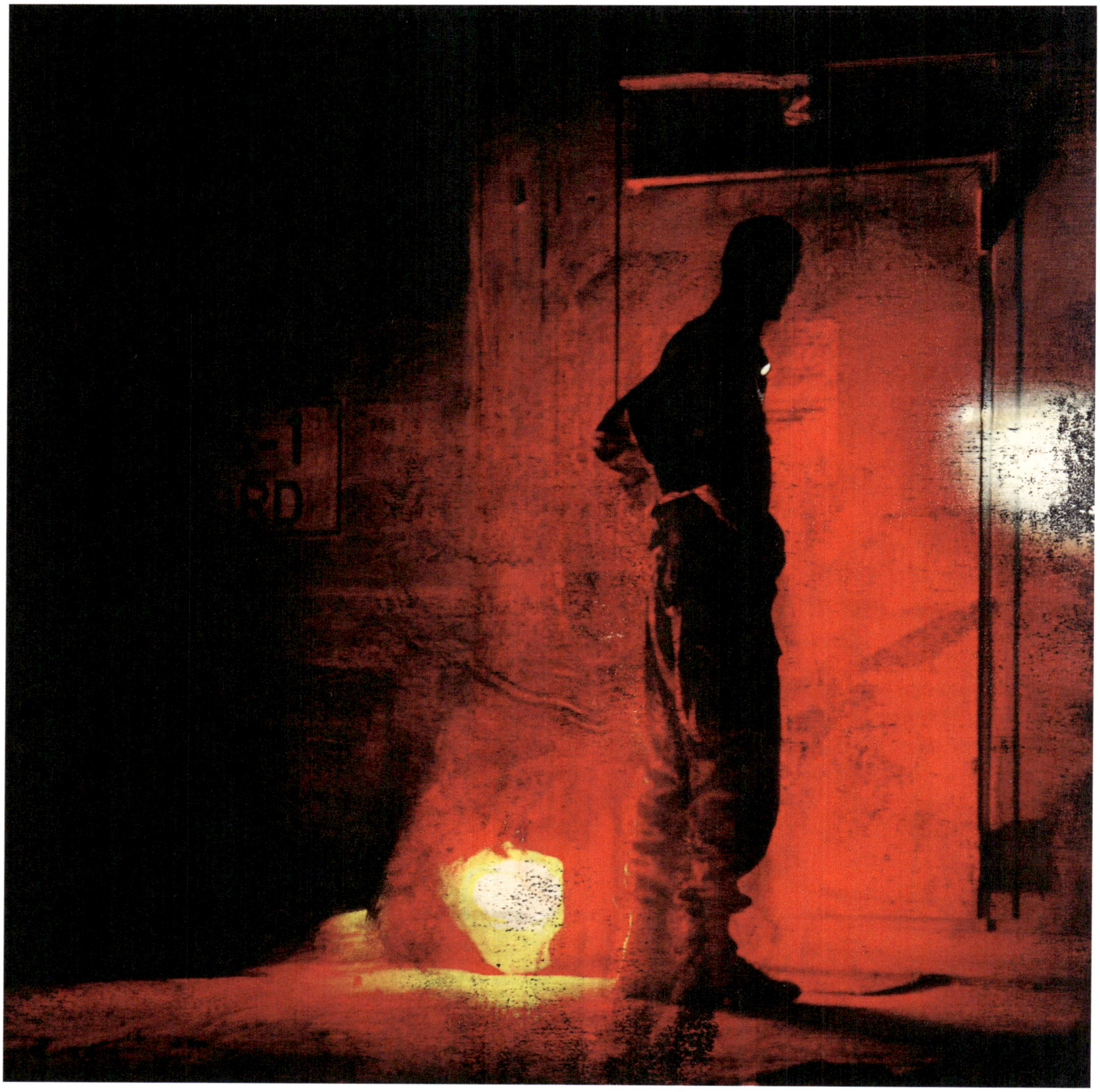

Red Wall (Contact Sheet) 2009
Mixed Media / Oil on Wood
40 x 40 cm / 15 x 15 in

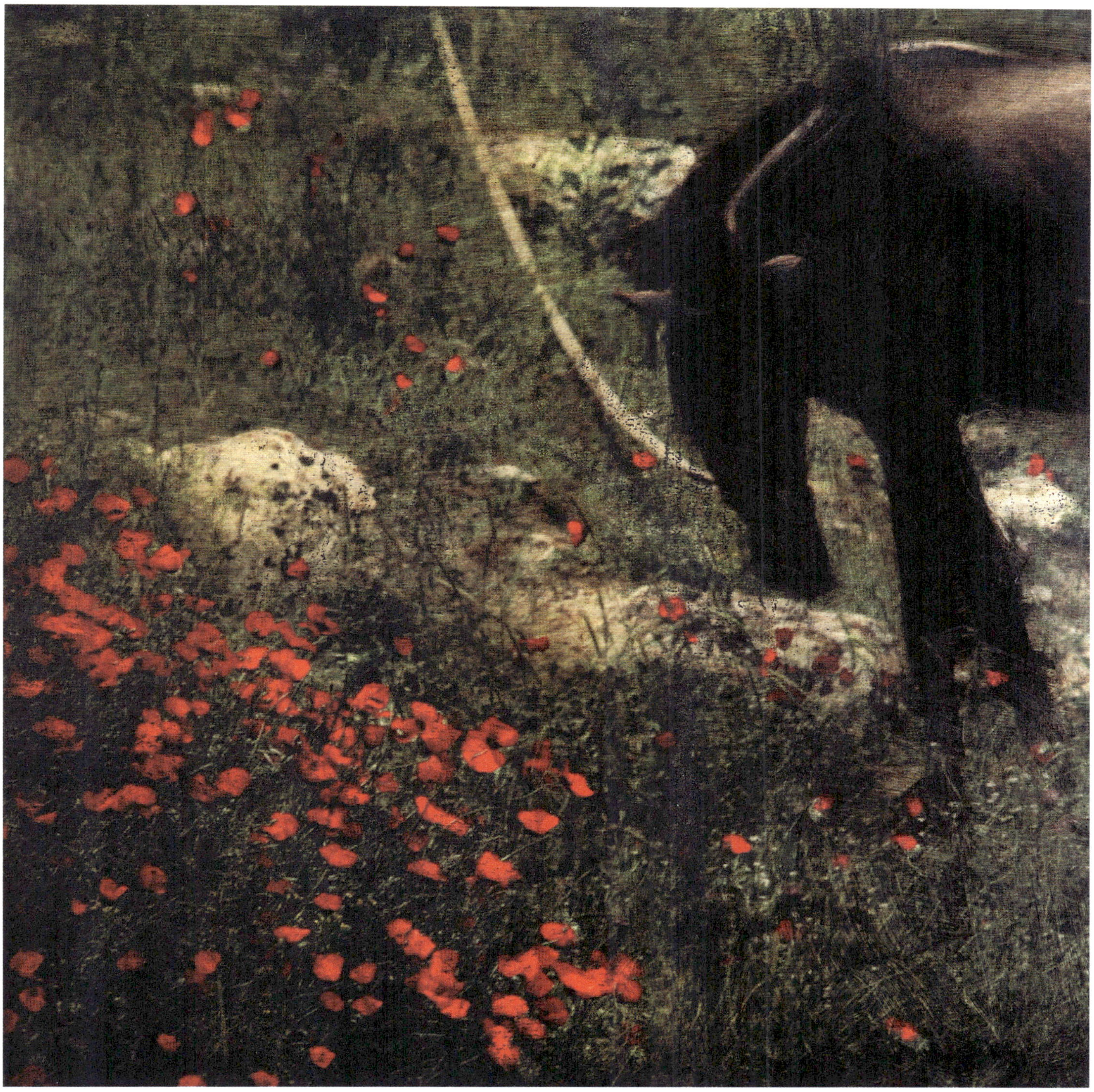

Chain (Contact Sheet) 2009
Mixed Media / Oil on Wood
40 x 40 cm / 15 x 15 in

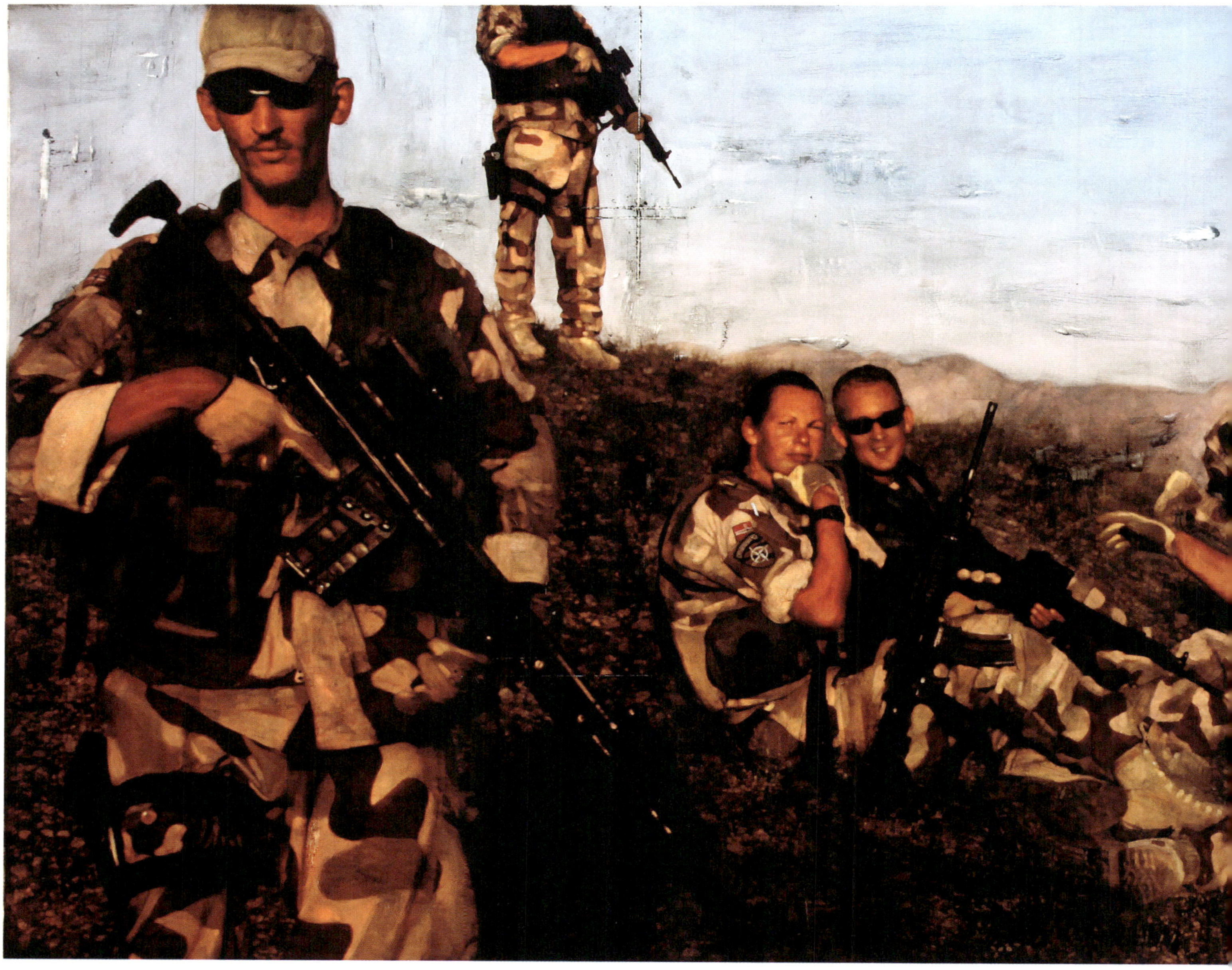

AFG (Paraphrase The Storyteller) 2009
Mixed Media / Oil on Canvas
167 x 443 cm / 66 x 174 in

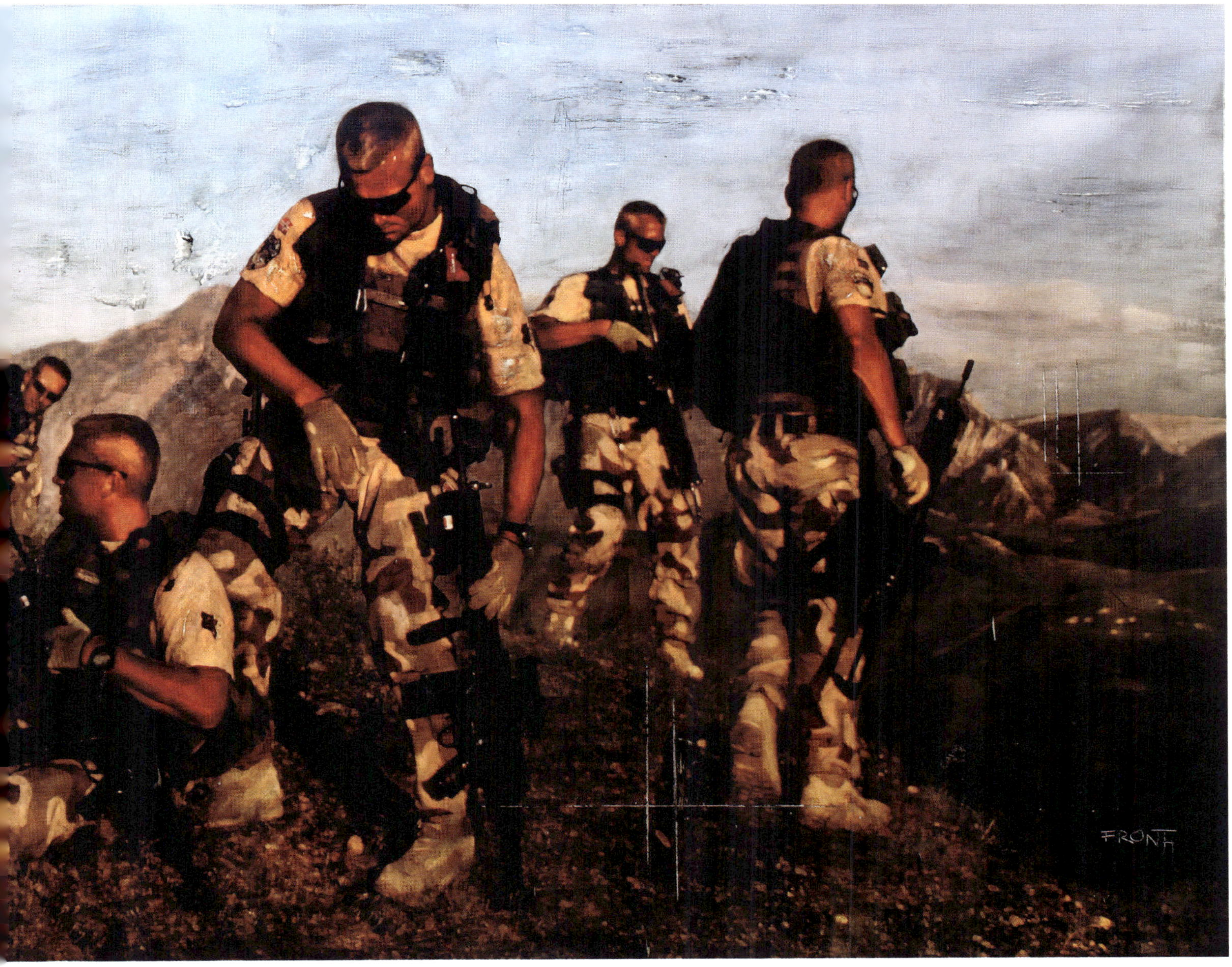
FRONTH

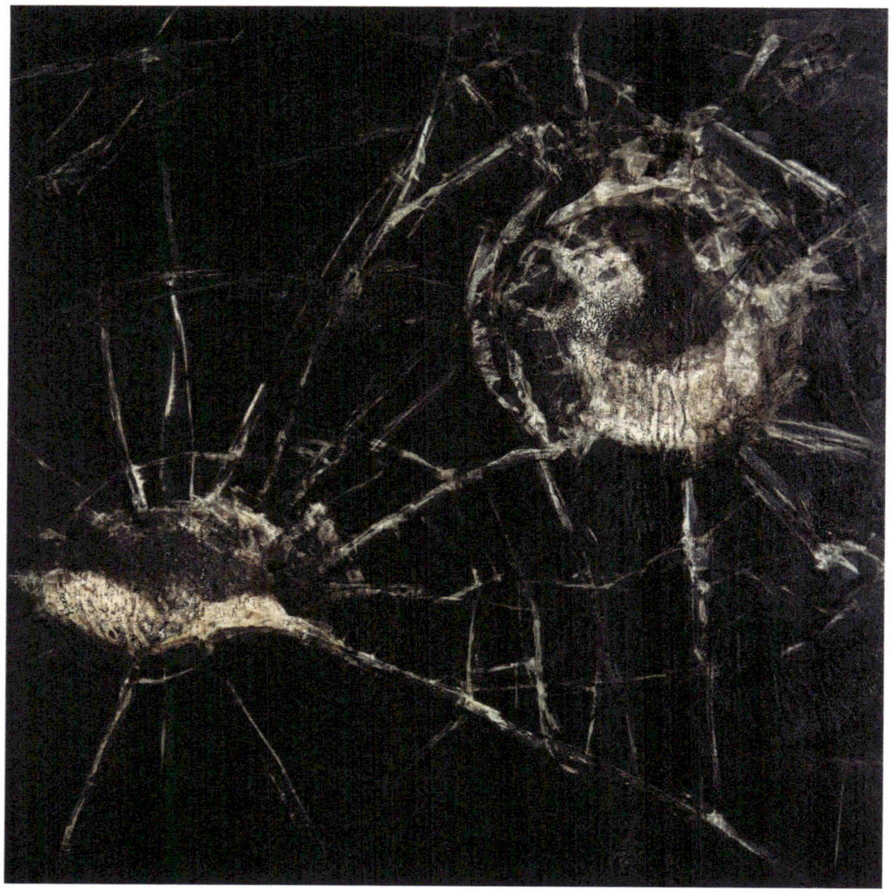

Web (Contact Sheet) 2009
Mixed Media / Oil on Wood
40 x 40 cm / 15 x 15 in

Her Own Moment II / The Cliff (Contact Sheet) 2009
Mixed Media / Oil on Wood
40 x 40 cm / 15 x 15 in

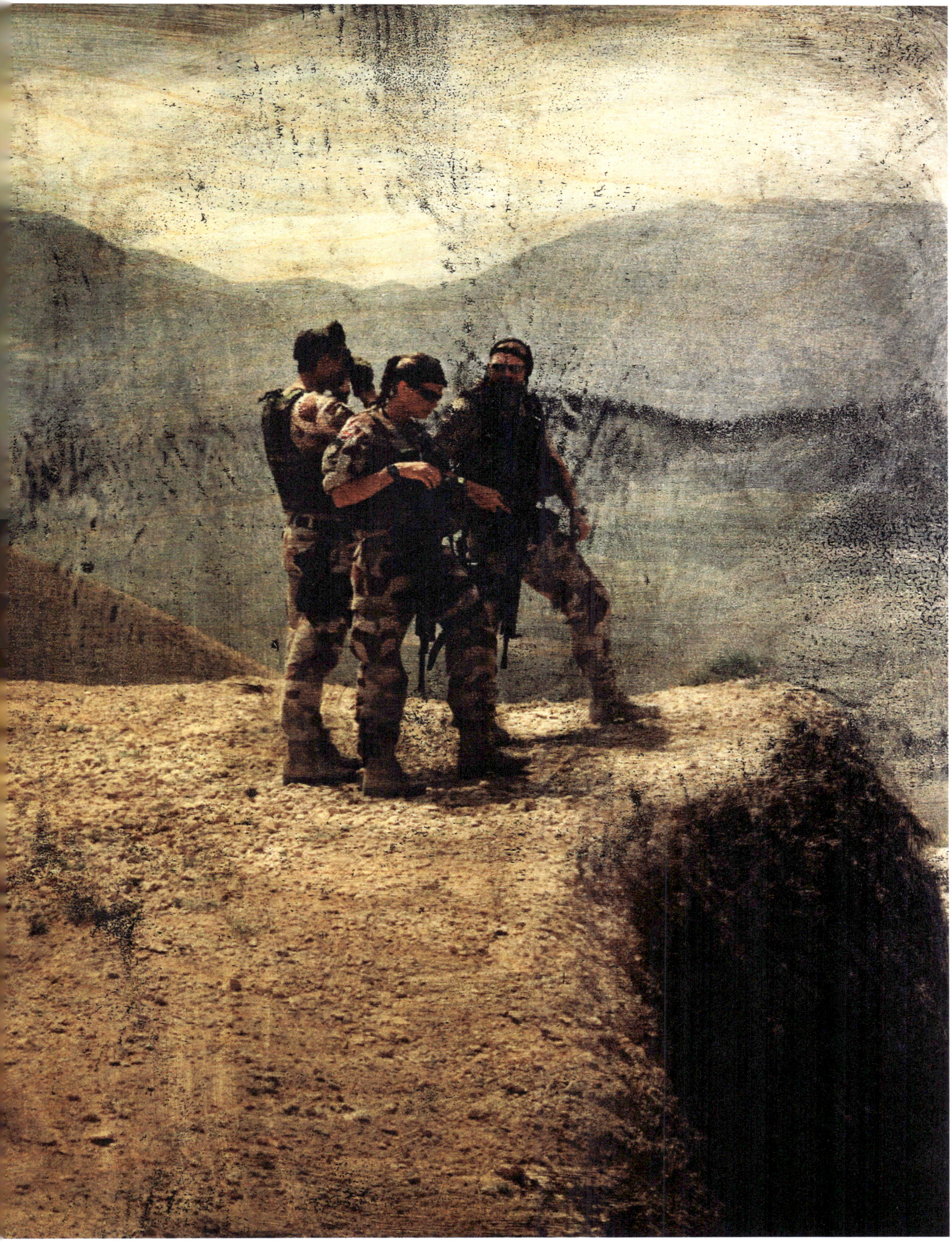

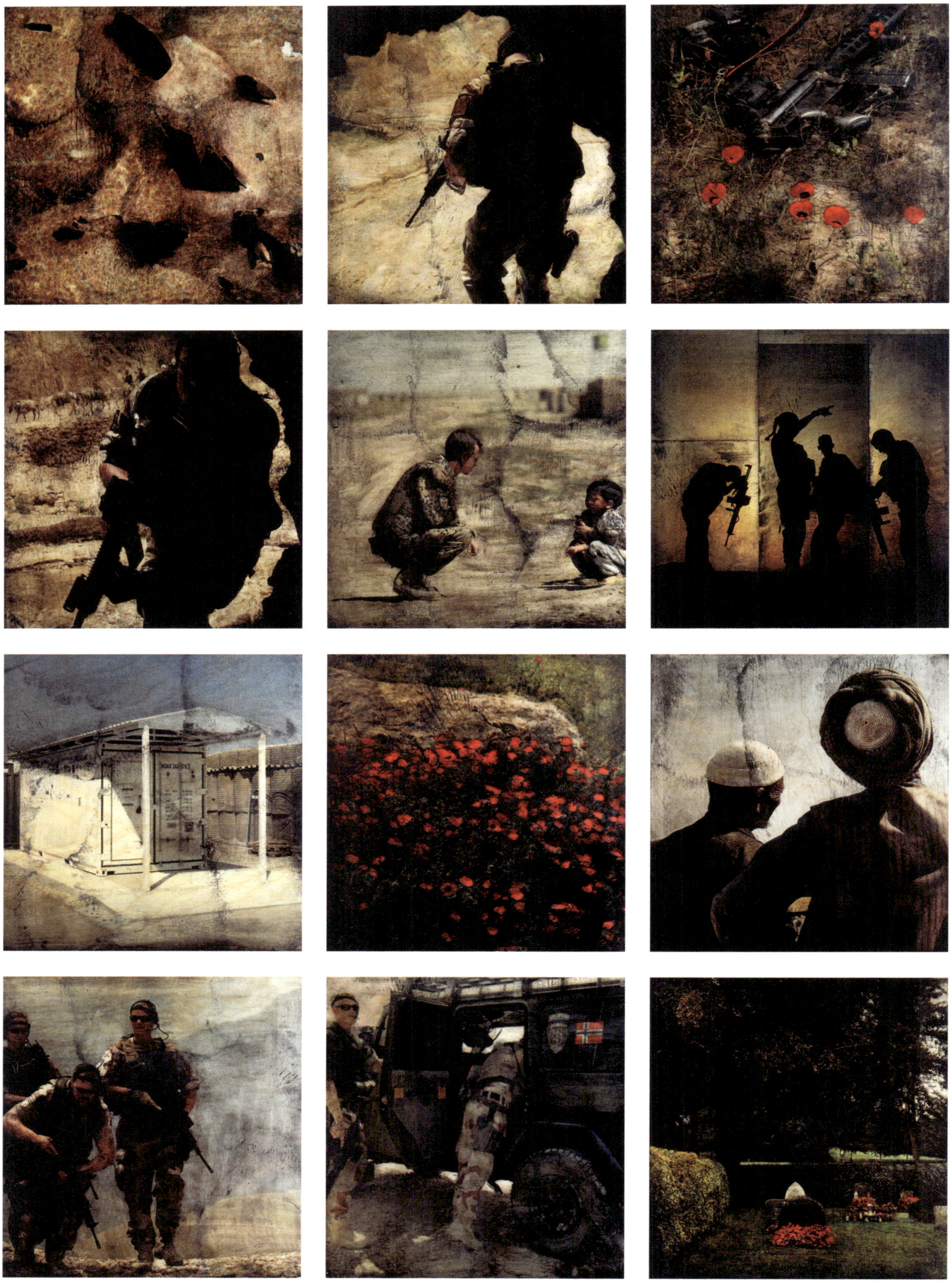

GRID: Silk Road Quilt 2009
Mixed Media / Oil on Wood
40 x 40 cm / 15 x 15 in

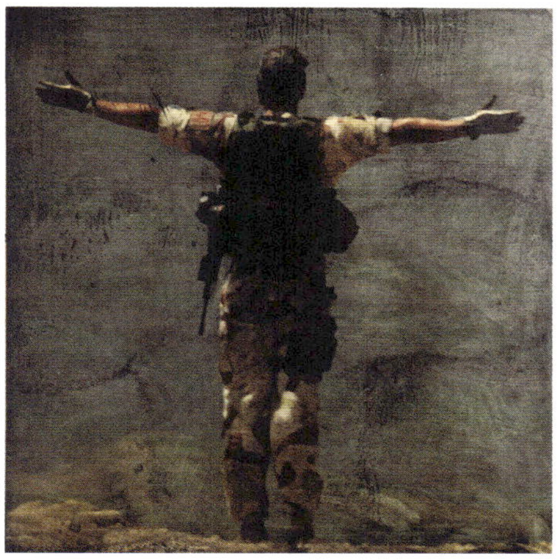
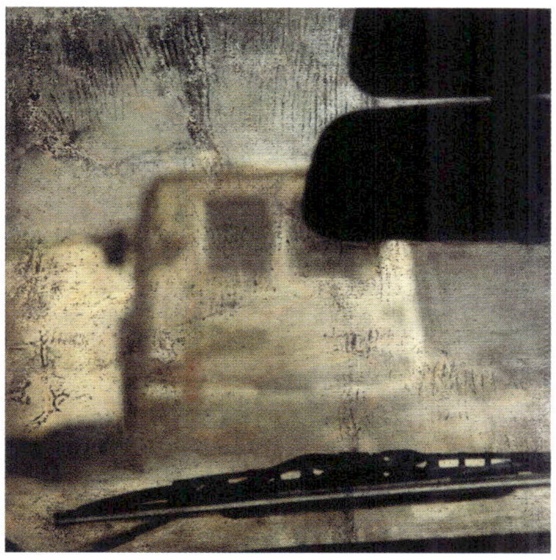
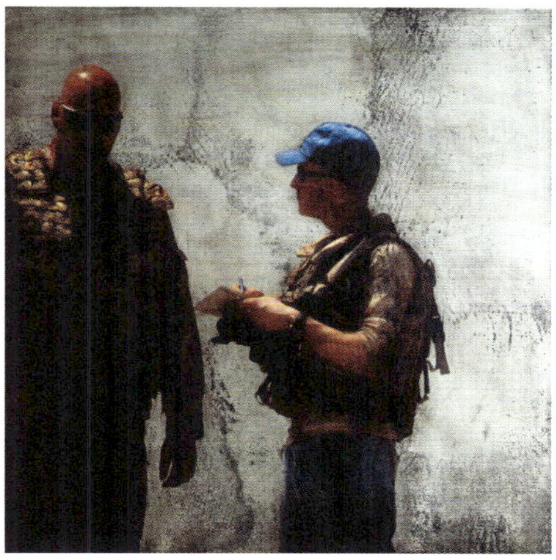
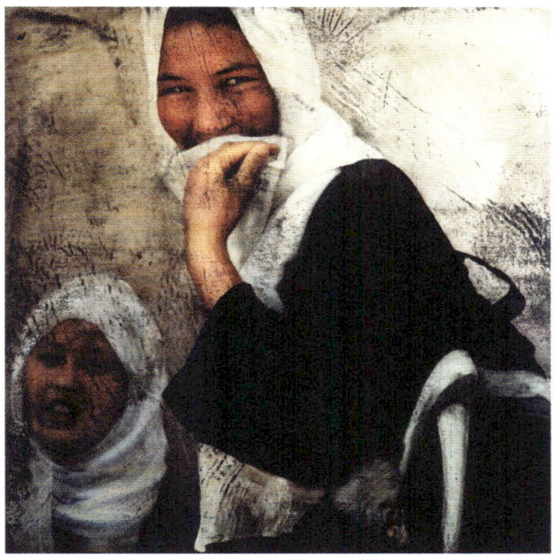
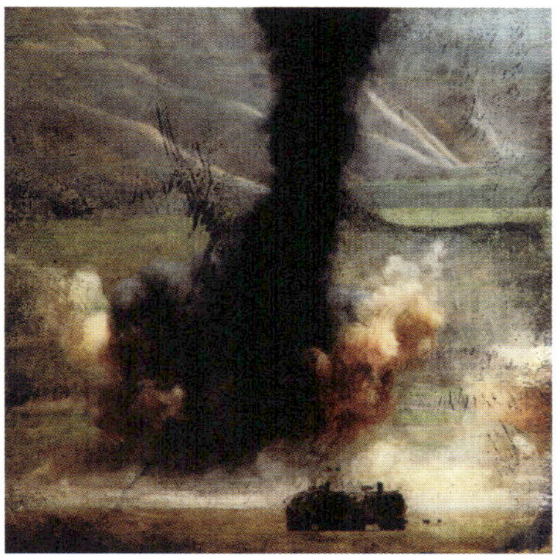
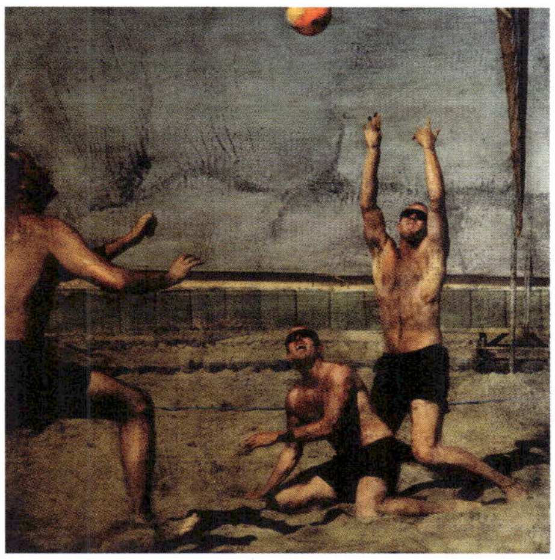
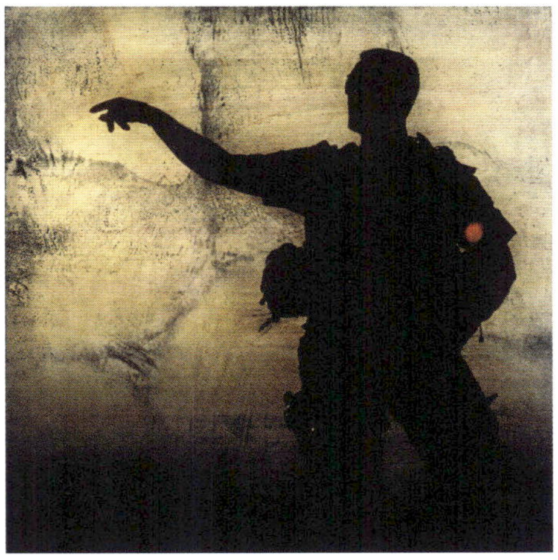
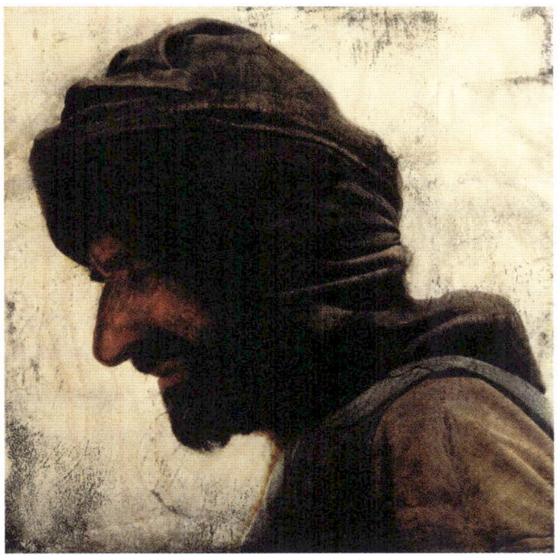
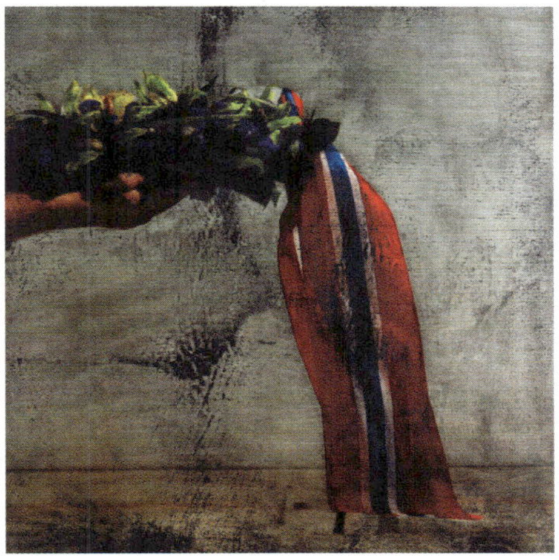
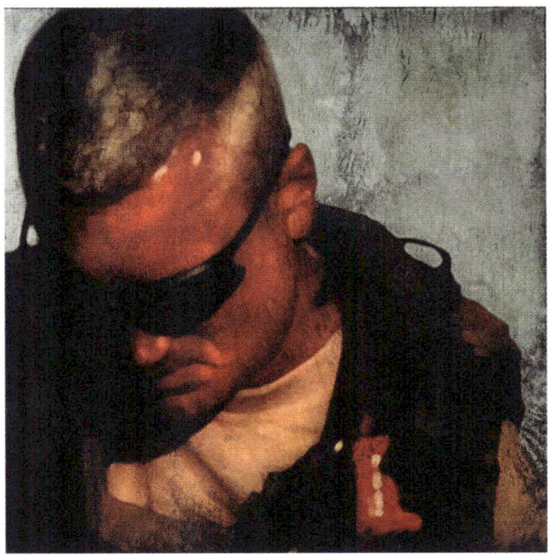
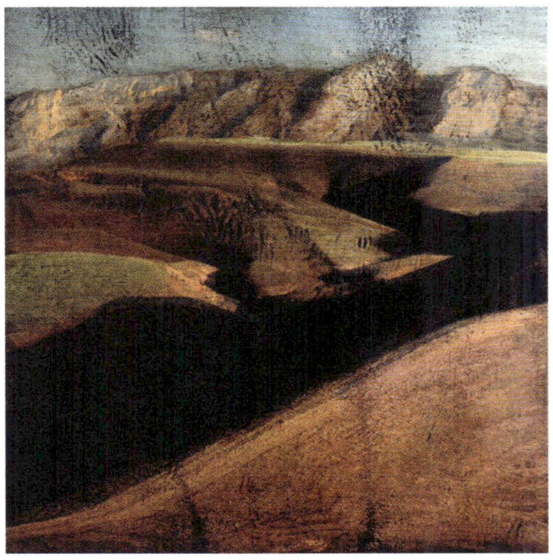
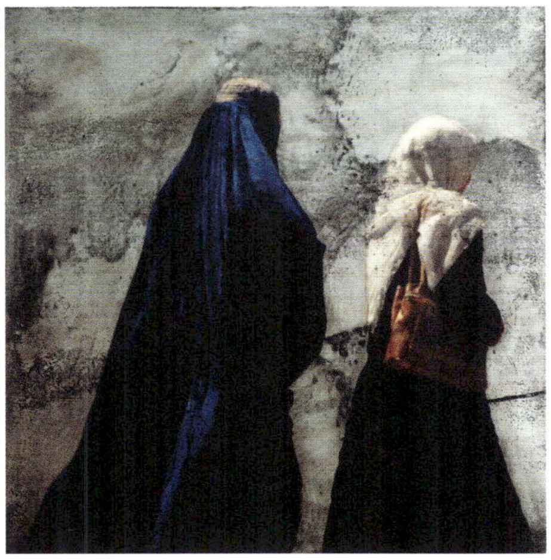

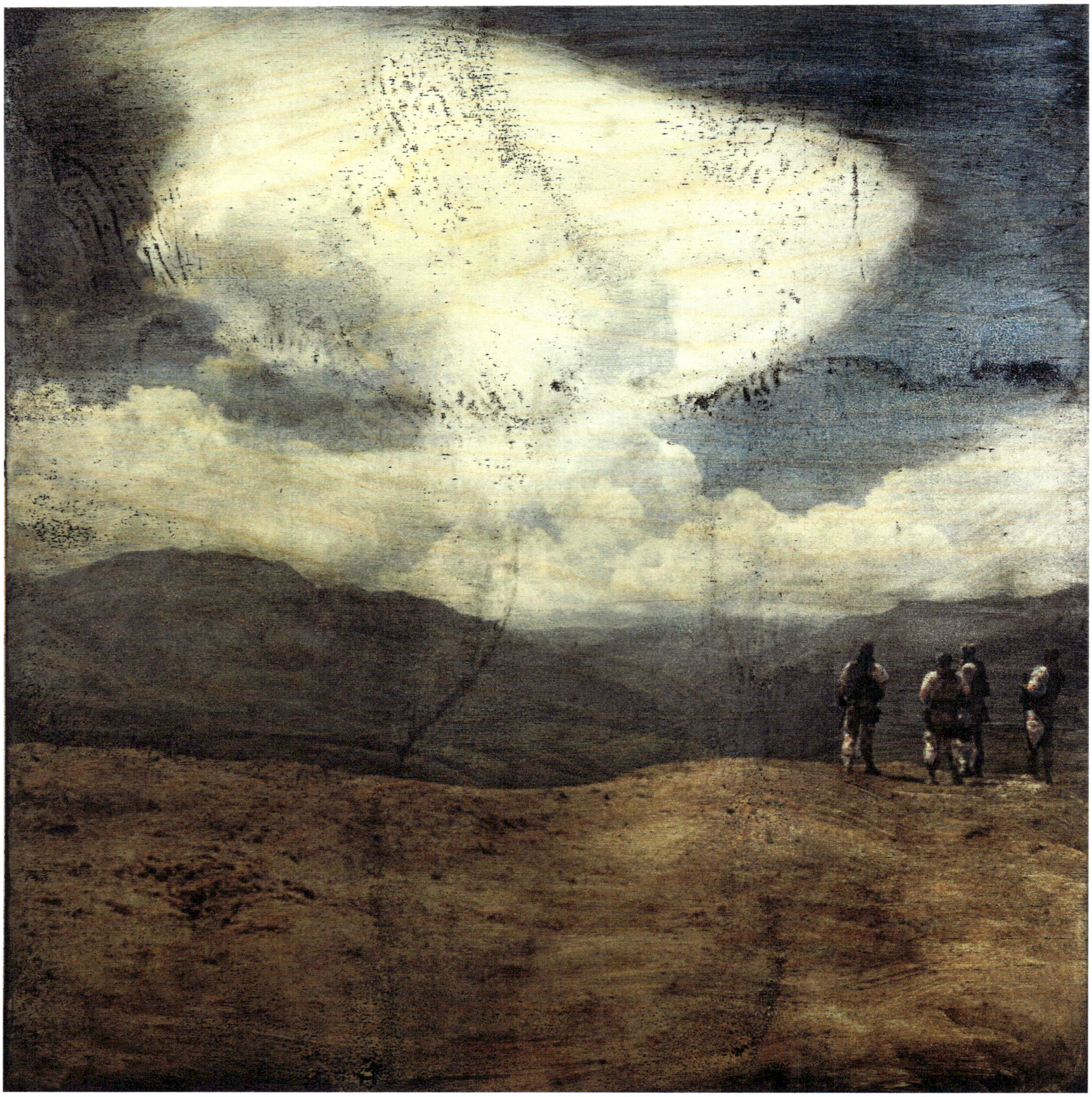

The Cloud (Contact Sheet) 2009
Mixed Media / Oil on Wood
40 x 40 cm / 15 x 15 in

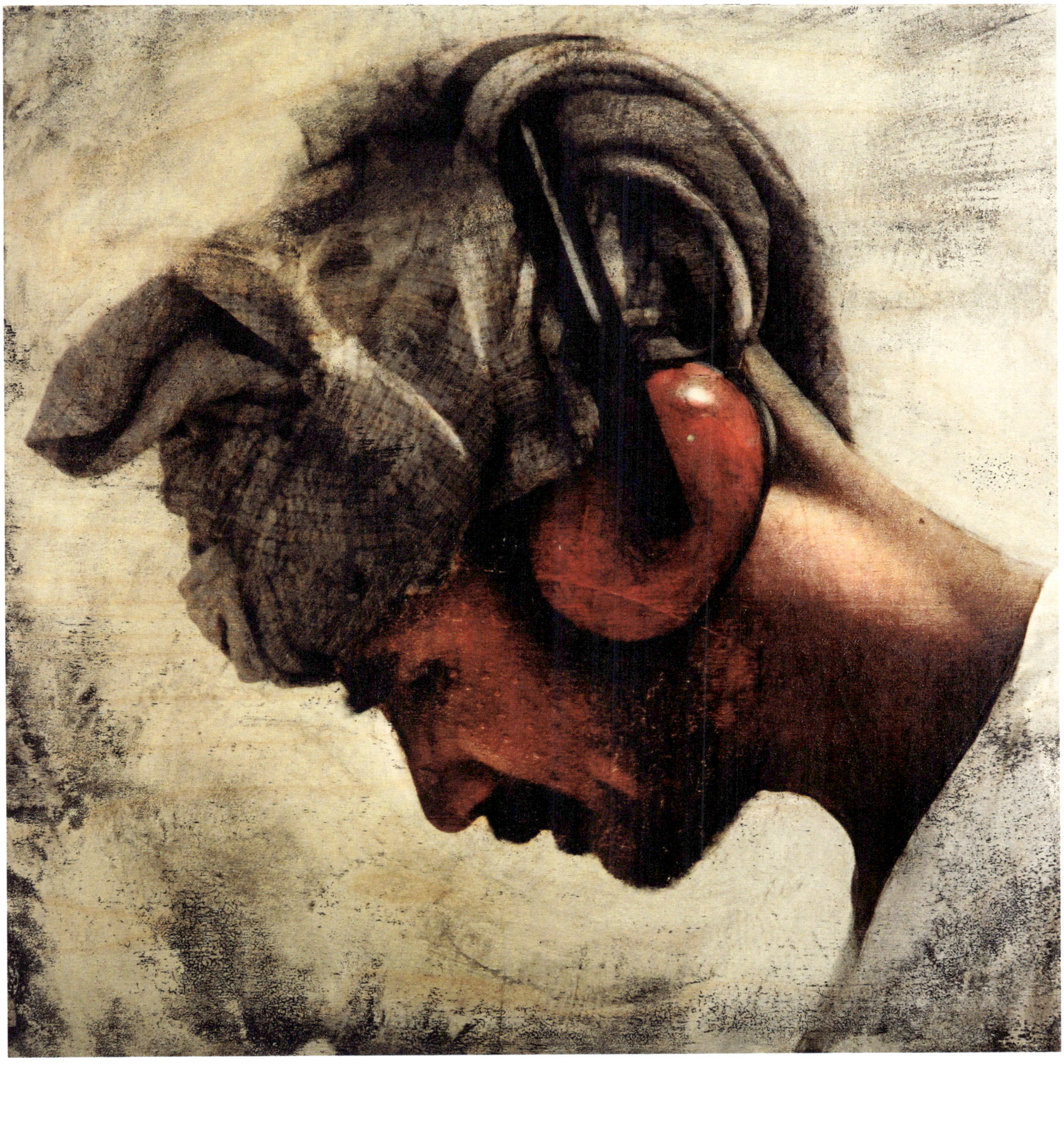

Tarmac (Contact Sheet) 2009
Mixed Media / Oil on Wood
40 x 40 cm / 15 x 15 in

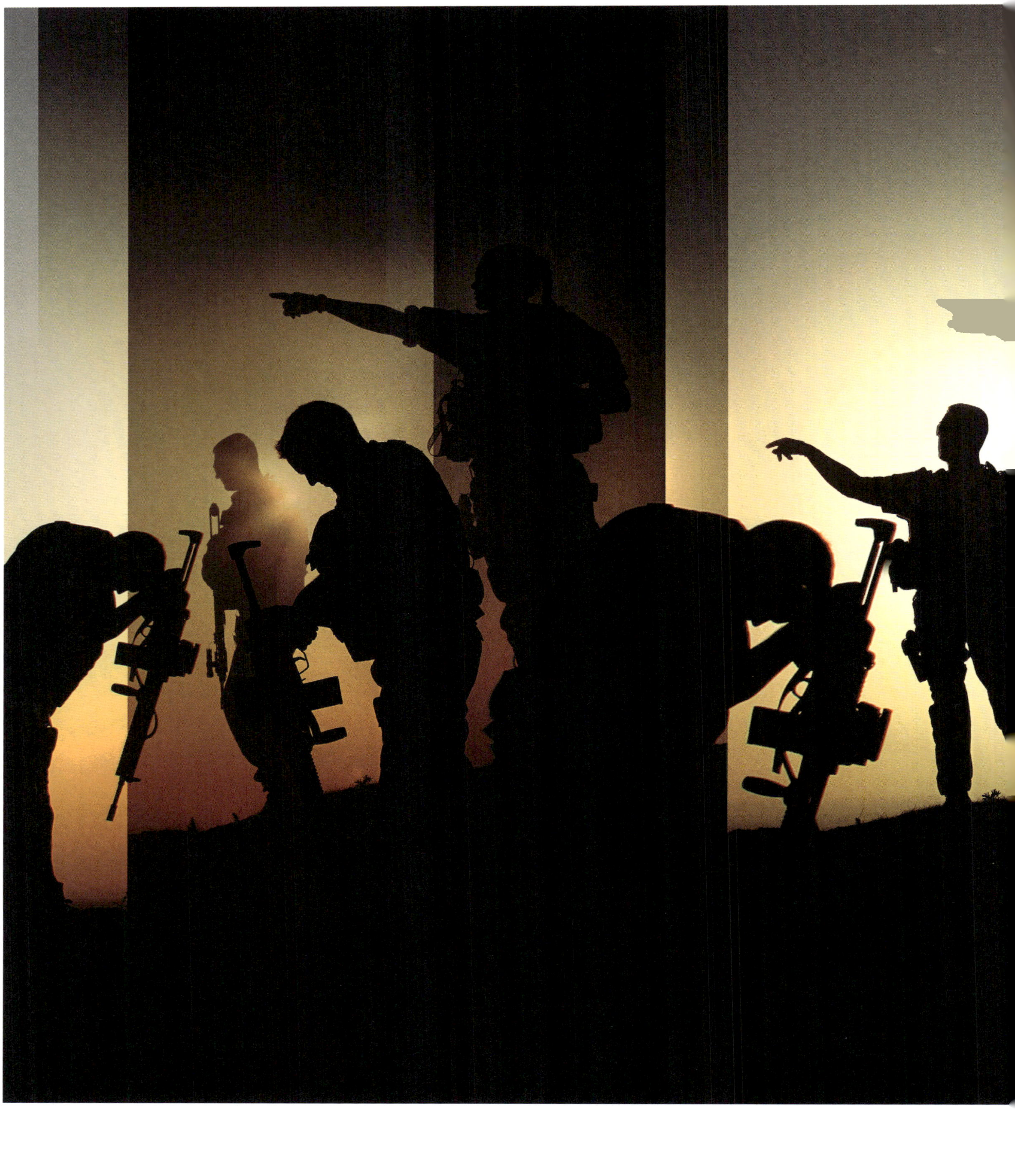

Study for Two Sunsets 2009
Black Sheeps

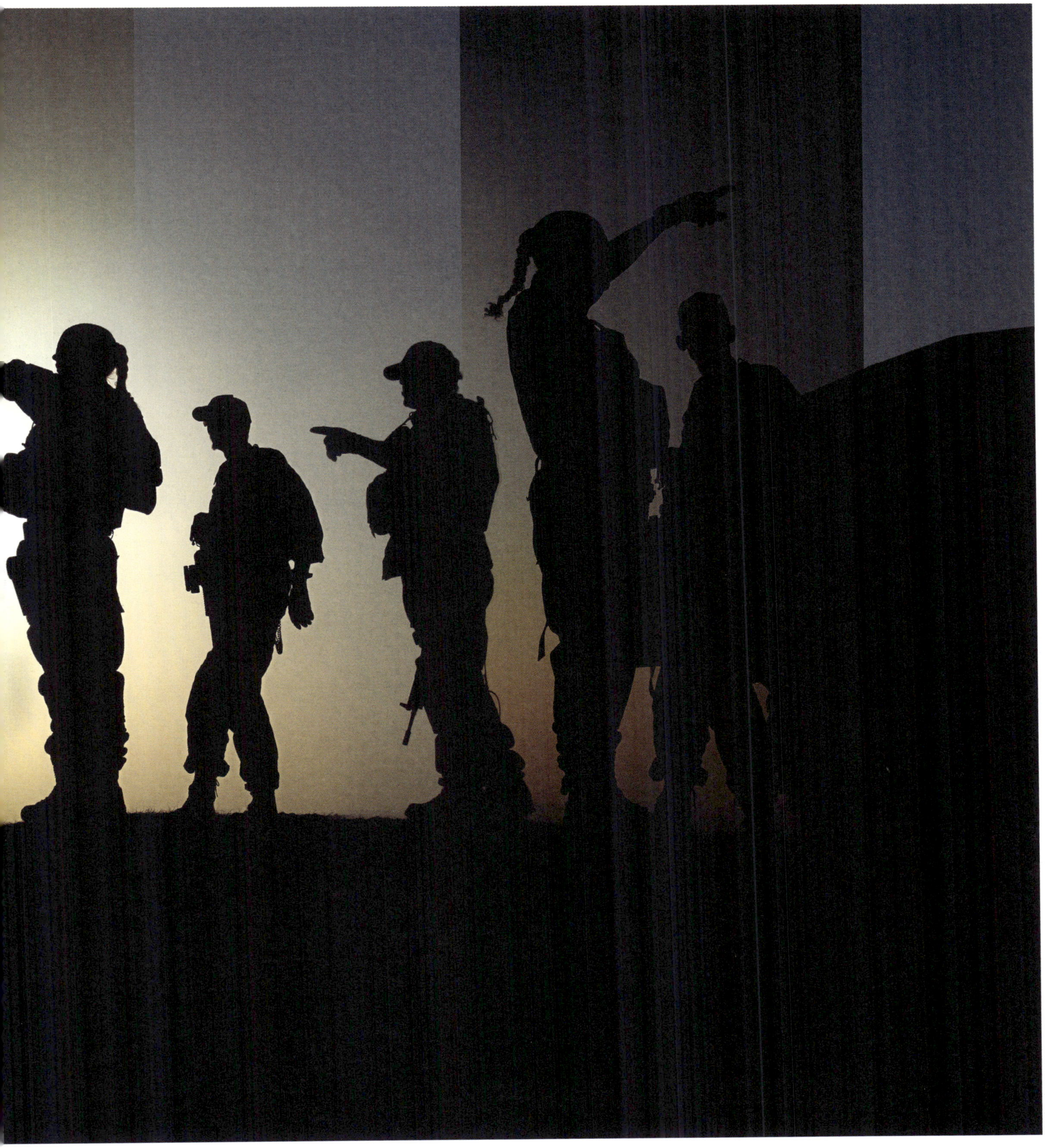

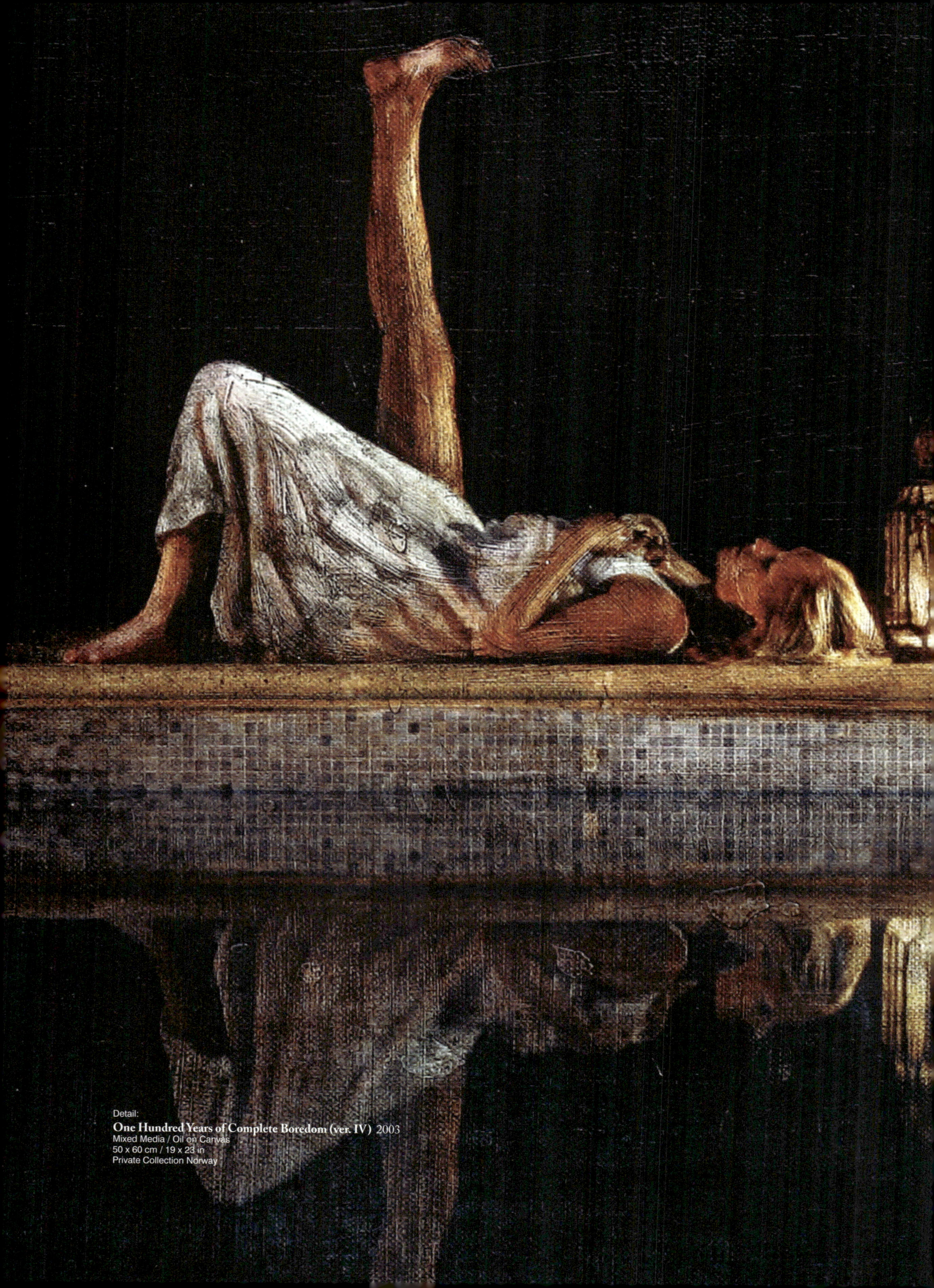

Detail:
One Hundred Years of Complete Boredom (ver. IV) 2003
Mixed Media / Oil on Canvas
50 x 60 cm / 19 x 23 in
Private Collection Norway

Sequences

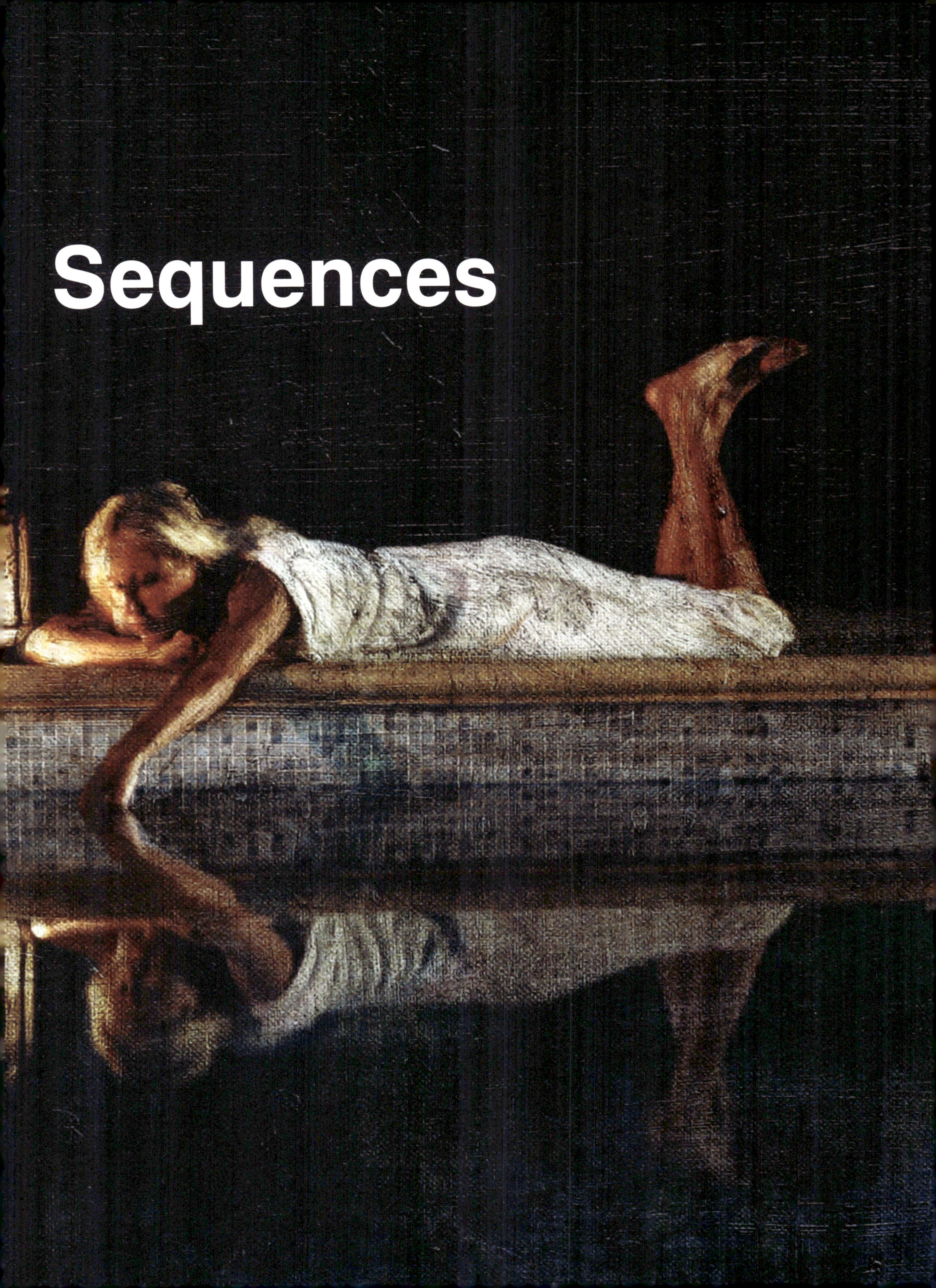

Sequences

Serielle arbeider

Per Fronth's oeuvre is characterised by a focus on different sequences of recurring motifs collected from collaborations with the experimental dance group loop loop loop, helicopter rides over the Norwegian mountains and a quest for the evolution of melancholy.

Fronth has often used landscapes from his hometown of Kristiansand as the basis of many projects, but he has also made different works of mountain motifs in the series *Reservoir*. His images can be divided into experienced landscapes and psychological landscapes because he often bases a picture on deconstruction of a view in order to construct an entirely new composition.

The mixed media works in the series *Reservoir* are based on photographs from planned helicopter rides over the Norwegian mountains of Setesdal, Ryfylke and Trollveggen. The mountain landscapes in the series depict large, snow-covered mountains that light up in contrast to the dark top and bottom edges of the picture. The sharp contrast between light and shadow creates a dramatic and dynamic artistic expression.

Dramatic scenery from the Norwegian mountains was a popular motif for the Norwegian landscape painters in the early 1800s. Fronth challenges this tradition both through his choice of subject and technique. He scratches up the pictorial surface into different patterns reminiscent of how a photographer crops a photograph or a contact sheet. The traces and the lines visualise him working on the surface with oil paint. This technique represents Fronth's signature as an artist.

The perspective from a helicopter represents a strong contrast to the traditional painted expressions of landscapes and mountains. Fronth depicts the mountains as seen from the air, a level the old landscape painters at that time did not have access to. In this manner Fronth pushes the traditional and venerable reference into a modern context through his characteristic combination of the painterly and the photographic medium.

Fronth describes his artistic agenda as "an arrogant way of treating landscape painting."

"It's reminiscent of the time we live in and represents an easy and, for some, environmentally damaging approach to something beautiful. This is also the central theme that I have worked on for a long time, namely people's misguided ownership of nature. The helicopter door reveals a view of an explosive mass of light and shapes that reflects the rays from the sun. The reflections from the sun also emphasise the natural cycles that all living beings are a part of, like snow melting into water, rivers running into turbines, energy transformed into money, and the exercise of power they provide."

Fronth has collaborated with the professional dance company *loop loop loop* on many projects. The series *mms/metaphors* and *LOOP (trampoline)* has a surreal impression based on the wom-

Seriene i Per Fronths kunstnerskap er blant annet hentet fra et samarbeid med den eksperimentelle dansegruppen loop loop loop, helikopterturer over den norske fjellheimen og en gjentagende søken etter melankoliens evolusjon.

Per Fronths serieverker er preget av tilbakevendende motivkretser. Han har fordypet seg i ulike former for landskap, med hovedfokus på skjærgården i Kristiansand og Søgne. Landskapsbildene hans kan deles inn i de opplevde og de psykologiske landskap, ettersom han ofte dekonstruerer en utsikt for å konstruere en helt ny komposisjon.

Mixed media-arbeidene i serien *Reservoir* er basert på fotografier tatt på helikopterturer over norske fjellformasjoner i Setesdal, Ryfylke og Trollveggen. Fjellandskapene vises som utsnitt av store, snødekte fjell som lyser opp i kontrast til en mørklagt øvre og nedre del av billedflaten. Den skarpe motsetningen mellom lys og skygge skaper et dramatisk og dynamisk uttrykk.

Dramatikken i den norske fjellheimen var et yndet motiv for norske landskapsmalerne på begynnelsen av 1800-tallet. Fronth utfordrer denne tradisjonen både gjennom motivvalg og teknikk. Han riper bevisst opp billedoverflaten i mønstre som kan minne om en fotografs beskjæringer av et fremkalt bilde eller et kontaktark. Sporene og strekene etter penselens bearbeiding med oljemaling hentes frem; nærmest en signatur fra Fronths hånd.

Som en motsetning til det tradisjonelle maleriske uttrykket står helikopterperspektivet. Fronth leier inn helikoptere og fremstiller fjellene sett fra luften, et nivå de gamle landskapsmalerne på 1800-tallet ikke hadde tilgang til.

Fronth beskriver sin kunstneriske agenda som «en arrogant form for behandling av landskapsmaleriet». Han trekker den tradisjonelle og ærverdige referansen inn i en moderne sammenheng gjennom sin karakteristiske blanding av det maleriske og det fotografiske mediet.

– Omtrent som tiden vi lever i. En lettvint, noen vil hevde miljøskadelig innfallsvinkel, til noe vakkert. Dette er også det sentrale underliggende tema jeg over lang tid har fokusert på; menneskets misforståtte eierskap til naturen og hvordan den forvaltes. Fra helikopterdøren åpenbarer det seg en eksplosiv masse av lys og former som reflekterer stråler fra solen, men som også understreker naturens syklus som alt levende er en del av. Snø som smelter til vann, elver som føres inn i turbiner, energi som blir til penger – og muligeten til makt som pengene gir.

Fronth har samarbeidet med det profesjonelle dansekompaniet loop loop loop i forbindelse med en rekke prosjekter. Både serien *mms / metaphores* og *LOOP (trampoline)* har en surrealistisk tilnærming til kvinnekroppen.

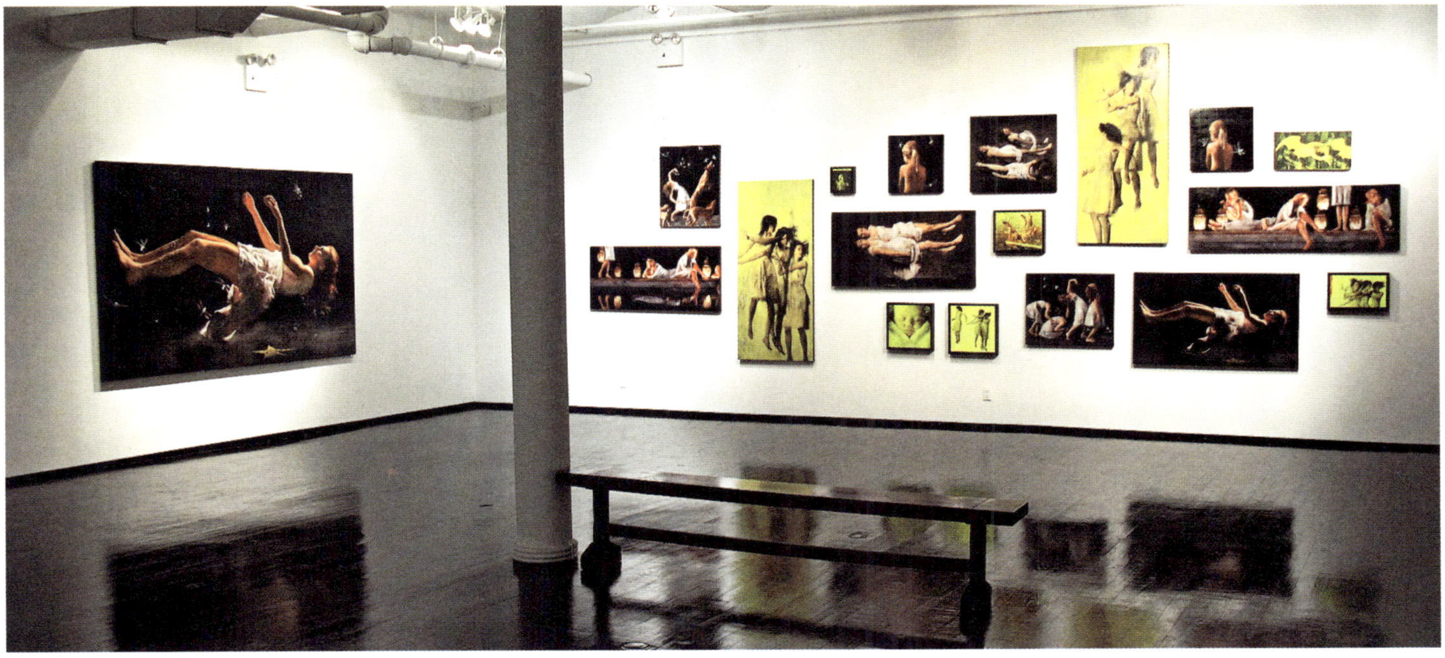

Installation view of the exhibition *New Works* at Dillon Gallery, New York, October 2006

en's weird body postures and movements. The same woman is repeated in various poses as she moves across the painted surface in *mms/metaphors.*

Fronth has chosen to portray the woman wearing a white dress as a strong contrast to the dark background. That way he creates a dramatic pictorial expression that refers to the Baroque artists' use of the characteristic chiaroscuro technique. Fronth uses a similar technique in the series *One Hundred Years of Complete Boredom* and *Evolution of Melancholy.*

The *Trampoline* series consists of works based on photographs of the dance group *loop loop loop*. Some of the works have the additional title of *Defense.* The women are caught in the air jumping up with their arms stretched out as if to protect themselves. The weightless state of the women presents both a fragile and a courageous position of throwing themselves into the unknown. The works are symbolic of the many situations in life where we plunge into a circumstance that we do not have control over. A photograph can capture exactly that moment when we are in the middle of the air.

The *Trampoline* series also depicts women in a supine position with their eyes closed. The only thing that reveals that they are actually captured in the air is the fact that their dresses are hanging down below them. Their facial expressions are harmonious as in a dream. But as soon as you take a closer look at the women, you notice that their muscles are tense and that their bodies have an unnatural static feel. The beautiful artistic expressions in the pictures have an unfathomable and abstract aura. The feeling that there is something wrong is striking.

Fronth refers to art history through various expressions, but he also refers to physical aspects of painting through presenting textural aspects as brush strokes and cracking of the picture surface. That way he connects the photographic works with art history through references to paintings. Fronth presents the photographic medium's characteristic features in a painterly disguise.

Den samme kvinnen er gjentatt i ulike positurer idet hun beveger seg over billedflaten i *mms / metaphores*. Fronth har kledd henne i hvit kjole som lyser mot den mørke bakgrunnen. På den måter skaper han et dramatisk billeduttrykk med referanser helt tilbake til de barokke kunstnernes bruk av den karakteristiske teknikken *chiaroscuro*. Den samme kontrastfulle teknikken benytter han seg av både i seriene *One Hundred Years of Complete Boredom* og *Evolution of Melancholy*.

Den såkalte Trampolineserien består av en videreutvikling av fotografier av *loop loop loop*. Noen av verkene i serien har tilleggstittelen *Defence*. Kvinnene er fanget i luften idet de hopper opp med armene strukket ut foran seg – som for å beskytte seg for noe. Den vektløse tilstanden viser både til sårbarhet og mot – kvinnene kaster seg ut i det uvisse. Et fotografi kan fange nettopp det øyeblikket da man befinner seg i løse luften, uten kontroll og uten visshet om hva det neste øyeblikket vil bringe.

Trampolineserien fremstiller også kvinner i liggende positur med øynene lukket. Det eneste som avslører at de faktisk er fanget luftrommet, er det faktum at kjolene henger loddrett ned bak dem. Ansiktsuttrykkene er harmoniske som i en drøm, men ser man nærmere på kvinnene, legger man fort merke til at musklene deres er helt anspent og at kroppene har et unaturlig, statisk preg. Følelsen av at det er noe som ikke stemmer, er påfallende.

Fronth refererer til maleriets historie gjennom ulike uttrykk, men også til de fysiske aspekter ved maleriet som teknikk, gjennom henvisning til kvaliteter som penselstrøk, krakelering og riper. De fotografiske arbeidene inngår en symbiose med maleriet, der det fotografiske mediets evne til å fange øyeblikket, demonstreres i malerisk forkledning.

Reservoir

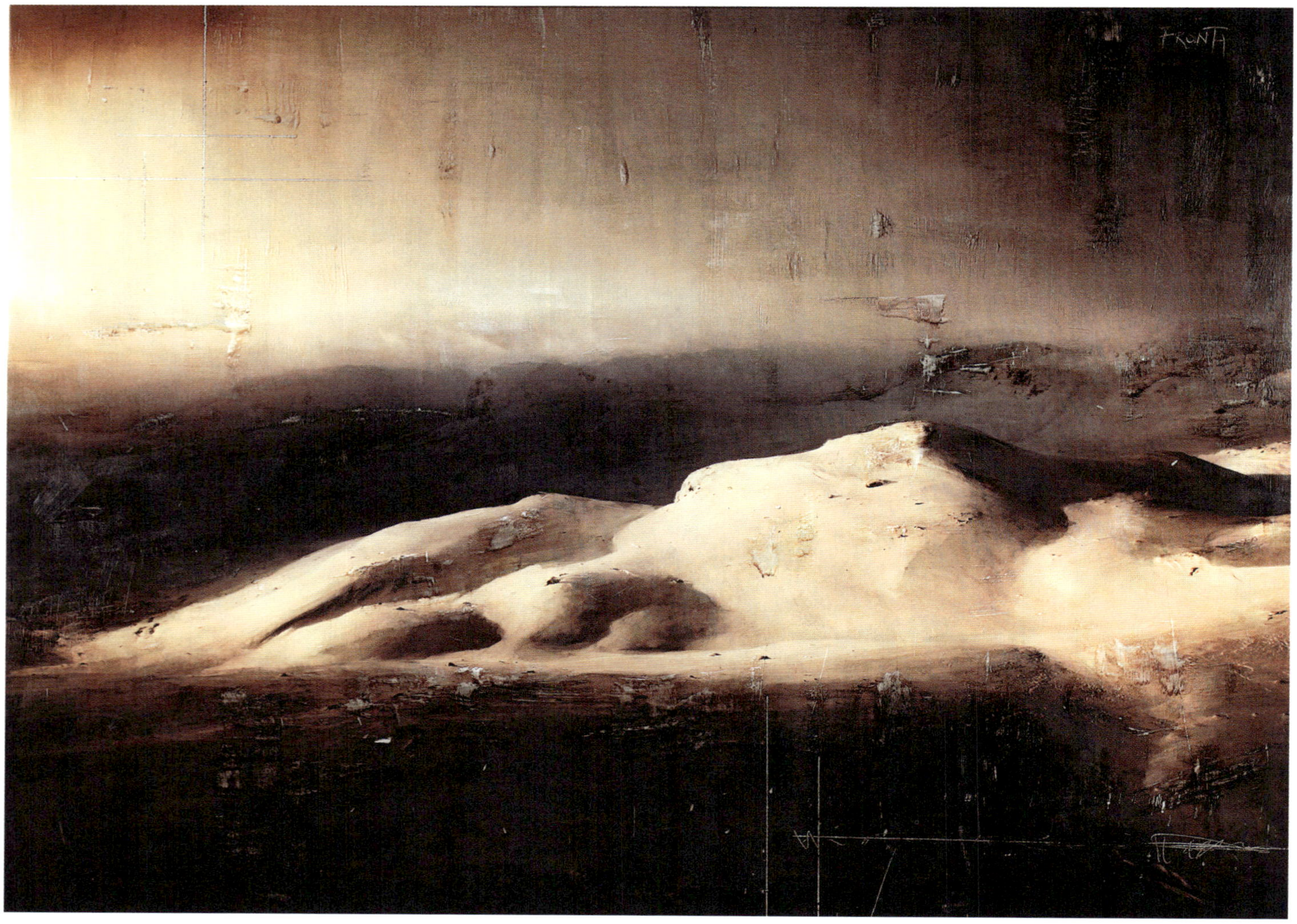

Reservoir / Years End / Setesdal / Helicopter V 2008
Mixed Media / Oil on Canvas
160 x 215 cm / 63 x 85 in
Collection of Møbelmiljø / Norway

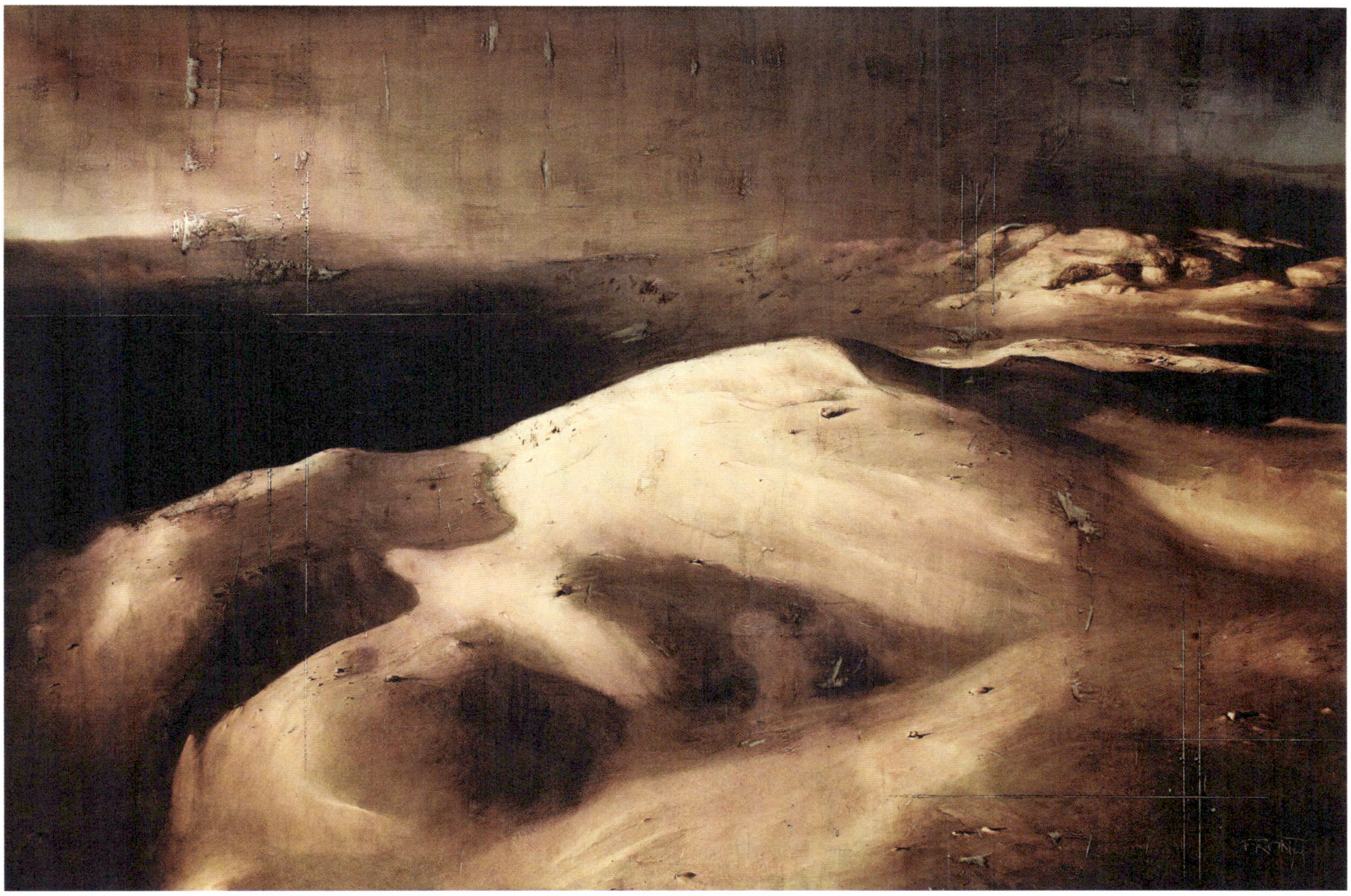

Reservoir / Years End / Setesdal / Helicopter IV 2008
Mixed Media / Oil on Canvas
167 x 254 cm / 66 x 100 in

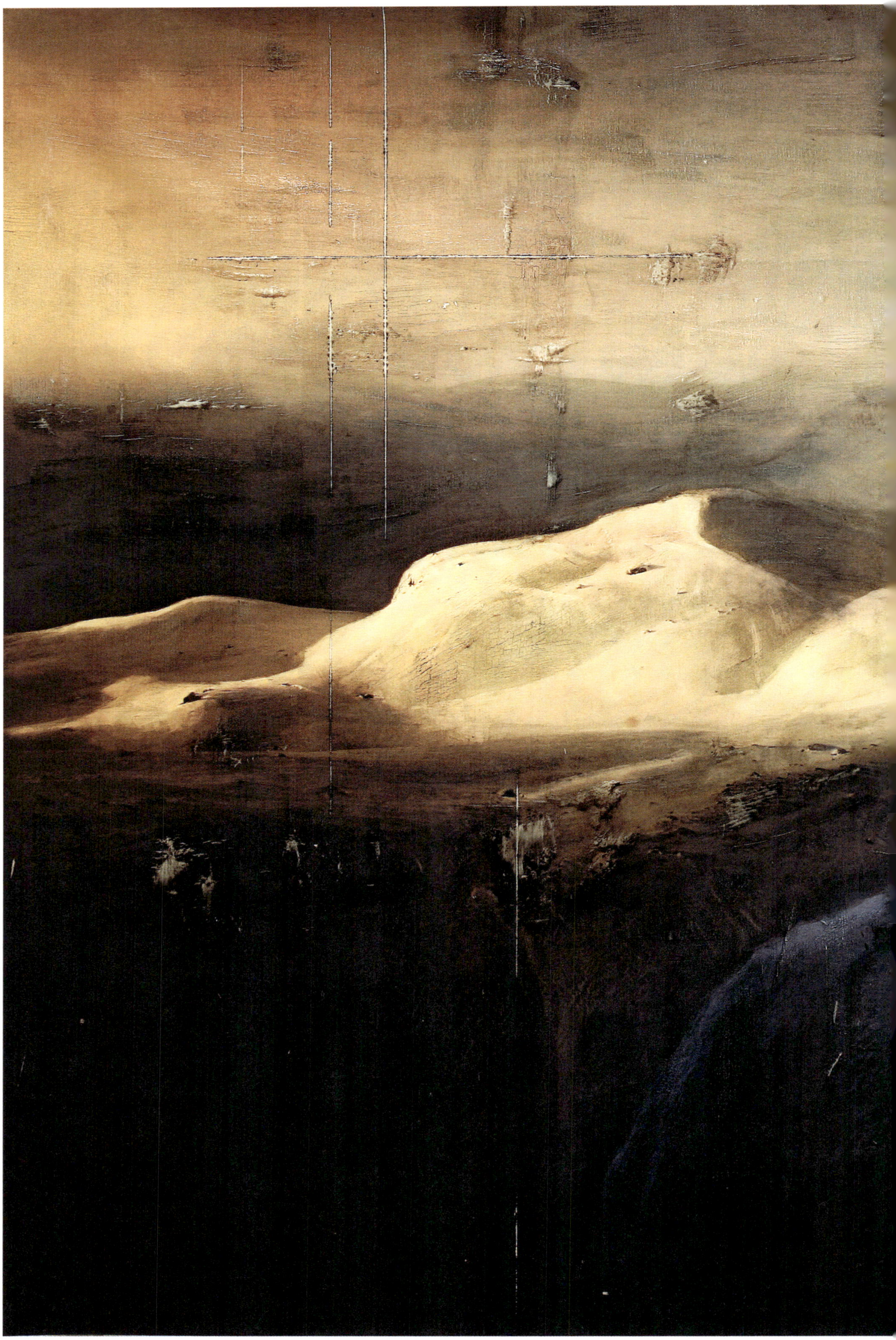

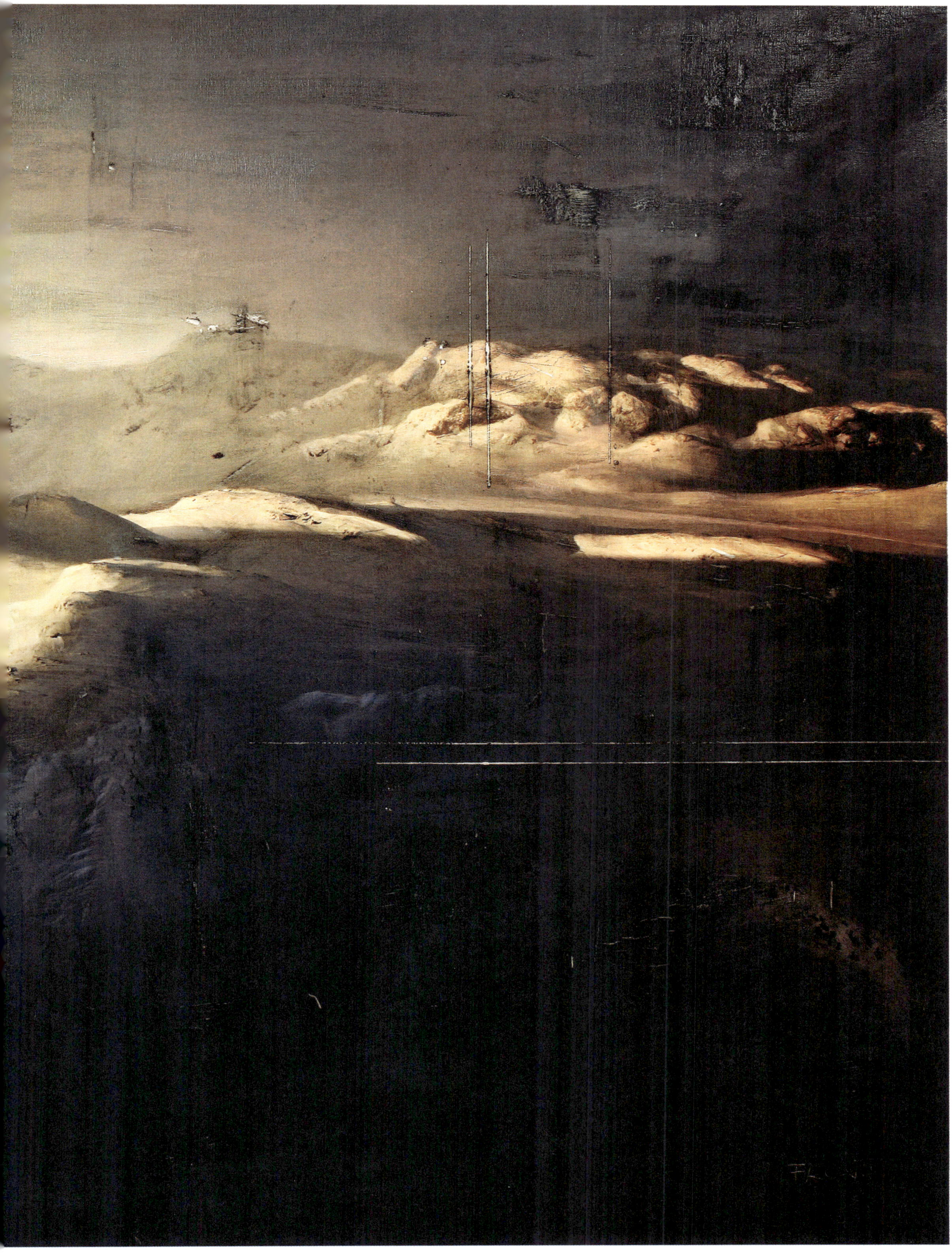

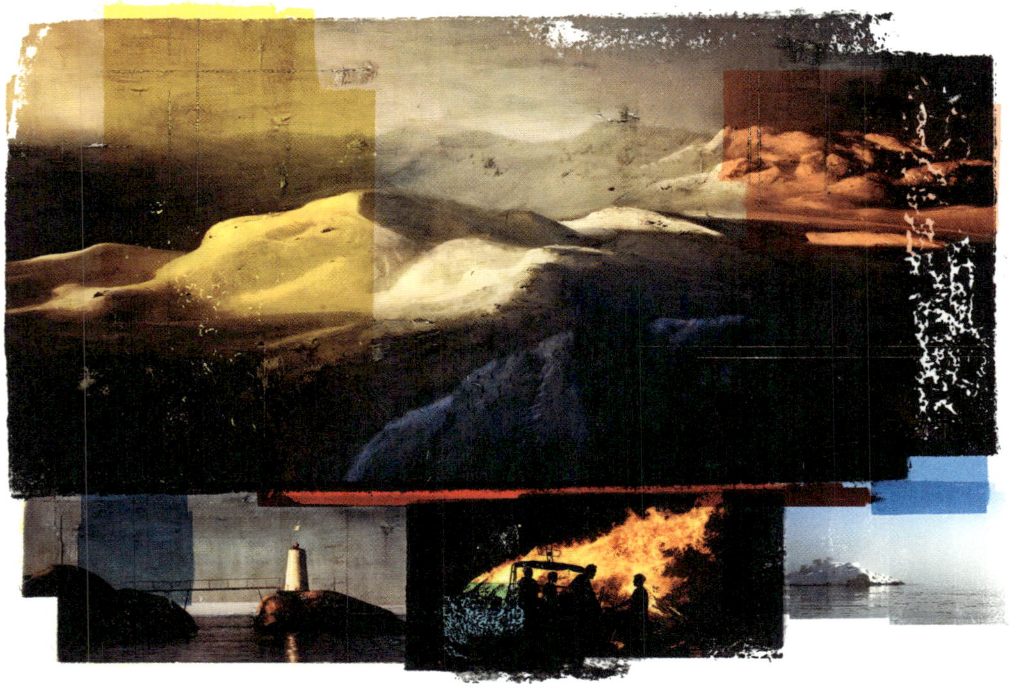

Previous spread:
Reservoir / Years End / Setesdal / Helicopter I 2008
Mixed Media / Oil on Canvas
165 x 250 cm / 66 x 99 in

Reservoir / Setesdal / Helicopter / Olsok 2008
Photo-Litho
50 x 70 cm / 19 x 27 in
Edition of 80 / Printed at KGV

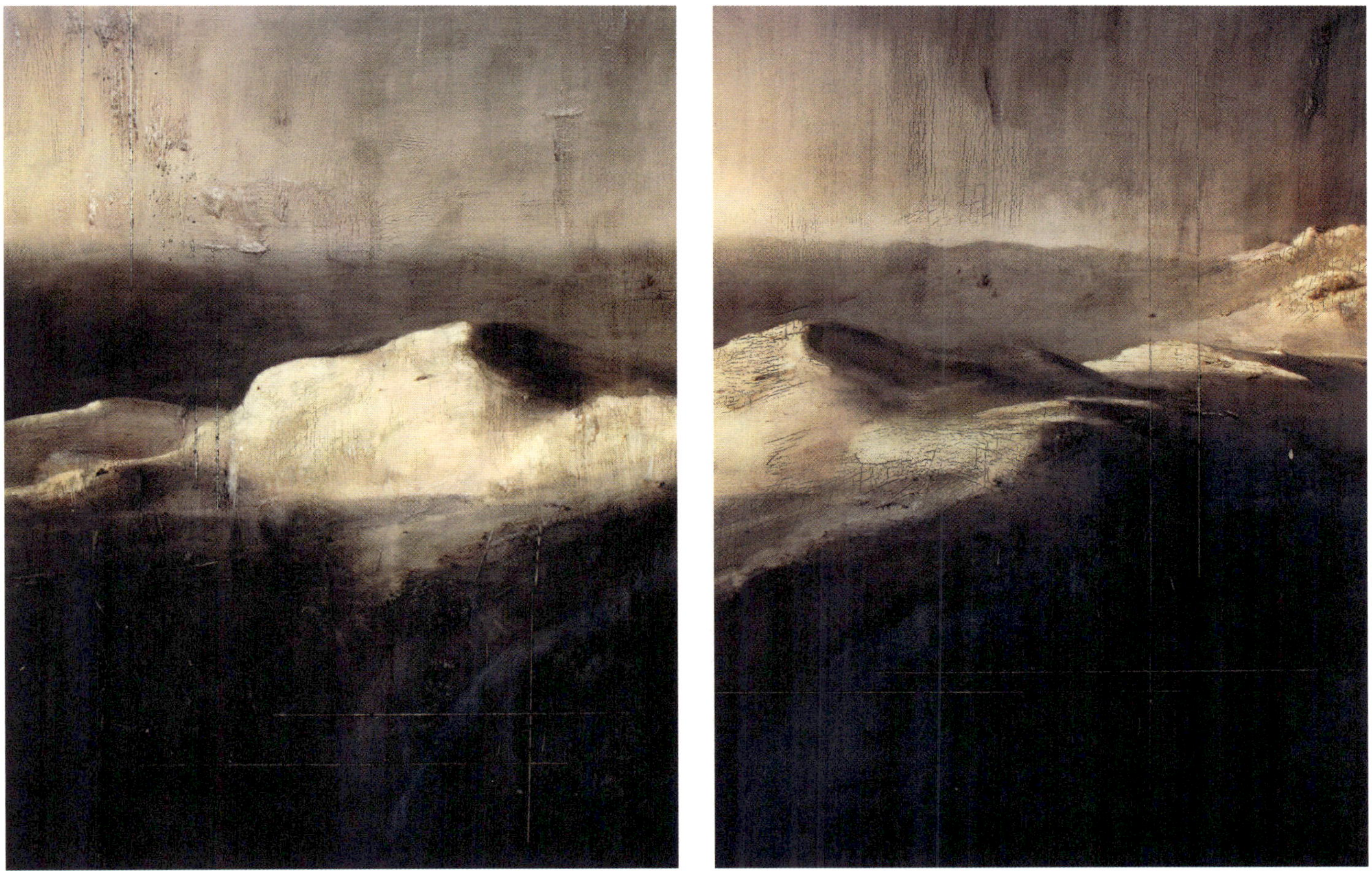

Reservoir / Years End / Setesdal / Helicopter III 2008
Mixed Media / Oil on Canvas
135 x 110 cm / 53 x 43 in
Collection of Ragnhild Hald & Jon Bjørgum / Norway

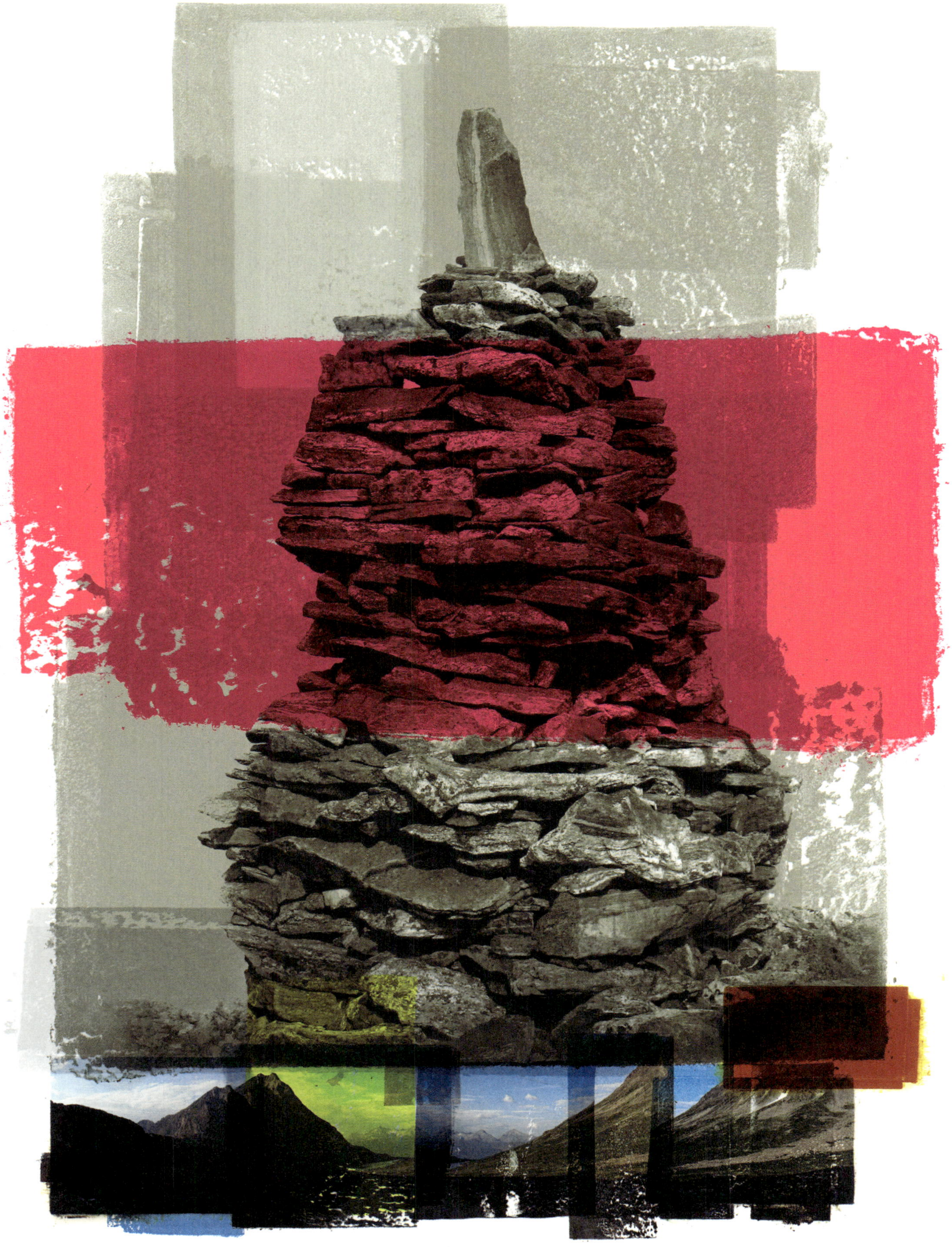

Varde (Romsdalshorn) 2006
Original Digital Print
135 x 110 cm / 53 x 43 in
Edition of 20
Collection Senter for Statlig Økonimistyring / Norway

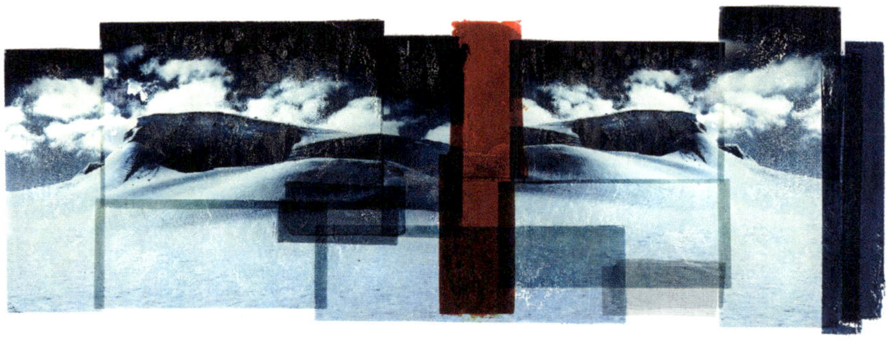

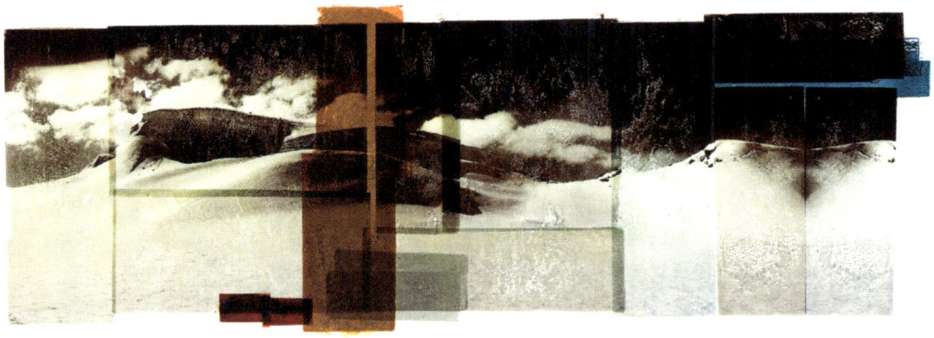

Suite / Setesdal I / II / III 2006
Photo-Litho
Each 20 x 50 cm / 8 x 19 in
Edition of 80 / Printed at KGV

One Hundred Years of Complete Boredom

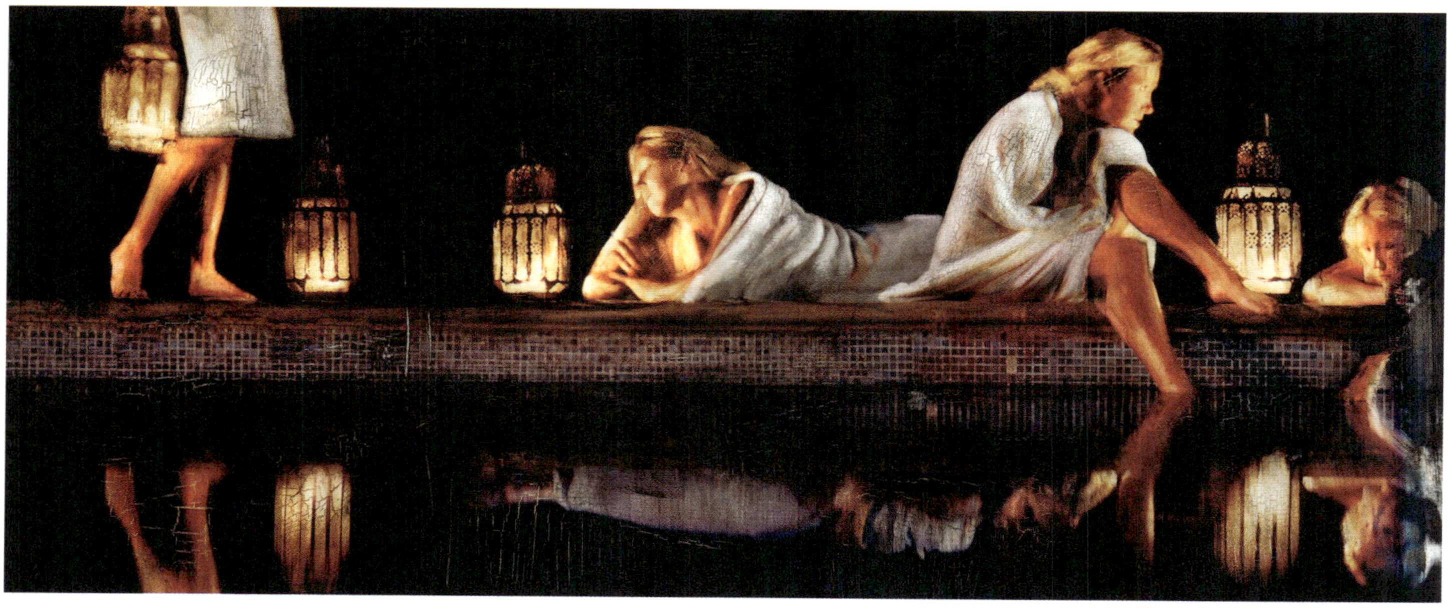

One Hundred Years of Complete Boredom 2006
Mixed Media / Oil on Canvas
55 x 135 cm / 24 x 56 in
Collection of M. Zilberman / Europe

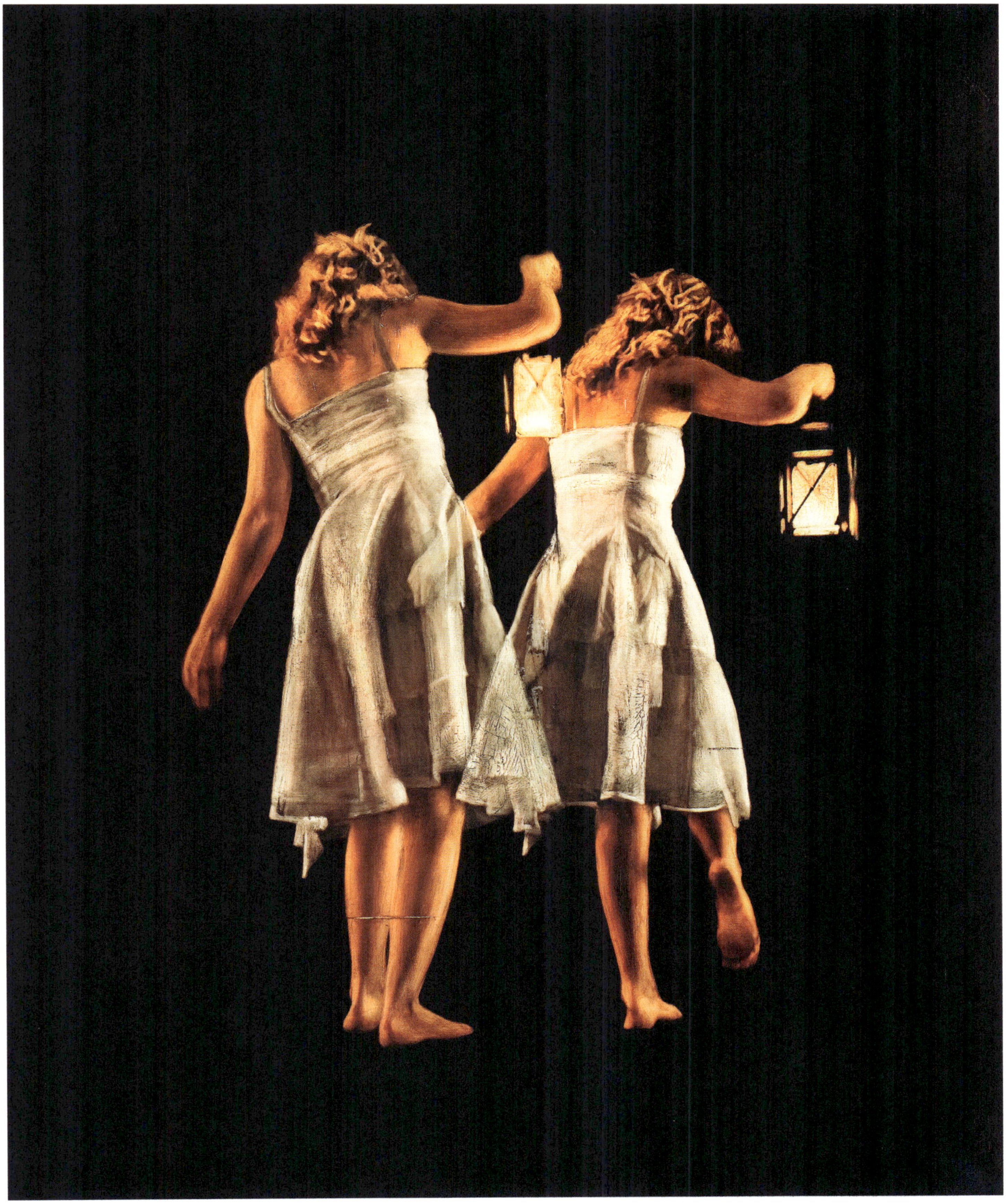

One Hundred Years of Complete Boredom / Scandinavia 2008
Mixed Media / Oil on Canvas
195 x 160 cm / 77 x 65 in
Collection of Mona & Thore Berthelsen / Norway

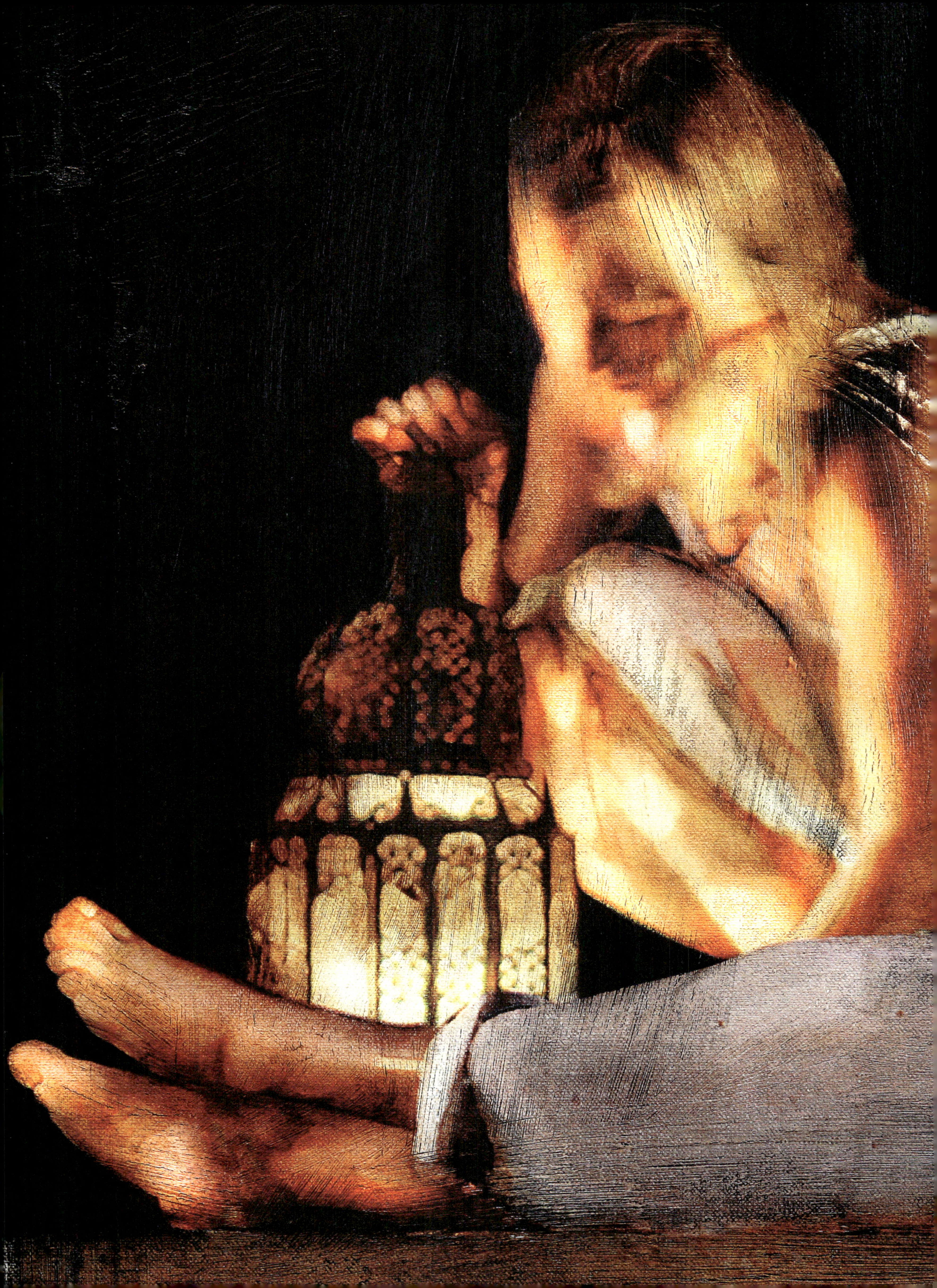

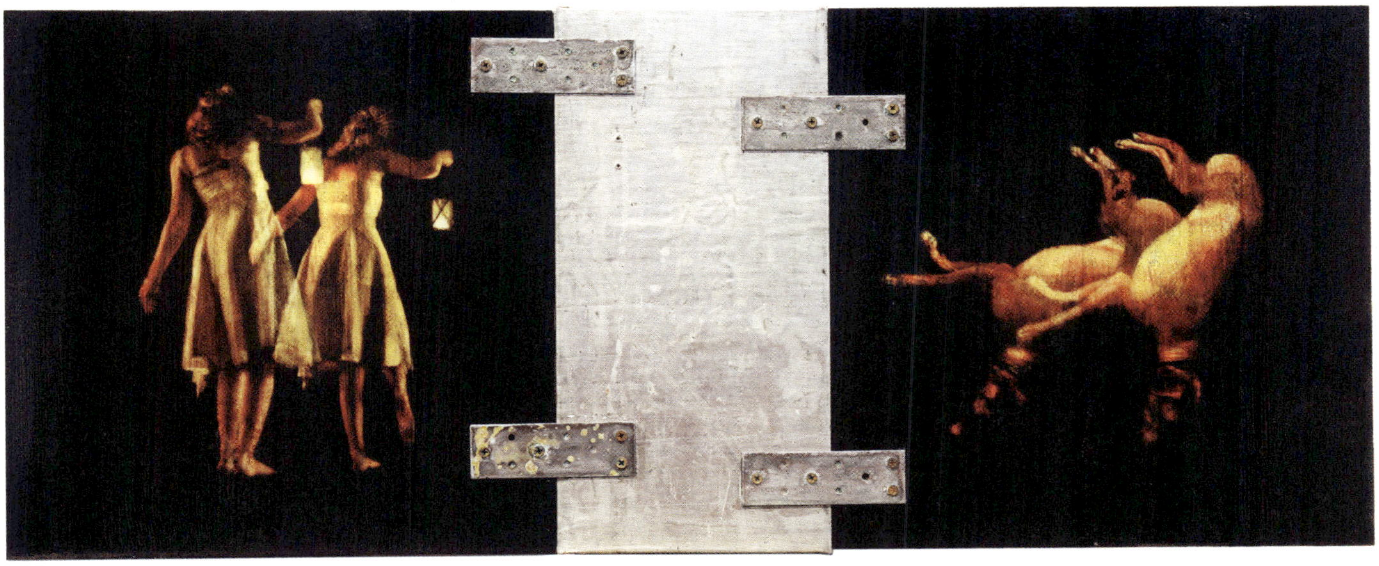

Detail:
One Hundred Years of Complete Boredom Ver. II 2006
Mixed Media / Oil on Canvas
162 x 294 cm / 64 x 116 in
Collection of M. Zilberman / Europe

One Hundred Years of Complete Boredom / Year of the Sleeping Dogs 2008
Phototransfer / Lead / Oil on Wood
40 x 100 cm / 16 x 39 in

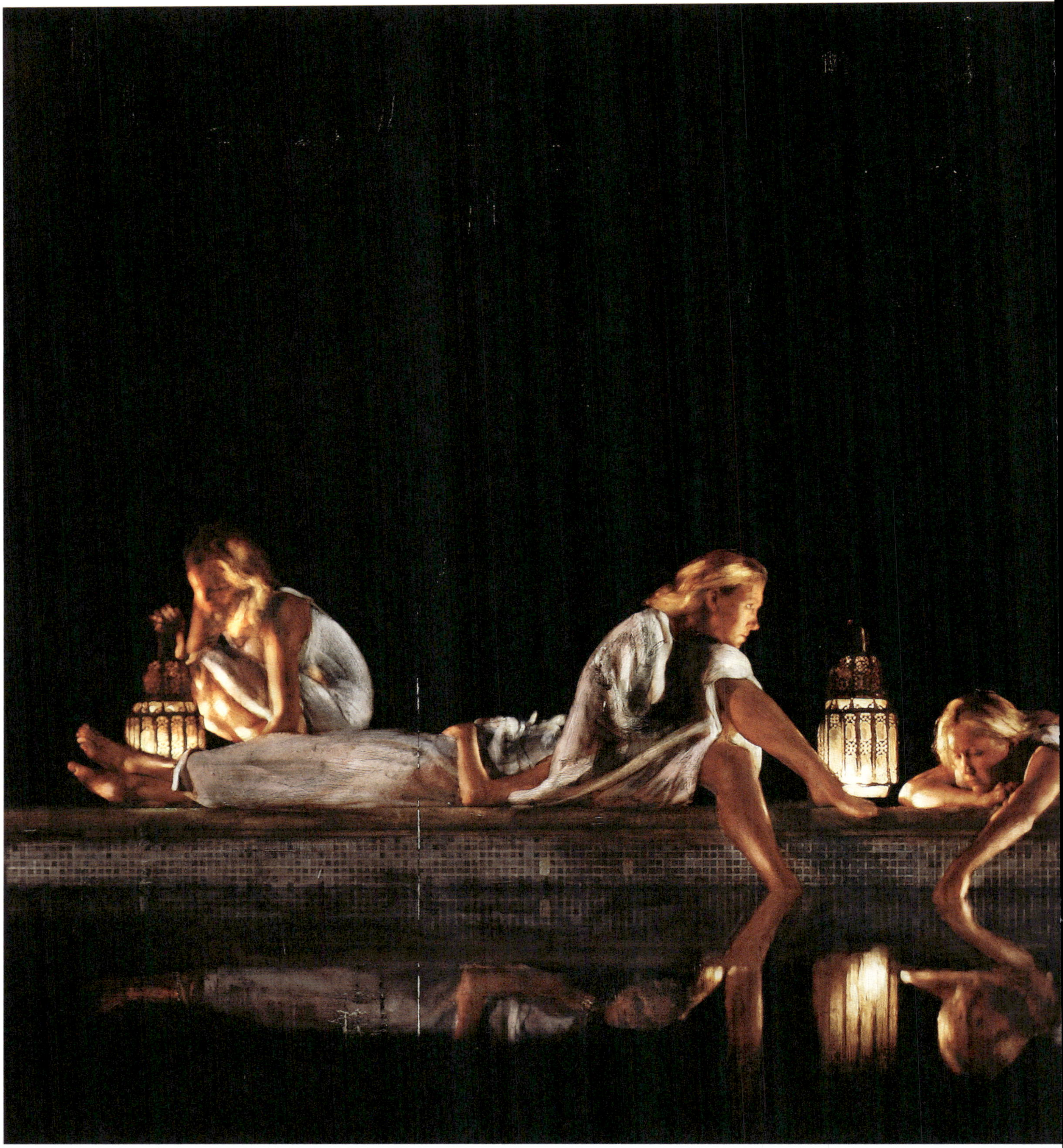

One Hundred Years of Complete Boredom II 2006
Mixed Media / Oil on Canvas
162 x 294 cm / 64 x 116 in
Collection of The Fusion Group / United States

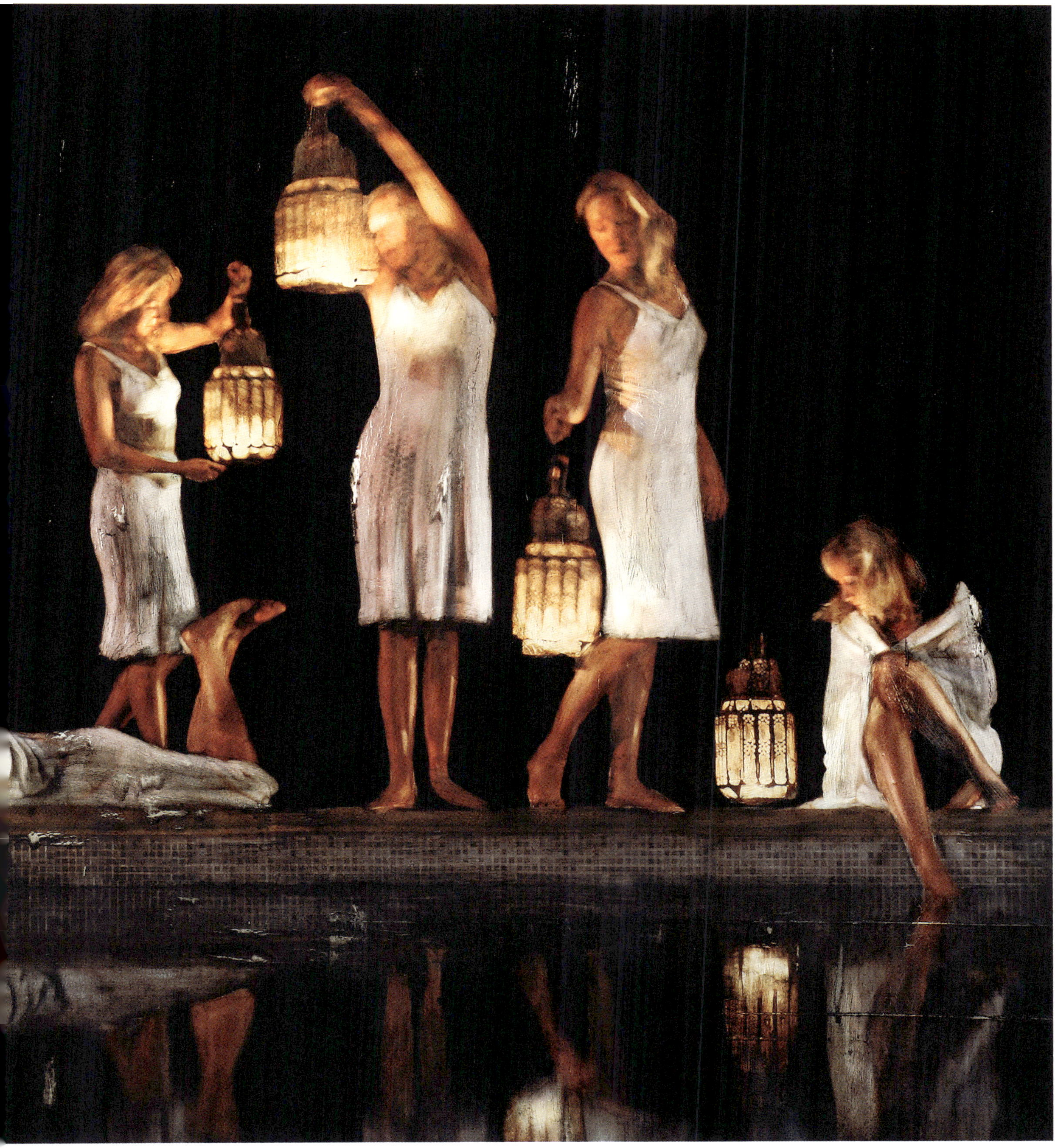

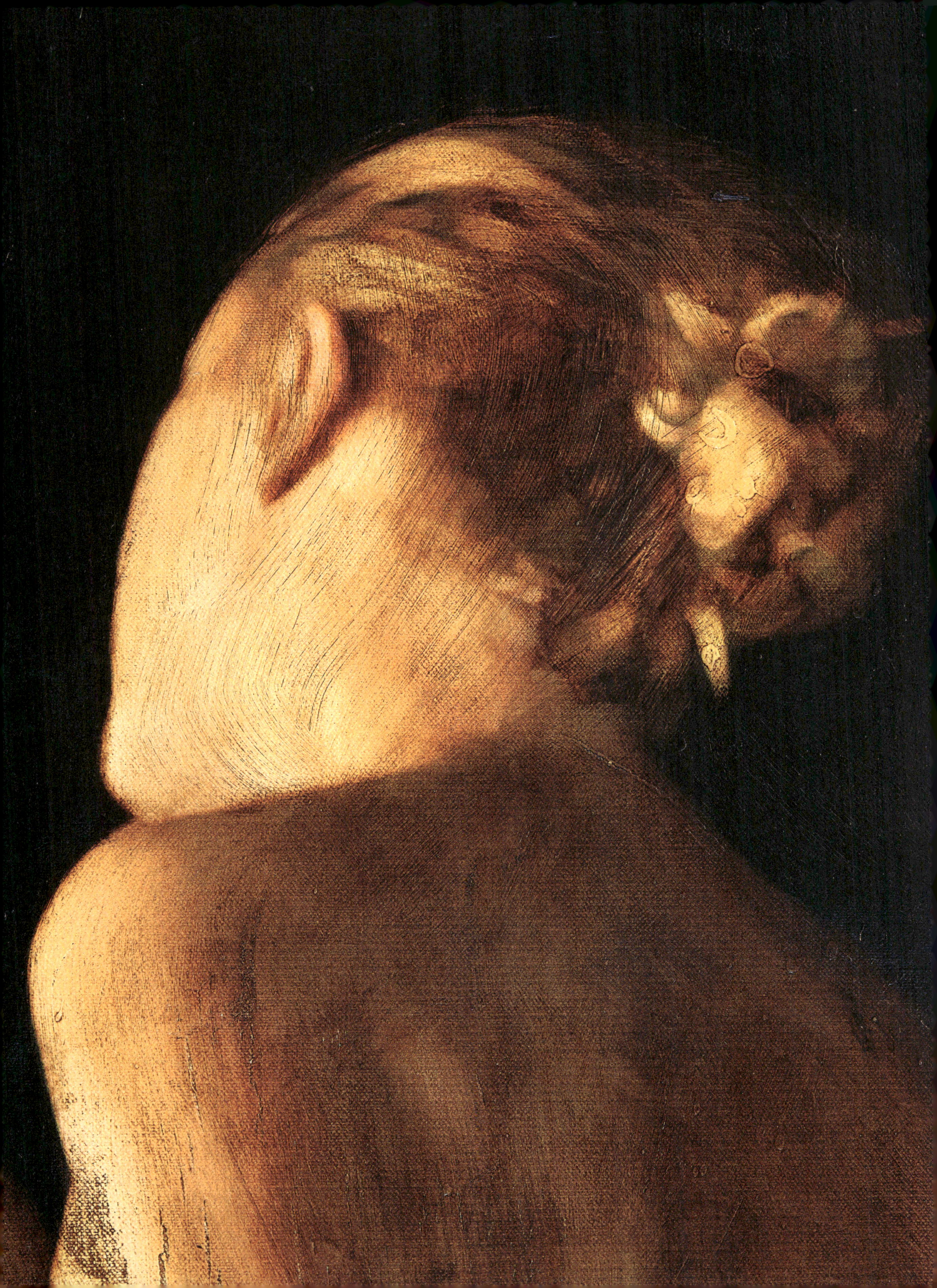

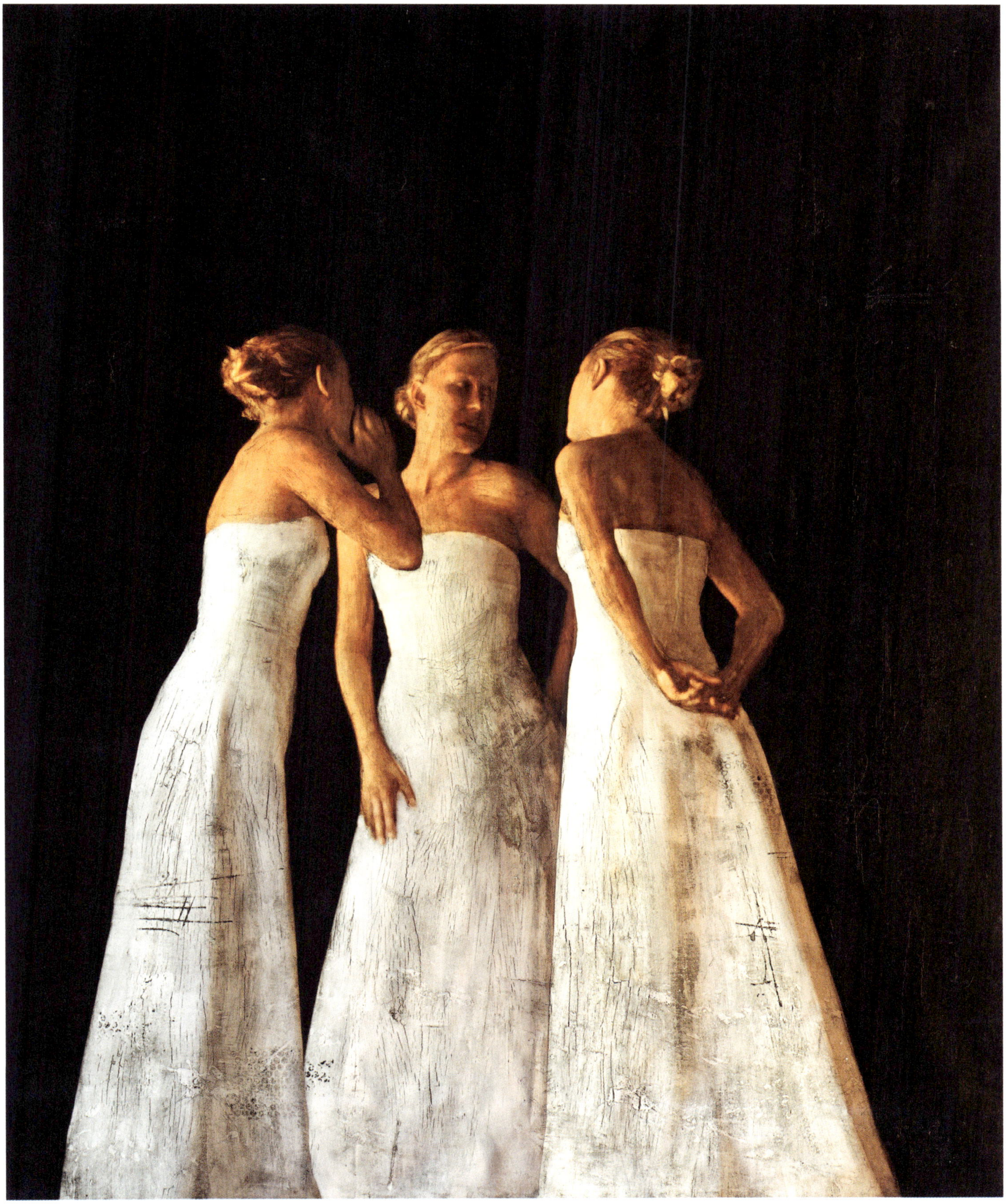

Vestibule (8:18 pm) 2006
Mixed Media / Oil on Canvas
195 x 165 cm / 77 x 65 in
Ver I. Private Collection / Norway
Ver II. Private Collection / Los Angeles
Commission for Ventelo Headquarters / Norway

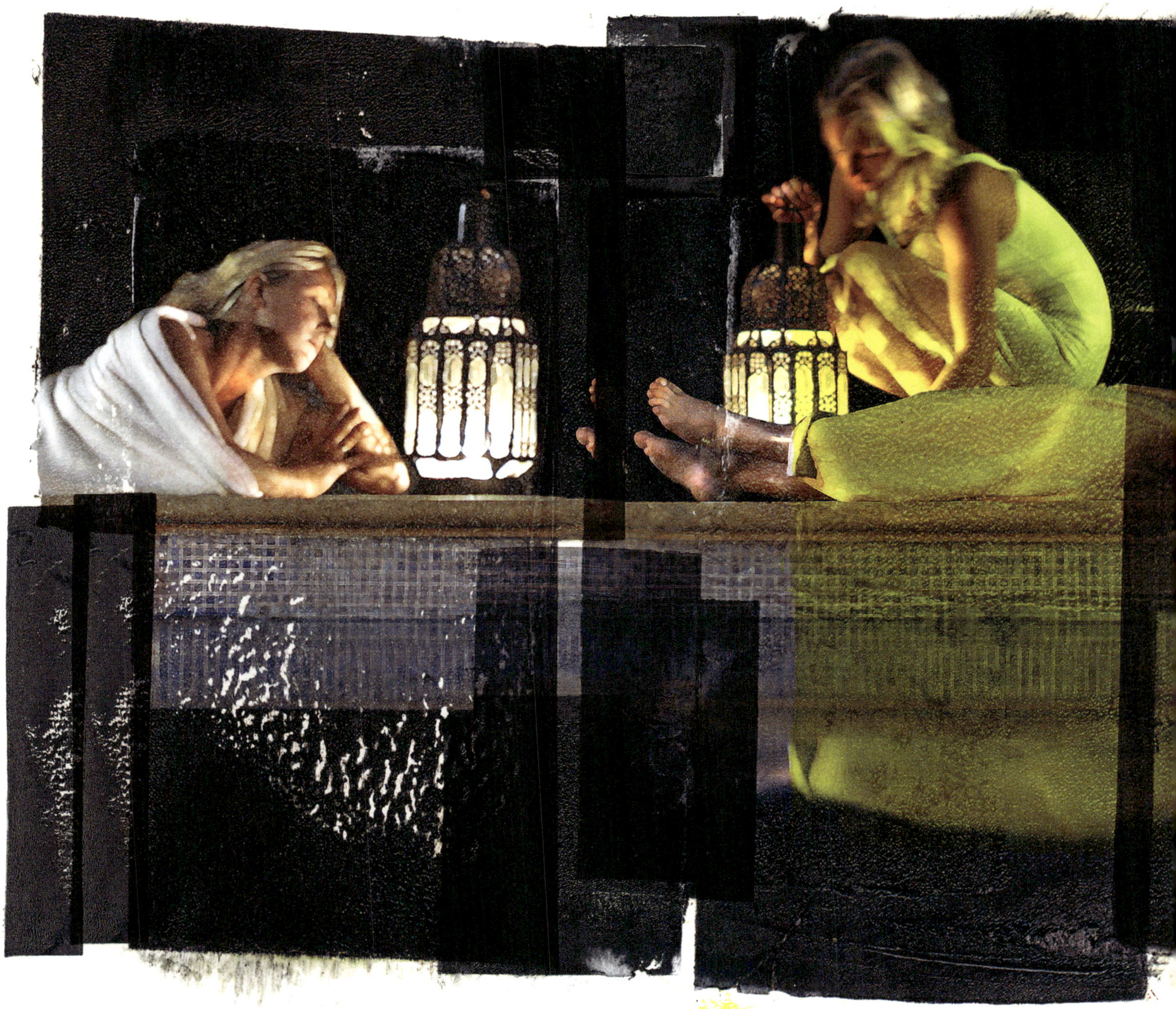

One Hundred Years of Complete Boredom 2006
Original Digital Print
100 x 215 cm / 38 x 84 in
Edition of 20
Collection Quality Spa & Resort Kragerø / Norway

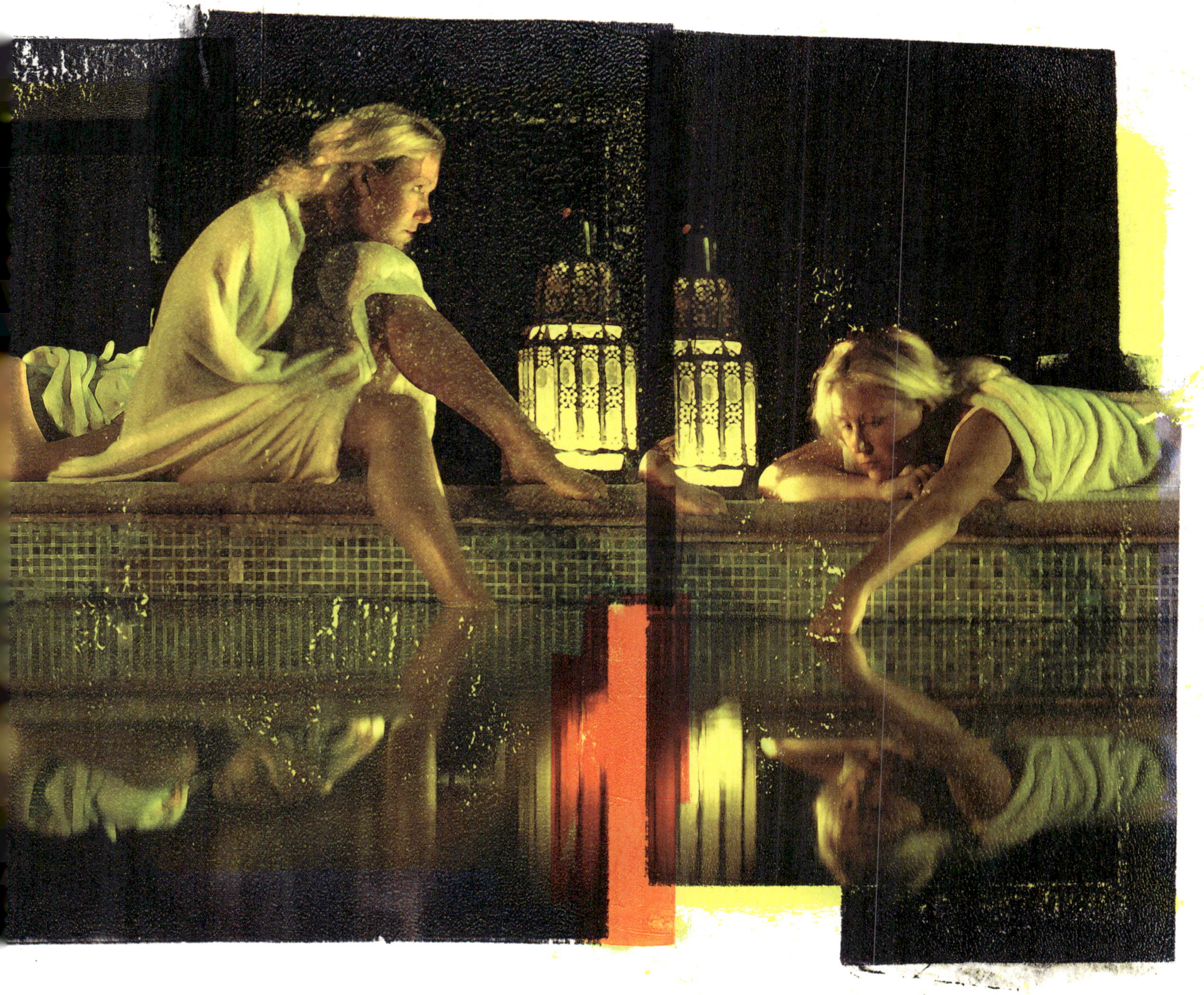

mms / metaphores

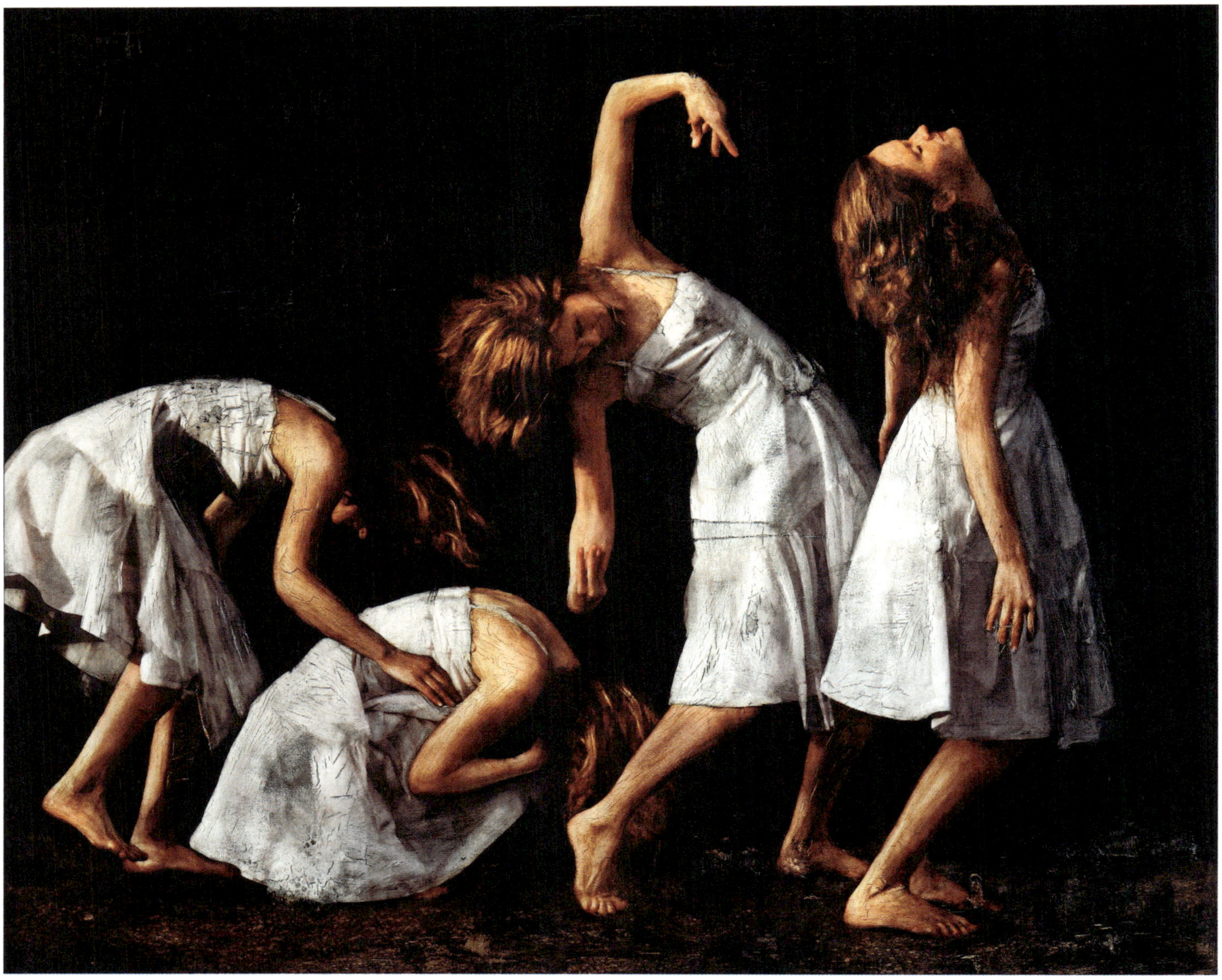

mms / metaphores / ritual 2006
Mixed Media / Oil on Canvas
160 x 200 cm / 63 x 79 in
Private Collection / Norway

Opposite page:
Detail mms / metaphore / five 2009
Phototransfer / Oil on Wood

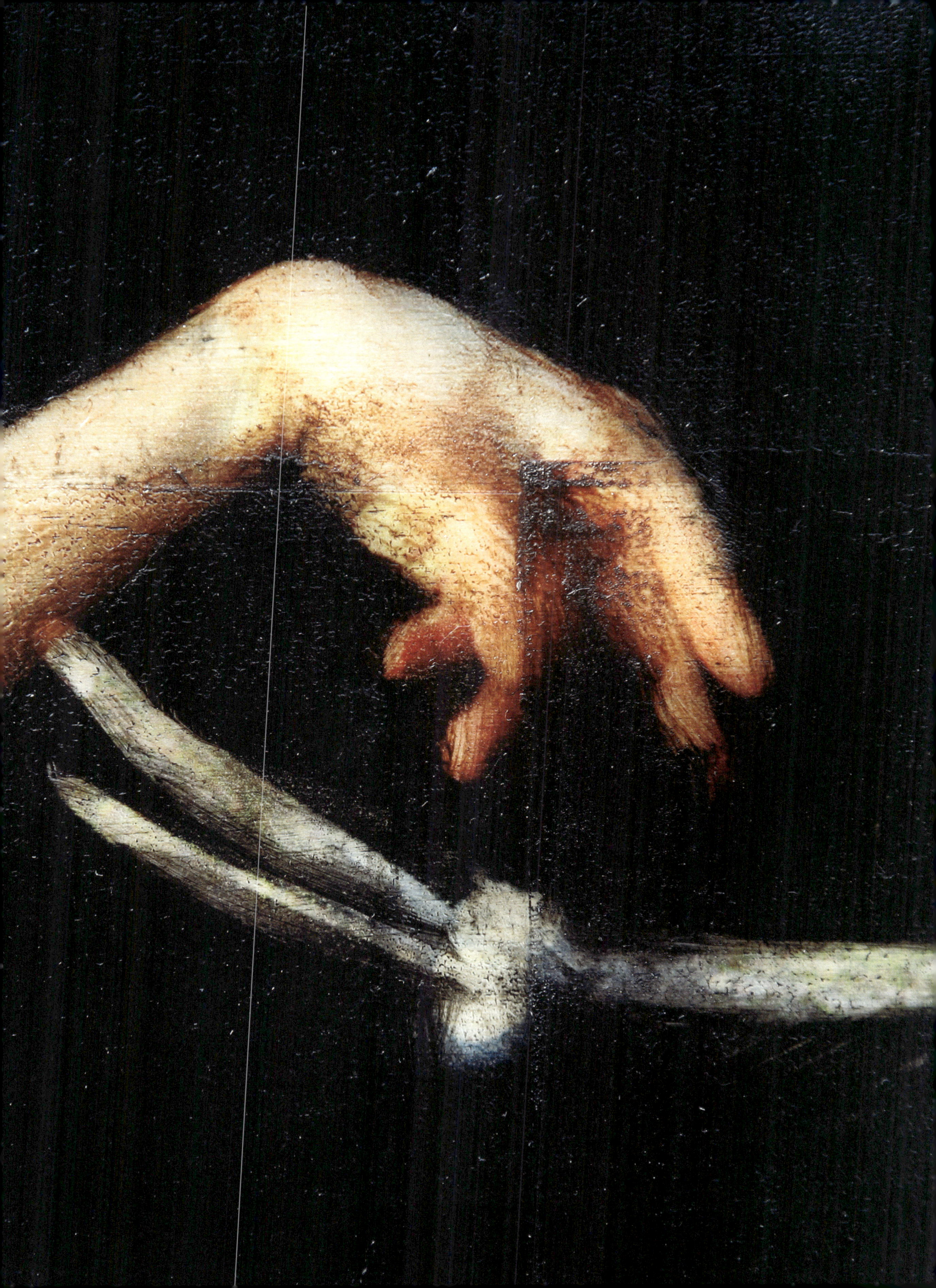

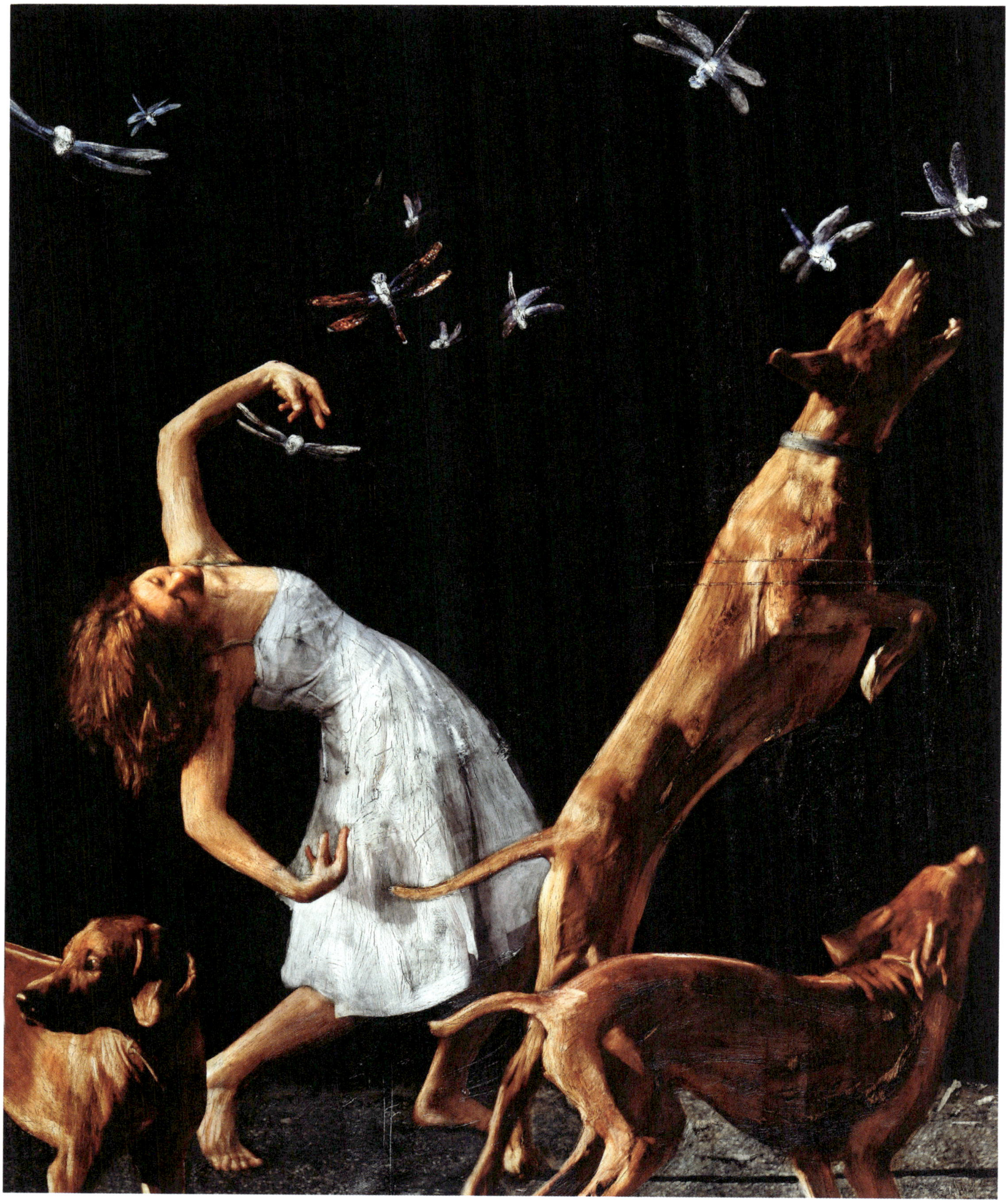

mms / metaphores / dragonfly ver IV (hometown) 2005 / 2008
Mixed Media / Oil on Canvas
200 x 165 cm / 78 x 65 in
Ver I Hotell Brosundet / Ålesund
Ver II Private Collection / Stavanger
Ver III Collection of the Artist

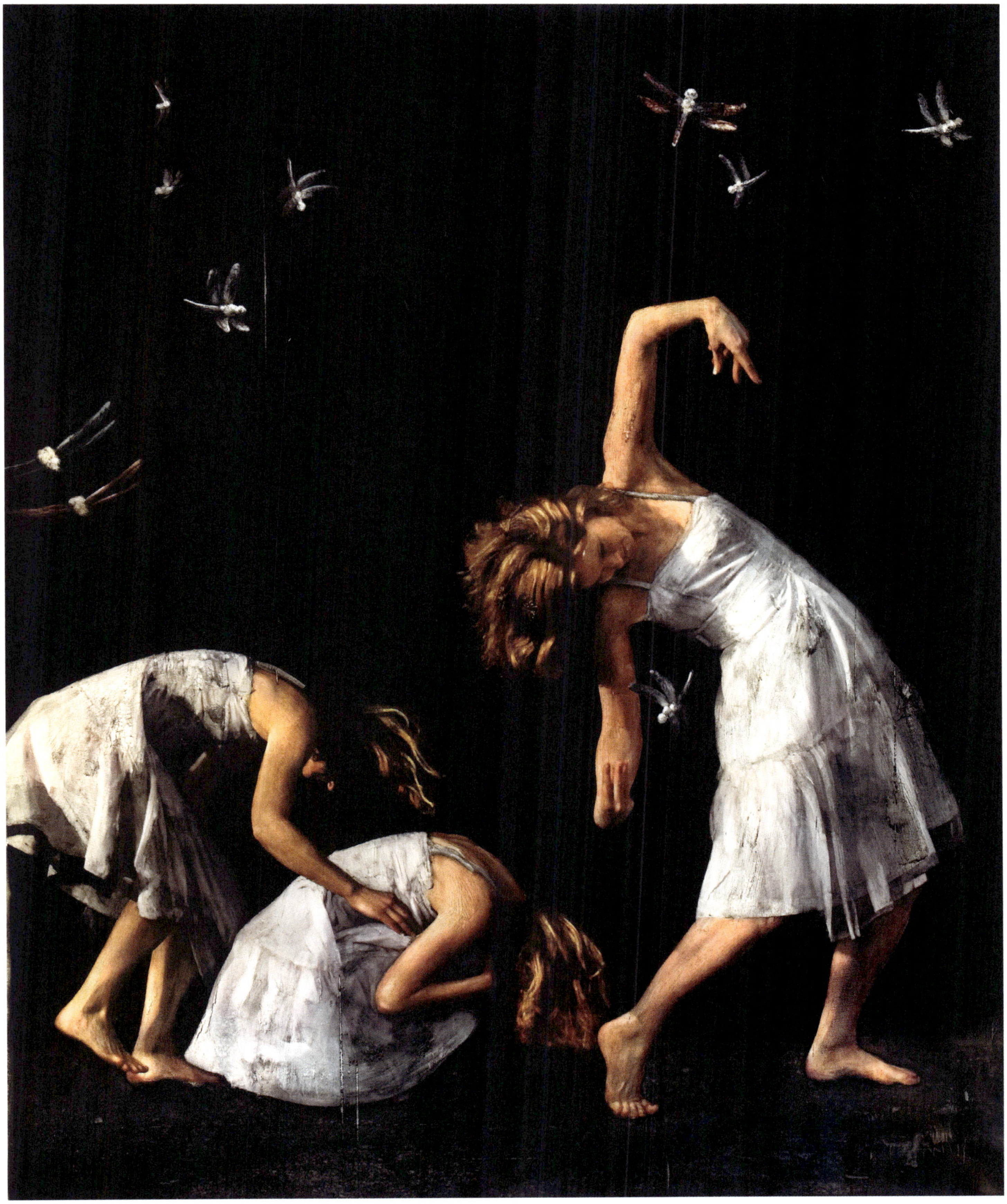

mms / metaphores / choreography / sisters 2008
Mixed Media / Oil on Canvas
200 x 165 cm / 78 x 65 in
Ver. I Private Collection / Christianssand

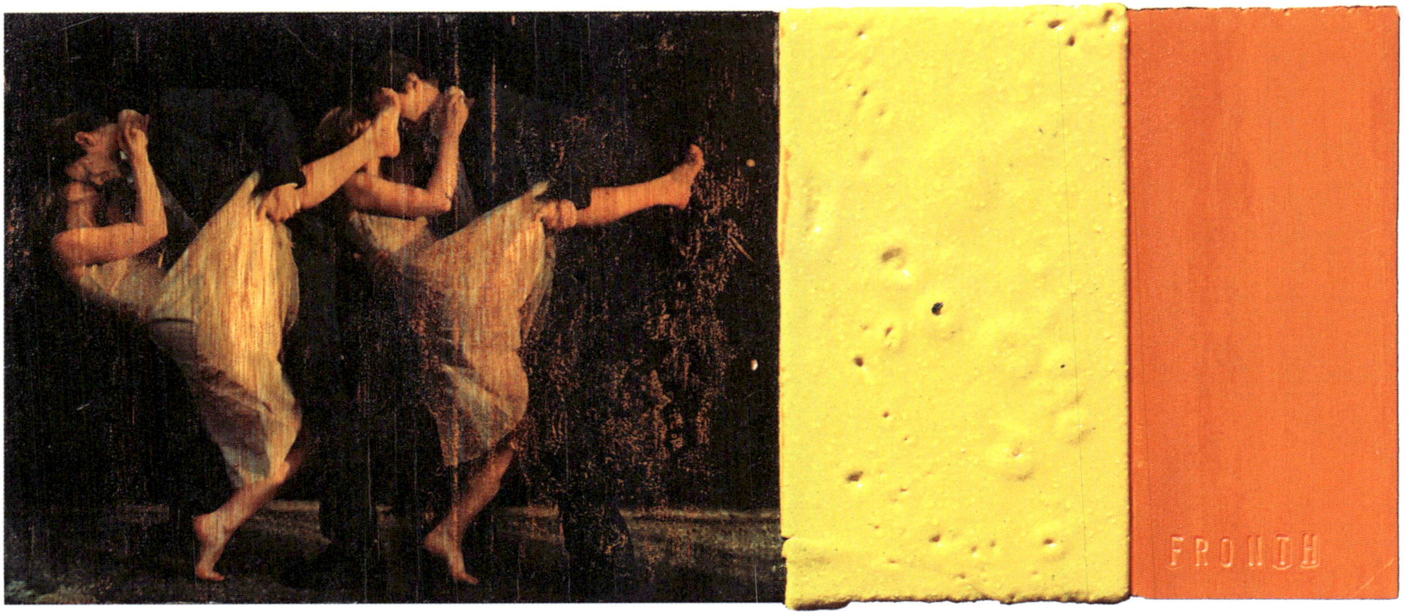

mms / metaphores / choreography / politics 2005
Phototransfer / Benar Oil / Spraypaint / Roadmarker
20 x 46 cm / 8 x 18 in
Collection of Eldbjørg Dahl

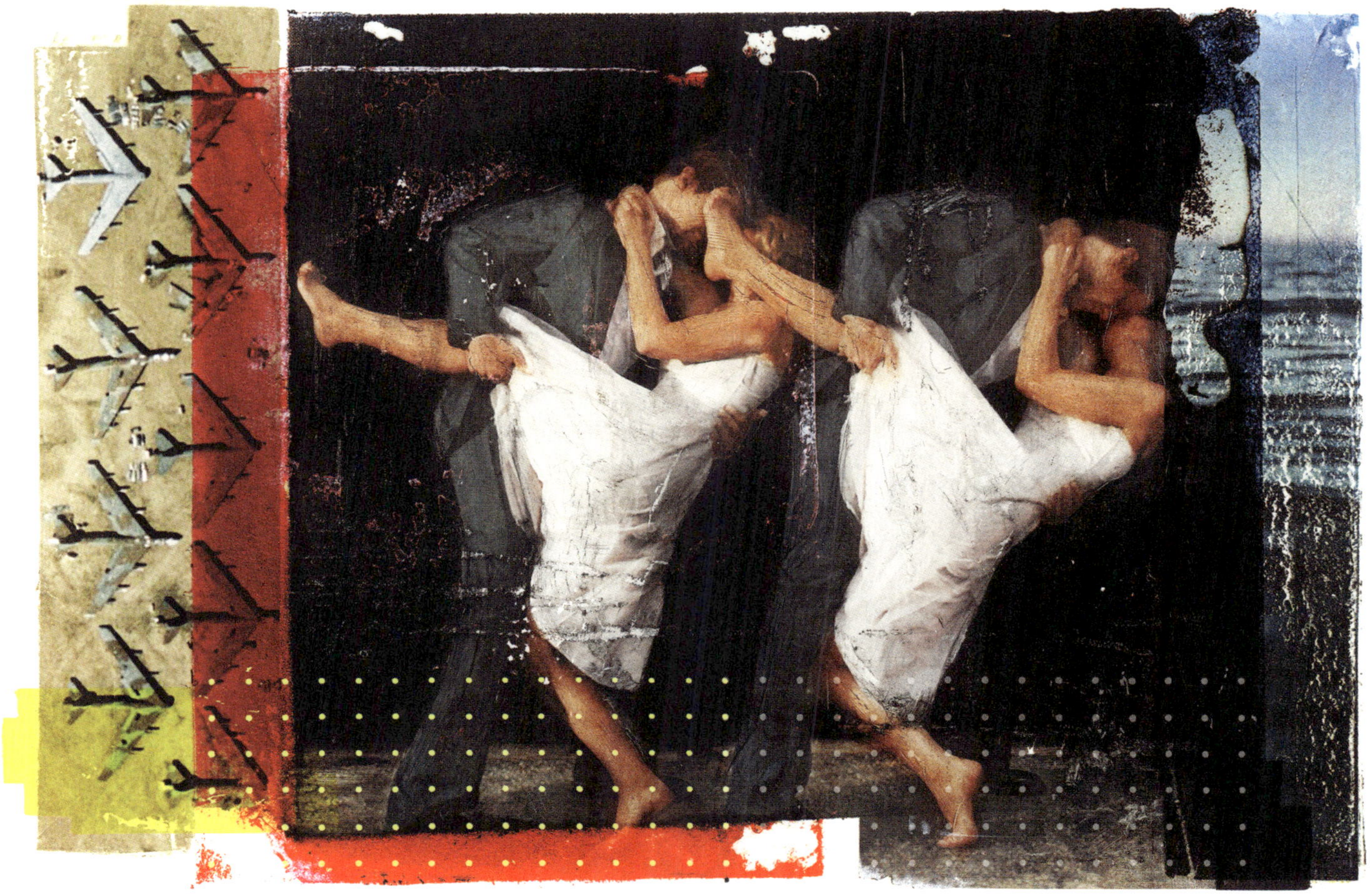

mms / metaphores / choreography / politics 2006
Photo-Litho
50 x 70 cm / 19 x 27 in
Edition of 80 / Printed at KGV

Undertow

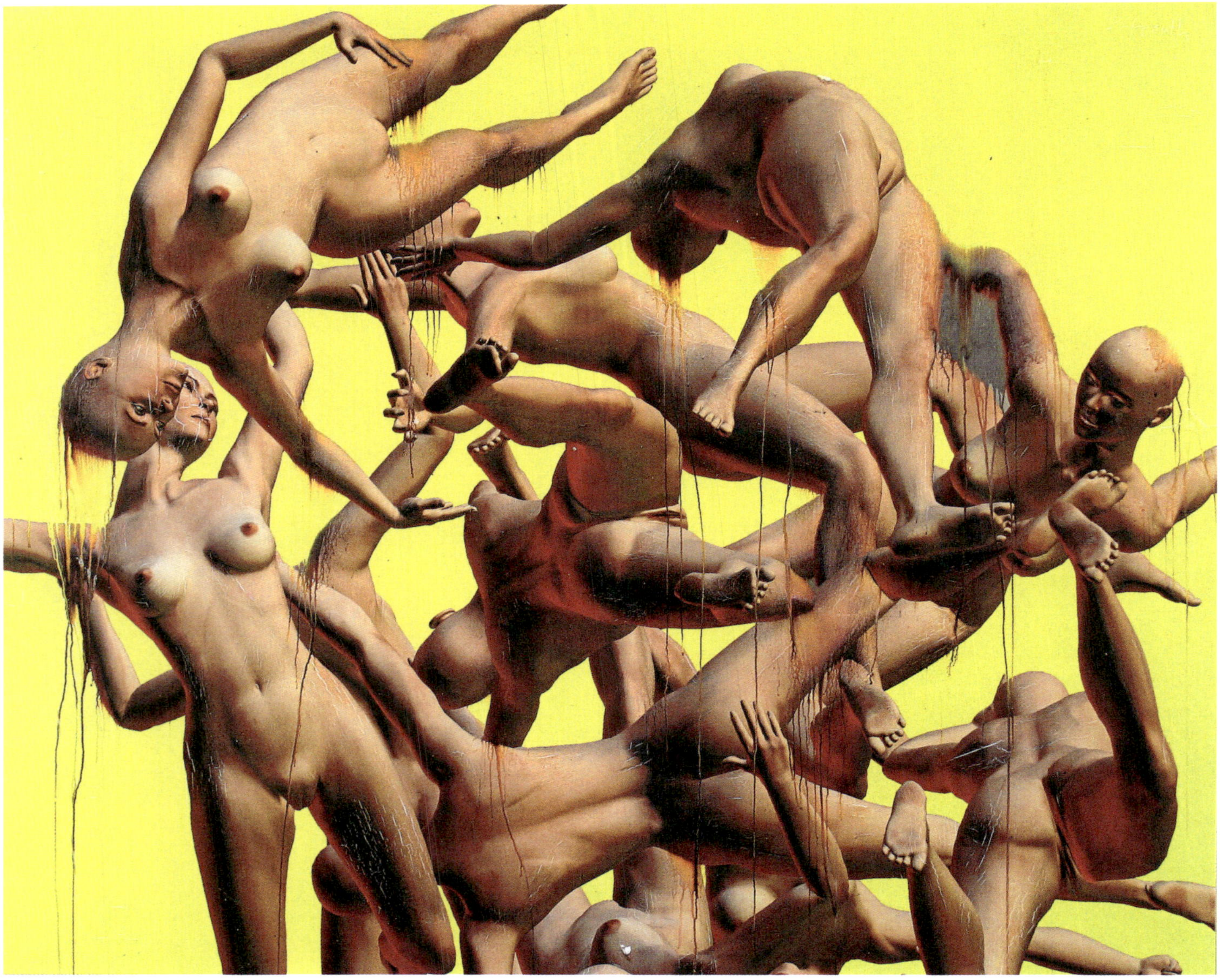

Cluster / Pendulum (yellow) 2005
Mixed Media / Oil on Canvas
162 x 202 cm / 64 x 80 in
Collection of Lars Windfeldt

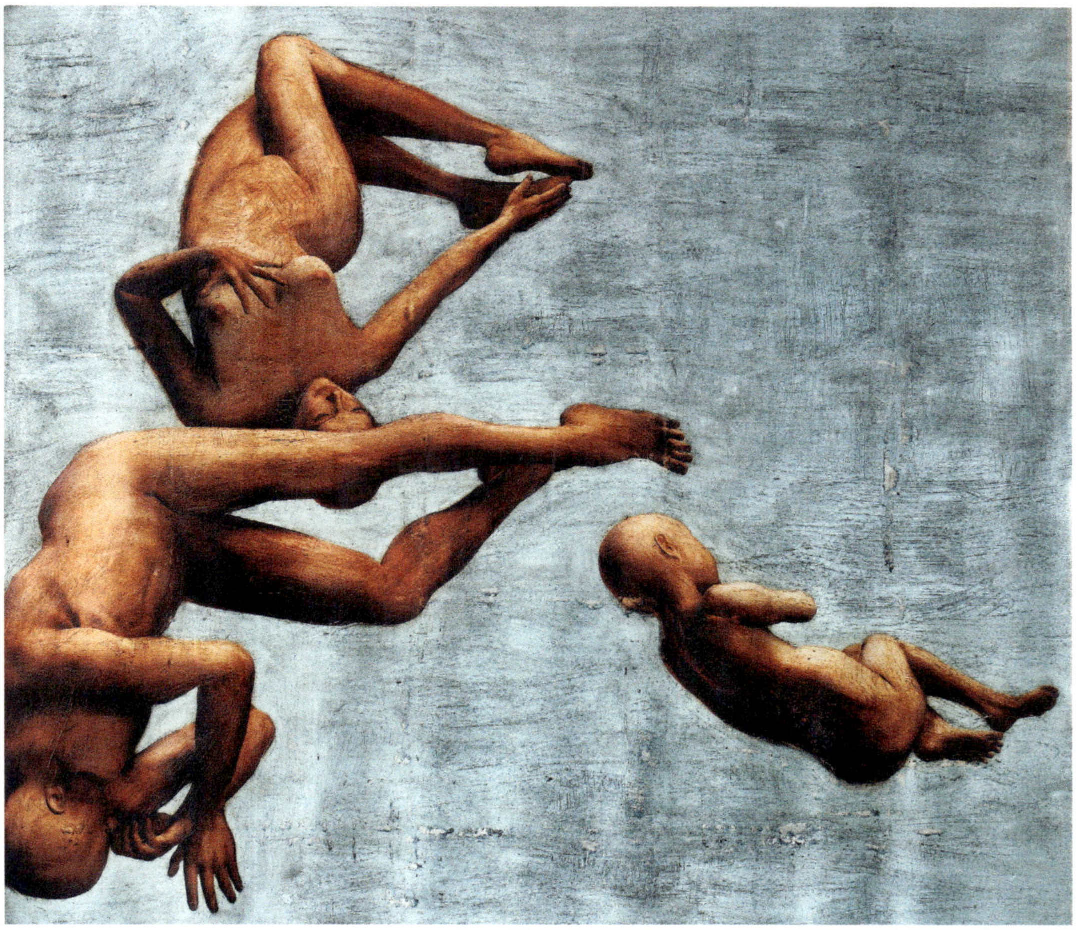

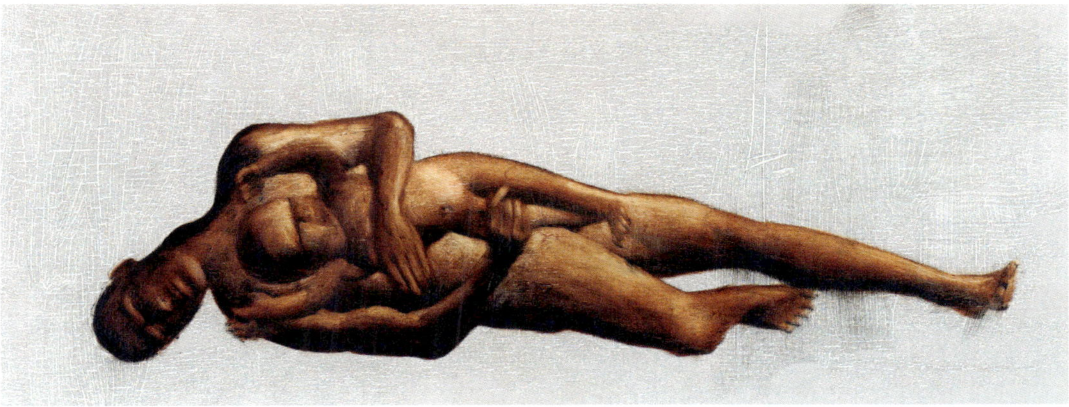

Family Secret 2005
Mixed Media / Oil on Canvas
135 x 120 cm / 54 x 47 in

Surrogate Father 2005
Mixed Media / Oil on Canvas
42 x 110 cm / 16 x 43 in
Private Collection / Norway

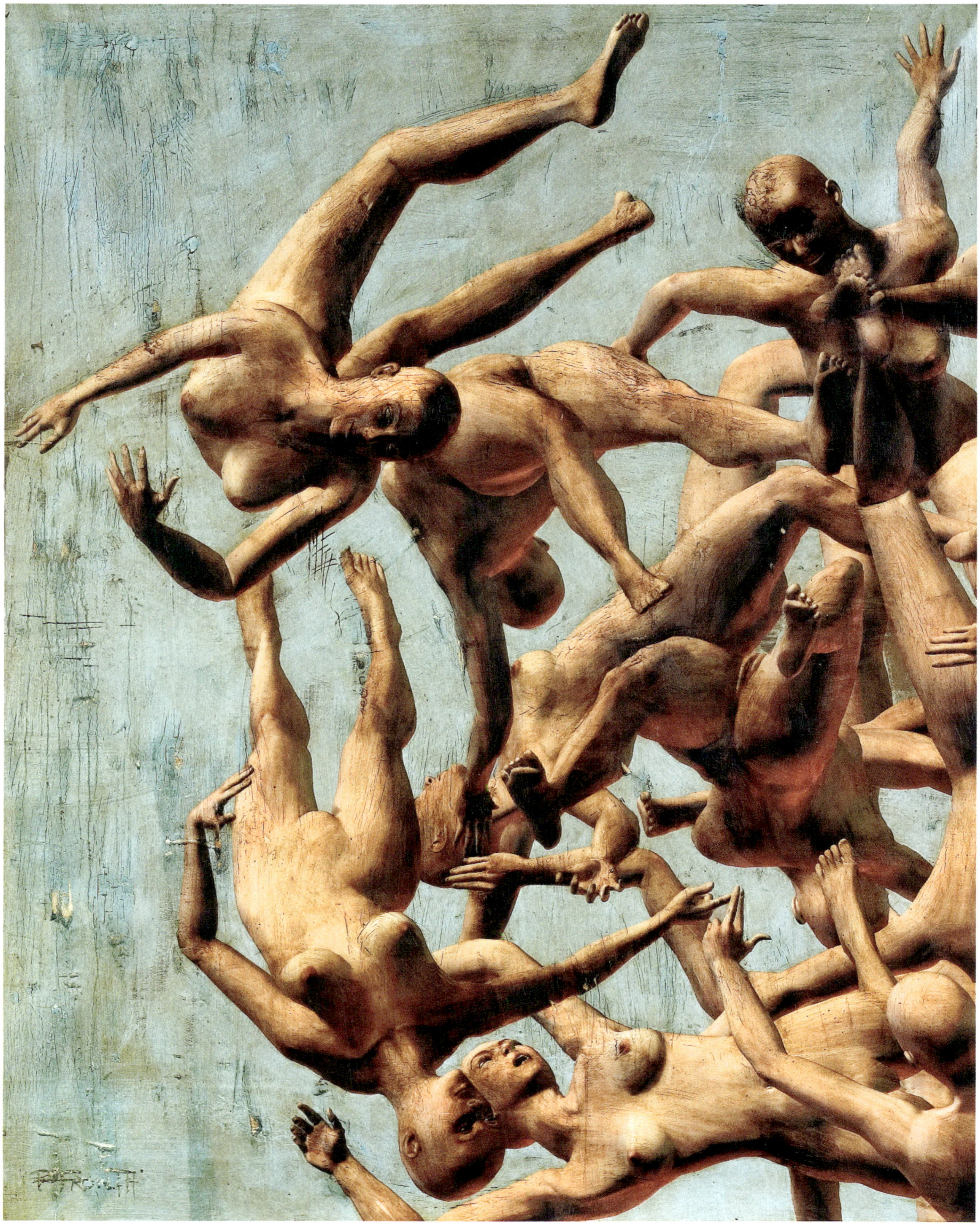

Cluster / Pendulum I 2005
Mixed Media / Oil on Canvas
205 x 165 cm / 81 x 65 in
Private Collection / London

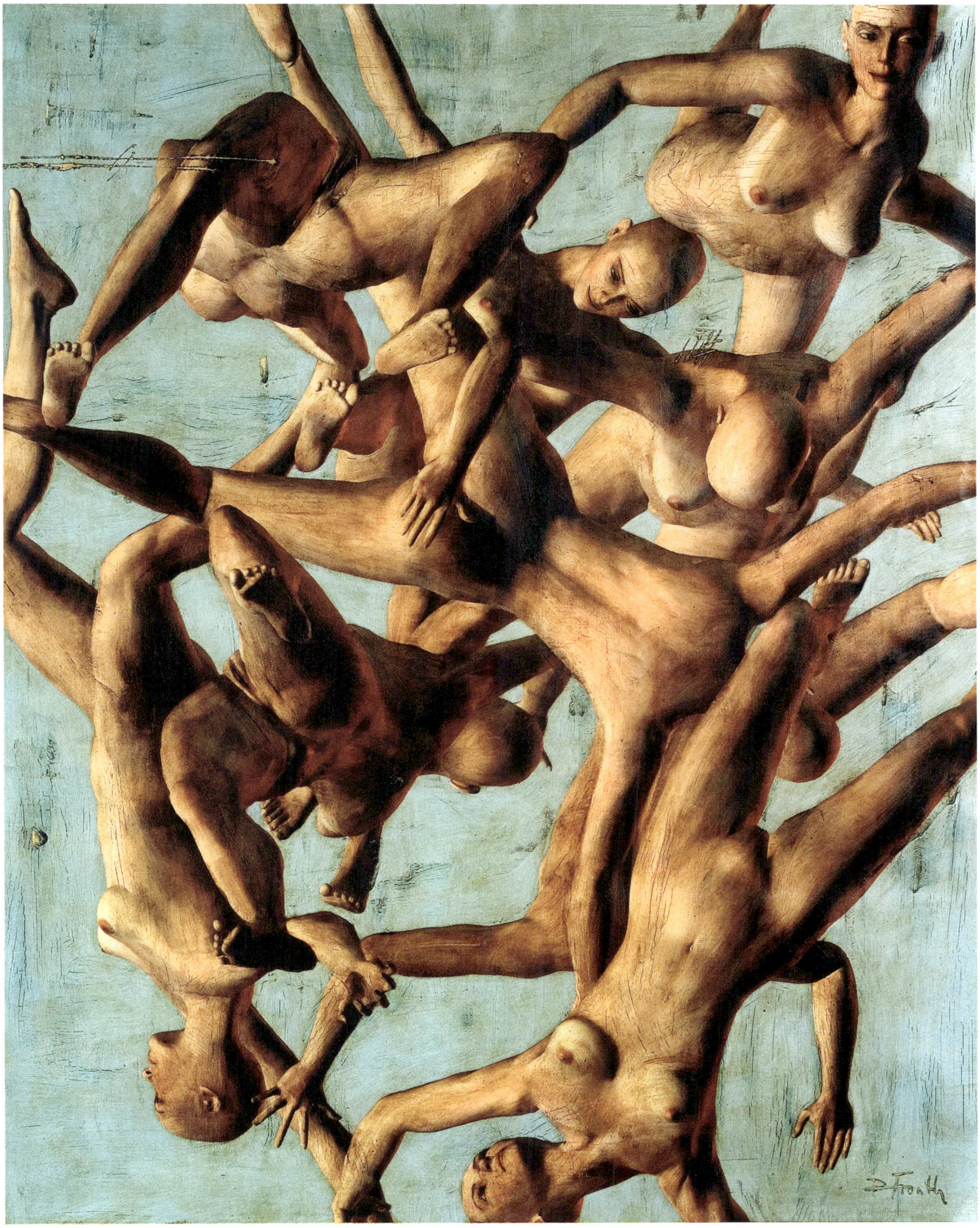

Cluster / Pendulum II 2005
Mixed Media / Oil on Canvas
205 x 165 cm / 81 x 65 in
Collection of the Artist
Ver III Collection of Daniel Franck, Oslo

Evolution of Melancholy

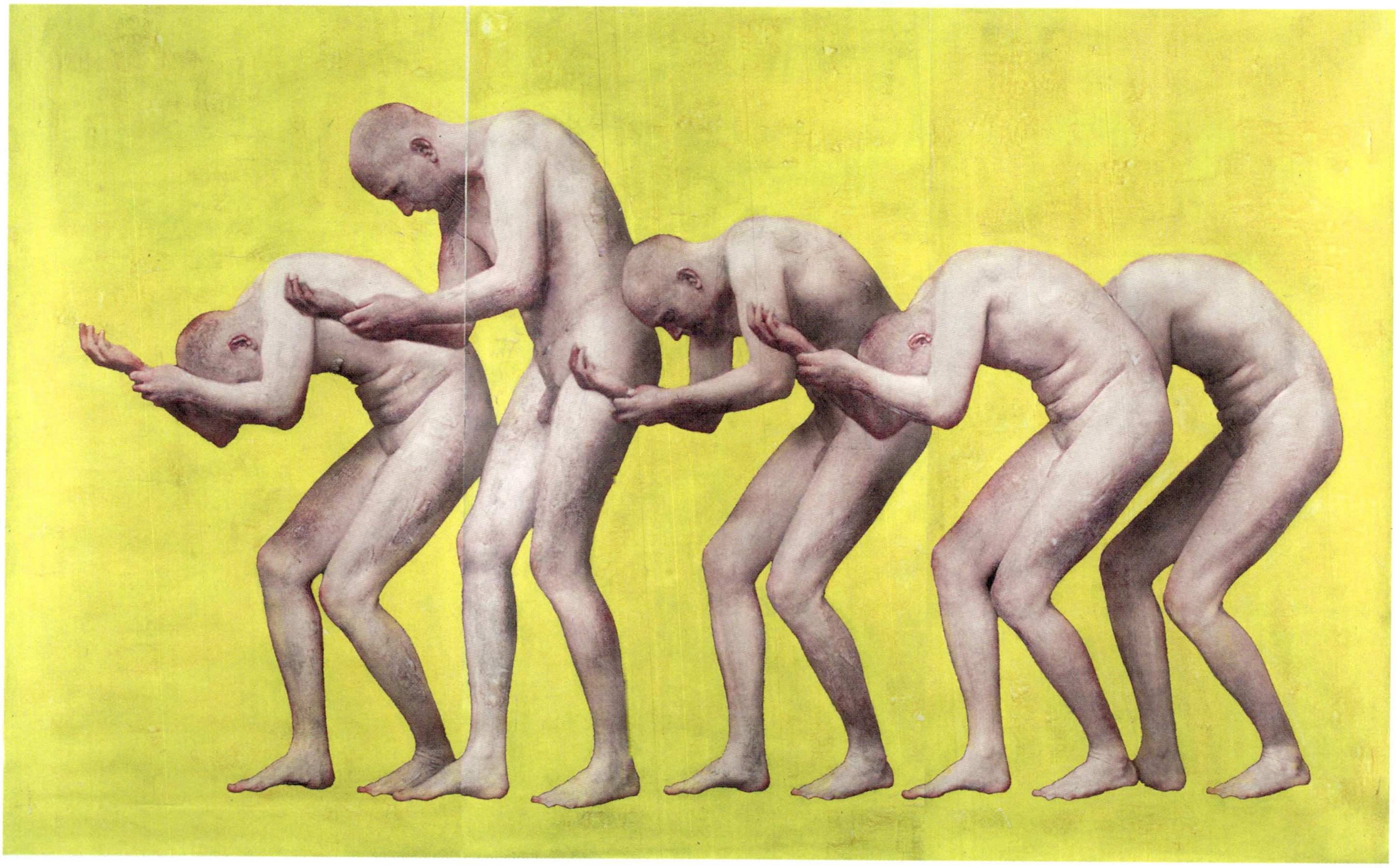

Evolution of Melancholy (yellow) 2003
TripTych
Mixec Media / Oil on Canvas
250 x 410 cm / 100 x 162 in

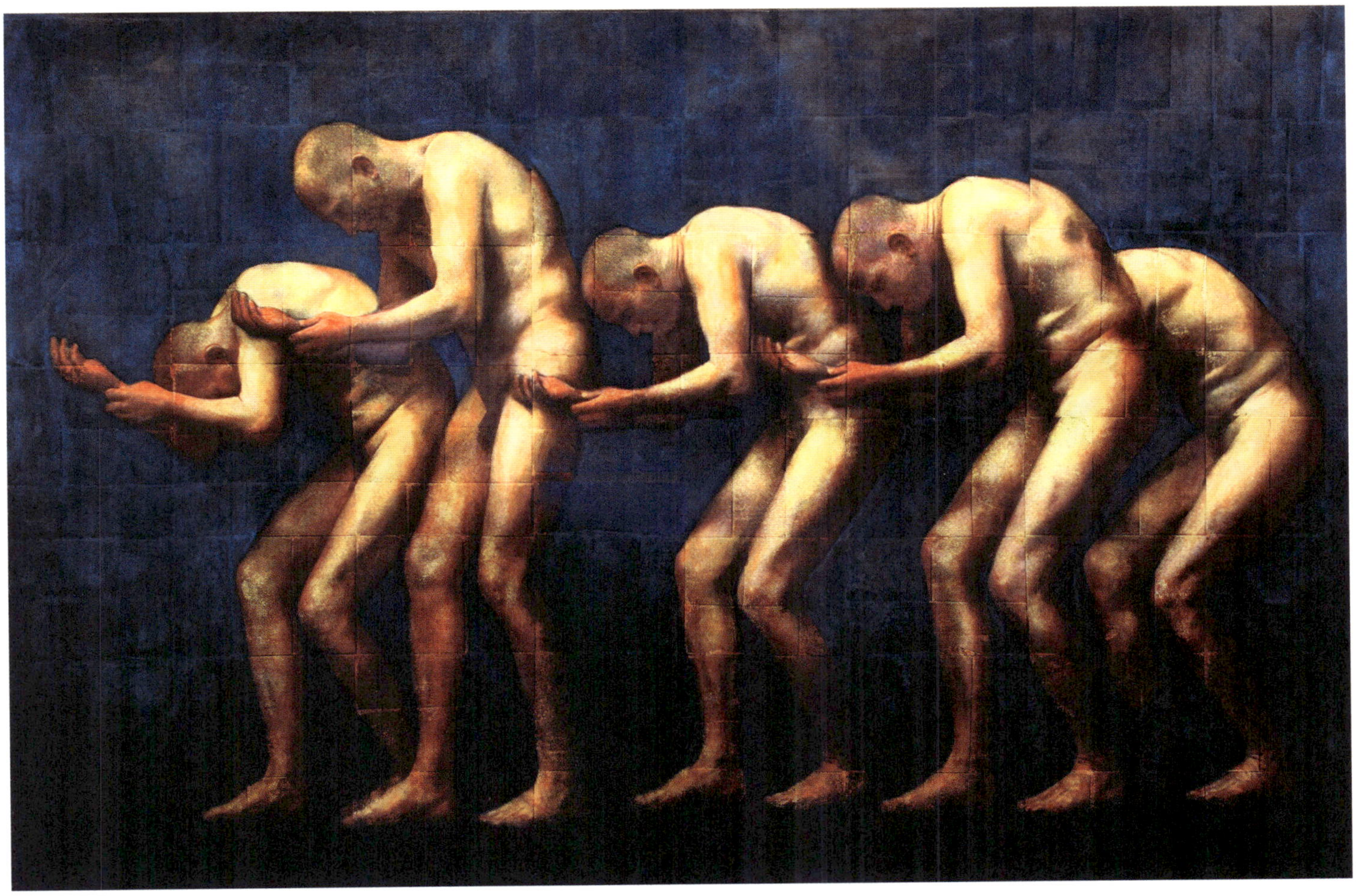

Evolution of Melancholy (Offering Beggars) 2001
Phototransfer / Oil on Canvas
225 x 345 cm / 88 x 136 in
Collection of the Artist

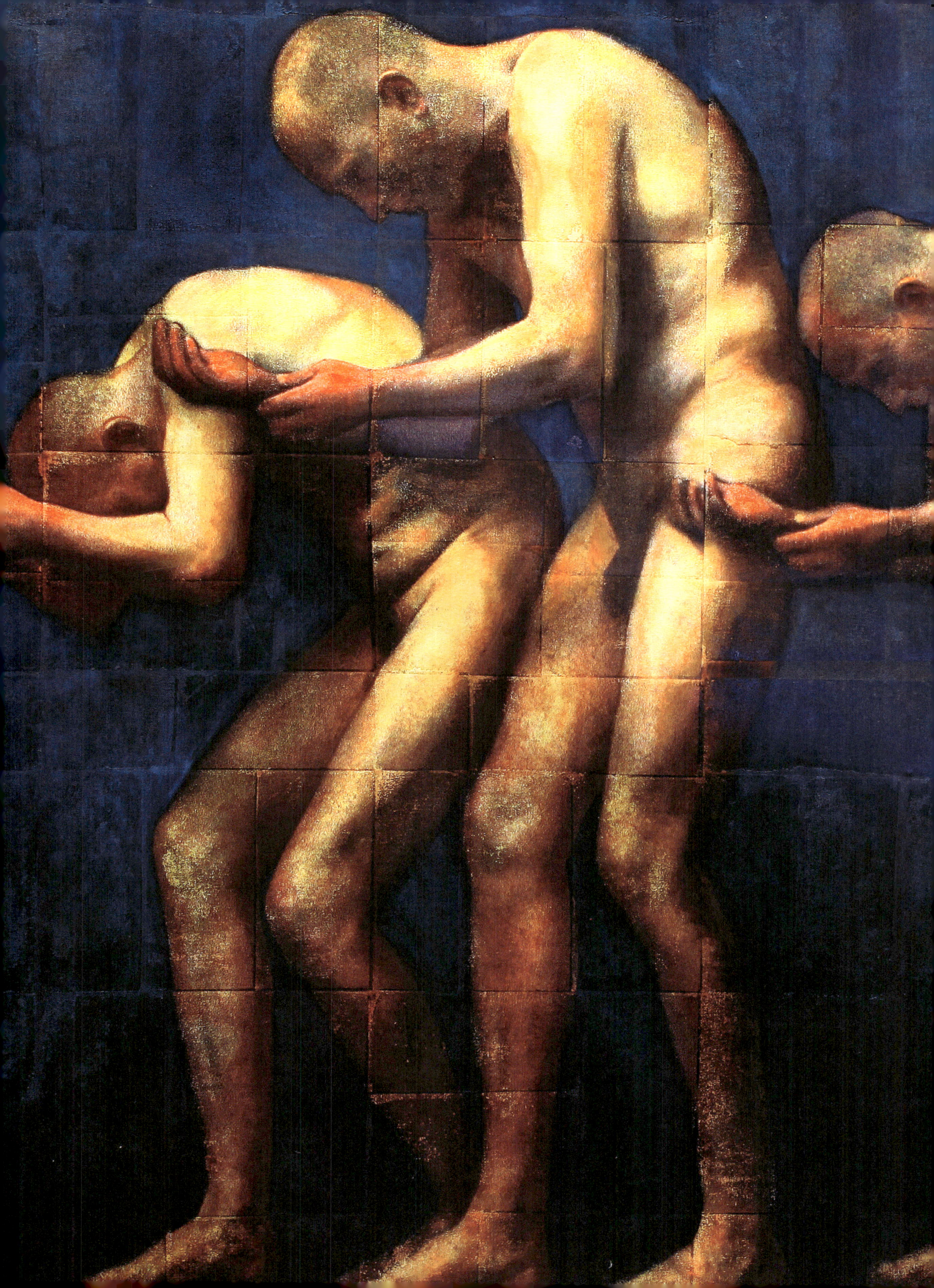

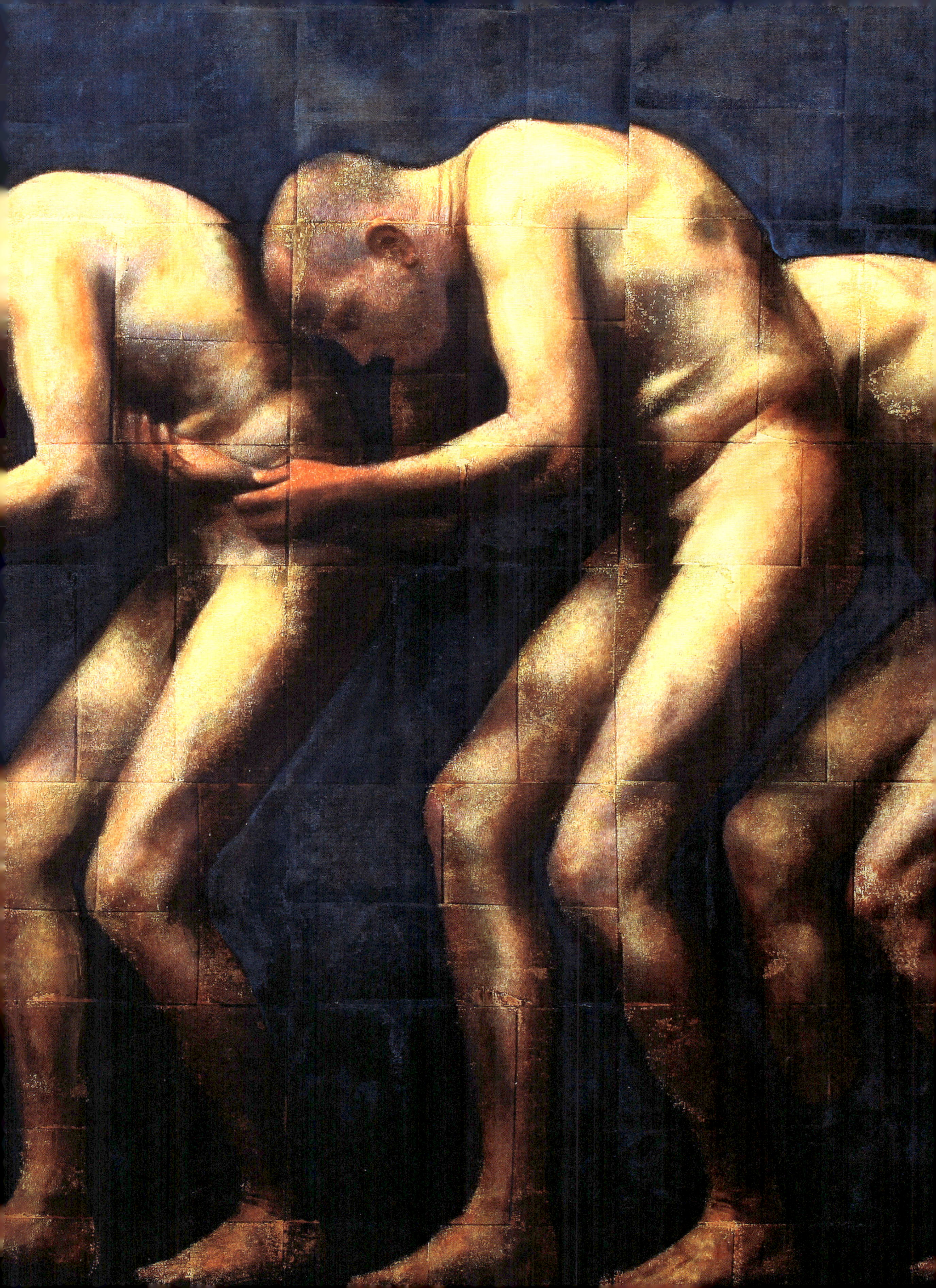

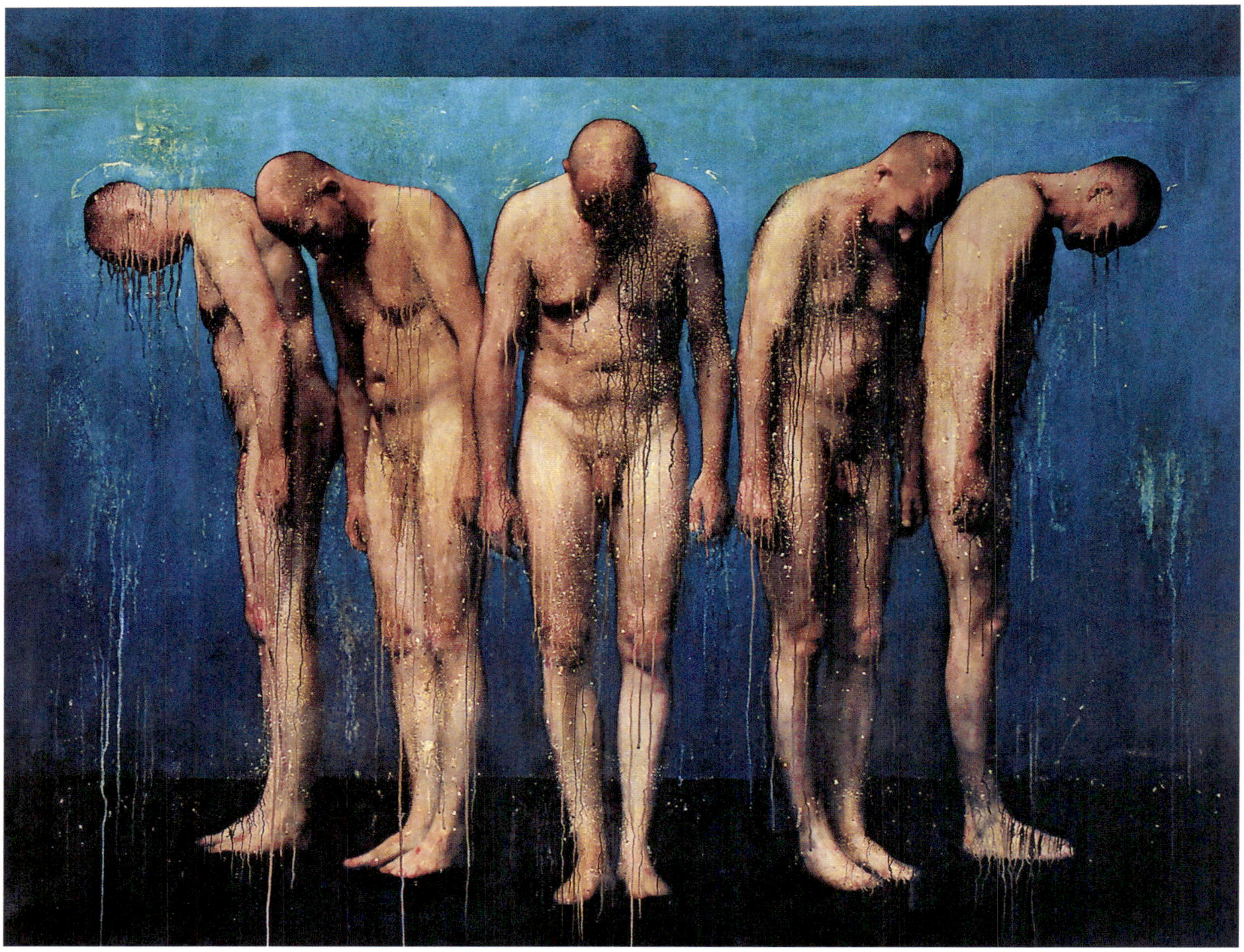

Seasons 2003
Mixed Media / Oil on Canvas
135 x 175 cm / 54 x 70 in
Private Collection / Norway

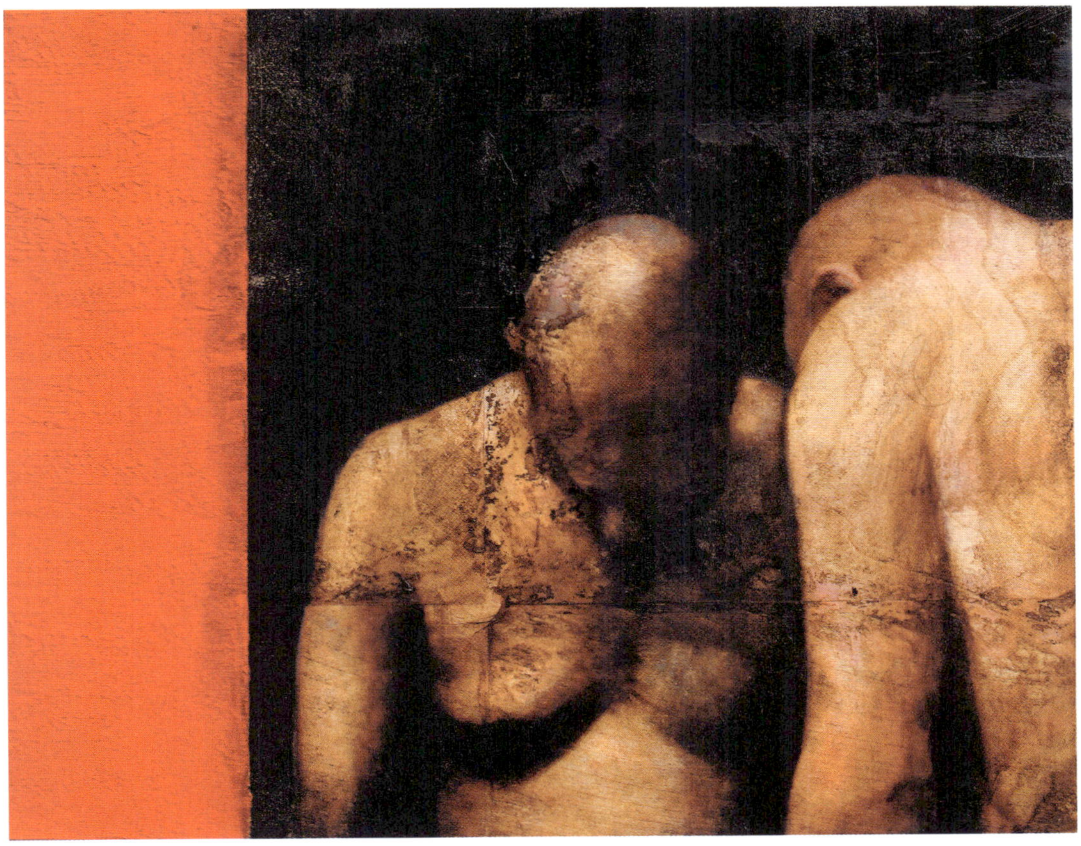

Consultation (refugee) 2003
Mixed Media / Oil on Wood
35 x 46 cm / 14 x 18 in
Private Collection / Copenhagen

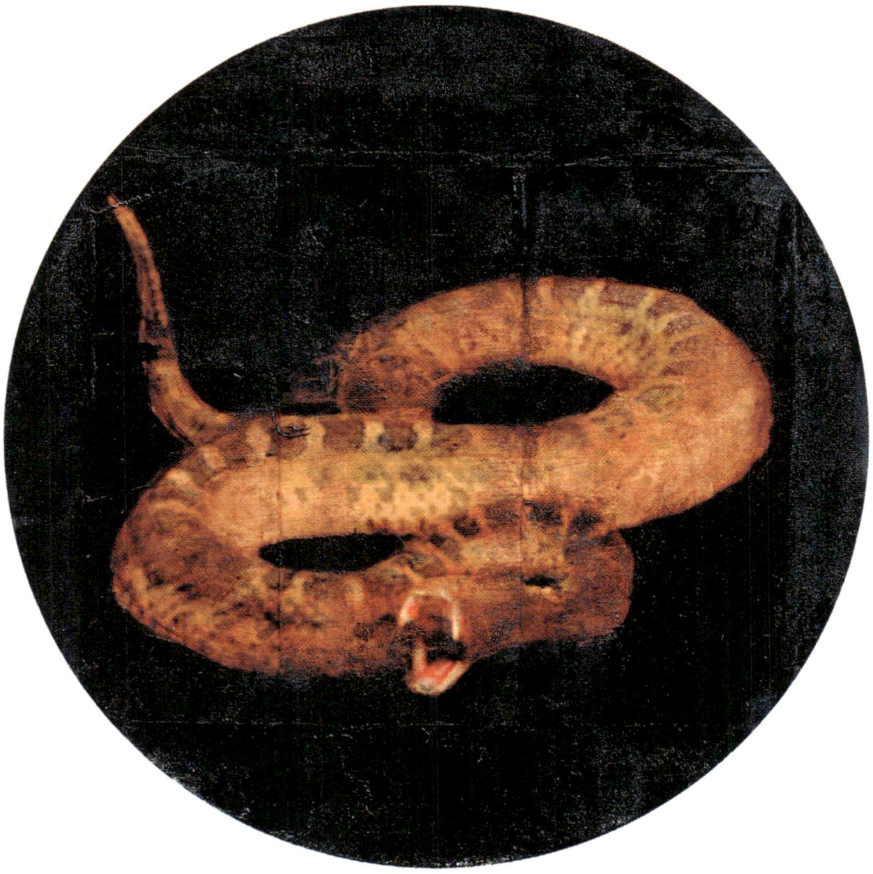

Tergeminus (desert snake) 2003
Mixed Media / Oil on Wood
Circle diam. 30 cm / 12 in
Private Collection / Copenhagen

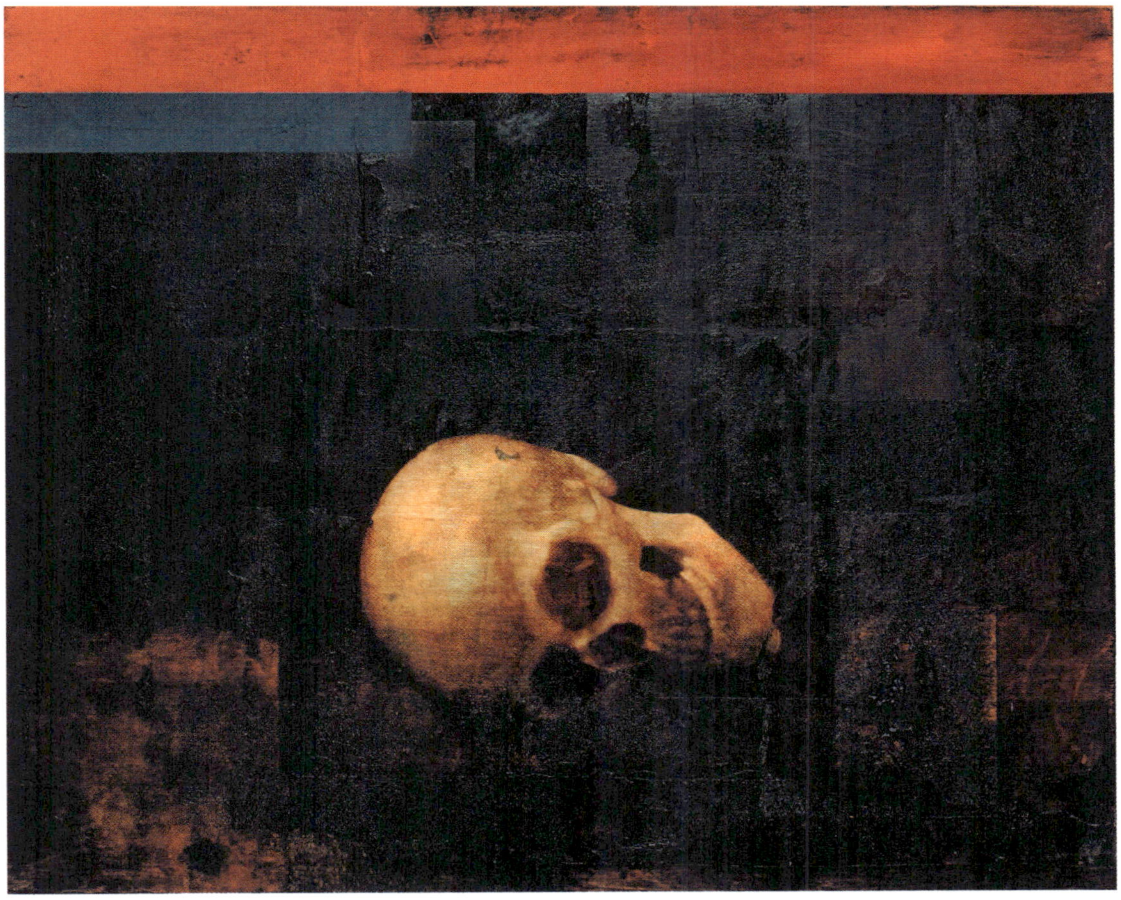

Skull study – replica (red bar) 2003
Mixed Media / Oil on Wood
35 x 46 cm / 14 x 18 in

loop loop loop

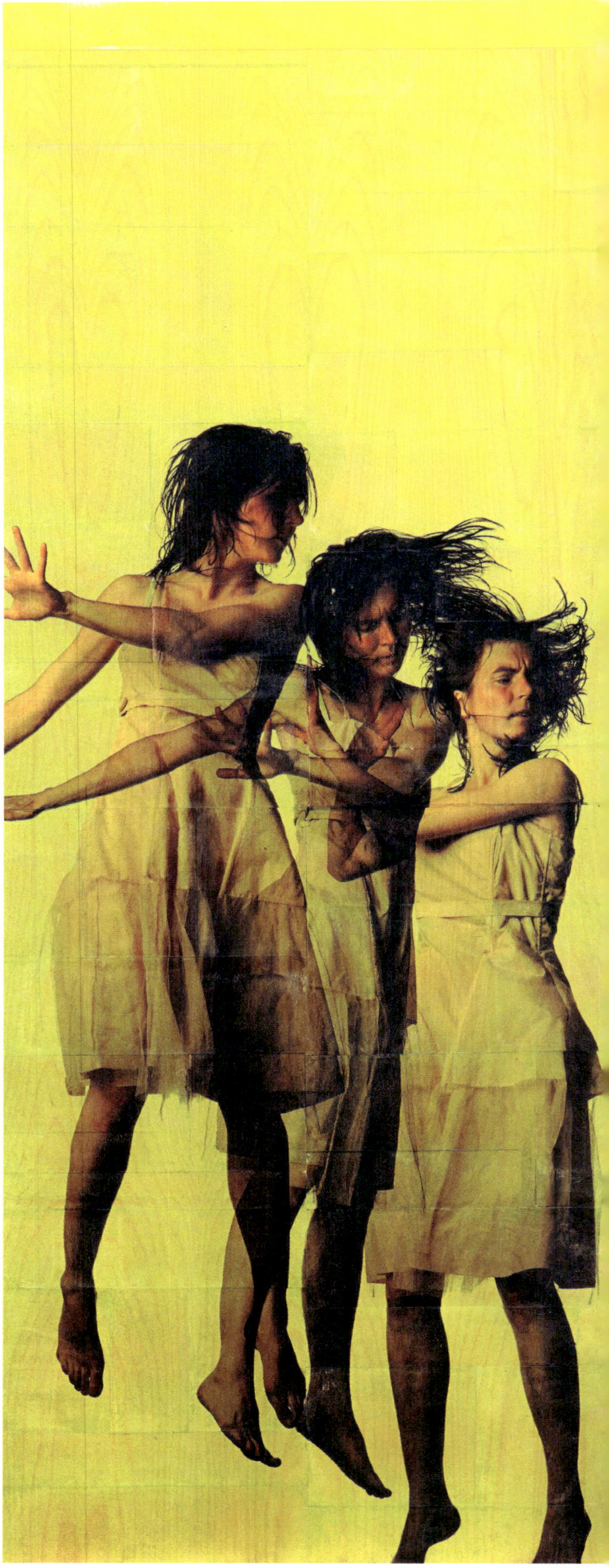

Defence / Trampoline Ver I – III 2009
Phototransfer / Oil on Wood
Ea. panel 200 x 80 cm / 79 x 31 in
Overall size: 200 x 250 cm / 78 x 98 in
Collection of Håvard Jonset / Norway
Ver. II Private Collection / Norway

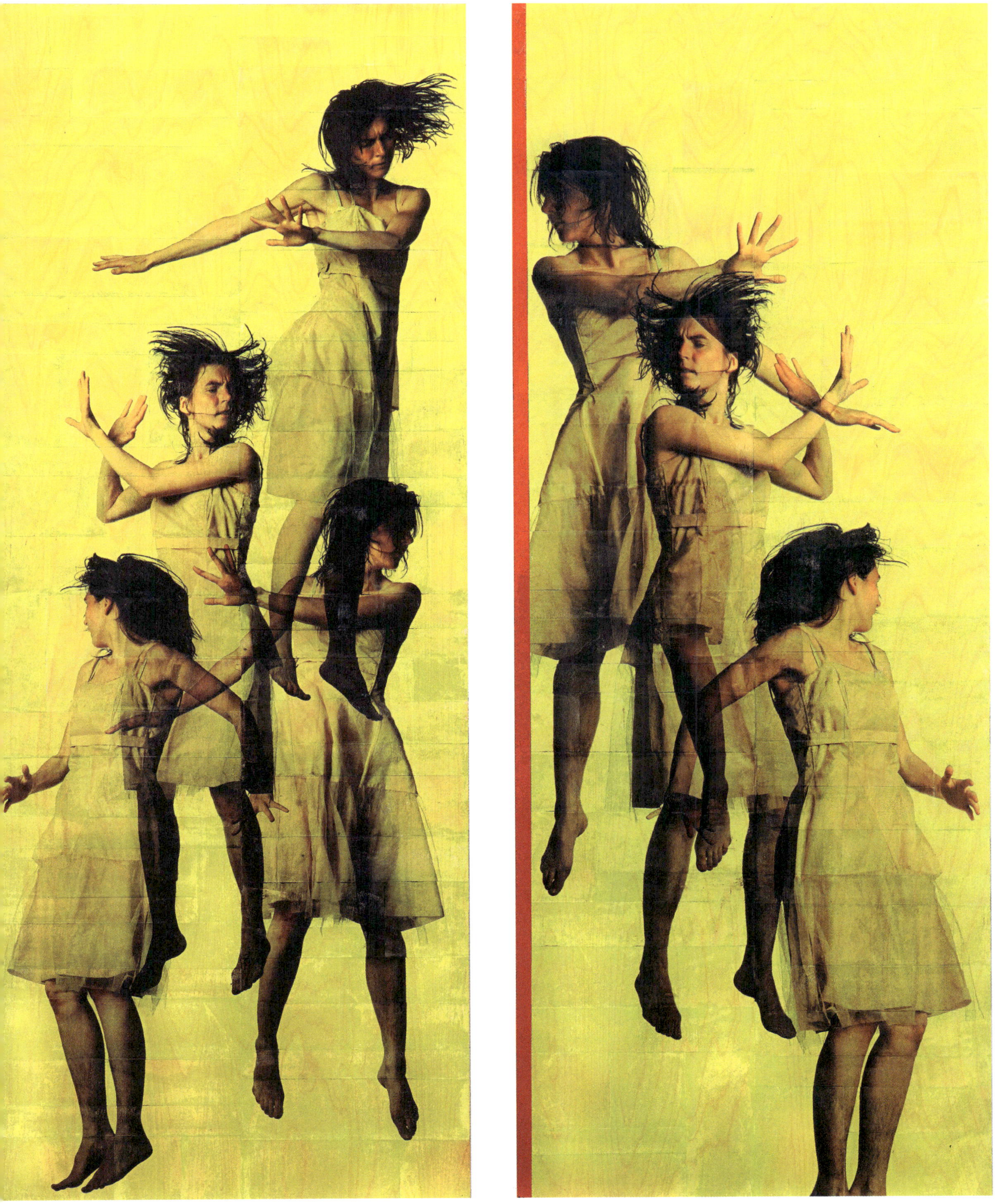

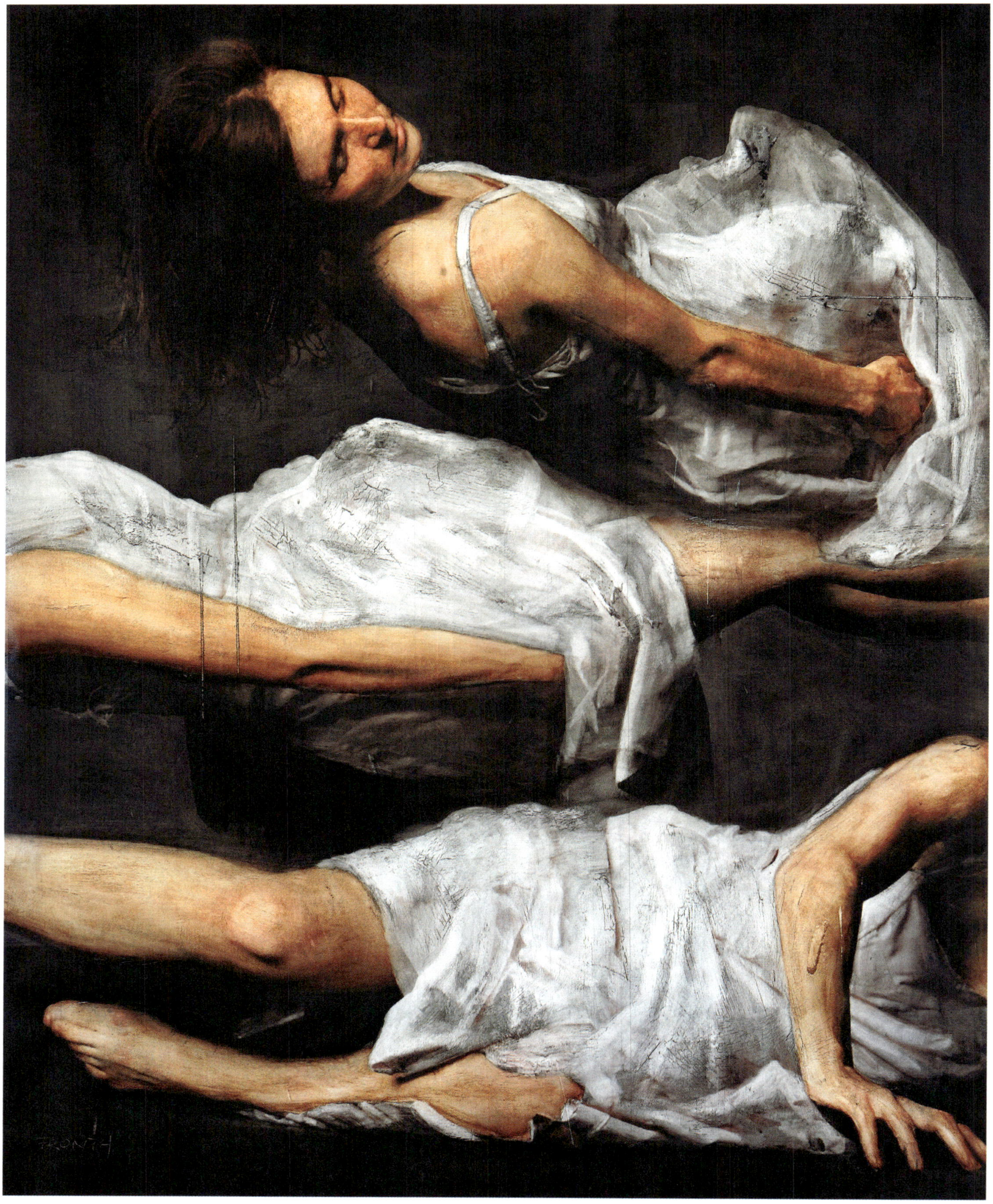

Reflex (trampoline) II 2006
Mixed Media / Oil on Canvas
165 x 135 cm / 66 x 54 in
Ver. II Collection of Avarer / Sandnes

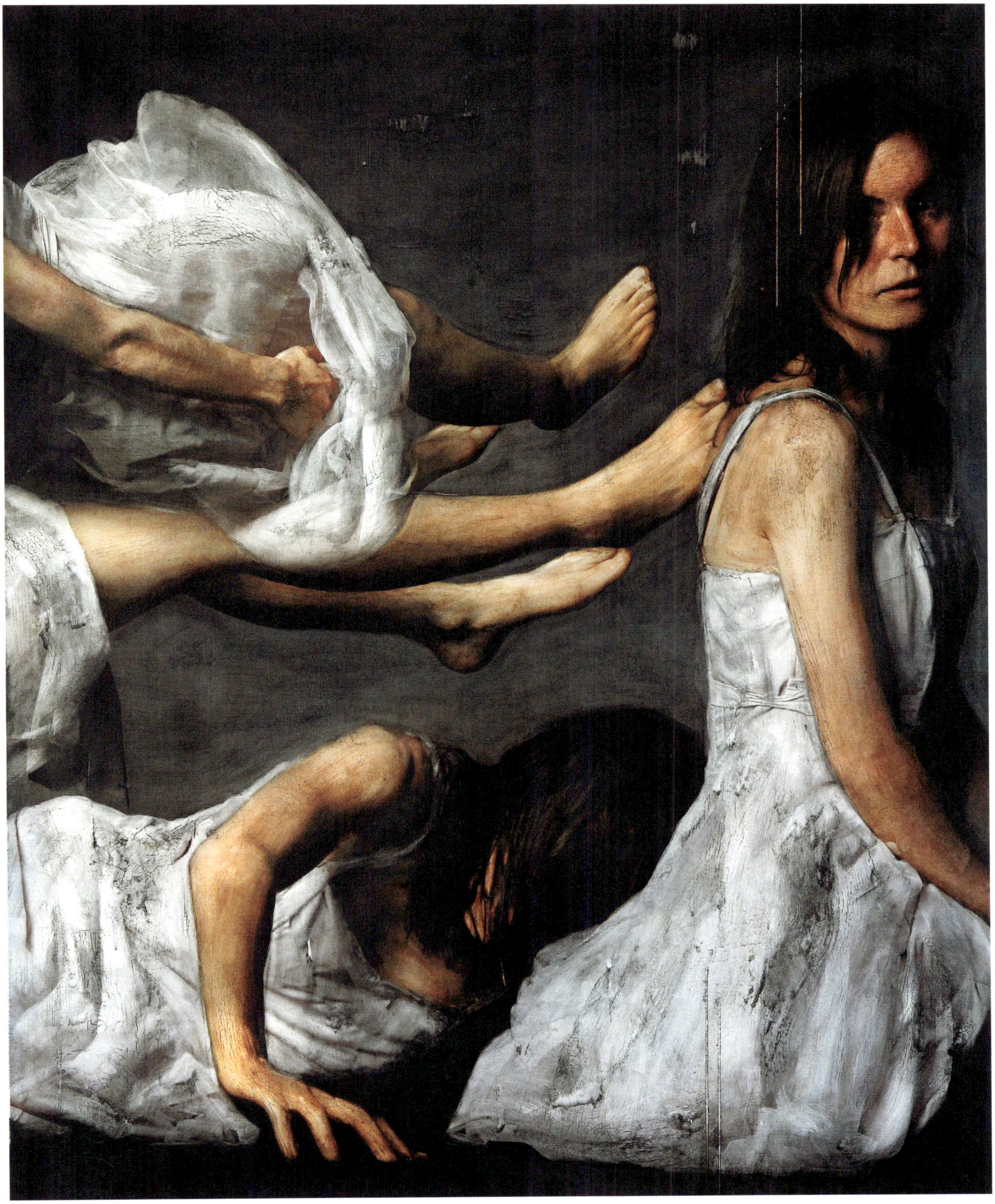

Reflex (trampoline) II 2006
Mixed Media / Oil on Canvas
165 x 135 cm / 66 x 54 in
Private Collection / United States

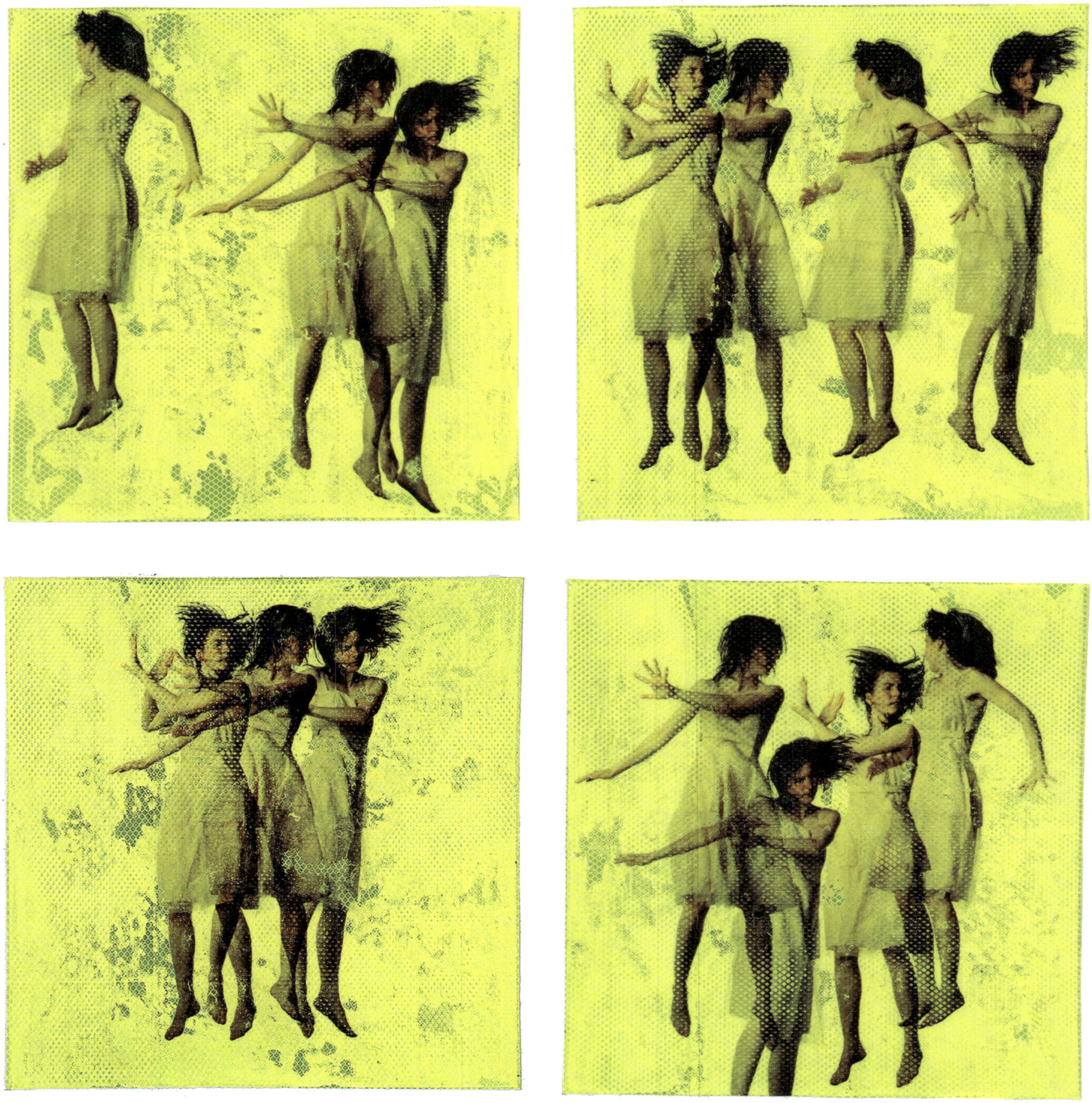

Defense (trampoline) Ver. I – IV 2006
Phototransfer on 3M reflective material
Each 41 x 41 cm / 16 x 16 in
Collection of M. Zilberman / Europe

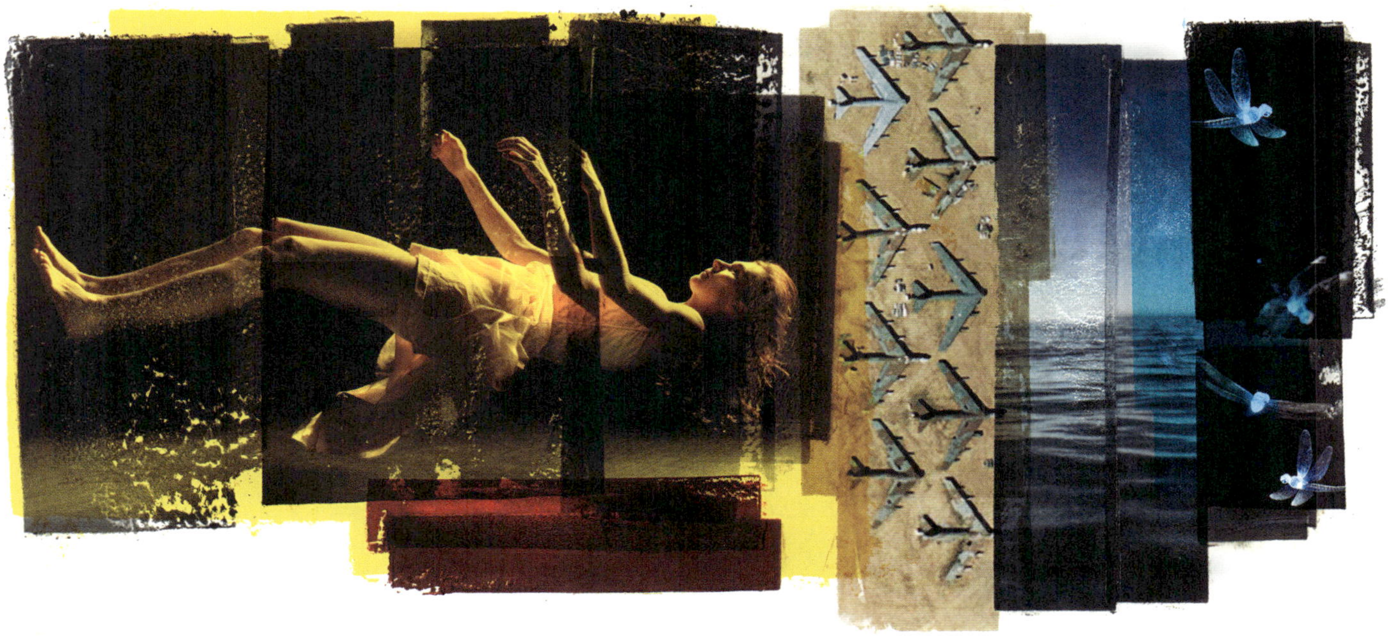

A Nation of Spiritual Deficit (Scandinavia) 2006
Original Digital Print
100 x 215 cm / 38 x 84 in
Edition of 10
Private Collection / Norway

Photo-Litho
50 x 70 cm / 19 x 27 in
Edition of 80 / Printed at KGV

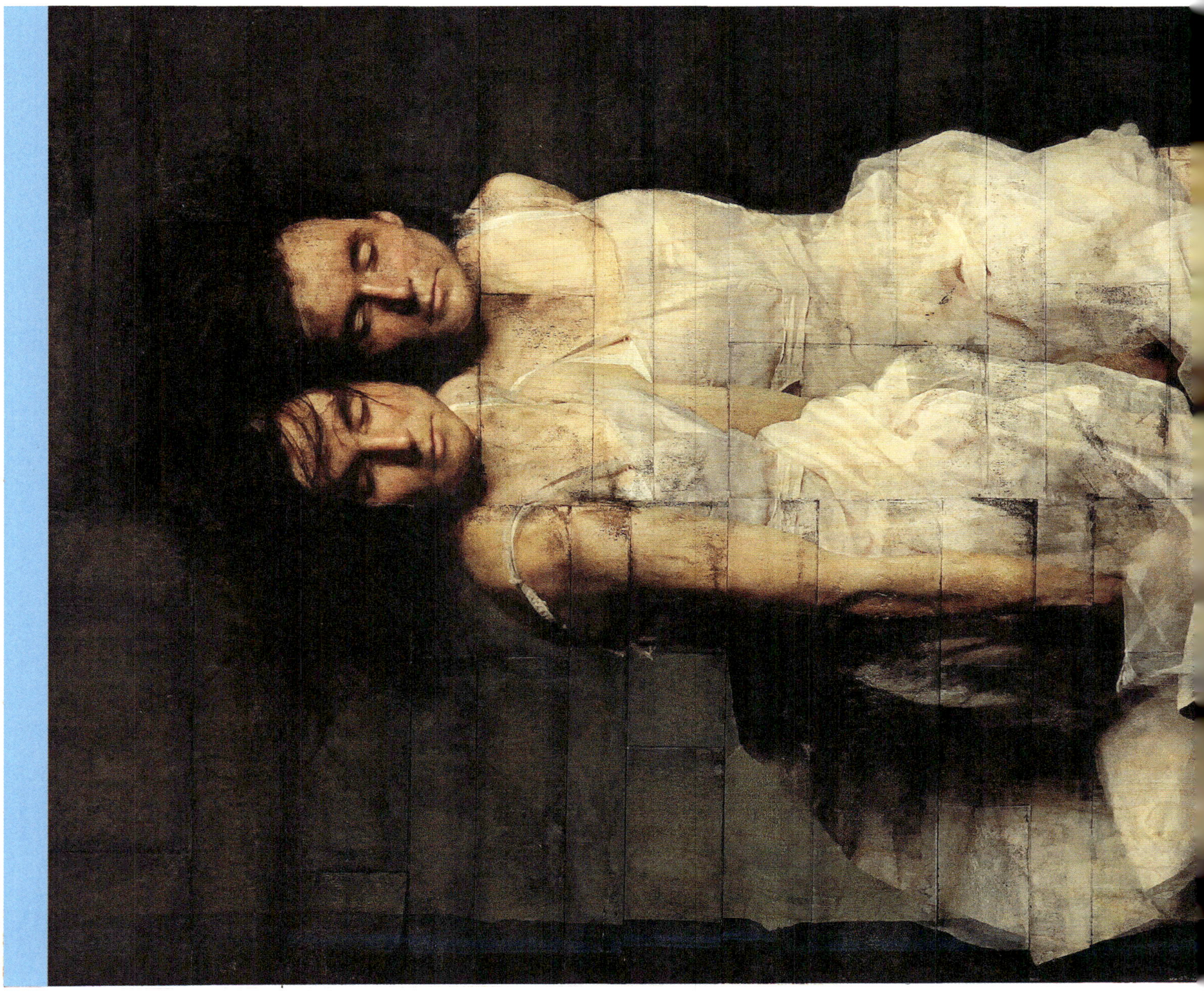

Twins / Trampoline Ver. II 2009
Phototransfer / Oil on Wood / Lead
80 x 200 cm / 31 x 79 in
Private Collection / Ulsteinvik

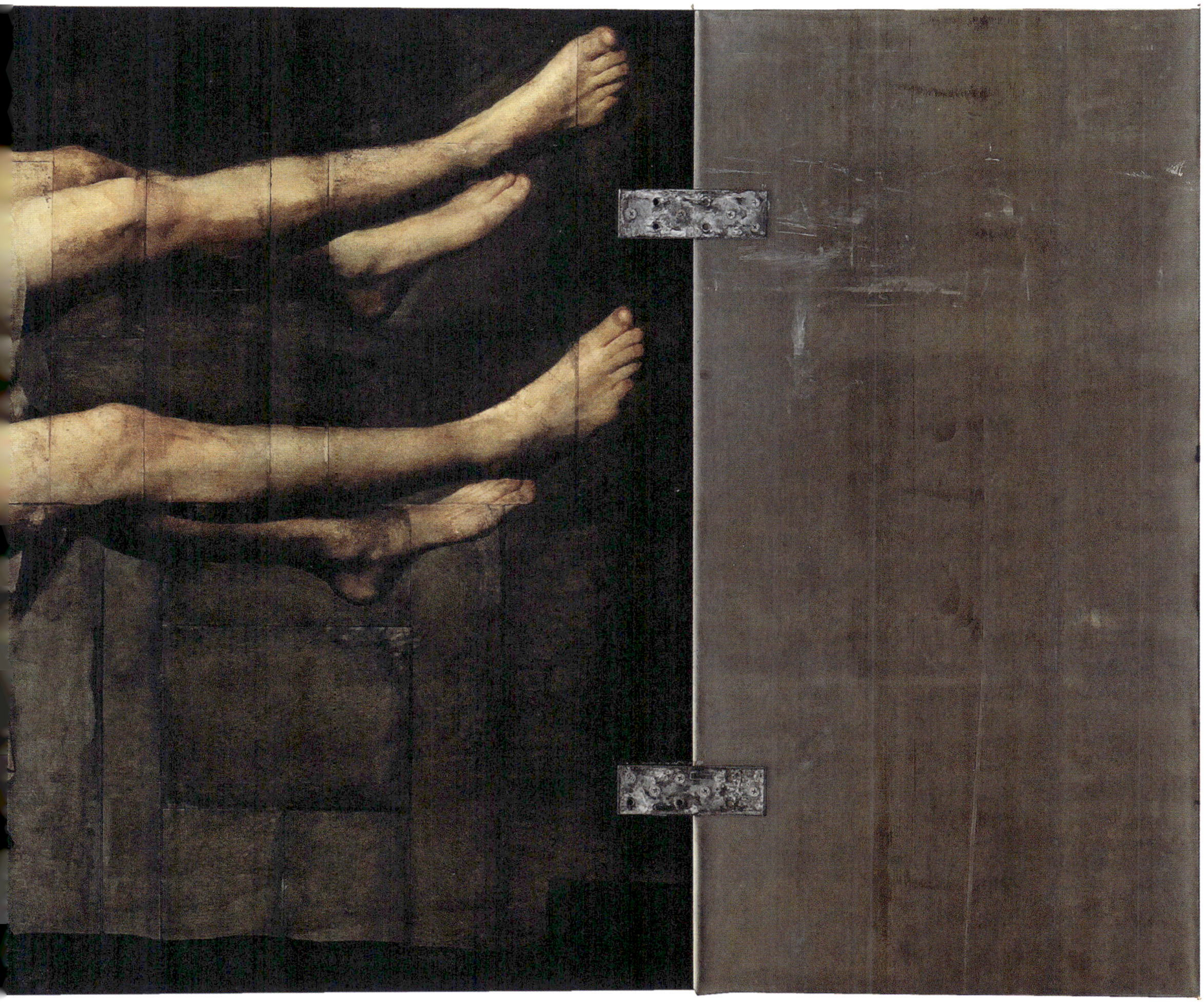

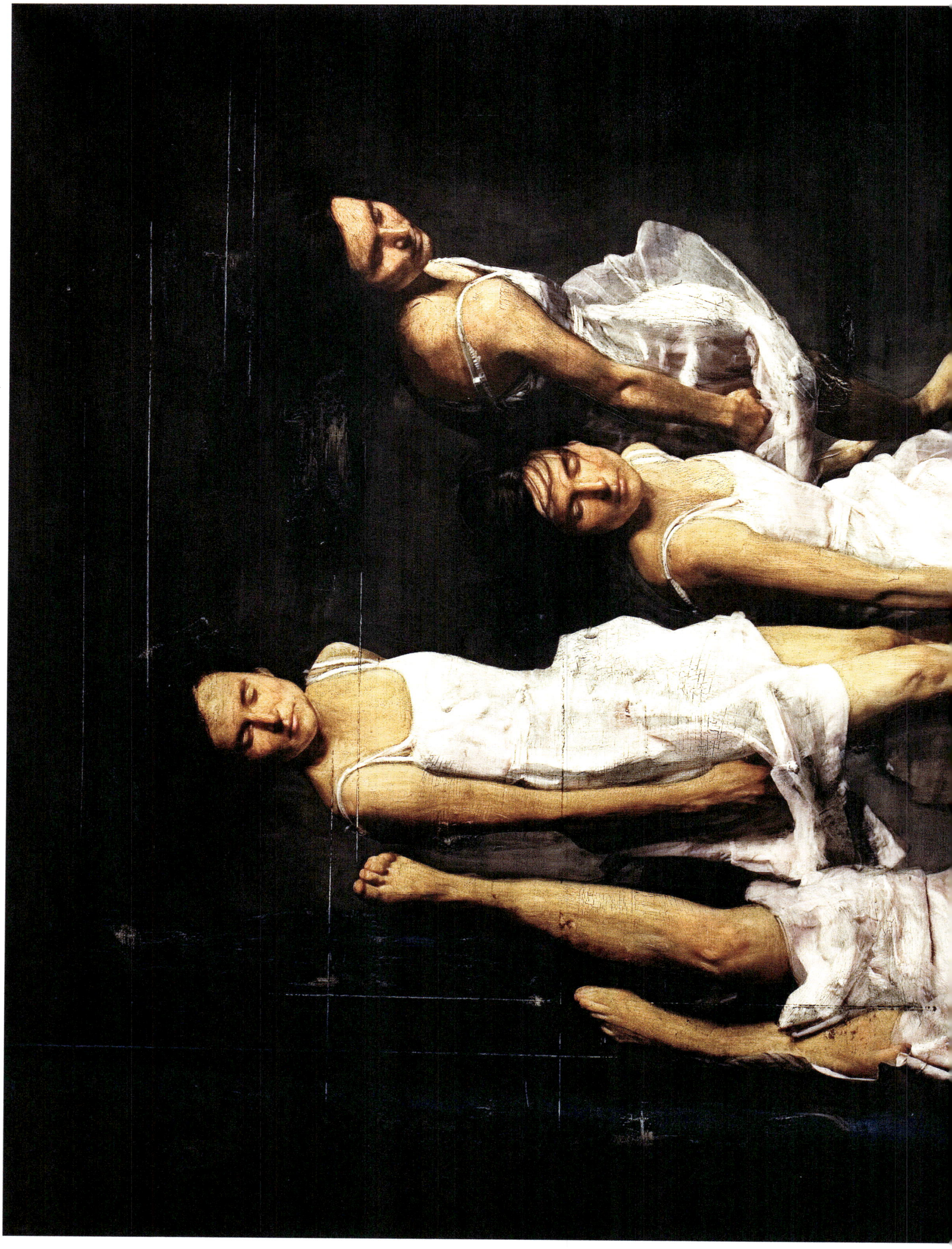

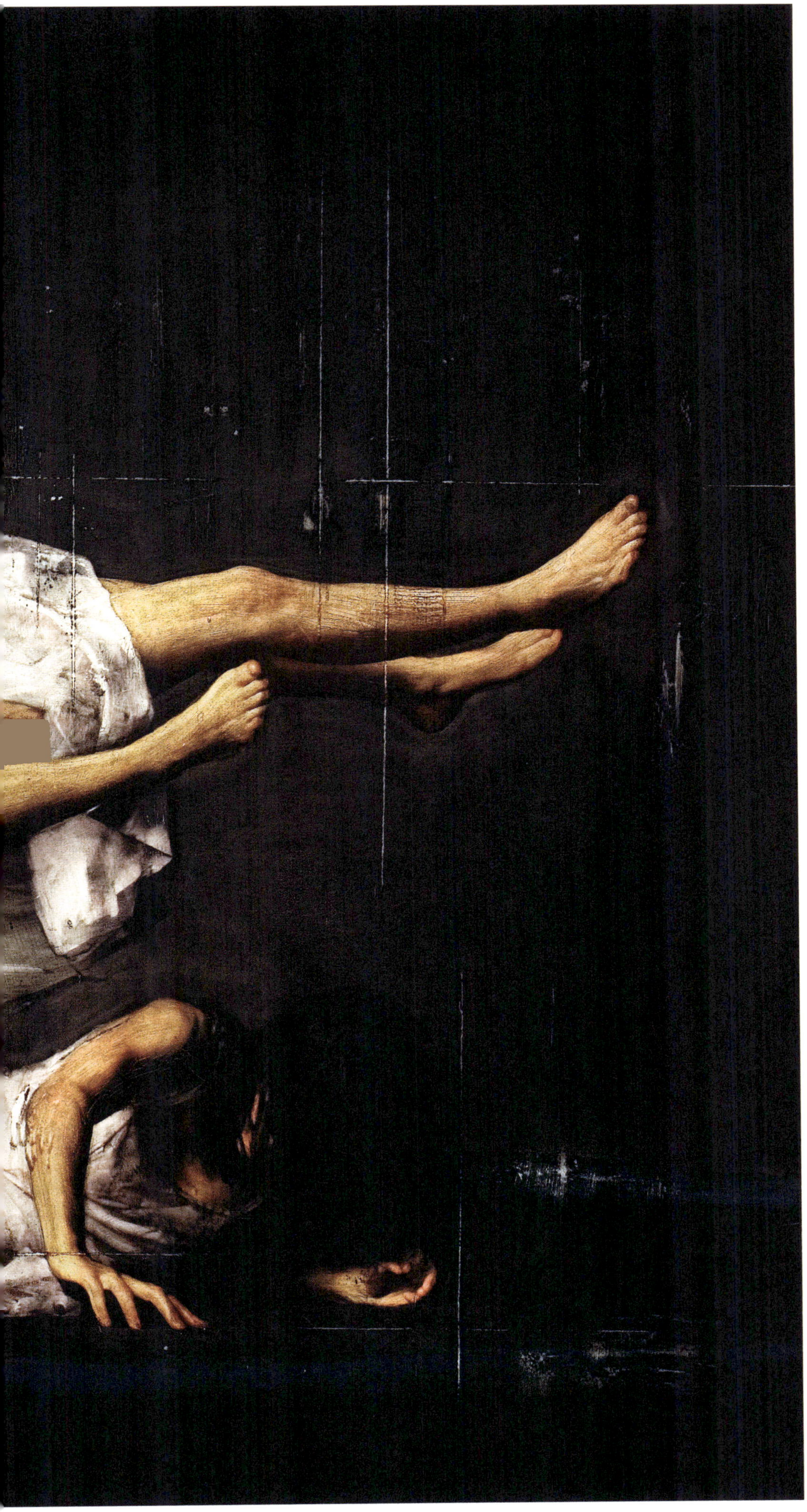

Quattro (trampoline) Ver. II 2009
Mixed Media / Oil on Canvas
165 x 220 cm / 65 x 87 in
Collection of Lene & Asgeir Hartveit, Christianssand
Collection of Mark and Gretchen Zyndorf / United States

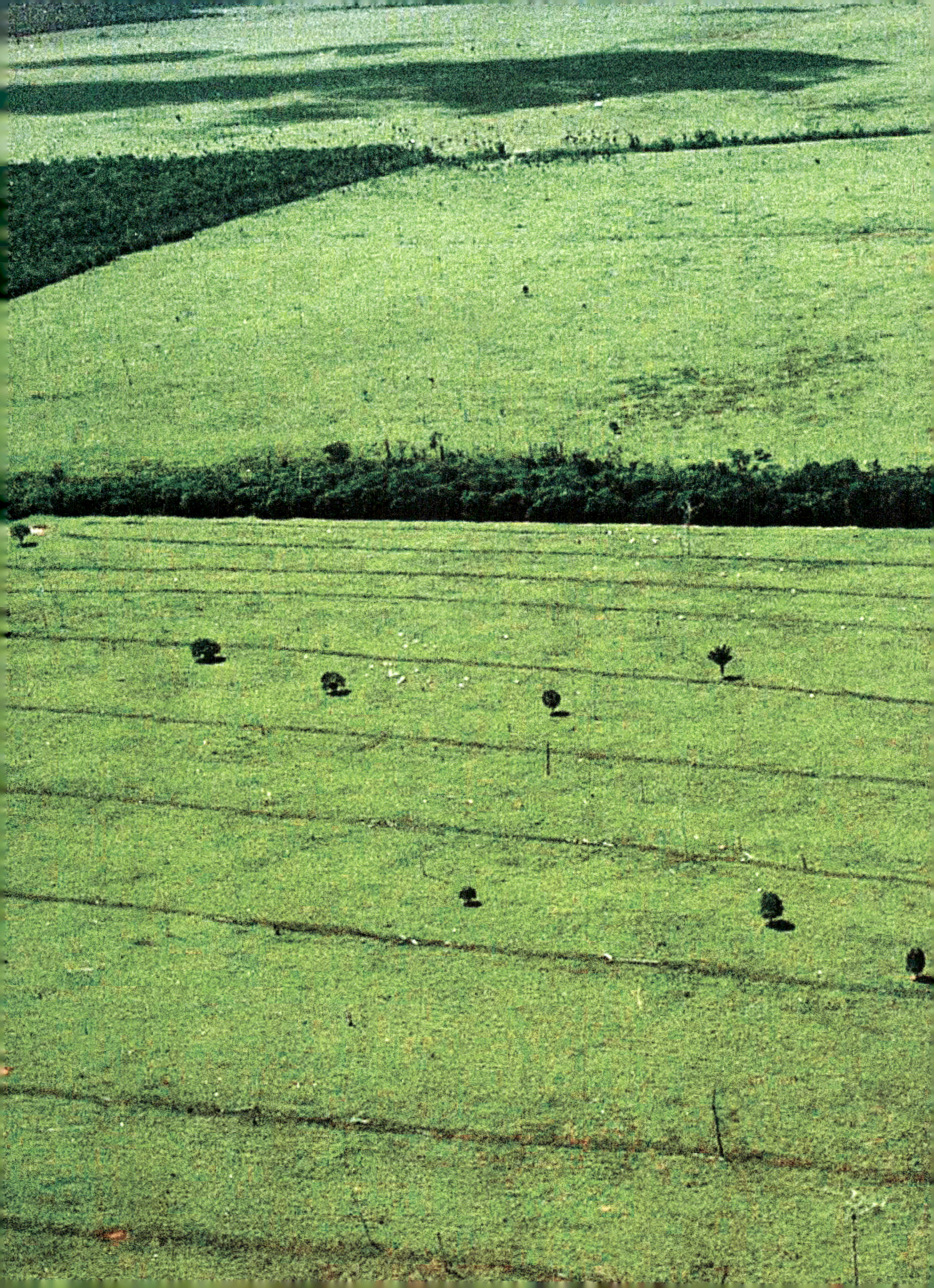

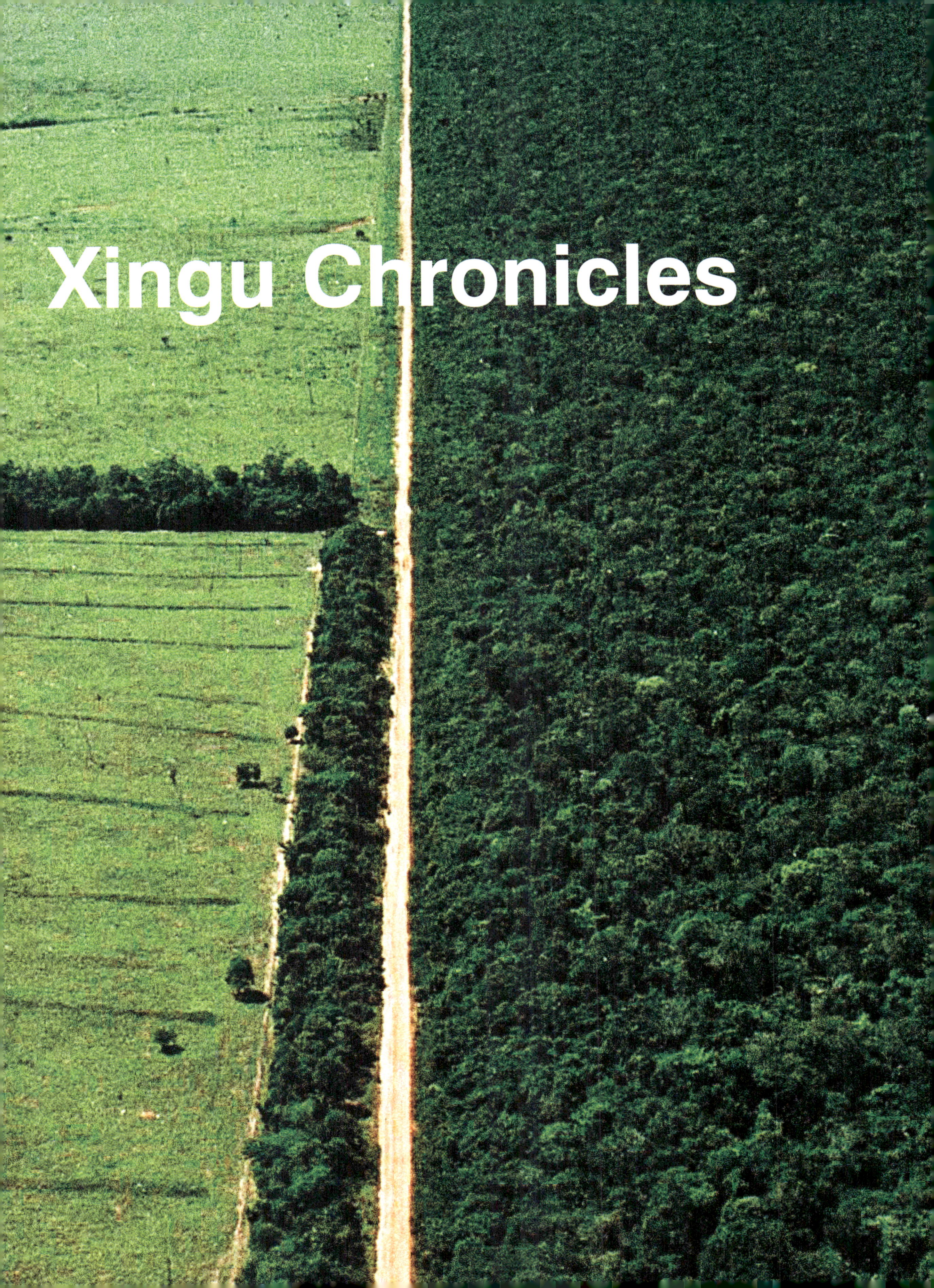
Xingu Chronicles

Xingu Chronicles

Brazil 1996-1997

Per Fronth has travelled all around the world to document events and situations as a photojournalist. He has also been involved in projects for the charity foundations Strømmestiftelsen and the Rainforest Foundation.

In 1996 Fronth travelled to the aboriginal Territory, Xingu, in Brazil, to photograph the Indians of Xingu. Sixteen different tribes share a common Indian territory along the Xingu River called the Xingu Park. Four thousand Indians live in the territory. "Mutual visits, magnificent feasts and the occasional exchange of goods have contributed to creating recognizable traits of an overarching Xinguan culture" Lars Løvold writes. "Yet the fact that these four thousand Indians continue to speak 16 different languages and maintain clearly distinct traditions and social structures bear witness to the strength and vigour of their tribal identities."[1]

"I first met the director of the Rainforest Foundation, Lars Løvold, in 1989 when he held a press conference together with the singer Sting to increase interest in and focus on deforestation in the Amazon. I didn't meet Løvold again until the UN held an environmental conference in 1992 initiated by the 1987 environmental report of former Norwegian Prime Minister Gro Harlem Brundtland. The press was invited on a 3-day journey together with former Norwegian Minister of the Environment Torbjørn Berntsen and former leader of the Socialist Left Party of Norway Erik Solheim. We went to the Brazilian states of Acre and Rondônia on the border to Bolivia to experience first-hand the project of growing trees in the most environmentally friendly manner. That was my first experience with the Rainforest Foundation."

The Rainforest Foundation supports specific projects in collaboration with indigenous people to save the rain forest of the Amazon, Asia and Africa. Surveillance and shielding of the forest areas, legal aid for the local communities and education of

1 Lars Løvold, Preface to "Per Fronth's *Xingu Chronicles*", exhibition catalogue, 1998.

I sitt virke som pressefotograf har Per Fronth reist en rekke steder for å dokumentere hendelser og situasjoner gjennom fotografiet. Han har også jobbet med prosjekter for Strømmestiftelsen og Regnskogfondet.

I 1996 reiste Fronth til urfolksterritoriet Xingu i Brasil for å fotografere indianerne som lever der, deres kulturuttrykk og regnskogen som trues av multinasjonale selskaper og påvirkning fra det moderne samfunnet. Langs elven Xingu deler 4000 indianere fordelt på 16 forskjellige stammer et felles indiansk territorium som kalles Xinguparken. «Sosialt samkvem, storslagne fester og endel varebytte har skapt tilløp til en felles xingukultur,» skriver Lars Løvold. «Likevel vitner det faktum at de 4000 indianerne fortsatt snakker 16 forskjellige språk, praktiserer helt ulike tradisjoner og former for organisering, om styrken og vitaliten i stamme identiteten.»[1]

– Jeg møtte lederen for Regnskogfondet, Lars Løvold, i 1989 da han og Sting arrangerte en pressekonferanse for å øke interessen rundt avskogningen av Amazonas. Senere, i 1992, under den store miljøkonferansen som FN arrangerte i Rio de Janeiro (som kom i gang som følge av daværende statsminister Gro Harlem Brundtlands miljørapport for FN i 1987), møtte jeg Lars Løvold igjen. Under konferansen ble det arrangert en tredagers tur for pressen. Med var også Thorbjørn Berntsen som var miljøvernminister, og SVs daværende leder Erik Solheim. Turen gikk til de brasilianske statene Acre og Rondônia på grensen til Bolivia. Vi skulle få oppleve prosjekter som dreide seg om å dyrke skog på en mest mulig miljøvennlig måte. Det var mitt første møte med Regnskogfondet i felten.

Regnskogfondet er engasjert i prosjekter i Amazonas, Asia og Afrika, i samarbeid den lokale befolkningen. Her kjemper man for å redde regnskogene gjennom overvåkning og vern av naturskogområder, gjennom virkemidler som rettshjelp til lokalsamfunn og utdanning på urfolks egne premisser. Samtidig jobber

1 Lars Løvolds forord i Per Fronths katalog til utstillingen *Xingu Chronicles*, 1998.

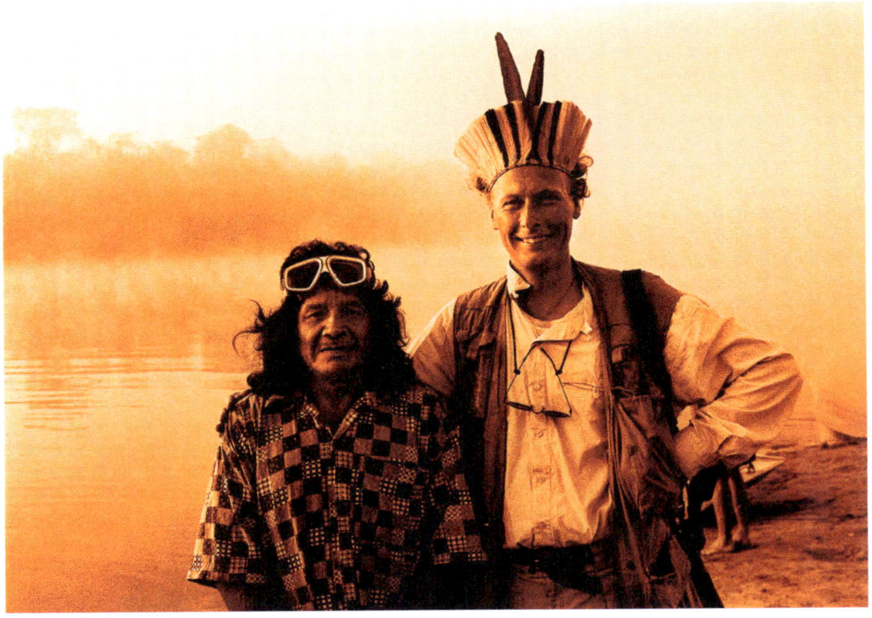

Exchanging goggles for headdress: Chief of the Suya tribe bids farewell to Per Fronth and the entourage from the Rainforest Foundation at the mergerpoint of the Suya and Xingu rivers in August 1996.

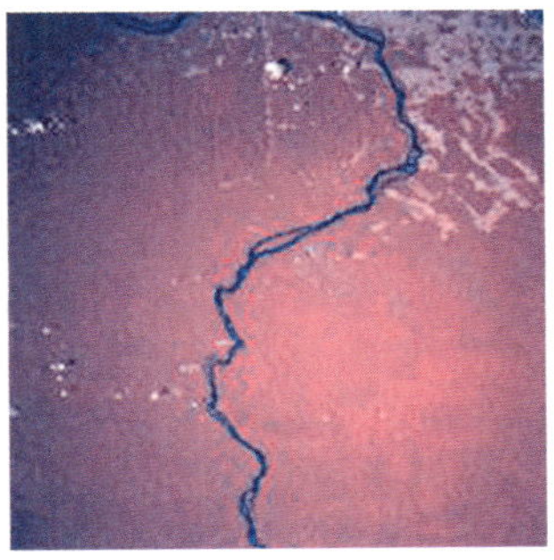

Satellite view of Xingu River: Images from space are often used to monitor activities threatening the rainforest.

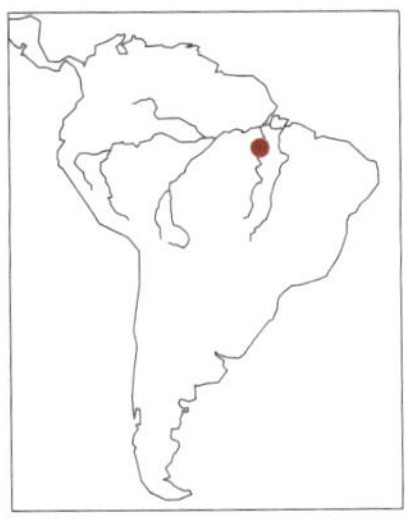

On the map: The red dot marks the Xingu River.

the indigenous people on their own terms provide good results. The Rainforest Foundation also has as an objective to persuade governments, the World Bank and private companies to change their policies to improve conditions in the rain forest.[2]

In 1996 Lars Løvold was the director of the Rainforest Foundation International in New York He wanted Fronth's help in connection with the annual charity concert that Sting and his wife, Trudie Styler, were arranging in collaboration with the Rainforest Foundation. Fronth had wanted to visit the Xingu Indian Territory in Brazil for quite a while.

"I wanted to travel far away to gather inspiration, and Lars Løvold was the key to achieving that goal. The journey was one of the greatest experiences of my life. It is the most inspiring journey I have been on, and Xingu is still an important project for me."

Fronth returned from the Xingu with about 12,000 photographs.

"I saw something that I wanted to pursue, but I didn't know exactly what it was. These people are totally in touch with themselves and nature. They form a contrast, a parallel to my life. For me "the human condition" is the term that fits exactly in trying to describe what they were about. The thematic backdrop for *Xingu Chronicles* is identity, political struggle and aesthetics. The spiritual aspect of the Xingu environment is not tainted by Western thoughts. I had the opportunity to travel all the way from New York – the village of the big city – to an aboriginal place that wasn't affected by the world at large."

Fronth shot over 300 films of photographs of people that live in a place where "civilisation has stopped". He was surrounded by Indians with cultural traditions totally different from his.

2 From www.regnskog.no/Om+Regnskogfondet.

Regnskogfondet politisk for å påvirke regjeringer, Verdensbanken og private selskaper til å stanse ødeleggelsen av regnskogene.[2]

I 1996 ville Lars Løvold, som da var direktør for Rainforest Foundation International i New York, ha Fronths hjelp til noen bilder som kunne brukes i forbindelse med den årlige veldedighetskonserten som Sting og hans kone Trudie Styler arrangerer til inntekt for Regnskogfondet. Fronth jobbet lenge for å få tillatelse til å reise til indianerreservatet Xingu i Brasil.

–Jeg ønsket å reise langt for å lage bildene mine, og min nøkkel inn var Lars Løvold. Reisen viste seg å bli en av mitt livs største opplevelser. Xingu er veldig viktig for meg. Det er den mest inspirerende turen jeg har vært på, og jeg tenker fortsatt på den i dag.

Oppholdet i indianerreservatet resulterte i omtrent 12.000 bilder.

– Jeg så noe som jeg ville forfølge, men jeg visste ikke hva det var. Disse menneskene er i kontakt med seg selv og naturen på en helt særegen måte – de danner både en kontrast og en parallell til meg selv og mitt liv. Begrepet «human condition» falt på plass etter hvert. Det tematiske bakteppet for det som skulle bli *Xingu Chronicles* er identitet, politisk kamp og estetikk. Det spirituelle er i liten grad tilsølt av den realtenkningen vi forholder oss til i Vesten. Jeg fikk anledning til å reise fra New York – storbyens hus – til noe opprinnelig som var lite påvirket av utenverdenen. Men påvirkningen kommer allikevel snikende inn.

Fronth tok sine 12.000 bilder av mennesker som bor et sted hvor «sivilisasjonen har stoppet», han kom i nærkontakt med helt andre kulturtradisjoner enn de han selv bar på . Samtidig slo det ham i hvor stor grad indianerne han fotograferte er speilbilder av ham selv.

– Plutselig stopper «sivilisasjonen» og det blir helt grønt. Vi landet på en åpning i jungelen og ut av skogen kommer mennesker med pil og bue. De representerer noe primalt – som å være sammen

2 Se www.regnskog.no/Om+Regnskogfondet.

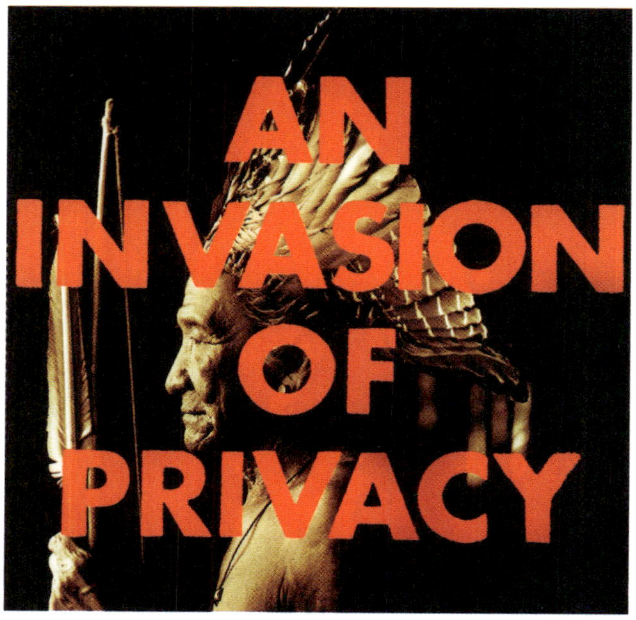

New York Benefit Exhibition: Invitation piece by Ed Ruscha & Per Fronth for the Rainforest Foundation Benefit exhibition held at the John McEnroe Gallery in New York 1997.

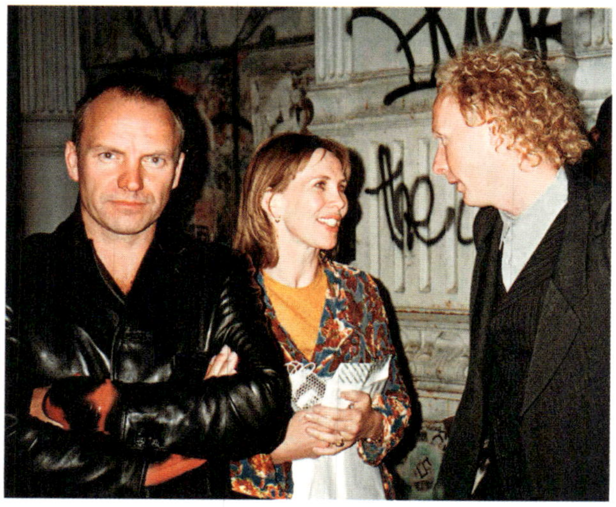

Per Fronth in conversation with the hosts Sting and Trudie Styler at the benefit evening in Soho.

Nevertheless Fronth actually experienced the Indians as mirror images of himself.

"Suddenly every trace of civilisation disappeared, and everything became completely green. When we landed on an open patch in the middle of the jungle, people bearing bow and arrows came to greet us. They represented something primal, and it was just like meeting my inheritance. It's a completely different situation, but I can relate to their culture."

Fronth's stay at the Indian Territory in Brazil amounted to the exhibition *Xingu Chronicles* at the Dillon Gallery in New York in 1998. Of the 12,000 frames, Fronth made different prints, photographs and mixed media works.

The art work that most directly approaches the problem of Western influence on indigenous cultures is the etching *Panasonic*. Fronth portrays a Xingu cameraman filming a scene behind the photographer. The horizon, the water and the two boats floating on the calm water create a natural atmosphere that strongly differs from the mechanical and technological camera.

"*Panasonic* is an ambivalent picture, and I consider it a self-portrait or a mirror image. The man portrayed and I are both storytellers. In examining our own humanity, it's helpful to use other people in order to better understand oneself."

Donald Kuspit, professor of art history and philosophy at State University in New York and editor of ARTFORUM, chose to approach the Xingu art works from another angle. He focuses on the people being different to us: "Indeed, people of Xingu maintain, in their daily lives, a sense of sacred that is all but disappeared in our secular world. Fronth respects the Xingu people because they embody an attitude that has become alien to us."[3]

3 Donald Kuspit, "Per Fronth's *Xingu Chronicles*", exhibition catalogue, 1998.

med dem jeg stammer fra, som å møte meg selv. Det er fjernt og annerledes, men allikevel så enkelt å identifisere seg med.

Fronths opphold i indianerreservatet Xingu i Brasil ble til utstillingen *Xingu Chronicles*. Av de 12.000 fotografiene lagde Fronth grafiske blad, rene fotografier og mixed media-arbeider. Utstillingen ble vist ved Dillon Gallery i New York i 1998.

Det arbeidet som problematiserer vestlig påvirkning av indianerkulturen på den mest eksplisitte måten, er fotoetsningen *Panasonic*. Fronth har portrettert en indiansk kameramann idet han filmer en scene bak fotografen. Horisonten, elven og to båter som flyter på et vindstille vann danner en harmonisk naturstemning som står i sterk kontrast til kameraets mekaniske uttrykk.

– Det er en sterk følelse av ambivalens i *Panasonic* og jeg betrakter det som et selvportrett, eller et speilbilde hvor både den portretterte og jeg er historiefortellere. I en undersøkelse av det menneskelige bruker man andre for å forstå seg selv.

Professor i kunsthistorie og filosofi ved State University i New York og redaktør for ARTFORUM, Donald Kuspit, velger en annen innfallsvinkel til Fronths arbeider med xinguindianerne, nemlig deres forskjell fra oss: «Xingufolket har beholdt en sans for det hellige i det daglige livet som har forsvunnet fra vår sekulære verden. Fronth beundrer xinguene fordi de ivaretar denne væreformen som har blitt så fremmed for oss.»[3]

Fronth har fokusert på ulike sider ved indianerstammenes kultur ved å fotografere seremonier og ritualer, og selvfølgelig deres særegne klesdrakt. *The Feather Silence* viser et utsnitt av den karakteristiske fjærdekoren indianerne bærer på hodet. Fronth har valgt å fremstille motivet i en fotoetsning som fremhever objektets grafiske, flatebaserte uttrykk.

På utstillingen i New York viste Fronth også en rekke arbeidet i en mixed media-teknikk som han selv har utviklet. Som utgangs-

3 Donald Kuspit: *Per Fronths Xingu Chronicles*. Katalogtekst 1998.

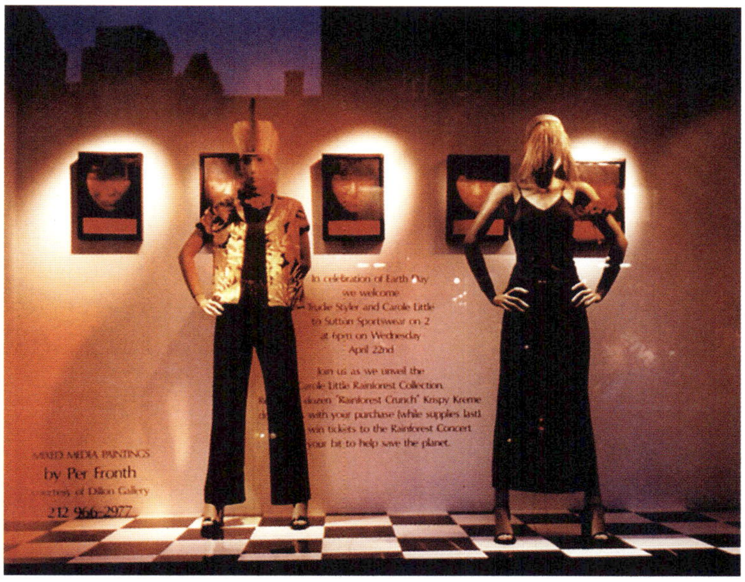

What a difference a river makes: The series "Portrait of Young Mother" on display at Bloomingdales, New York initiated by Trudie Styler.

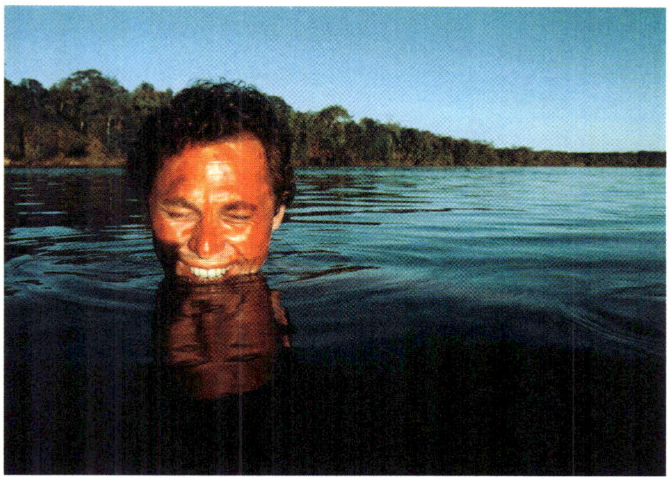

Director of the Rainforest Foundation International, Lars Løvold, enjoying his morning swim in the Suya river. During the 1982 UN conference on the environment in Rio de Janeiro Løvold introduced Per Fronth to the rainforest challenges and the Rainforest Foundation cause.

Fronth focused on different cultural aspects of the Indian tribe by photographing ceremonies, traditions and their sacramental clothes. In *The Feather Silence* Fronth focuses only on a frame of the characteristic feather decoration the Indians wear on their heads.

The exhibition in New York comprised different works in a variety of mixed media techniques that Fronth uniquely developed. One such technique is based on printing out pieces of digital photographs on transfer paper. All the different pieces that together form the entire photograph are melted onto a surface using an iron. This technique is similar to the one used to transfer pictures onto fabric. After transferring all the pieces of the photographs onto a wood surface or a canvas, Fronth then begins painting.

The Washington Times pointed out that by making these images into stunning pieces of art, Fronth manages to make a more subtle statement about the need to preserve traditional societies:

> *Underwater Girls* is inspiring in this way. Fronth photographed two Indian girls swimming under the murky waters of the Xingu River, then transferred the image onto canvas. Painted, the image of the girls swimming toward the camera becomes otherworldly, with rays of light streaming through the red chocolate Amazon mud.[4]

The exhibition *Xingu Chronicles* was the first time Fronth exhibited works made with this specific technique. The exhibition was a great success. In a photograph published in *VG* on 16 March 1998 Fronth is smiling and laughing together with the actress Kate Hudson and the movie producer Gill Holland under the headline "Fronth's huge success in New York". The

4 Nicole Winfield, "Exhibit of Amazon Indians brings new life to rainforest campaign", *The Washington Times*, 1998.

punkt bruker han fotografier som han digitaliserer og deretter printer ut i mange biter på såkalt transfer-papir. De ulike delene som til sammen utgjør hele fotografiet, smeltes og overføres ved hjelp av et strykejern. Teknikken er ganske lik den man benytter for å overføre bilder til tekstil. Når Fronth har smeltet alle bitene på lerretet eller treplaten, begynner han å påføre oljemaling.

The Washington Times fremhevet at Fronths bemerkelsesverdige arbeider også er et forsvar for å bevare tradisjonelle samfunn:

> Underwatergirls er inspirerende i denne forstand. Fronth har fotografert to indianerjenter som svømmer i det mørke elvevannet, og overført motivet til lerret. Den malte versjonen av jentene som svømmer mot kamera, blir som noe fra en annen verden, med stråler av lys som gjennomstrømmer den rødbrune, sjokoladeaktige Amazonas-gjørmen.[4]

Xingu Chronicles var første gang Fronth viste arbeider lagde med den såkalte T-skjorte-trykk-teknikken. Og utstillingen ble en stor suksess, noe som også ble dekket av norske media. Under tittelen «Sprengte alle rammer. Fronth med millionsuksess i New York» ser man en smilende Fronth sammen med skuespiller Kate Hudson og filmprodusent Gill Holland i Norges største avis.[5] Utstillingen ble besøkt av rundt 11 000, og salgstallene kom opp mot en million kroner.

Fronth tror selv at grunnen til utstillingens suksess var at han klarte å presentere noe fremmed på en personlig måte.

– Jeg klarte å vise noe familiært i et fremmed miljø. Jeg la frem «dagboknotatene» mine, og prøvde ikke å skjule at jeg var personlig. Jeg viste at jeg som fotograf elsket å være der. Min agenda var å være så agendaløs som mulig. Vi fulgte bare lyset til siste lysstripe forsvant fra bålet før leggetid.

4 Nicole Winfield. «Exhibit of Amazon Indians brings new life to rainforest campaign». The Washington Times, 1998 (dato ukjent).
5 VG 16. mars 1998.

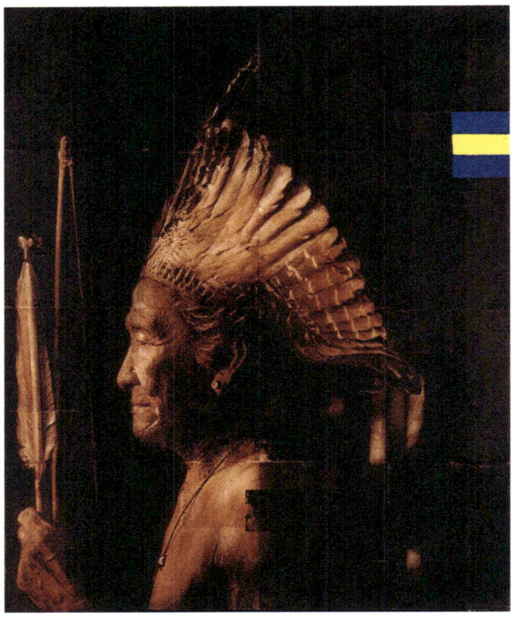

Xingu Chief 1998
Phototransfer / Oil on Canvas
106 x 127 cm / 42 x 50 in
Private Collection / London
Ver II – Collection of Bernhard Bisseth

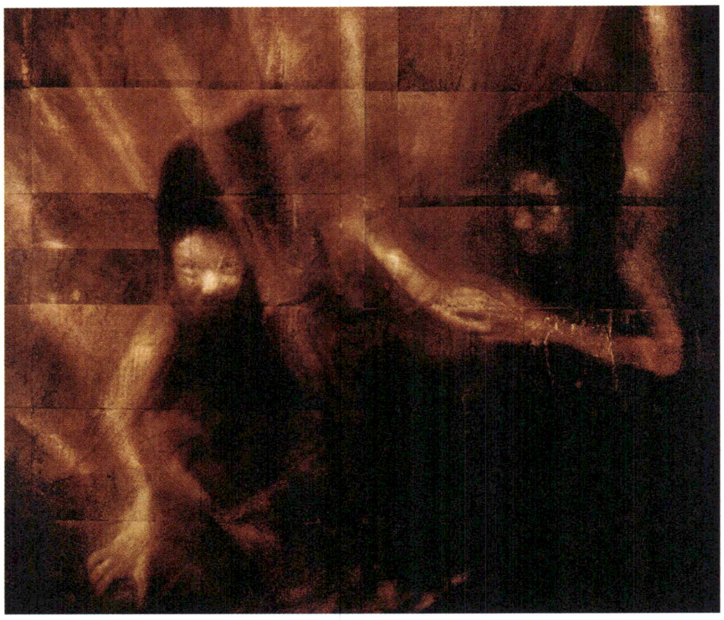

Underwatergirls 1998
Phototransfer / Oil on Canvas
177 x 152 cm / 70 x 60 in
Private Collection / Vienna

exhibition was visited by 11,000 people, and Fronth sold art works for almost 1 million Norwegian kroner.

Fronth explains that the reason for his success was that he presented something foreign in a familiar way.

"I managed to show something familiar in an alien environment. I presented pictures that were like notes from my diary, and I didn't try to hide the personal aspects. I showed them that I loved being there as a photographer. My agenda was to have no agenda."

Fronth's artistic agenda can be described as a combination of documentary, art photography and art. When he started combining painting and photography in a mixed media technique, he approached a question that is connected with the photographic medium: To what extent can a photograph represent the truth? Is it even possible to use the term "an objective representation of reality"?

Fronth describes his works as "extremely subjective", and as a press photographer he tried to be as truthful as possible.

"I grew up trying to be truthful as a photojournalist. There is a bond of trust between the sender and the receiver in a newspaper, but the angle is always subjective."

The French literary theorist, Philippe Lejeune (b. 1938) represents a theory called "le pacte autobiographique". The pact addresses the relationship between the reader and the writer in the literary genre autobiography. The pact is based on the reader's acceptance of and belief in the writer's wish to tell him the truth. As opposed to all forms of fiction, biography and autobiography are *referential* texts: exactly like scientific or historical discourse, they claim to provide information about a "reality" exterior to the text, and so to submit to a test of *verification*.[5]

5 Philippe Lejeune, "The Autobiographical Pact", *On Autobiography*. Minneapolis, Minn., USA: University of Minnesota Press, 1989, 22.

Fronths kunstneriske agenda kan plasseres midt mellom dokumentarfotografi, kunstfotografi og billedkunst. Da han begynte å kombinere maleri og fotografi i mixed-media-teknikk, steg han inn i en problematikk som har forfulgt det fotografiske mediet helt fra starten av – nemlig i hvilken grad fotografiet kan representere virkeligheten. Kan man i det hele tatt tale om «en objektivt fremstilt virkelighet»?

Fronth har ment helt fra han begynte som pressefotograf og ennå ikke hadde begitt seg inn i kunstnertilværelsen, at det han driver med er «ekstremt subjektivt». Som pressefotograf forsøkte han hele tiden å være så sannferdig som mulig.

– Jeg vokste opp med kravet om sannferdighet innen fotojournalistikken. Der inngår man en pakt med den enkelte «leser», man knytter et tillitsbånd mellom sender og mottager. Samtidig er vinkelen alltid subjektiv.

Den franske litteraturteoretikeren Philippe Lejeune (f. 1938) snakker om om «le pacte autobiographique», den særlige pakten som tegnes mellom leser og forfatter i forbindelse med den litterære sjangeren selvbiografi. Pakten går ut på at leseren godtar og tror på forfatterens vilje til å fortelle om sitt eget liv. I motsetning til fiksjonstekster, er biografien og selvbiografien tekster med en klar referanse til virkeligheten og underlagt krav om mulighet for verifisering.[6]

Den samme sannhetsgehalten gjelder dokumentarfotografiet når betrakteren tror på fotografiet som representant for en situasjon, hendelse, person eller hva som er avbildet. Men i og med vårt digitaliserte verdensbilde er det lett å stille spørsmål ved oppriktigheten til et fotografi, nettopp fordi det er så lett å fjerne eller legge til, manipulere eller bearbeide et bilde. Fronths karakteristiske mixed media-teknikk er basert på fotografiet, men han tilfører bildene *noe*, og det kan være vanskelig å sette fingeren på hva dette *noe* er.

– I forbindelse med *Xingu Chronicles* tenkte jeg på hva jeg kunne legge til disse bildene som ikke også ble en subtraksjon. Hva kan jeg legge til som ikke samtidig fjerner noe annet fra bil-

6 Se Philippe Lejeune: *On Autobiography*. Minneapolis: University of Minnesota Press, 1989 s. 22.

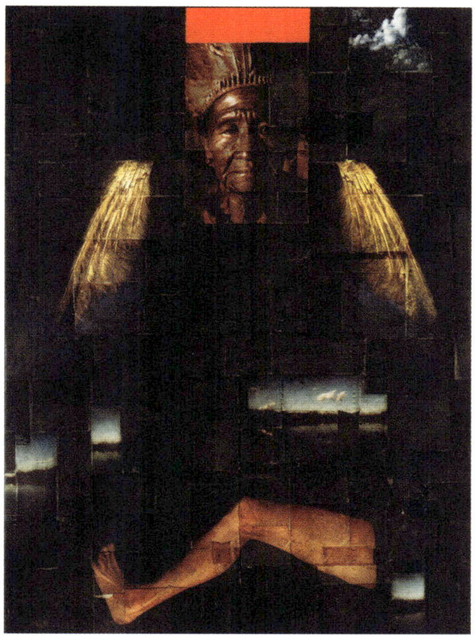

Cloud (Xingu Chief) 1998
Phototransfer / Oil on Canvas
152 x 203 cm / 60 x 80 in
Collection of Assuranceforeningen Gard / Arendal

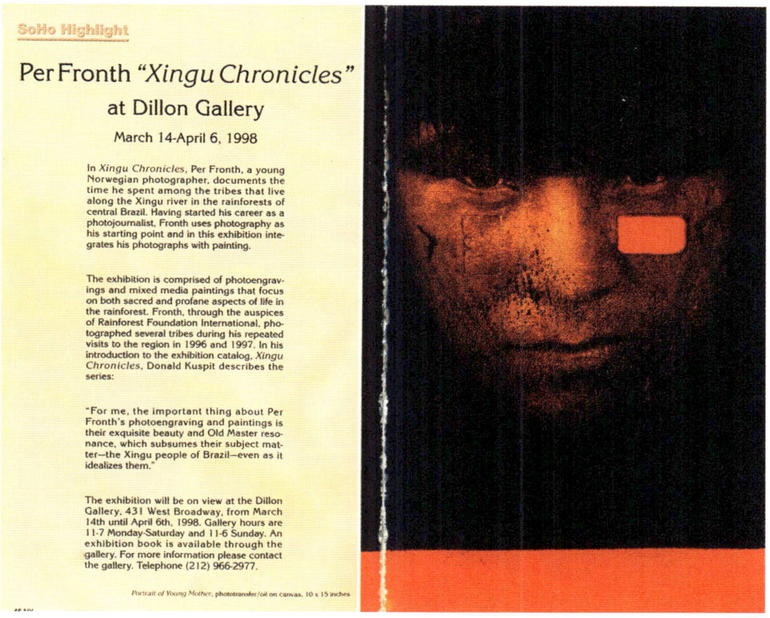

SoHo Highlight

Per Fronth *"Xingu Chronicles"*

at Dillon Gallery

March 14-April 6, 1998

In *Xingu Chronicles*, Per Fronth, a young Norwegian photographer, documents the time he spent among the tribes that live along the Xingu river in the rainforests of central Brazil. Having started his career as a photojournalist, Fronth uses photography as his starting point and in this exhibition integrates his photographs with painting.

The exhibition is comprised of photoengravings and mixed media paintings that focus on both sacred and profane aspects of life in the rainforest. Fronth, through the auspices of Rainforest Foundation International, photographed several tribes during his repeated visits to the region in 1996 and 1997. In his introduction to the exhibition catalog, *Xingu Chronicles*, Donald Kuspit describes the series:

"For me, the important thing about Per Fronth's photoengraving and paintings is their exquisite beauty and Old Master resonance, which subsumes their subject matter–the Xingu people of Brazil–even as it idealizes them."

The exhibition will be on view at the Dillon Gallery, 431 West Broadway, from March 14th until April 6th, 1998. Gallery hours are 11-7 Monday-Saturday and 11-6 Sunday. An exhibition book is available through the gallery. For more information please contact the gallery. Telephone (212) 966-2977.

Portrait of Young Mother, phototransfer/oil on canvas, 10 x 15 inches

Facsimile of International Gallery Guide New York March 1998. Per Fronth received international media attention for his successful exhibition "Xingu Chronicles" at the Dillon Gallery, New York with articles in The Washington Times and Associated Press.

The same presentation of the truth applies to documentary photographs. The viewer believes in the presentation of a situation or an event. It is especially important to ask questions about the credibility of a photograph in our digital world. Fronth's characteristic mixed media technique is based on photography, but he adds something indefinable to the pictures.

"In connection with *Xingu Chronicles* I thought, "What can I add to these pictures that's not a subtraction? What can I add without removing something?" If you assert the truth too clearly, you can easily loose your balance and fall for the lie. That's the photographic dilemma."

Portrait of Young Mother portrays a young woman. Her face fills the whole frame and the surface of the picture is textured through the photo transfer technique. A bright red rectangle is painted in the lower part of the picture. The woman's intense gaze, her tribal markings on each cheek and the red rectangle are all elements that create a symmetrical picture. Fronth has painted the little red rectangle on the woman's right cheek – his own mark. This asymmetrical placement of the little rectangle and the rough surface complete the picture.

Fronth experiments with different techniques from a photographic starting point. He often presents the same motif in photography, photo transfer and prints, like for instance *Turtle Egg Harvest*. He says that even if his pictures have a common photographic base, the meaning of the image changes as soon as it's presented in another technique.

"I break down the photograph to reconstruct it as a painting. It's a completely different journey, in which the focus is on the picture itself and not the symbolic meaning of the image. I can use an analogy of travelling to Paris. One does not wander around in that beautiful city thinking about the flight there. You have to leave the journey behind because something new is about to happen!"

det? Holder man sannhetens fane for høyt, kan man lett falle for løgnen. Det er fotografiets dilemma.

Portrait of Young Mother er et nærbilde av en ung kvinne. Ansiktet hennes fyller hele billedflaten som har et teksturert uttrykk på grunn av Fronths phototransfer-teknikk. Bildet går i ulike toner av sort og rødt. Den nederste delen av billedflaten er et rektangel malt i en jevn rødfarge. Kvinnens intense blikk, stammemerkene på hvert kinn og det røde rektangelet skaper et jevnt og symmetrisk billeduttrykk. Fronth har valgt å legge til et lite, rødt liggende rektangel på kvinnens høyre kinn – hans eget mønster. Dette lille, usymmetriske innslaget skaper spenning, sammen med den ujevne billedoverflaten.

Fronth tar utgangspunkt i et fotografi som han bearbeider og deretter fremstiller i ulike teknikker som for eksempel maleri og grafikk. Samme motiv gjengis ofte i fotografi, fototransfer/maleri og grafisk uttrykk – som for eksempel *Turtle Egg Harvest*. Selv om de ulike bildene har samme utgangspunkt, skifter bildets betydning med en gang det uttrykkes i en annen teknikk, fastslår han.

– Jeg bryter ned fotografiet for å bygge det opp igjen som maleri/mixed media. Dermed lander bildet et helt annet sted. Det handler om en helt annen reise hvor selve bildet er i fokus – ikke budskapet om at eggene symboliserer liv. Da er jeg kun formidler av kunsten. Referansen til eggets symbolkarakter har jeg forlatt for lengst. Jeg kan forklare det på en annen måte: Når man lander i Paris går man ikke rundt i byen og tenker på flyreisen dit. Man må forlate reisen – det er noe nytt som skjer!

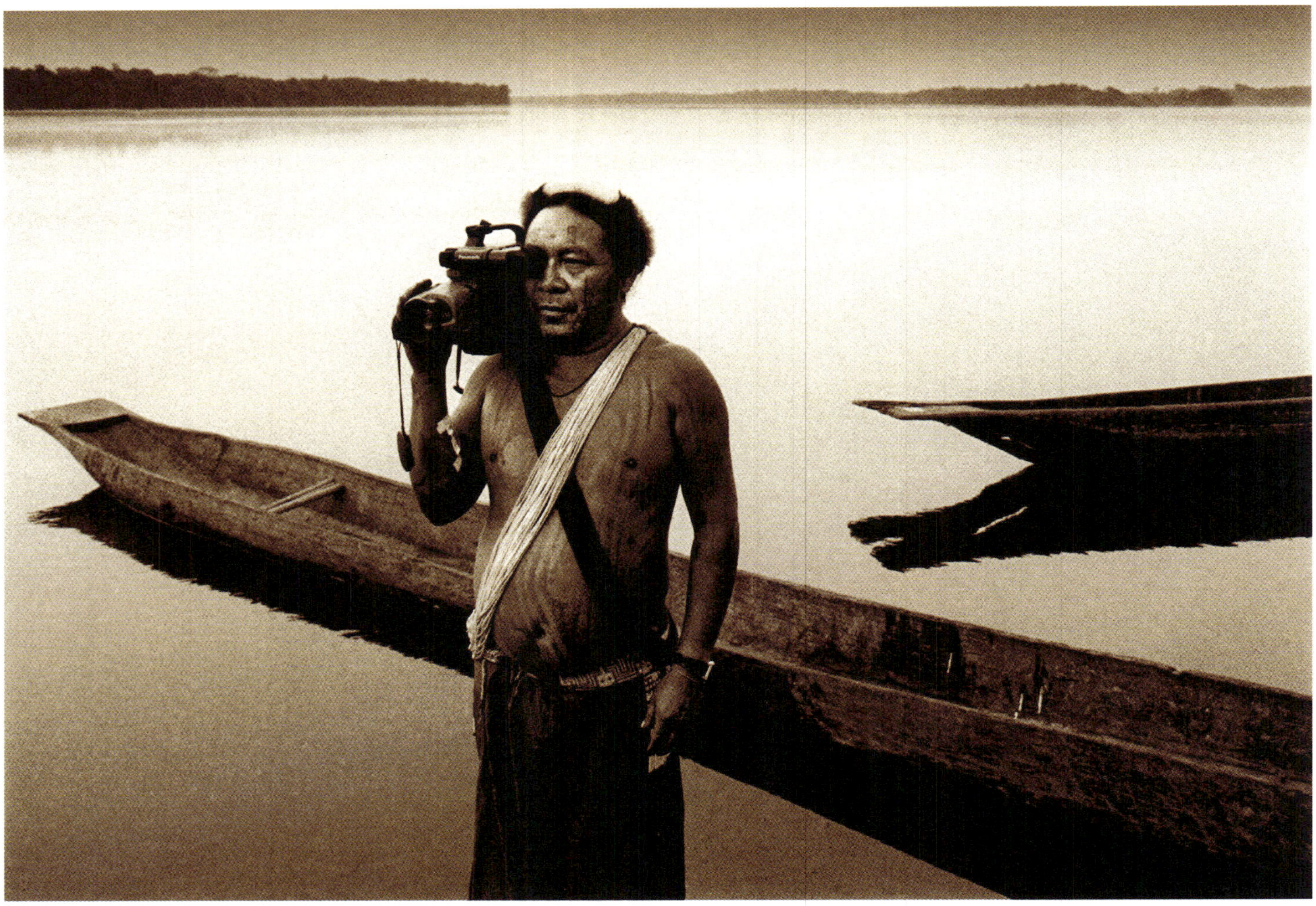

The Xingu Chronicles Portfolio:
30 individual photographs printed in an edition of 35 prints each + artist proofs.
Photolitho / Silicon Intaglio print
56 x 75 cm / 22 x 30 in
Printed by Nathan Kanofsky of Arak Kanofsky Studio, New Jersey in 1996 /1997.
Published by Per Fronth 1998

 # 1 : Panasonic

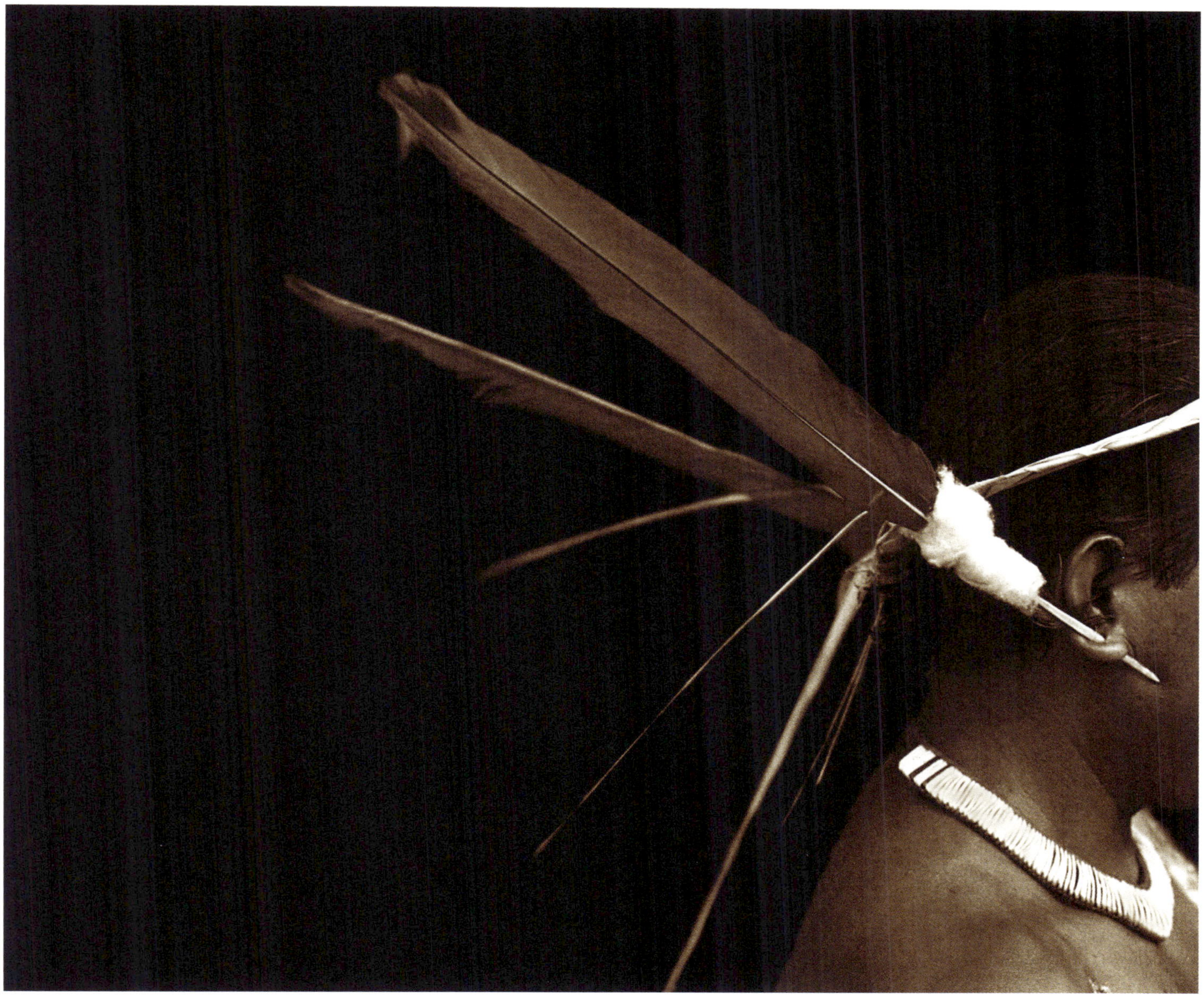

2 : The Feather Silence

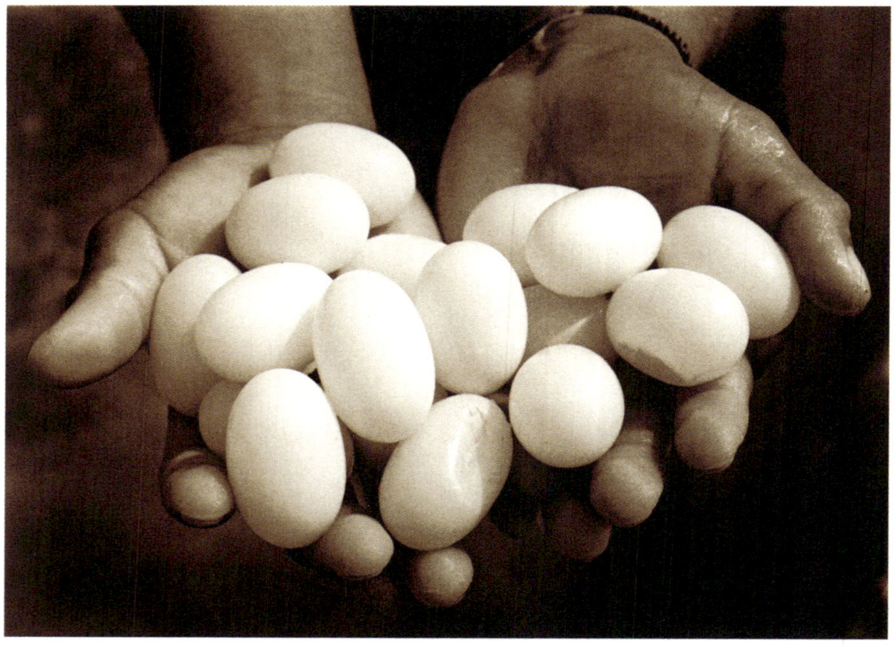

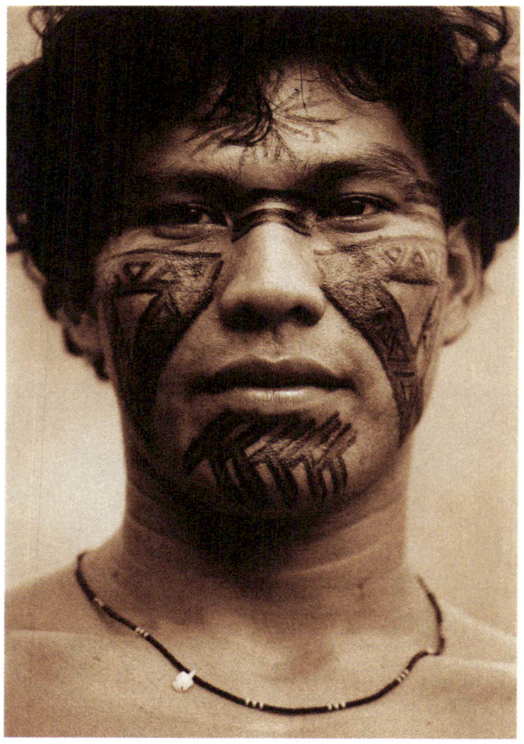

 # 3: Turtle Egg Harvest

 # 4: Portrait of Young Cameraman
Collection of Møllersamlingen / Norway

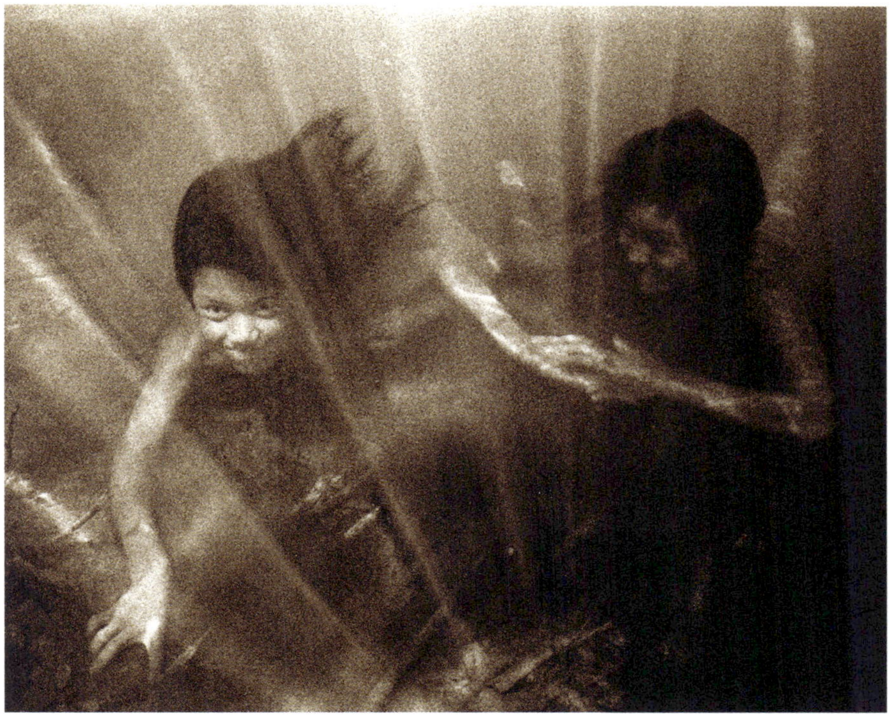

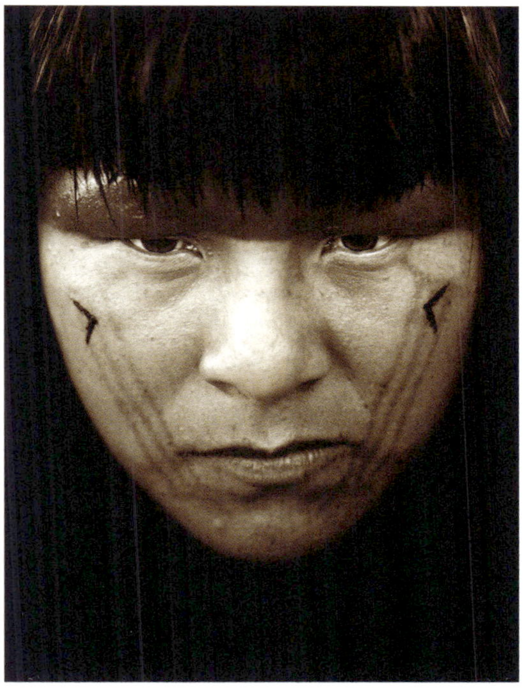

 # 5: Underwatergirls

 # 6: Portrait of Young Mother

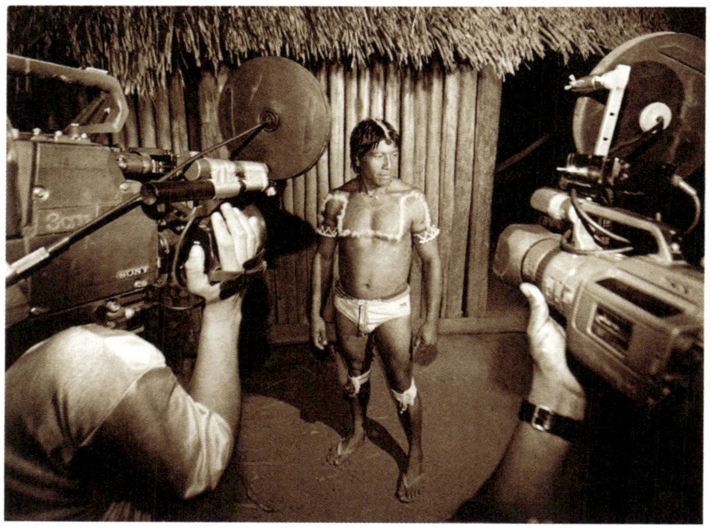

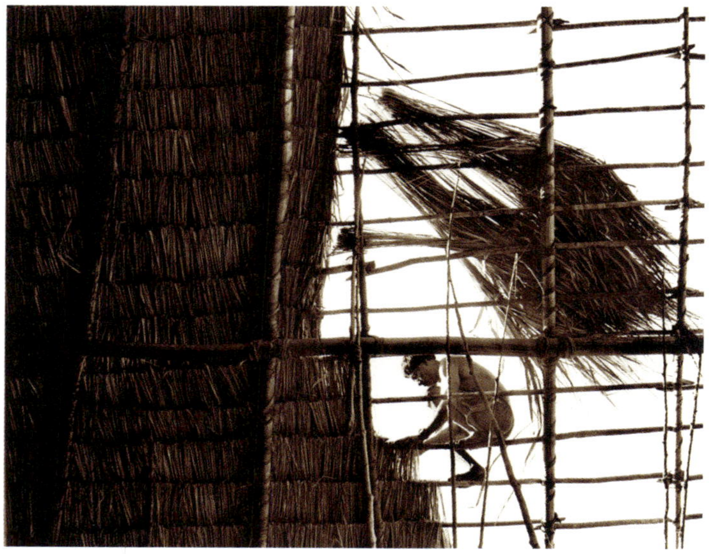

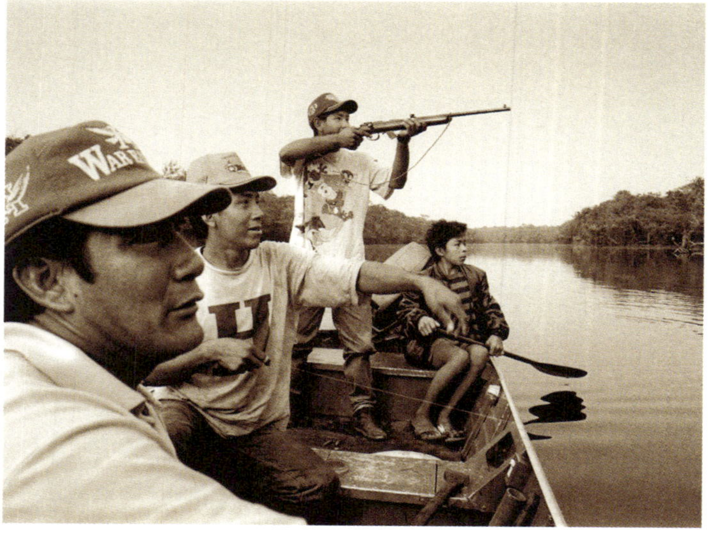

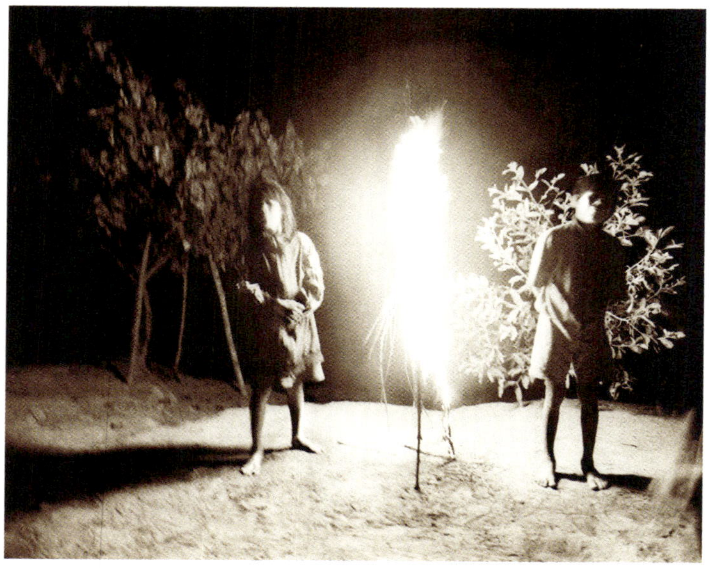

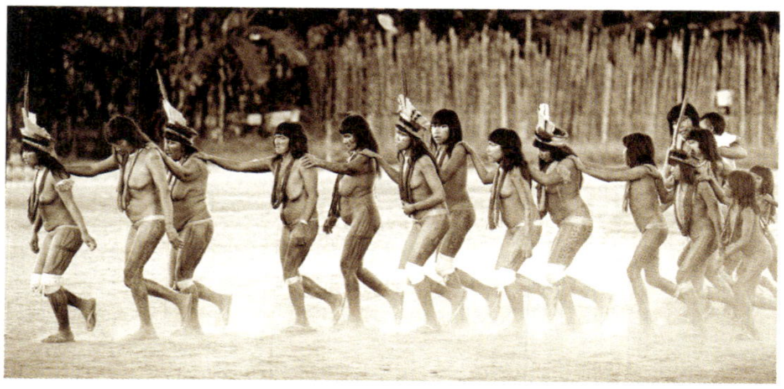

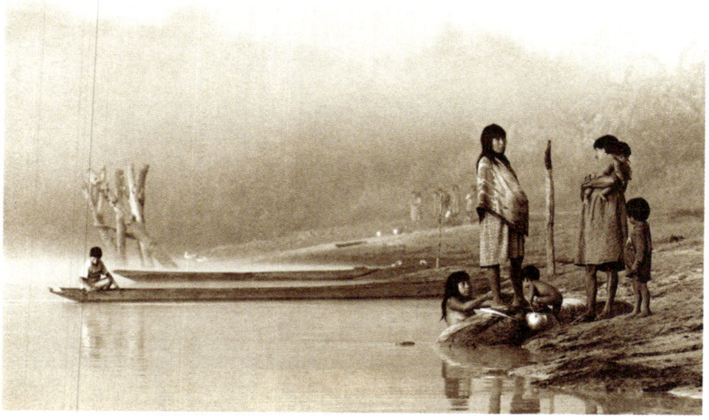

7: Visiting Village Storytellers
9: Avian Prey
11: Linedance – Suya

8: Roofbuilder
10: Burning Bush
12: Riverbank Dawn

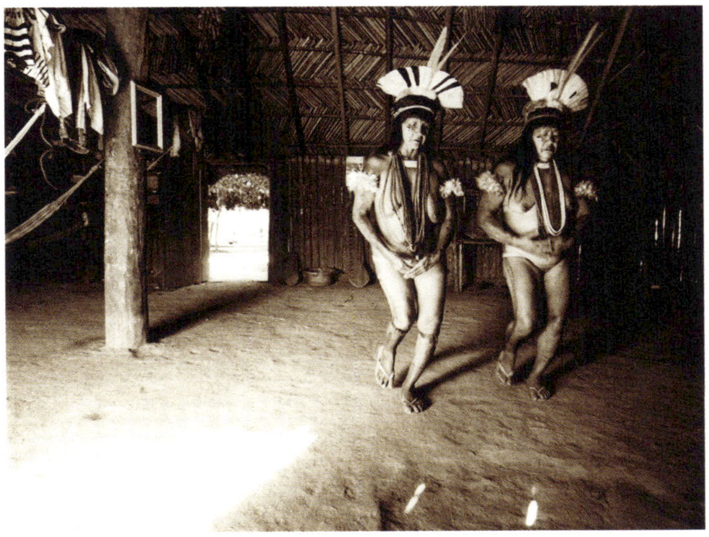

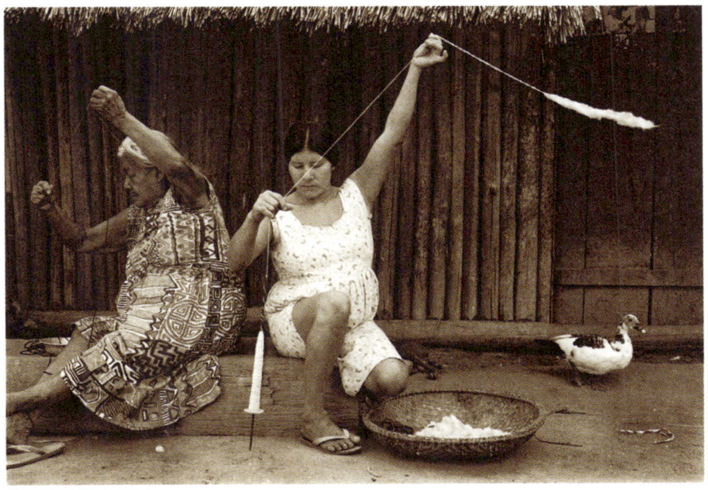

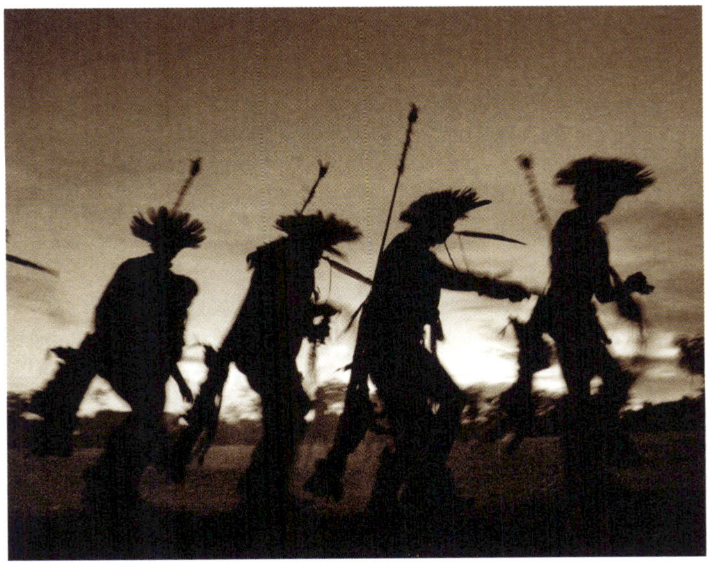

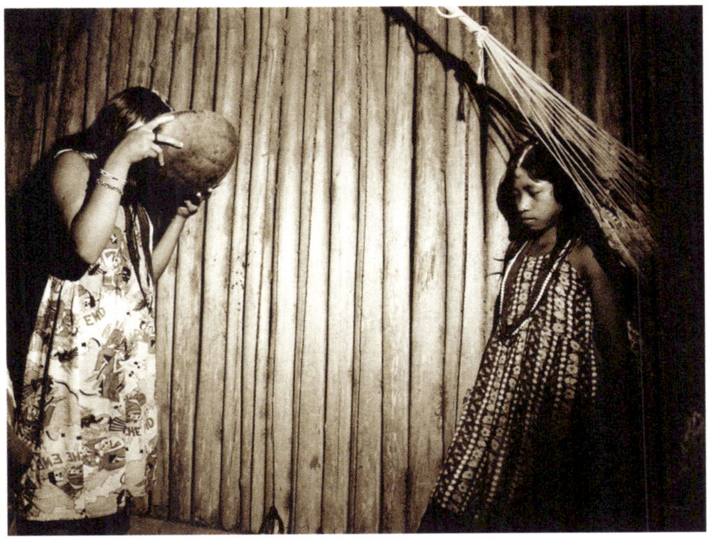

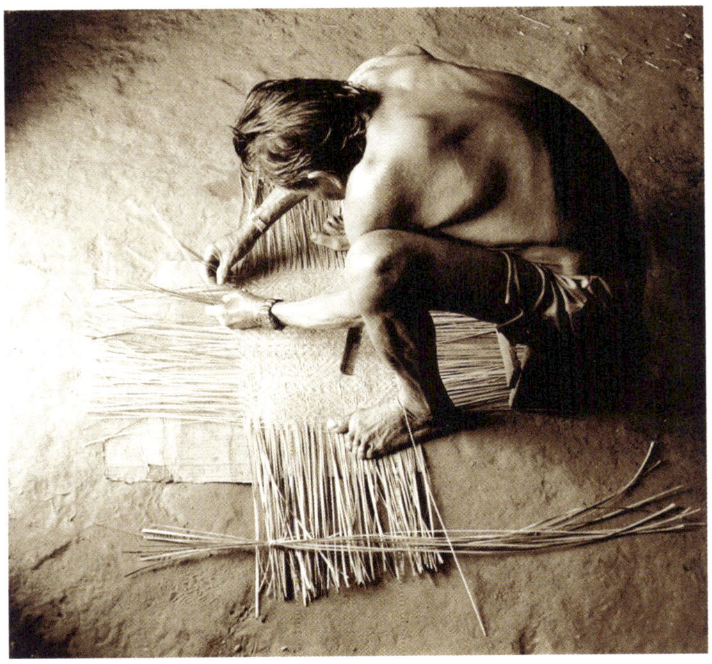

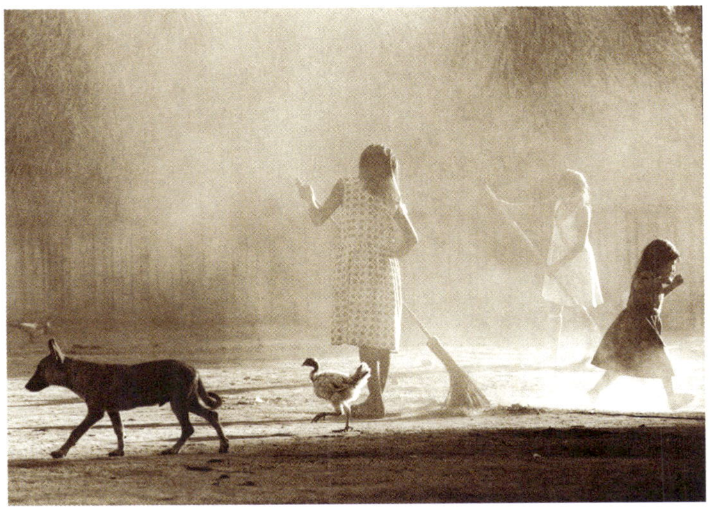

13: Old Women dancing
15: Nightwarriors
17:Basketweaver

14: Spinning Cotton
16: Manyak Beerdrinkers
18: Dusters at Dawn of Day

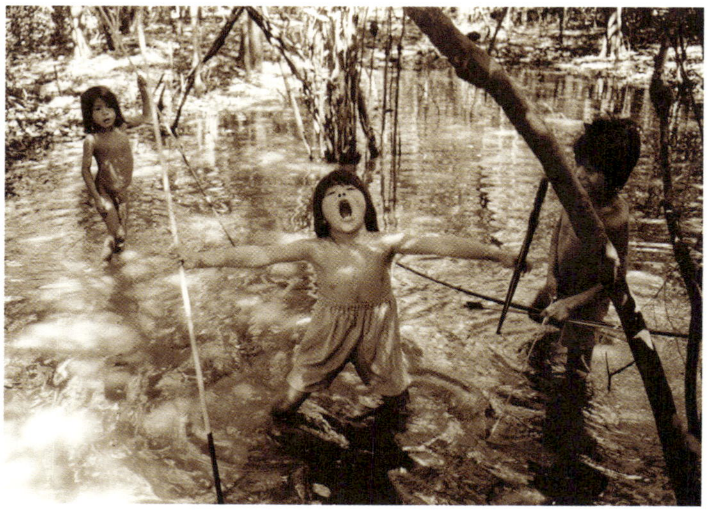

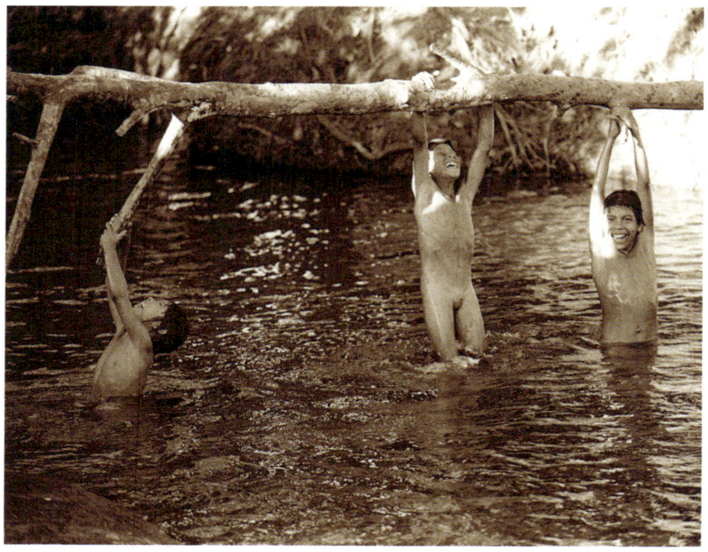

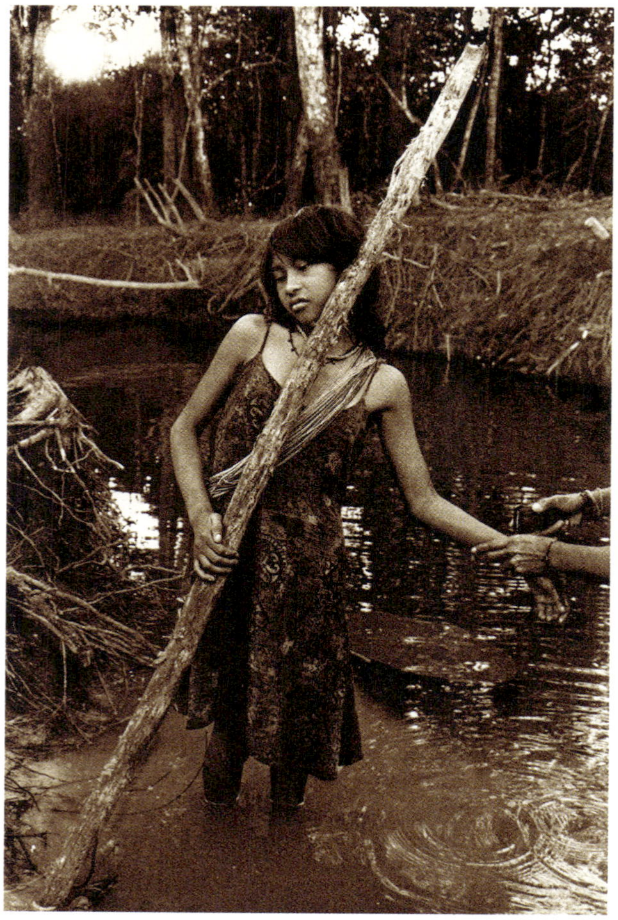

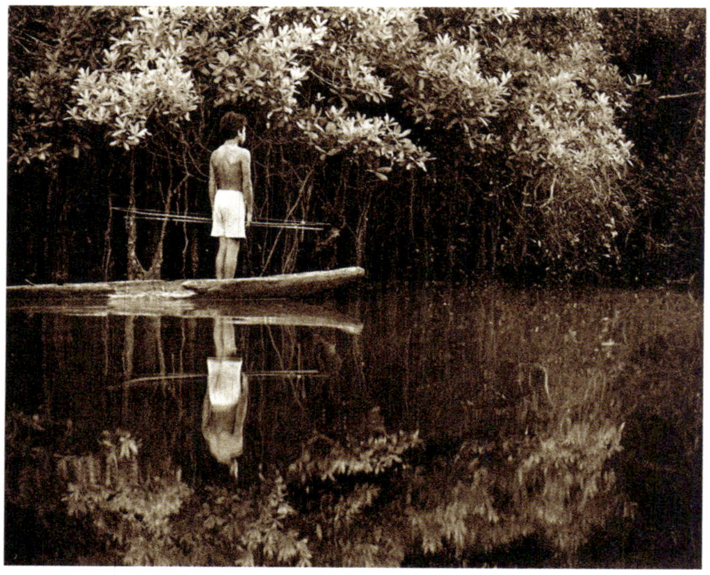

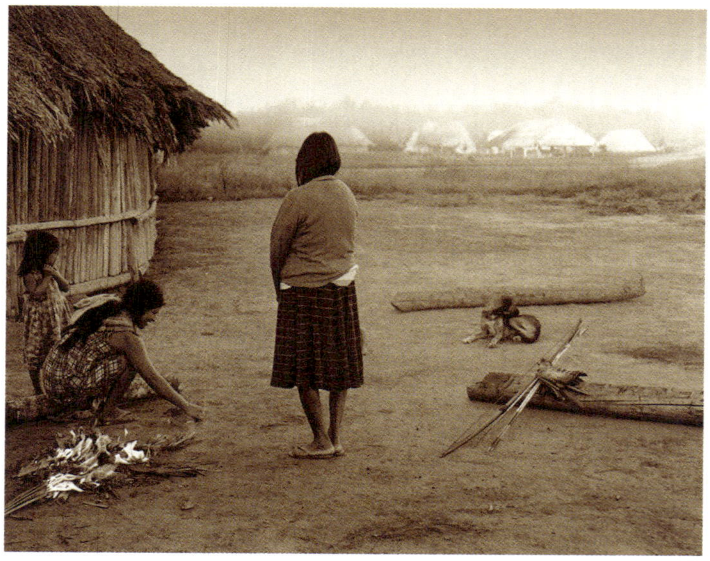

19: Little Boy Power
21: Ripple

20: Riverplay
22: Young Boy Fishing
23: Tranquil Morning

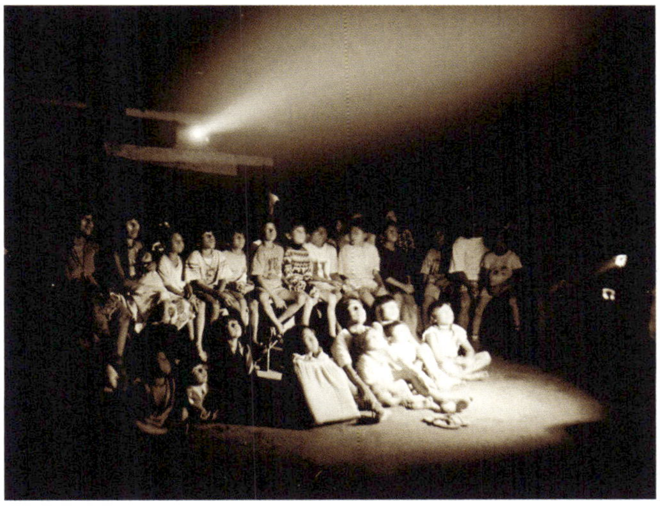
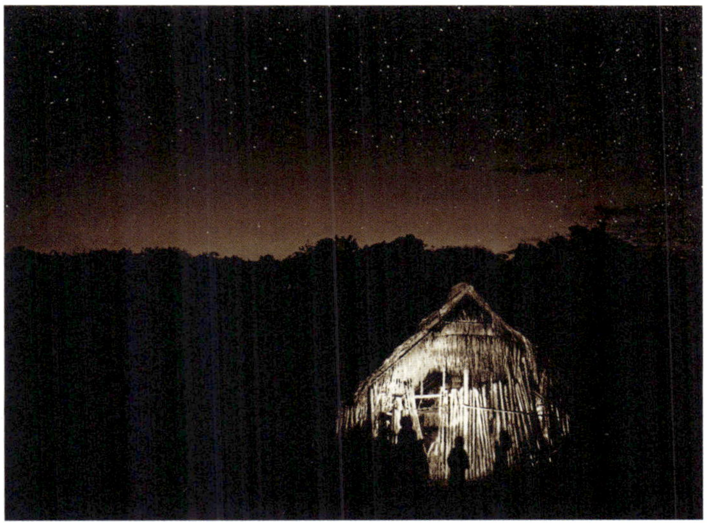
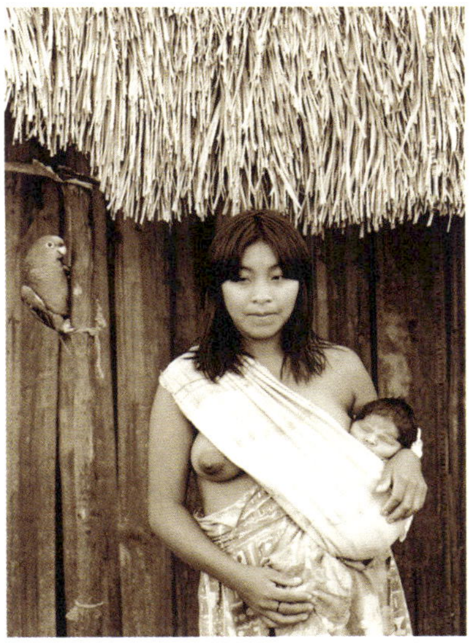
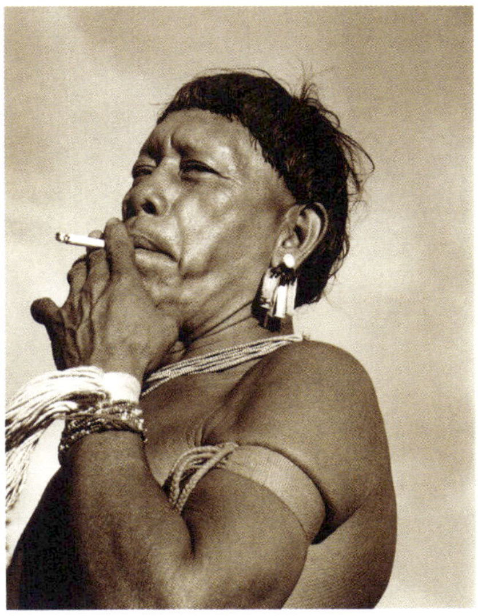
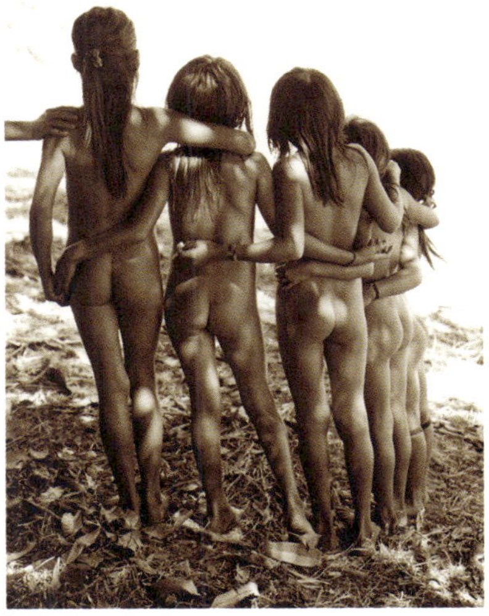
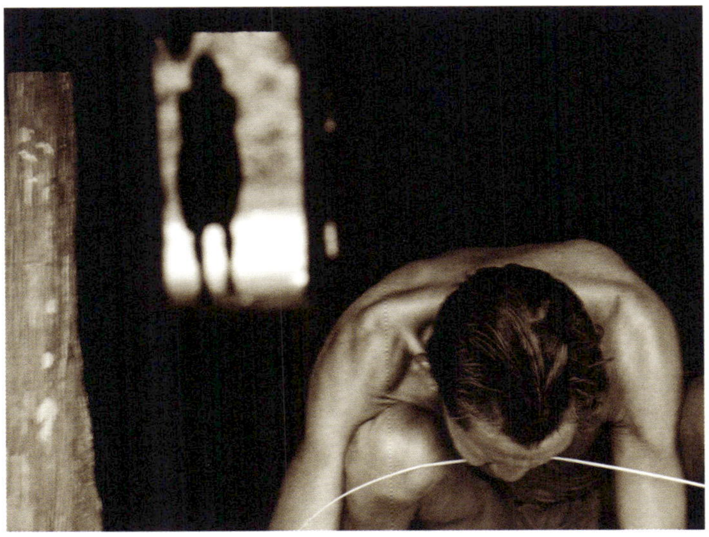
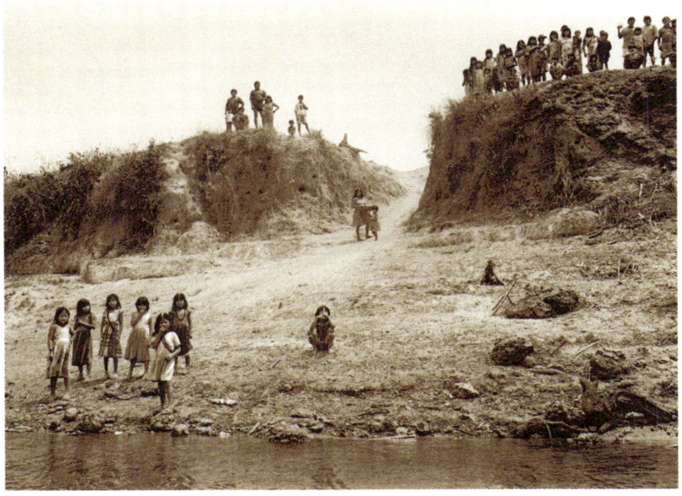

24: Cinema
26: Newborn
27: Infiltration
29: Basketweaver

25: Under the Southern Cross
28: Waiting for Prepori
30: Farewell

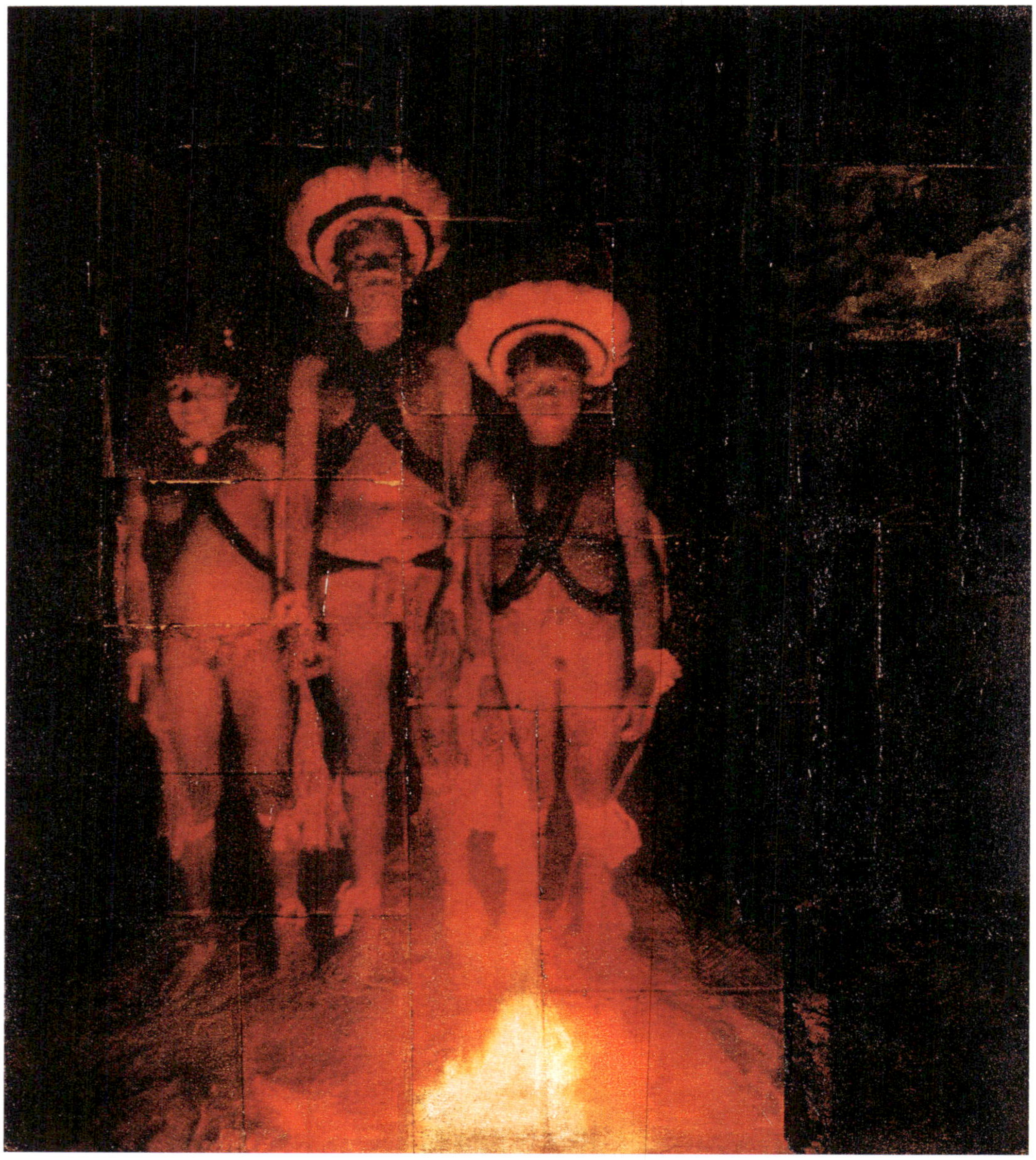

Red Cloud 1998
Phototransfer / Oil on Canvas
73 x 66 cm / 29 x 26 in
Private Collection / New York City

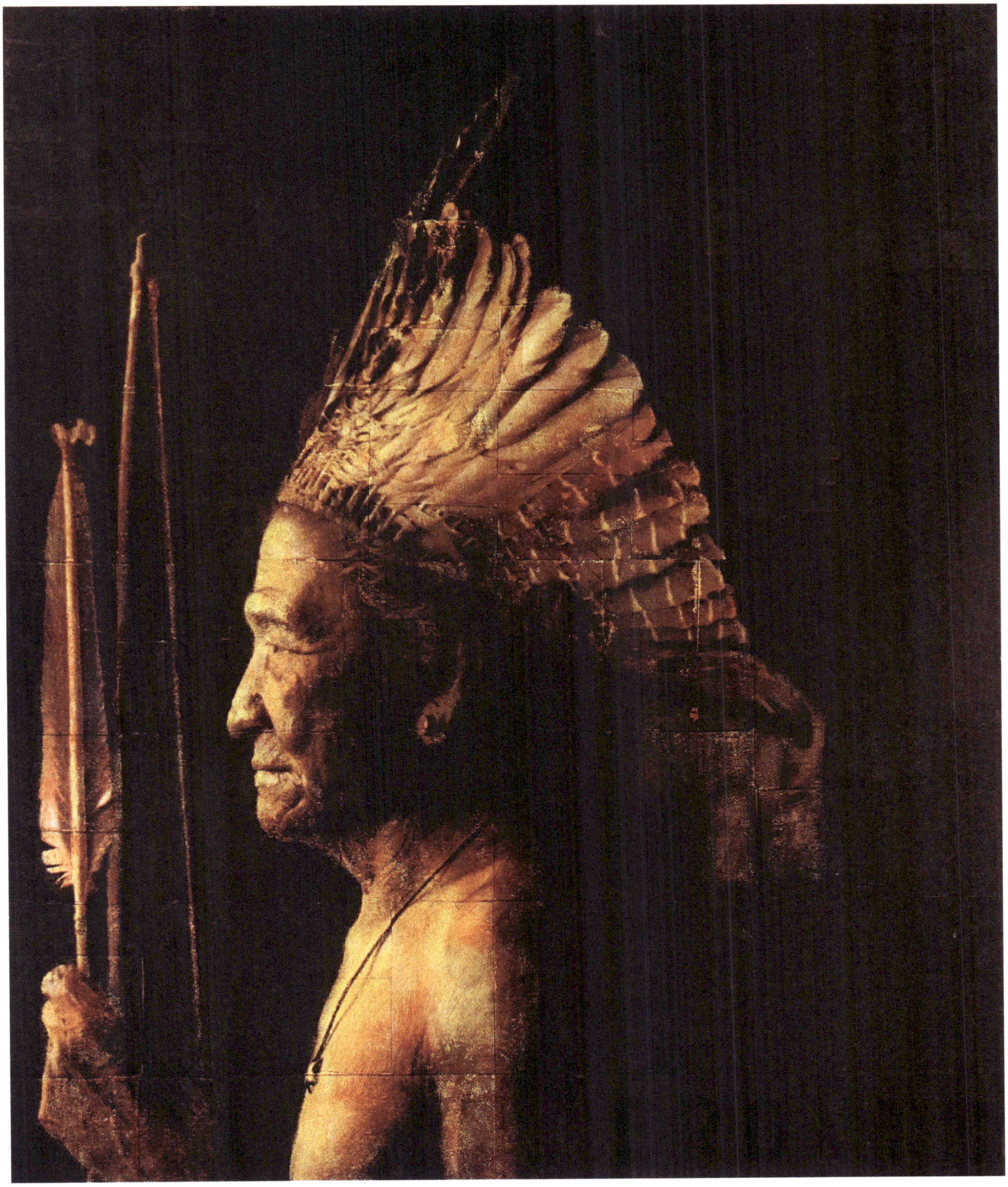

Xingu Chief 1998
Phototransfer / Oil on Canvas
203 x 170 cm / 80 x 78 in
Collection of Verdens Gang / Norway

Next spread:
Turtle Egg Harvest – Ver IV 1999
Phototransfer / Oil on Canvas
161 x 223 cm / 63 x 88 in
Collection of Cecilie Juvodden / Norway

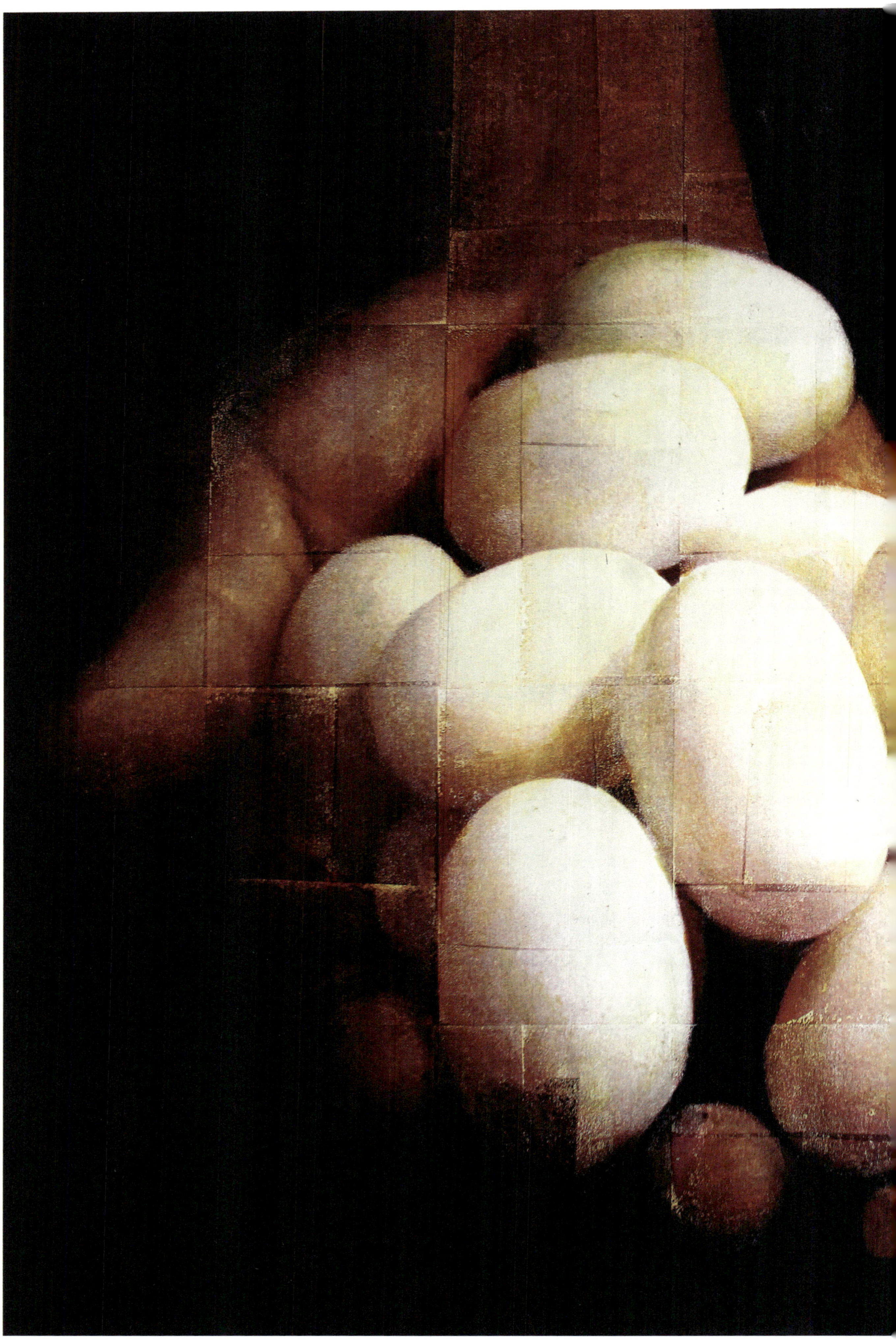

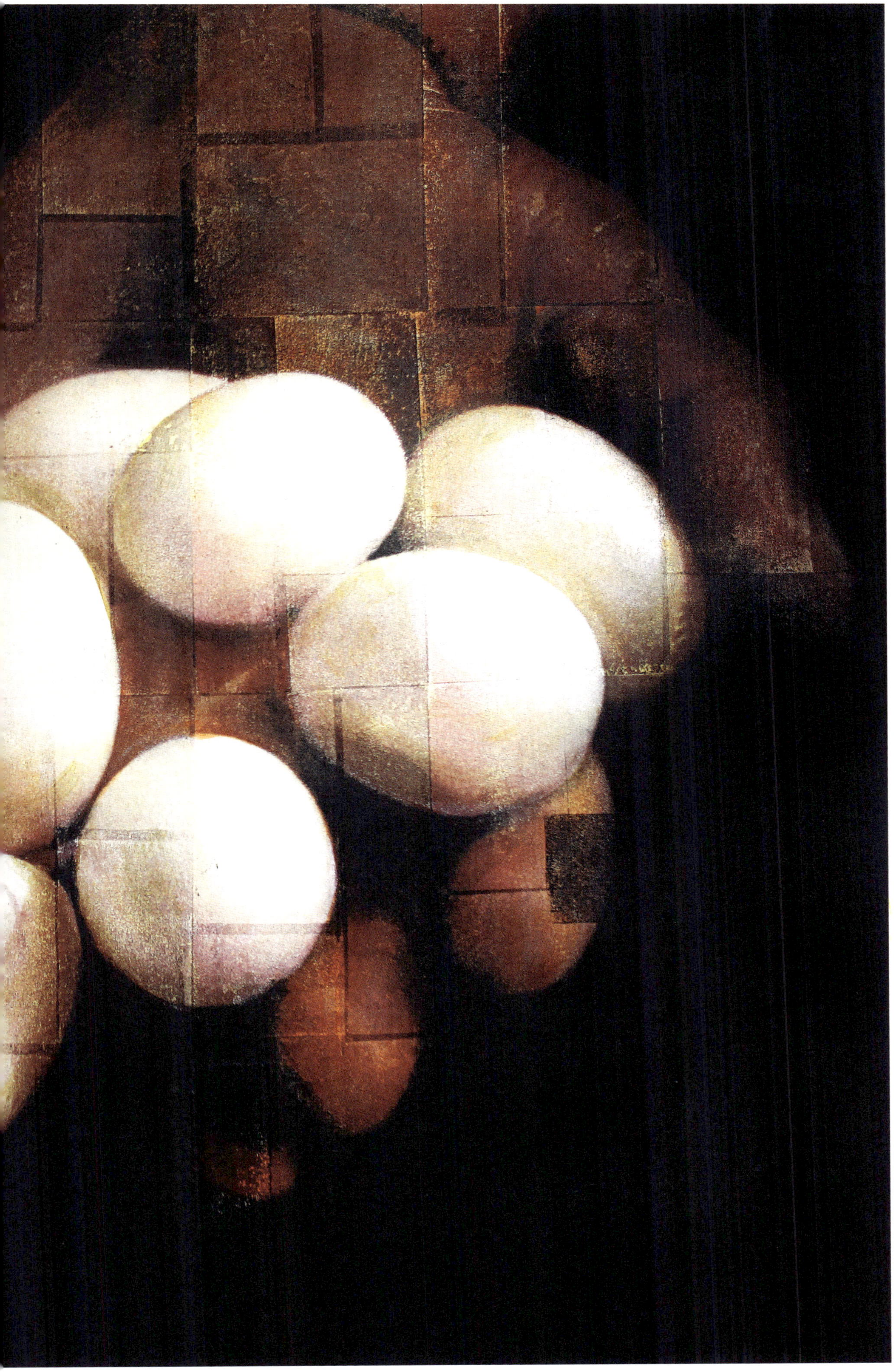

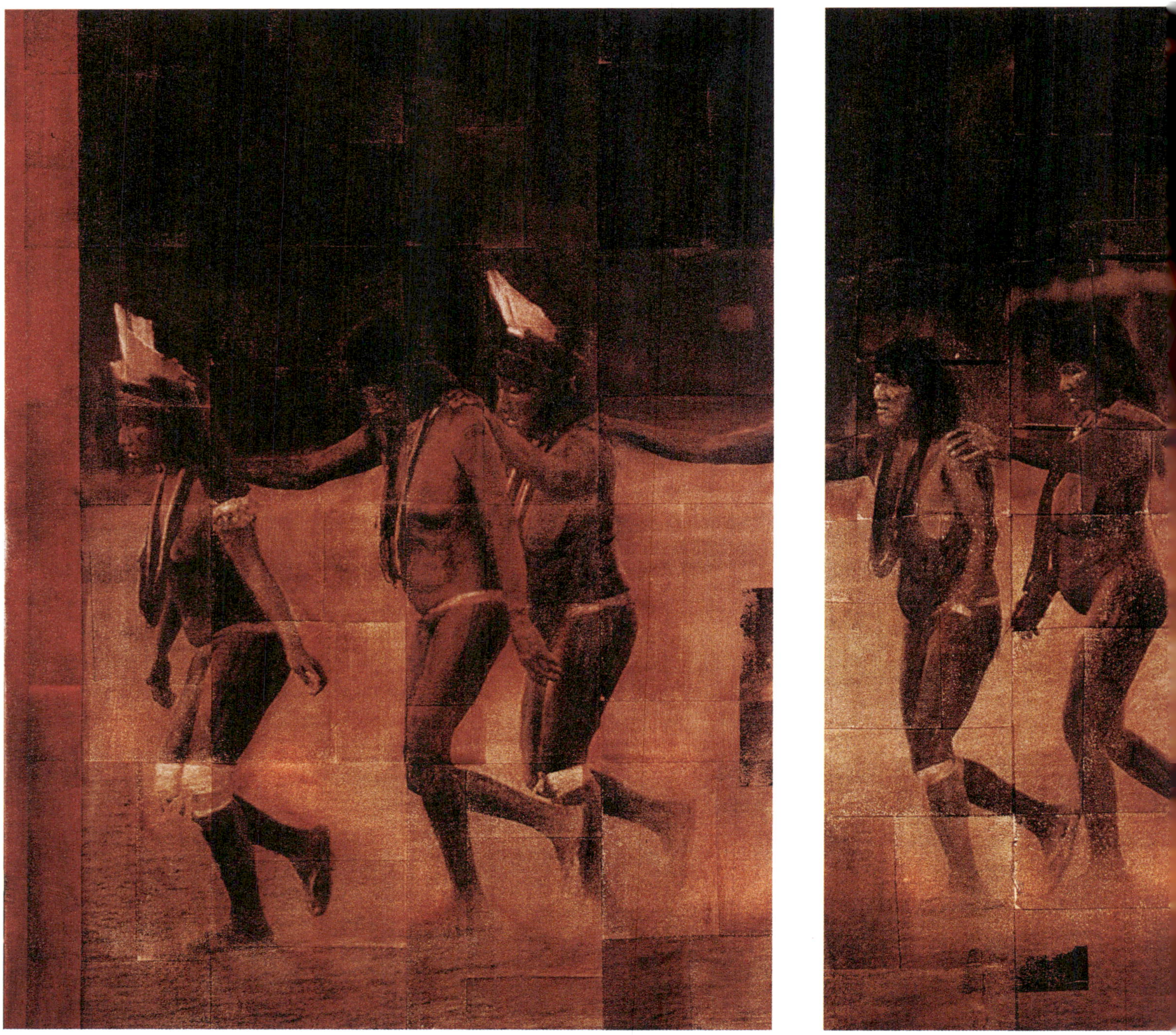

Linedance – Suya 1998
Triptych
Phototransfer / Oil on Canvas
142 x 320 cm / 56 x 126 in
Collection of Andy & Kristin Jacob / Arizona

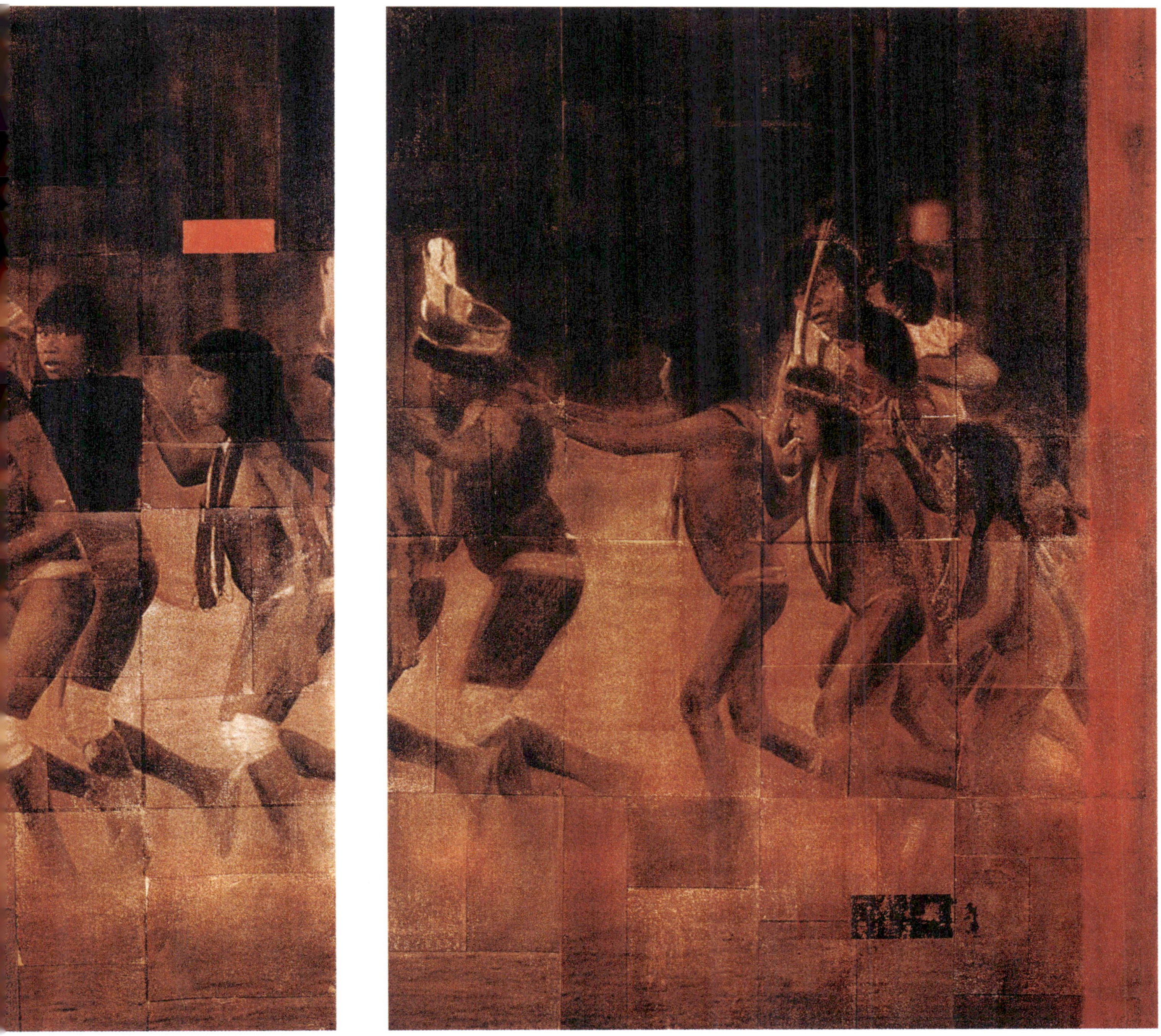

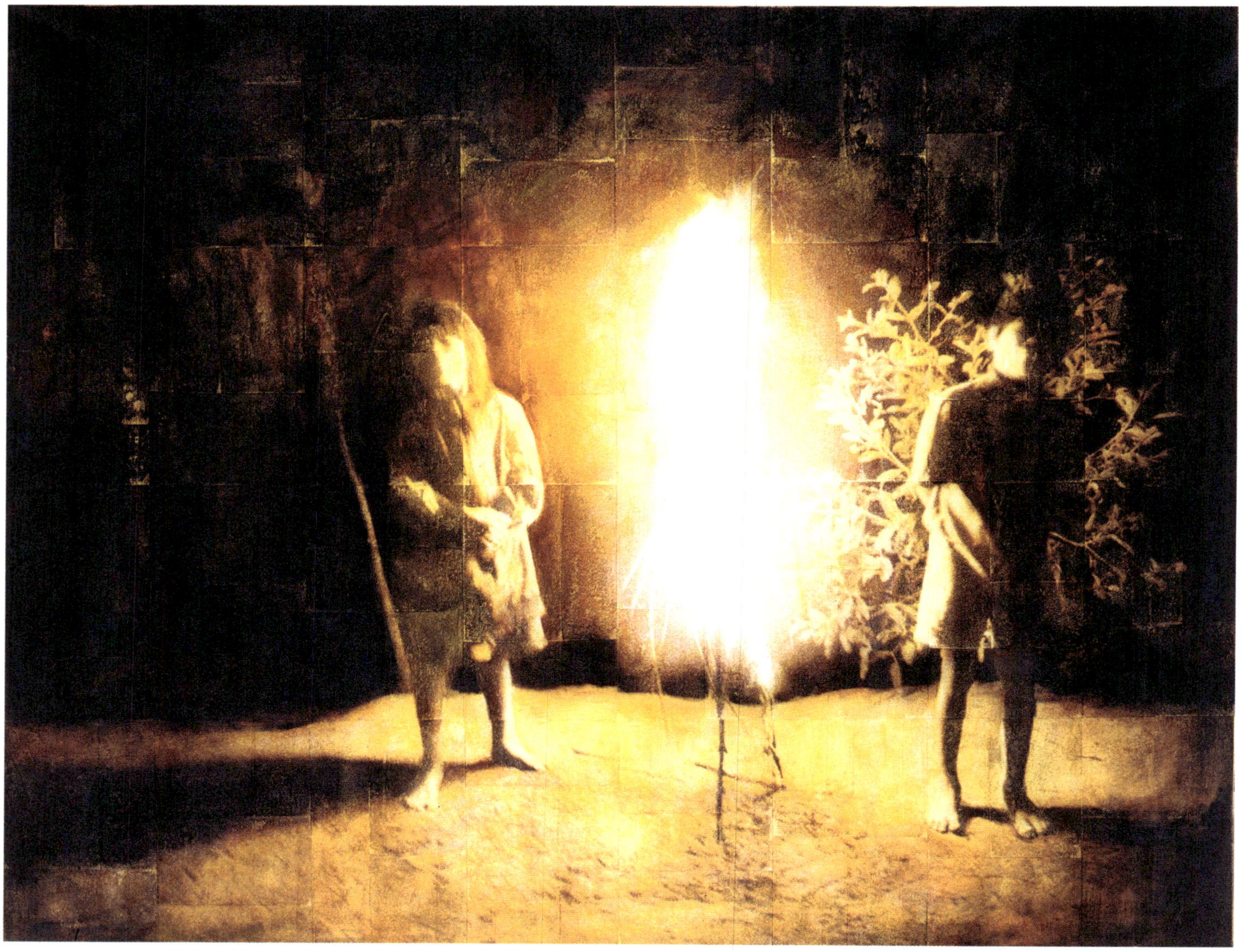

Burning Bush 1998
Phototransfer / Oil on Canvas
170 x 223 cm / 68 x 88 in
Private Collection / United States

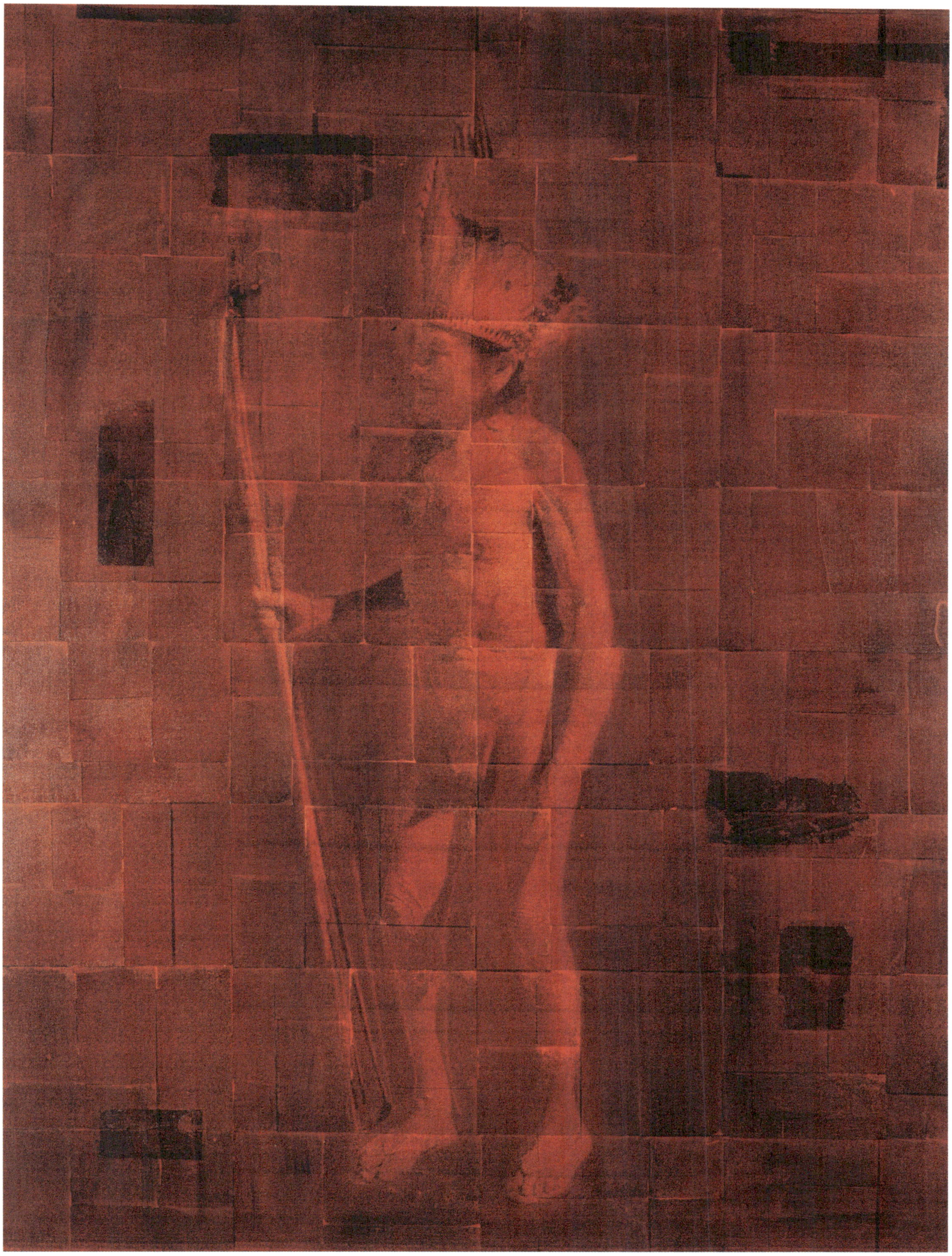

Red Chief 1998
Phototransfer / Oil on Canvas
227 x 170 cm / 90 x 68 in
Collection of the Artist

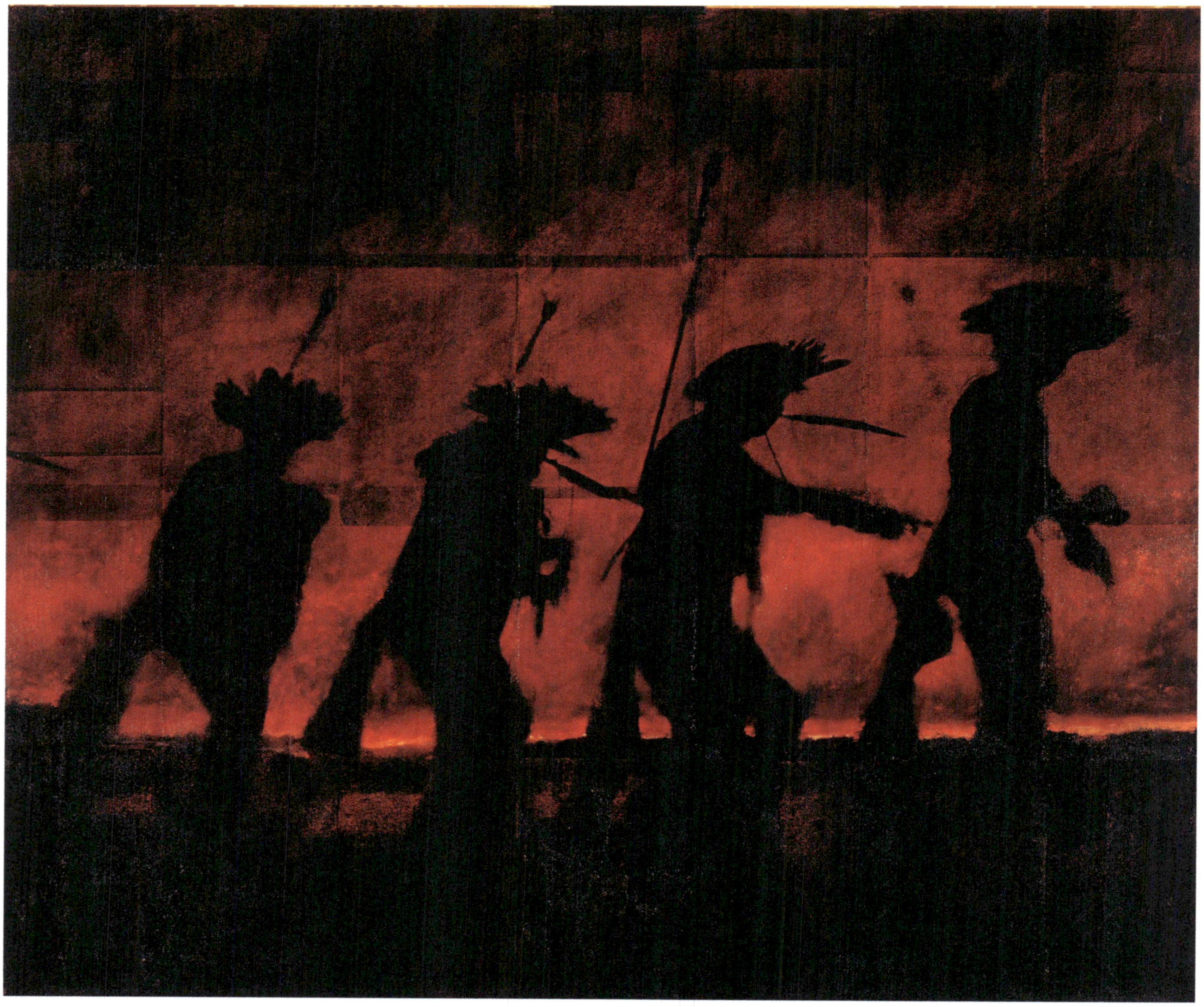

Nightwarriors 1998
Phototransfer / Oil on Canvas
152 x 182 cm / 60 x 72 in
Private Collection / United States

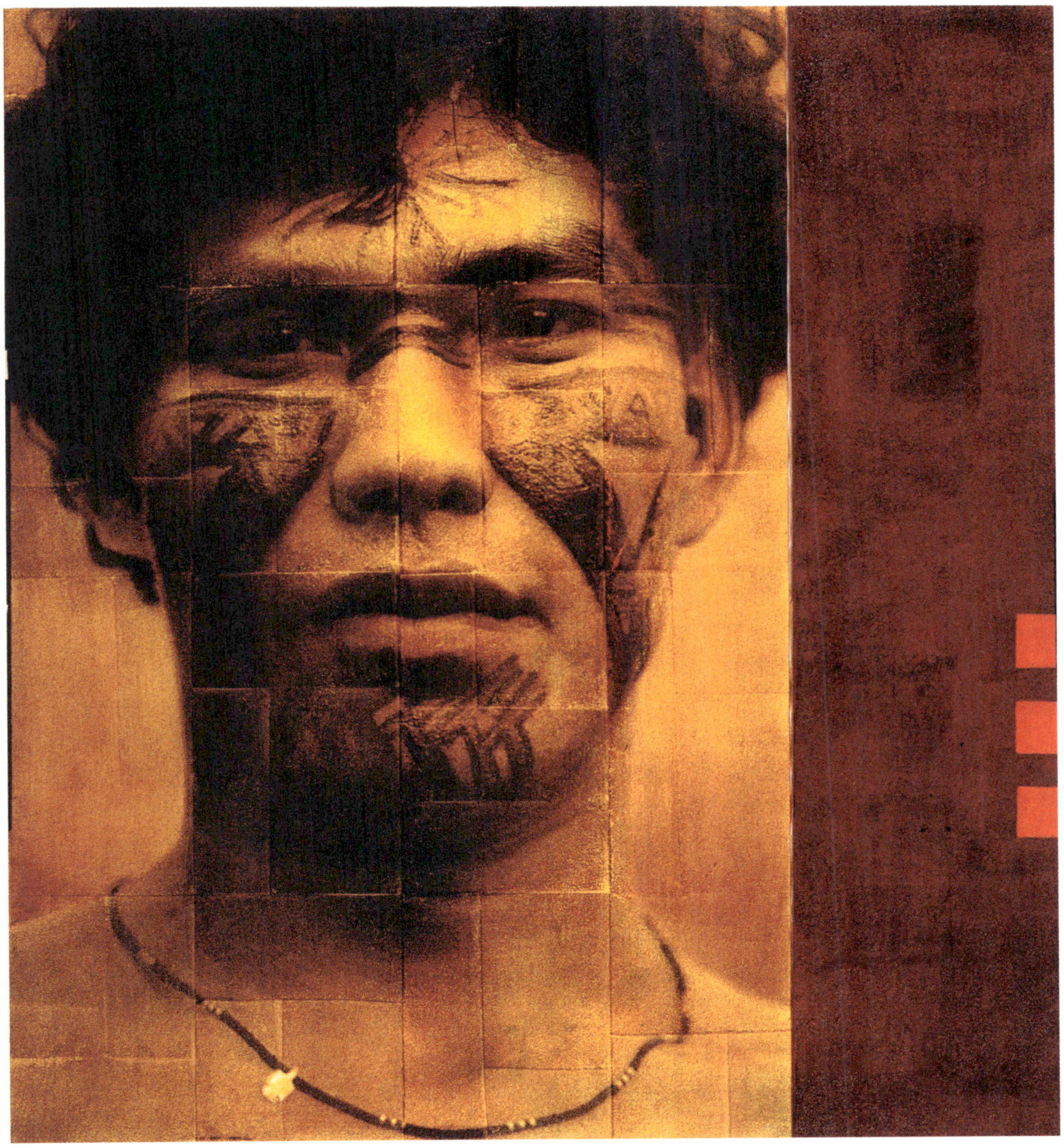

Portrait of Young Cameraman 1998
DipTych
Phototransfer / Oil on Canvas
137 x 147 cm / 54 x 58 in
Private Collection / Middle East

Essay from exhibition catalogue, New York 1998:

On Per Fronth's Xingu Chronicles

Donald Kuspit

Donald Kuspit is professor of art history and philosophy at State University of New York at Stony Brook, and professor-at-large at Cornell University. He is the editor of Art Criticism as well as author of a variety of books on art history and important twentieth-century artists including Arman, Chihuly and Karel Appel. Donald Kuspit is currently associate editor of Artforum Magazine

For me, the important thing about Per Fronth's photoengravings and paintings is their exquisite beauty and Old Master resonance, which subsumes their subject matter – the peoples of Xingu in Brazil – even as it idealizes them. Is that neocolonialism – esthetic colonialism? I don't think so. It is admiration for integrity, and spirituality. Indeed, people of Xingu maintain, in their daily lives, a sense of sacred that has all but disappeared in our secular world. Fronth respect the Xingu peoples because they embody an attitude that has become alian to us. It is his ambition to make images that convey this precious attitude in every nuance of their surface and structure – to make images that seem naturally spiritual as the Xingu. I think Fronth has succeeded: his images have a numinous, poetic quality – an inherent sublimity – even as they describe the everyday events of Xingu life. Xingu figures all but dematerialize in the chiaroscuro atmosphere of his photoengravings and paintings, where they seem like mirages in a dream. Fronth estethics slows time, and in doing so creates an affect of eternity, without sacrificing precise observation of the prose of daily reality.

The complexity of Fronth's work has to do with the complexity of his response to the Xingu, among whom he has lived for various lenghts of time. The xingu Indians are people kept alive – artificially, one might say – in a park the size of New Jersey, or perhaps Norway, the country of Fronth's origin. They live in protective custody on a kind of reservation established and maintained by the society they nedd protection from. No doubt the proverbial fascination of the sober, snowy North for the expressive, tropical South – the attraction of industrial and exotic opposites, of cold and warm peoples – informs Fronth's interest in the Xingu, but it is much more subtle than that.

Gaugin also went to what he thought would be a primitive paradise, where he could brathe easily and freely, far from the horrors of modernity. But he found that the place had, in its own fasion, become civilized, and its inhabitants had lost their innocence, however naive they remained. Colonized, they had become contaminated; however hard he tried, gaugin could not really find the cure he sought among them. Nonetheless, he continued to celebrate, through his art, his emotional investment in their imagined naturalness and the "mystery" of their difference. Fronth is also in search for a lost paradise, but when he finds it, and realizes that it is not as untouched as he expected, he adapts. Unlike Gaugin images, Fronth do not edit the modern world out of Xingu life, but rather show how the Xingu people use aspects of it for their own spiritual purposes – how they adapt to what is mysterious to them, reconciling it to their own sense of the mystery of existence.

Pnanasonic is a key work, a kind of signature piece, for it demonstrated Fronth's dialectical conciousness- his sense of the contradictions of Xingu life – and shows the camera which is the instrument of his craft. The subtle chiaroscuro of the image also signals Fronth's grand ambition: the integration of photography and painting. Supposedly opposites and enemies, they must unite forces to sustain spiritual vision in a world alien to it. The entire image is an audacious demonstration of conte4nding ideas, each holding its own while working in unison. Thus, with brilliant economy of means, Fronth declares the contradiction in terms – the ironical mix of cultures, of the primitive and the sophisticated – which the Xingu figure i: the sash that goes from left shoulder to left hip signifies his appropriation of modern technology. The contradiction between the primitive, handcarved longboat behind him and the compact, massproduced camera resting on his right shoulder, reiterates the paradox of his existence.

The boat is a means of travel, but so is the camera. I requires great effort to row the boat. but little effort to use the camera. In a sense, the camera travels further in the world than the boat, and faster. Indeed, the camera is capable of taking in the whole world – a somewhat larger world than the river. It semms significant that the Xingu man turns his back to the water , and uses the camera to film the land. He seems to acknowledge that the moving camera offers a better view of his environment than he could have from moving the boat. He also seems to acknowledge that it is a means of insight, for in making him conscious of the world he inhabits it makes him conscious of himself. Without the meditation of the camera, direct vision i naive, and peculiarly blind. Thus, the new means of vision becomes a bridge between inner and outer worlds – a way of recording the world, and of realizing that one is doing so from a certain point of view. The camera is thus a means of reflexivity – even the dawn of self-knowledge – for the Xingu man.

Panasonic is of course no accident. Fronth is a prizewinning documentary photographer, and the prize he won was for a picture of a Xingu chief. The camera is a self-object, to use Heinz Kohut's terms – an extention of himself, a declaration of identity – and the Xingu man is using the camera to photograph Fronth, who in turn photographs him. This completes the circuit of idenfication between himself and the Xingu man. Gaugin would no doubt fin a primitive man with a modern camera an obscenity, but for Fronth they form an intimate scene. For the camera is a means of establishing an inner relationship with someone who would otherwise be alian. Sharing the camera, they become brothers – emotional equals. Young Cameraman makes the point succinctly; without the facial markings Fronth could be making a self-portrait, for the Young Cameraman is his spiritual double.

But Fronth " supplements" his picture, as the Xingu man does not: Fronth engraves the photograph, explicitly turning it into art. This makes him spiritual equal tof the Xingu, for whom art is a normal part of the daily business of life. indeed, a natural expression of selfhood, as the feather in the ear of the figure in The Feather Silence and the feather headdress worn by Xingu Chief indicate. The expressive geometrical patterns tattooed on the face of the Young Cameraman and woven into into the woman of Spinning Cotton show that art is an integral part of their being. It is a way of essentializing their existence: art does simply adorn but it confirms its sanctity. The Xingu people cannot separate living from making art, as we seem to be able to do. This especially evident in Xingu dances, which are a daily, communal, sacred event. As though to join the primitiveLinedance-Suya, Fronth adds his own eternal geometry – the grid pattern, a symbol of modernism – to his depiction of it. The emphasis Fronth gives to various geometrical details of the grid – the way, in many paintings, a rectangle of square is vividly colored(usually red), turning it into a perceptual epiphany, and in effect spritualizing it, so that it stands out of the twilight atmosphere like a marker of eternity – is his way of announcing his modern identity. It is his tattoo, added to the skin of his paintings to affirm spiritual commonality with the Xingu.

Fronth's paintings begins with his photographs, and at once modernize and deepens them. Rendered in oil, the chiaroscuro atmosphere becomes even more magical, mysterious, and poignant, and the contrasts of light and dark that constitute it more extreme and thus intense, as in Underwatergirls. Light and dark become irreconcilable, even as Fronth invests more emotion in his subject matter.

Again and again he brings the faces of the Xingu close up, making them all but confrontational, as is not the case in his photographs, which for all their intimacy have certain detached quality. We stare into the eyes of one of the Underwatergirls, and are face to face with the Winged Woman, the Young Mother and the Young Cameraman, whose painted portraits become sacred icons. The triptych character of the first, the red plane that underscores the second, and the diptych character of the third suggest as much.

Fronth is constantly on the lookout for continuities between Western culture and Xingu culture, and nowhere does he find a better one than in Burnig Bush, which reminds on of the burning bush of the Bible. A bush becomes suddenly aflame with spirit – becomes extraordinary and supernatural, even while remaining ordinary and natural. It is this kind of miracle and revelation, and the faith that makes it possible, that Fronth finds in everyday Xingu life. The people of Xingu have solved the problem of integrating life and art, and of understanding the role of art in life: to reveal the miracle of its givenness. Art is spontaneously religious among the Xingu people, and Fronth has created, with more labor, a religious art. His reconciliation of documentary photography and oil painting is his way of making a sacred art, and of reconciling life and art.

It is his way of reconciling object and subject – his objective perception of the peoples of Xingu and his empathy for them. The postmodern recognition that there is no privileged medium of artmaking, and that all have become equally historical – the realization that traditional painting's power of subjective evocation and modern photography's ability to convince us that what it shows is objectively the case are equally necessary – has given Fronth the opportunity to make his consummate works of art. He demonstrates that ripeness is all, and that ripeness results from the union of what apparently in commensurate with each other. This involves not only painting and photography, but primitive and modern societies, which are after all equally human, and can learn from each other. Fronth has shown us a viable way of engaging people who seem utterly alien – of seriously relating to human beings we are reluctant to take seriously, except as a curiosity and novelty, that is, a kind of sideshow – but in fact who show us that what we ourselves once were still makes emotional and spiritual sense. Fronth has returned to the origins, and shown that they still have profound consequence for art and life.

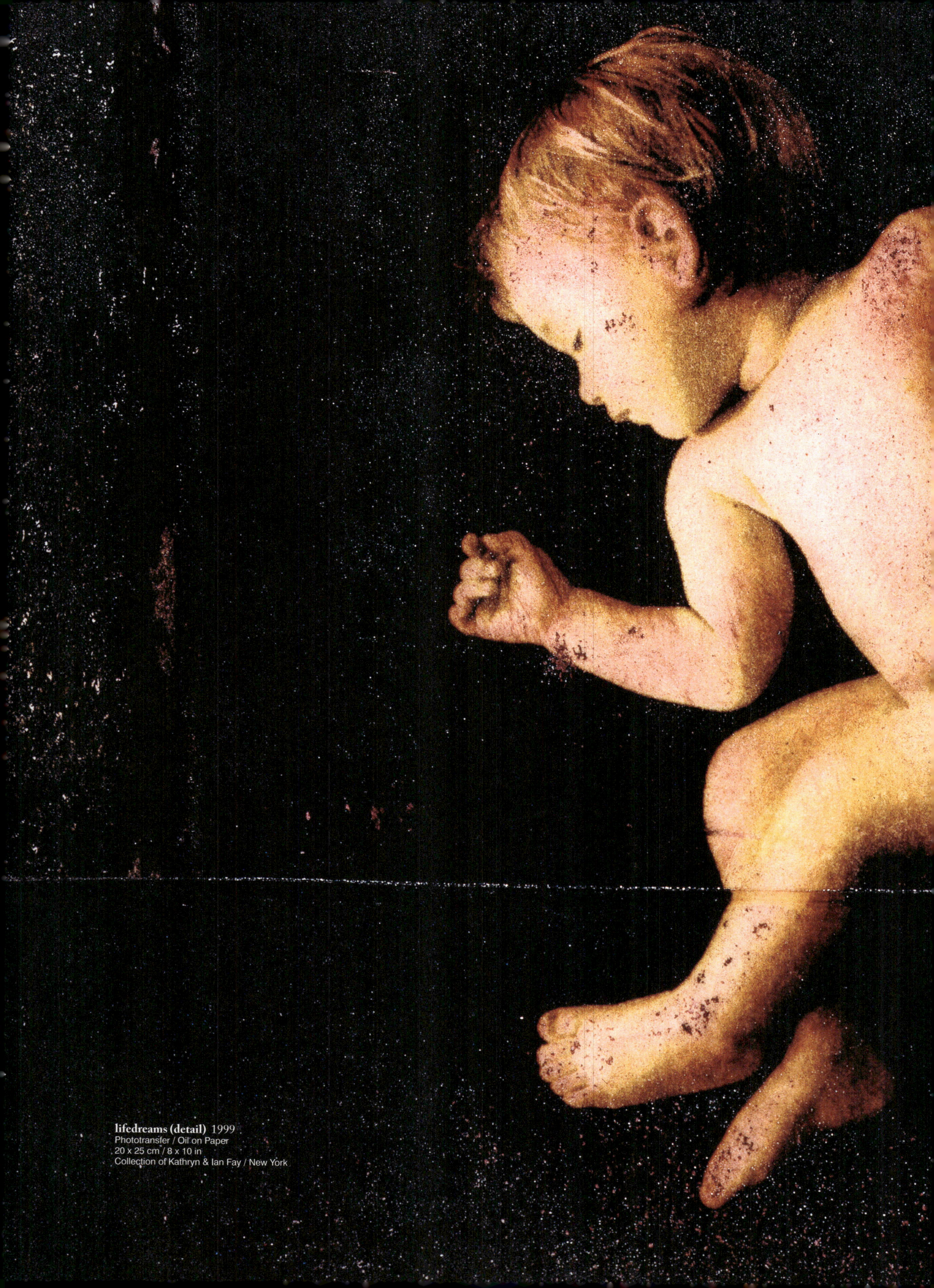

lifedreams (detail) 1999
Phototransfer / Oil on Paper
20 x 25 cm / 8 x 10 in
Collection of Kathryn & Ian Fay / New York

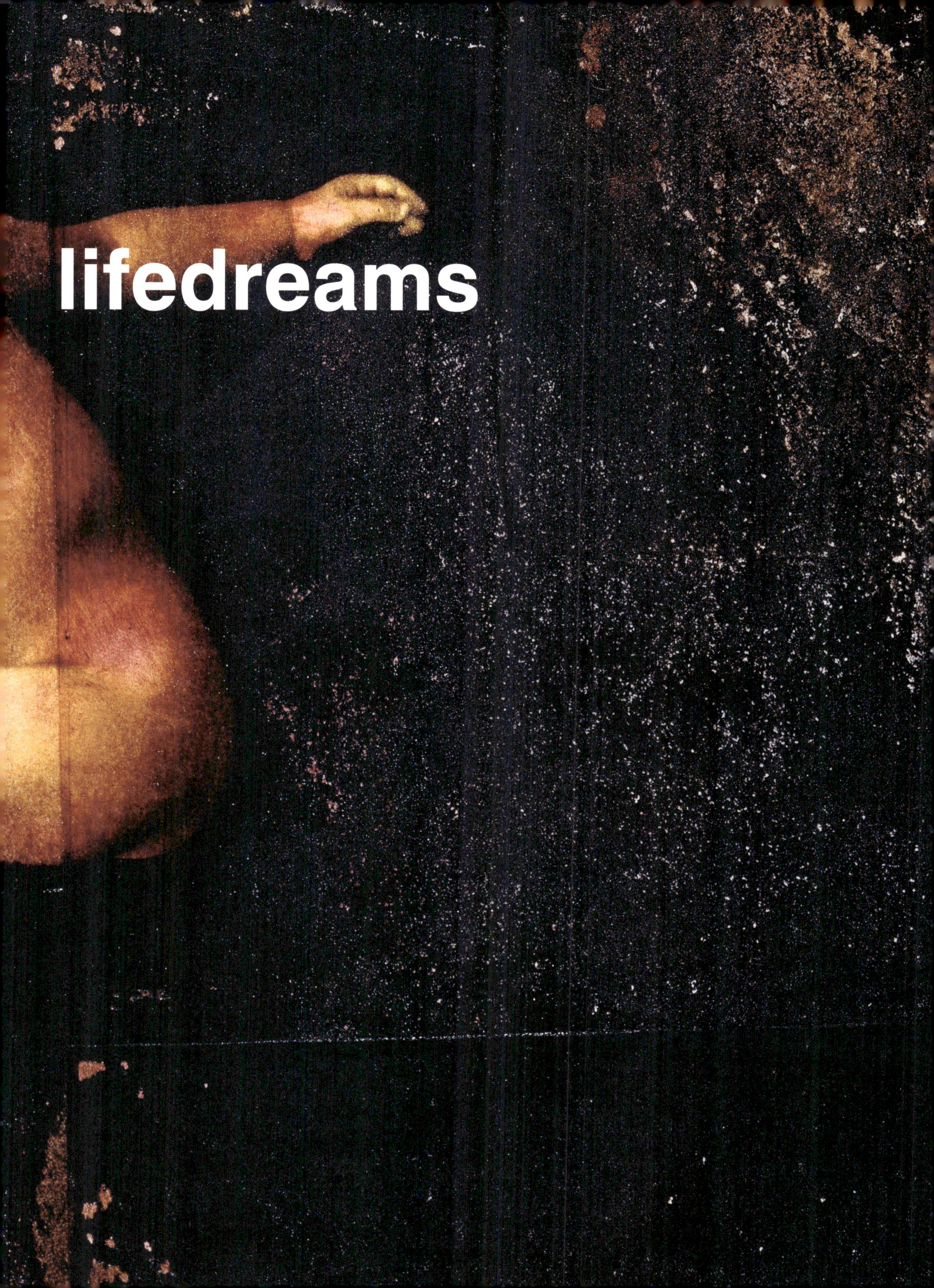
lifedreams

lifedreams

After the success of the exhibition *Xingu Chronicles* Per Fronth followed up with an exhibition that also distinguished itself from his previous projects. *Lifedreams* was exhibited at the Dillon Gallery in New York in 1999. Fronth compares *Lifedreams* to a personal diary experimenting with references to surrealism through the subconscious, dreams and spirituality. *Lifedreams* contains elements of mythology, life, weightlessness, movement, identity, travel and humour.

"After *Xingu Chronicles* I had built up a number of free works that had nothing to do with serial documentarism. *Lifedreams* is much more related to me and where I was in my life at that time. *Xingu* comments on man, nature and the way small societies maintain their distinctiveness in a modern society. In contrast, *Lifedreams* was like something out of a diary serving as an open letter to myself. This is my life."

The curator and art historian Malin Barth writes in the preface for the exhibition catalogue:

> In the *Lifedreams* series, Per Fronth draws no distinction between the life he lives and his art. He creates an intricate fusion amid his quest for spirituality and hope, as well as raising questions surrounding moral dilemmas. The images improvise their way toward a human experience.[1]

Through the *Lifedreams* series Fronth told his own story for instance in works like *Hymn for Aya* and *Emigration*. *The Dream* is constructed like a triptych of a sleeping baby photographed by Fronth. She is the daughter of a Basque actress and a Scientologist. The photographs are enlarged and transferred to canvases of monumental proportions. The sleeping baby, Aya, represents peace and innocence. However, the perception of an image often changes when it is blown up, as is the

1 Malin Barth, *Per Fronth's Lifedreams.Malin Barth*, catalogue text, *Lifedreams*. Dillon Gallery, New York, 1999.

Året etter suksessen med *Xingu Chronicles* åpnet Per Fronth en utstilling som fortsatt skiller seg fra de øvrige prosjektene hans. *Lifedreams* ble vist på Dillon Gallery i New York 1999. Selv sammenligner han *Lifedreams* med en dagbok, og det er åpenbart at han har tatt direkte utgangspunkt i sitt eget liv. I tillegg leker han med referanser til surrealismen, det underbevisste, drømmer og åndelighet. *Lifedreams* inneholder elementer av mytologi, liv, vektløshet, bevegelse, identitet, reise og humor.

– Etter *Xingu Chronicles* hadde jeg bygget opp en rekke frie arbeider som ikke hadde noe med seriell dokumentarisme å gjøre. *Lifedreams* forholder seg mye mer til meg og hvor jeg befant meg i mitt liv akkurat da. *Xingu* handlet på en måte om det også, men mye mer om mennesket og naturen, om hvordan små samfunn opprettholder sin egenart i et modernistisk samfunn. *Lifedreams* er som tatt ut av en dagbok og ligger der som et åpent brev til meg selv. Dette er mitt liv.

Kurator og kunsthistoriker Malin Barth skriver i forordet til utstillingskatalogen:

> I serien *Lifedreams* trekker ikke Per Fronth noe markant skille mellom sitt liv og sin kunst. Han skaper i stedet en intrikat fusjon midt inne i letingen etter spiritualitet og håp, og dessuten stiller han spørsmål omkring moralske dilemmaer. Bildene improviserer seg frem mot en menneskelig erfaring.[1]

Lifedreams skiller seg fra andre av Fronths prosjekter der han gjennomgående har tatt utgangspunkt i andre menneskers virkelighet for fortelle noe om seg selv på en mer indirekte, overført måte. Nå tar han direkte utgangspunkt i seg selv og sin historie, som for eksempel i *Hymn for Aia* og *Emigration* der han opptrer som sin egen modell. Men Fronth bruker fortsatt andre menneskers øyeblikk for å referere til noe han selv har opplevd. Et bilde det er interessant å trekke frem i

1 Malin Barth: *Per Fronth's lifedreams*. Katalogtekst, Dillon Gallery, New York, 1999.

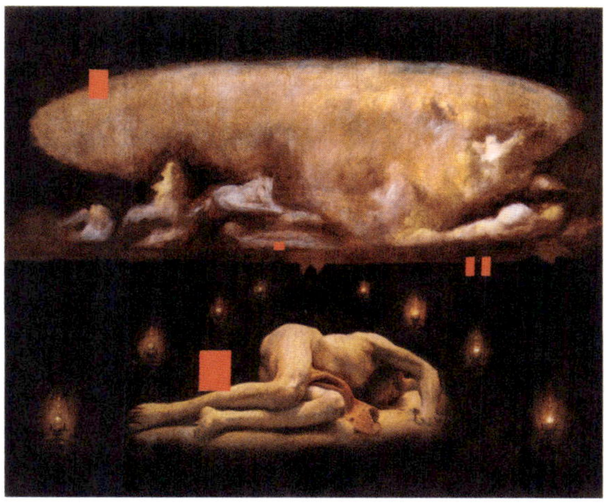

The Awakening 1994-1996
Mixed Media / Oil on Canvas
170 x 225 cm / 66 x 84 in
Private Collection / United States

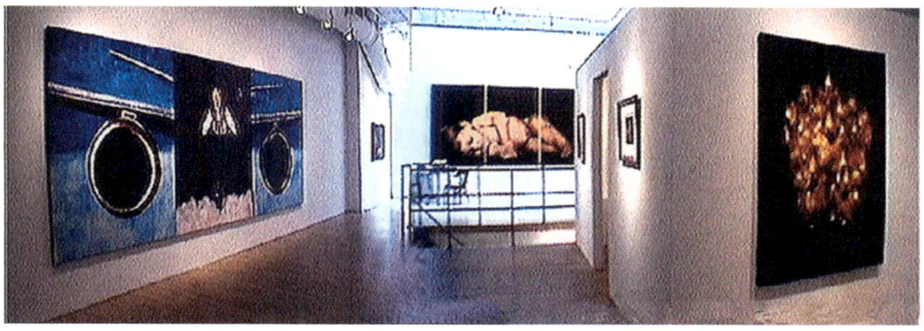

Installation view: lifedreams / Dillon Gallery / New York 1999

case with the picture of Aya. She appears almost unreal or abstract, almost like a thought or an idea.

"When I was 18 years old, my previous companion became pregnant. She chose to have an abortion and I fully respected her decision. But in my mind the thought of the baby that never came to be was growing. Finally it was as big as the one in *The Dream*."

The name of the little/big girl in *The Dream* stuck with Fronth from the day he first heard it. When Per and his companion Eldbjørg Dahl, had to decide on a name for their daughter almost 10 years later, she was given the name Aya Augustine. That way Time has given the artwork a new reference. At first it symbolized the unborn baby, but now it holds a reference to Fronth's own daughter.

It was important for Fronth to display the feeling of life in *Lifedreams*. The little girl, Aya, recurs in many of the works in the series. A repeated theme is also to give life. *Waiting for Johannes* is a harmonious composition of a naked pregnant woman lying on a draped sofa under a stream of light. The composition is intended as a reference to the French painter Jacques Louis David's (1748-1825) painting *La Mort de Marat* from 1793. Thematically, the two pictures represent a contrast – between life and death.

In the picture *Hymn* the same little sleeping girl, Aya, is lying in the middle of the scene. A stream of light rises up from her. Four static men are surrounding her. They are singing a hymn for the little girl. Fronth used himself as a model for the four singers.

The warm light seen in *Hymn* recurs in a series of images from the *Lifedreams* series. The light is reminiscent of the great artist of the Baroque era, the Dutch painter Rembrandt van Rijn (1606-1669) and the Italian Caravaggio (1571-1610). In *Fallen Horse* Fronth comments on "the baroque light" called chiaro-

den sammenhengen, er et triptykonet *The Dream*. Fronth har fotografert en sovende baby – forøvrig datteren til en baskisk skuespillerinne og en scientolog. Fotografiet er blåst opp og overført til det enorme lerretet. Den sovende jenta, Aya, utstråler tilsynelatende ro og uskyld. Men ulike faktorer kan medvirke til at betydning forskyves, og det er nettopp dette som skjer når lille Aya blåses opp til så store dimensjoner. Det blir noe litt uvirkelig, nesten abstrakt over henne – nærmest som hun blir til en tanke eller en ide.

– Da jeg var 18 år gammel, ble den daværende kjæresten min gravid. Hun valgte å ta abort, og jeg respekterte den avgjørelsen. Men tanken på babyen som aldri ble noe av, ble bare større og større. Til slutt ble babyen så stor som i *The Dream*, forteller Fronth.

Aya, navnet til den lille/store jenta i The Dream fulgte Fronth fra han først hørte det i 1999. Da han sammen og samboeren Eldbjørg Dahl, nesten ti år senere skulle gi navn til deres datter, ble det Aya Augustine. På den måten har tiden gitt The Dream enda en ny referanse. Først viste det til et barn som ikke ble født, mens nå peker det i tillegg mot Fronths egen, høyst levende datter.

Det var viktig for Fronth å få frem følelsen av liv i utstillingen *Lifedreams*. Den lille jenta Aya går igjen i mange av arbeidene, og det å gi liv til noen kommer også frem i *Waiting for Johannes*. Bildet er en harmonisk komposisjon, en naken gravid kvinne ligger på en drapert sofa under en lyskilde. Fronth har samtidig plassert figuren slik at scenen blir en kommentar til Jacques-Louis Davids (1743-1793) blodige *La Mort de Marat* fra 1793. Dermed har Fronth skapt en skarp motsigelse i bildet – mellom liv og død.

I *Hymn* ligger den samme lille sovende jenta, Aya, i midten av bildet. Opp fra henne stiger en lysstripe som ender i en vifteliggnende form. Rundt henne står fire menn i statisk positur og holder seg på magen. De synger en hymne til den lille jenta. Fronth har brukt seg selv som modell for de fire sangerne.

Det varme og kontrasterende lyset i *Hymn* går igjen i en rekke av bildene fra *Lifedreams*. Lyset fører tankene tilbake de barokke

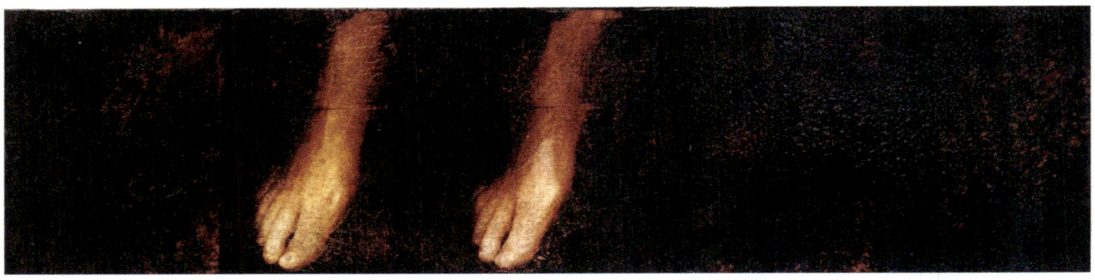

Parallel Journey 1998
Phototransfer / Oil on Canvas
25 x 101 cm / 10 x 40 in
Private Collection / United States

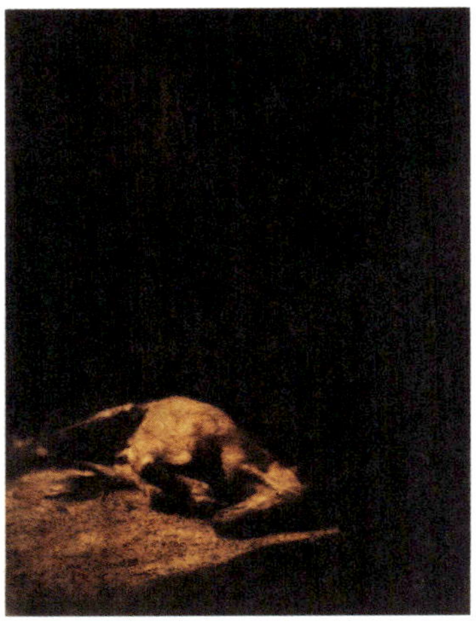

Fallen Horse 1995
Mixed Media/ Oil on Canvas
157 x 121 cm / 62 x 48 in
Artwork destroyed

scuro. The special painting technique presents a strong contrast between the light and the dark used to create the dramatic scenes the Baroque artists favoured. Fronth chose a motif with strong symbolical character. It's common to view the horse as a symbol of pride, glory, freedom and power. That is why it's so painful to see an injured horse deprived of its independence and pride. Fronth enhances the dramatic expression with his use of chiaroscuro as an effect in a bold composition in which the main motif actually is situated in the lower left corner while the majority of the picture is completely dark.

In *Norwegian Wedding* Fronth created a pictorial expression similar to that in *Fallen Horse*. The motif is of two figures running together over a hill. The first figure wears a long veil waving in the wind, while the other figure is reaching for the former. The runners are almost portrayed as silhouettes against a fiery red sky. The composition is bold, and the pressure is on the upper right corner. *Norwegian Wedding* is a snapshot with a lot of movement, almost like a still from a movie. The motif is actually from the wedding of the Norwegian director Erik Poppe and his wife Kirsten on 23 September 1995. Fronth's characteristic photo transfer technique creates a rough expression which refers to some of Rembrandt's textured and "thick" paintings.

Fronth has had no formal photography education. Instead he created his own education with the help of various mentors like Arild Jakobsen at *Fædrelandsvennen* and Hans-Olav Forsang at *VG*. Fronth never directly consulted with other art photographers but rather found inspiration in musicians and painters. One of the pictures from the *Lifedreams* series is a direct paraphrase of Odd Nerdrum's painting of a brick from 1982. In *Modell No. 5160* Fronth has modernized Nerdrum's classic expression and composition by choosing to include a cell phone.

kunstnerne Rembrandt van Rijn (1606–69) og Caravaggio (1571–1610). I *Fallen Horse* kommenterer Fronth «det barokke lyset» – *chiaroscuro* – som er så karakteristisk for disse mestrene. Den spesielle maleteknikken skaper et svært kontrastfylt uttrykk hvor deler av billedflaten ligger i skygger. Dramatisk spill mellom lys og skygge og livfulle scener som ofte er hentet fra bibelhistorien, er typisk for barokkmaleriet. Fronth har i *Fallen Horse* valgt et motiv med sterk symbolsk kraft. Vanligvis står hesten for stolthet, ære, styrke, frihet og makt – her er hesten skadet og ligger nede, fratatt sin karakteristiske selvstendighet, verdighet og stolthet. Fronth forsterker det dramatiske uttrykket både gjennom *chiaroscuro* og gjennom en dristighet i komposisjonen, hvor hovedmotivet er plassert nede i venstre hjørne, mens det meste av billedflaten er mørklagt.

I *Norwegian Wedding* benytter Fronth seg av et lignende uttrykk. Motivet er to skikkelser som løper etter hverandre over en ås. Den første skikkelsen har et langt slør som vaier i vinden, mens skikkelsen som løpet bakerst, strekker seg etter den første. De løpende fremstår som silhuetter mot den flammende himmelen, og det tematiske senteret er flyttet opp i bildets høyre hjørne. *Norwegian Wedding* er et øyeblikksbilde med mye bevegelse, nærmest som et stillbilde fra en film. Modellene er filmregissør Erik Poppe og hans Kirsten, de giftet seg 23. september 1995, en dag med både sol, sludd og regn – alle de fire årstidene samlet i én dag. Fronths karakteristiske fototransferteknikk skaper det grove uttrykket som igjen kan bringe tankene til noen av Rembrandts mer teksturerte og «tykke» malerier.

Uten formell utdannelse har Fronth opparbeidet sin egen utdannelse gjennom ulike mentorer som Arild Jakobsen fra Fædrelandsvennen og Hans-Olav Forsang fra VG. Fronth har ikke direkte oppsøkt andre kunstfotografer, men heller funnet inspirasjon hos musikere og malere. Et av bildene fra *Lifedreams* er en parafrase over Odd Nerdrums maleri *Mursten* fra 1982. I stedet for brosteinen med sine referanser til en klassisk fortid, har Fronth valgt å avbilde mobiltelefonen. Arbeidet heter *Modell No. 5160* og er utført i fototransfer / olje på papir.

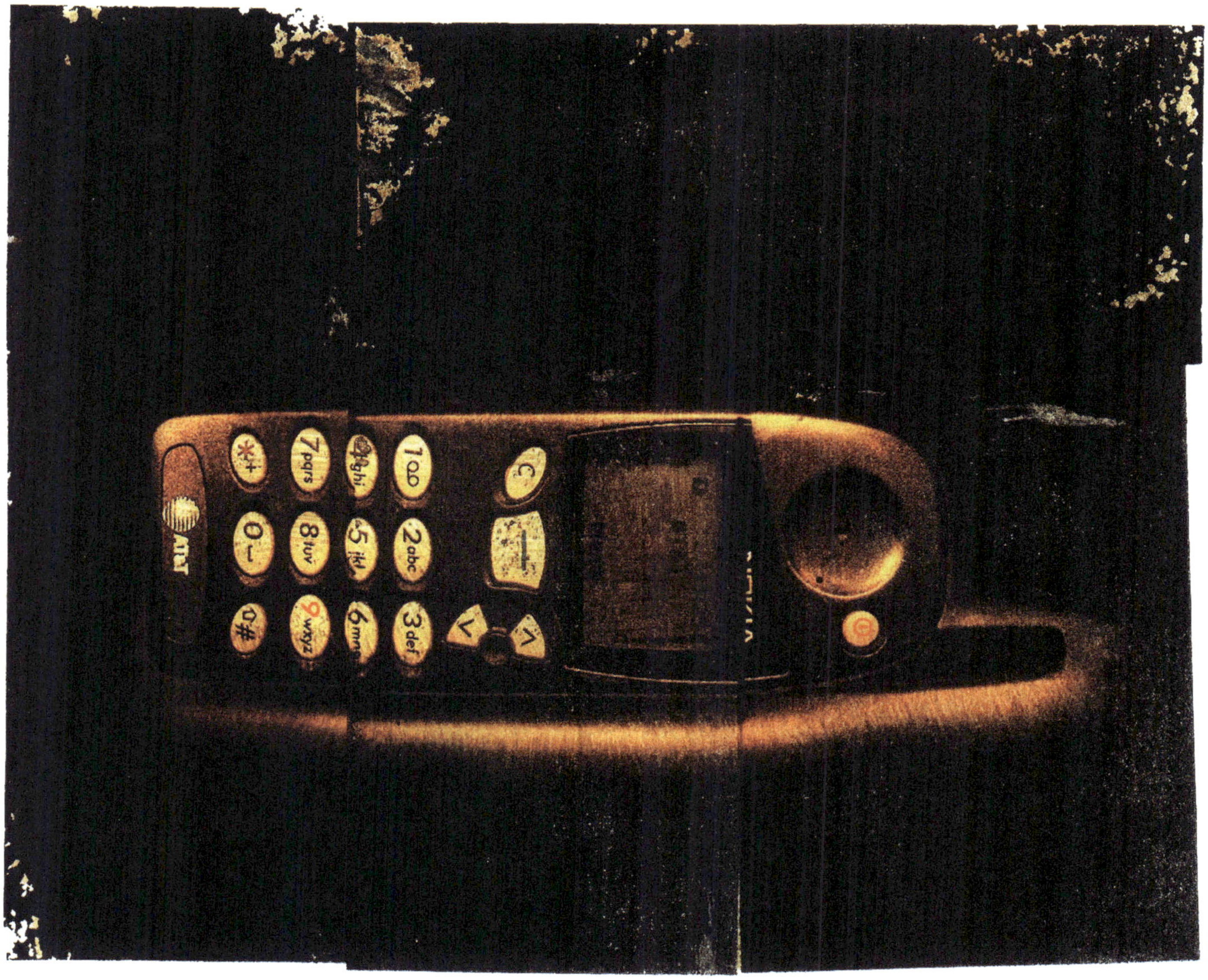

Model No. 5160 1998
Phototransfer / Oil on Paper
20 x 25 cm / 8 x 10 in
Ver. II – Collection Of Nokia North America

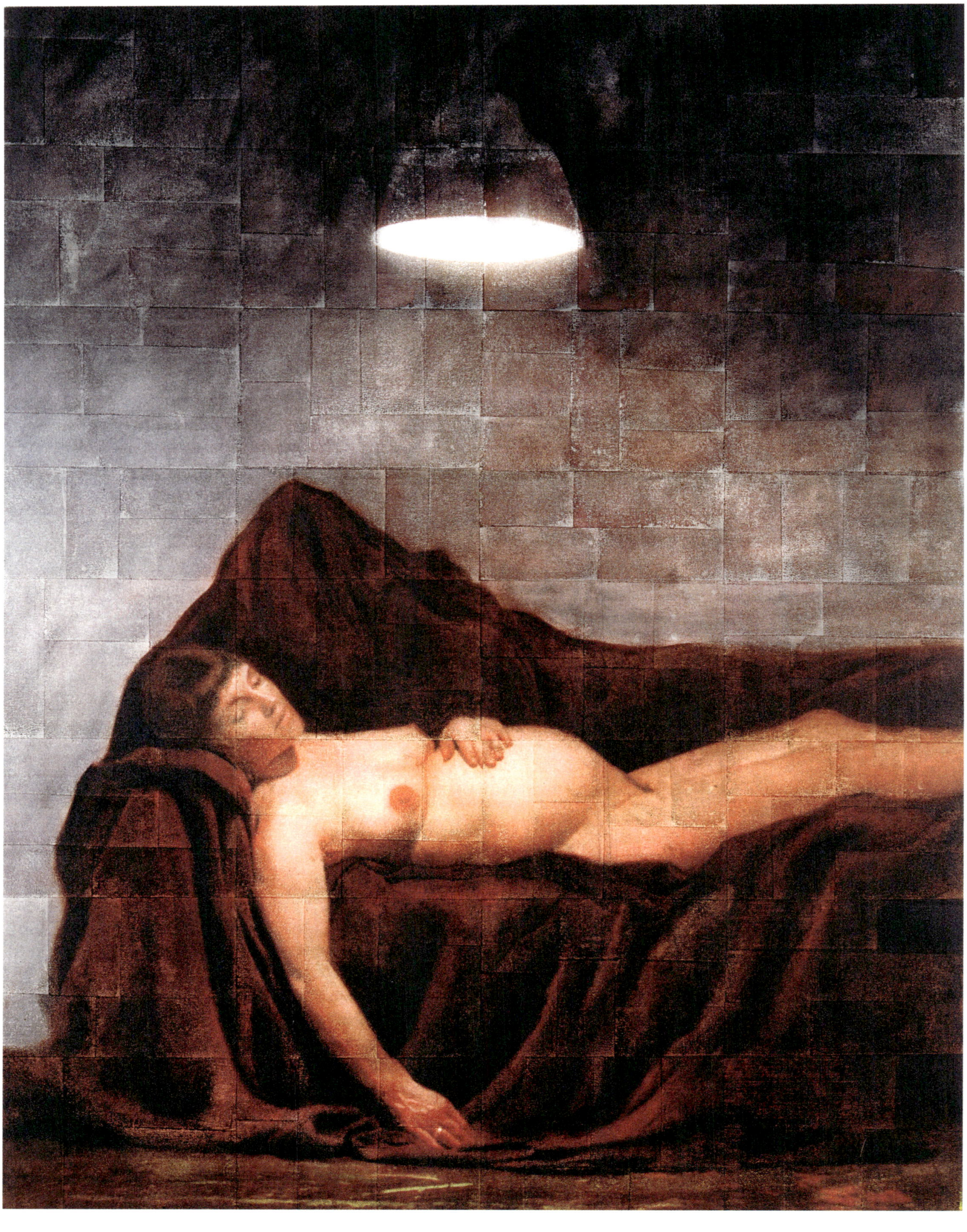

Waiting for Johannes 1999
Phototransfer / Oil on Canvas
203 x 162 cm / 80 x 64 in
Artwork at Unknown Location
Dissappeared from storage in Oslo, 2007

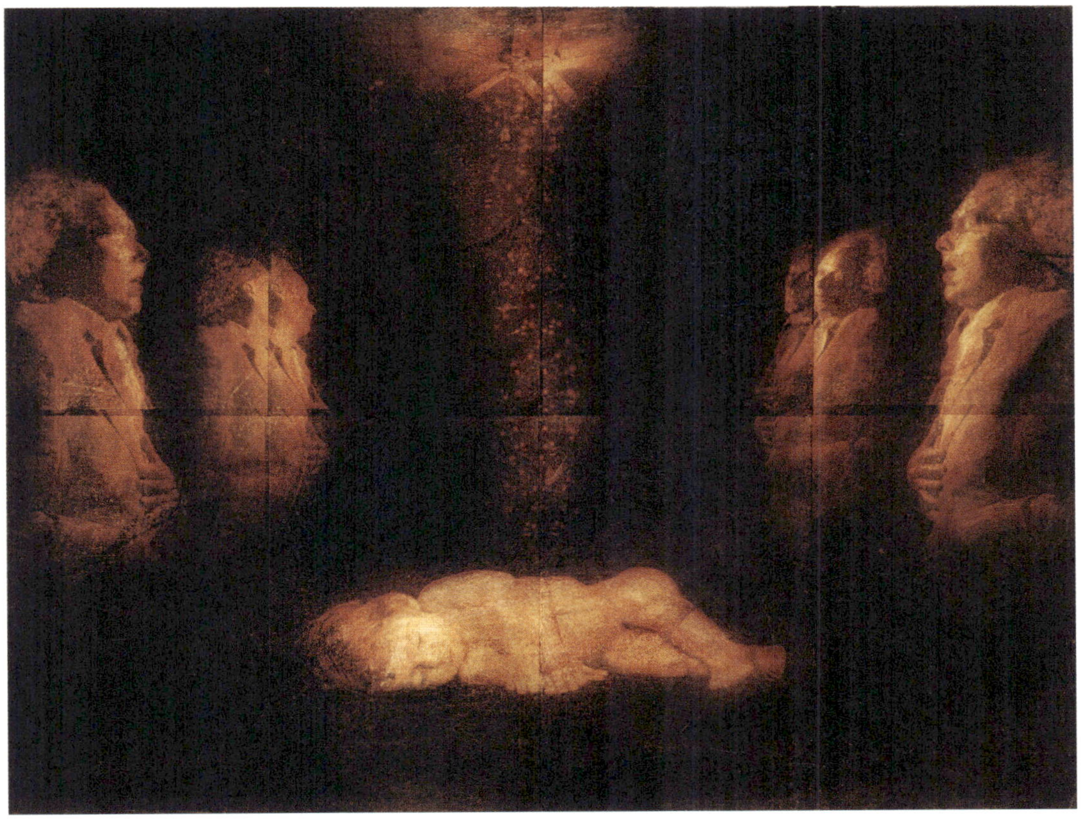

Hymn for Aia 1999
Phototransfer / Oil on Canvas
106 x 81 cm / 42 x 32 in
Collection of Martin Traaseth / Norway

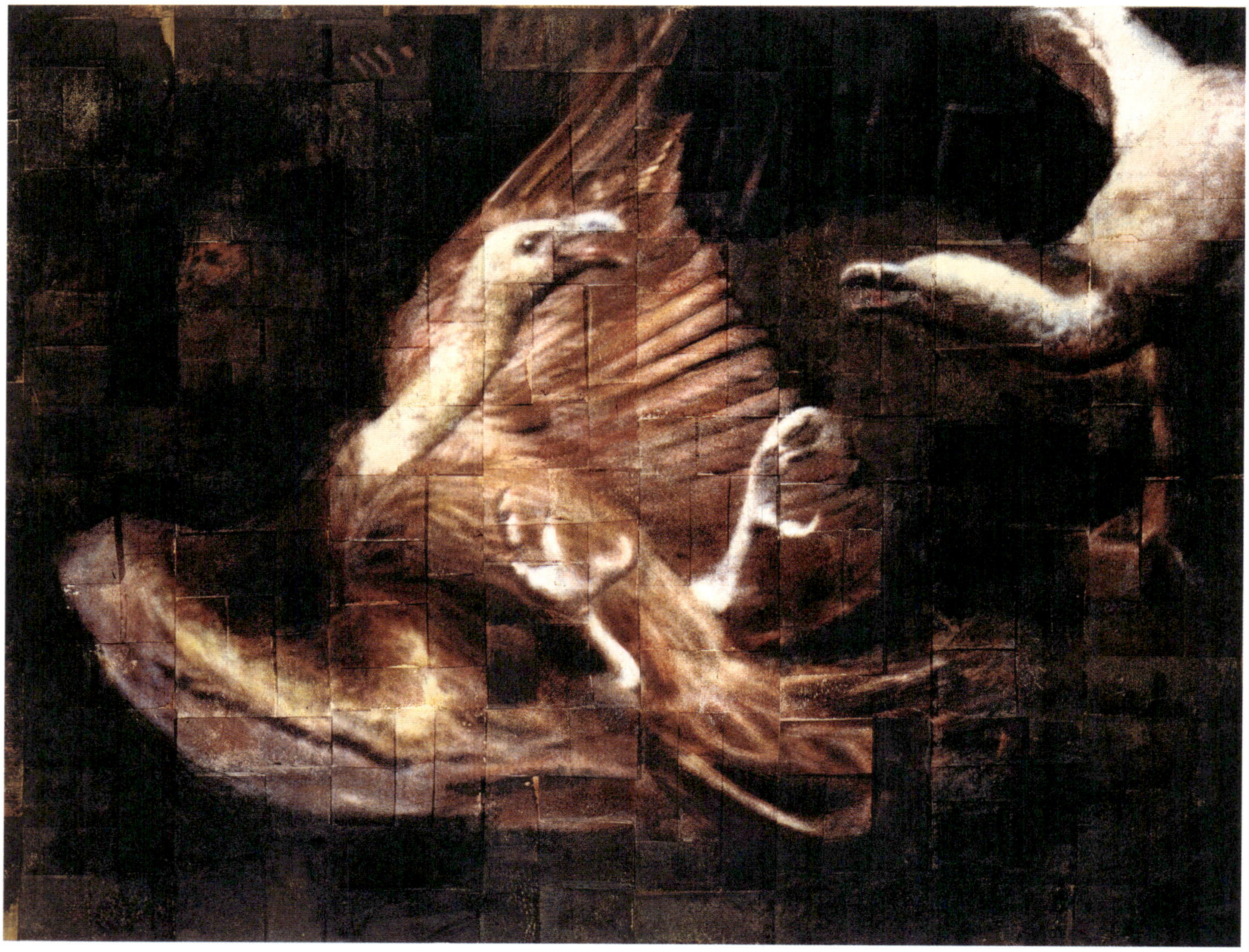

The Argument 1998
Phototransfer / Oil on Canvas
162 x 213 cm / 64 x 84 in
Collection of Aril Resen / Oslo

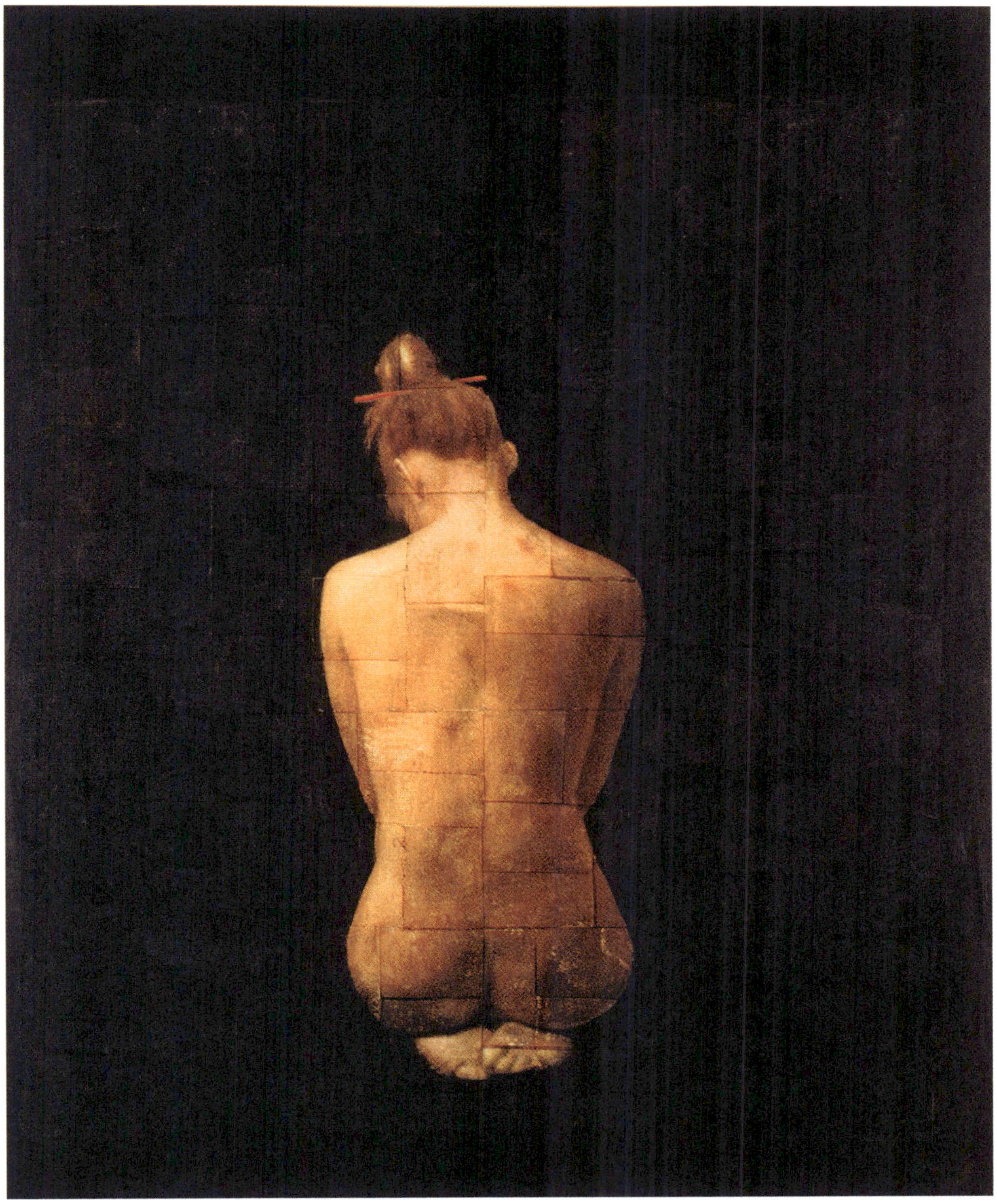

Razor and The Rose 1999
Phototransfer / Oil on Canvas
203 x 167 cm / 66 x 80 in
Collection of Mr. and Mrs. Michel Berty

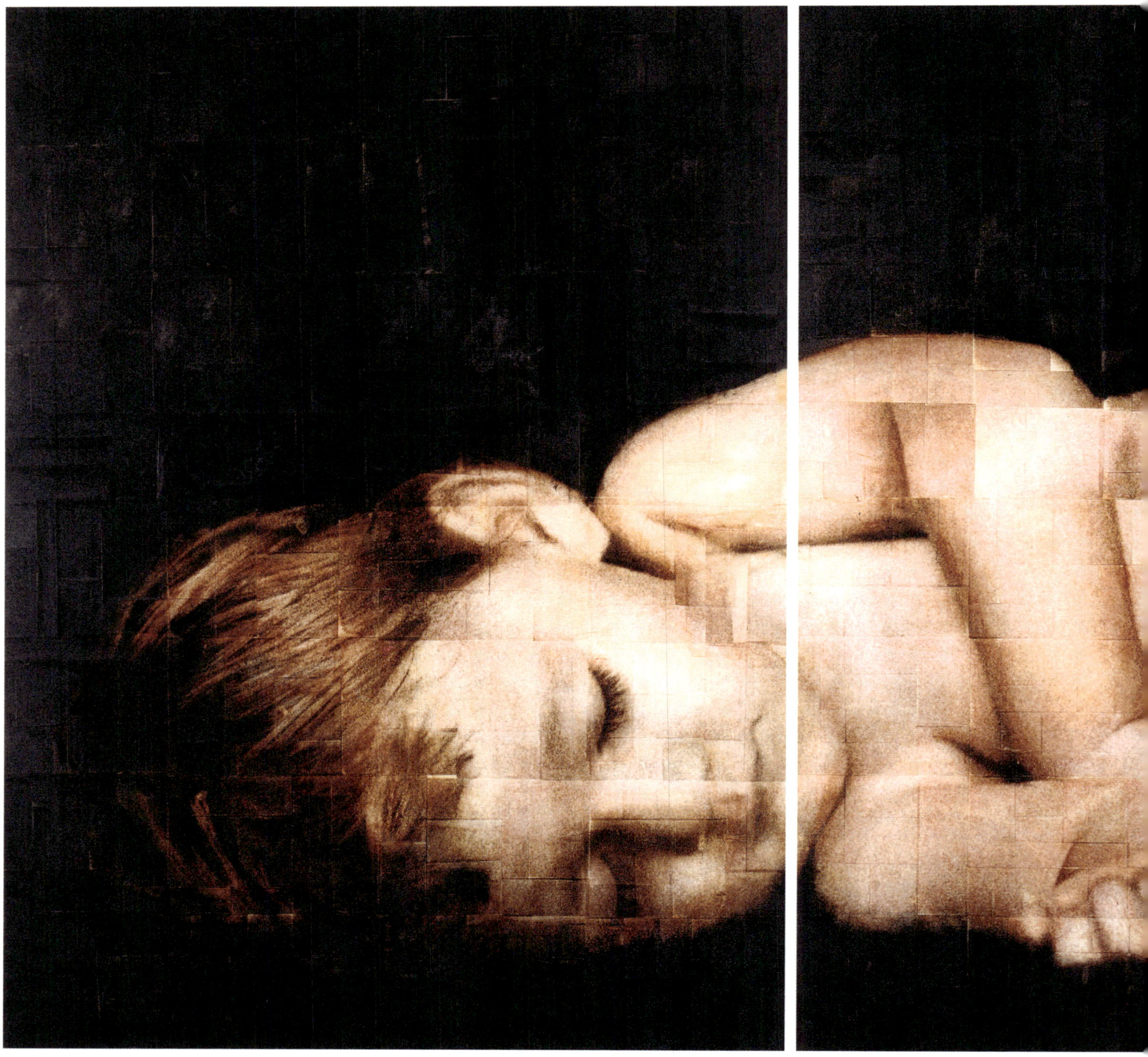

The Dream 1998
Triptych
Phototransfer / Oil on Canvas
203 x 457 cm / 80 x 180 in
Collection of The Fusion Group / United States

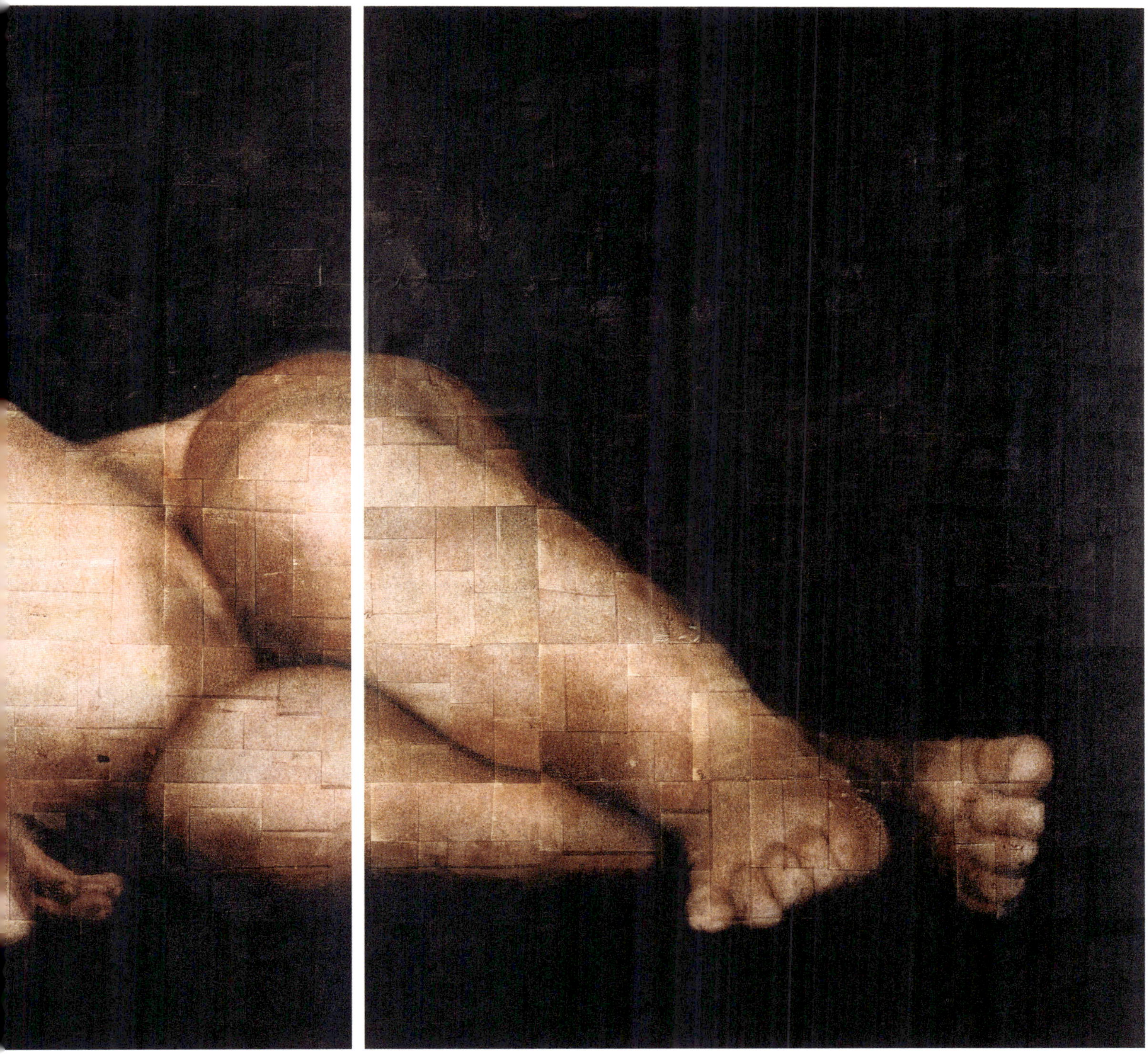

Next spread:
One 1998
Diptych
Phototransfer / Oil on Canvas
213 x 325 cm / 84 x 128 in
Collection of Andy & Kristin Jacob / Arizona

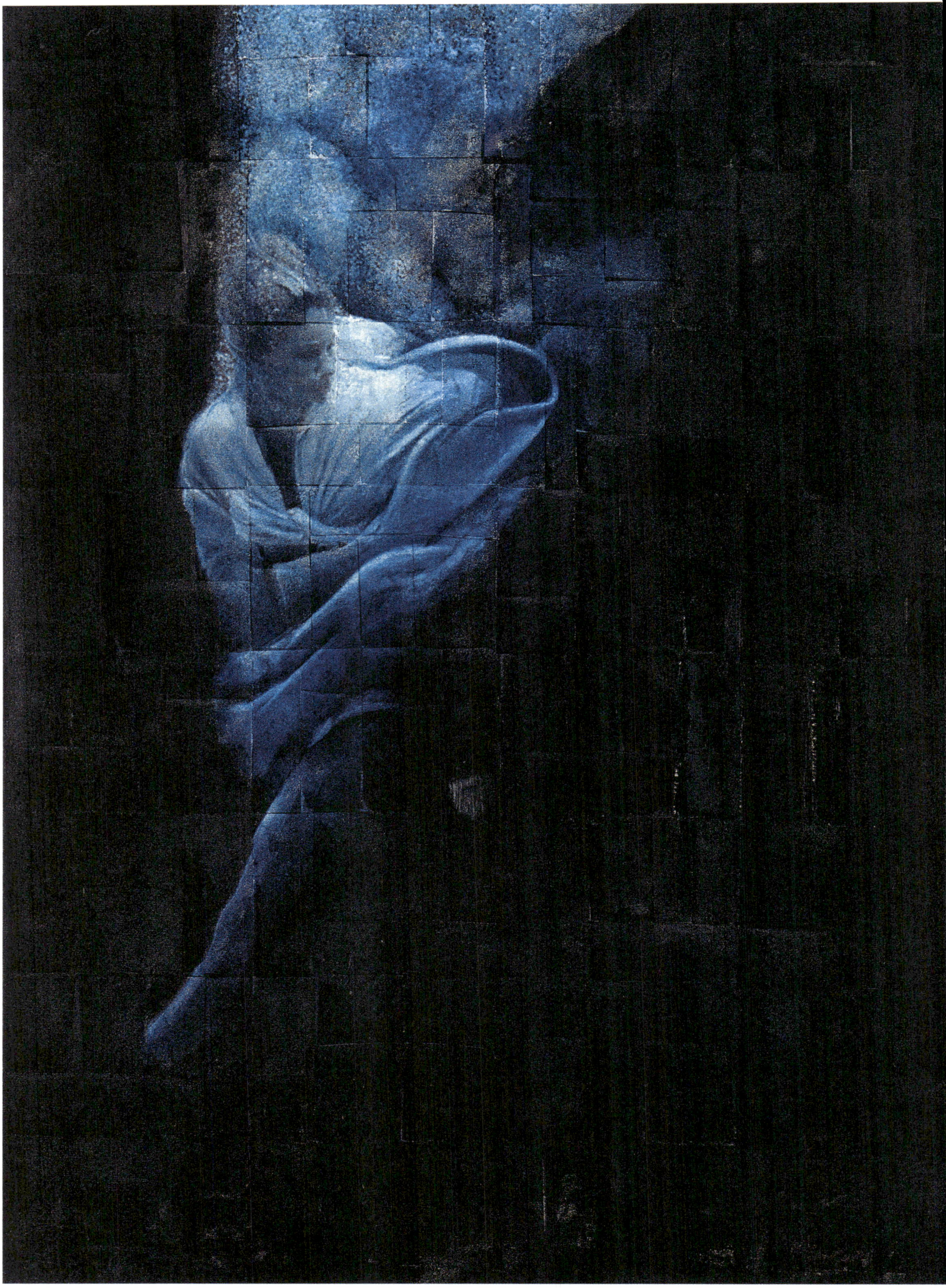

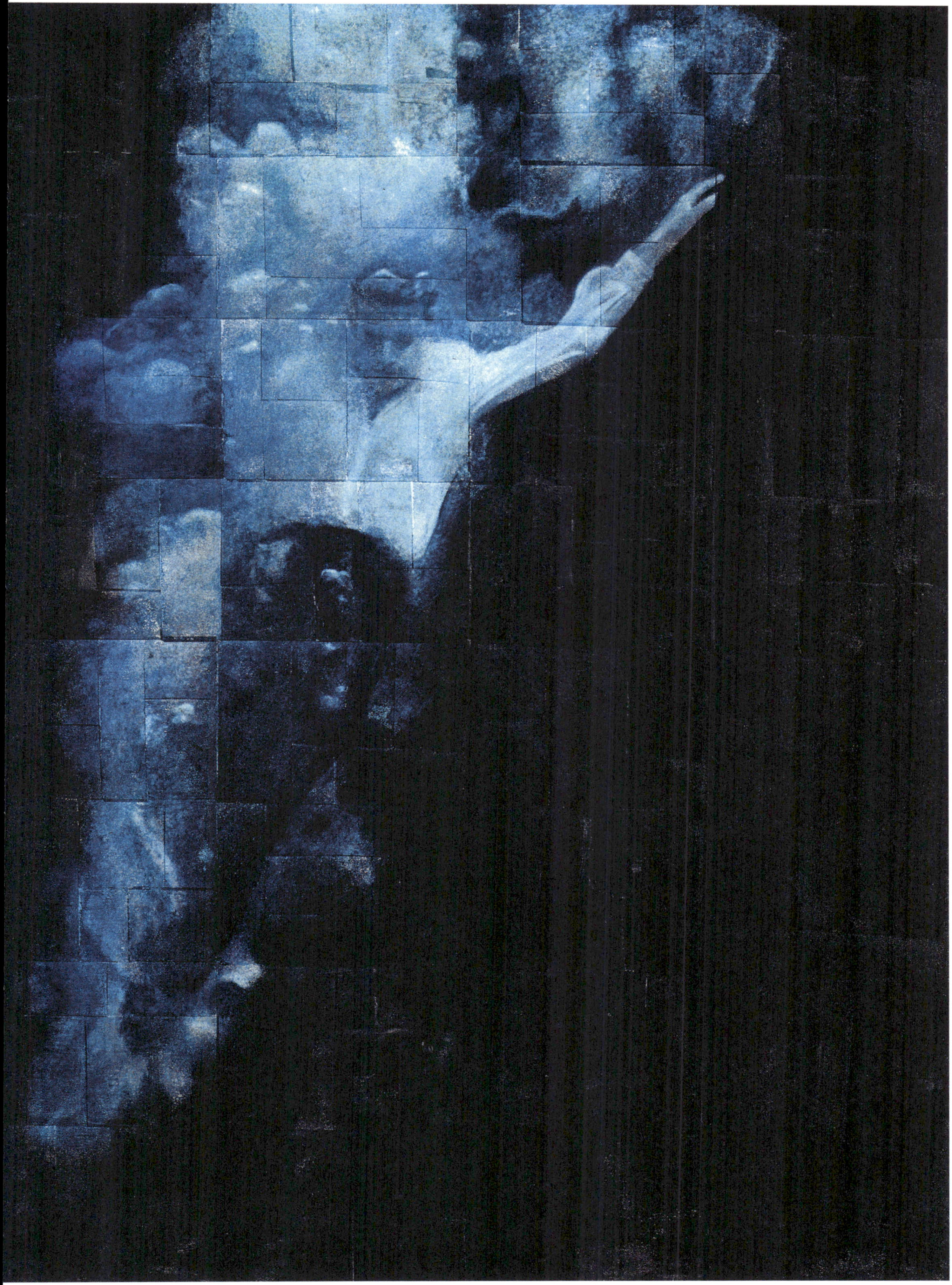

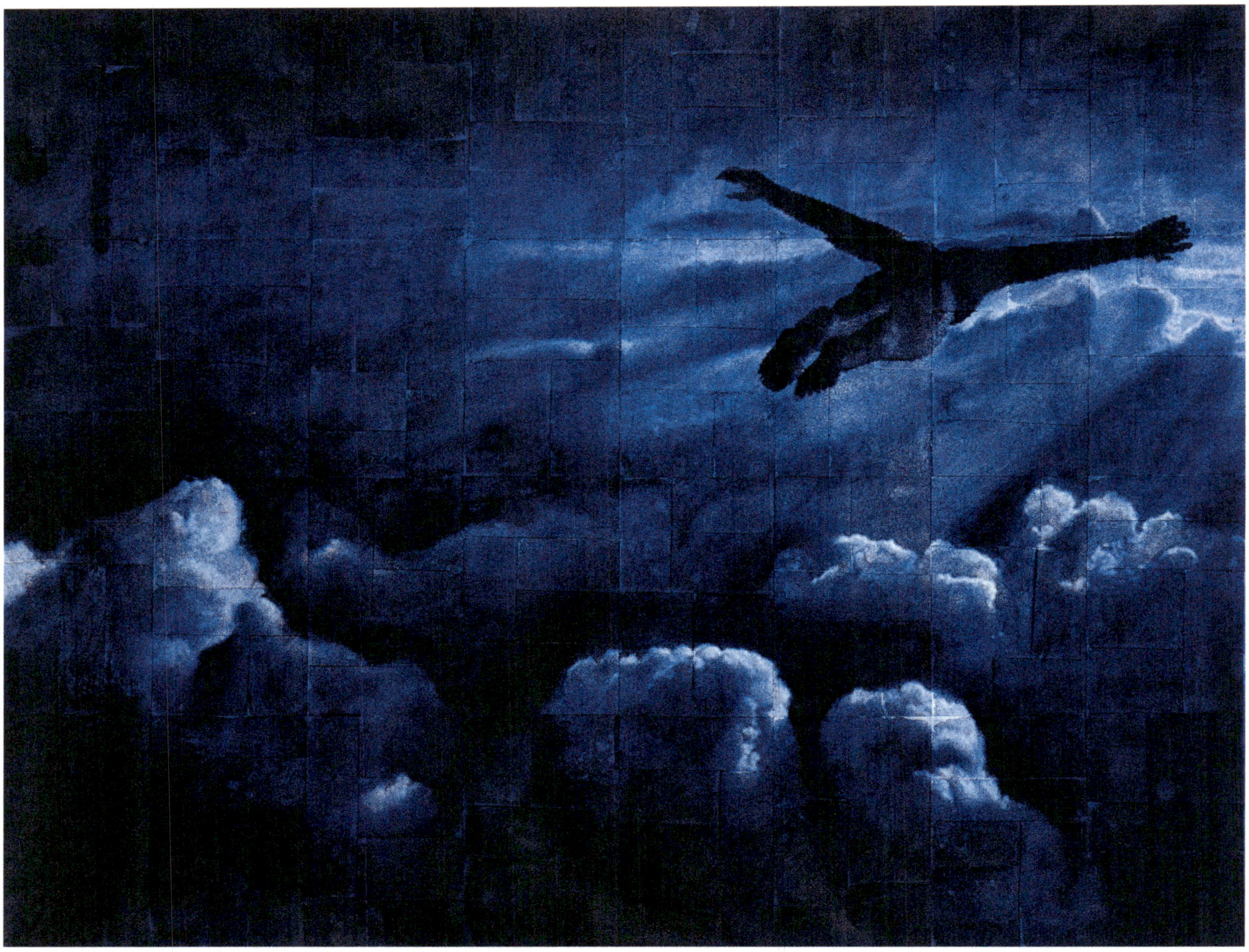

Dive 1998
Phototransfer / Oil on Canvas
162 x 213 cm / 64 x 84 in
Private Collection / London

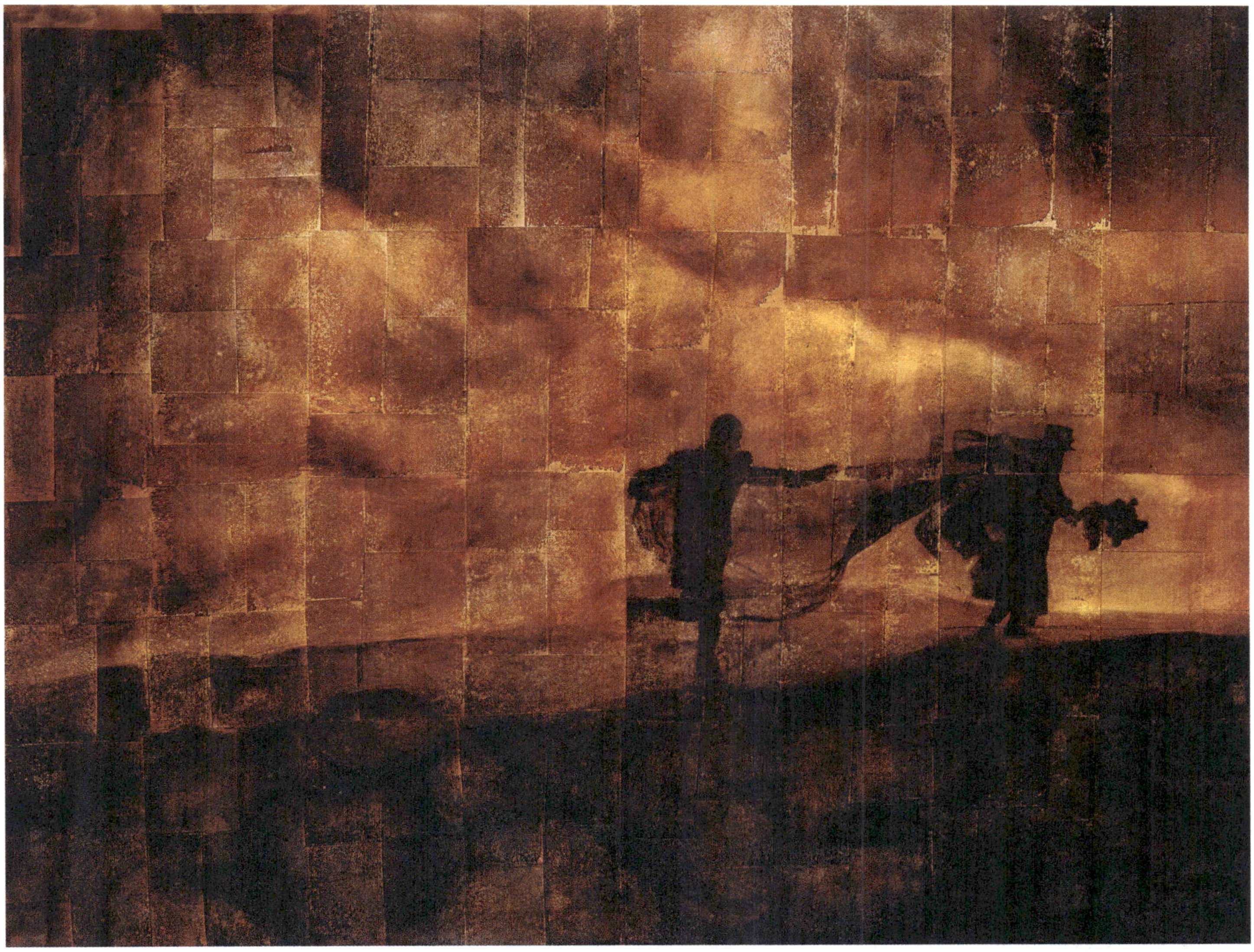

Norwegian Wedding 1999
Phototransfer / Oil on Canvas
162 x 208 cm / 64 x 82 in
Private Collection Mathilde & Peter Jebsen / Norway

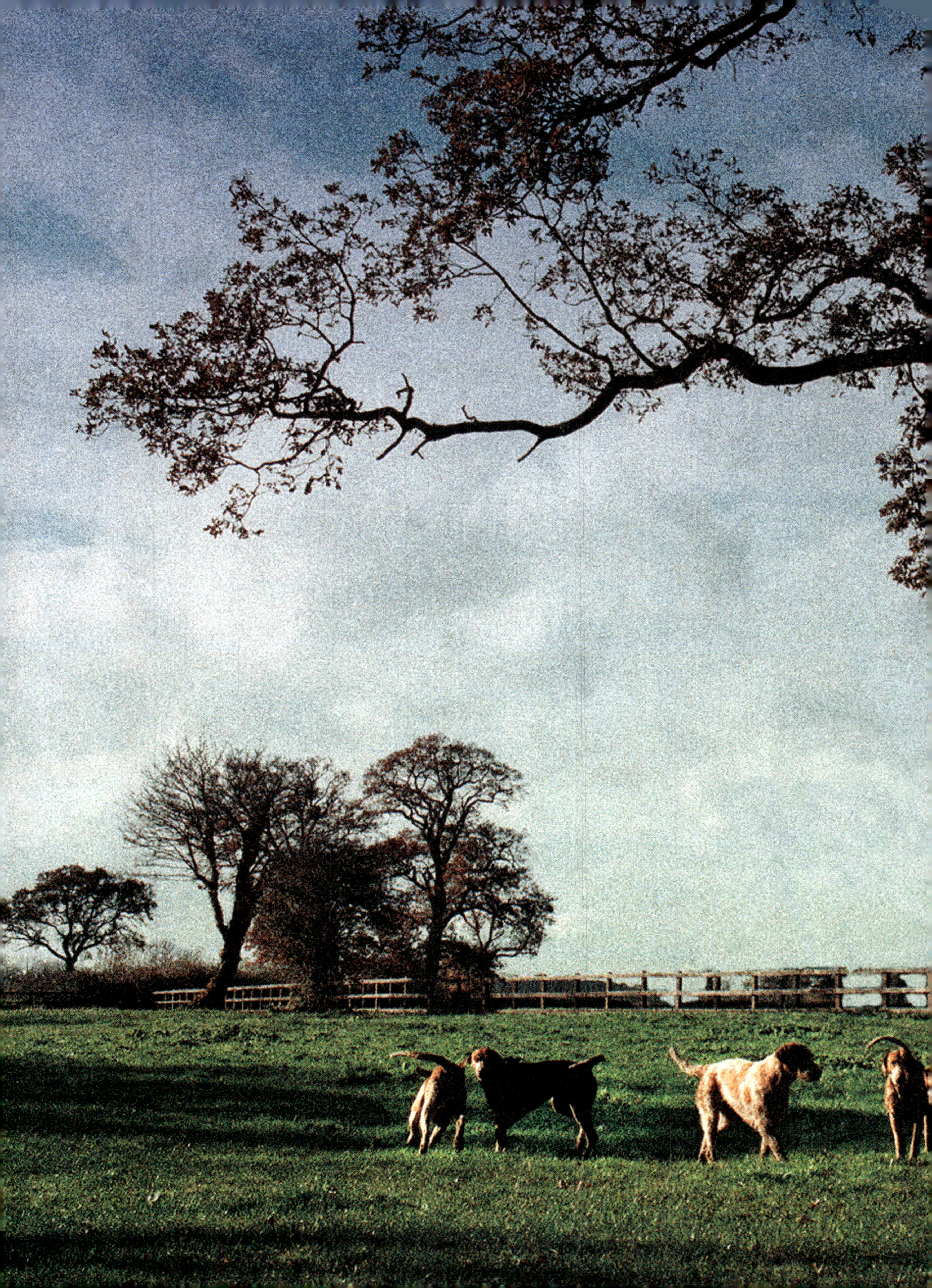

BLOODLINES

The Duke of Beauforts Foxhunt

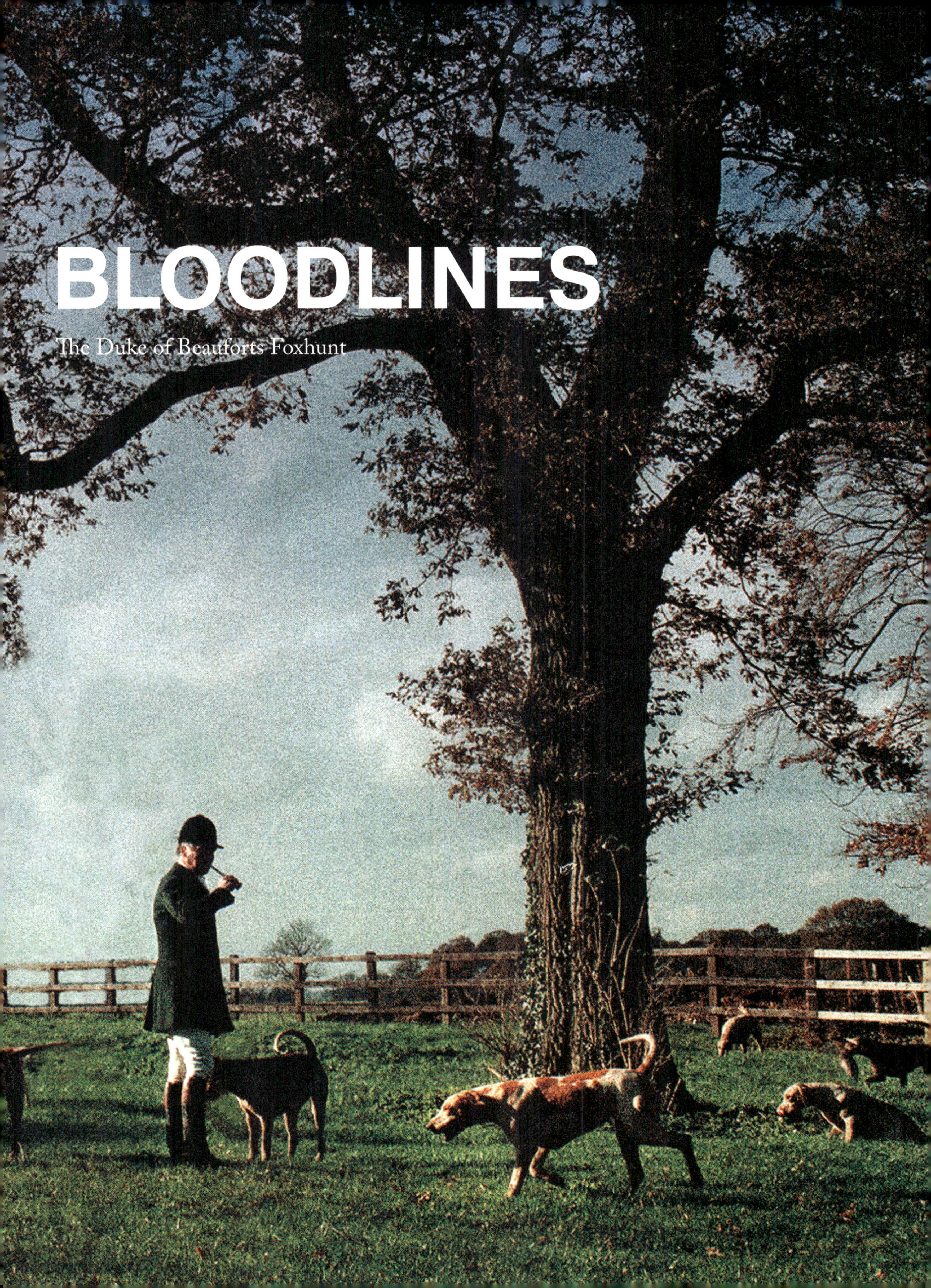

BLOODLINES

The Duke of Beauforts Foxhunt

In January 2000 Per Fronth opened the exhibition *BLOODLINES – The Duke of Beaufort's Foxhunt*, at the Candid Arts Trust in Islington, North London, with six policemen as guards. British animal rights activists, represented by the League Against Cruel Sports, had threatened to sabotage the the exhibition, which was based on the Duke of Beaufort's traditional fox hunt. Fronth, on the other hand, had made it clear that he was neither for nor against the bloody sport. His only agenda in the project was to illustrate a problem.

"The issue is so stigmatised at present, between pros and cons, there is no grey zone, but I don't think it is as simple as a yes or no question," was Fronth's comment to *The Times* in connection with the exhibition.[1]

Fronth grew up with hunting in Norway but found the moral dilemma associated with fox hunting particularly interesting. In connection with the *Xingu Chronicles* project, he was again looking for a visual backdrop for a new interesting project. Hunting is a key word and the right to take a life. Death becomes life through the dogs. Fronth points out that it is in fact the hunter who is the hunted during the fox hunt. Art critic and editor of *Art Review*, Brian Ashbee, quoting Oscar Wilde in the catalogue text for the exhibition, describes the degree of brutality in the fox hunt: "the unspeakable in pursuit of the uneatable".[2]

"I see the beauty in the brutality" Fronth said to *Dagbladet* in connection with the opening of the exhibition *Bloodlines* in Norway in June 2000. "To see 200 riders pounding through the English countryside is facinating. The visual backdrop for me is horses, animals and nature. At the same time, I tell a story of moral dilemmas" Fronth admits.[3]

The English upper class ritual of hunting stems from the 1750s. In November 1999, Fronth was invited to participate in the exclusive fox hunt on the Duke of Beaufort's hunting

1 Valerie Elliott: "Hunt art show calls in police for protection". The Times 2000.
2 Brian Ashbee: "Per Fronth's *Bloodlines*". Catalogue text, 2000.
3 Article "Revejakt på norsk jord". Dagbladet 29.06.2000.

I januar 2000 åpnet Per Fronths utstilling *Bloodlines – The Duke of Beauforts Foxhunt* ved Candid Arts Trust i Islington Nord-London – med seks politifolk som vakter. Britiske dyrevernaksjonister fra The League Against Cruel Sports hadde truet med å aksjonere mot utstillingen, som tok utgangspunkt i hertugen av Beauforts tradisjonelle revejakt. Fronth på sin side hadde gjort det klart at han selv verken var for eller imot den blodige sporten. Hans eneste hensikt med prosjektet var å belyse en problematikk.

– For øyeblikket er saken så betent at det bare finnes pro- og anti-, ingen mellomposisjoner. Men jeg tror ikke dette er så enkelt som et spørmål om ja eller nei, sa Fronth til The Times i forbindelse med utstilingen.[1]

Fronth har selv vokst opp med jakt hjemme i Norge, og derfor fant han de moralske dilemmaene som forbindes med den britiske revejakten spesielt interessante. Men på samme måte som i arbeidet med *Xingu Chronicles* var han primært på utkikk etter et visuelt bakteppe for sitt eget, særlige prosjekt. Det er jakt som er stikkordet her. Retten til å ta liv. Død som blir til liv igjen gjennom hundene. Fronth påpeker at det faktisk er jegeren som jaktes i revejakten. Kunstkritiker og redaktør for Art Review, Brian Ashbee, siterer Oscar Wilde i katalogteksten til utstillingen for å beskrive graden av brutalitet i revejakten: «the unspeakable in pursuit of the uneatable».[2]

– Jeg ser det vakre i det brutale, sa Fronth i forbindelse med med åpningen av Bloodlines i Oslo. 200 ryttere som dundrer gjennom det engelske landskapet er et fascinerende syn. Det handler om hester, hunder og landskap, men også om etikk og moral, erkjenner han.[3]

Den engelske overklassens nærmest rituelle revejakt oppsto på 1750-tallet. I november 1999 fikk Fronth følge den eksklusive tradisjonen på markene til hertugen av Beaufort – et par timers kjøretur ut av London mot Bristol i Gloucestershire. Kunstneren

1 Valerie Elliott: «Hunt art show calls in police for protection». The Times, 2000.
2 Brian Ashbee: «Per Fronth's Bloodlines». Katalogtekst, 2000.
3 Se «Revejakt på norsk jord», Dagbladet, 29.06.2000.

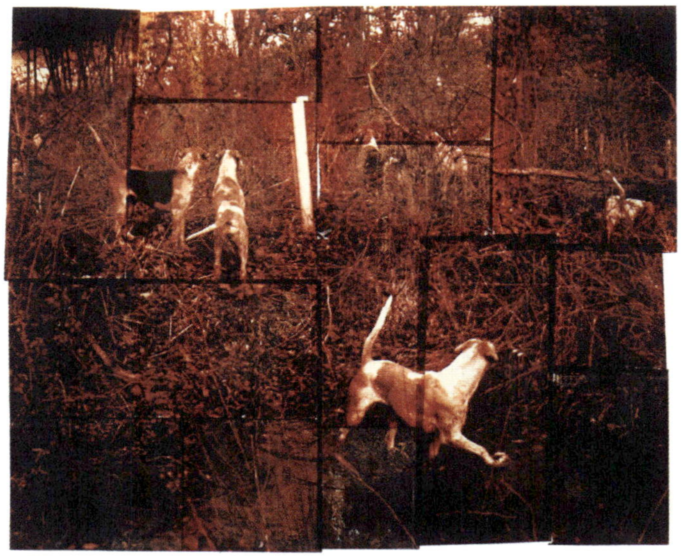

Field III 2000
Phototransfer / Oil on Paper
40 x 50 cm / 16 x 20 in
Private Collection / London

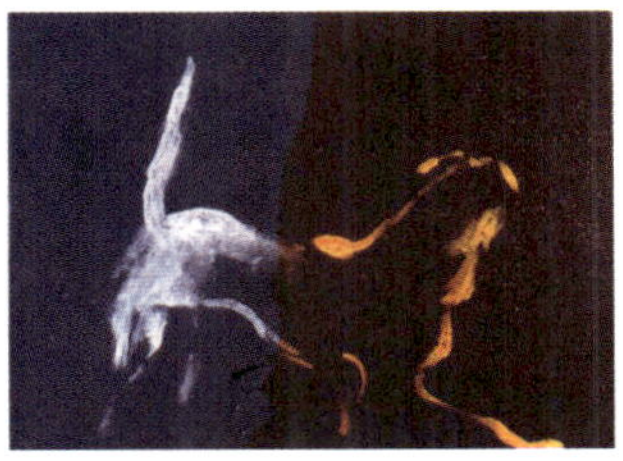

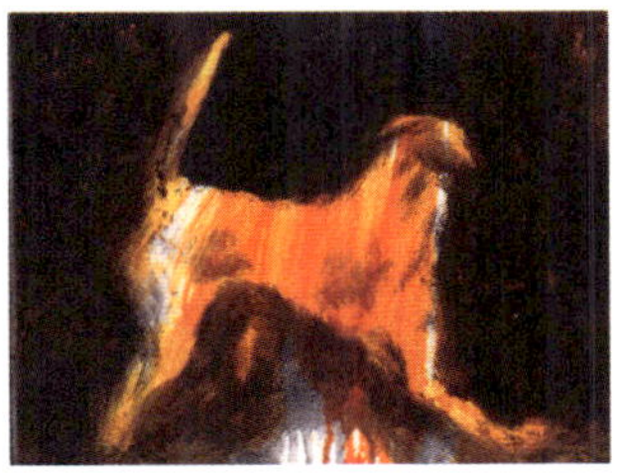

Alan Rankle / Britain b. 1952
Dog by Fronth II & III 2002
Oil on Canvas
20 x 26 cm / 8 x 10 in
Private Collections

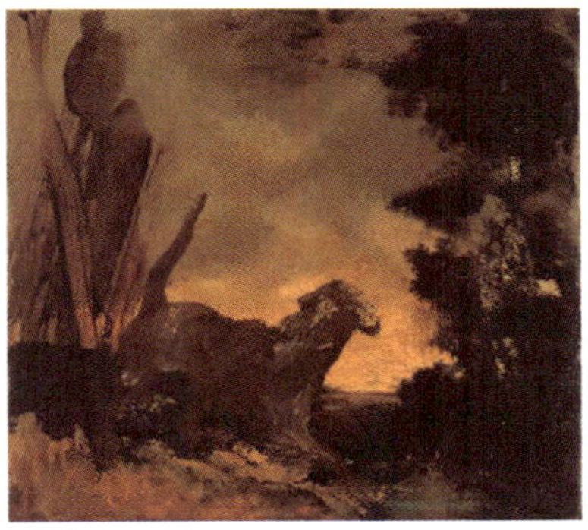

Sometime in the 19th century (Dog by Fronth) 2002
Oil on Canvas
20.5 x 30.5 cm / 8 x 12 in
Collection Mike Bishop

grounds. The artist, Annabel Emson, put Fronth in contact with the daughter of Lord Suffolk, Katie Howards. He first travelled to England to present the idea of a project similar to *Xingu*, and he pointed out that he was not looking to criticise the hunters.

"I was introduced and got to experience English hospitality by staying 10 days at Lord Suffolk's enormous castle. I followed the hunt in a jeep every Wednesday and Saturday at 11 o'clock. Lord Suffolk had lost his father, a bomb expert, during the the bombing of London in 1940. He took me up in his Spitfire plane from the forties and showed me the fox hunt from the air. The following year I went back to England to collect even more material. The fox hunt is a blood sport, but in principle it is more of a taxation sport to get rid of the animals. In England at that time 115,000 foxes were killed yearly with poison and traps. But only 15,000 were killed by the actual fox hunting. The whole problem in England can actually be described as country people versus townspeople. The issue of fox hunting becomes a symbol of the conflict between countryside and city. This was reinforced through the brutality of the fox hunt, and I found that interesting, growing up with hunting myself. But paradoxically, it is worth mentioning that every night at 8 p.m. Lord Suffolk and his family gathered in front of the TV to watch the series "EastEnders"!"

Fronth has photographed many different aspects of the fox hunt – from the eager dogs ready for hunting, to the horses running and the sipping of port wine before the hunt. The images from the exhibition were made in Fronth's mixed media technique, and the works consistently have a warm, golden light to them.

The exhibition title, *Bloodlines,* refers to dogs' generation/lineage that actually can be traced all the way back to the 1750s. *Generation II* is a series of six small portraits of some of the dogs. Every picture focuses only on the dog's face set against a dark background. The dog portraits depict the different personalities and types of the animals.

Annabel Emson satte Fronth i kontakt med datteren til Lord Suffolk, Katie Howards. Fronth reiste så til England for å presentere ideen, som var å gjøre et lignende prosjekt som *Xingu.* Utgangspunktet var altså ikke å kritisere revejegerne.

– Jeg fikk innpass og fikk oppleve den engelske gjestfriheten, jeg bodde ti dager hos Lord Suffolk i et svært slott. Hver onsdag og lørdag fra klokken 11 fulgte jeg revejakten i jeep. Lord Suffolk hadde mistet sin far under bombingen av London i 1940. Jeg ble tatt med opp i et 60 år gammelt Spitfire-lignende fly og fikk skue revejakten fra luften. Året etter dro jeg tilbake fra verkstedet i New York for å hente inn mer materiale. Revejakt er jo en blodsport, men i prinsippet er den faktisk en beskatningssport. Man har drept 100.000 rever årlig med gift og snarer, kun 15.000 har gått med i den tradisjonelle jakten med ryttere og hunder. Så hele problematikken i England dreier seg mest om landfolk mot byfolk. Revejakten er blitt selve symbolet på konflikten mellom by og land. Her er to tankeganger som overhodet ikke møtes. Byfolkets avsky blir forsterket gjennom brutaliteten i revejakten, og det syntes jeg var interessant siden jeg vokste opp med jakt selv. Men paradoksalt nok: hver kveld klokken 20 samlet Lord Suffolk og hans familie seg foran TV-en for å se serien EastEnders!

Fronth fotograferte mange ulike sider ved revejakten – fra hundene som står ivrige og klare for jakt, til hestene som løper i flokk og portvinen det nippes til før jaktstart, alt tonet i et varmt, gyllent lys. Bildene fra utstillingen er utført i Fronths mixed media-teknikk.

Utstillingens tittel, *Bloodlines*, refererer til revejaktens hunder, hvis slektslinje kan føres helt tilbake til 1750-tallet. *Generation II* er en serie på seks små portretter av et utvalg av disse hundene. Utsnittene viser kun dyreansiktene mot en mørk bakgrunn – portretter som får hundene til å fremstå som ulike personligheter og typer.

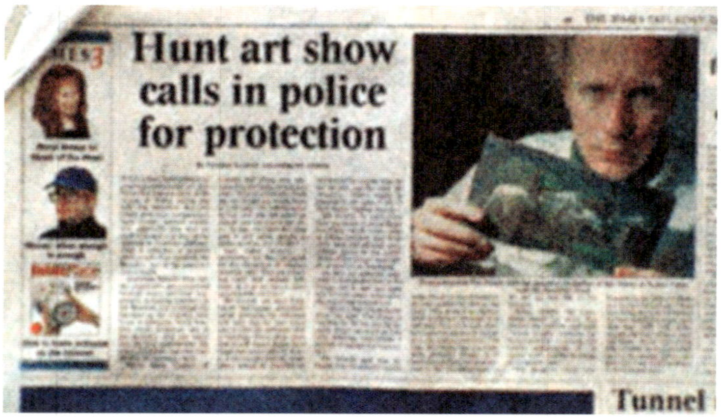

Hunt art show calls in police for protection

Tunnel

Foxhunting controversy: Newspaper Times featuring the headliner story caused by the Bloodlines-exhibition in London 2000. Foxhunting was banned in England in 2005.

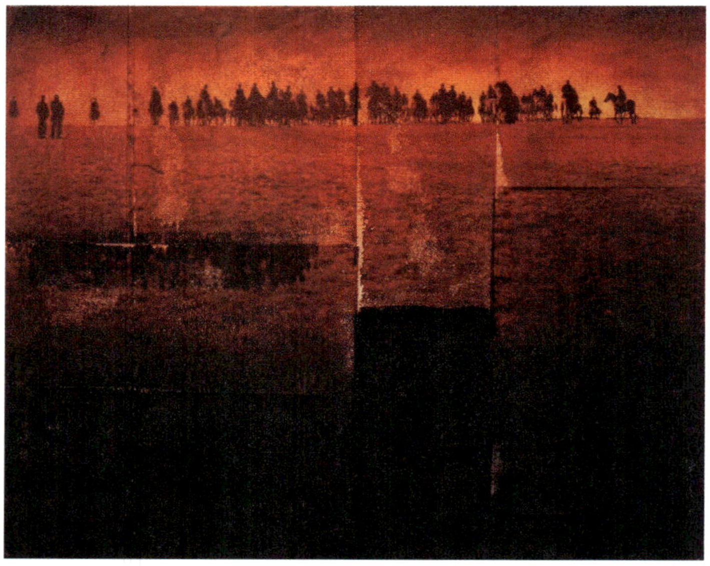

Field II 2000
Phototransfer / Oil on Canvas
40 x 50 cm / 16 x 20 in
Private Collection / London

Fronth has a personal relationship with dogs. For 5½ years he had a Rhodesian ridgeback named Taa-Taa. Taa-Taa was an important part of his life and eventually appeared in a number of his works. He points out that the Taa-Taa was a dog with lots of humour, and *Generation II* has an ironic or humorous tone to it. Ashbee points out that "the hound portraits are ranked as those of so many aristocratic ancestors ranged in their gild frames in a country house drawing room."[4]

The British artist Alan Rankle (b. 1952) has copied the most prominent dog in *Field III* in a series of paintings called *Sometime in the 19th Century (Dog by Fronth)* and *Dog by Fronth I-III* from 2002. The first painting has been purchased by the "Collection of Mike Bishop", and the rest of the series are in private collections.

Presence depicts three hunting dogs in an almost sacred light. Two of the dogs are placed together on the right-hand part of the picture, looking at us. The third dog is placed in the dark on the left-hand side. The colours are various tints of browns and red tones. The middle dog is facing a bright light and has a halo around his head. Ashbee points out that the dog confronts us, the viewer, directly "as though seeking from us some clue to the meaning of their lives and the hunt which is its sole purpose".[5]

In addition to the dramatic and morally dubious aspect of the fox hunt, some of Fronth's works are scenes from the idyllic scenes of country parishes. The images of the English countryside, the riders and the dogs refer to the romanticism of the 1800s, and particularly the British artist John Constable (1776-1837). *Field IV* is an image that easily be seen as a pastiche of one of Constables many famous paintings from the Romantic period. Fronth depicts the English countryside, where the aristocracy, local farmers and their dogs are frolicking in a purple light. By dividing the pictorial surface into smaller rectangles and assembling them roughly, Fronth gives the picture a picturesque and textured quality.

4 Brian Ashbee, "Per Fronth's *Bloodlines*", exhibition catalogue.
5 Brian Ashbee, "Per Fronth's *Bloodlines*", exhibition catalogue.

Fronth har selv et personlig forhold til hunder. I fem og et halvt år hadde han en Rhodesian Ridgeback som het Taa-Taa. Taa-Taa var en viktig del av livet hans og dukket etter hvert opp i en rekke av arbeidene hans. Taa-Taa var en hund med masse humor, mener Fronth, og *Generation II* viser også en sans for ironi eller humor. Ashbee kommenterer hvordan Fronth spiller på den velkjente assosiasjonen mellom hund og herre og lar hundebildene ligne umiskjennelig på portretter av aristokratiske herrer slik de henger på veggene i herregårdenes anegallerier.[4]

Den fremste hunden i *Field III* har den britiske billedkunstneren Alan Rankle (f. 1952) kopiert i en serie malerier med titlene *Sometime in the 19th Century (Dog by Fronth)* og *Dog by Fronth I–III* fra 2002. Det første maleriet er innkjøpt av Collection of Mike Bishop, mens resten av serien finnes i private samlinger.

Presence fremstiller tre av jakthundene i et nærmest sakralt lys. To av hundene står sammen til høyre i billedflaten og ser mot oss. Den tredje hunden befinner seg i mørket til venstre. Fargene i arbeidet går i ulike brun- og rødtoner. Hunden i midten står foran en skarp lyskilde og får dermed en glorie rundt hodet. Ashbee påpeker at hunden konfronterer oss, betrakteren, direkte, «… as though seeking from us some clue to the meaning of their lives and the hunt which is its sole purpose. »[5]

Om man ser bort fra det dramatiske og etisk diskutable aspektet ved revejakten, bærer utsnittene til Fronth preg av å være hentet fra idylliske scener på landbygda. Den engelske naturen, rytterne og hundene fører tankene tilbake til romantikken på 1800-tallet – og spesielt den britiske kunstneren John Constable (1776–1837). *Field IV* er et bilde som lett kan betraktes som en pastisj over et av Constables mange kjente malerier fra romantikken. I Fronths versjon av den engelske landsbygda boltrer aristokratiet, de lokale bønder og hundene deres seg i et rødlilla lys. Oppdelingen av bil-

4 Brian Ashbee: «Per Fronth's Bloodlines». Katalogtekst, 2000.
5 Samme sted.

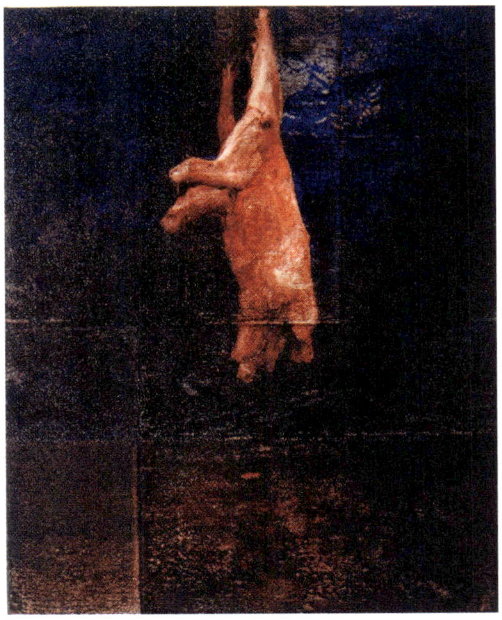

Blue Wall 2000
Phototransfer / Oil on Canvas
50 x 40 cm / 20 x 16 in
Private Collection / London

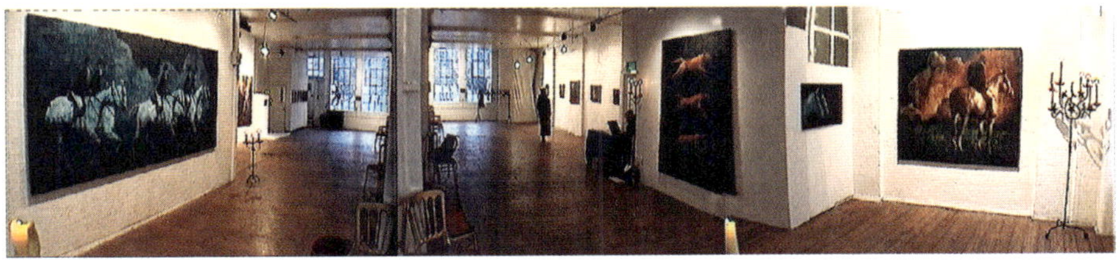

Installation view: Bloodlines / Anderson Stewart Fine Art / Candid Arts Trust / London January 2000

Fronth presents one of the riders from behind, seated on his horse, in the picture entitled *Field V*. His head is facing down and his back is bent. In front of him huge clouds are looming. Fronth has painted the clouds in a reddish brown tone, in contrast to the blue-green grass on the ground. That way Fronth suggests an underlying unrest. The huge clouds that roll across the sky can be interpreted as a sign that something dramatic is going to happen.

Ashbee has a different symbolic approach to the sunken rider in *Field V* through a reference to the ancient heroes of the Wild West. *Field V* suggests a more ambiguous nostalgia, and reminds me irresistibly of the monumentalizing photography of Sam Peckinpah's lament for the violence and comradeship of the Old West, *The Wild Bunch*; here the posture of the huntsman deliberately seems to turn his back on us and our prejudice; seems, like Peckinpah's flawed heroes, intent on his passage into history, bearing on his bowed back the burden of a guilt and a knowledge which all softens the edges of the landscape and flushes it with a roseate glow .[6]

In *The Movement, Seconds* and *Movement III* Fronth is commenting on the English photographer and scientist Eadweard Myubrigde's (1830-1904) photographic motion studies from the late 1800s.

It is obvious that it's not "the man in the street" who is hunting in Fronth's series. The riders are wearing blue jackets with gray collars and top hats. Every day they meet at 11 for a glass of port before the hunt begins. Fronth says most of the people who attended the foxhunt actually were not that interested in catching the fox; the most important part of the hunt was the actual riding of the horses. The only one who rode to hunt was "the Master of the Hunt", who was riding right behind the dogs, while the 50-70 riders who followed him hunted to ride.

"For them, the most important part of the hunt was to ride in a pack, and horses love that. There is something dramatic

6 Brian Ashbee, "Per Fronth's *Bloodlines*", exhibition catalogue.

ledflaten i mange små rektangler som grovt er satt sammen igjen, legger en ytterligere malerisk tekstur over scenene.

I *Field V* fremstiller Fronth en av rytterne i nedsunket positur på hesteryggen. Hodet vender ned og ryggen er krum. Foran ham ruver enorme skyer; Fronth har malt dem i en rødbrun tone, i kontrast til det blågrønne gresset på bakken. Det ligger en stemning av uro under det hele. Den enorme skyen som ruller over himmelen kan være et tegn på et kommende uvær. Også rytterens krumme, anspente stilling varsler om at noe dramatisk er i vente.

For Brian Ashbee blir den nedsunkne rytteren i *Field V* en referanse til de gamle heltene i Ville Vesten: «*Field V* antyder en mer tvetydig nostalgi. Den minner meg sterkt om Sam Peckinpahs sørgebilde over det gamle Vestens vold og vennskap i *The Wild Bunch*, her i posituren til jegeren som vender ryggen til oss og våre fordommer, som i likhet med Peckinpahs falmede helter snur seg mot historien med ryggen bøyd og tynget av skyld ...»[6]

I den fotohistoriske konteksten kan *Movement I*, *Seconds*, *Movement III* forstås som Fronths kommentar til den engelske fotografen og vitenskapsmannen Eadweard Myubrigde (1830–1904), berømt for sine fotografiske bevegelsesstudier fra slutten av 1800-tallet.

Om enn det er aristokratiet eller cowboys, så kommer det i hvert fall klart frem at det ikke er «mannen i gata» som er på jakt i disse bildene. Rytterne, som er iført blå jakker med grå krager og flosshatter, møtes klokken 11 for et glass portvin før jakten starter. Fronth forteller at de fleste av de 50 til 70 deltagerne på revejakten faktisk ikke var opptatt av å fange rev, det viktigste for dem var å delta på rideturen. Den eneste som egentlig red for å jakte var «The Master of the Hunt» som red først, bak hundene.

– Det viktigste er å få ri i flokk, og hesten er som kjent et utpreget flokkdyr. Det er noe dramatisk over synet av 20-30 hester som galopperer over hekkene så grunnen skjelver. Revejegerne forklarte at det for dem handlet om å oppnå øyeblikket hvor alt er

6 Samme sted.

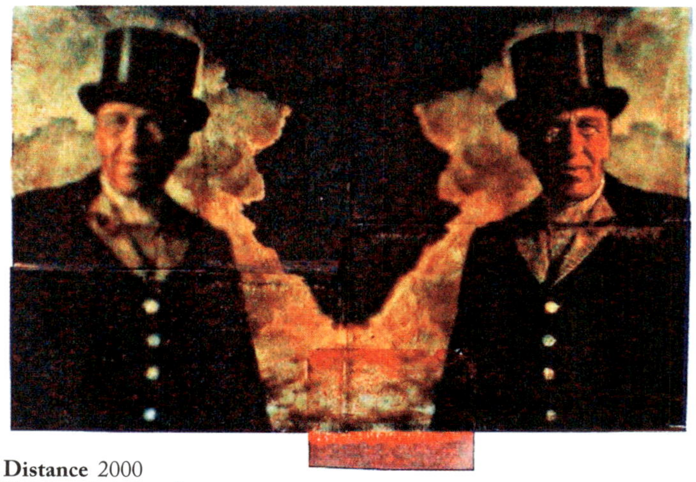

Distance 2000
Phototransfer / Oil on Paper
20 x 26 cm / 8 x 10 in
Private Collection / Norway

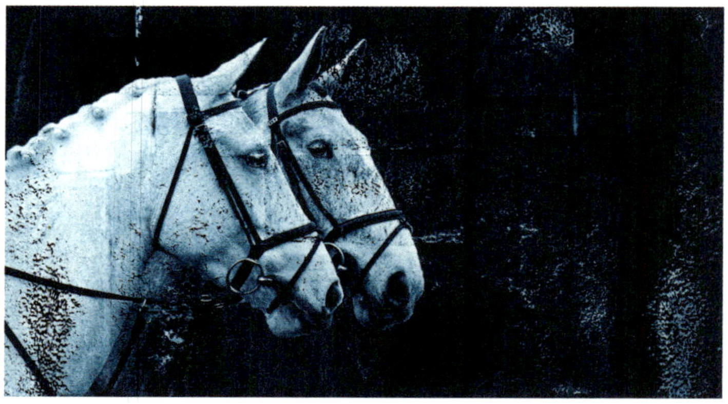

Twins 1999
Photo-lithograph / Silicon Intaglio Print 1999
50 x 70 cm / 19 x 27 in
Edition of 30 Printed by Arak Kanofsky Studios, NJ

in the sight of 20-30 horses galloping over hedges, making the ground shake. The fox hunters explained to me that it was all about achieving the ecstatic feeling. It is an adrenaline kick that can be difficult to explain and understand."

The first time Fronth participated in the Duke of Beaufort fox hunt he did not experience the fox hunters actually catching a fox. That's why he went back to the English countryside the following year to follow the hunting season, which lasted from April to November.

"When I attended the fox hunt the second time together with Prince Charles, they interrupted the hunt at 5 o'clock, as it was too dark to continue. And suddenly the fox ran right between our legs! I followed the fox into a thicket with my film camera. After a while we came to an opening in the woods, and I didn't see the fox anymore. But suddenly it popped up again, and with my Sony digital camcorder on Night Vision, I filmed 15 seconds of the fox running away."

Of the 15 seconds of film, Fronth used 1.4 seconds to create the 5.5-minute-long award-winning short film that he presented for the first time at the exhibition *Bloodlines – Ode to a Hunter*. Fronth introduced the film with the following phrase: "1.4 seconds in the life of a very scared fox escaping Prince Charles at the Duke of Beaufort Foxhunt."

"The exhibition was all about the hunt for the hunter, because the fox is also a hunter. The only thing I gave life to at the exhibition was the film of the fox that ran and ran. The film is an attempt to give the fox eternal life."

At the beginning of the *Ode to a Hunter* the fox is running 1:1 in speed. Then Fronth uses each frame twice to reduce it to half speed, each frame three times, etc., so that the fox is running slower and slower until it almost dissolves in a storm of brush strokes. Fronth combined two media in this project – the painterly and the cinematic, by painting on stills from the video. The fox is running in the middle of a frame painted by rough brush strokes. The film

på linje i full fart. Der ligger adrenalinkicket, den ekstaselignende tilstanden.

Fronth opplevde ikke at jegerne faktisk fikk tatt en rev første gangen han deltok på hertugen av Beauforts revejakt. Derfor dro han tilbake igjen i løpet av jaktsesongen som varte fra april til november.

– Da jeg deltok på revejakten andre gang, med blant annet prins Charles, avbrøt de jakten klokken 17 fordi det var for mørkt. Alle var i ferd med å pakke sammen – og plutselig løp reven mellom bena våre! Jeg fulgte etter inn i et kratt og heiv meg etter med et filmkamera. Da vi kom til en åpning i skogen, så jeg ingen rev. Men plutselig dukket han opp igjen, og med mitt digitale Sony videokamera på Night Vision fikk jeg filmet 15 sekunder. Så var han borte for oss.

Av disse 15 sekundene tok Fronth ut 1,4 sekunder for å skape den 5,5 minutter lange, prisbelønte kortfilmen som han viste for første gang på utstillingen *Bloodlines – Ode to a Hunter*. Han introduserte den med disse ordene: «1,4 seconds in the life of a very scared fox escaping from Prince Charles at The Duke of Beauforts Foxhunt.»

– På utstillingen handlet alt om jakten på jegeren, fordi reven jo også er en jeger. Det eneste jeg ga liv til på utstillingen var filmen av reven som løper og løper. Filmen er et forsøk på å gi reven evig liv.

På begynnelsen av *Ode to a Hunter* er revens fart én til én, lenger ut i filmen bruker Fronth hvert bilde to ganger for å redusere til halv fart, hvert bilde tre ganger og så videre – slik at reven løper saktere og saktere helt til den nærmest oppløses i en storm av penselstrøk. Fronth har også i dette prosjektet kombinert to medier – det maleriske og det filmatiske, ved å male på stills fra videoene. Reven løper i midten av en ramme malt med grove penselstrøk. Det hele minner om grovkornede filmer fra gamle dager hvor former nesten blir abstrakte i sin uskarphet. I virkeligheten er det halvannet sekund fra et ytterst moderne infrarødt videoopptak.

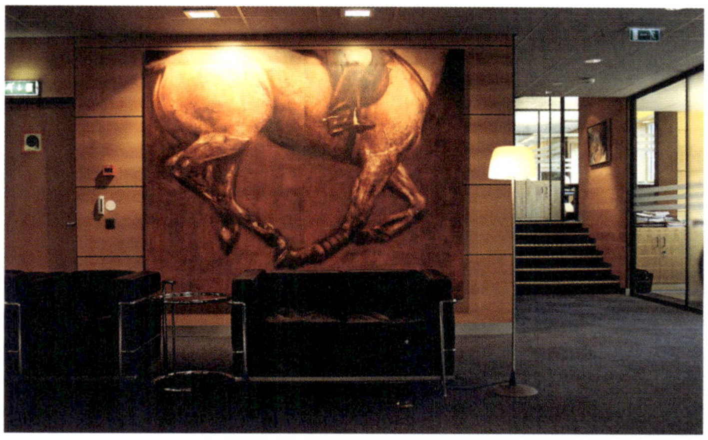

Movement I 2002
Diptych
210 x 270 cm / 82 x 106 in
Ver. I Collection of Sparebanken Pluss / Christianssand
Ver. II Meringoff Properties / New York

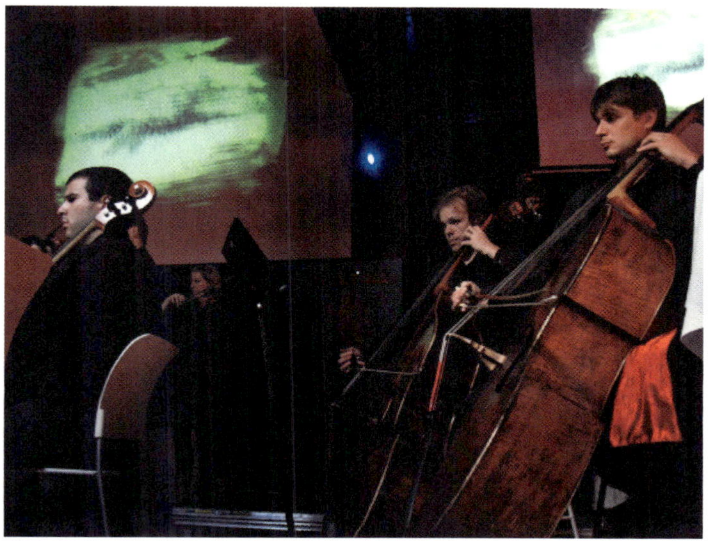

The Per Fronth shortfilm *Ode to A Hunter* perforformed live by Stavanger Symfoni Orkester / EnB1 September 2009 at the NuMusic festival. Professor Jan Bjøranger, UiS, conducted the music, a contemporary rendering by Per Fronth of works by Arvo Pärt and William Walton. Pärt personally gave permission to have the work performed after having seen the *Ode to a Hunter* film in Estonia.

is reminiscent of coarse-grained films from the old days, in which the forms are almost abstract in their lack of sharpness. In reality, the film is 1.5 seconds made by a highly modern infrared video recording. The painted frame around each "frame" reinforces/enhances the feeling of spying on someone – as if looking through a peephole. The specially constructed soundtrack follows the rhythmic steps of the fox, reinforcing the dramatic mood of the film.

"When I worked on the film project in my studio in New York, I was presented with an interesting piece of music, entitled "Sarah Was 90 Years Old", by the Estonian composer Arvo Pärt. It was Leora Barish, who wrote the screenplay for Madonna's film debut *Desperately Seeking Susan*, who presented the music piece to me. She worked next door and was a huge inspiration. The piece was interesting in itself, but possibly too sentimental to use in connection with *Ode to a Hunter.* I was looking for a classic piece of British music, and found William Walton's composition "Passacaglia – The Death of Falstaff" from *Henry V* of 1941. Pärt's composition, which is based on the kettledrums, emulates the fox's heart rhythm and the aristocratic aspect of the hunt. The play deals with the story from the Bible about Sarah and Abraham, who had a child when she was 90 years old. I put the part from Walton's composition on top of Pärt's kettledrums to create a piece that includes both life and death, to illustrate the film of the hunter who runs and runs."

Ode to a Hunter is produced by Gill Holland. The film won the Grand Prize PND Digital Awards in New York in 2000 and was a part of the official program at film festivals in Berlin, Sundance and Toronto. The music to the film *Ode to a Hunter* was for the first time performed live by the Stavanger Symphony Orchestra in the autumn of 2009.

The long tradition of fox hunting in England and Wales was prohibited by law on 18 November 2004, with effect from February 2005.

The series *Lifedreams* and *Bloodlines* both discuss the relationship between life and death. The series *Lifedreams* depicts the

Den malte rammen rundt hver «frame» forsterker betrakterens følelse av å spionere på noen – som om man kikker gjennom et hull. Den spesielle filmmusikken som følger revens rytmiske steg forsterker også den dramatiske stemningen.

– Da jeg jobbet med filmen i studioet mitt i New York, ble jeg gjort oppmersom på et stykke med tittelen «Sara var 90 år» av den estiske komponisten Arvo Pärt. Det var Leora Barish, som hadde skrevet manus til Madonnas filmdebut *Desperately Seeking Susan*, som tipset meg om dette stykket. Hun arbeidet vegg i vegg med meg og var en enorm inspirasjon. Stykket var interessant i seg selv, men samtidig for sentimentalt for *Ode to a Hunter*. Jeg begynte å lete etter et klassisk britisk musikkstykke og fant William Waltons «Passacaglia – the Death of Falstaff» fra *Henry V* fra 1941. Pärts komposisjon, som er basert på pauker, emulerer revens hjerterytmer og det aristokratiske aspektet ved jakten. Stykket handler om Bibelens Sara, Abrahams kone som fikk barn da hun var 90 år gammel. Jeg la strykerpartiet fra Waltons komposisjon over Pärts pauker. Dermed fikk jeg et musikkstykke som både inneholder liv og død for å illustrere filmen av jegeren som løper og løper.

Filmen vant Grand Prize PND Digital Awards, New York i 2000 og ble vist i de offisielle programmene ved filmfestivalene i Berlin, Sundance og Toronto. Høsten 2009 ble filmmusikken til *Ode to a Hunter* for første gang spilt live av Stavanger Symfoniorkester i forbindelse med visning av filmen.

Den lange tradisjon for revejakt i England og Wales ble forbudt ved lov 18. november 2004, med virkning fra februar 2005.

Både *Lifedreams* og *Bloodlines* omhandler forholdet mellom liv og død. Serien *Lifedreams* fremstiller barnet, den gravide kvinnen – begynnelsen på livet. *Bloodlines* kommenterer retten til å ta liv – og død som blir til liv igjen gjennom hundene som spiser den døde reven. «Carpe diem quam minimum credula postero» skrev Horatius i det første århundre før vår tidsregning – grip dagen, stol så lite som mulig på den neste! Billedkunst, litteratur og filosofi har alltid kretset rundt eksistensielle aspekter ved tilværelsen. Det

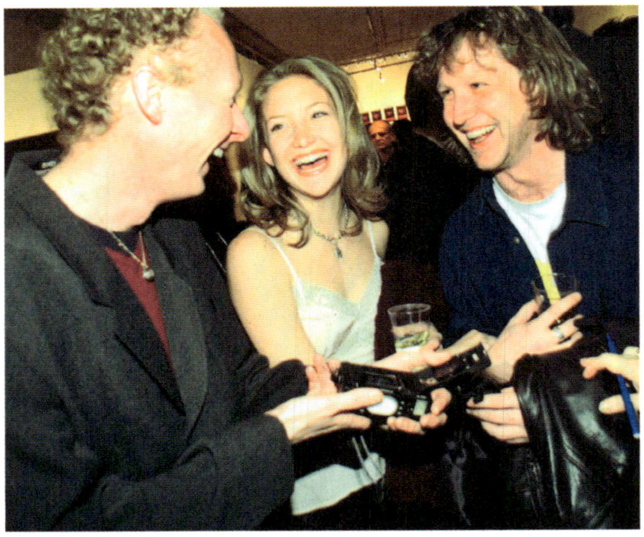

Opening nights: Filmproducer Gill Holland Jr. enjoying yet another laugh with actress Kate Hudson and Per Fronth at the opening of Xingu Chronicles, Dillon Gallery, New York, 1998. Holland would continue to produce Fronth's two short-films Ode to A Hunter and GoDIVA! – both awardwinning shortfilms.
Photo: Gisle Oddstad / Verdens Gang

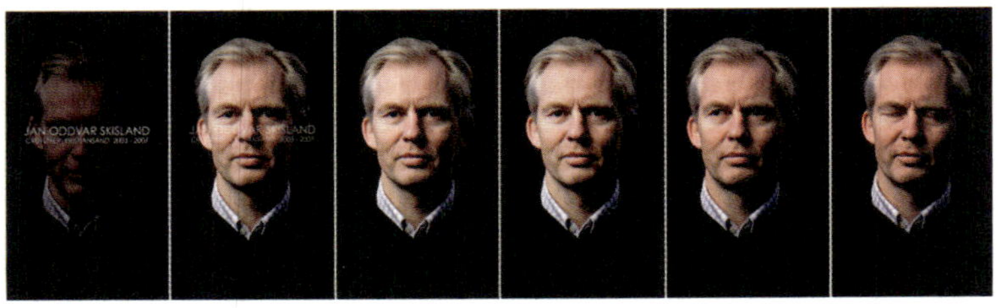

Moving portraits:
Commissioned by Christianssand Municipality to make an official portrait of former Mayor Jan Oddvar Skisland Fronth made his piece: Demokrat & Agenda.
A video portrait of the Mayor asked to sit still for 21 min 10 sek.

child, the pregnant woman – the beginning of life. The *Bloodlines* series is commenting on the right to take life. Death becomes life through the dogs eating the dead fox. The Roman poet Horace (65 – 8 BC) wrote the poem "Ode 11": "Carpe diem quam minimum credula Postero" which translates: "Seize the day, trust as little as possible in the next". Artists have always commented on the existential aspects of life through visual art, literature and philosophy. The photographic medium's unique ability to capture the moment – or to stop time – can be interpreted as a *carpe diem*

"I believe in an afterlife in the sense that death becomes life again when your body returns to earth and once again becomes part of the universe. All the atoms and molecules my body consists of at this very moment are a part of the system. That way you do live forever. I see my place on earth and my life from my own perspective. You fill your room and might see the same view as me, only half a meter away. I think that life is precious and that it is something that I do not want to lose. I have too many things to be happy about. I've seen a lot of different sides of life, and I have exposed myself to a lot. But after Aya Augustine came into my world, I feel more than ever that I am a part of the cycle. I'm aware of the certainty of my going away someday – and I'm not looking forward to that because I think life is fantastic. The Norwegian artist Kjell Nupen wrote me an e-mail when Aya Augustine was born. It read: "It is fantastic to be allowed to follow Time through a child." It is disturbing to think about the capacity people have – both in a positive and negative way. These are some of the thoughts you get exposed to when you hold your own child."

In 2000 Fronth made the film *Godiva!* This film presents another hunting theme – Fronth hunting a mouse in his studio.[7]

"I was not interested in having mice in my studio, so I thought that I would whack this mouse and film while doing it."

Every night Fronth charged the camera with 30 minutes of film. He put the camera on the floor in front of the mouse trap

7 The film won Experimental cat. ved Shorts International Film Festival in New York, 2000.

fotografiske mediets særegne evne til å fange øyeblikket – eller stoppe tiden, kan tolkes som et *carpe diem*.

– Jeg tror på et liv etter døden i den forstand at død blir til liv igjen ved at man går tilbake til jorden og igjen blir en del av universet. Alle mine atomer og molekyler som jeg består av akkurat nå, blir en del av regnskapet igjen. Så man lever jo evig. Min plass på jorden og mitt liv, ser jeg fra mitt perspektiv. Du fyller ditt rom og ser det samme som meg, bare en halv meter unna. Jeg tenker at livet er dyrebart og at det ikke er noe jeg har lyst til å miste. Jeg har så mange ting å glede meg over. Det er også mange ting å bli sint for, men jeg fylles mer av en form for takknemmelighet over at jeg får oppleve det. Jeg har sett mye av jordens faenskap, men også mye av det helt motsatte. Jeg har utsatt meg for mye. Men etter at Aya Augustine kom til verden, føler jeg mer enn noen gang at jeg er med i syklusen. Jeg vet jeg skal gå bort en gang – og det er jeg litt redd for, for jeg syns livet er helt fantastisk. Kjell Nupen skrev en mail til meg da Aya Augustine ble født: «Det er fantastisk å få lov til å følge tiden gjennom et barn.» Det er sjelsveltende å tenke på den kapasiteten mennesker har på godt og ondt. Det blir du utsatt for når du står og holder ditt egen barn.

I 2000 lagde Fronth filmen *GoDIVA!* som også har et jakttema. Her forsøker Fronth å fange en mus i studioet sitt.[7]

– Jeg var ikke interessert i å ha mus i studioet mitt, så jeg tenkte at den her skal jeg knerte, og jeg skal filme mens jeg gjør det.

Hver kveld ladet Fronth filmkameraet med en halvtimes film og satte det på gulvet foran musefella før han gikk for dagen. Når han kom til studioet om morgenen, så han gjennom halvtimen med film for å se hva som hadde skjedd i løpet av natten. Først la han ost på musefella, men det eneste som skjedde på filmen var en mus som løp forbi kameraet. Da oppgraderte han maten til en kjeks, men musa løp fortsatt bare forbi musefella. Så prøvde han med en dyr cheddar, og da fanger kameraet at musa faktisk er helt

7 Filmen vant i kategorien «Eksperimentell» ved Shorts International Film Festival i New York 2000.

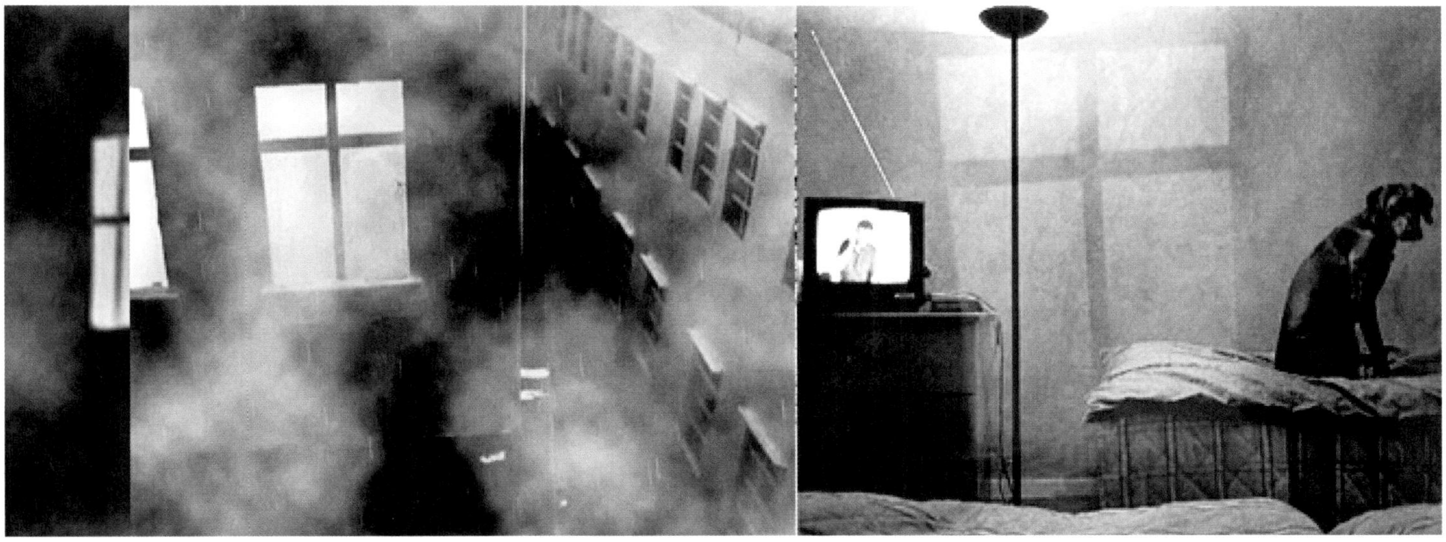

Video as extended selfportrait:
Filmstills from the shortfilm **r: desbrosses st.** 2004

before leaving the studio. When he came back to the studio in the mornings, he watched the film to see what had happened in the studio during the night. First, he put cheese in the mouse trap, but the only thing that happened in the film was a mouse that ran past the camera. The he upgraded the food to a biscuit, but the mouse just ran past the mouse trap. Then he tried expensive Cheddar cheese. The camera caught the mouse actually sniffing the mouse trap, but it was still not tasty enough to risk its life.

"Then one day I had a box of Godiva chocolates on my desk, and the mouse actually crawled right up on my desk and gnawed on *my* chocolate while looking at me! Then I decided to put Godiva chocolate in the mouse trap. I put the camera in place before leaving that evening, and the next morning the mouse was dead. I rewound the film to see what had happened – and the mouse could not resist the good chocolate. It is too good! The film is about abundance. Always wanting more can go quite wrong."

The films *Ode to a Hunter* and *Godiva!* were produced by the Norwegian-American film producer Gill Holland (b. 1964). Holland met Fronth in New York in the summer of 1993. He explains that he mainly helped Fronth to focus the visions he had for the two films. Fronth had already started the production when Holland became a part of the two movie projects.

"I saw the early filming of *Godiva!* after hearing about the annoying mouse for weeks. I gave Per some advice on how to edit the film, to use music to make it feel more like a narrative and have an arc that gave the audience a bigger payoff at the end" Holland explains.

In the case of *Ode to a Hunter* Holland says that the artistic qualities of the film are the combination of rhythm and music in the montage. The narrative arch was created by gradually delaying the repetition of images.

Holland says that Fronth has a manic quality in the way he works with film.

borte og snuser på musefella, men det er fortsatt ikke godt nok til å risikere livet.

– Så en dag hadde jeg en eske med Godiva sjokolade på pulten min, og da kommer pinadø musa helt opp på pulten min og gnager på *min* sjokolade mens den ser på meg! Da bestemte jeg meg for å smøre Godiva sjokolade på musefella. Jeg satte opp kameraet før jeg gikk for kvelden, og neste morgen ligger musa død i fella. Jeg spolte filmen tilbake for å se hva som skjedde – og musa klarer altså ikke å gå forbi den sjokoladen. Det er altfor godt! Filmen handler om overflod. Mye vil ha mer – og det kan gå ganske galt.

Ode to a Hunter og *GoDIVA!* er produsert av den norsk-amerikanske filmprodusenten Gill Holland (f. 1964). Holland møtte Fronth i New York sommeren 1993. Han forteller at han hovedsaklig hjalp Fronth med å finne fokus for visjonen han hadde for de to filmene han var godt i gang med.

– Jeg fikk se tidlig filming til GoDIVA! etter å ha hørt om den plagsomme musa i ukesvis. Da ga jeg Per noen råd om hvordan han skulle redigere filmen. Jeg foreslo også å benytte musikk for å gi filmen et mer narrativt preg. Det var viktig å bygge filmen opp mot et fortellermessig høydepunkt.

Når det gjelder *Ode to a Hunter* sier Holland at kunststykket er en kombinasjon av rytme og musikk i montasjen hvor den narrative buen spennes gjennom en gradvis forsinkelse i repetisjonen av bildene.

Holland forteller at Fronth jobber nærmest manisk med film.

– Han genererer mange ideer som han putter i en mental blender. Noen ganger ønsker han å forfølge *alle* disse ideene. Jeg hjalp ham til å velge ett klart fokus for de to filmprosjektene.

Det foreløpig siste filmprosjektet til Fronth representerer en svært personlig del av hans kunstnerskap. Fra 2003 til 2004 bodde han med sin daværende kone på en syv mål stor eiendom på den franske rivieraen, i utkanten av San Rafael. Forholdet tok slutt, og fil-

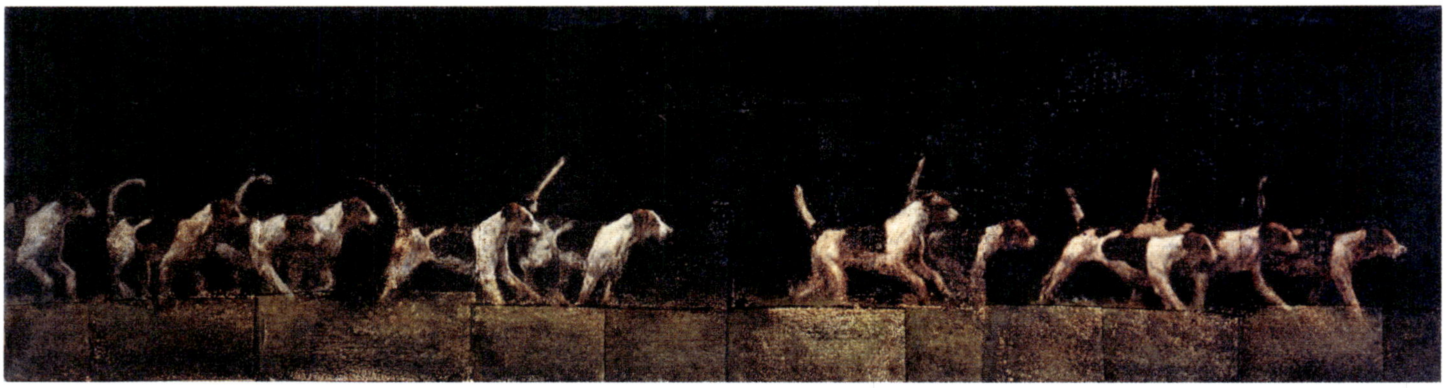

Movement II 2000
Phototransfer / Oil on Canvas
152 x 40 cm / 60 x 16 in
Private Collection / Norway

"He generates lots of ideas, which get put into the blender of his mind. At times he wants to pursue all of them, and while 99% are great, I think in that respect I was helpful in getting the vision focussed for these two projects."

Fronth's preliminary final film project represents a very personal part of his life and his artistic career. From 2003 to 2004 Fronth lived on a 7-acre estate on the French Riviera in the outskirts of San Rafael with his previous wife. *R: Desbrosses St.* functions as personal note from the period. *R: Desbrosses St.* has so far never been shown at exhibitions.

Fronth had obtained still photos of a precise cardboard model of the neighbourhood where he lived in New York. The model had earlier been used in a movie by Jason Brandenberg and Rachel Bullock. Fronth simulates sliding the camera slowly along the cardboard buildings and windows. Clouds are floating past the buildings and the rain drips. The film is in black and white, and the music contains urban sounds like police sirens and helicopters in the distance. Suddenly, he chooses a window as an entrance into an apartment. He meets a snapshot of a black dog sitting on a bed. Then he zooms in on the corner of a table, where a little tin soldier is placed. The table jumps a few times, and the tin soldier is thrown into the air. It is as if someone is trying to resuscitate the tin soldier. Suddenly, the picture freezes as the tin soldier hangs in midair, and the film ends.

What is fascinating about the film project *R: Desbrosses st.* is that Fronth is actually looking back in time. His artistic career is marked by a curiosity about the journey and the new and unknown, but in *R: Desbrosses St.* he is longing for his old neighbourhood in New York. He is in San Rafael longing back to something he has already experienced while trying to give life to a tin soldier.

men *R: Desbrosses St.* er et stemningsmettet notat fra den perioden. *R: Desbrosses St.* har aldri blitt vist i utstillingssammenheng.

Fra et filmprosjekt av Jason Brandenberg og Rachel Bullock hadde Fronth fått tak i en nøyaktig pappmodell av det strøket der han bodde i New York. Fronth fører kameraet sakte langs pappbygningene og langs de få, opplyste vinduene. Skyer siver forbi bygningene og regnet drypper. Filmen er i sort/hvitt og lydene er urban støy, som politisirener og et helikopter i det fjerne. Plutselig blir ett av vinduene til en inngang inn i en leilighet. En lutrygget hund sitter urørlig på en seng. Så vises et bordhjørne hvor det ligger en liten tinnsoldat. Bordet hopper et par ganger slik at tinnsoldaten blir kastet i været. Det er som om noen forsøker å gi liv til tinnsoldaten. Hjertekompresjoner. Plutselig fryses bildet idet tinnsoldaten er midt i luften. Og filmen slutter.

Det påfallende ved filmprosjektet *R: Desbrosses St.* er Fronths blikk tilbake i tid. Den stadige nysgjerrighet for reisen mot det ukjente er i *R: Desbrosses St.* reversert til hjemlengsel, tilbake til det gamle nabolaget i New York. Per Fronth sitter i San Rafael og lengter tilbake til noe opplevd, men ugjenkallelig – og prøver å gi liv til en tinnsoldat.

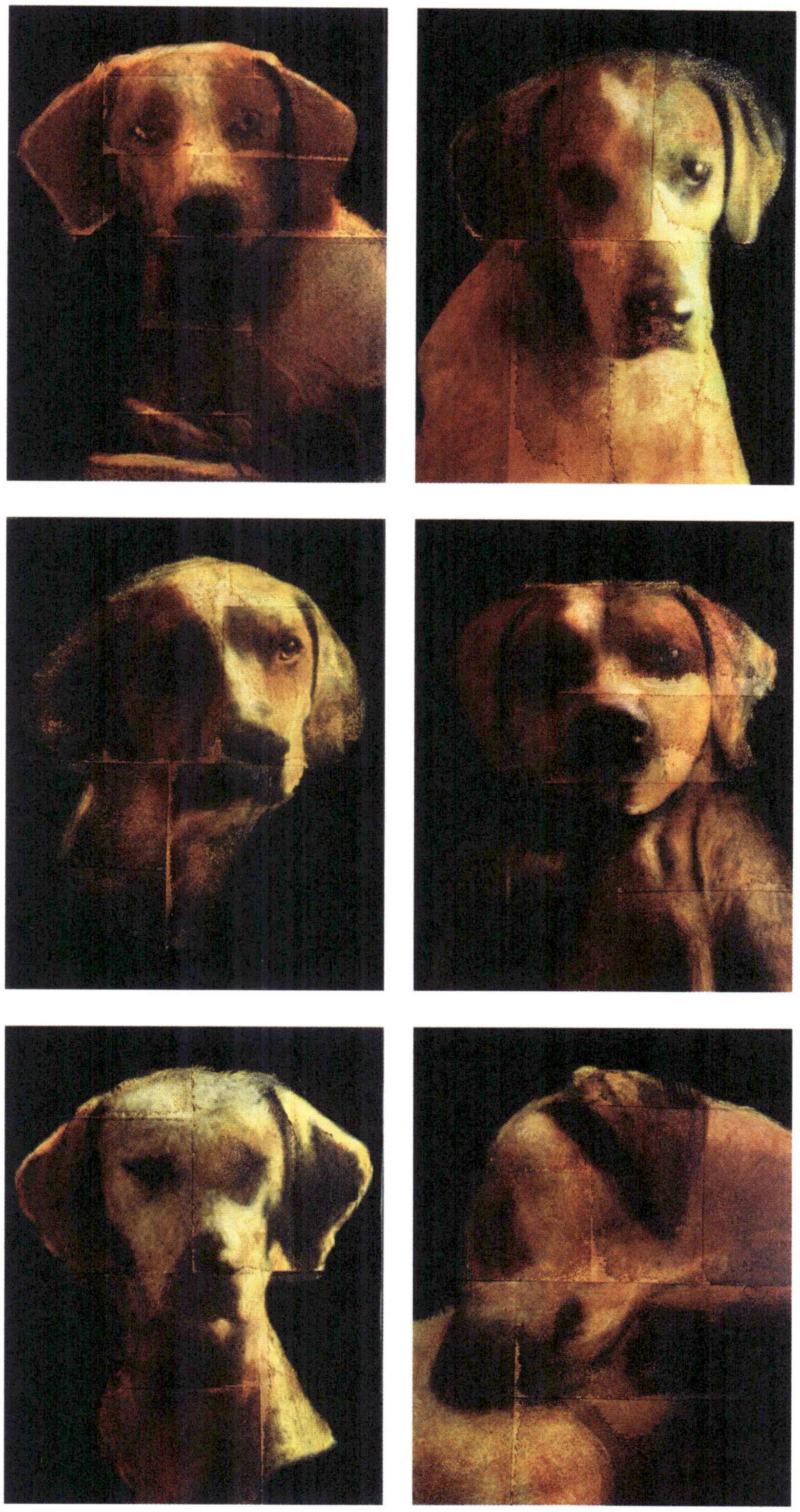

Generation II (I-IV) 2000
Phototransfer / Oil on Canvas
ea. 50 x 40 cm / 20 x 16 in
Collection of the Artist

Next spread
Dragging the Head 2000
Version I
Phototransfer / Oil on Canvas
111 x 162 cm / 44 x 64 in
Private Collection / Copenhagen

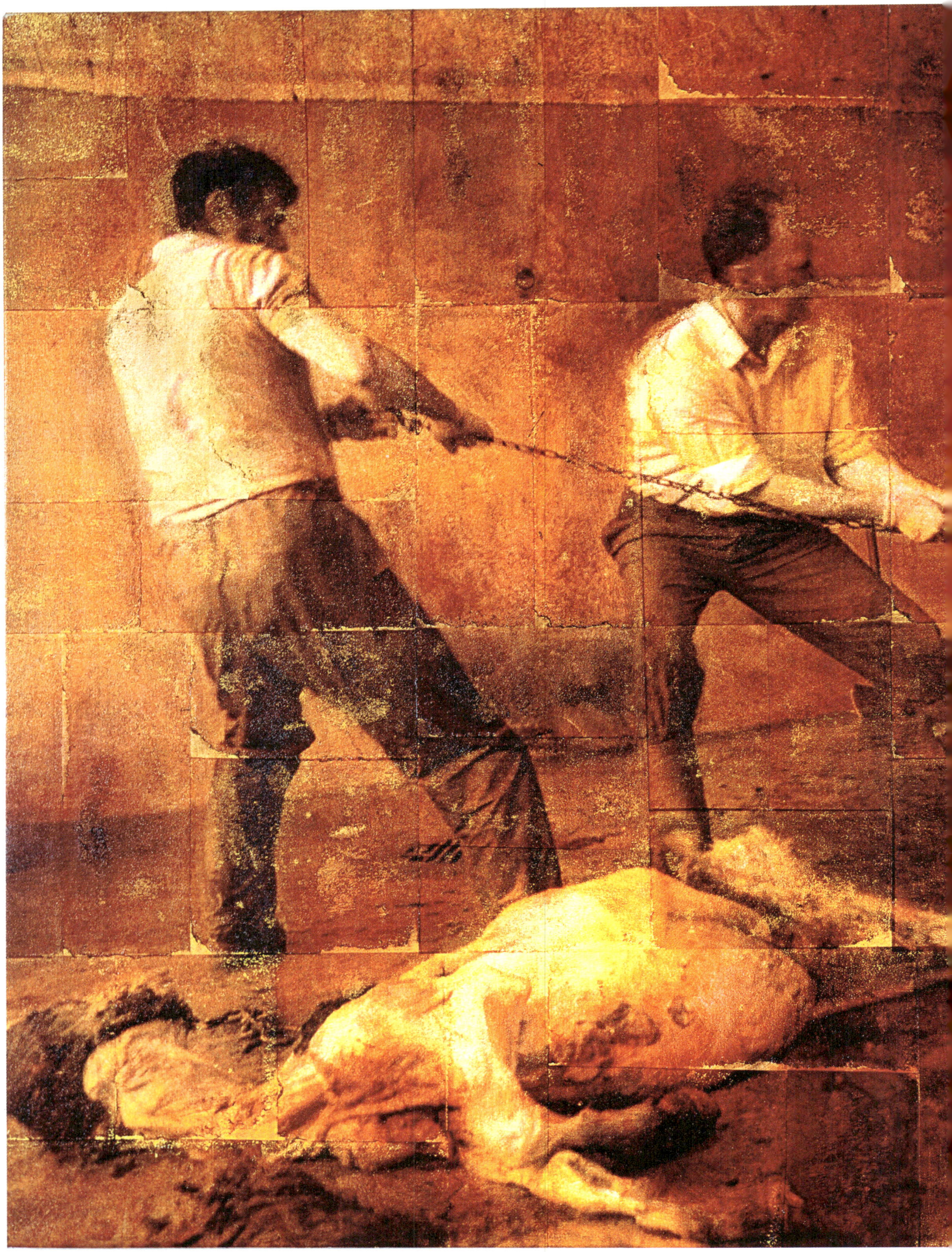

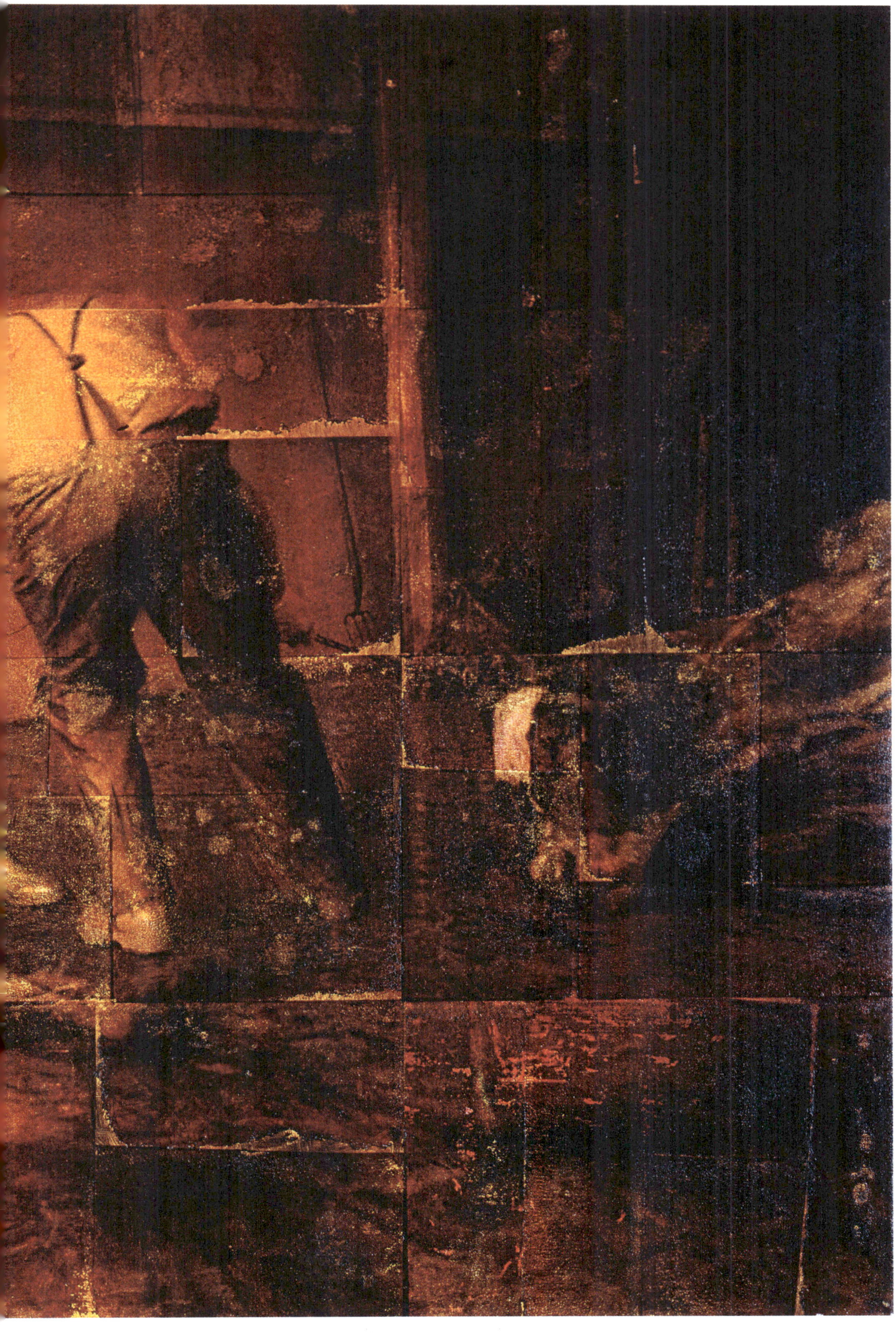

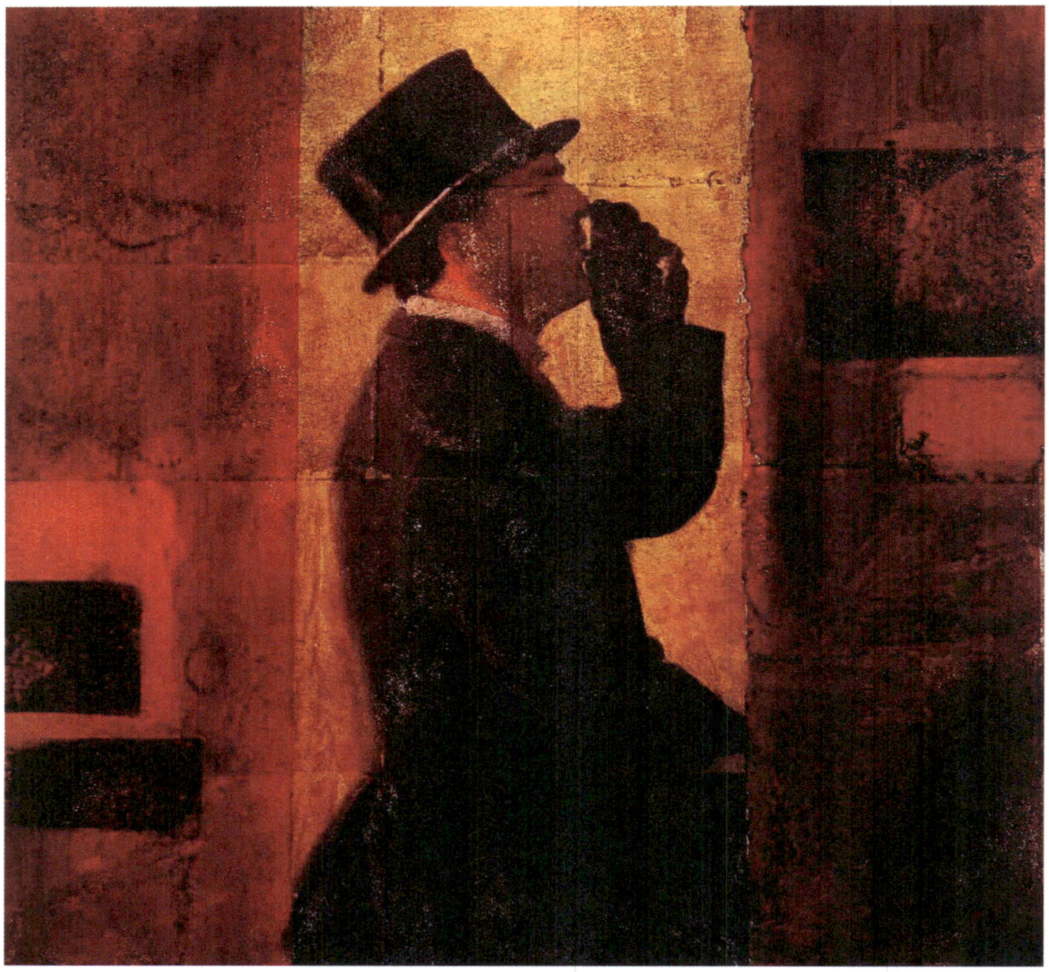

Man 2000
Phototransfer / Oil on Canvas
55 x 55 cm / 22 x 20 in
Private Collection / Norway

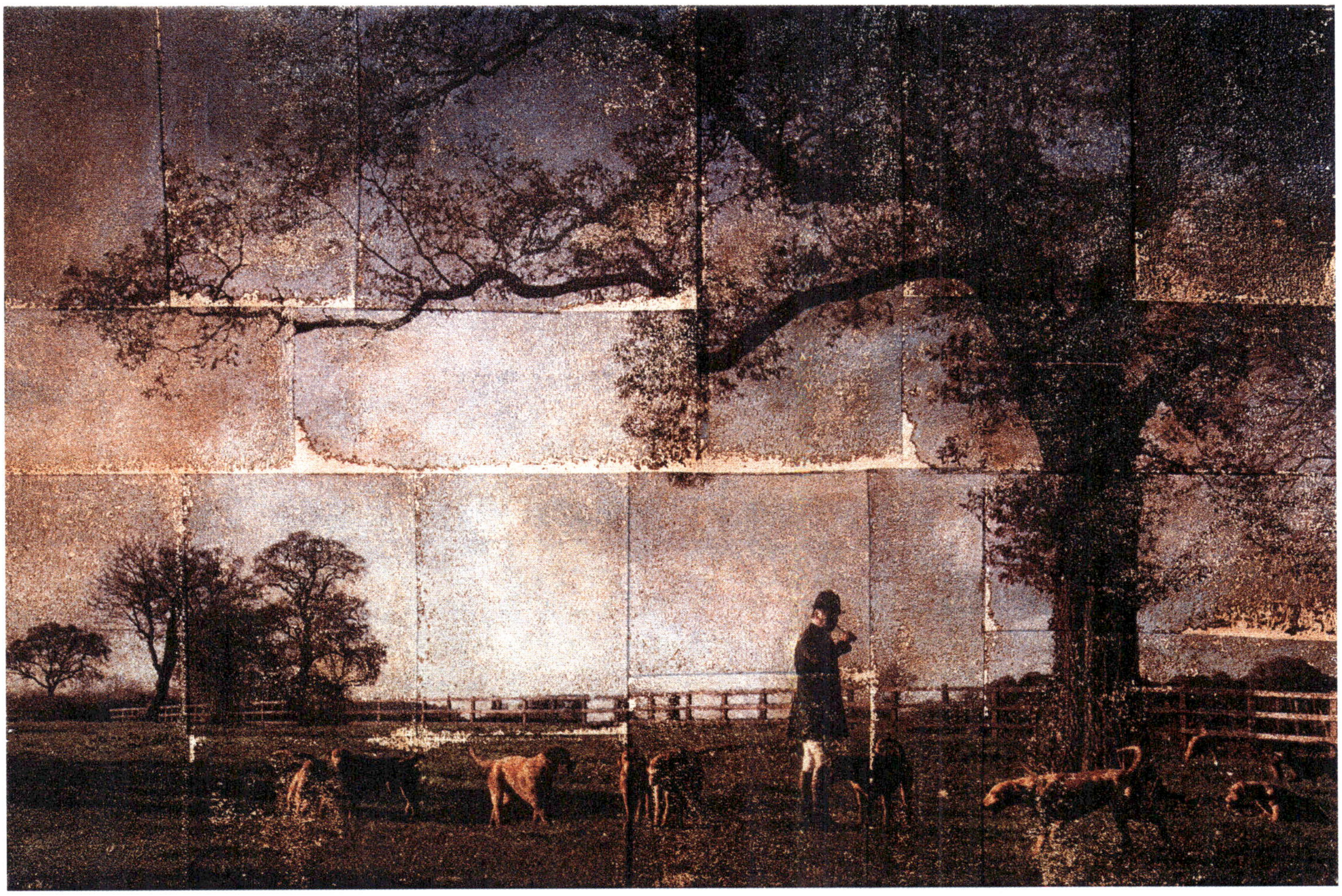

Field IV 2000
Phototransfer / Oil on Canvas
50 x 76 cm / 20 x 30 in
Collection of Marius Jørgensen / Norway

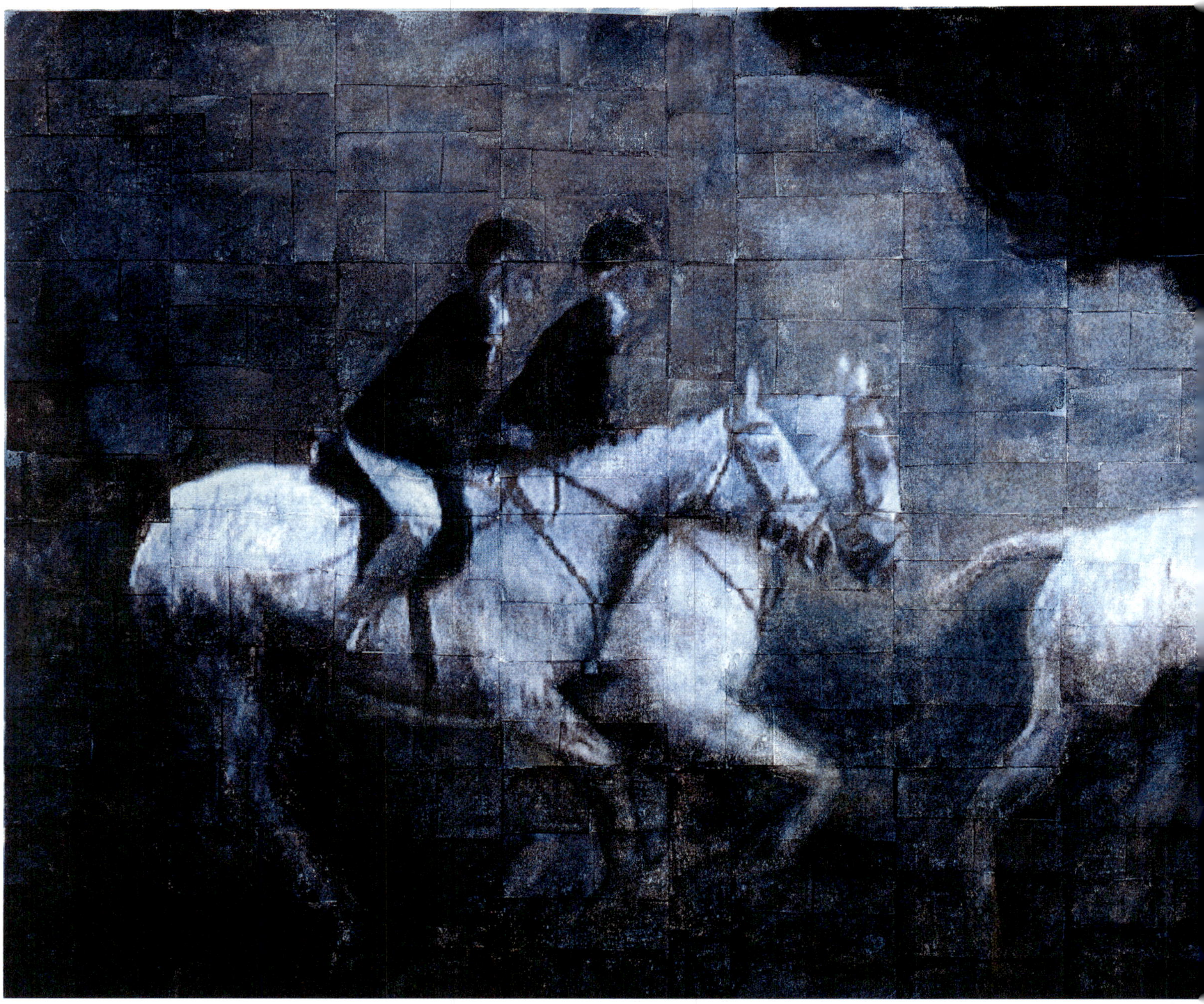

Seconds 2000
Phototransfer / Oil on Canvas
157 x 391 cm / 62 x 154 in
Collection of Eiendomsspar / Norway

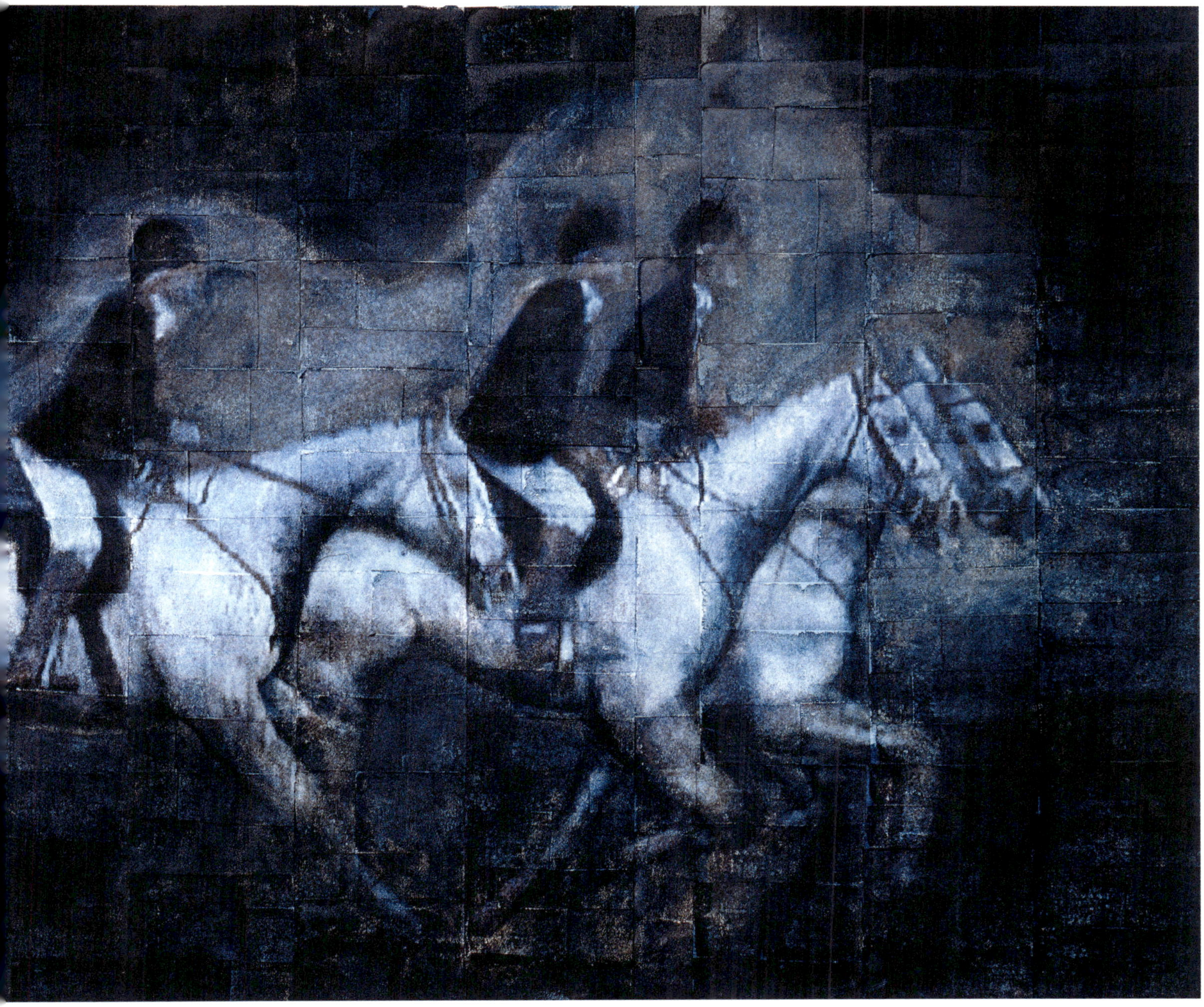

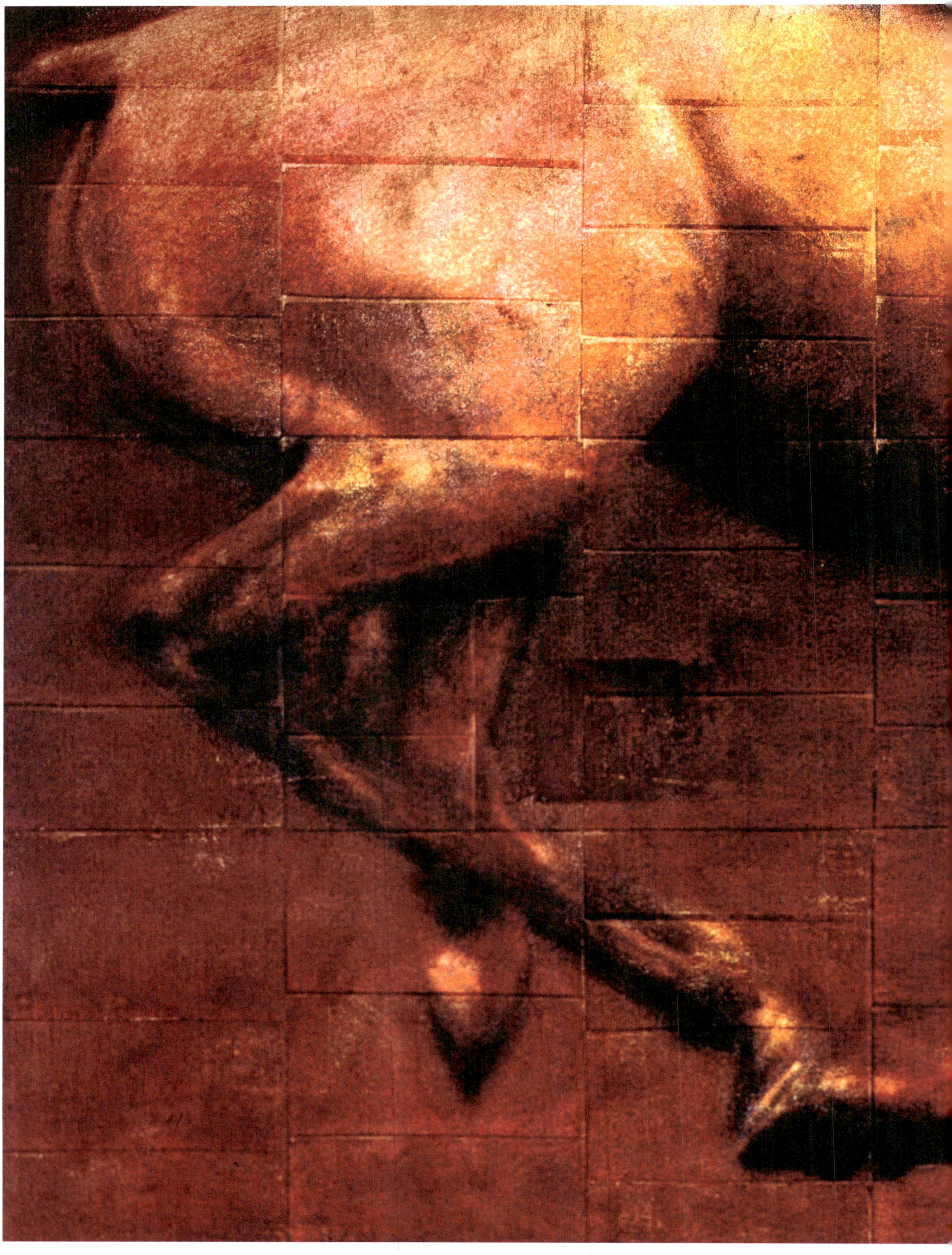

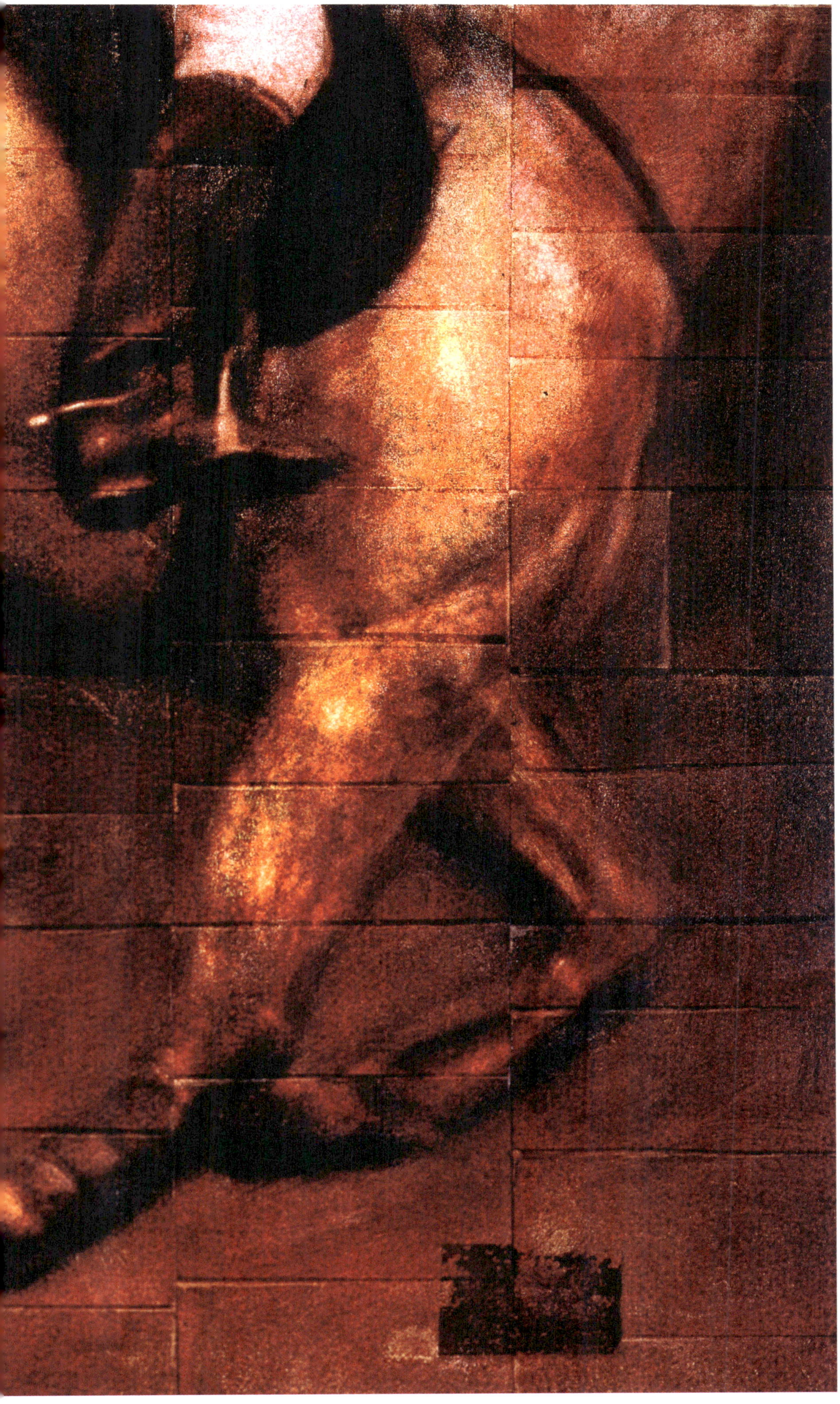

Movement I 2000
Phototransfer / Oil on Canvas
162 x 213 cm / 64 x 84 in
Collection of:
Christina and Hubertus / Germany

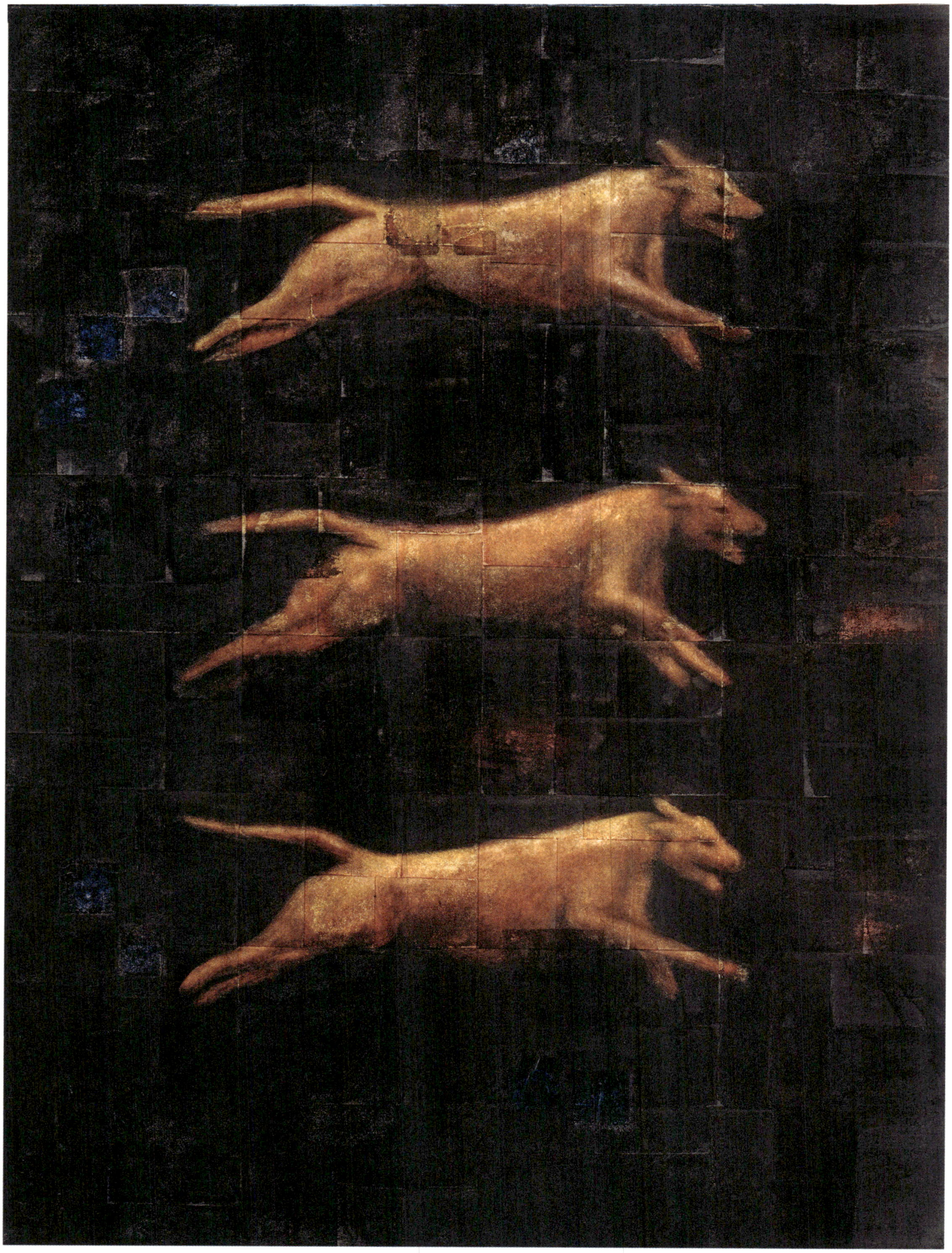

Movement III 2000
Phototransfer / Oil on Canvas
213 x 162 cm / 84 x 64 in
Collection of Aya Augustine Fronth

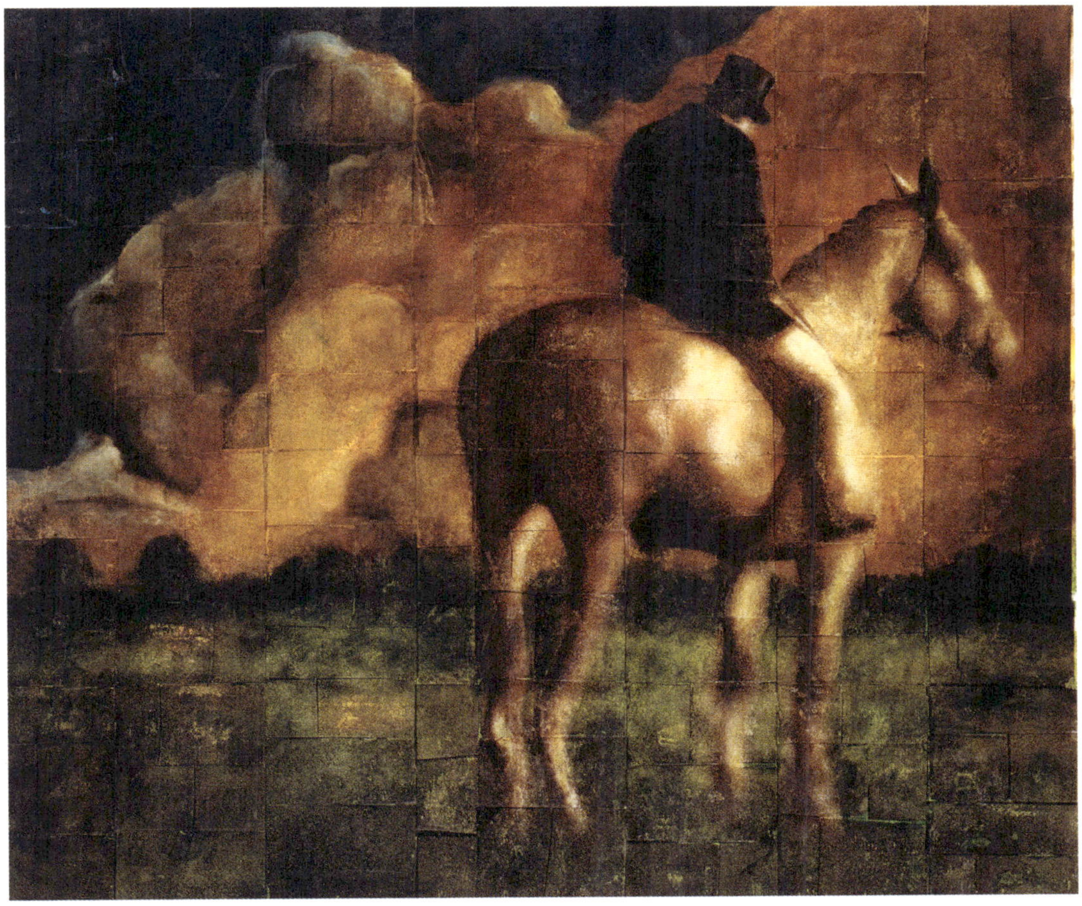

Field V 2000
Phototransfer / Oil on Canvas
162 x 213 cm / 64 x 84 in
Collection of Assuranceforeningen Gard / London

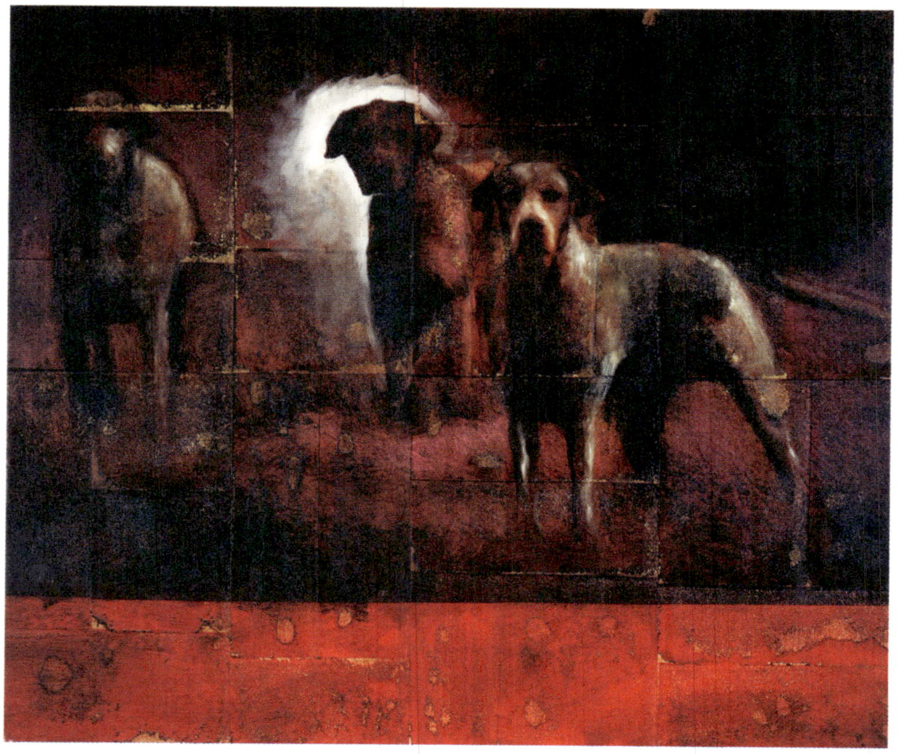

Presence 2000
Phototransfer / Oil on Canvas
81 x 96 cm / 32 x 38 in
Private Collection / Norway

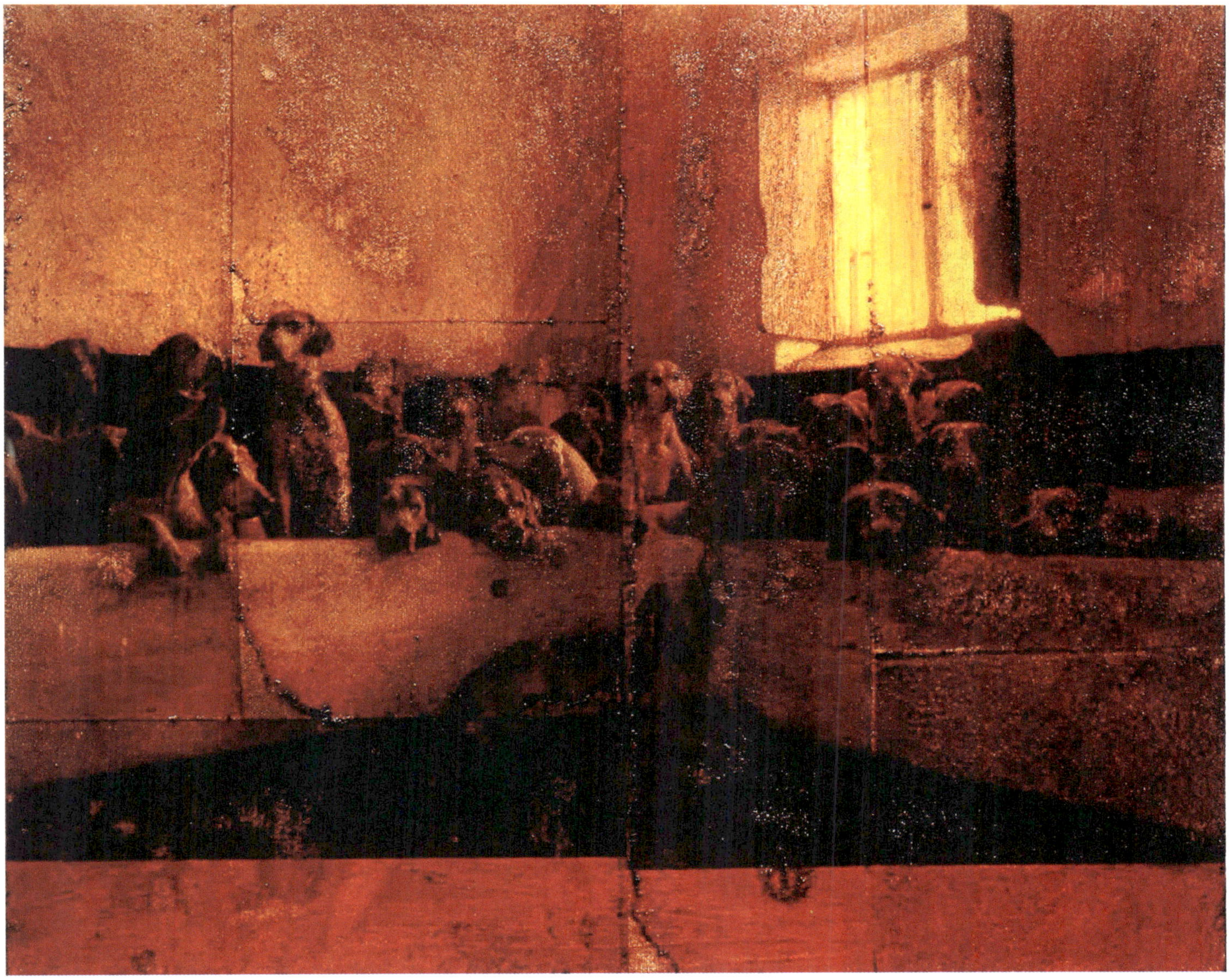

Generation I – Ver I 2000
Phototransfer / Oil on Canvas
40 x 50 cm / 16 x 20 in
Private Collection / Norway

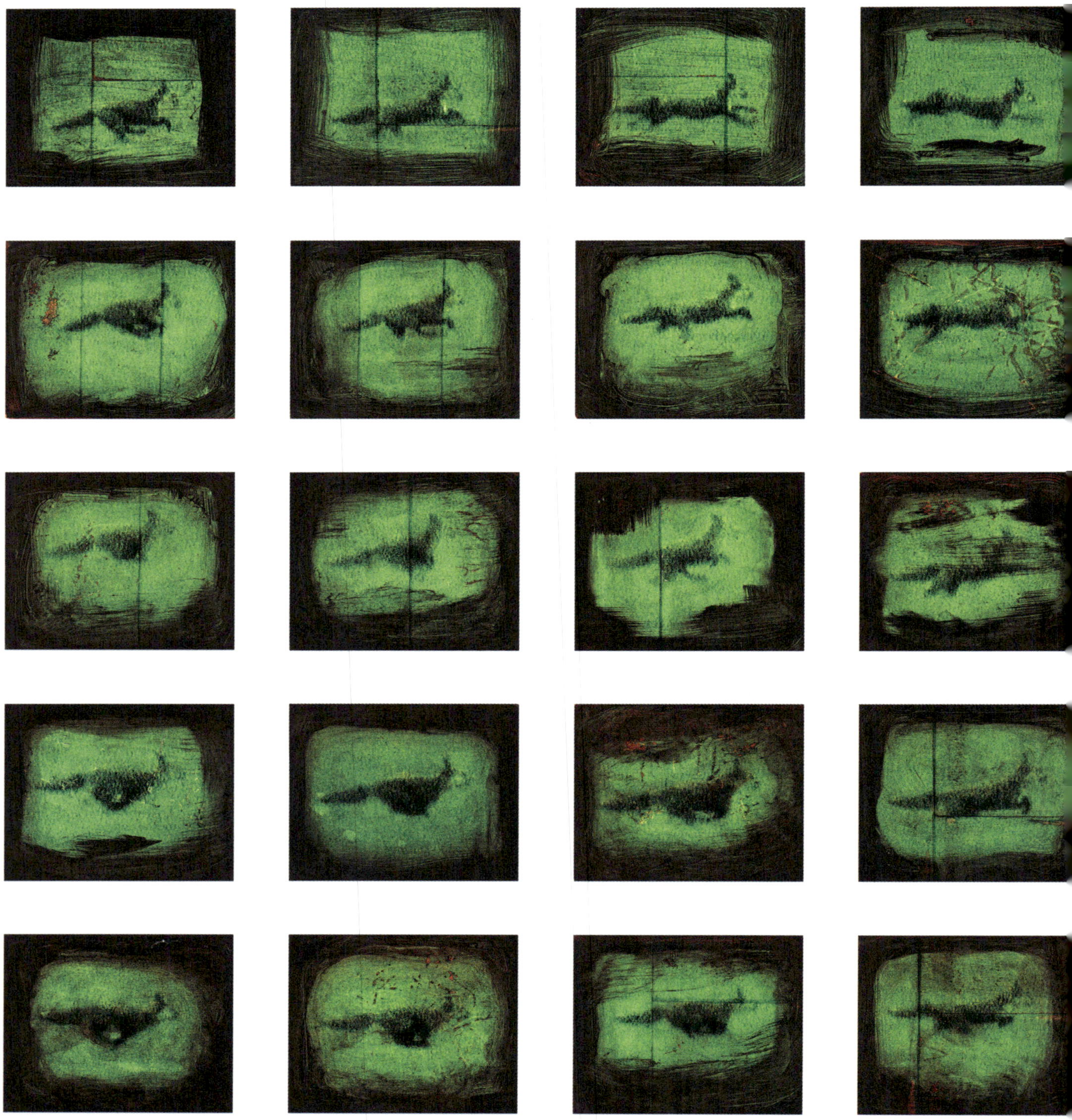

Original film material:
Ode to a Hunter 2000
38 video stills – raw material for the movie
Phototransfer / Oil on Paper
ea work 16 x 20 / 6 x 8 in
Collection of the Artist

Film info:
Ode to a Hunter
Bloodlines / Anderson Stewart Fine Art / Candid Arts Trust / London 2000
Executive Producer: Gill Holland Jr.
Director: Per Fronth
5:30 min
Music by
William Walton: Passagaglia / Death of Falstaff 1941
Arvo Pärt: Sarah was Ninety Years Old 1977
Silent version: Collection of Ventelo / Norway

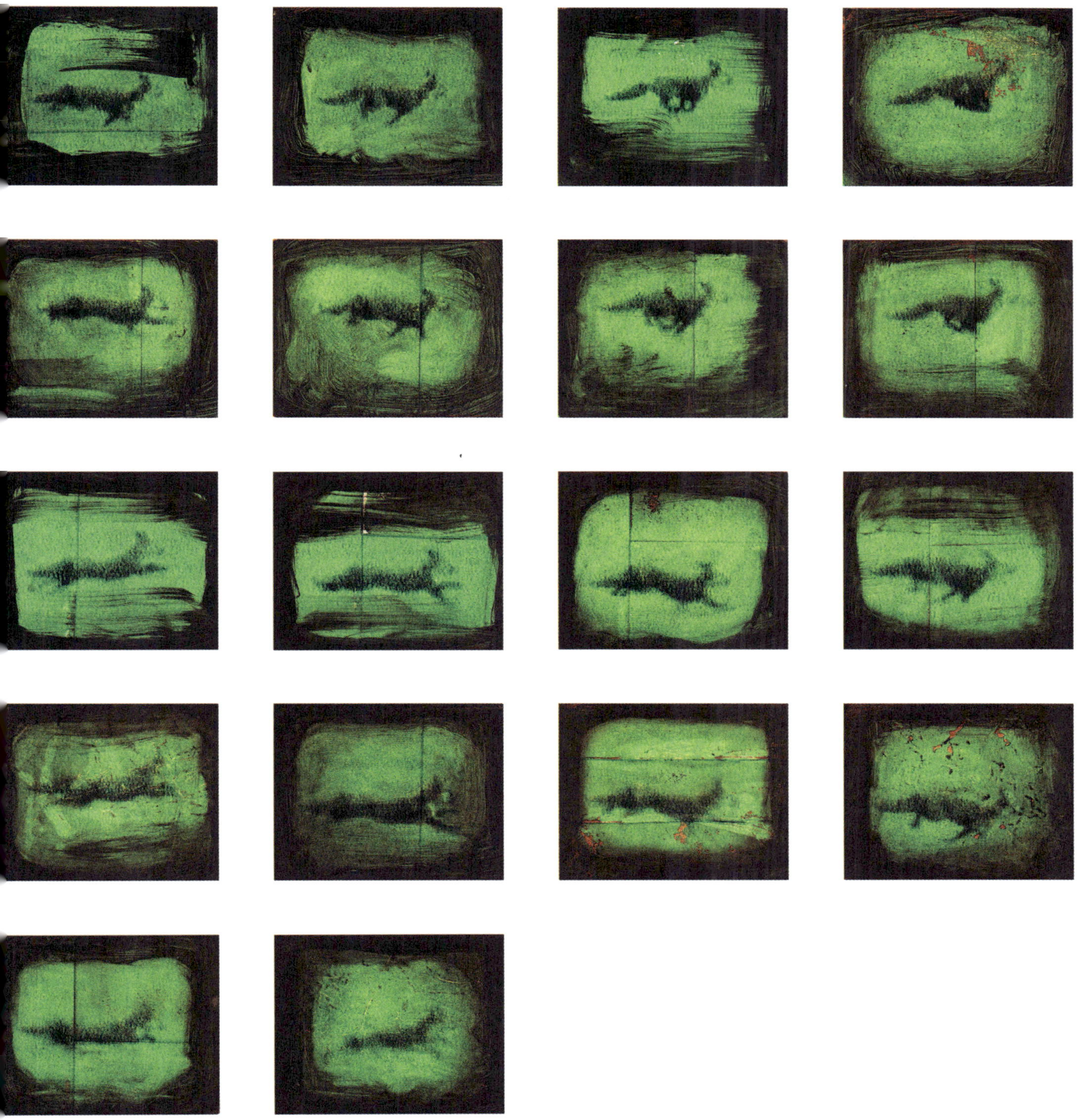

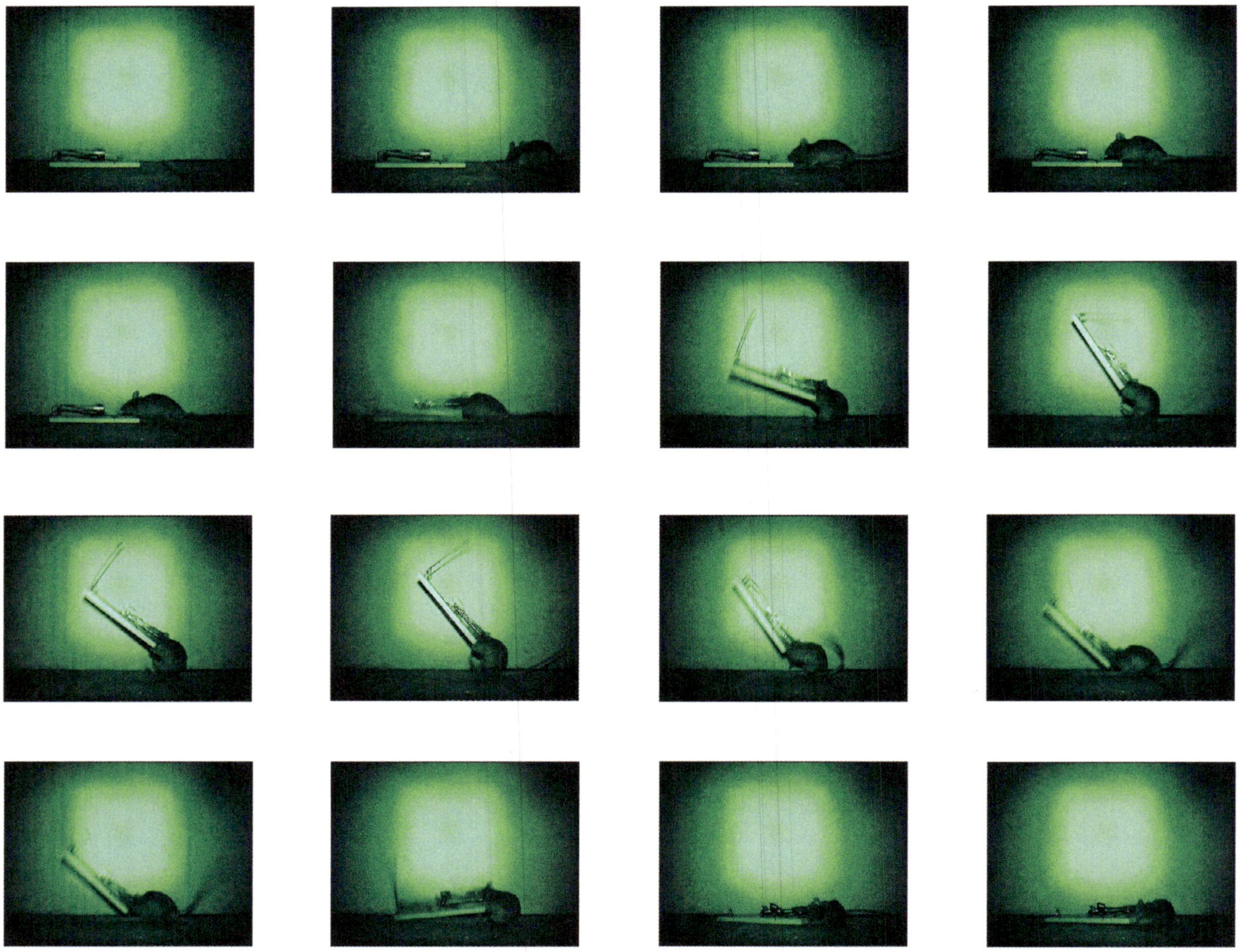

Original film material:
GoDIVA / Film 2:30 min / 2000
Film stills

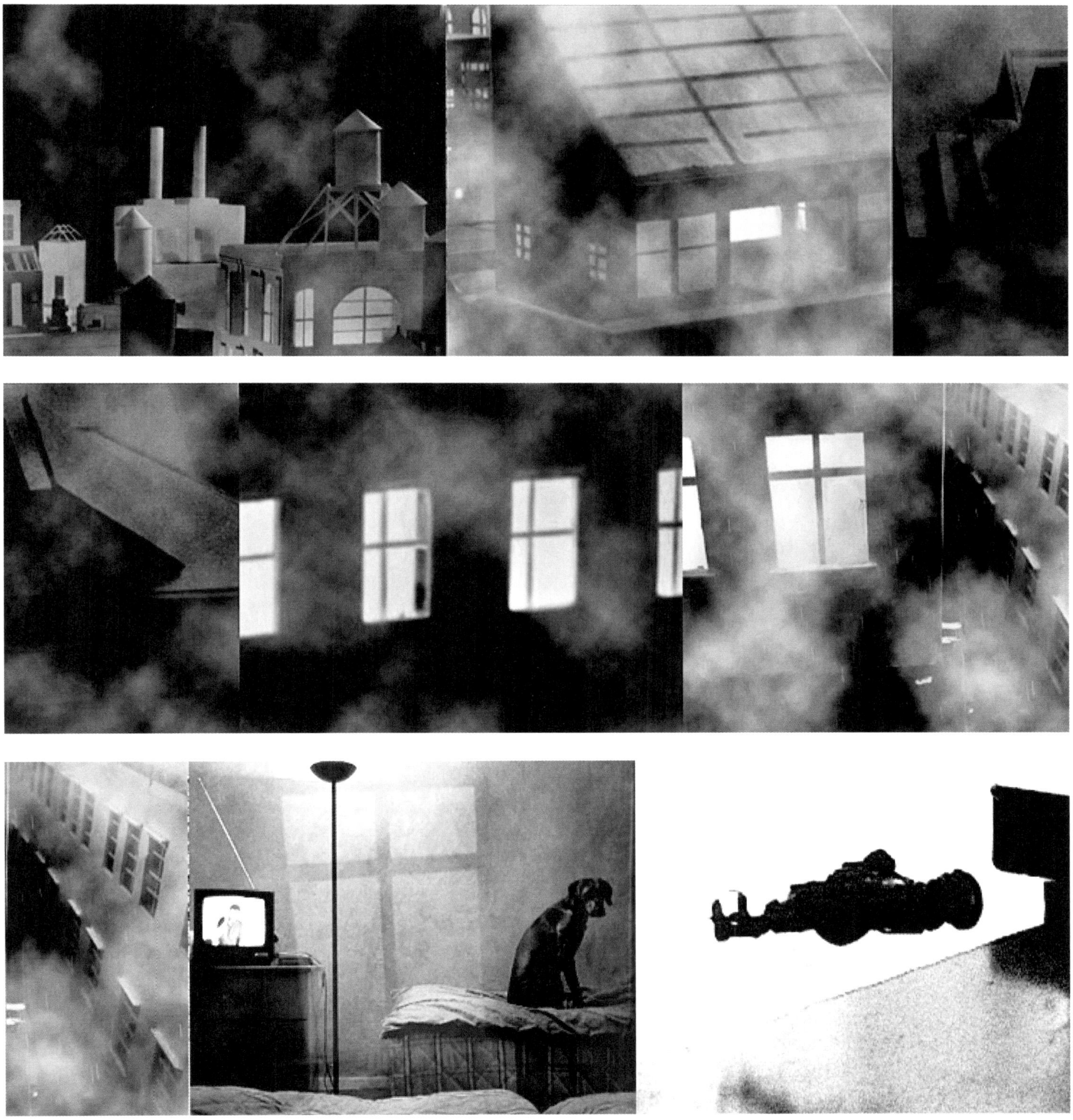

r: desbrosses st.
filmstills

Essay from exhibition catalogue, London 2000:

BLOODLINES

Brian Ashbee

Brian Ashbee is an art critic and digital film-maker. He lectures at Cambridge University and is a contributor to *Art Review*, *Contemporary Visual Arts* and *The Guardian*

The works in the current exhibition make an interesting comparison with Per Fronth's major project of 1998, "Xingu Chronicles". The earlier series was a meditation, in photographic emulsion and oil paint, on a tribe of Brazilian Indians in their natural environment. The current series is a meditation on the Hunt of the Duke of Beaufort, one of the most venerable in England, and it features both the animals and their owners in their natural environment.

As an artist, Fronth draws upon the expertise gained during his years as a professional photo-journalist, but with something more like the distanced gaze of an anthropologist; he has photographed many different cultures across the globe, so it should come as no surprise that he finds parallels between these two very different cultures, the Brazilian "primitives" and the English aristocracy. But the parallels he offers us in "Bloodlines" are, to say the least, challenging to a Western, especially English , audience. Few of us can be free from received ideas about fox hunting and the social rituals of which it is a part. We are more able to respond to images of Noble Savages in their tropical Eden, than to images of the English upper class at play, especially when that play is the sport of foxhunting, ("the unspeakable in pursuit of the uneatable", to quote Oscar Wilde), an activity seen by a majority of the people of the British Isles as socially divisive and barbaric.

But it is precisely such "barbarism" that interests Fronth, not merely in the sense of the cruel "blood"-sport which so enrages the Animal Rights activists, but rather in the sense of an atavistic ritual connecting its devotees to one another and to the land. The hunt is as much a rite of belonging for the English in their landscape of down and heath as it was for the Xingu in the Brazilian rainforest. Bloodlines, the title of the series, refers explicitly to this sense of continuous unbroken connection to the past. It is a complex phenomenon. First and foremost it is a genetic link; the hounds have an unbroken bloodline back to the 1740s, one of the longest in the world. But if the hunt is to survive; and at the time of writing that is by no means certain, it will be because of its human "bloodlines"; those of an aristocracy defending its privileges, husbanding its rights over the land of which it claims stewardship.

This duality linking the human and the animal is apparent in the opening work of the cycle, Field I. The Duke of Beaufort's mansion rises majestically behind the hounds, which wait impatiently for the hunt to begin. Three of the animals are engaged in what might equally be innocent play or a vicious dogfight. Whatever the nature of the altercation, it is a momentary exchange; a few swift bites, and an obligatory snarl, and the ordered hierarchy of the pack will soon be re-established. Such a brief flurry scarcely troubles the serene authority of the architectural setting. But, the image seems to suggest, it is to just such mechanisms of power and control, of real or ritualized violence, that the aristocratic pile in the background owes its continuing wealth and splendour.

The duality of human and animal societies is even more apparent – and with lashings of irony – in Generation II, where the hound portraits are ranked like those of so many aristocratic ancestors ranged in their gilt frames in a country house drawing room. They are of course individuals – as those dog owners who commission "pet portraits" would insist – and Fronth has delighted in parodying canine portraiture of the most popular, sentimental kind. But they also represent a class, a race, a generation, just as their aristocratic owners do. They – both animals and human – are at the same time individuals and a type.

Genetic inheritance, or race, is only one of the many meanings contained in the "blood" of the series title. Other meanings emerge powerfully from images of the abattoir in which animals from the estate are slaughtered to provide fresh meat for the pack. Blue Wall recalls treatments by Rembrandt and Soutine of animal carcasses, though in this image Fronth has been discreet in his painterly interventions, the painter in him deferring to the documentary authority of the original photographic image, shot on colour negative film. But in Dragging the Head, (from a black and white negative) the colour and the broken textures become intensely expressive. Red, we are reminded, is the colour of blood, and a signal of physical arousal, either aggressive or sexual. It is the colour that provokes action and movement. Fronth's fondness for adding a red band at the base or the margins of images alerts us to the potential for violence contained within them, while at the same time asserting the mechanism for its control. The red is usually geometrically contained in bands, or in squares or rectangles. Chromatically, it is a trumpet call to action; geometrically, it is disciplined by its boundaries. "Boundaries", both social and geographical, are what the hunt and its social structures depend on for their survival.

Such an argument might seem at first to turn on a verbal sleight of hand. But what are we to make of such a formalist vocabulary, applied by the artist in oil paint onto photographic images? Is it not the clash of two distinct visual codes, the formalist language of high modernism, applied to images deriving from a photodocumentary tradition? What can Fronth be thinking of here?

A clue is to be found in Fronth's earlier cycle, the Xingu Chronicles, where a red rectangle applied (by the painter) to the cheek of a Xingu girl functioned both as a facial decoration, applied to the skin of an individual, and as a modernist gesture of the artist, asserting the "skin" of the canvas and echoing its rectangular edges – a somewhat unnerving parallel between paint as a means of "primitive" social identification and modern formalist abstraction.

Modernist abstraction and the "primitive" facial decoration have a common link in the use of heraldic devices in coasts of arms and flags, which function both as tools of social identity and symbols of political power. This link is apparent in Man, where the tripartite division of the canvas is similar to that of many flags, and the figure – in formal attire, top-hatted, raising a glass in a ritual gesture – is reduced to an icon. The glass of sherry drunk at the start of the hunt is an important part of the social ritual. Here, the heraldic structure framing the gesture of the raised glass and the titled hat, detach the image from its origins as photography and enshrine it as an icon celebrating a quasi-religious ritual. Religious? Surely not? But perhaps one should not forget that the transubstantiation of wine into blood is the foundation of the Christian communion. And the "sacrifice" of the fox, the quarry, was traditionally accompanied by the "blooding" of novice riders. These "bloodlines" reach far and deep into the origins of our culture, however we might wish to suppress or renounce them.

Heraldic is a term equally applicable to the beast caught in mid-air, in Movement III, its triple symmetry as menacing and potent as three lions couchant in a flag – though whether this aerial movement is that of the hunter or the hunted, of attack or flight, is unclear – as is the question of just what dark terrestrial or spiritual power this potent image might be the emblem.

The themes of symmetry and repetition apparent in Movement III are a frequent concern of Fronth. Repetition is a device for showing that the particular is in fact one of a type. The artist is clearly fascinated by the tension between the unique individual and the group of which it is a part, and equally by the tension between the individual image and the series. Hence his interest in the series photographs of Muybridge, and his fondness for the work of Andy Warhol, evident in the blue riders of Seconds.

And perhaps there is also a link here with Twins: two individuals who happen to be genetically identical and in a harmonious alignment of posture and attitude. (Fronth is himself a twin.) And it might be significant that the artists has chosen a bluish tonality for both of these images, favouring repose and contemplation, rather than the rousing sepia/red that he often prefers.

Repeated imagery is not always so blatant: In Movement II it is disguised by the overlapping of the image, which turns the two galloping horses and their riders into a maze of flashing limbs. Their frenetic energy works powerfully against the strict formality and bi-lateral symmetry of the five panels. As in Movement I, only the legs of the riders are glimpsed, booted and spurred, and poised atop so much pounding flesh, bone and sinew, glistening with the colour of blood.

To these familiar devices of modernism – abstraction and serial imagery – we must add a third, by means of which the photographic image is transmuted into painting: that of facture. Fronth transfers the photographic image, after varying degrees of digital manipulation, to canvas, and works on it in oil. It is his search for a franker, more complete and personal mode of expression that has led him to move – very much against the grain of recent art history – from photography to painting. The process of painting serves a number of purposes: firstly, it allows Fronth to explore the painterly play of surfaces – to engage with the materiality of the painting medium, in contrast to the immateriality of its subject, which, in the final analysis, is that of all photography, namely light; secondly, it undermines the notion of documentary veracity implicit in the photographed image, in favour of a deeper notion of artistic truth ("nothing lies like a photograph", says Fronth); above all, it allows the artist to transmute these fragments of documentary reality into something more generic, something with the formal authority of signs.

Many of these images suggest the darker side of the hunt; nevertheless, Fronth is not blind to its lyricism. Field IV offers a vision of the English countryside, with its spreading oak and raking sunlight, which Constable would have recognized.

Field V suggests a more ambiguous nostalgia, and reminds me irresistibly of the monumentalizing photography of Sam Peckinpah's lament for the violence and comradeship of the Old West, "The Wild Bunch"; here, the posture of the huntsman seems deliberately to turn his back on us and our prejudices; seems, like Peckinpah's flawed heroes, intent on his passage into history, bearing in his bowed back the burden of a guilt and a knowledge which softens all the edges of the landscape and flushes it with a roseate glow.

The hunt is a complex phenomenon in which man, horse, hound and fox all play their pre-determined roles. Fronth is concerned to elucidate this complex symbiosis, not to descend to easy invective, but rather to undersign this age-old relationship between man and animal, and to tease out its implications. The riders here are not individuals but archetypes, part of a larger pattern of which they themselves may barely be aware. These images celebrate its lyricism, its energy, the manic exhilaration of its speed, while making us aware of its darker side. As such they issue a challenge to the spectator, perhaps most explicitly in the final image of the cycle, Presence. Here the central hound, its head surrounded by a halo like Christ's in a Rembrandt etching, directly confronts us, the spectator, as though seeking from us some clue to the meaning of their lives and the hunt which is its sole purpose.

If this remarkable series of works does indeed offer something of an answer, it is not a simplistic one, but a nuanced and complex one in which compassion, horror, irony and humour all play their part. The Hunt, after all, is as old as Humanity. Whether we like it or not, it is in our blood.

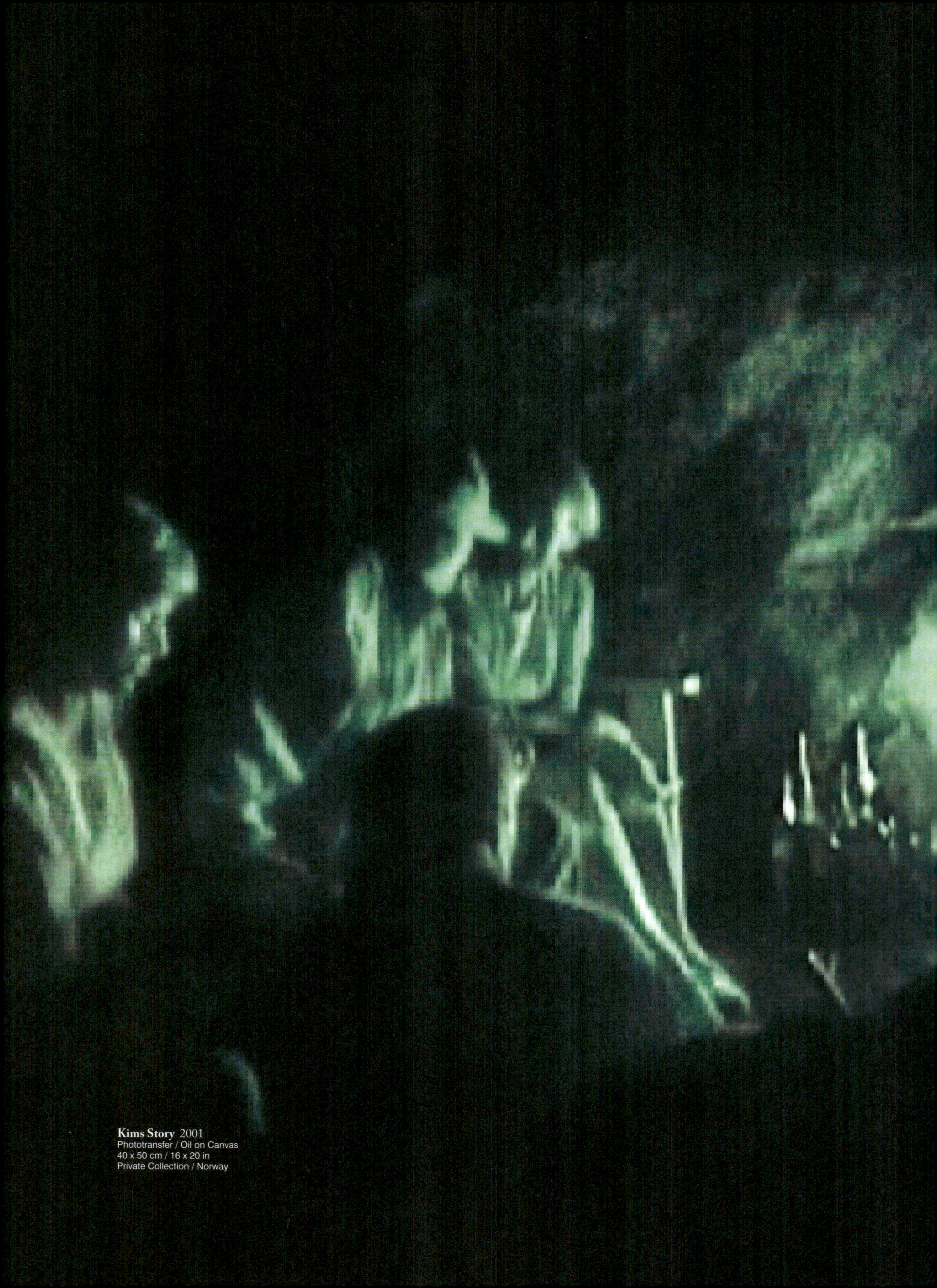

Kims Story 2001
Phototransfer / Oil on Canvas
40 x 50 cm / 16 x 20 in
Private Collection / Norway

Archipelago

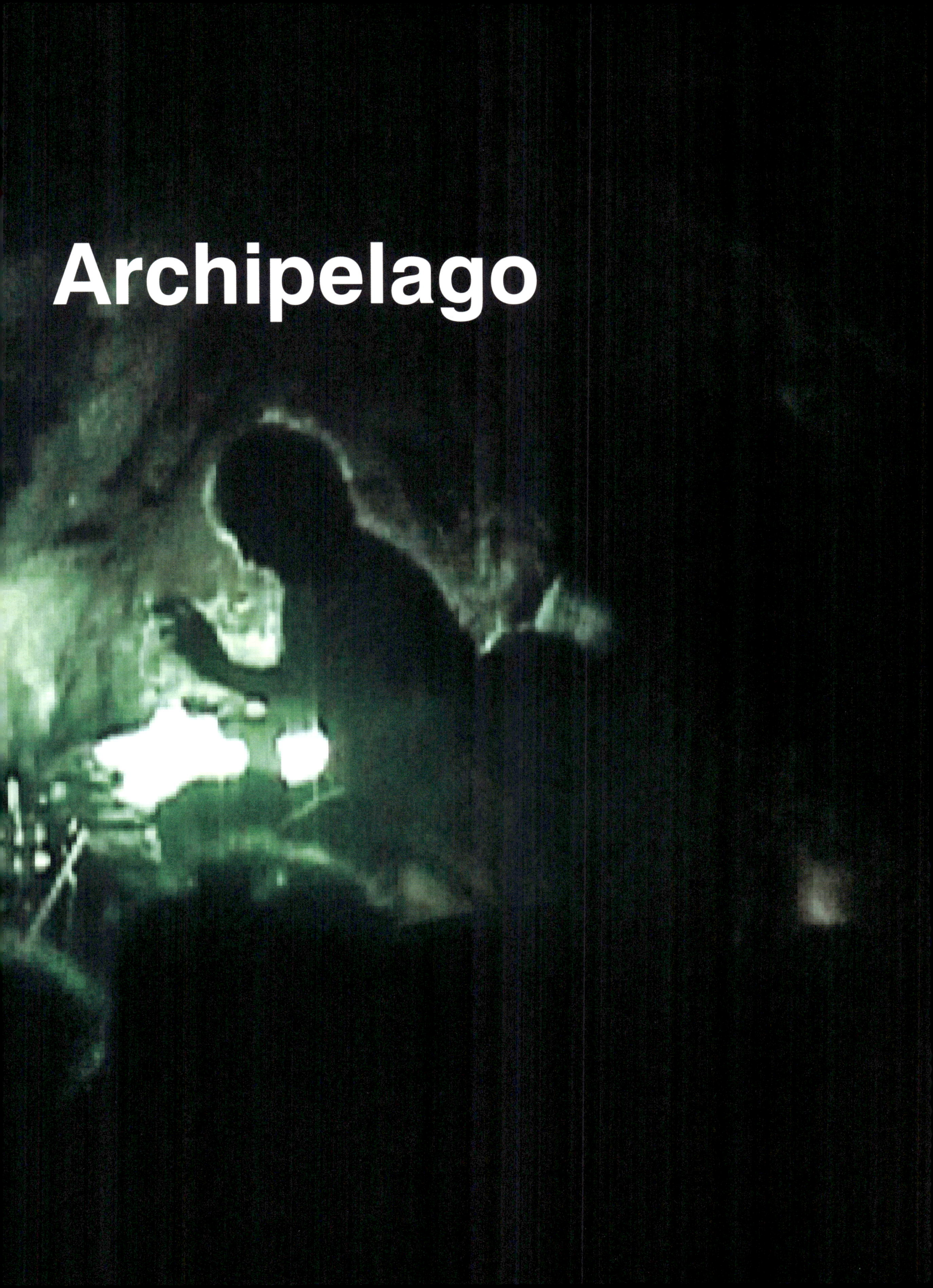

Archipelago

Per Fronth's artistic expression is characterised by a wandering life. Working as a press photographer he has travelled all around the world. He spent ten years in Oslo, 13 years in New York and two years in France. Nevertheless, there is a common theme in his works based on his roots in the southern part of Norway – the city of Kristiansand.

"I have worked with many different landscapes, such as oceans, deserts, fjords and forests. But when you grow up in the southern part of Norway the sea becomes a part of you. I am completely inseparable from the sea – it is the landscape I grew up in."

Since 2001, Fronth has worked on a series entitled *Archipelago*. The term translates from Greek as islands or a group of islands. Images from the series *Archipelago* have appeared in a number of exhibitions before and after the success of *Archipelago* at Gallery Bi-Z in Kristiansand in the autumn of 2001. Fronth collects all the works with a reference to the sea, coastal rocks and islands in this category – more specifically, motifs from Kristiansand and Ny-Hellesund.

"The *Archipelago* series takes place where I grew up. I come from a town called Kristiansand situated in the southern part of Norway, an archipelago. It has been the starting point for my pictorial storytelling. I gather the photographs that I process. Some of the motifs I use directly and others I use as a starting point to create new realities."

The exhibition *Xingu Chronicles* at the Dillon Gallery in New York in 1998 was the first time Fronth presented works in the distinctive technique in which he melts fragmented photographs onto canvas or wood before painting on them with oil paint. After the development of photographic technology and commercial use of the Internet in the beginning of the 1990s, Fronth developed his own artistic method further. He started early to experiment with the digitalisation and presentation of art on the Internet. The artworks on exhibition at the Meisner Soho Gallery in New York in 1993 was

Per Fronths mange arbeider bærer preg av at han har levd et omflakkende liv. I sitt virke som pressefotograf har han reist rundt i hele verden. Han har bodd ti år i Oslo, 13 år i New York og to år i Frankrike. Allikevel er det en sammenheng i kunstnerskapet, noe som peker tilbake på røttene og stammen, utgangspunktet – sørlandsbyen Kristiansand.

– Jeg har jobbet med mange forskjellige landskaper, som hav, ørken, fjord og skog. Men sjøen er det sterkeste. Når du vokser opp på Sørlandet så er sjøen en del av deg. Jeg er helt uløselig knyttet til sjøen – det er landskapet jeg kommer fra.

Fra 2001 har Fronth arbeidet med en serie som han kaller *Archipelago* – øyrike. Skjærgård, tenker vi kanskje på her i landet. Fronth plasserer alle arbeidene som har en referanse til sjø, svaberg og øyer i denne kategorien – nærmere bestemt motiver fra Kristiansand og Ny-Hellesund.

– Utgangspunktet for *Archipelago*-serien er den helt spesielle plassen på jordkloden jeg kommer fra. Jeg kommer fra Kristiansand, sør i Norge – en øygruppe. Her starter den historien jeg forteller gjennom mine bilder. Jeg plukker opp bilder som jeg bearbeider. Noen forholder jeg meg til akkurat slik jeg ser motivet, andre lager jeg nye virkeligheter ut av.

Utstillingen *Xingu Chronicles* ved Dillon Gallery i New York i 1998 var første gang Fronth viste arbeider utført i den karakteristiske teknikken hvor han smelter oppdelte fotografier på lerret eller treplater før han maler på fotografiene med oljemaling. Da utviklingen av fototeknikken skjøt fart samtidig med den kommersielle bruk av Internett på begynnelsen av 1990-tallet, fulgte Fronth nøye med og sørget for å videreutvikle sin egen kunstneriske metode i takt med tidens nye muligheter. Han var tidlig ute med å eksperimentere med digitalisering og presentasjon av kunst over Internett. Arbeidene på utstillingen ved Meisner Soho Gallery i New York i 1993 ble nemlig først tilgjengelig for publikum gjennom nettet, på

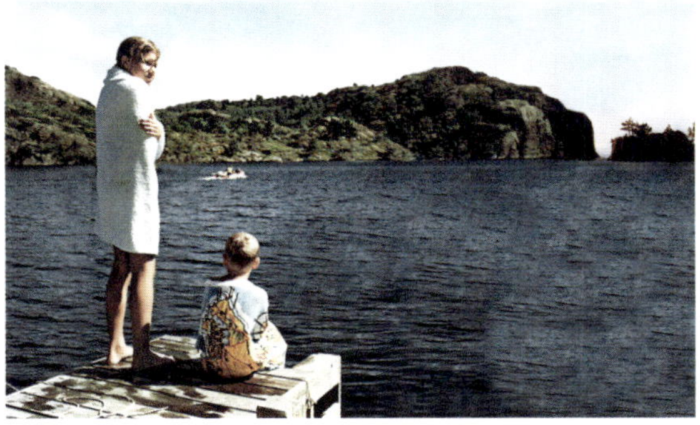

Study for Empty Hellesund 2001

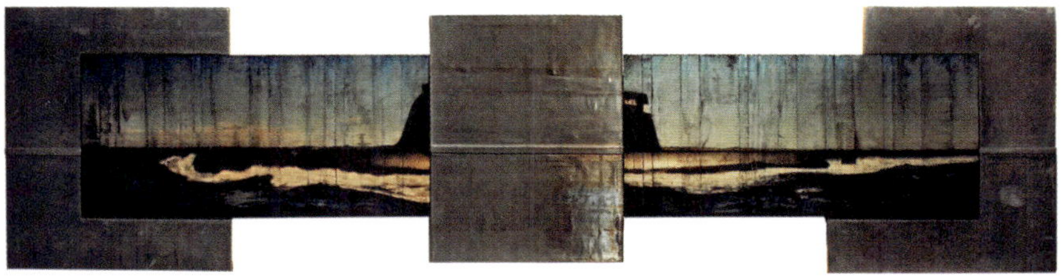

Agenda / Fjord / Grønningen (archipelago) 2008
Phototransfer / Oil on Wood / Lead
60 x 300 cm / 23 x 118 in

actually first available to the public through the Internet. People could download the pictures through Compuserve Artist Forum.

"In the future everything will happen via the Internet in some way or another. What the Internet is today and what it will be in the future nobody knows, but the point is that the availability to the masses when it comes to art and TV and books and whatever is so huge and so easy that I think, for example when it comes to art, that eventually a lot of artists are going to use the medium itself as an art form," Fronth predicted right before the turn of the century.[1]

Fronth started to use digital photography actively in the late 1990s. The possibility of digitally processing his photographs was a big step forward for Fronth's development of a distinctive technique and a distinctive artistic expression. He had already developed a mixed media technique through image transfer, but now Fronth started experimenting with digitally adjusting the photographs by repeating certain figures and removing items from the image.

"The *Archipelago* series presents a strong contrast to visiting the Xingu tribe or joining the fox hunt, because this is *my* tribe. The *Archipelago* series relates both to reality and to fictional reality or fairy tale if you will."

The *Archipelago* is a project that Fronth predicts is going to last for a lifetime. He will never be finished with the motifs from the archipelago – bathing children, islands, the strait of St. Olav and, especially, Ny-Hellesund.

Ny-Hellesund is a port in the archipelago in the municipality of Søgne in the south of Norway. The place is almost supernaturally beautiful and resembles a backdrop for a movie. Fronth took me there on a very hot summer day in July. Summer guests greeted us as we drove through the strait of St. Olav south of Ny-Hellesund. Olavsundet got its name from a legend because St. Olav's profile is actually portrayed in the

1 AS Media: *The Fronth Page*. Produced for TV2, shown 17.05.2000.

den måten at man kunne laste ned ett og ett bilde gjennom Compuserves Artist Forum.

– Jeg vet at i fremtiden vil alt skje via Internett på en eller annen måte. Hva Internett er i dag og hva det blir videre, vet jeg ikke helt. Poenget er at tilgjengeligheten for massene når det gjelder kunst, TV og bøker og hva som helst, blir så enorm og så lettvint. Når det gjelder kunstformidling, så tror jeg for eksempel at du etter hvert vil finne en masse kunstnere som kommer til å bruke selve mediet som sin kunstform. Folk kommer ikke alltid til å tenke at bilder skal henge på en vegg, men heller oppleve at mediet i seg selv blir en kunstform, forutsa Fronth rett før årtusenskiftet.[1]

Det digitale fotografiet åpnet for nye måter å bearbeide bildene på og betydde et steg videre på Fronths etablering av sin særegne teknikk og helt personlige kunstneriske uttrykk. Han hadde allerede utviklet en mixed media-teknikk gjennom fototransfer, og nå begynte han å eksperimentere digitalt med konstruksjon og dekonstruksjon av komposisjonen, gjentagelser og utelatelser av ulike elementer i bildene.

– Å jobbe med *Archipelago* var helt annerledes enn å besøke indianere i regnskogen eller revejegere – dette er *min* stamme. *Archipelago*-serien forholder seg både til den ordinære virkeligheten og til den oppdiktede virkeligheten – eller eventyret, om du vil.

Archipelago er et prosjekt som Fronth antar kommer til å vare livet ut. Han kommer aldri til å bli ferdig med motivene fra skjærgården, badende barn, øygruppene, Olavsundet – og spesielt Ny-Hellesund.

Ny-Hellesund er en loshavn i skjærgården i Søgne. Stedet er nærmest overnaturlig vakkert og så idyllisk at det kan minne om kulissene til en film. Fronth tok meg med dit en veldig varm sommerdag i juli, en dag som bare kunne benyttes til båtturer, bading, reker og hyllebærsaft. Sommergjestene hilste blidt idet vi kjørte gjennom Olavsundet som ligger rett sør for Ny-Hellesund. Da vi gled gjennom sundet, åpenbarte Olav den helliges profil seg i fjellveggen. Profilen har et mystisk, overnaturlig preg, for dette an-

1 AS Media: *The Fronth Page*. Produsert for TV2, vist 17.05.2000.

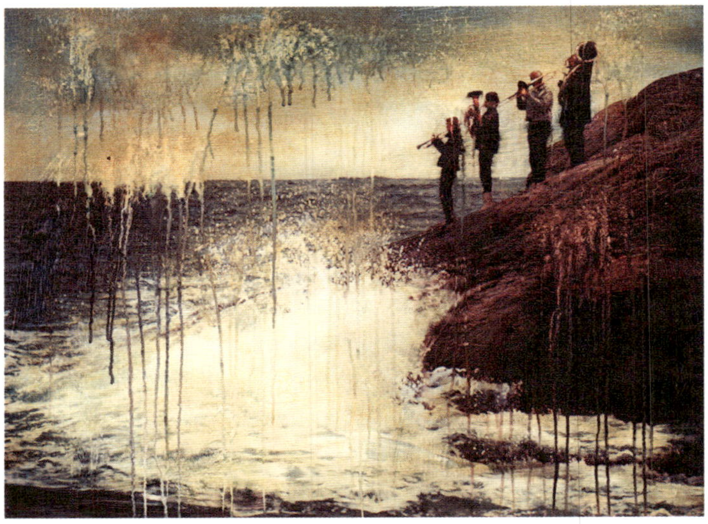

At Journeys End (Ode to Althorns-skjæret) 2001
Mixed Media / Oil on Canvas
112 x 152 cm / 44 x 60 in
Private Collection / Switzerland

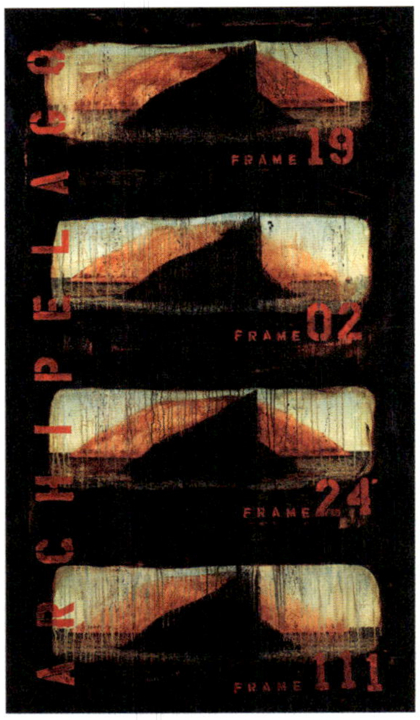

Olavsundet (Filmstrip) 2001
Mixed Media / Oil on Canvas
231 x 165 cm / 91 x 53 in
Collection of Fabiana Lutti / New York

mountain. The image has a mystic feel to it because it is not made by human hands. Legend recounts that as St. Olav fled towards Ny-Hellesund, the mountain was divided in two so that he could escape from the enemy.

After having greeted St. Olav, we drove to Ny-Hellesund – a place that forms the basis of a number of Fronth's works. The first one to greet Fronth when we arrived at Ny-Hellesund was his childhood friend, John Lennart Krohn – alias "Jolla". When Fronth started visiting Ny-Hellesund at the age of 10, he stayed in the childhood home of Jolla's mother. The old house is reminiscent of an old labyrinth with many different rooms. When he lived in New York he used to sail from Oslo to Ny-Hellesund. Fronth remembers the frustration of Jolla's mother when he brought a new woman every year.

"What kind of language does this one speak?" she used to ask when I brought Brazilians, Americans and women of all sorts of nationalities to her house in Ny-Hellesund!"
Fronth has a lot of happy memories from Ny-Hellesund, but the place also symbolizes the essence of Fronth's oeuvre. The works in the series *Archipelago* form the basis of his artistic career – a signature.

The first time Fronth presented artworks based on an image from Ny-Hellesund was at the exhibition *Lifedreams* at the Dillon Gallery in New York in October 1999. The works, which had been given the titles *From Olavssundet IV, V* and *VI*, are painted photo transfers. Fronth had photographed the opening between two islands where the horizon divides the image into two almost equally sized parts. The image represents an opening towards the unknown.

Fronth relates directly to all his work. All his work tells his history more or less explicitly. *One* represents Fronth's curiosity about life and his need to travel, in addition to being a landscape from his childhood. The image presents the islands

siktet er ikke er skulpturert av menneskehender. Sagnet forteller at idet helgenkongen flyktet inn mot Ny-Hellesund, delte fjellet seg slik at han kom seg unna fienden.

Etter å ha hilst på Olav den hellige kjørte vi mot Ny-Hellesund – stedet som danner utgangspunktet for en rekke av Fronths arbeider. Den første Fronth hilste på var barndomskameraten John Lennart Krohn – alias Jolla. Da Fronth begynte å reise til Ny-Hellesund i tiårsalderen ble han innkvartert i barndomshjemmet til moren til Jolla. Det gamle huset er som en vindskjev labyrint med et uendelig virvar av små rom og kammers. Da han bodde i New York pleide han å seile fra Oslo til Ny-Hellesund. Fronth husker hvor frustrert moren til Jolla var over at han kom med en ny dame hvert år.

– Å for et språk e de denne gangen da? spurte hun. Jeg kom jo med brasilianere, amerikanere og alt mulig rart!

I tillegg til at Ny-Hellesund har gitt Fronth en mengde gode minner av privat karakter, har dette stedet blitt selve symbolet på essensen av Fronths *oeuvre*. Arbeidene fra serien *Archipelago* dirrer av grunntonen i hans kunstnerskap – Ny-Hellesund er som en signatur.

Første gang Fronth viste et bilde med utgangspunkt i Ny-Hellesund var på utstillingen *Lifedreams* på Dillon Gallery i New York oktober 1999. Arbeidene, som har fått titlene *One*, *IV*, *V* og *VI* er påmalte fototransfers. Fronth har fotografert åpningen mellom to øyer hvor horisonten deler bildet i to nesten like store deler. Utsnittet av øya til venstre er dobbelt så stort som den til høyre og har en spissere form. For Fronth representerer bildet en åpning mot noe uvisst – det å komme seg av gårde.

Fronth relaterer seg direkte til alle arbeidene sine. På en mer eller mindre eksplisitt måte handler alle bildene om ham selv og hans historie. *One* representerer Fronths evige nysgjerrige innstilling til livet og hans reiselyst, øya som et blikk utover. I tillegg til bare å være det landskapet han er født og oppvokst i. Øya hvor han fikk sitt første kyss, var full for første gang – vokste opp.

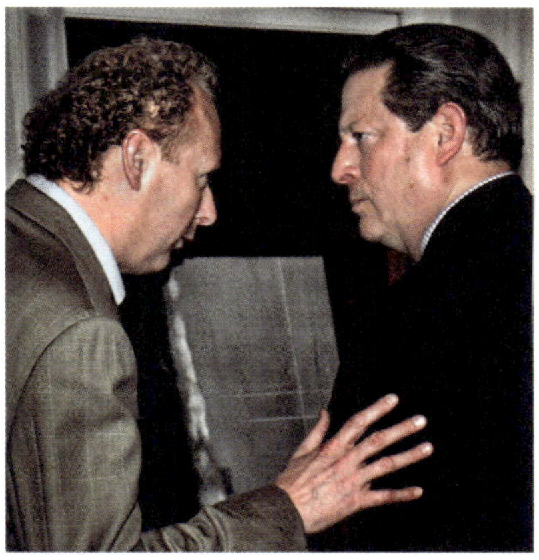

Former US Vice President Hon. Al Gore and Per Fronth in conversation about the artwork *Lighthouse (grønningen)* given to Gore at a private dinner following his illuminating lecture *An Uncomfortable Truth* in 2007.
Photo: Camilla Verkerk

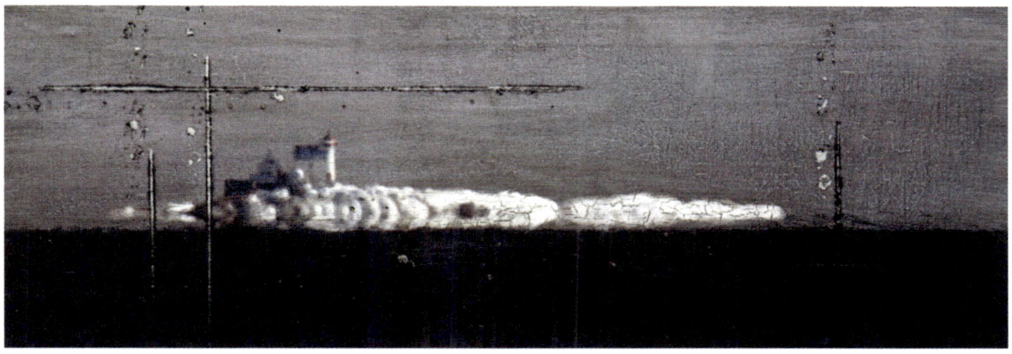

Lighthouse (grønningen) 2008
Phototransfer / Oil on Canvas / Lead
50 x 135 cm / 20 x 53 in

where he got his first kiss, where he was drunk for the first time and where he grew up.

When Fronth began to experiment with digital photography, an opportunity also to experiment with the photographic medium's representation opened up. He started to comment on the issue of a photograph not necessarily being a truth bearer. Fronth began to make pictures of islands that do not exist.

"I began to create islands that God had not created. It's the same starting point that a painter uses, and it's important to remember that I'm just an image maker. The series *Poems* have a reference to Nøkken (a water sprite) in the drawings of Norwegian artist Theodor Kittelsen (1857-1914). The images are simplifications and function as proposals for a new landscape. I ask myself whether I was destroying nature or adding something to nature."

"A prevalent perception is that the storyteller should always keep a certain distance to the material so that he can present the story "objectively" in its "pure" form. Fortunately, for most artists, this rule does not apply" the Norwegian writer and art journalist Knut Blomstrøm wrote with reference to the Ny-Hellesund pictures.[2]

It is natural to ask whether Fronth thinks it is easier to relate to a "reality" he has created himself through processing the photographic medium. The photograph is not necessarily a bearer of truth that presents reality in an objective manner – if that's even possible. Perhaps Fronth does not find a photographed subject interesting enough?

"I still find a photograph interesting, but you must remember that I am also a poet. I go in and out of two different approaches to reality and the "reality" that I construct through my works, and both approaches are equally important to me. It's just two different ways of seeing."

2 Knut Blomström, "Large and small worlds; from Ny-Hellesund to New York". Exhibition catalogue, *Archipelago*, Galleri Bi-Z, October 2001.

Da Fronth begynte å bearbeide fotografiene sine digitalt, åpnet muligheten seg for å eksperimentere med det fotografiske mediets representasjonsevne – og problemstillingen rundt fotografiet som bærer av sannhet. Fronth begynte å lage bilder av øyer som ikke finnes i virkeligheten.

– Jeg begynte å lage øyer som Gud ikke hadde skapt. Det er jo det samme som en maler gjør, og du må huske på at jeg bare er en billedmaker. I serien *Poems* ligger en liten referanse til nøkken, slik vi kjenner dette vesenet fra Theodor Kittelsens (1857–1914) tegninger. Bildene er klare forenklinger – et forslag til nye landskap. Så spør jeg meg selv om jeg har ødelagt naturen, eller om jeg har tilført naturen noe.

«En rådende oppfatning er at den som forteller, bør ha en distanse til stoffet slik at han kan presentere historien 'ren' og 'objektiv'. For kunstnere flest gjelder heldigvis ikke slike regler», skrev Knut Blomstrøm med referanse til Ny-Hellesund-bildene.[2]

Det er nærliggende å spørre om Fronth syns det er lettere å forholde seg til en virkelighet han selv har skapt gjennom bearbeiding av det fotografiske mediet. Fotografiet er ikke nødvendigvis en sannhetsbærer som presenterer virkeligheten på en objektiv måte – hvis det i det hele tatt er mulig. Kanskje Fronth ikke finner det fotograferte motivet interessant nok i seg selv?

– Jo, det syns jeg det er, men du må huske på at jeg også er dikter. Jeg går inn og ut av to ulike tilnærminger – «virkeligheten» og min konstruerte virkelighet. Begge deler er like viktig for meg. Det er bare to forskjellige måter å se på.

Fronth refererer til Venezia-biennalen 2009 som ble kuratert av Daniel Birnbaum. Den 53. biennalen bar tittelen tittelen *Fare Mondi* eller *Making Worlds*. Den overskriften kan Fronth kjenne seg igjen i og forholde seg direkte til i sine arbeider.

– Vi kunstnere lager våre egne verdener som ikke finnes. Jeg lager min egen verden og inviterer folk inn i den. I den verdenen er jeg både politimester og han som sitter i fengsel på én og samme tid.

2 Knut Blomstrøm: «Den store og del lille verden. Fra Ny-Hellesund til New York». Katalogtekst til *Archipelago*, Galleri Bi-Z, oktober 2001.

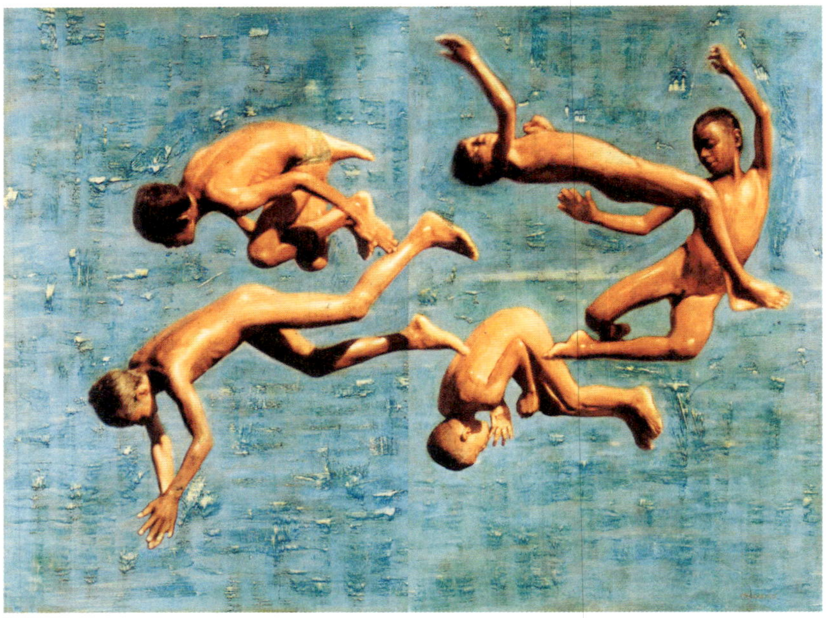

Independence Day (east-timor) 2002
Dip-Tych
Mixed Media / Oil on Canvas
200 x 270 cm / 80 x 108 in
Private Collection / Norway

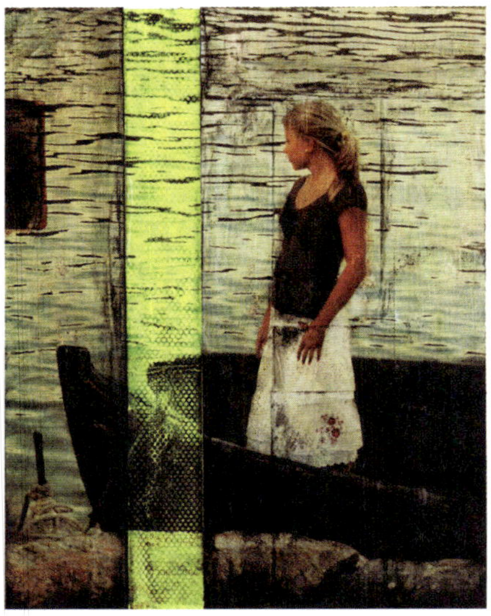

The Boat (archipelago) 2008
Phototransfer / Oil / 3M reflective material on Wood
50 x 40 cm / 20 x 16 in
Collection of Harald Stanghelle / Norway

Fronth refers to the Venice Biennale 2009, where Daniel Birnbaum was the curator. The 53rd Biennale was entitled *Fare Mondi,* or *Making Worlds.* Fronth can relate directly to that title in describing his own artistic agenda.

"As artists we create our own worlds that do not necessarily exist. I create my own world and invite people into it. In that world, I am at the same time both the police and the one in prison."

Fronth is not so concerned about his work referring to a perceived reality or a virtual reality. Instead he emphasises that he works in the same way as painters, making compositions on the basis of thoughts. But since he bases his works explicitly on photographs, the reference to something experienced or real automatically becomes stronger than in a painting. He combines different impressions into a new "reality" by constructing a new moment that has never taken place. Fronth's artworks have a clear reference to something that has happened, but they also represent a fictional story.

"We often discuss what is true and what is real, but the one thing that's certain is the absurdity and unreal aspects of reality. You could almost say that the "realities" I construct in my photographs are the *least* absurd. The point is that coincidences are also a language that can be controlled. You start processes to make uncontrollable things happen. It's just like letting a wolf into a herd of sheep – then something is bound to happen!"

The Norwegian artist Steinar Jakobsen (b.1967) has, ever since they met in New York in the early nineties, had a constructive dialogue and artistic "conflict" with Fronth. Jakobsen often uses photography as the basis of his artistic expression.

"Photography is in a way an indisputable element that is considered a "truth object". That way a photograph can be accepted by the viewer. Behind every photograph there is either a digital memory or a negative. The viewer never sees the original. The way in which Per uses photography through painting, he imposes originality onto the specific photograph.

Fronth er ikke så opptatt av om arbeidene hans refererer til en opplevd virkelighet eller en konstruert virkelighet. Han holder fast ved at han er en dikter, på lik linje med en maler som henter komposisjoner og motiver fritt fra tankene sine. Men siden det fotografiske utgangspunktet for arbeidene hans er eksplisitt, blir referansen til noe opplevd og virkelig sterkere enn i et maleri. Fronth tar utgangspunkt i øyeblikk i andres virkelighet som han står på siden av og betrakter. Det er én virkelighet. Så samler han på disse situasjonene som han selv ikke deltar i. Deretter bearbeider han alle disse inntrykkene slik at de til sammen utgjør en ny virkelighet – et nytt øyeblikk som aldri har funnet sted. Arbeidene til Fronth har en klar referanse til noe som har skjedd, men de representerer også en oppdiktet historie.

– Snakker vi om hva som er sant og hva som er virkelig, så er det i hvert fall én ting som er sant – nemlig at virkeligheten ofte er absurd og *uvirkelig*. Så man kan nesten si at det jeg dikter i bildene mine nettopp er det *minst* absurde. Da er det i grunnen snudd på hodet, begge deler. Poenget er at tilfeldigheter også er et språk som kan kontrolleres. Man setter i gang prosesser slik at ting som man ikke har kontroll over, skjer – og da har man satt i gang en prosess. Ikke sant? Det er jo bare å slippe en ulv inn i en saueflokk – så skjer det noe! Da har du satt i gang en prosess.

Den norske billedkunstneren Steinar Jakobsen (f.1967) har helt siden de møttes i New York på begynnelsen av 1990-tallet ført en konstruktiv dialog og «konflikt» med Fronth. Jakobsen benytter seg også mye av fotografiet som utgangspunkt for maleriske uttrykk.

– Fotografiet er på en måte en udiskutabel størrelse som betraktes som et sannhetsdokument. På den måten får man som kunstner raskt innpass hos betrakteren. Bak ethvert fotografi ligger det enten et digitalt minne eller et negativ. Betrakteren ser aldri originalen. Det Per gjør ved å bearbeide fotografiene gjennom maleriet er å påtvinge en form for originalitet i forhold til det spesifikke fotografiet. Jeg oppfatter det som et ønske fra Pers side om at dette fotografiet skal bety noe ekstra og dermed få en spesiell posisjon. Betrakteren

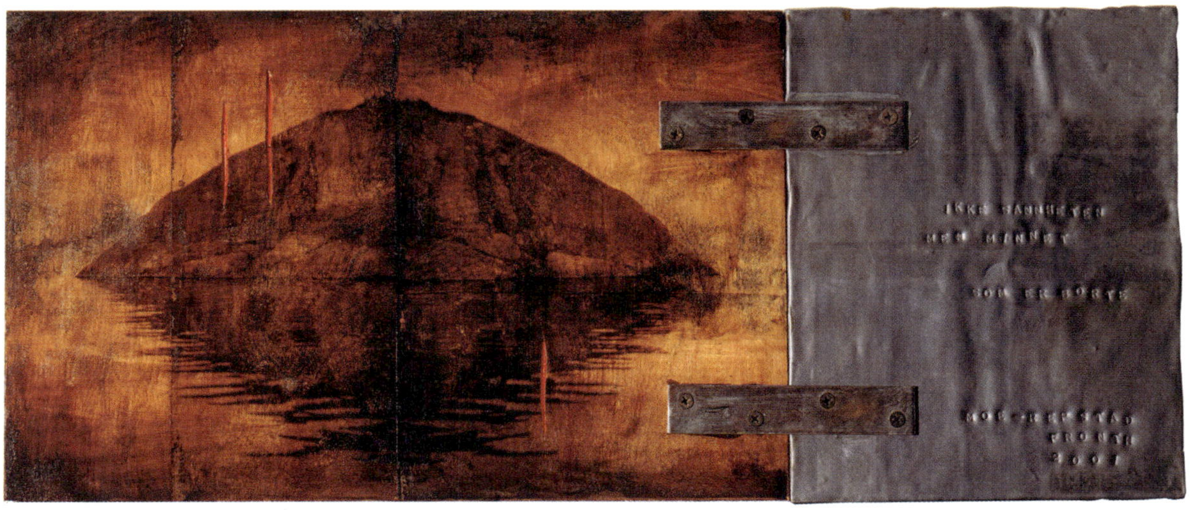

Poem version VI
Mixed Media / Lead / Oil on Wood
Text in lead by Nils Christian Moe-Repstad
25 x 61 cm / 10 x 24 in
Collection of Sørlandets Kunstmuseum

I think Per personally wants that specific photograph to mean something special and thereby gain a unique position. The viewer relates very differently to a copy and to an original. Per processes and modifies a photograph, refining and increasing its status – and thereby makes it an independent object. That way he compels the viewer to accept that the picture only represent *that* specific image. He tries to get the viewer not to relate to a photograph as negative, a memory or a reference – and the fact that there are several versions of the same image. I think Per wants his pictures to be perceived as objects, not as a reference to something else," Jakobsen explains.

Fronth borrows someone else's moment to tell us something about himself and his story. *PPVF – the Poet, the Paper, His View and Her Future* is based on a mixed media technique. It presents three adults and a child by the water. The scene is bathed in a golden light. The centre of the picture is dominated by a man in a wheelchair.

Fronth has based this picture on a photograph of the poet Nils Christian Moe-Repstad (b.1972). Fronth's half brother is also disabled – and that information immediately gives the picture a more personal touch without actually entering Fronth's private sphere.

The *Archipelago* series can be linked to Fronth's life and existence. He grew up in this landscape and has a personal and direct relationship to all the artworks in *Archipelago*. He relates to all the people, all the situations and all the locations. This is *his* tribe.

"The people in the pictures are the children of my friends whom I've seen growing up. The images are in many ways mirror images of me. In *Evolution of Melancholy, St. Matthew* I'm going back to my childhood, and these children represent my childhood. The process can be compared with that of a writer. Many female authors write about their dolls, and I write about swimming kids. It's sort of a return to where I come from."

forholder seg annerledes til en kopi enn til en original. Per tar et fotografi, bearbeider og endrer det, forfiner og forhøyer det – og gjør det til et selvstendig objekt. På den måten tvinger han betrakteren til å akseptere at bildet bare er *det* spesifikke bildet. Han prøver å få betrakteren til å ikke tenke på negativet, minnet eller referansen – eller tanken på at det finnes flere av samme bilde. Jeg forstår det slik at Per ønsker at bildene hans skal oppleves som objekter, ikke som referanser til noe annet, sier Jakobsen.

Fronth låner ofte andres øyeblikk for å fortelle noe om seg selv og sin egen historie. Et av arbeidene hvor dette aspektet er mest gjeldende er *PPVF – the poet, the paper, his view and her future*, utført i olje på lerret i mixed media-teknikk. Det viser tre voksne mennesker og et barn på et solfylt svaberg som bader i et gyllent lys. Til venstre i billedflaten står en mann som ser utover vannet, til høyre sitter en kvinne og leser, og ved siden av henne står en liten jente inntullet i en håndklede etter et bad. Midten av billedflaten domineres av en mann som sitter i rullestol.

Fronth har tatt utgangspunkt i et fotografi av poeten Nils Christian Moe-Repstad (f.1972). Kjenner man til biografien til Fronth, vet man at han har en halvbror som også er funksjonshemmet. For den som innehar denne informasjonen får bildet øyeblikkelig et mer personlig preg, men uten at det går inn i Fronths private sfære.

Hele *Archipelago*-serien kan på ulike måter knyttes opp mot Fronths liv og tilværelse. Det er nettopp i dette landskapet han har vokst opp – derfor har han et personlig og direkte forhold til alle arbeidene sine. Han relaterer seg til alle menneskene, alle situasjonene, alle stedene. Dette er *hans* stamme.

– Disse menneskene som jeg forholder meg til er mine venners barn som jeg ser vokse opp. Bildene er på mange måter speilbilder av meg selv. Det må du ikke glemme. I *Evolution of Melancholy, St. Matthew* går jeg tilbake til min barndom og tenker at jeg skal lage et bilde av slik jeg vokste opp, men nå er det disse barna som representerer min oppvekst. Prosessen kan sammenlignes med når

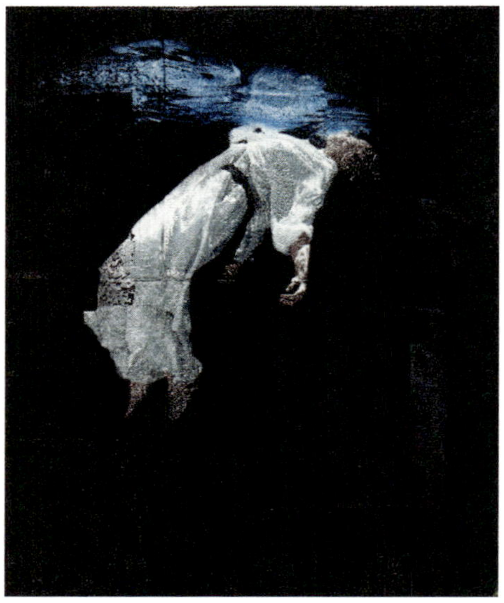

Her Own Moment
Mixed Media / Oil on Canvas
30 x 25 cm / 12 x 10 in
Private Collection / Norway

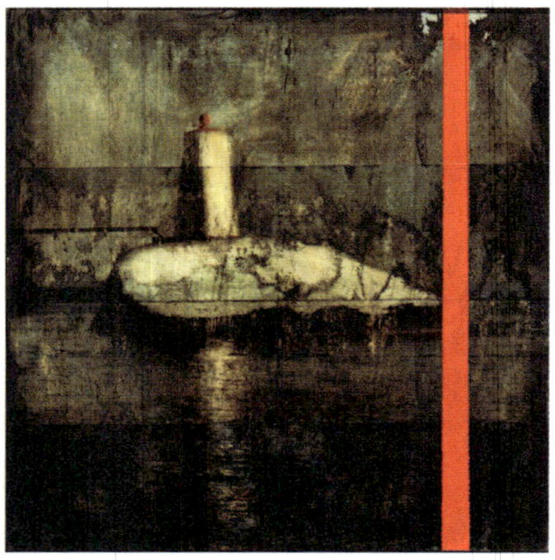

Study for Bridge (red stripe)
Phototransfer / Oil on Wood
40 x 40 cm / 15 x 15 in

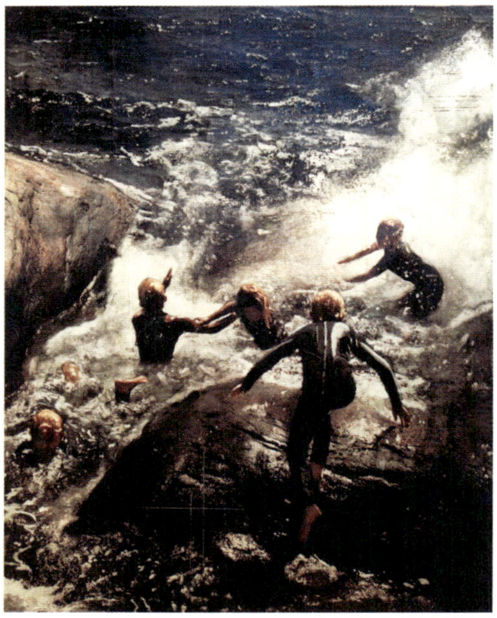

Evolution of Melancholy III – St. Matthew Ver. IV
Mixed Media / Oil on Canvas
200 x 165 cm / 80 x 66 in
Private Collection / Ålesund

Steinar Jakobsen views Fronth's series from Ny-Hellesund and Kristiansand almost as a therapeutic project, in contrast to works based on specific locations around the world.

"When Per worked with his connection to Ny-Hellesund while living in New York, his works had an accepted romantic feel to them. The loss strengthened the artwork. But I think Per is strongest as an artist when he is placed in a setting where he must deal with unfamiliar elements. When Per puts his own visual images into strange situations such as *Xingu Chronicles*, the artworks deal with Per meeting the world. Whereas the series from Ny-Hellesund deals with Per's meeting with himself," Jakobsen says.

What is striking in many of Fronth's work is the sensation of something underlying and abstract that cannot be defined. He bases his pictures on southern idyll, summer, bathing children and women enjoying the sun. But it does not stop there. If you view one of his works a while, a feeling of turmoil comes sneaking up on you. The idyllic atmosphere of *A Moment of Terror (Jellyfish)* is not consistent. The mood is tense. There seems to be something moving under the surface. The title of the image refers to a specific creature, a fire jellyfish, but also to a terrifying aspect of the world situation that most people can relate to after September 11th, 2001. The jellyfish can be viewed as a symbol of a global or personal fear. The mixed media work *Waterlillies (Archipelago)* has the same underlying sensation. It presents a group of five girls standing in water looking down suspiciously. They are afraid of something, and you can almost hear the title tune of *Jaws* when looking at the picture. But the feeling of unease is not necessarily something tangible – it can just as easily be interpreted as a fear of something abstract that can not necessarily be defined by words.

By creating an image of exactly the same Ny-Hellesund motif as the Norwegian painter Amaldus Nielsen (1838-1932), Fronth placed himself within an established Norwegian landscape tradi-

en forfatter setter seg ned for å skrive. Mange kvinnelige forfattere skriver om dukkene sine, mens jeg skriver om barna som bader. Det er på en måte en retur til det jeg kommer fra.

Steinar Jakobsen beskriver Fronths serie med utgangspunkt i Ny-Hellesund og Kristiansand nærmest som et terapeutisk prosjekt, i kontrast til arbeidene med utgangspunkt i andre steder rundt i verden.

– Da Per arbeidet med tilhørigheten til Ny-Hellesund mens han bodde i New York, hadde arbeidene hans et romantisk anstrøk på grunn av avstanden. Savnet gir arbeidene styrke. Men jeg syns Per er sterkest når han befinner seg i en setting hvor han må forholde seg og ta stilling til noe utenfra. Når han presser sine egne visuelle bilder inn i fremmede situasjoner, som for eksempel i *Xingu Chronicles*, som handler om Pers møte med verden. Serien fra Ny-Hellesund handler mer om Pers møte med seg selv, sier Jakobsen.

Det påfallende i mange av Fronths arbeider er det underliggende, abstrakte som man ikke helt kan sette fingeren på. Utgangspunktet er sørlandsidyll, sommer, barn som bader og kvinner som soler seg. Men fortsetter man å betrakte bildene, sniker det seg inn en uro i de tilsynelatende uproblematiske situasjonene og motivene. Den idylliske stemningen i *A Moment of Terror (Jellyfish)* er ikke gjennomgående. Stemningen er anspent – noe rører seg under overflaten. Bildets tittel refererer til en konkret skapning; en brennmanet, men det kan like gjerne vise til et fryktinngytende aspekt ved verdenssituasjonen etter 11. september 2001. Maneten viser til en frykt som både kan være individuell og global. Den samme underliggende stemningen finnes i mixed media-arbeidet *Waterlillies (archipelago)*. En gruppe på fem jenter står i vann til livet og stirrer engstelig ned i sjøen. Det er noe de er redd for – man kan nesten høre tittelmelodien til *Haisommer*. Men uroen er ikke nødvendigvis knyttet til noe ytre, konkret – det kan like gjerne handle om en abstrakt og ordløs angst.

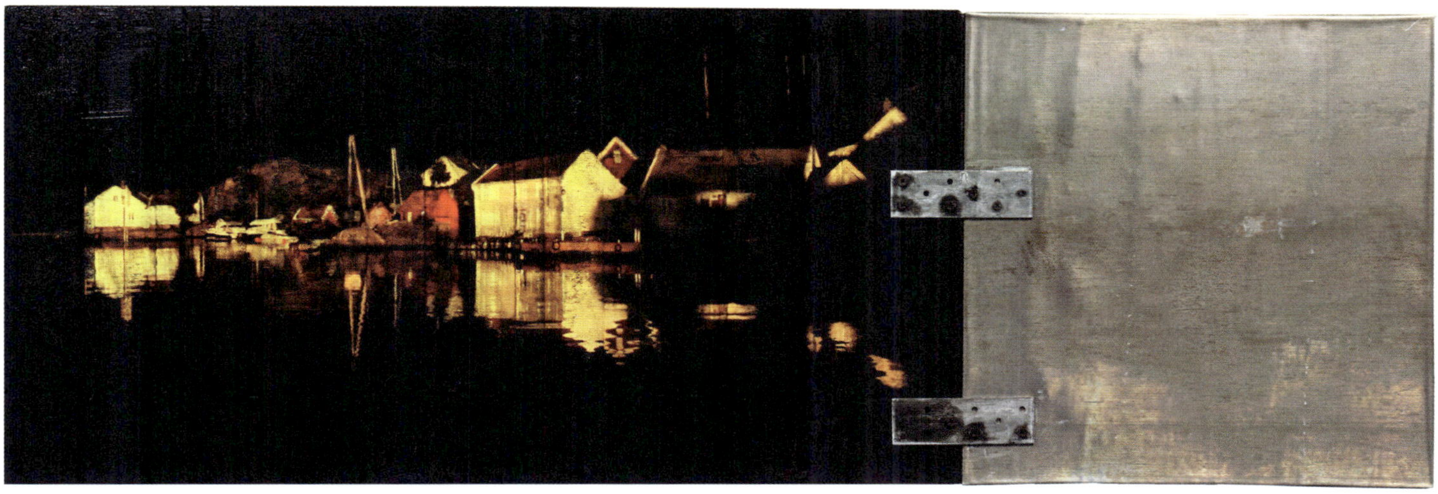

Entry / East / Reflex (archipelago) ver. II 2008
Phototransfer / Lead / Oil on Wood
120 x 40 cm / 47 x 16 in

tion. *Prism/Cliché* is based on a photograph he took while floating around in a boat at 5 o'clock in the morning. The light in the picture is so beautiful that it almost becomes unreal. You do not really believe the image. It must be composed of different photographs? No, this picture is only made out of one single painted photograph. One-third of the surface shows the opening between two islands lying in the shade, while the rest of the image depicts a clear rainbow that cuts through a dark and contrast-filled sky.

It is the word "contrast" that best describes Fronth's artworks. He uses formal contrasts in technique and expression, but his comments are mood-related contrasts. In *Bridge/ Teenage Lux,* Fronth presents a familiar situation from his childhood, crab fishing. Fronth has made the traditional everyday scene almost like a still from a movie – in a dramatic imagery that refers back to the Baroque artists' experimentation with light and shadow.

Bridge/Teenage Lux comprises many symbolic elements. The number 3 is repeated in the three boys, three poles and three rocks. The number 3 is important in according to the time aspects in the picture. The picture works a triptych that presents the past, the present and the future. *Bridge/Teenage Lux* can be read as a fable about youth looking for the meaning of life or their future. The bridge may symbolize the connection between the past and the future, between childhood and youth. The lighthouse may represent the one thing that is constant and safe in everyone's life. The lighthouse is thus a symbol of a million different things to a million different people. Some believe in a god and some believe in the love for and from other. The lighthouse can mean exactly what the viewer wants it to mean.

The beautiful and idyllic motif in Fronth's pictures is almost *too* beautiful and idyllic to be credible. The viewer is challenged to think twice, to look behind the façade and ask himself what is hidden behind the beautiful and seemingly unproblematic image.

Når Fronth lager et bilde av nøyaktig det samme utsnittet som Amaldus Nielsens (1838–1932) *Morgen ved Ny-Hellesund* fra 1885, går han inn i en samtale med den etablerte norske landskapstradisjonen. I *Prism/Cliché* er utgangspunktet hans eget fotografi, tatt en morgen klokken fem, drivende rundt i båten. Lyset er nesten uvirkelig vakkert. Man tror ikke helt på dette bildet. Det må være satt sammen av ulike fotografier til en ny virkelighet? Nei, dette bildet er kun lagde av ett eneste bemalt fotografi. En tredel av billedflaten viser åpningen mellom to øyer som ligger i skygge, mens resten domineres av en klar regnbue som skjærer gjennom en mørk himmel.

Det er nettopp det kontrastfulle uttrykket som kjennetegner Fronths arbeider. Han jobber mye med formale kontraster i teknikk og uttrykk, men han kommenterer også stemningsmessige kontraster i arbeidene sine. I *Bridge / Teenage Lux* har Fronth fremstilt en kjent og kjær situasjon – barndommens krabbefiske. Men han presenterer den tradisjonelle og hverdagslige scenen nesten som et stillbilde fra en film – i et dramatisk billedspråk som refererer tilbake til barokkens eksperimentering med lys og skygge.

Bridge / Teenage Lux har mange symbolske elementer. Tretallet gjentas i tre gutter, tre påler og tre svaberg. Det magiske tallet tre kan kanskje også leses inn i tidsaspektet, i at bildet funger som en triptyk som skildrer fortid, nåtid og fremtid. Kanskje kan bildet leses som en fabel om ungdommen som leter etter meningen med livet – eller sin fremtid. Broen kan symbolisere forbindelsen mellom fortid og fremtid – mellomleiet mellom barndom og ungdom. Fyrhuset kan representere det eneste konstante og trygge i alles liv, og dermed bety hva som helst av verdi for den enkelte betrakteren. Noen tror på en gud, noen tror på kjærligheten mellom mennesker – fyrhuset betyr akkurat det betrakteren ønsker at det skal bety.

De vakre og idylliske motivene Fronth tar utgangspunkt i, er nesten litt *for* vakre og idylliske til å være troverdige. Det er derfor man som betrakter blir utfordret til å tenke videre, se bak fasaden – og spørre seg hva som skjuler seg bak det vakre og tilsynelatende uproblematiske tablået.

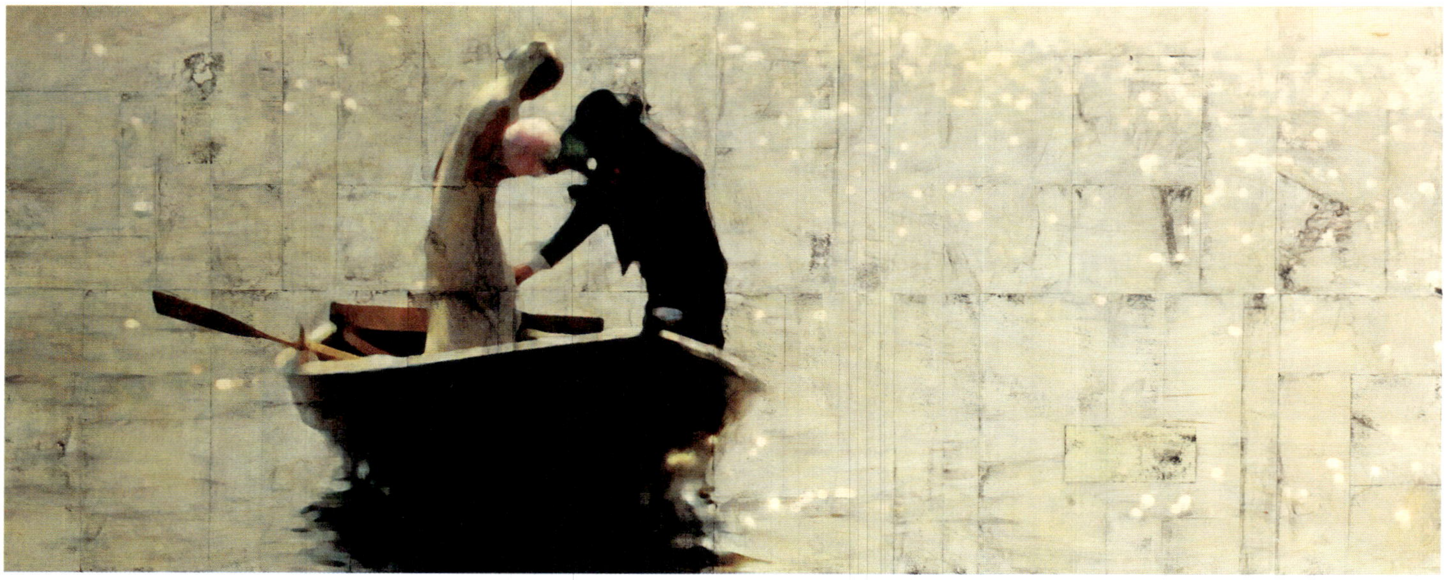

Ceremony – Institution? (archipelago) II 2008
Phototransfer / Oil on Wood
40 x 100 cm / 16 x 39 in

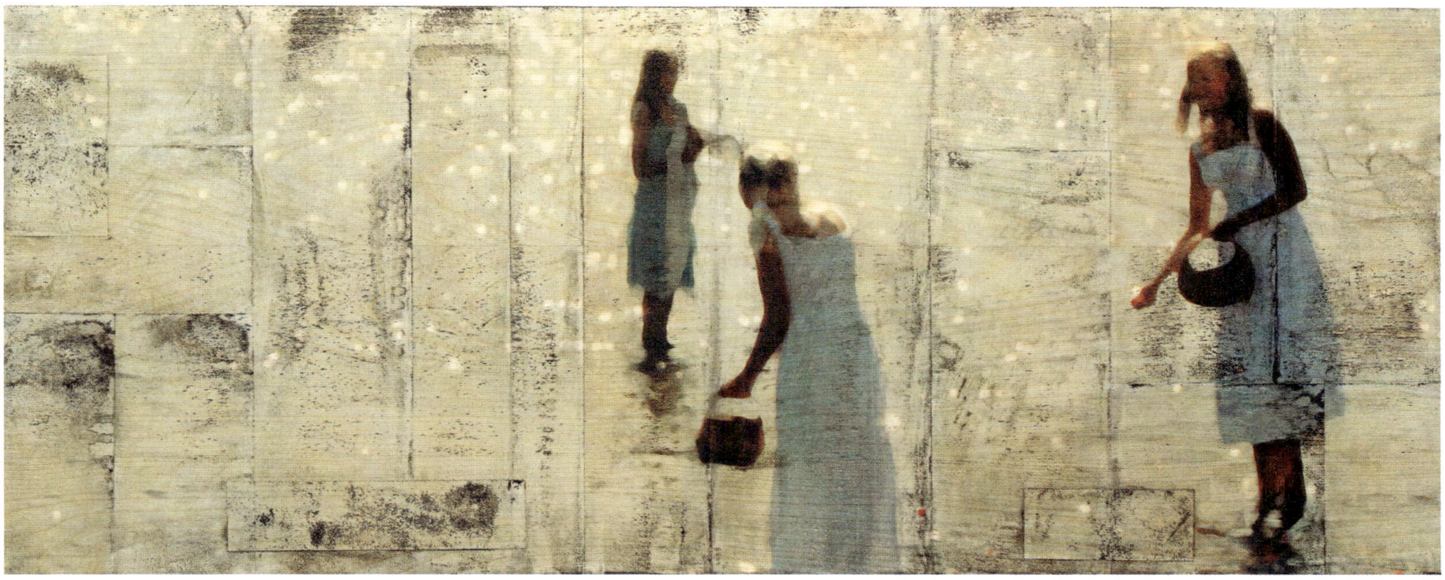

Ceremony – Institution? (archipelago) II 2008
Phototransfer / Oil on Wood
100 x 40 cm / 39 x 16 in
Private Collection / Bergen

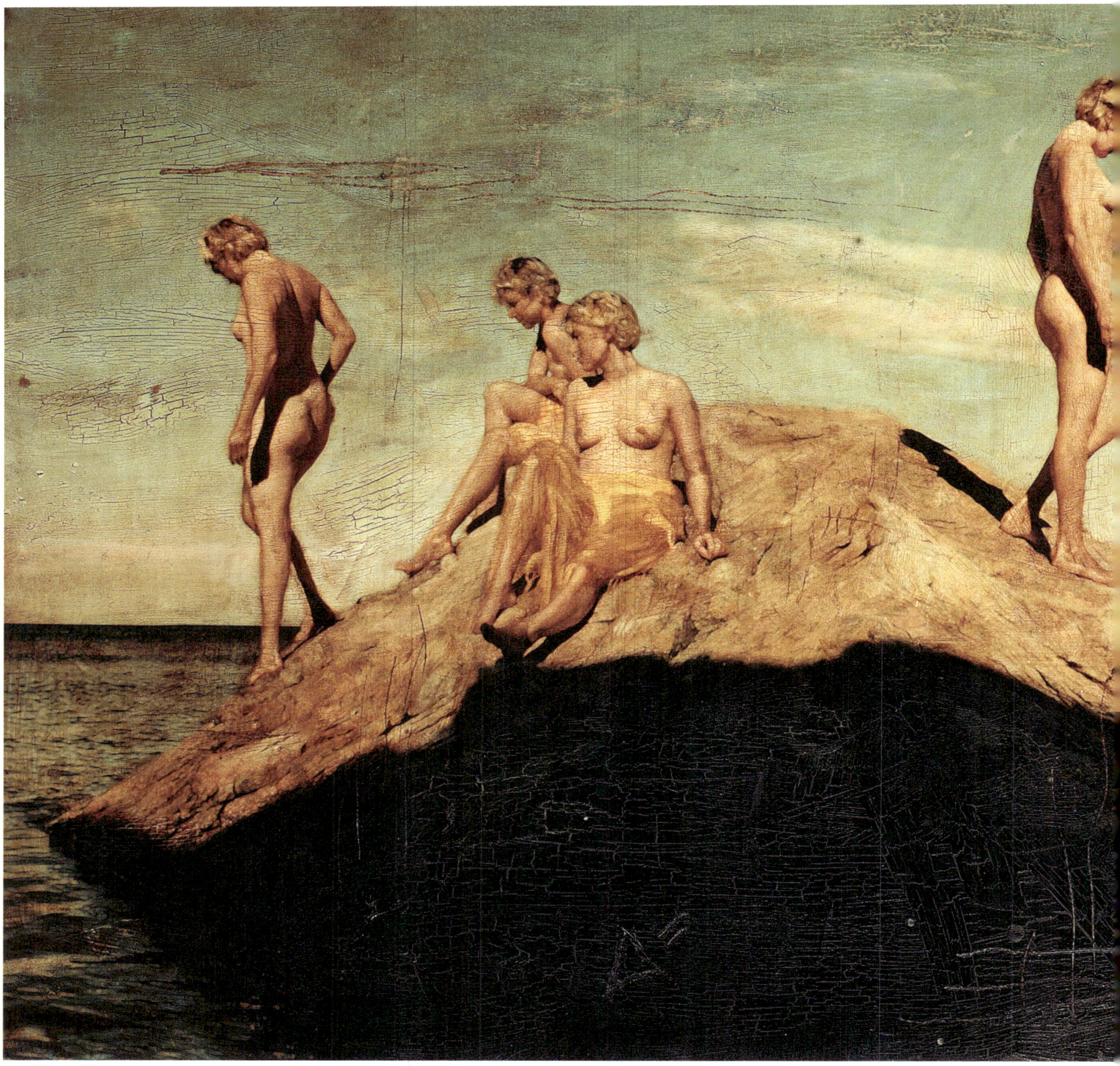

Salt (Genome) I 2001
Mixed Media / Oil on Canvas
112 x 245 cm / 44 x 96 in
Ver. II Collection of Choice Hotels / Norway
Ver. III Collection of Mr. & Mrs. Edward Mullen / United States

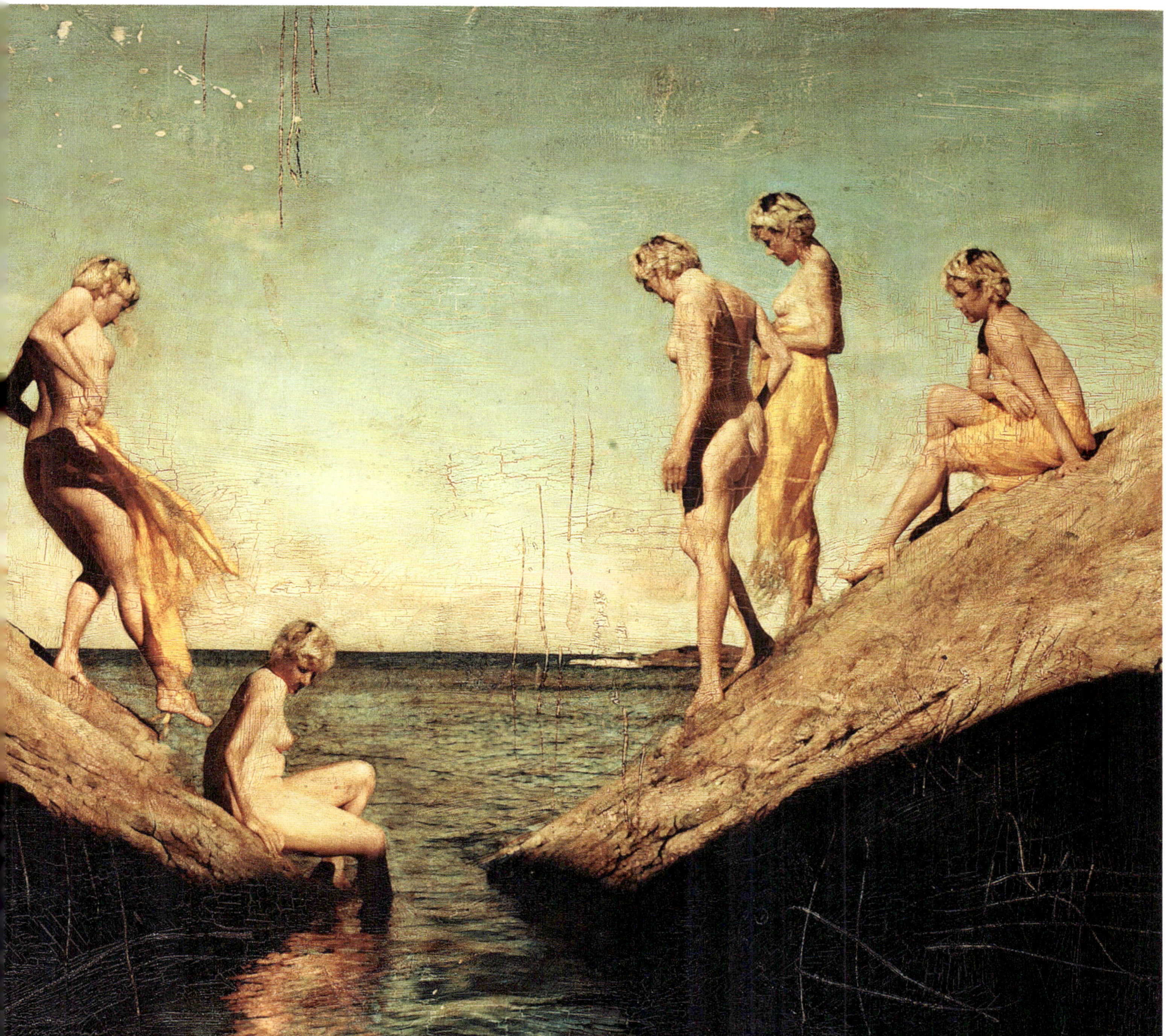

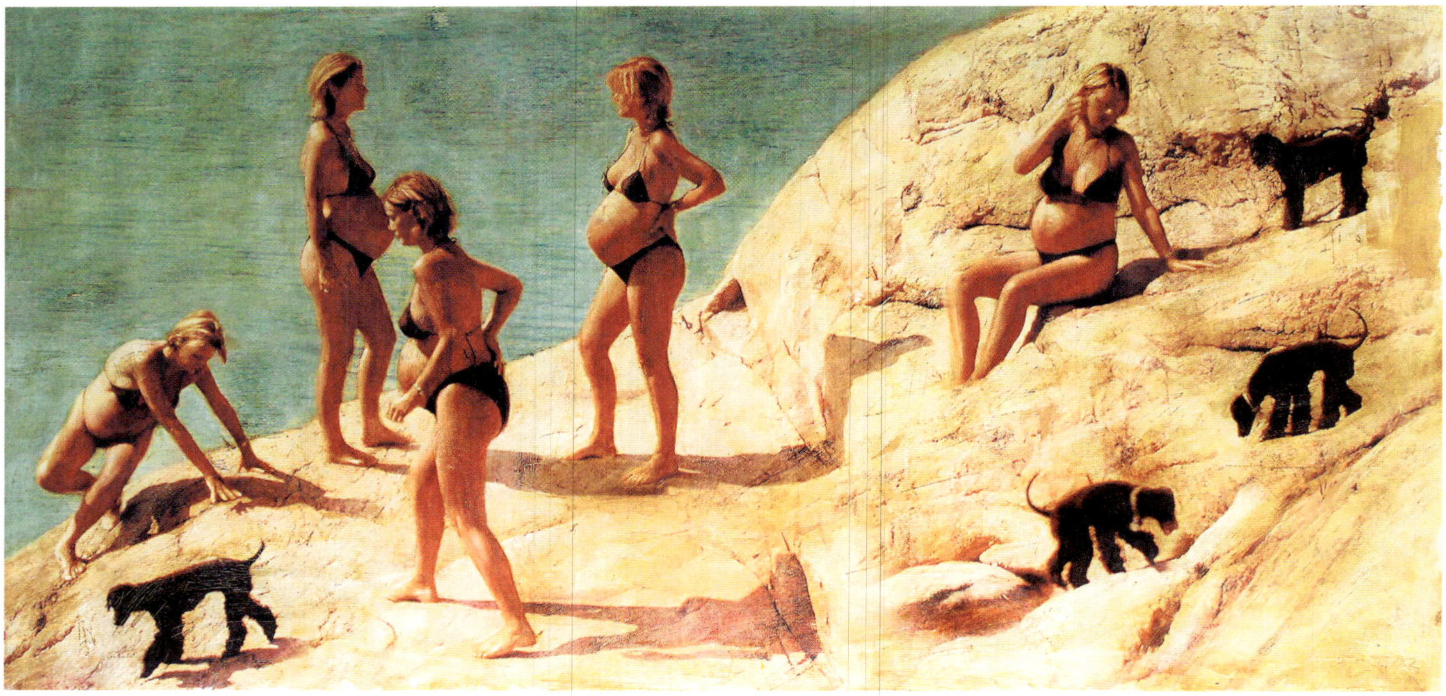

Poodlewalk 2003
Mixed Media / Oil on Canvas
135 x 250 cm / 54 x 100 in
Collection of Åpent Bakeri / Norway

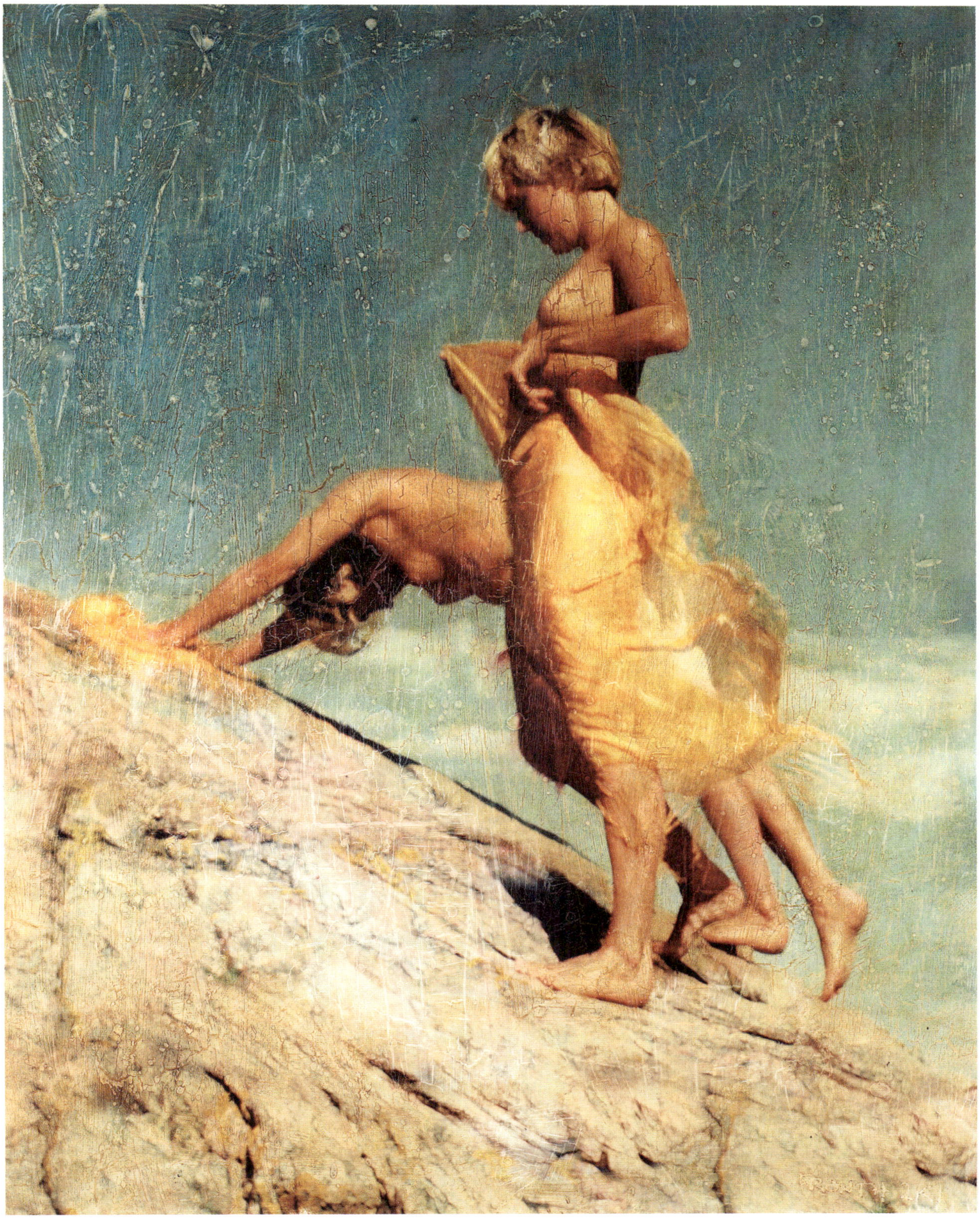

SALT (genome) II 2001
Mixed Media / Oil on Canvas
112 x 137 cm / 44 x 54 in
Private Collection / Oslo
Ver. II Private Collection / United States

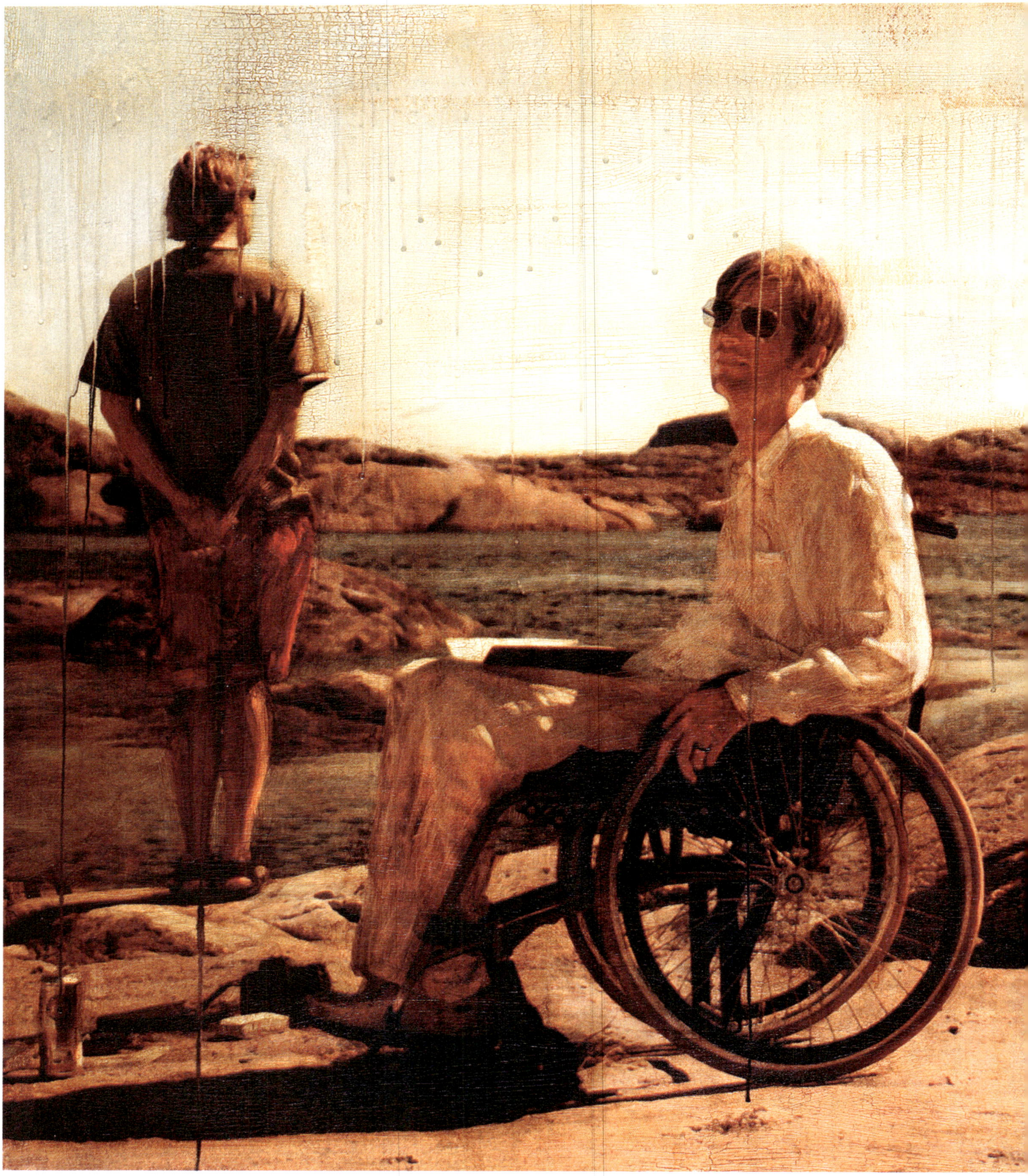

PPVF (the poet, the paper, his view and her future) 2001
Mixed Media / Oil on Canvas
109 x 74 cm / 44 x 29 in
Private Collection / Norway

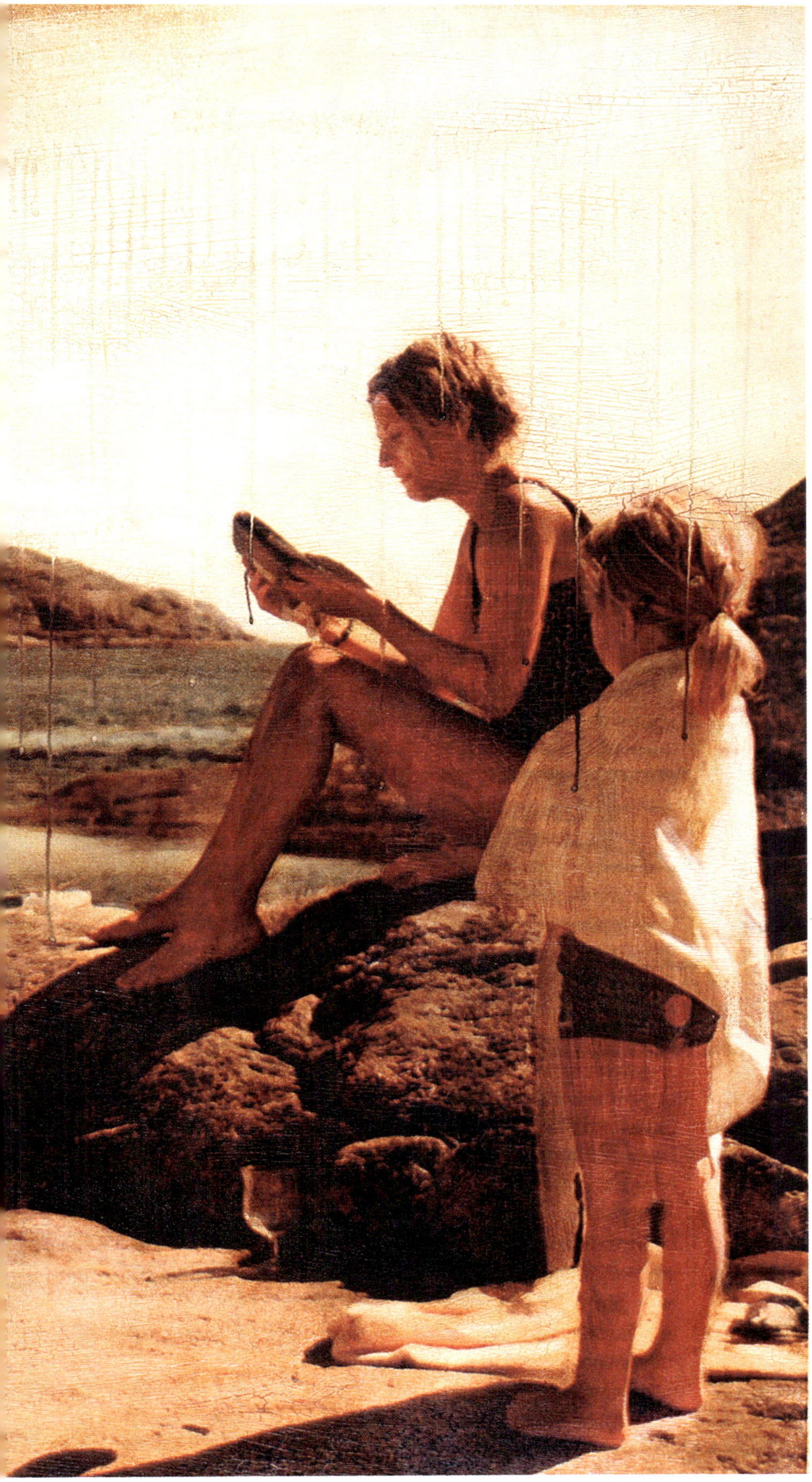

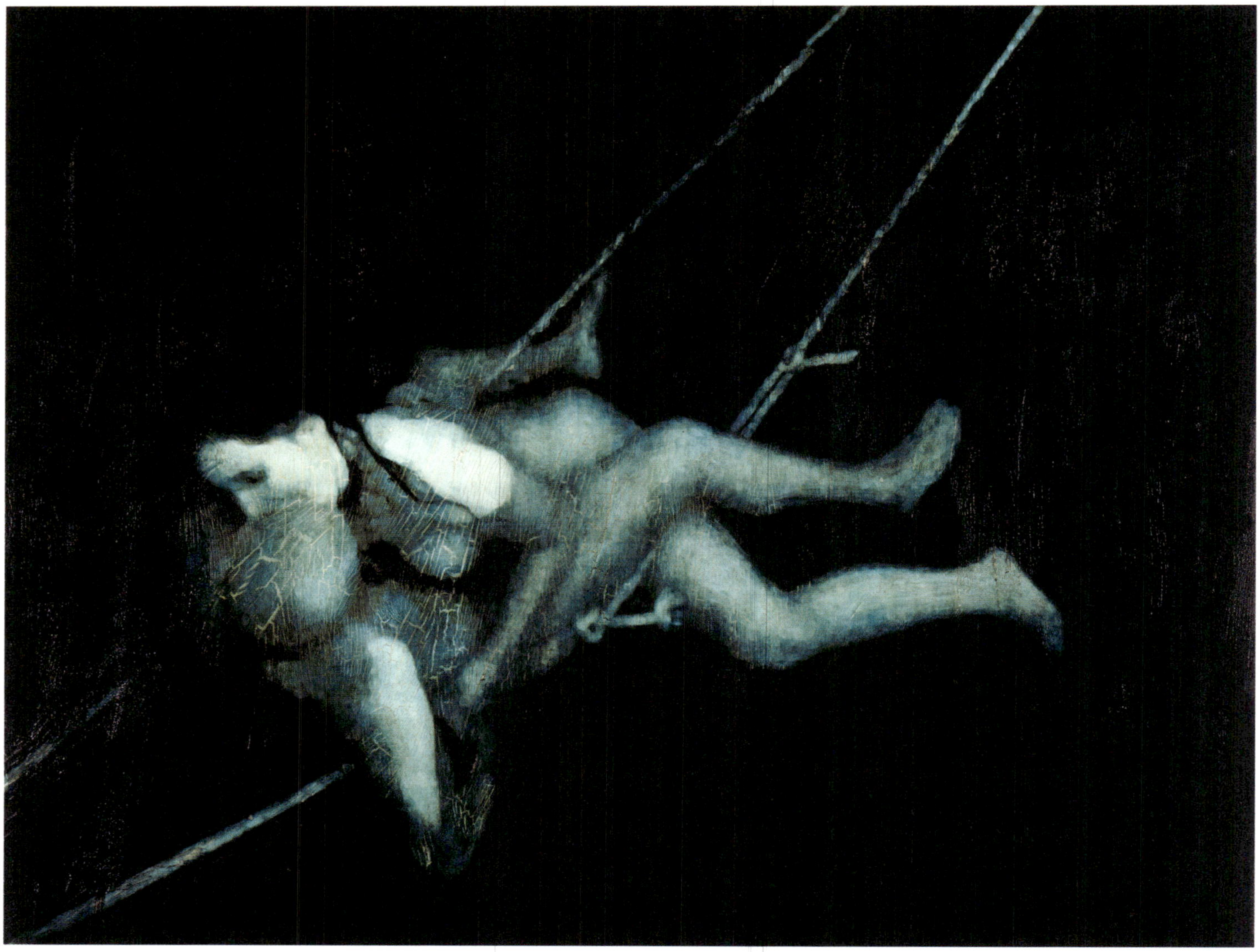

Archipelago 2001
Mixed Media / Oil on Canvas
112 x 149 cm / 44 x 58 in
Private Collection / Norway

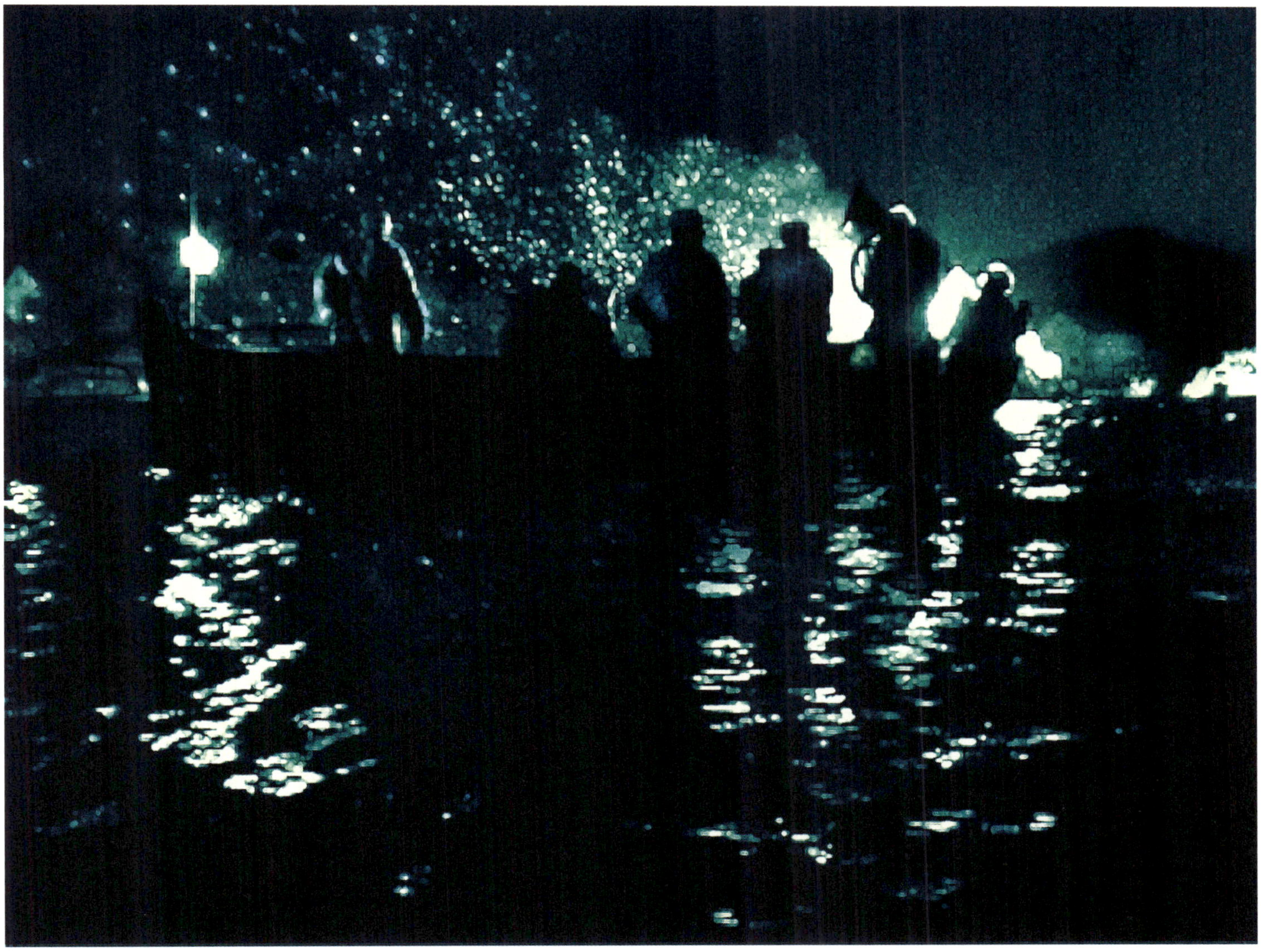

Olsok (Kåre Karlsen and the Visiting Orchestra) 2001
Mixed Media / Oil on Canvas
112 x 84 cm / 44 x 32 in
Private Collection / Norway

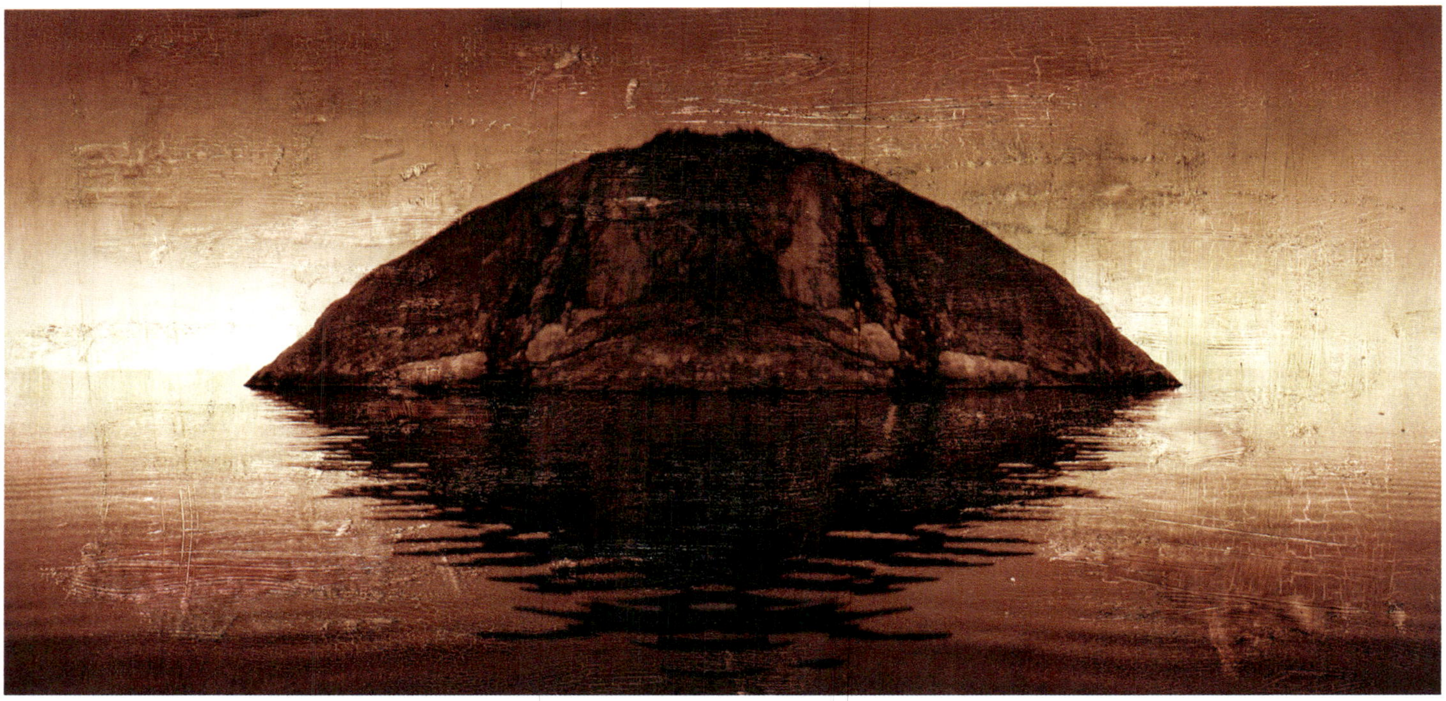

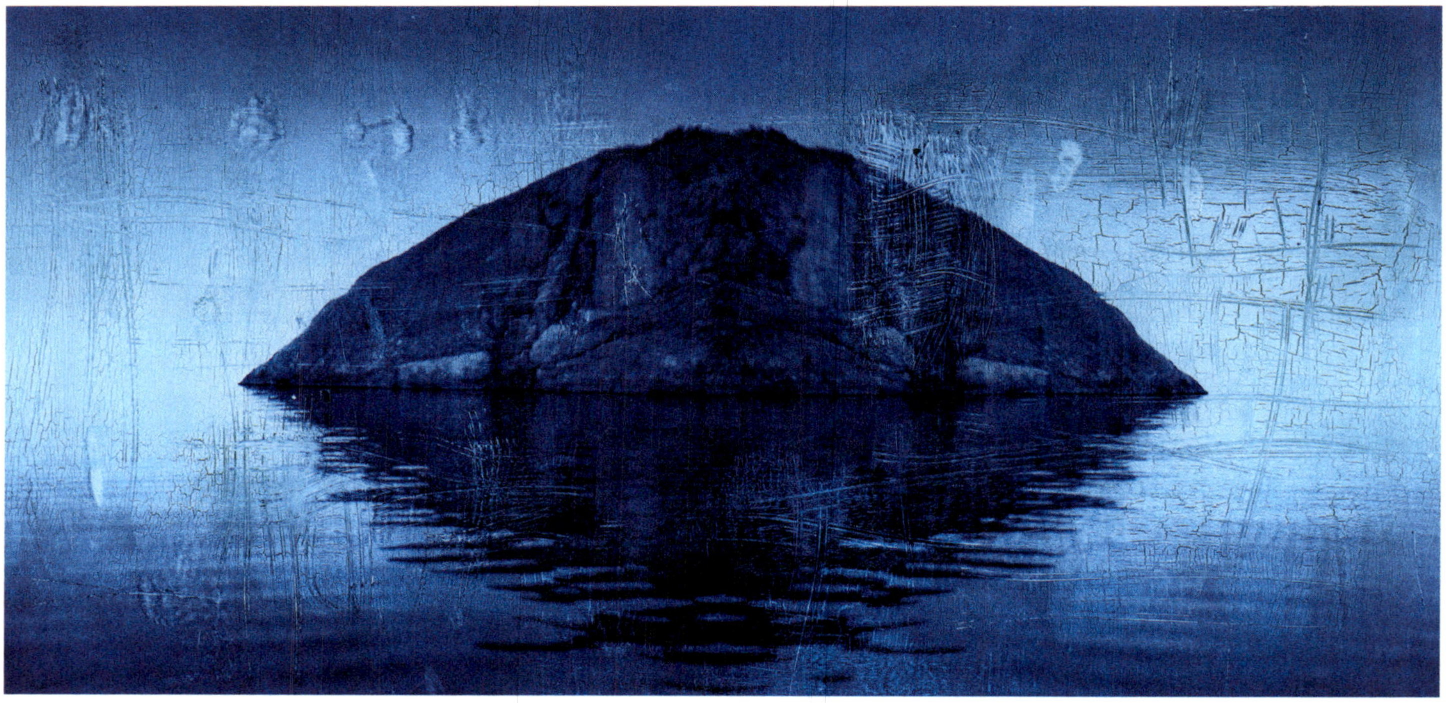

Poem I 2001
Mixed Media / Oil on Canvas
137 x 66 cm / 54 x 26 in
Collection of University of Agder

Poem III 2001
Mixed Media / Oil on Canvas
137 x 66 cm / 54 x 26 in
Private Collection / Norway

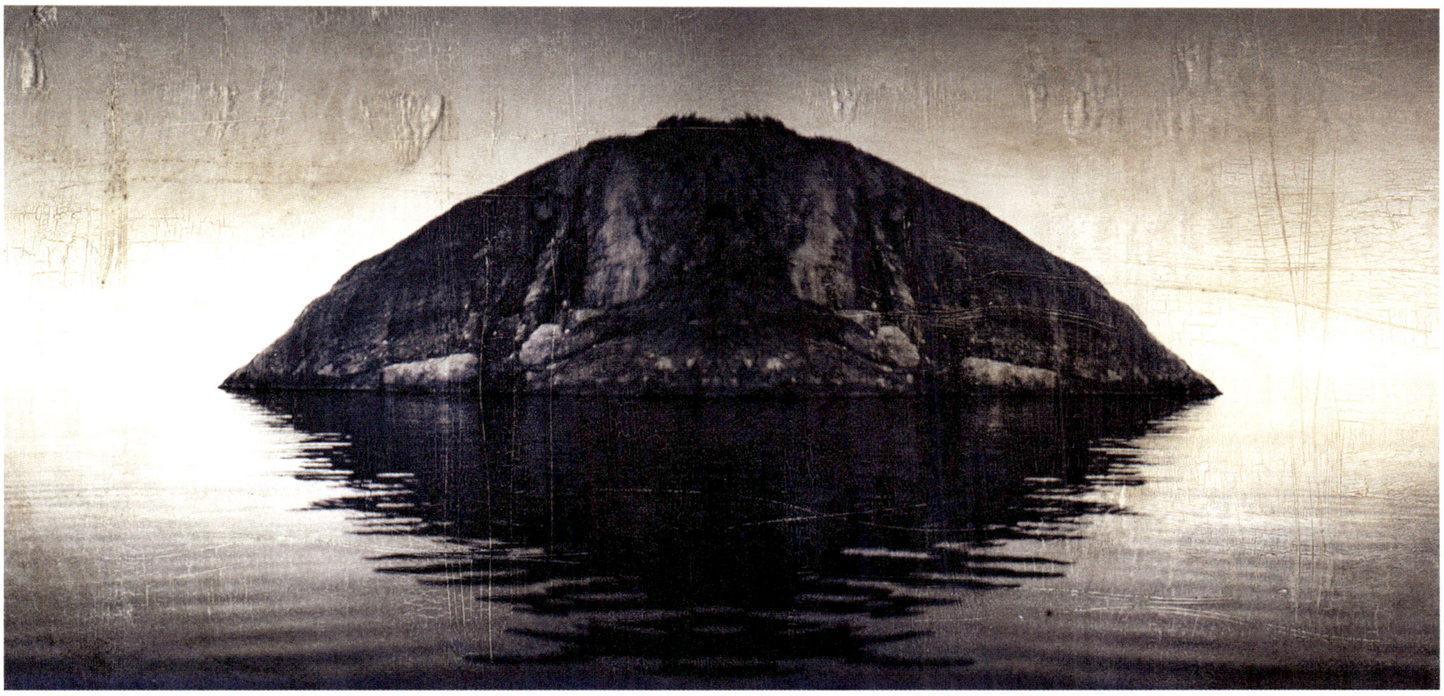

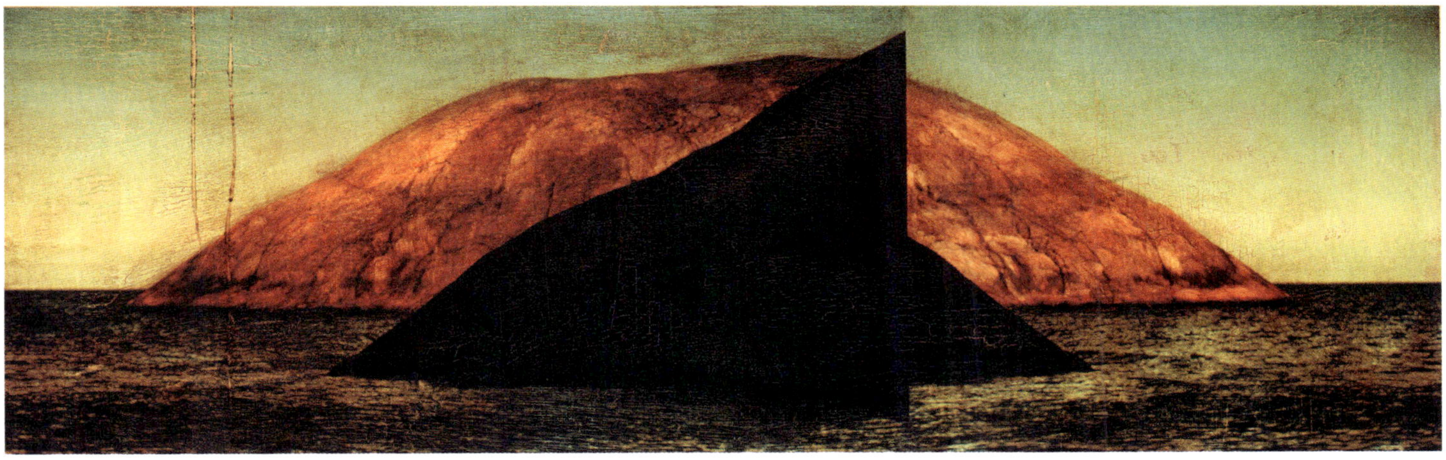

Poem II 2001
Mixed Media / Oil on Canvas
137 x 66 cm / 54 x 26 in
Private Collection / Norway

Poem IV (the islands of shadow) 2001
Mixed Media / Oil on Canvas
147 x 44 cm / 54 x 17 in
Private Collection / Norway

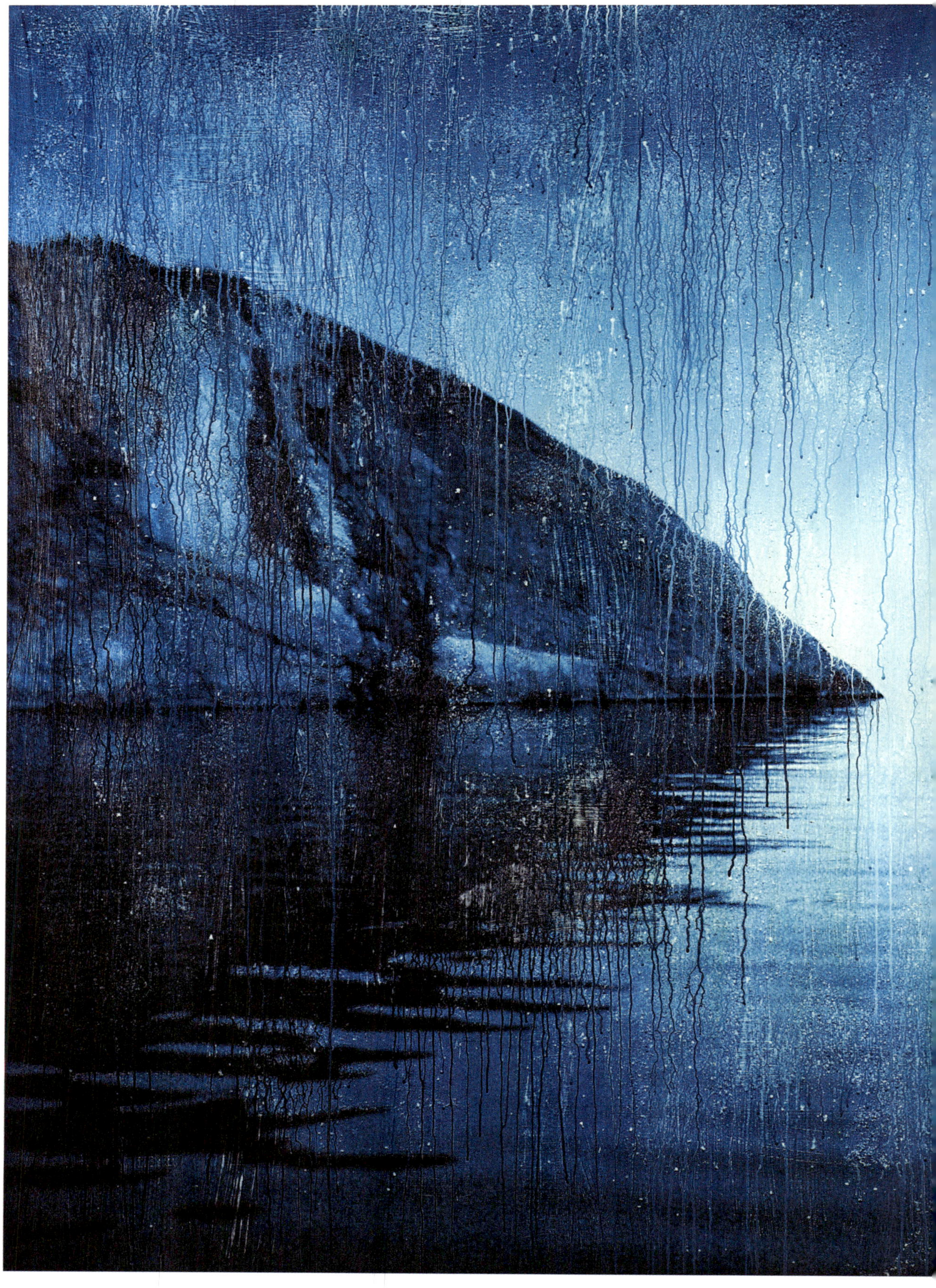

Olavsundet 2001
(Diptych)
Mixed Media / Oil on Canvas
178 x 250 cm / 72 x 99 in
Collection of Hildur and Erik Berge / Norway

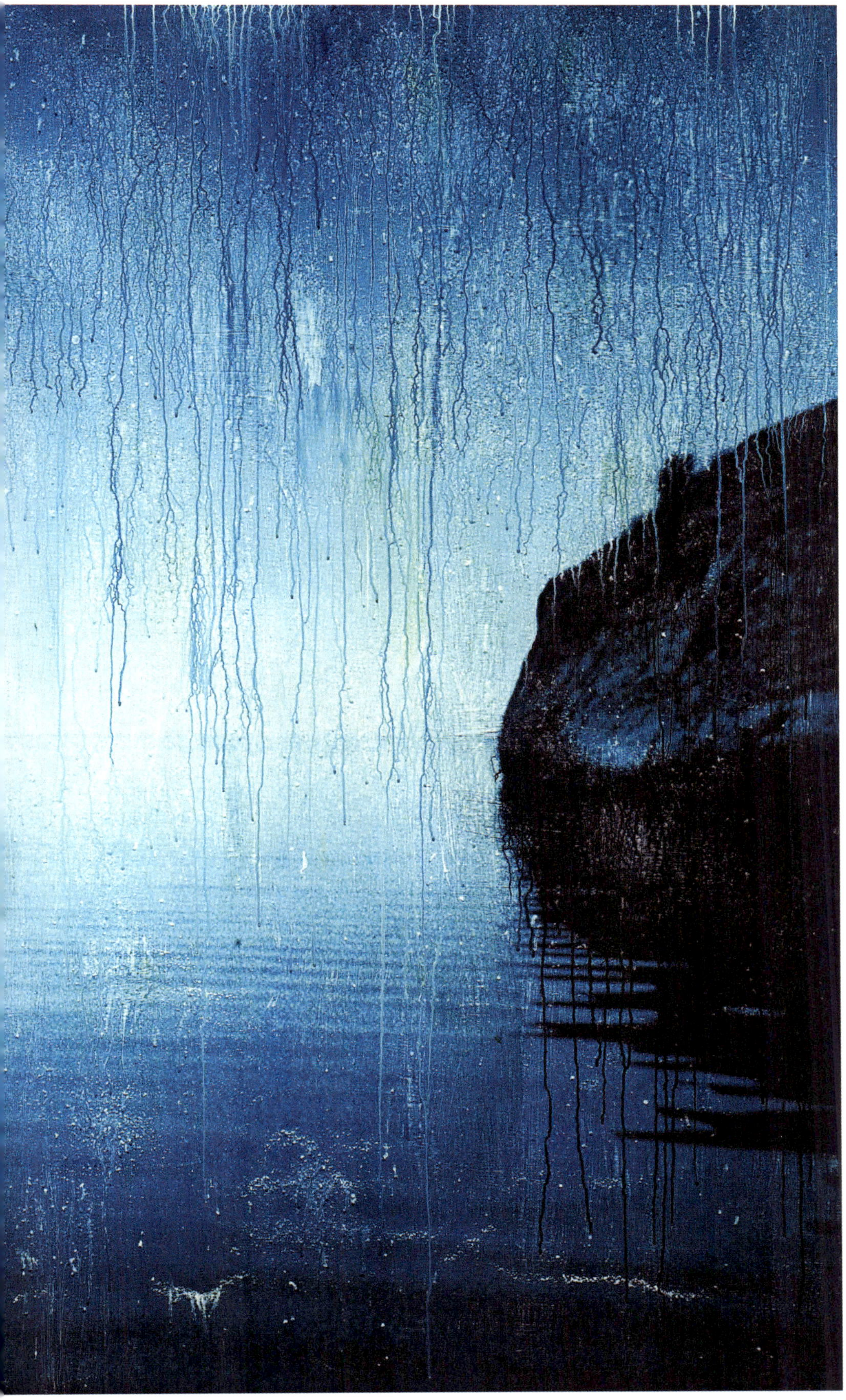

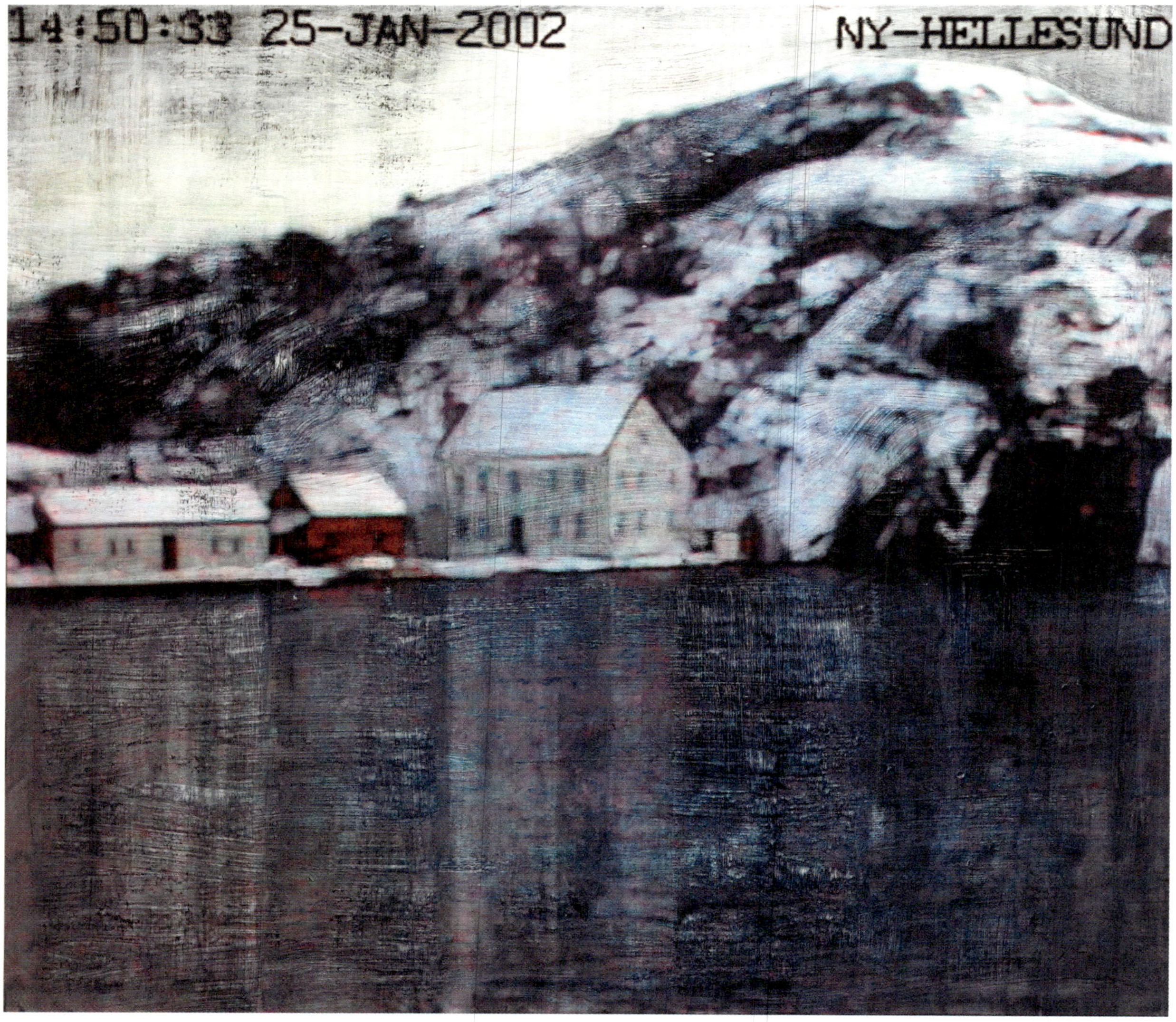

Surveillance of the Sun – 25012002 2002
Mixed Media / Oil on Canvas
50 x 40 cm / 20 x 16 in
Collection of Søgne og Greipstad Sparebank

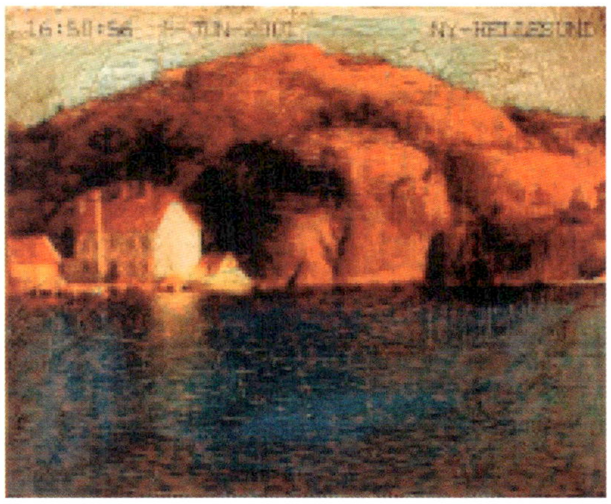

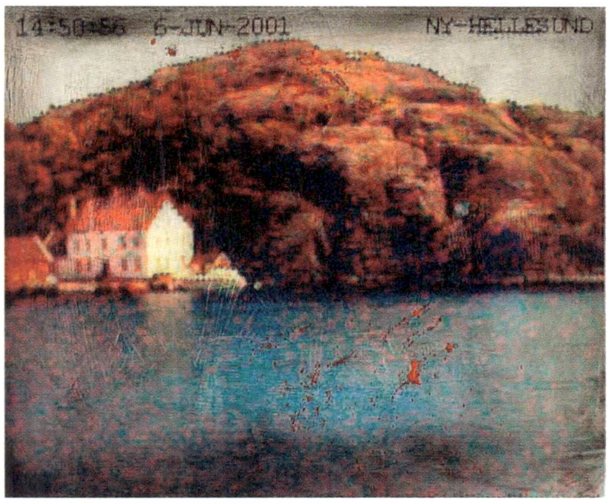

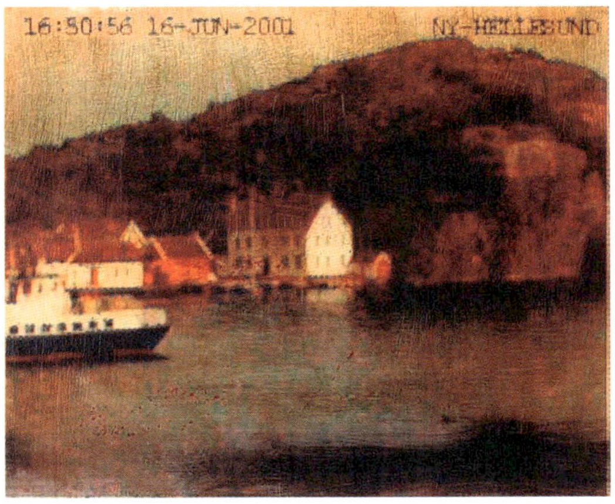

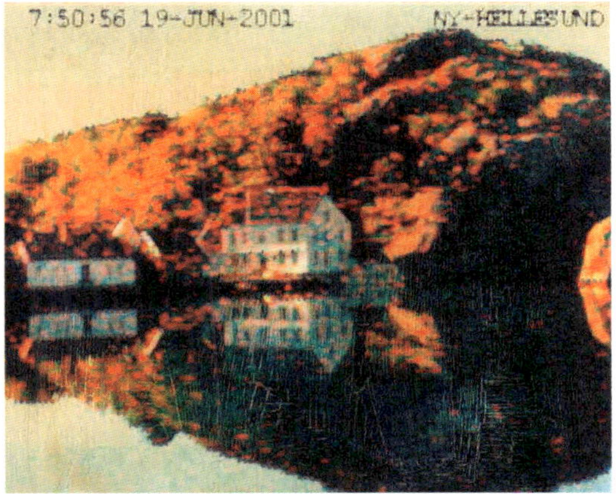

Surveillance of the Sun – 05062001
Mixed Media / Oil on Canvas
50 x 40 cm / 20 x 16 in
Private Collection / Norway

Surveillance of the Sun – 06062001
Mixed Media / Oil on Canvas
50 x 40 cm / 20 x 16 in
Private Collection / Norway

Surveillance of the Sun – 16062001
Mixed Media / Oil on Canvas
50 x 40 cm / 20 x 16 in
Private Collection / Norway

Surveillance of the Sun – 19062001
Mixed Media / Oil on Canvas
50 x 40 cm / 20 x 16 in
Private Collection / Norway

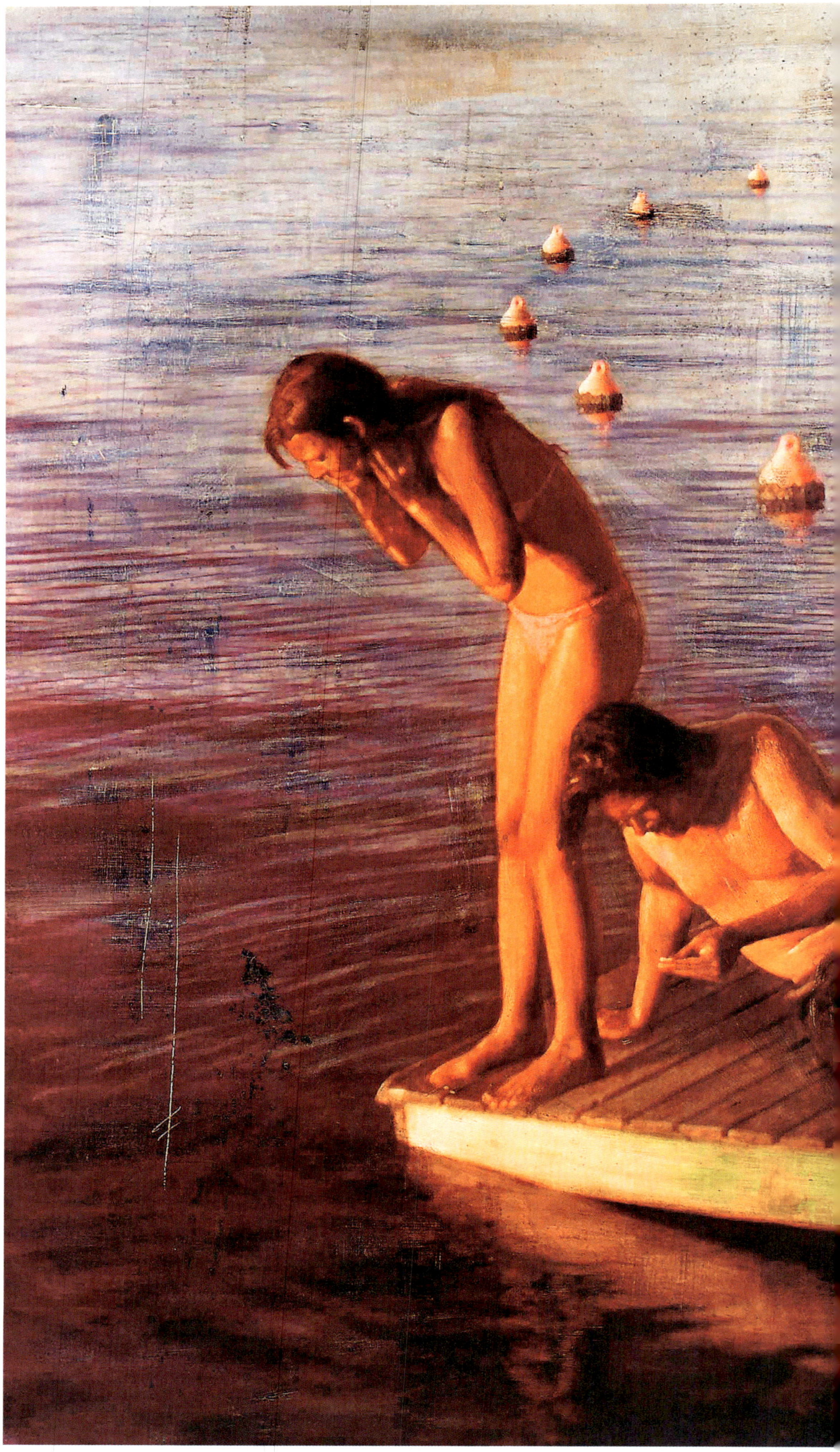

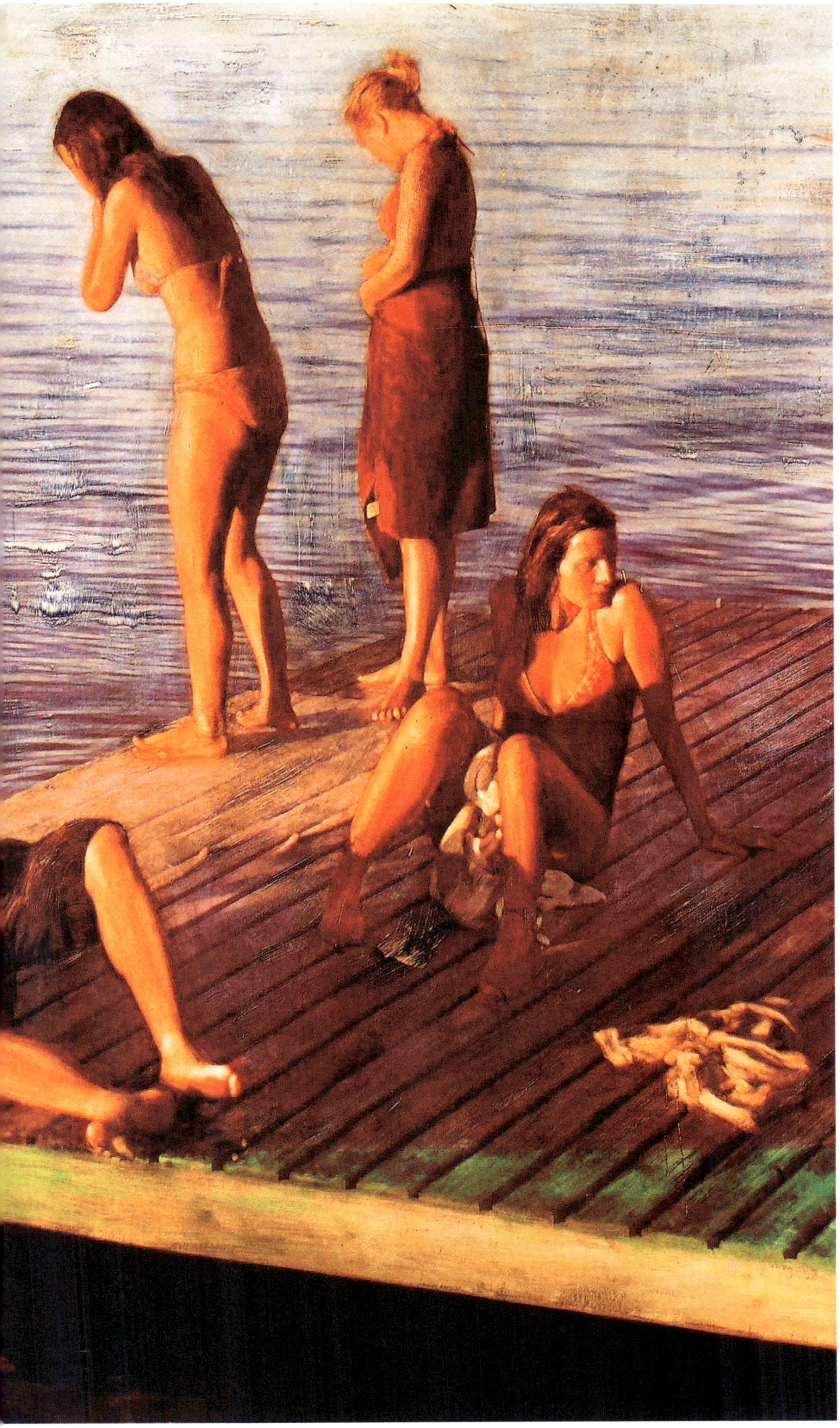

A Moment of Terror (jellyfish)
2003
Diptych
Mixed Media / Oil on Canvas
270 x 220 cm / 108 x 85 in
Ver II. Collection of Ventelo

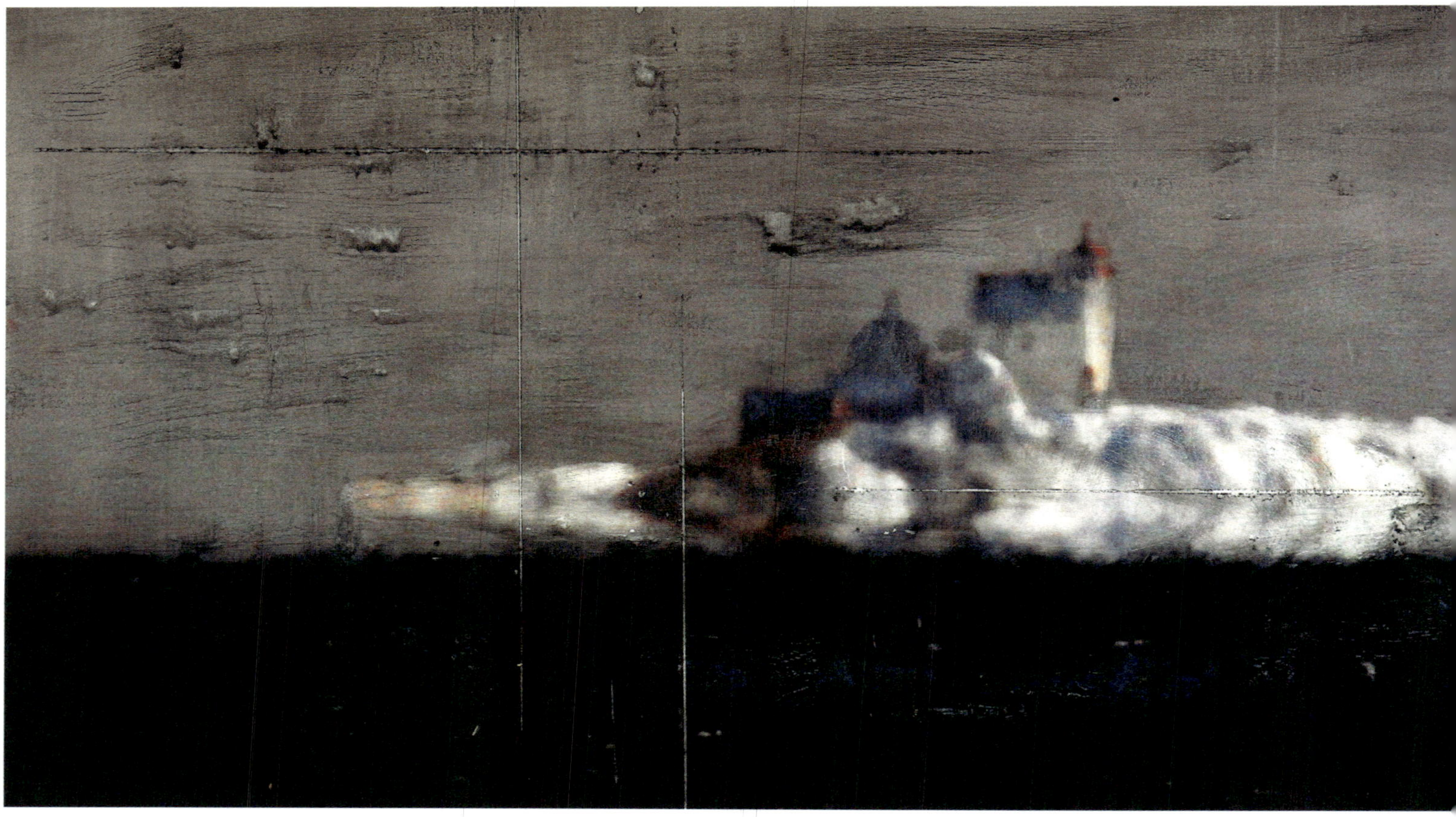

Lighthouse II. (archipelago) 2007
Diptych
Mixed Media / Oil on Canvas
274 x 60 cm / 108 x 24 in
Ver. I Collection of Mona & Thore Berthelsen / Norway
Ver. II Collection of Ragnhild Hald & Jon Bjørgum / Norway

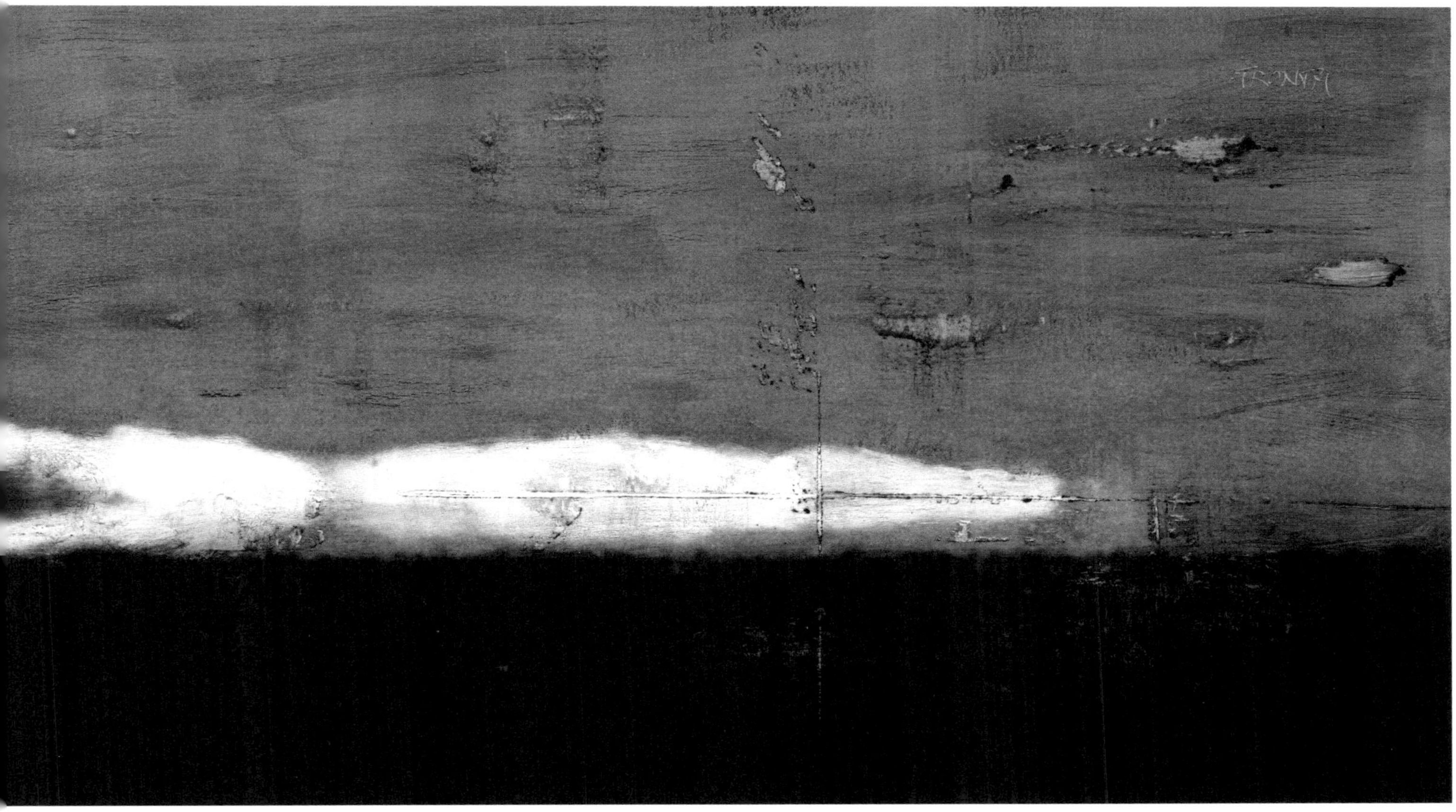

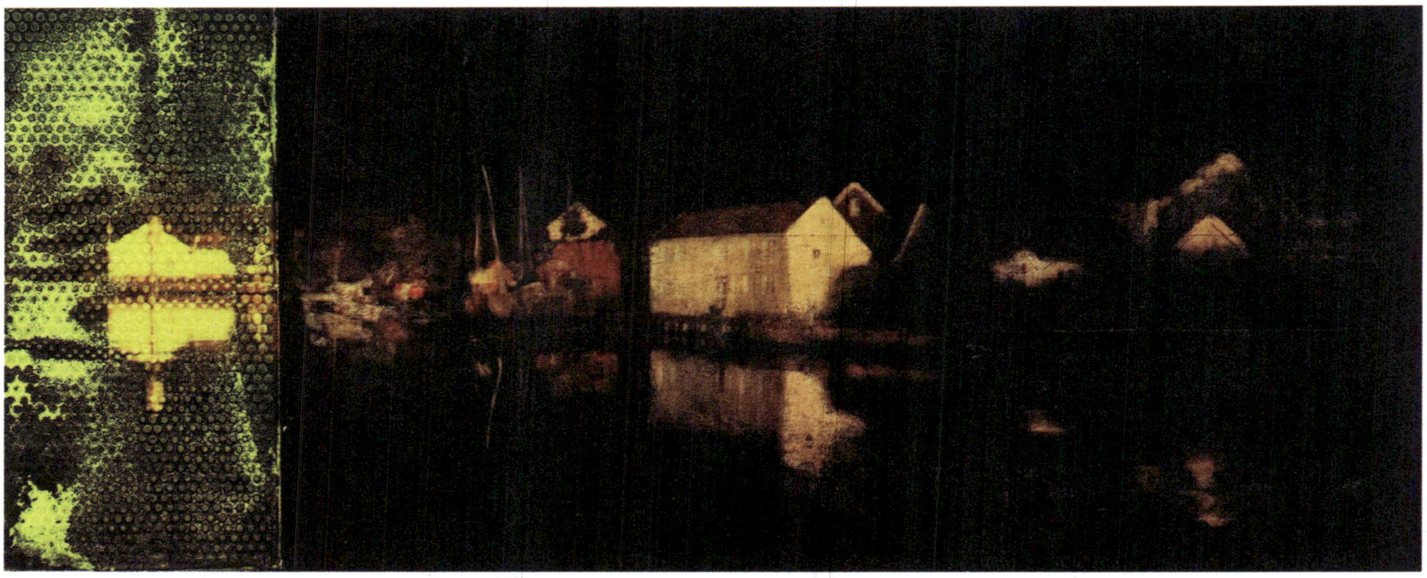

Entry / East / Reflex (archipelago) ver. I 2007
Phototransfer / 3M reflective material / Oil on Wood
20 x 50 cm / 8 x 20 in
Private Collection / Norway

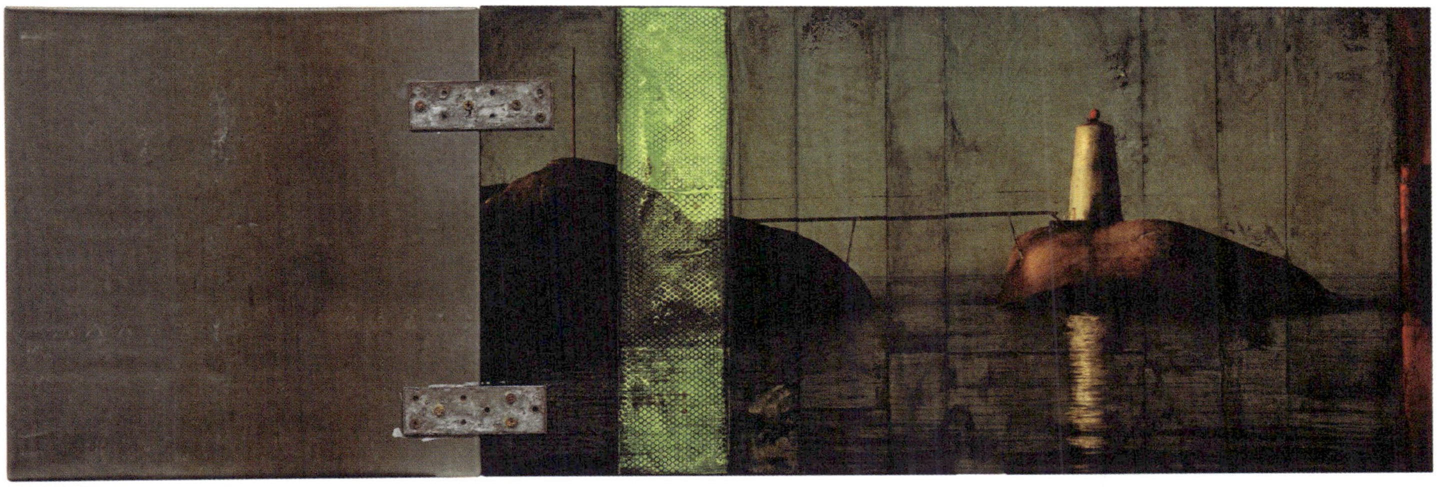

Break of Day (Psychology) ver. II 2008
Phototransfer / Lead / 3M reflective material / Oil on Wood
40 x 120 cm / 16 x 47 in
Private Collection / Norway

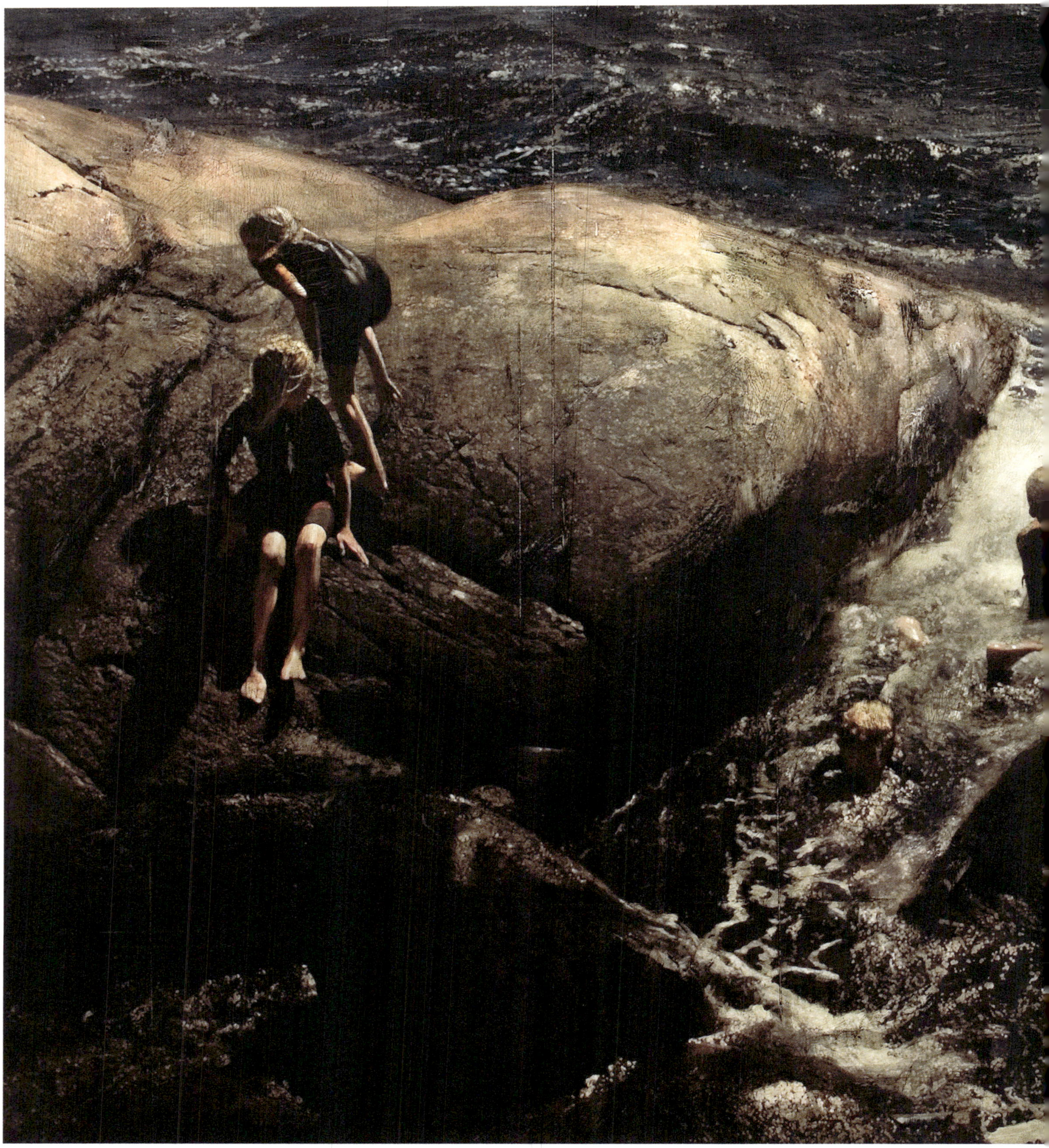

Evolution of Melancholy III – St. Matthews 2008
Mixed Media / Oil on Canvas
165 x 315 cm / 66 x 126 in
Ver I. Collection of Jesse AS / Norway
Ver II. Collection of Camilla & Bjarne Samuelsen / Norway
Ver III. Collection of Sandeep Bhammer / India

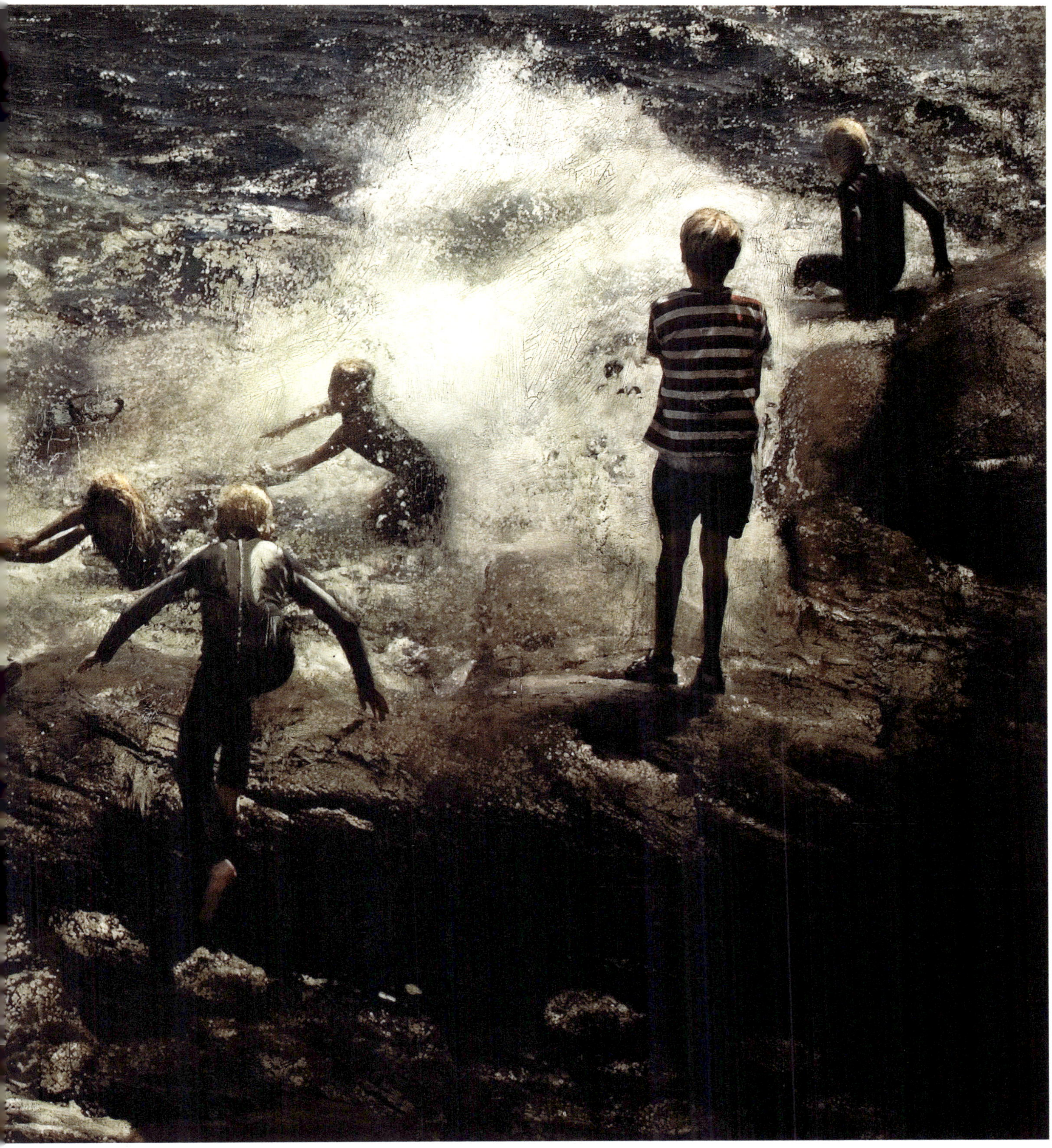

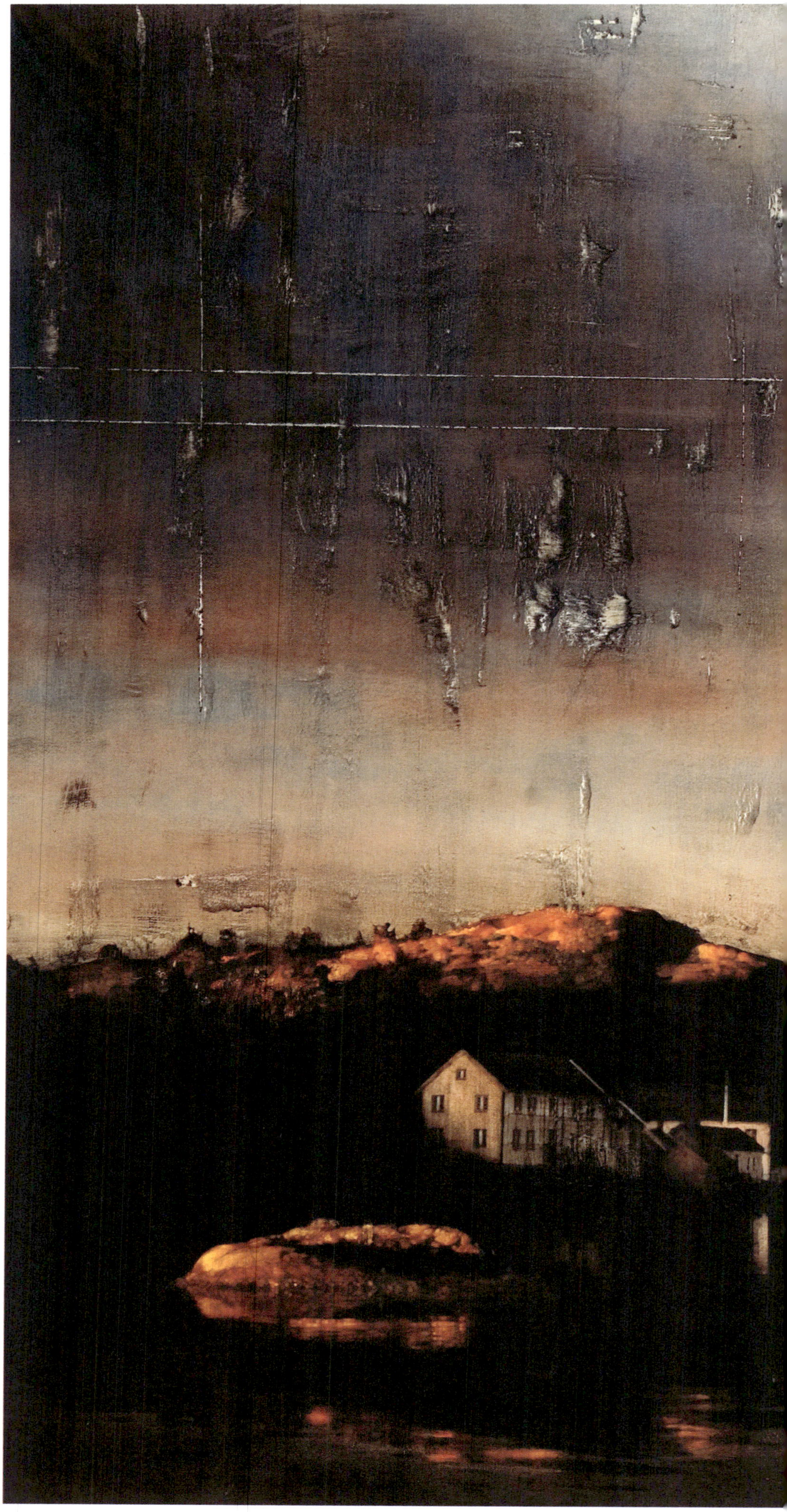

Prism / Cliché (archipelago) 2008
Mixed Media / Oil on Canvas
165 x 220 cm / 65 x 87 in
Ver I. Collection of Jesse AS / Norway
Ver II. Collection of Lumber AS / Norway

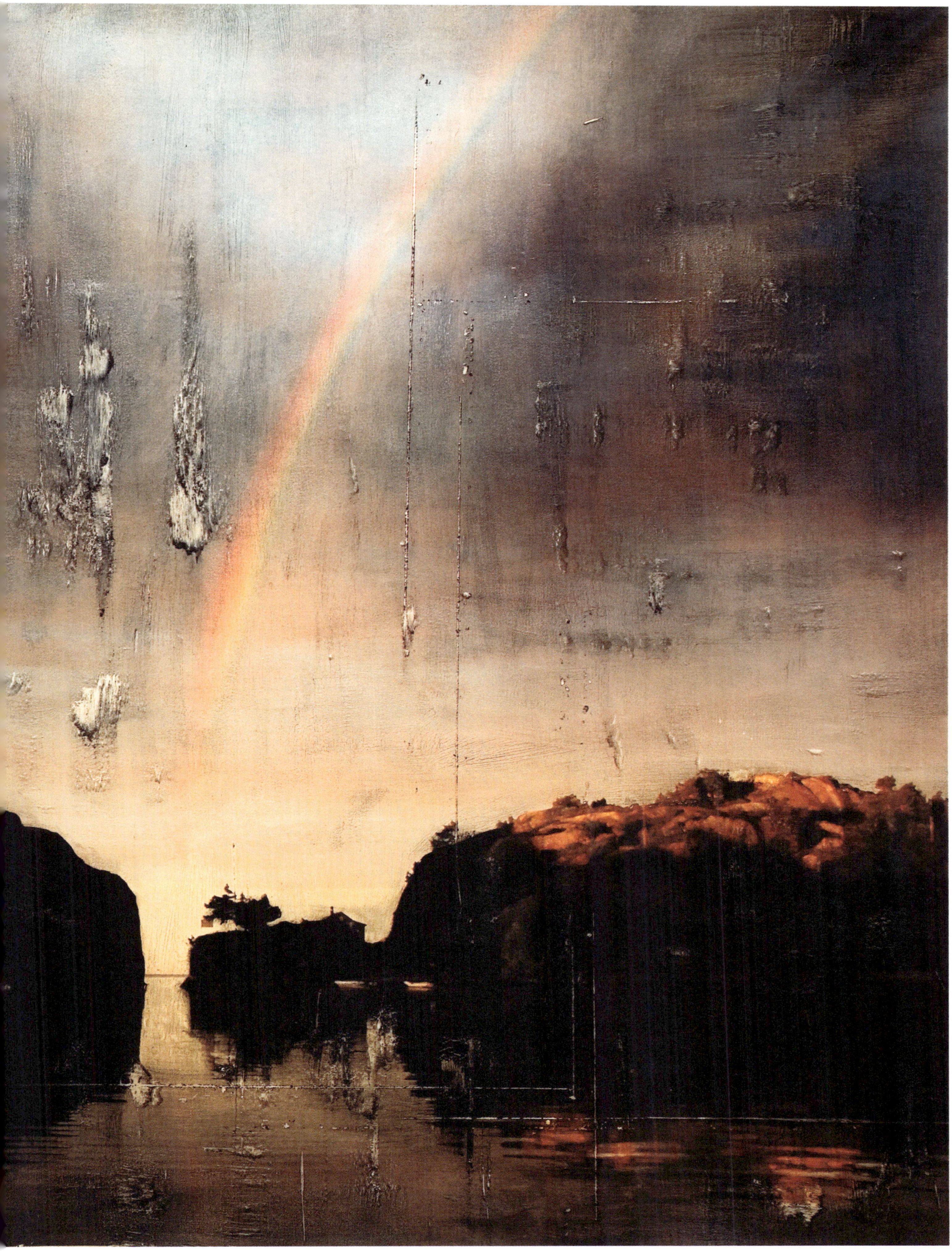

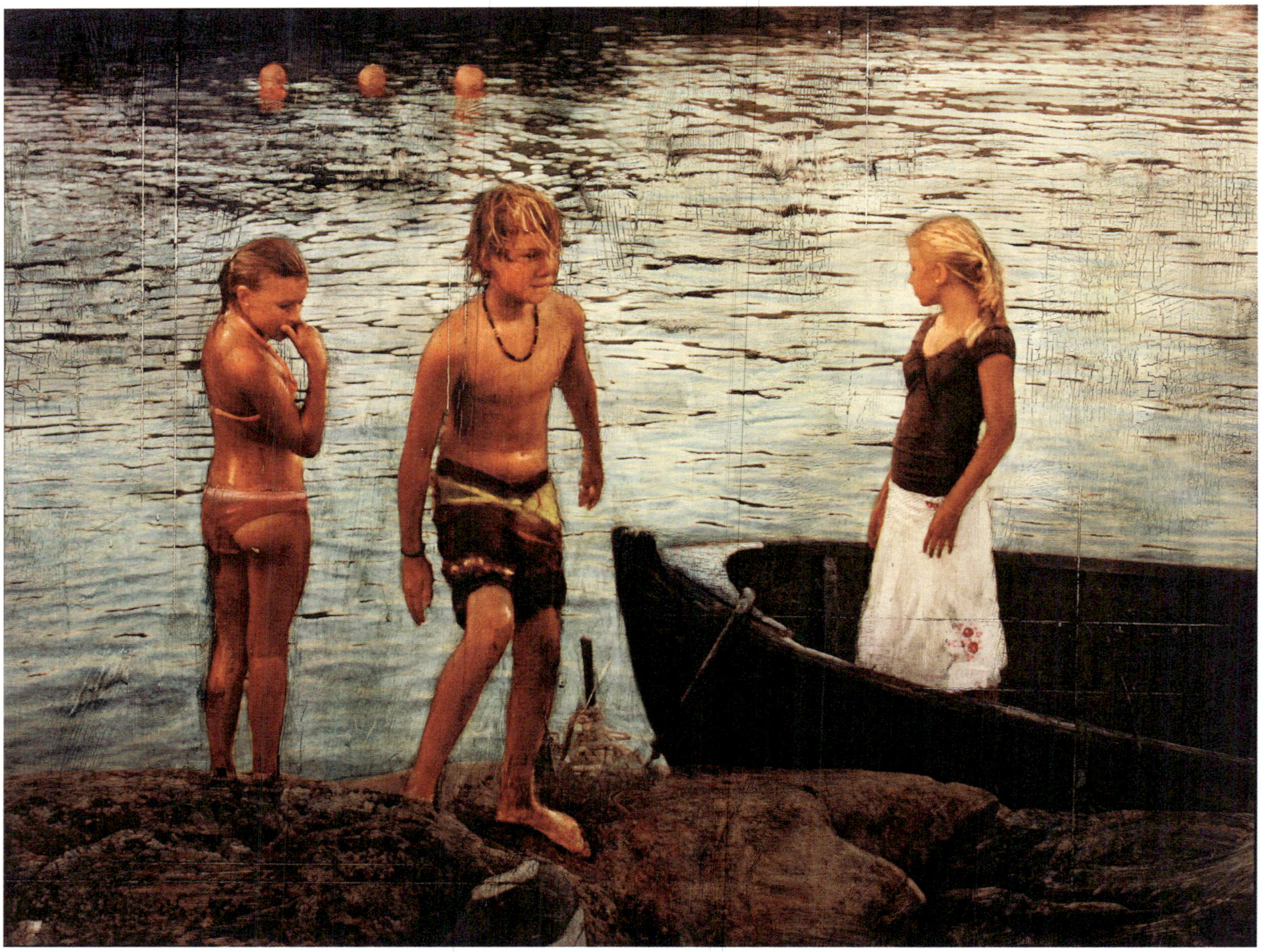

Insignificant Moment (archipelago) 2008
Mixed Media / Oil on Canvas
125 x 167 cm / 50 x 66 in

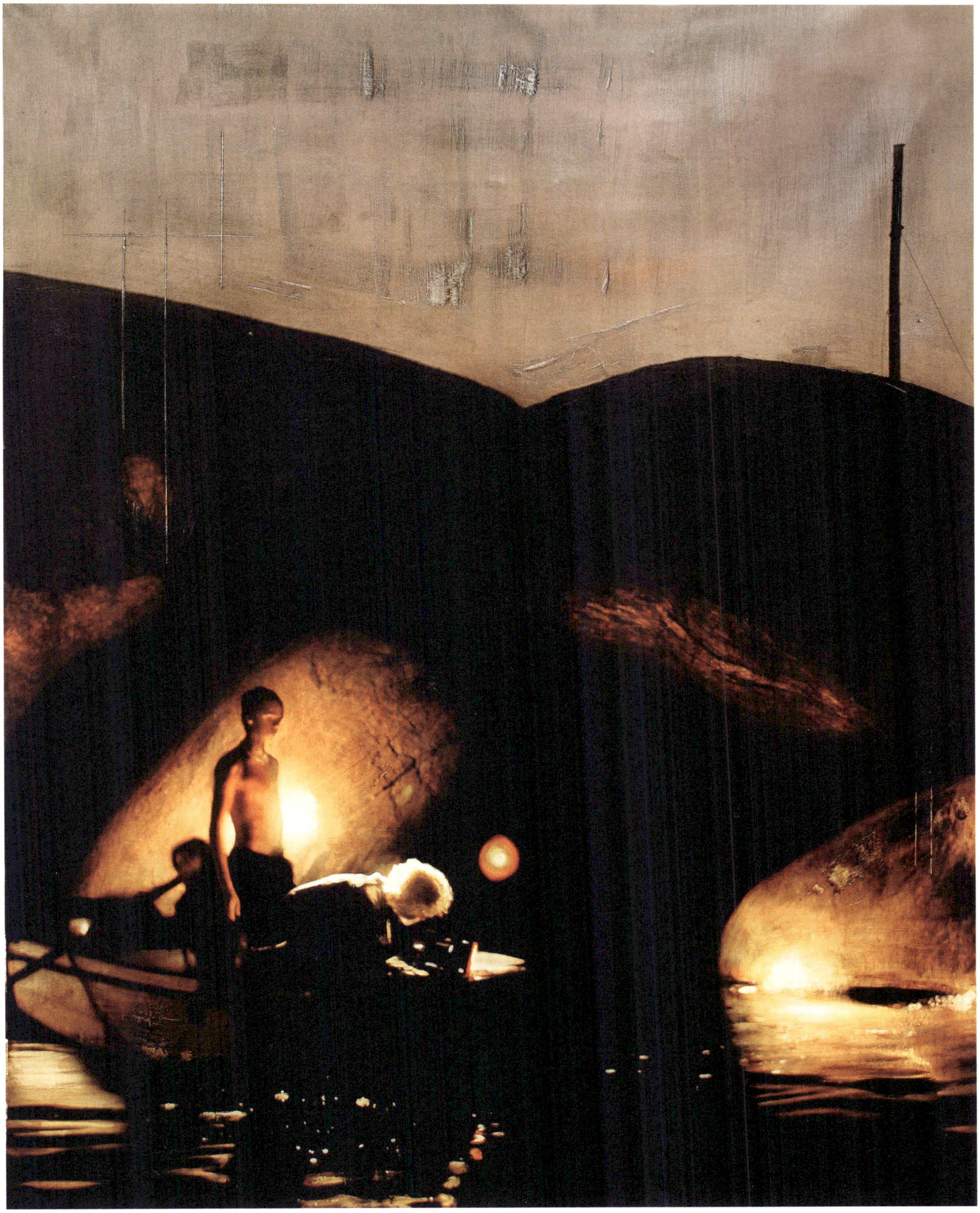

Bridge / Teenage Lux (archipelago) 2008
Mixed Media / Oil on Canvas
200 x 165 cm / 78 x 65 in
Collection of Strømberggruppen AS / Norway

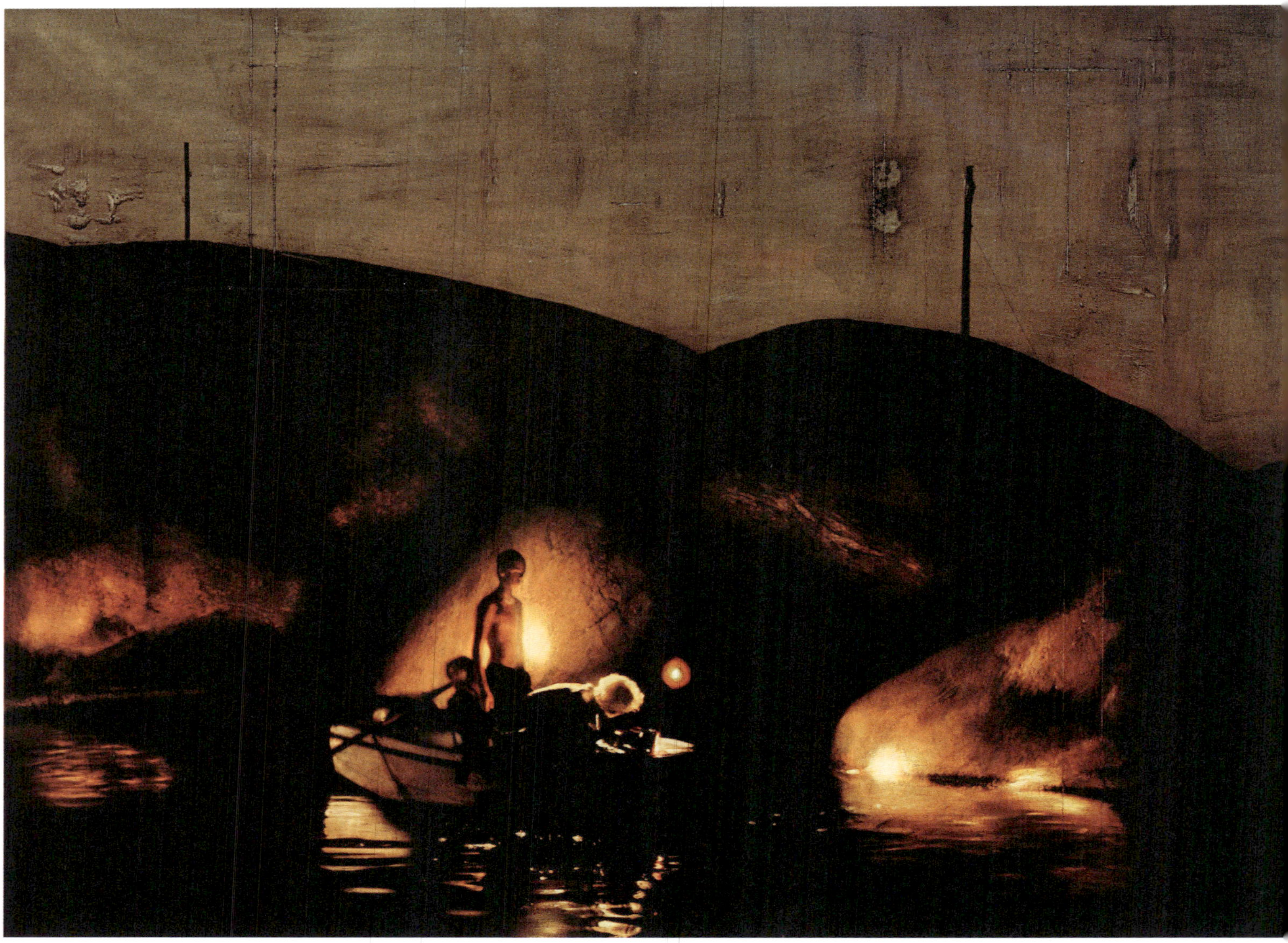

Bridge / Teenage Lux (archipelago) 2008
Mixed Media / Oil on Canvas
165 x 465 cm / 65 x 184 in

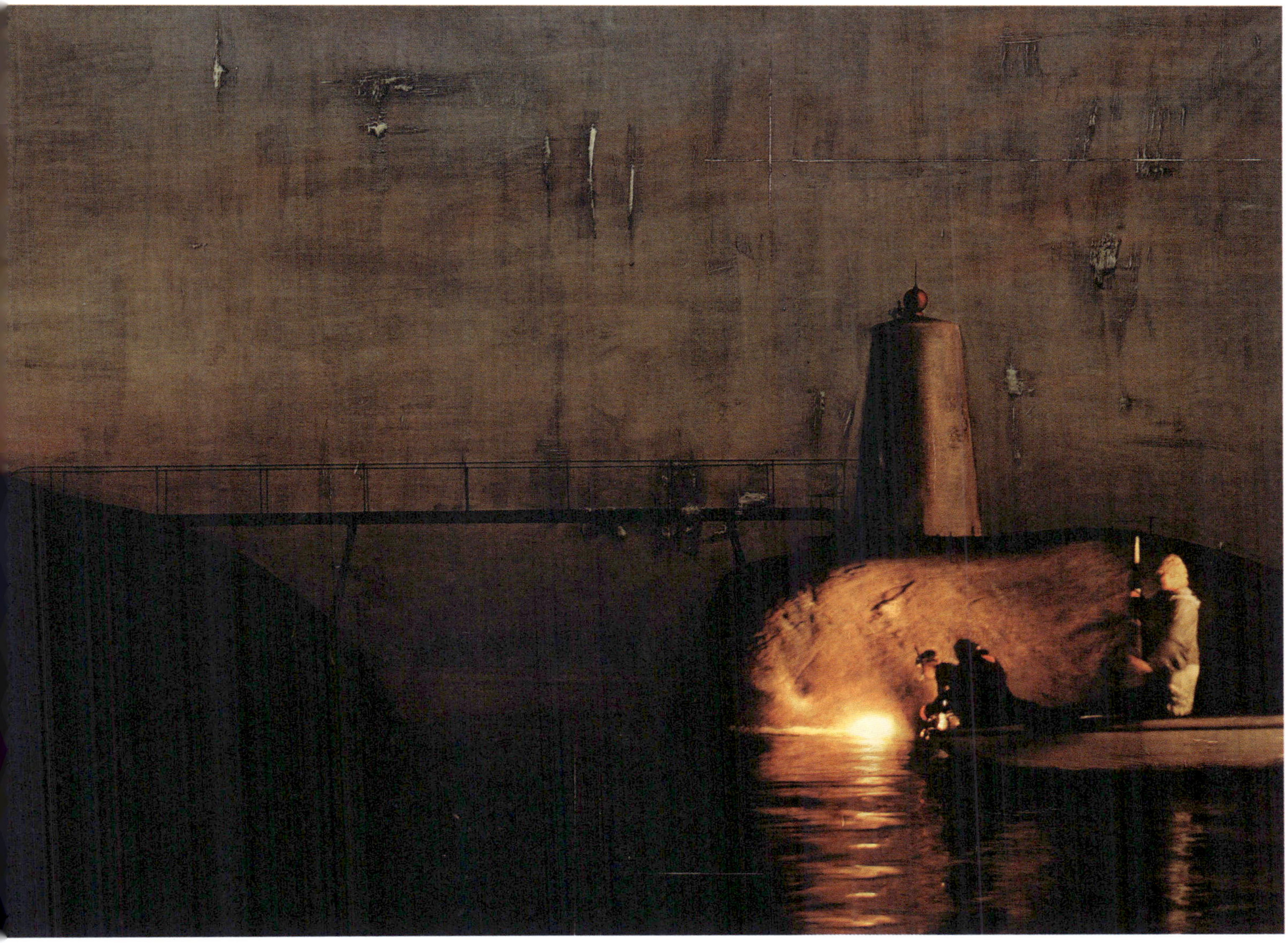

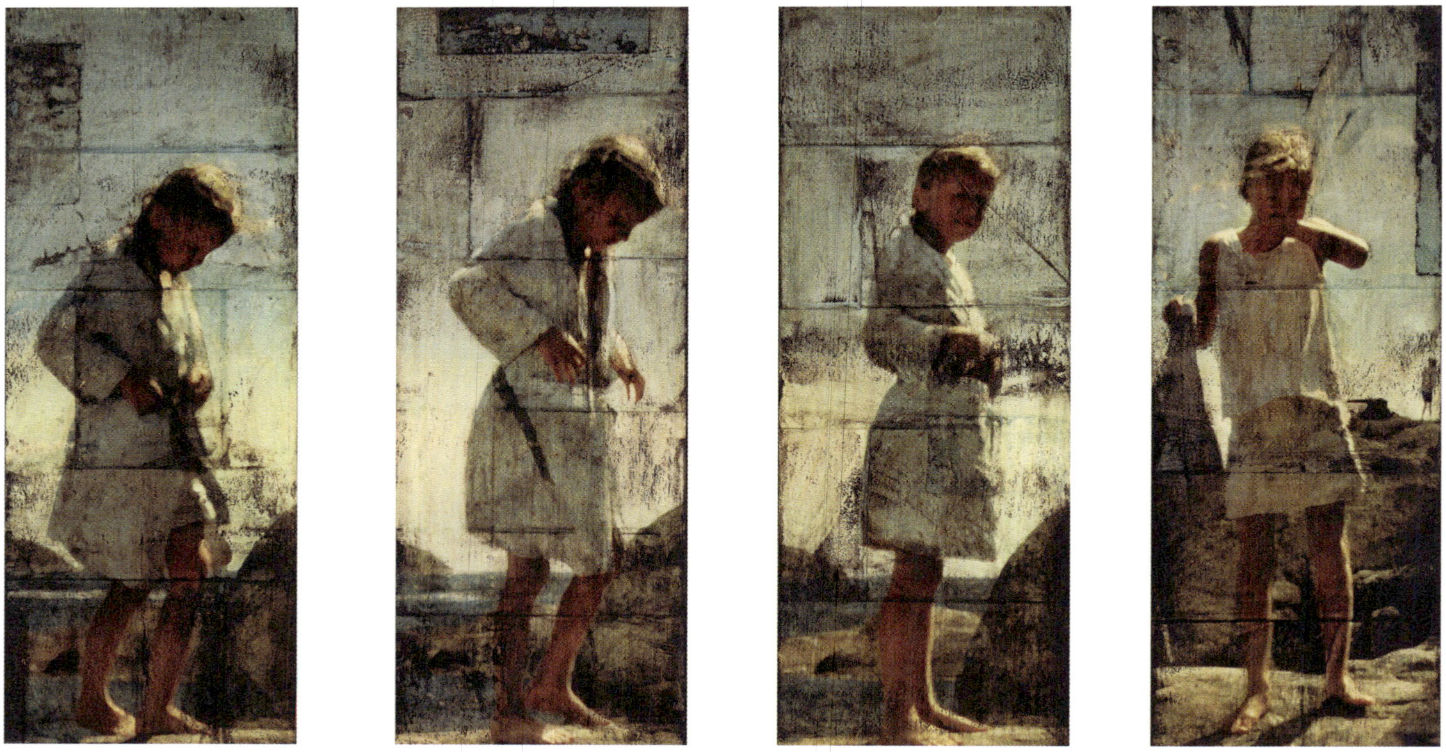

The Way The Sun Attaches to Her (archipelago) 2008
Phototransfer / Oil on Wood
Panel I. – III. 92 x 40 cm / 37 x 16 in
Panel IV: 50 x 20 cm / 20 x 8 in
Panel I: Private Collection / Norway

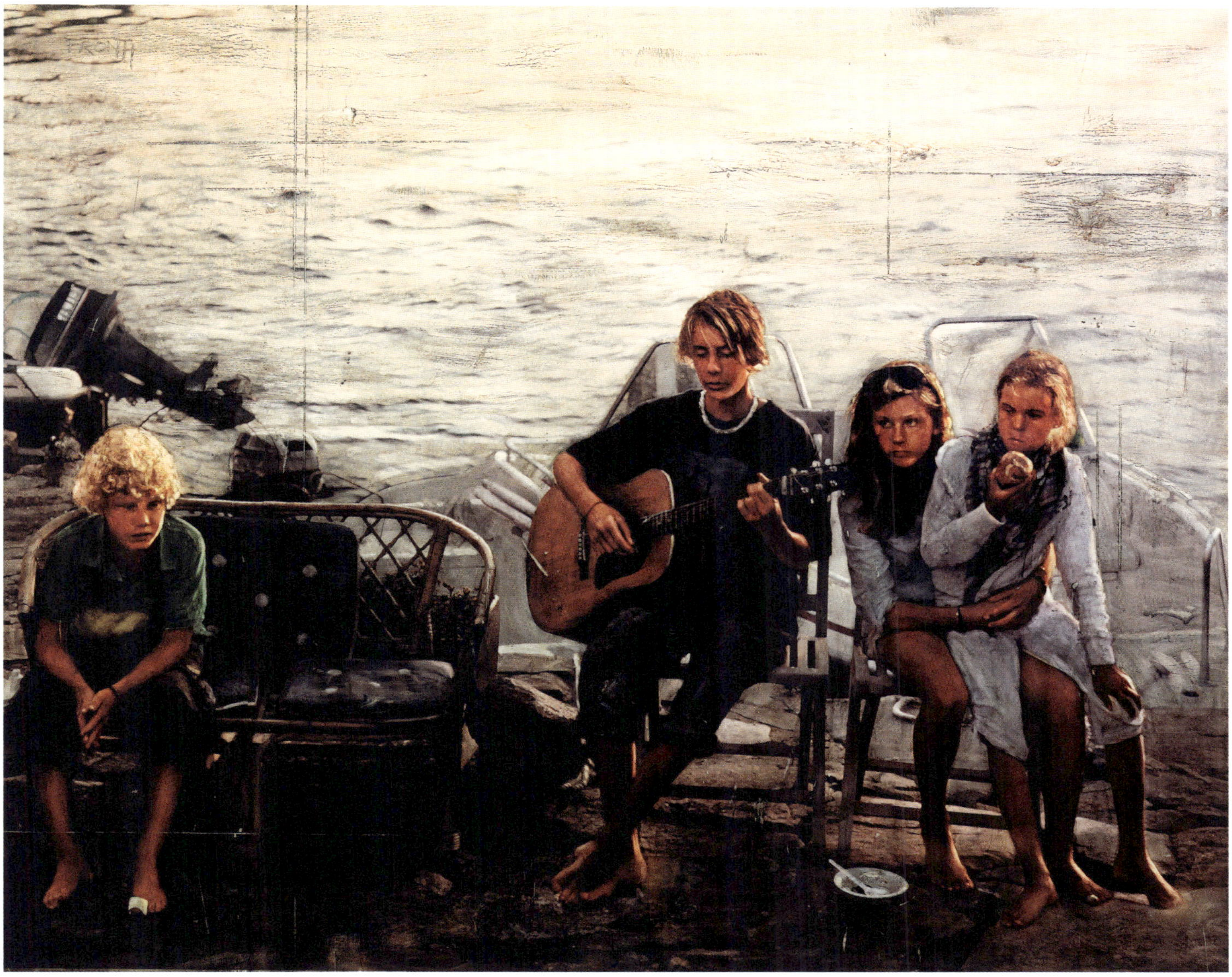

This Summer Next Year / Olsok 2008
(archipelago)
Mixed Media / Oil on Canvas
165 x 210 cm / 66 x 84 in

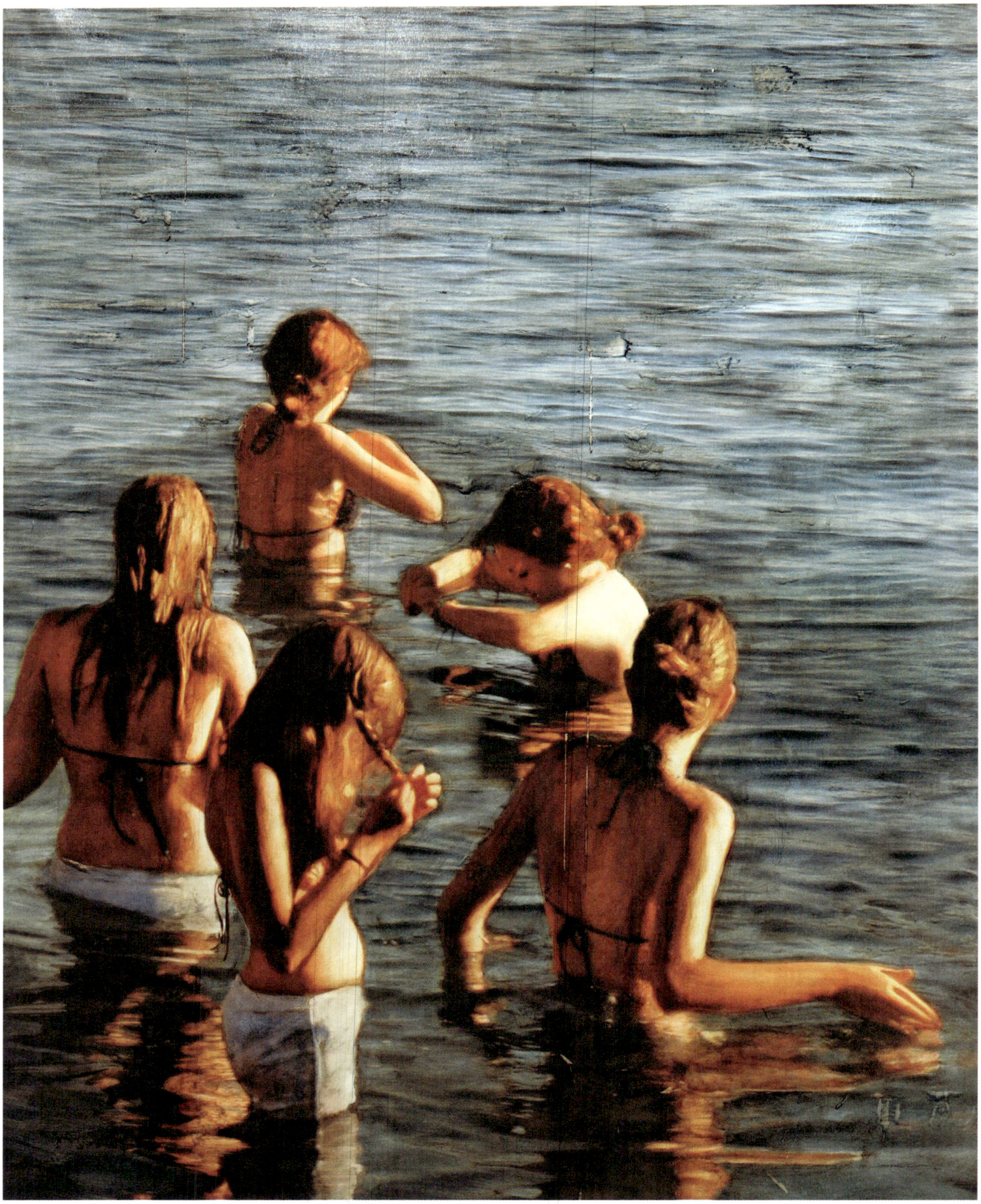

Waterlillies I (archipelago)
Mixed Media / Oil on Canvas
200 x 165 cm / 78 x 65 in
Collection of Diana & Peter / Germany

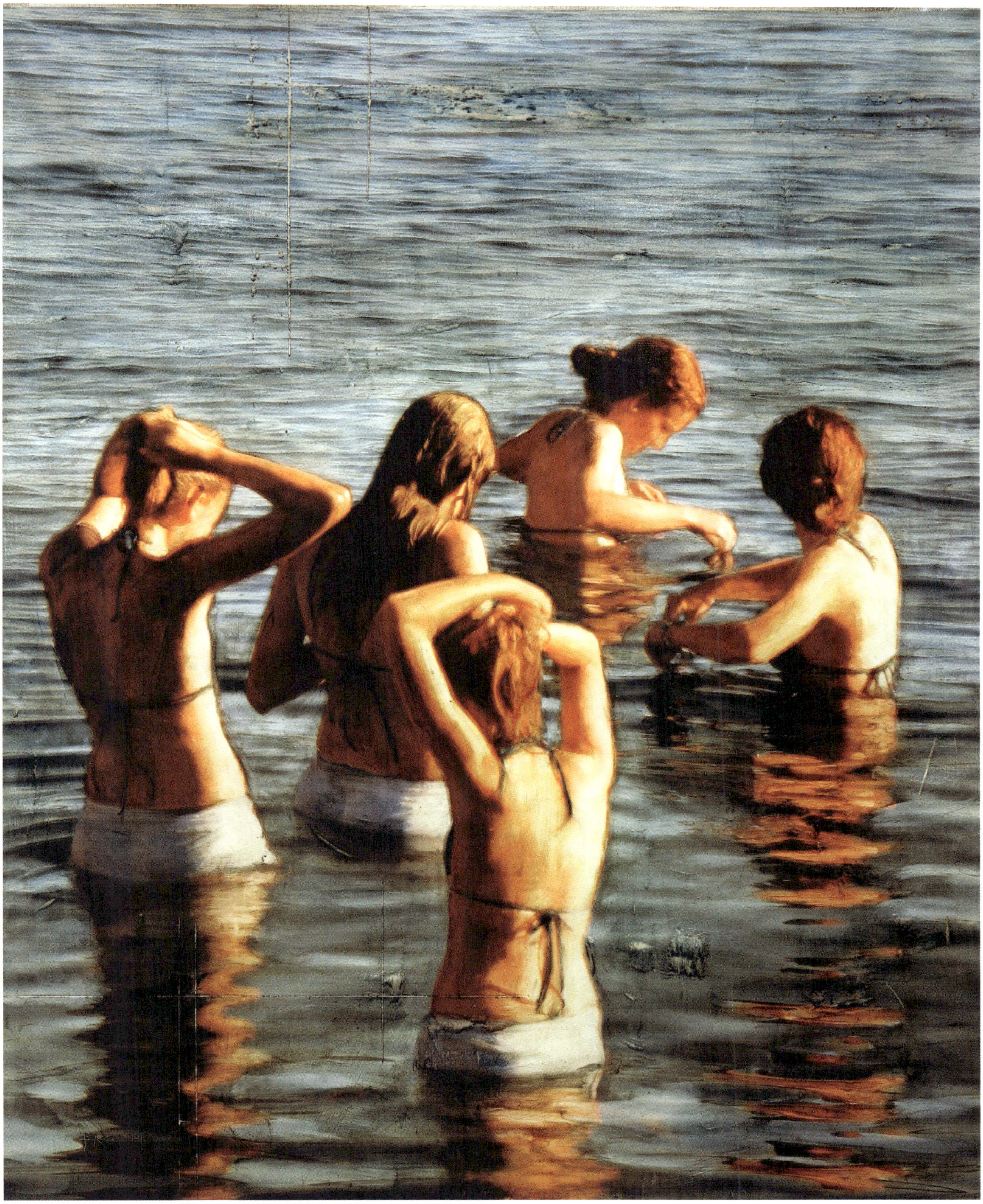

Waterlillies I (archipelago)
Mixed Media / Oil on Canvas
200 x 165 cm / 78 x 65 in
Collection of Diana & Peter / Germany

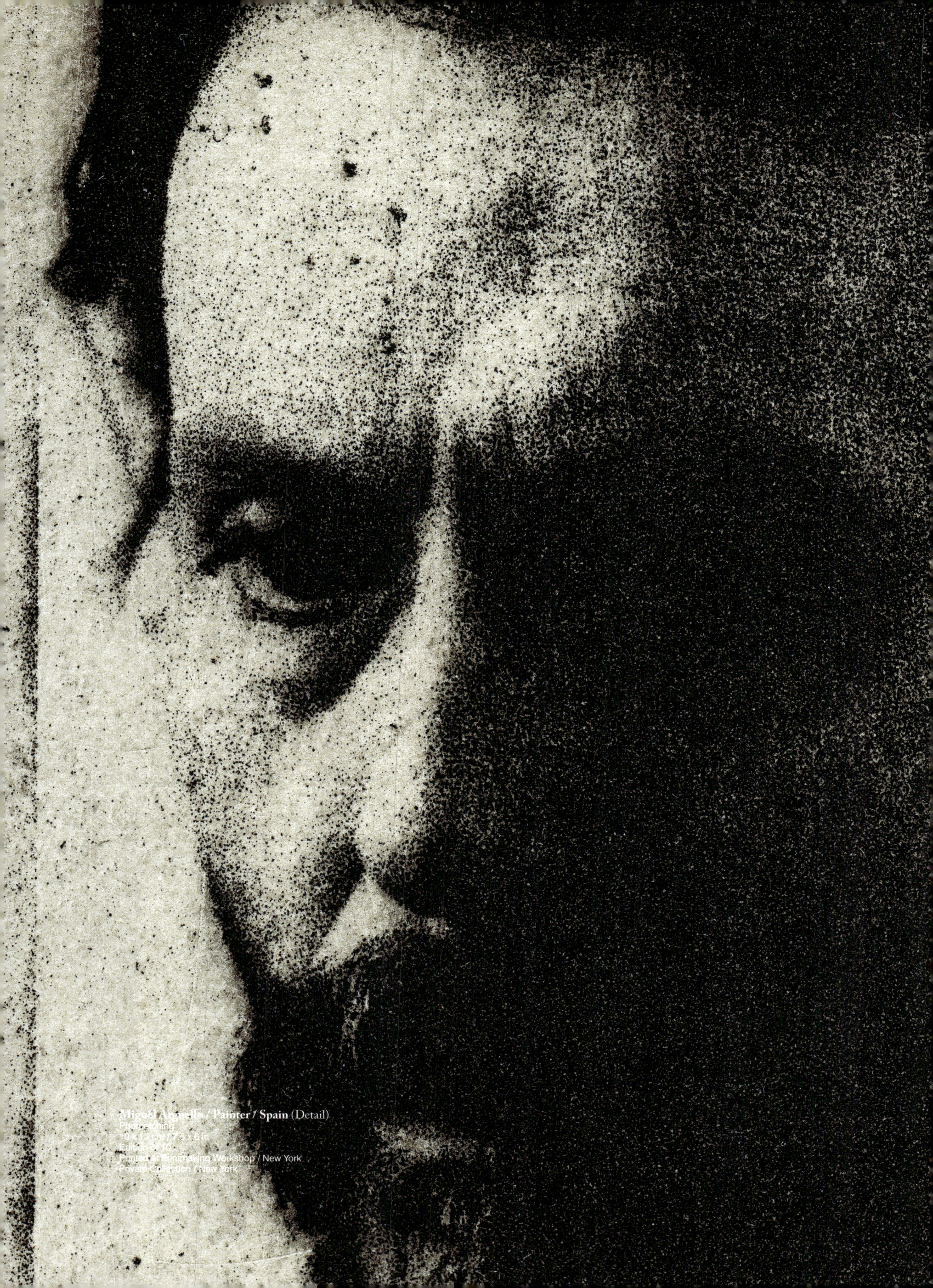

Miguel Arguello / Painter / Spain (Detail)
Photoetching
10 x 15 cm / 7.5 x 6 in
Edition of 10
Printed at Printmaking Workshop / New York
Private Collection / New York

Portraits

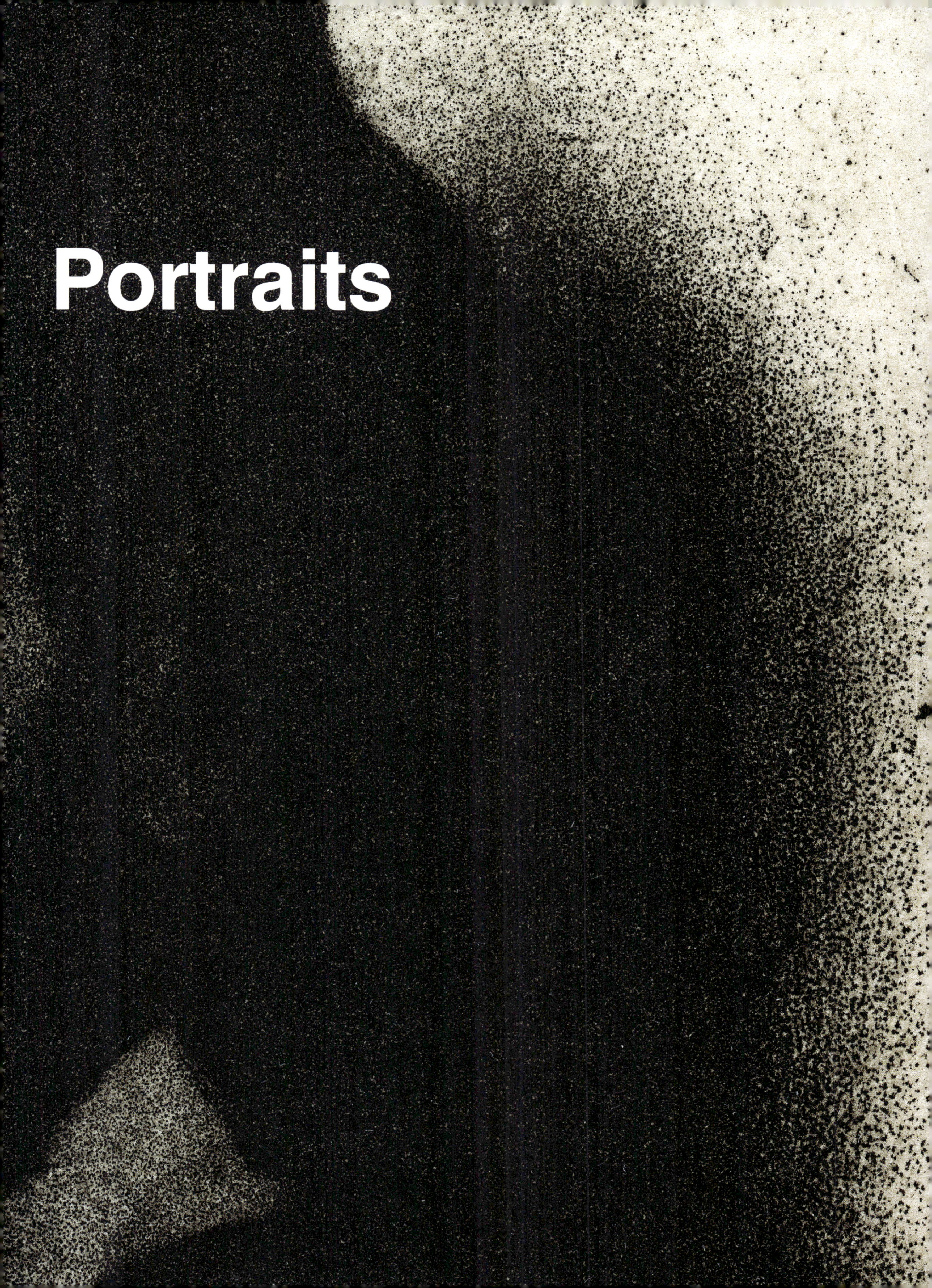

The explicit and extended self-portrait

Selvportrett – eksplisitte og utvidede

The final revelation is that Lying,
The telling of beautiful untrue things,
Is the proper aim of Art.
Oscar Wilde[1]

The self-portrait can be described as a portrait of the self with a direct reference to the artist's biography. But a self-portrait can also be viewed as a portrait of the self as another in a direct or indirect way. Artists have consistently experimented with identities and roles for the purpose of exploring themselves through self-portraits. This genre can also be used to express something about art and the artist's role in society. Per Fronth began early to experiment with self-portraits. He acts explicitly as "himself", but the category also includes the works that Fronth identifies directly with in which he implicitly presents himself through references to his biography.

Norway's first professor of photography, Robert Meyer (b. 1945) believes that the viewer of a self-portrait expects the artist to enrich the art work with a personal reference.

"All Western art involves an aspect of self-portraiture through the signature of the art work. The "self-portrait syndrome" can be traced back to the Romantic period, but it was probably not until in the postmodern world that art works were removed from the understanding of an artist as a genius. The self-portrait suddenly had a different meaning. The glorification of the self-portrait is a very interesting constellation of the Western ego culture. After modernism the audience anticipated a much more nuanced representation of the human being. The human today is recognised as being very complex."

Photography has an apparent truth or form of authenticity, but the photographic medium's status as a truth

1 Oscar Wilde, "The Decay of Lying", *Intentions*, 8th ed. London: Methuen & Co. Ltd, 1913, 54.

The final revelation is that Lying,
the telling of beautiful untrue things,
is the proper aim of Art.
Oscar Wilde[1]

Selvportrettet kan beskrives som et portrett av selvet med en direkte forbindelse mellom verk og liv. Men et selvportrett kan også betraktes som et portrett av selvet som en annen – direkte eller indirekte. Kunstnere har gjennomgående brukt selvportrettet til en lek med identiteter og roller med det formål å utforske seg selv, eller for å uttrykke noe om kunstens og kunstnerens rolle i samfunnet gjennom selvportretter.

Per Fronth begynte tidlig å eksperimentere med selvportrettsjangeren. Dels opptrer han eksplisitt som «seg selv», men kategorien inneholder også arbeider hvor han kun implisitt er til stede gjennom at han refererer til sin egen biografi og historie.

– All vestlig kunst innebærer et aspekt av selvportrett; det ligger i signaturen på et kunstverk, sier Norges første professor i fotografi, Robert Meyer (f.1945).

– Betrakteren av et selvportrett forventer at kunstneren beriker kunstverket med en personlig referanse.«Selvportrettssyndromet» kom allerede under romantikken, men det er vel først i en postmoderne verden at man begynte å arbeide på andre nivåer og gikk bort fra en geniforklaring av kunstneren. Da fikk selvportrettet plutselig en annen rolle. Selvportrettets plass og forherligelse er en veldig interessant konstellasjon innenfor den vestlige egokulturen. Etter modernismen forventet publikum en mye mer nyansert fremstilling av mennesket. I dag er mennesker anerkjent som sammensatt, sier Meyer.

Fotografiet har en tilsynelatende sannhetsgehalt eller form for autentisitet, men det fotografiske mediets status som sannhetsbærer er ikke udiskutabel – især ikke i vår digitaliserte ver-

1 Oscar Wilde, "The Decay of Lying", *Intentions*, 8. utg. (London: Methuen & co. Ltd, 1913), 54.

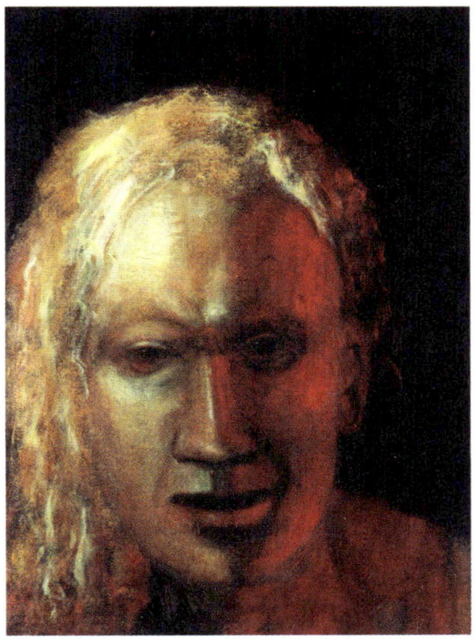

Mirrors of the Self:
Selfportrait 1996
Oil on Canvas
33 x 33 cm / 10 x 13

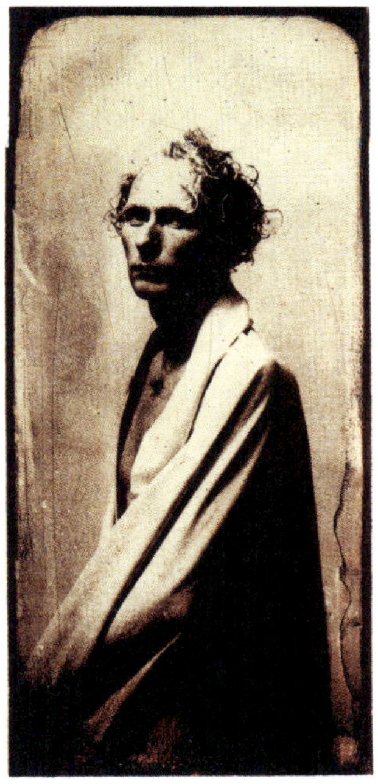

Selfportrait 1991
Photoetching
40 x 20 cm / 16 x 8 in
Meisner Soho Exhibition New York 1993
Printmaking Workshop

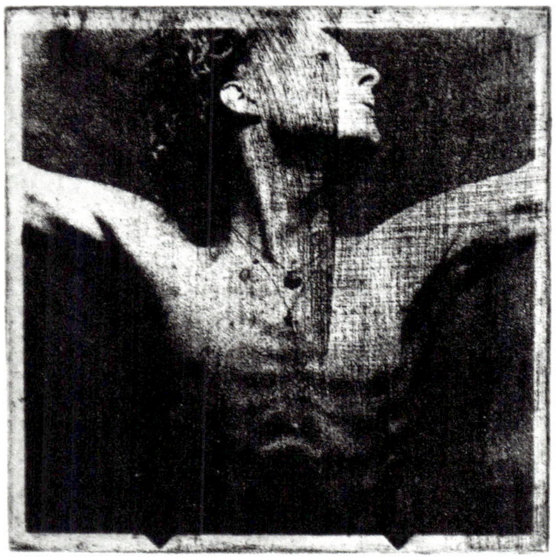

Selfportrait 1991
Photoetching
7.5 x 7.5 cm / 3 x 3 in
Printmaking Workshop

bearer is disputable – especially in our digitalised world where most representations should be considered in light of construction, manipulation, editing and staging. The autobiographical work's apparent credibility makes the genre a popular artistic form of expression used for the manipulation of reality – an aspect that has always been a part of painting. Painting does not deal with the same "claim" to truth or referentiality as photography.

"The painted image is constantly adjusted. A painted self-portrait can be described as a reflection from the mirror in the dressing room of an actor. A photographic self-portrait on the other hand can be compared to the impression you make in the mud when you stumble," Meyer explains.

One of Fronth's earliest self-portraits is a photoengraving. It was presented at his first exhibition in New York *Per Fronth – Recent Photographs on Canvas & Photo Engravings, at Meisner Soho in New York in April 1993*. Fronth has chosen to present himself in an oblong portrait. The image is a contrast-filled and textured picture in brown tones. Fronth is portrayed wearing a white cloth over his shoulders. The body is presented in semi-profile, while his face is turned towards the viewer.

"This self-portrait is a visual representation of Fronth himself. To what extent the picture tells us anything about him personally and how much it tells us something about what he *may* be is up to the viewer to decide. I do not think Fronth is demasking himself in this self-portrait, but he portrays suffering and sadness. His works have a melancholy vein that seems important to him, and he confirms that in this self-portrait," Meyer says.

Artists have used the self-portrait genre as a way to technically study a face because you can hardly find a model that is as patient as yourself. But the self-portrait genre is also about identification as an artist and as a person, through various role-playing. Fronth identifies himself as an individual through his

den hvor det meste kan sees i lys av konstruksjon, redigering og iscenesettelse. Det selvbiografiske verkets tilsynelatende troverdighet gjør sjangeren til en populær kunstnerisk uttrykksform brukt til virkelighetsmanipulering – et aspekt som alltid har vært en del av det maleriske mediet. Maleriet forholder seg ikke til det samme kravet til sannhet eller referensialitet som fotografiet.

– Det malte bildet er hele tiden tilpasset slik at et malt selvportrett, banalt sagt, vil være en refleks fra sminkespeilet i garderoben til en skuespiller. Mens et fotografisk selvportrett vil være det avtrykket du gjør i søla når du snubler, forklarer Meyer.

Et av Fronths tidligste selvportretter er en fotoetsning som ble vist på hans første utstilling i New York *Per Fronth – recent photographs on canvas & photoengravings*, Meisner Soho i New York april 1993). Fronth har her valgt å fremstille seg i høydeformat. Bildet er kontrastfylt teksturert og uttrykt i bruntoner. Fronth står med et hvitt klede over skuldrene. Kroppen er fremstilt i halvprofil, mens ansiktet er vendt mot betrakteren.

– Dette selvportrettet er en visuell fremstilling av Fronth selv. I hvor stor grad bildet forteller noe om ham personlig og i hvor stor grad det forteller noe om hva han *kan* være, blir opp til betrakteren å vurdere. Jeg syns ikke Fronth demaskerer seg i dette selvportrettet, men han viser lidelse og tristhet. Arbeidene hans har en melankolsk åre som virker viktig for ham, og det bekrefter han i dette selvportrettet, sier Meyer.

Kunstnere har gjennom kunsthistorien brukt selvportrettsjangeren som en måte å teknisk studere seg selv på. For man finner nok ikke en modell som er like tålmodig som en selv. Men selvportrettsjangeren handler også både om identifikasjon som kunstner og som person gjennom ulike rollespill. Fronth identifiserer seg selv som individ gjennom sine arbeider, men i samme moment uttrykker han seg om noe som andre mennesker også kan identifisere seg med.

– Et selvportrett kan ikke lenger selges på bakgrunn av heltedyrking av kunstneren, men Fronth viser sin egen sammensatthet

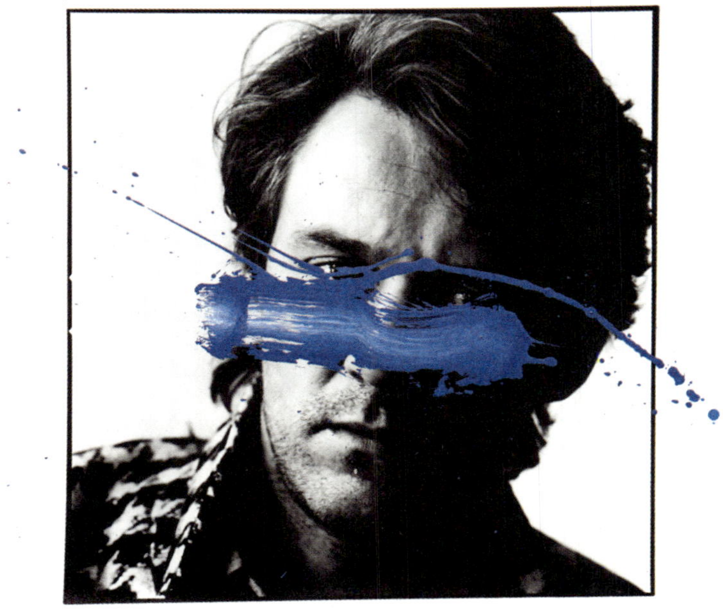

Portrait of the artist and mentor Kjell Nupen / Kristiansand 1986
Blue paintstroke by Nupen.

works, but at the same time he expresses something that other people can identify with.

"You can not sell a self-portrait on the basis of the perception of the artist as a hero anymore, but Fronth shows his complexity as a human being so that other people have a greater chance to find *their* complexity. The self-portraits are not perceived as pictures of *him*. Once the picture is removed from the private sphere it takes on a new significance," Meyer says.

It is easier to define a "portrait" compared to a "self". A portrait is a visual representation of a living being. But what defines a "self"? Many people would probably require a portrait of a "self" to correspond with a person's individual characteristics that distinguish him/her from other people. But a "self" can also signify a person's personality and biography. Therefore, a self-portrait does not necessarily have to be physically recognisable.

Fronth has used his own physical traits as the basis for a series of works, but it's rarely obvious that the model actually is him. *Self Portrait – 9 Desbrosses st.* and *Reflection II* from the exhibition "Cargo" at the Schneider Gallery in Chicago in October 2000 are photo transfers on wood panels. In the former work, Fronth is hardly recognisable, but in diptych *Reflection II* it is easier to recognise Fronth's features.

The portraits *Genome Days I, II* and *ver. IV* from the exhibition "Genome Days" at the gallery Christian Dam in Copenhagen in April 2003 are based of his own individual traits that he has transformed into three different portraits. These portraits have a reference to the Norwegian photographer Vibeke Tandberg's (b. 1967) series "Faces" from 1998, in which she has put her own facial features on top of a number of other people's features. The outcome is an inscrutable portrait series. You realise on one level of interpretation that all the people in the photographs have some elements in common, but it's not clear what that is. Fronth's self-

slik at andre mennesker får en større mulighet til å finne *sin* sammensatthet. Selvportrettene blir ikke lenger bilder av *ham*. Med en gang det går ut av den private sfære, får det en overordnet betydning, sier Meyer.

– Det er nok lettere å definere hva som er «portrett» og hva som er «selv» i et selvportrett. Et portrett er en visuell fremstilling av et levende vesen. Men hva er et selv? Mange vil nok kreve at et portrett av et selv korresponderer med en persons individuelle, karakteristiske trekk eller kjennetegn. Det må være noe som skiller deg fra andre mennesker slik at man kan kjenne deg igjen – som et passfoto. Men et selv kan også innebære et menneskes personlighet og historie. Derfor behøver ikke et selvportrett nødvendigvis å være fysisk gjenkjennelig.

Fronth har brukt sine egne fysiske trekk som utgangspunkt for en rekke arbeider, men han lar det sjelden være åpenbart at modellen er ham selv. *Selfportrait – 9 Desbrosses st.* og *Reflection II* fra utstillingen *Cargo* ved Schneider Gallery i Chicago oktober 2000 er fototransfers på treplater. I det førstnevnte arbeidet er han knapt nok gjenkjennelig, men i diptyket *Reflection II* er det lettere å kjenne igjen Fronths ansiktstrekk.

I portrettene *Genome Days I*, *Genome Days II* og *Genome Days ver. IV* fra utstillingen *Genome Days* ved Christian Dam i København april 2003 har han igjen tatt utgangspunkt i sine egne karaktertrekk som han videre har omformet til tre forskjellige portretter. Disse portrettene har en referanse til den norske fotografen Vibeke Tandbergs (f. 1967) serie *Faces* fra 1998 hvor hun har lagt sine egne ansiktstrekk over en rekke andre menneskers trekk slik at resultatet blir en uutgrunnelig sekvens av portretter. På et nivå i fortolkningen oppfatter man som betrakter at det er noe felles med alle de portretterte menneskene. Men hva? Er de i familie? Den samme usikkerheten opplever man i forbindelse med Fronths bearbeidede selvportretter fra *Genome Days*. Fargene og den grove teksturen i portrettene, som er fotografier overført på papir og overmalt, gir bildene et forhistorisk preg. Gjennom å

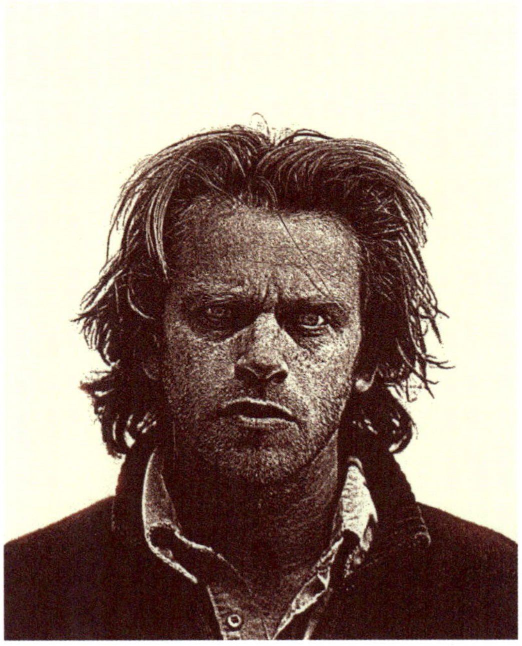

Portrait of artist Steinar Jakobsen / New York 2001
Original Digital Print

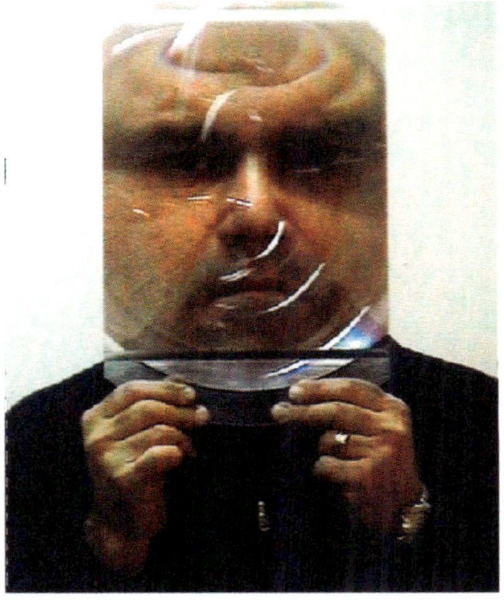

Portrait of artist John Kalymnios / New York 2000
From video

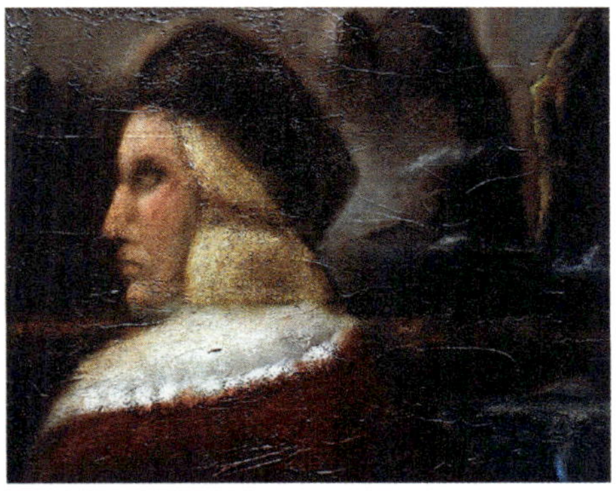

Selfportrait (lofotprinsen) 1994
Oil on Canvas
20 x 24 cm / 8 x 10 in

portraits from the exhibition *Genome Days* are characterised by the same interpretational uncertainty. The colours and the rough texture of the portraits give the images a prehistoric feel. By transforming and experimenting with blurring, Fronth almost erases his own facial features in a quest to retrieve the basics of a human face, the starting point for all people.

Fronth considers *Evolution of Melancholy – St. Matthew* from the exhibition "Carbon Compositions" at the Dillon Gallery in New York in October 2008 an extended self-portrait. He describes the boy with the striped shirt on the right as "himself" and identifies himself directly with the little boy.

Meyer, on the other hand, does not consider this work a self-portrait.

"Fronth is trying to recreate experiences, traumas and situations that have made a certain mark on him. It makes no difference whether he depicts himself or places a *repoussoir* figure in the picture."

At the mentioned exhibition by Fronth at the Meisner Soho in 1993, he presented an artwork called *Extended Self Portrait.* The extended self-portrait exemplifies that a self-portrait does not necessarily have to resemble the artist. Fronth has put together a variety of works in the form of a big collage of impressions and compositions. *Extended Self Portrait* is a precursor for the way Fronth later in his artistic works began to experiment with combining different moments and different media into one composition. Today, this technique is his artistic signature.

Robert Meyer finds it interesting that Fronth's works are based on photographs that he abstracts through painting.

"Fronth as an artist can be placed in the middle of the optical recording photograph and the manual form of painting. He often refers to the Baroque period, and it's really about him

omforme og eksperimentere med sitt eget ansikt utvisker Fronth sine egne trekk nærmest i en søken etter å gjenfinne det grunnleggende i et menneskes ansikt – utgangspunktet til alle mennesker.

Fronth betrakter *Evolution of Melancholy – St. Matthew* fra utstillingen *Carbon Compositions* ved Dillon Gallery i New York oktober 2008 som et utvidet selvportrett. Han omtaler gutten med den stripete t-skjorten til høyre i billedflaten som «seg selv» og identifiserer seg direkte med ham.

Meyer på sin side betrakter ikke dette arbeidet som et selvportrett:

– Jeg oppfatter det som at Fronth gjenskaper opplevelser, traumer eller situasjoner som har satt et visst preg på ham og som han bærer med seg i livet. Da er det akkurat det samme om han avbilder seg selv eller om han har plassert en *repoussoir*-figur i bildet, forklarer Meyer.

På den tidligere nevnte utstillingen til Fronth ved Meisner Soho i 1993 viste Fronth et arbeid kalt *Extended Selfportrait*. Dette utvidede selvportrettet eksemplifiserer nettopp poenget med at et selvportrett ikke nødvendigvis må ligne på kunstneren. Fronth har satt sammen en rekke ulike arbeider til en stor collage av inntrykk. *Extended Selfportrait* blir slik en forløper for måten Fronth senere i sitt kunstneriske virke kom til å forbinde ulike øyeblikk og ulike medier til én komposisjon – den teknikken som i dag er hans signatur.

Robert Meyer mener at det interessante med Fronth er at han tar utgangspunkt i fotografi – som han deretter abstraherer som maleri.

– Det riktige landskapet for Fronth er mellom det optisk registrerende fotografiet og den manuelle formingen som maleriet tilettelegger for. Han refererer mye til barokken – og det handler vel om at han i melankolien går dypere inn i den type motiver hvor han trenger denne formen for abstraksjon, sier Meyer, og viser til

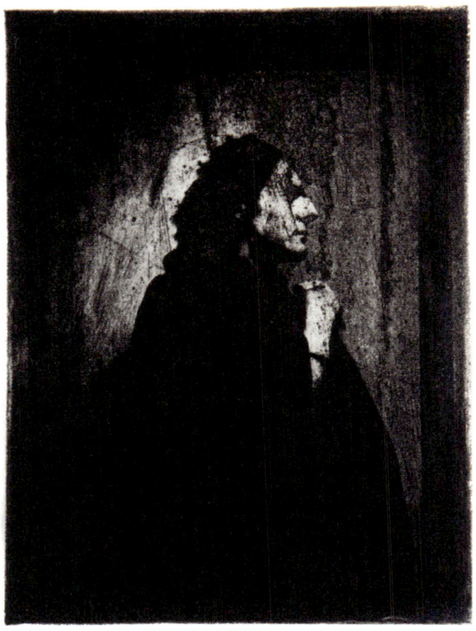

Walderedo de Oliviera / painter / New York
1991

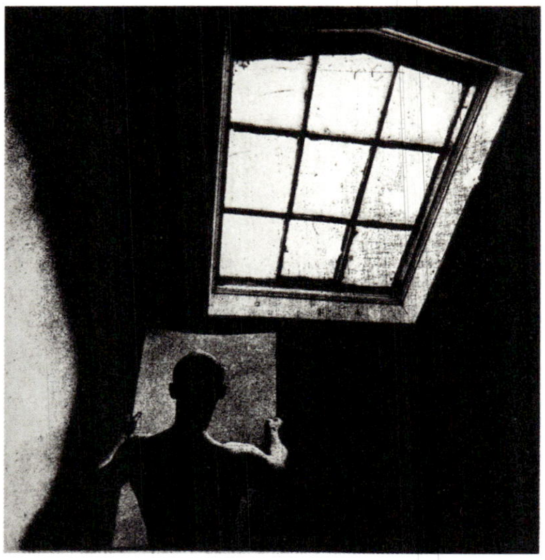

Editors assistant 1991

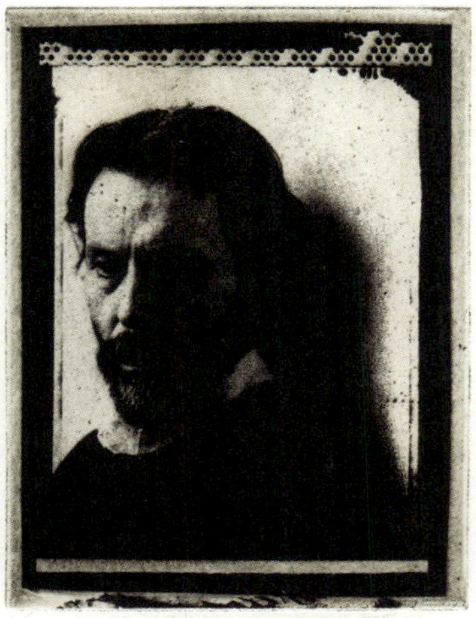

Miguel Arguello / painter / New York
1992

going deeper into the kind of scenes where he needs this form of abstraction."

Meyer says that motives like the *Evolution of Melancholy – St. Matthew Ver. II* have a long tradition within both British and Norwegian photography.

"What distinguishes Fronth's picture from the photographic tradition is that he uses such dark tones. Children usually do not swim when it's dark. Fronth is giving guidelines to dramatise the picture, and his characters become participants in his dramaturgy."

Meyer believes that Fronth makes it easier for viewers to accept private persons, places and situations by pulling the photograph into the picturesque or painterly tradition.

"I think it is important that Fronth's photographs are abstracted so they do not directly refer to someone else's reality. The way I see it, Fronth has a strong existentialist base when he is working on various moods and states. It requires a maturity and an insight into him and life as such. It is clear that it *really* does not matter who is depicted."

The question of whether painting or photography is the most truthful artistic medium is a never-ending debate. But it is interesting to see what happens to an art work that's both a photograph and a painting.

"If you constantly advocate accuracy as an artist, it all becomes very banal. I'm not very concerned with the perception of "the true picture" because the camera believes everything. The relationship between truth and photography is an illusion. I am concerned with all the different levels of interpretation available in an image. The first level, namely that a photograph represents what is pictured, is the most banal and least interesting level. But what we understand from a picture when going up the levels of interpretation is much more important. What Per Fronth is doing

at Fronths motiver, som for eksempel i *Evolution of Melancholy – St. Matthew Ver. II*, har en lang tradisjon både innen britisk og norsk fotohistorie.

– Men det som skiller Fronths bilde fra den normale, fotografiske tradisjonen er at han legger det så mørkt ned. Barn bader vanligvis ikke når det er mørkt med bølger og fossende vann. Fronth legger inn føringer som dramatiserer bildet, og figurene hans blir delaktører i dramaturgien, sier Meyer.

Meyer tror at Fronth gjør det lettere for betrakteren å akseptere andre private personer, steder og situasjoner ved å trekke fotografiet inn i den maleriske tradisjonen.

– Jeg tror det er viktig at Fronths fotografier er abstraherte på en slik måte at de ikke direkte refererer til en annens virkelighet. Men på en annen side er det helt opplagt at det ikke er nyhetsstoff Fronth jobber med lenger. Slik jeg oppfatter det har Fronth et sterkt eksistensialistisk utgangspunkt, han jobber med ulike sinnsstemninger og tilstander. Det krever en modenhet og et innsyn i både seg selv og livet som stort. Det er klart at det da *egentlig* ikke spiller noen rolle hvem som er avbildet, sier Meyer.

Om det er maleriet eller fotografiet som er det mest sannferdige mediet, er nok en evig debatt. Men det er interessant å se hva som skjer med et verk som har ett bein i begge leire – både som fotografi og som maleri.

– Om man hele tiden skal forfekte riktigheten, blir det hele veldig banalt. Jeg er ikke så veldig opptatt av det sannferdige bildet, for kameraet tror jo på alt. Forholdet mellom sannhet og fotografi er en illusjon. Det jeg er opptatt av er alle de ulike nivåene som ligger fortolkningsmessig tilgjengelig i et bilde. Det første nivået; nemlig at et fotografi representerer det som er avbildet, er det mest banale og minst interessante nivået. Men det man forstår med et bilde etter hvert som man går oppover i fortolkningsnivåer, er mye viktigere enn det første nivået. Det Per Fronth gjør er å trekke frem og vektlegge andre fortolkningsnivåer, og dermed befrir han de fantasiløse

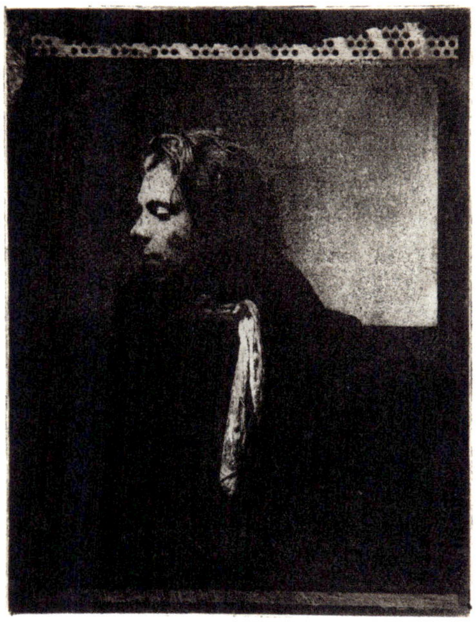

Even Richardson / Painter / Norway 1990

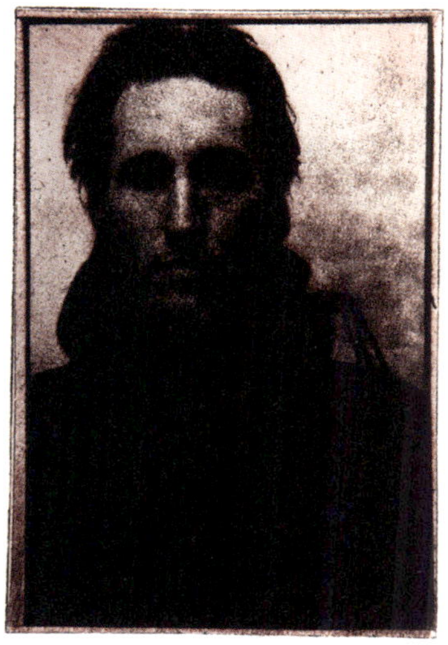

Walter / New York 1990

is highlighting and emphasising other interpretation levels," Meyer concludes.

Per Fronth is a complex artist. To be linked either to the label "photographer" or "painter" has never been important to him. He is a visual artist. Fronth's works can be placed in relation to several different categories, such as documentary, portraiture, self-portraiture and landscapes, but the basis of his total oeuvre is his identification with his subjects. In one way or another every one of Fronth's pictures tells us something about his biography, personality and commitment. The identification can surely be justified by his photographic basis. He has been present in all the situations that form the backdrops of his projects, but he does not function only as an outside viewer. He participates, processes, conveys, distributes and reflects universal themes through authenticity and adventure.

fra å snuble mens de går bortover veien. De kan heller kjenne på vinden og lukten og andre sider ved livet, avslutter Meyer.

Per Fronth er en sammensatt kunstner – og merkelappene «fotograf» eller «maler» har aldri vært viktig for ham. Han er billedkunstner. Fronths arbeider kan plasseres i forhold til en rekke ulike kategorier som dokumentar, portrett, selvportrett og landskap, men felles for hans totale *oeuvre* er hans grunnleggende identifisering med sine motiver. På en eller annen måte forteller alle bildene noe om Fronths historie, personlighet og engasjement. Mye av identifikasjonen kan nok begrunnes med hans utgangspunkt i det fotografiske mediet. Han har vært til stede i alle situasjonene som danner bakteppet for prosjektene hans, men han fungerer allikevel ikke kun som en utenforstående betrakter. Han deltar, bearbeider, formidler, tilgjengeliggjør og synliggjør universelle temaer for betrakteren, både gjennom autentisitet og eventyr.

Photetchings printed at the Printmaking Workshop, 17th st, New York
Per Fronth was introduced to printmaking and photoetching by artist and master-printmaker Esteban Chavez of Yale University

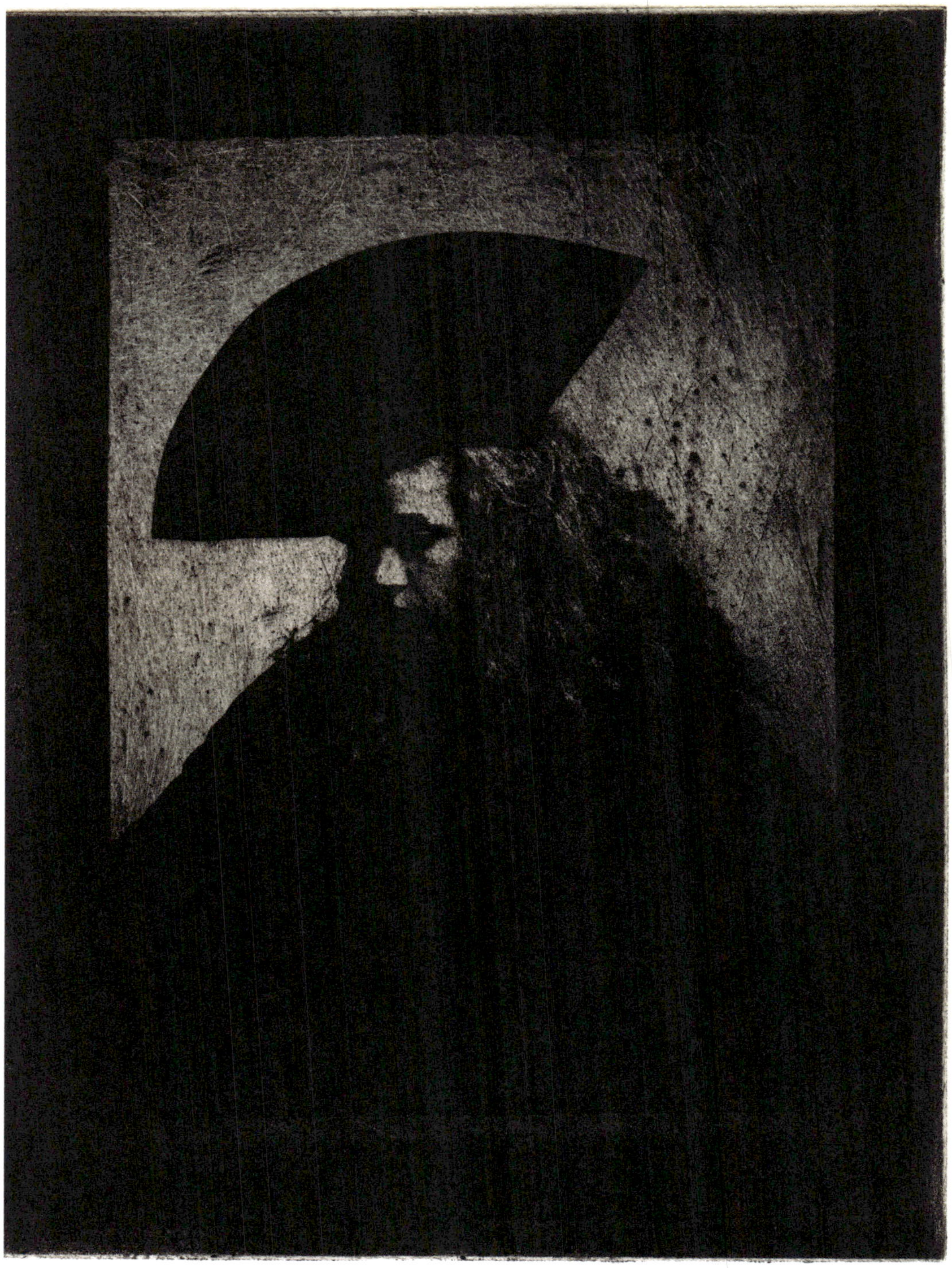

Portrait of Rachel (Ventian Hat) 1991
Photoetching
19 x 15 cm / 7.5 x 6 in
Edition of 10
Printed at Printmaking Workshop, New York
Collection CFM / New York

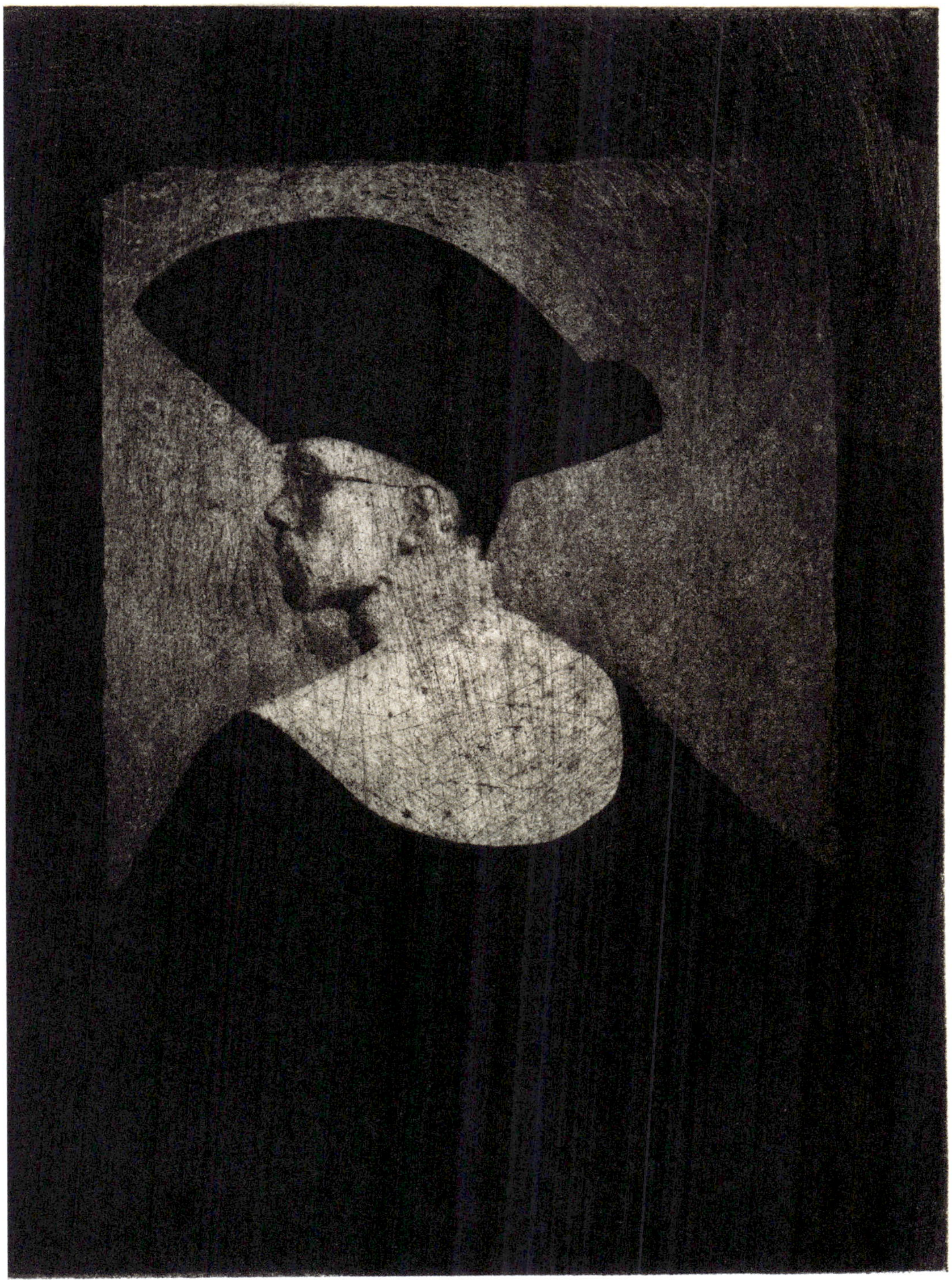

Portrait of Nils (Ventian Hat) 1991
Photoetching
19 x 15 cm / 7.5 x 6 in
Edition of 10
Printed at Printmaking Workshop, New York

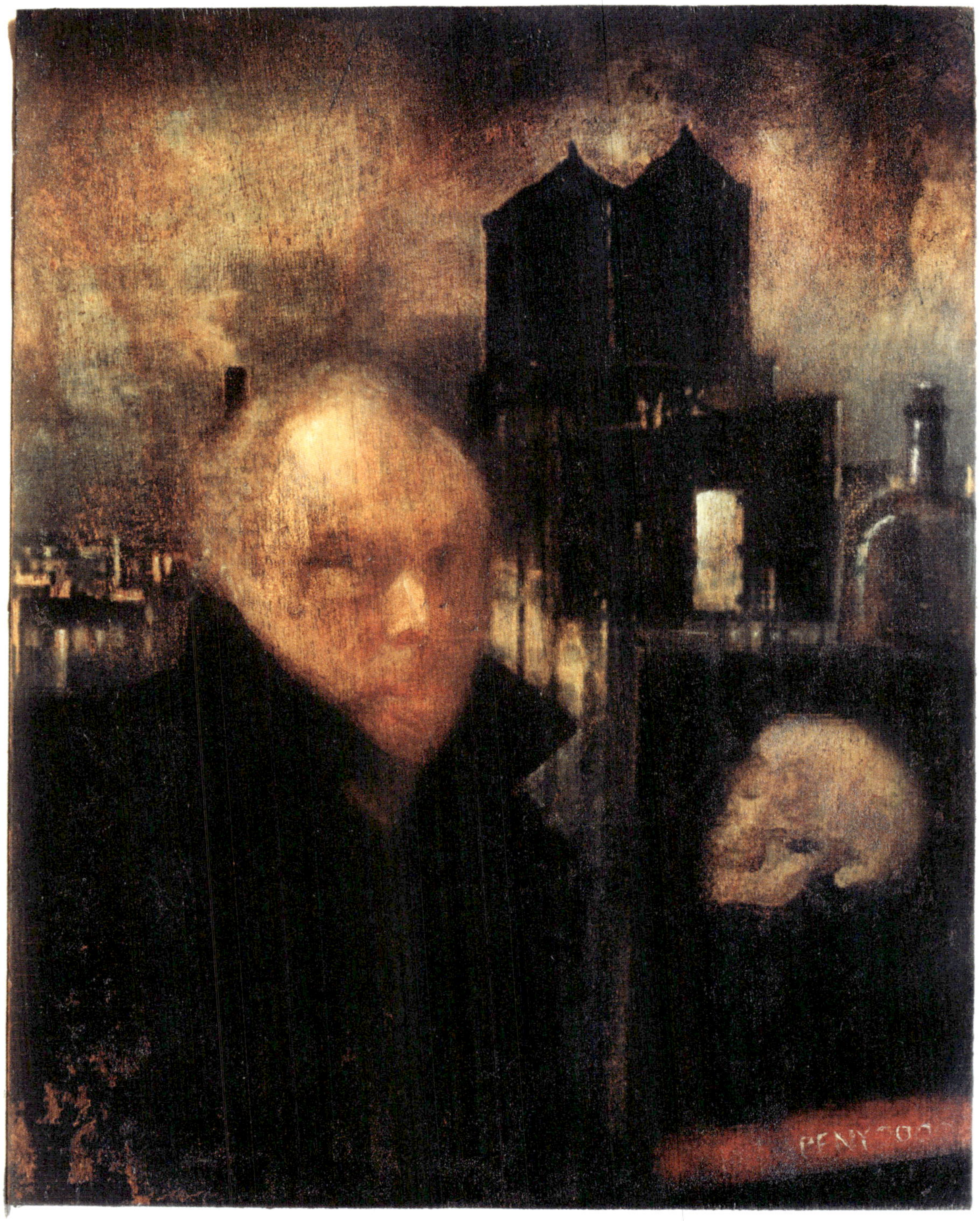

Selfportrait – 9 Desbrosses st. 1999
Phototransfer / Oil on Wood
25 x 20 cm / 10 x 8 in
Collection of the Artist

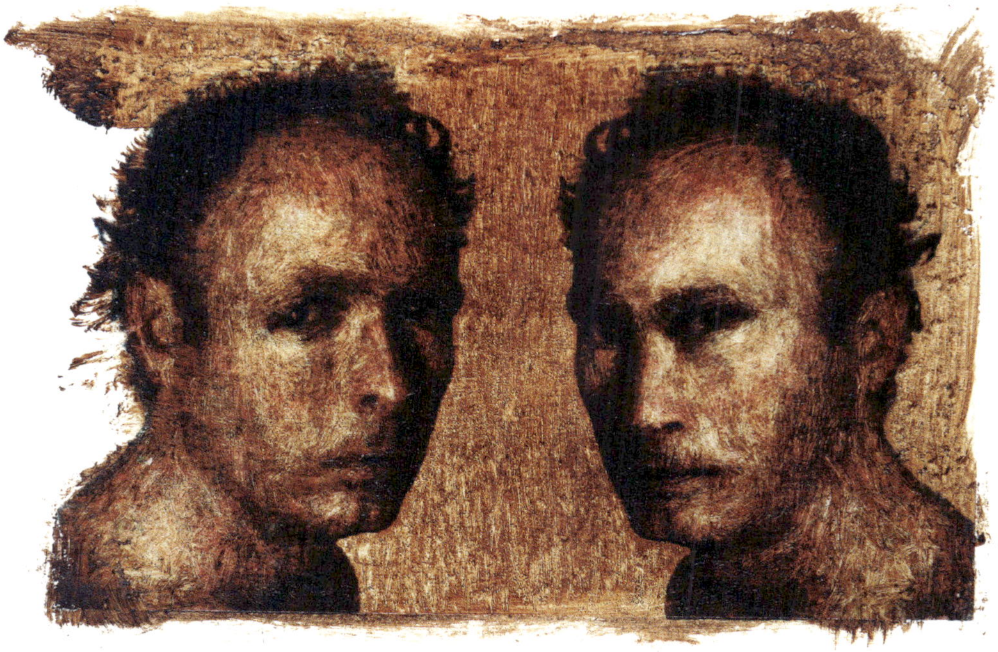

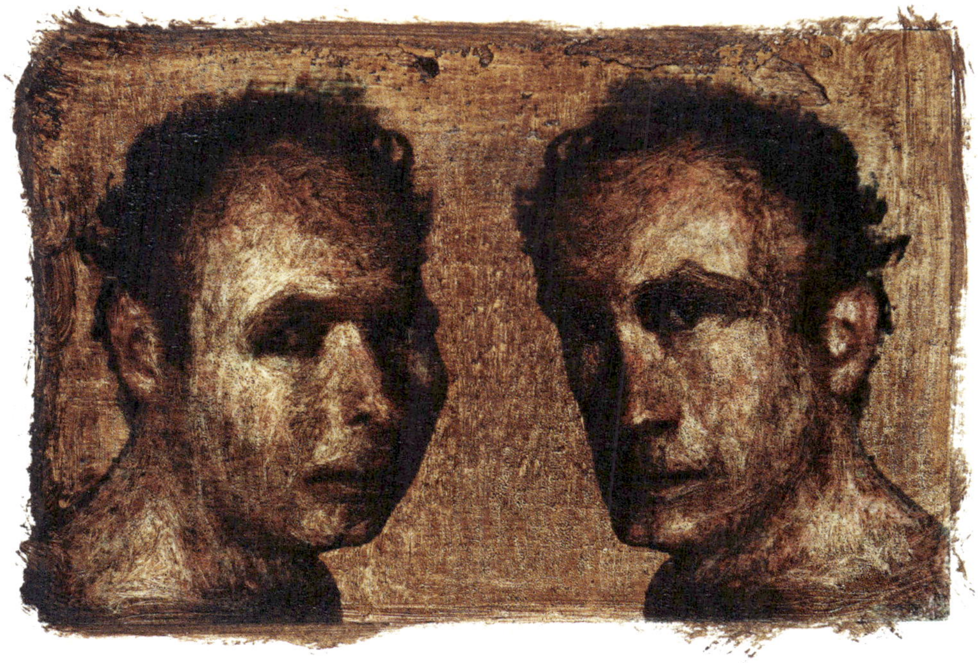

Genome Days I 2003
Mixed Media / Oil on Paper
13 x 20 cm / 5 x 8 in
Collection of Mona & Thore Berthelsen / Norway

Genome Days II 2003
Mixed Media / Oil on Paper
13 x 20 cm / 5 x 8 in
Collection of Mona & Thore Berthelsen / Norway

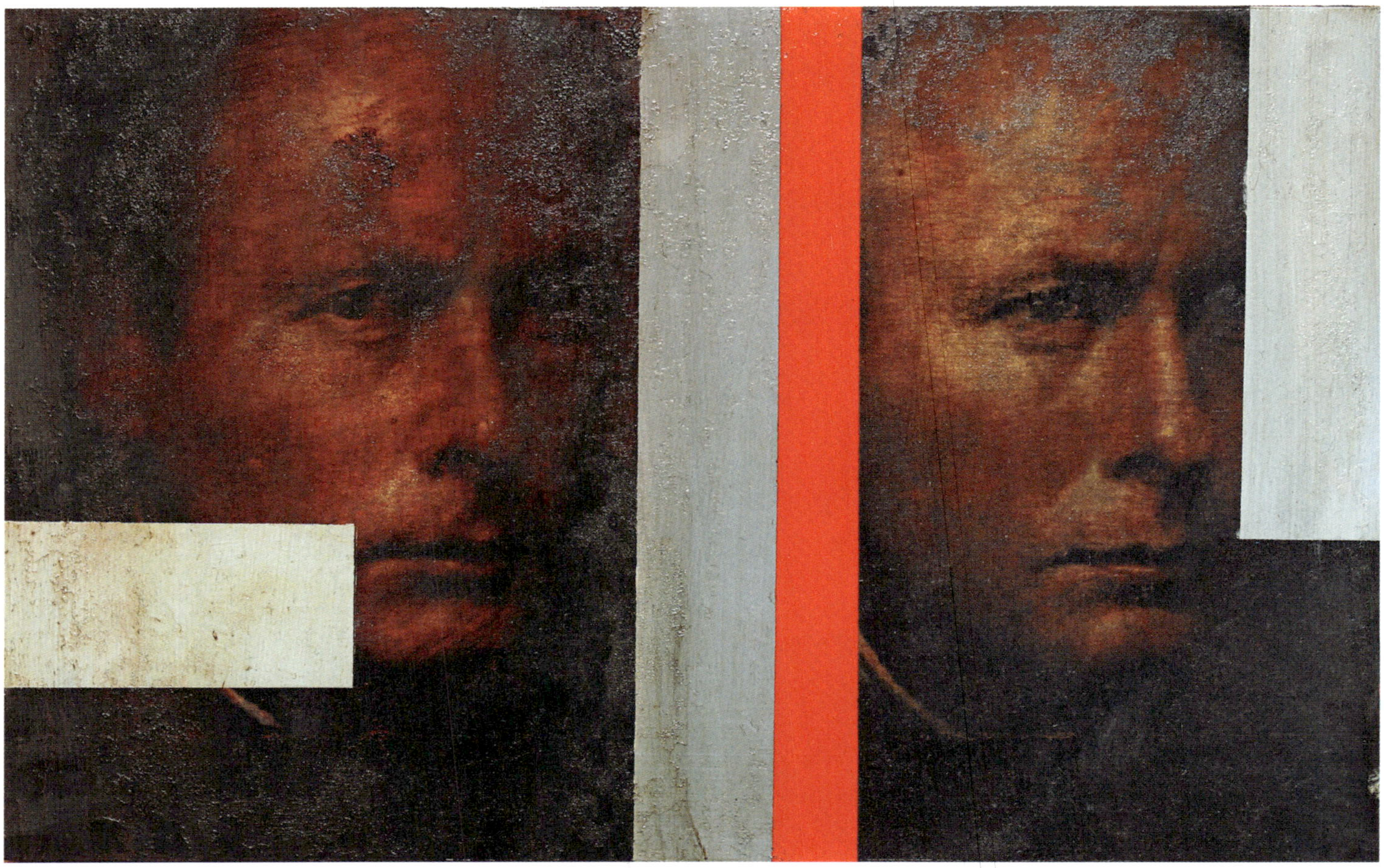

Double selfportrait – (red /grey) 1999
Phototransfer / Oil on Wood
40 x 25 cm / 16 x 10 in

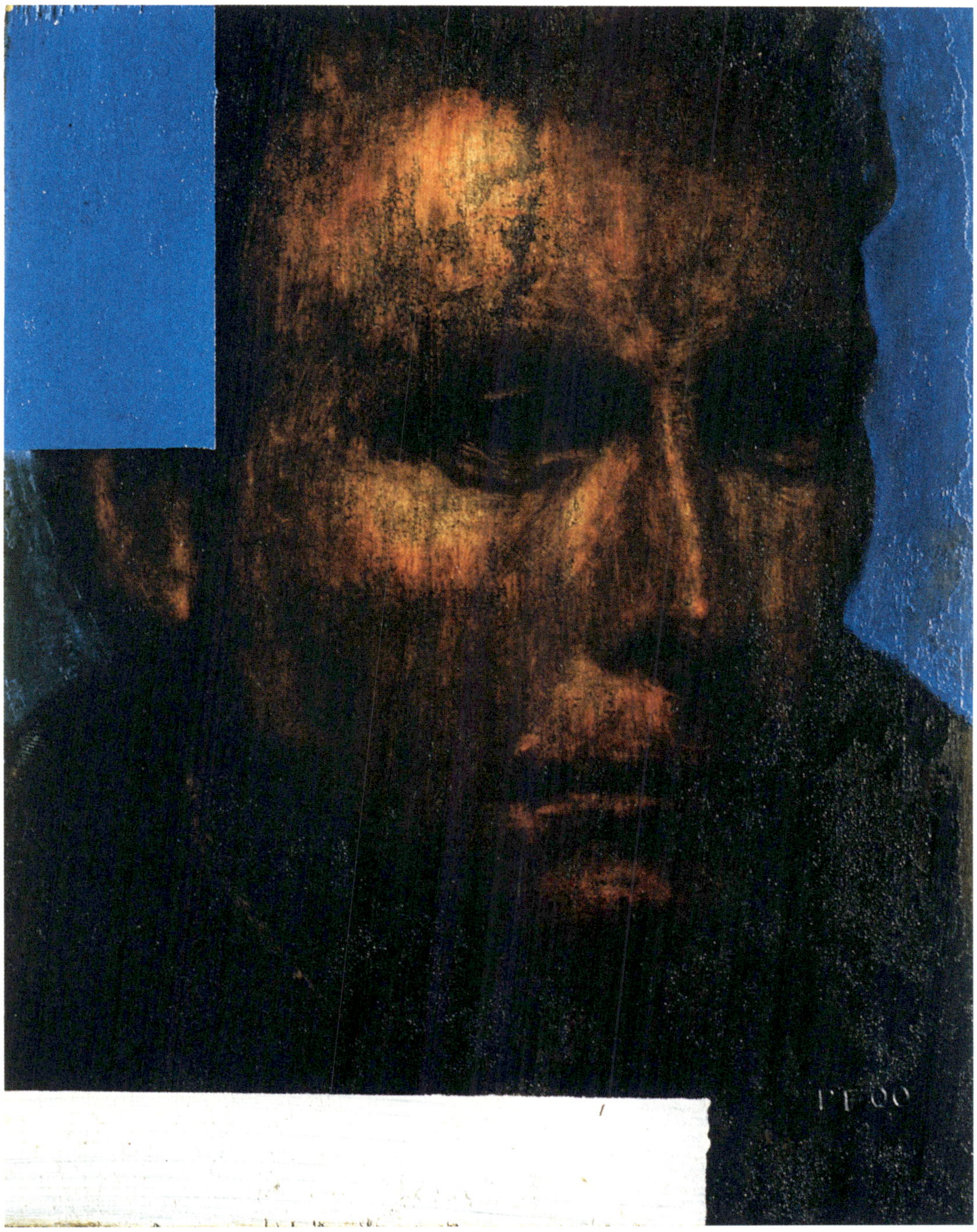

Selfportrait – 9 Desbrosses st. (blue square) 1999
Phototransfer / Oil on Wood
40 x 25 cm / 16 x 10 in

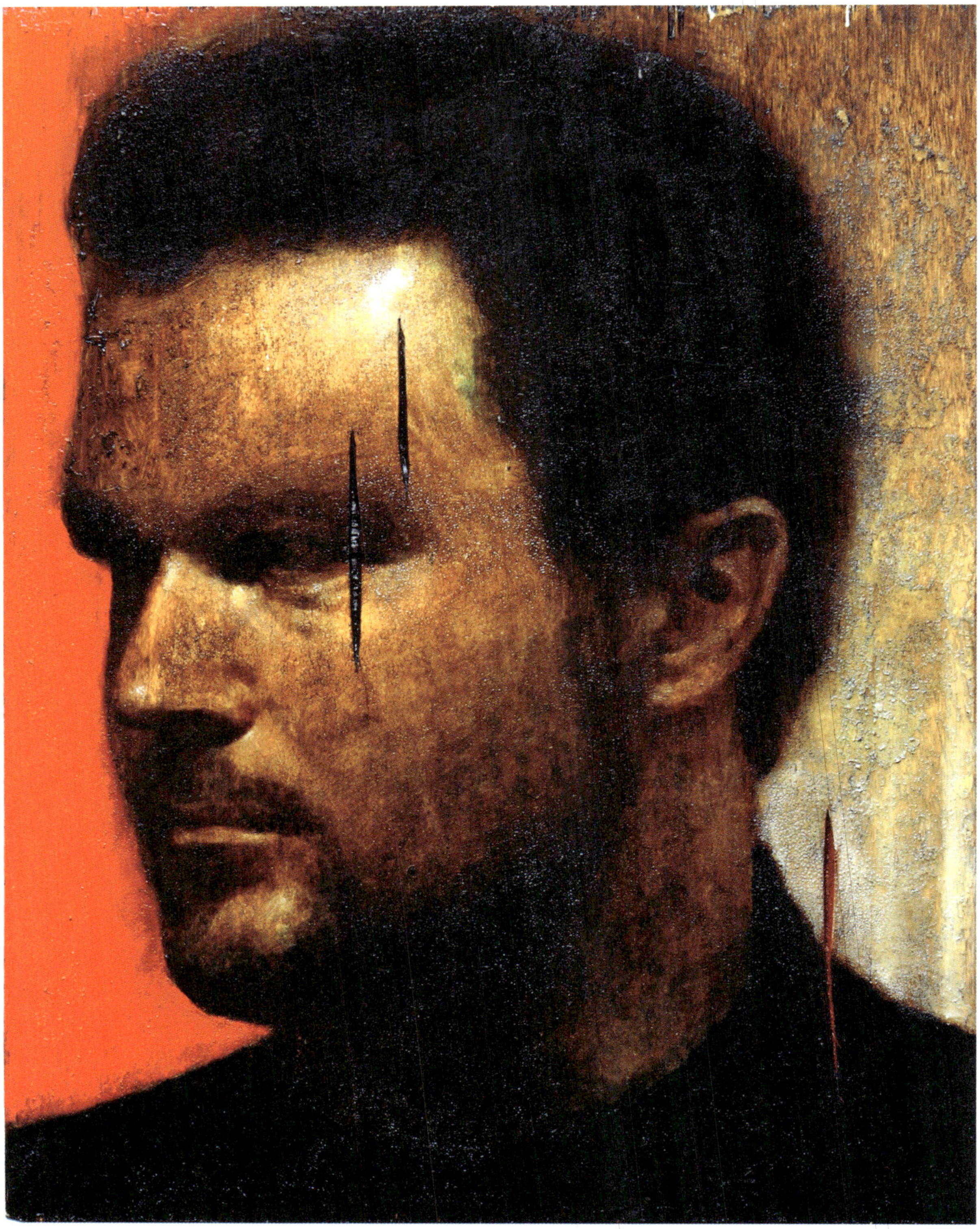

Culture / Journalist I (Yngve Kvistad) 1999
Phototransfer / Oil on Wood
25 x 20 cm / 10 x 8 in
Private Collection / Norway

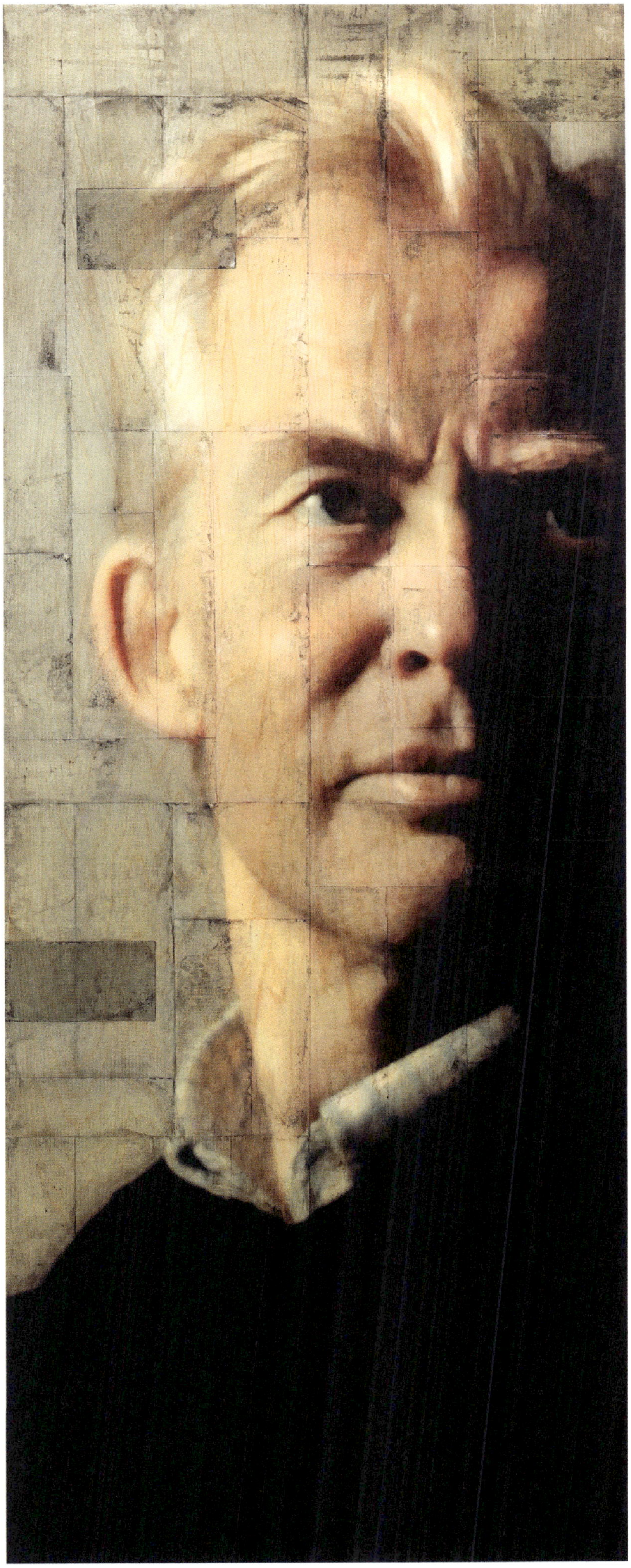

Demokrat & Agenda 2009
Official portrait of former Mayor
Jan Oddvar Skisland (2003 – 2007)
Phototransfer / Oil on Wood
200 x 80 cm / 78 x 31 in
Commissioned and in the collection
of Kristiansand Kommune

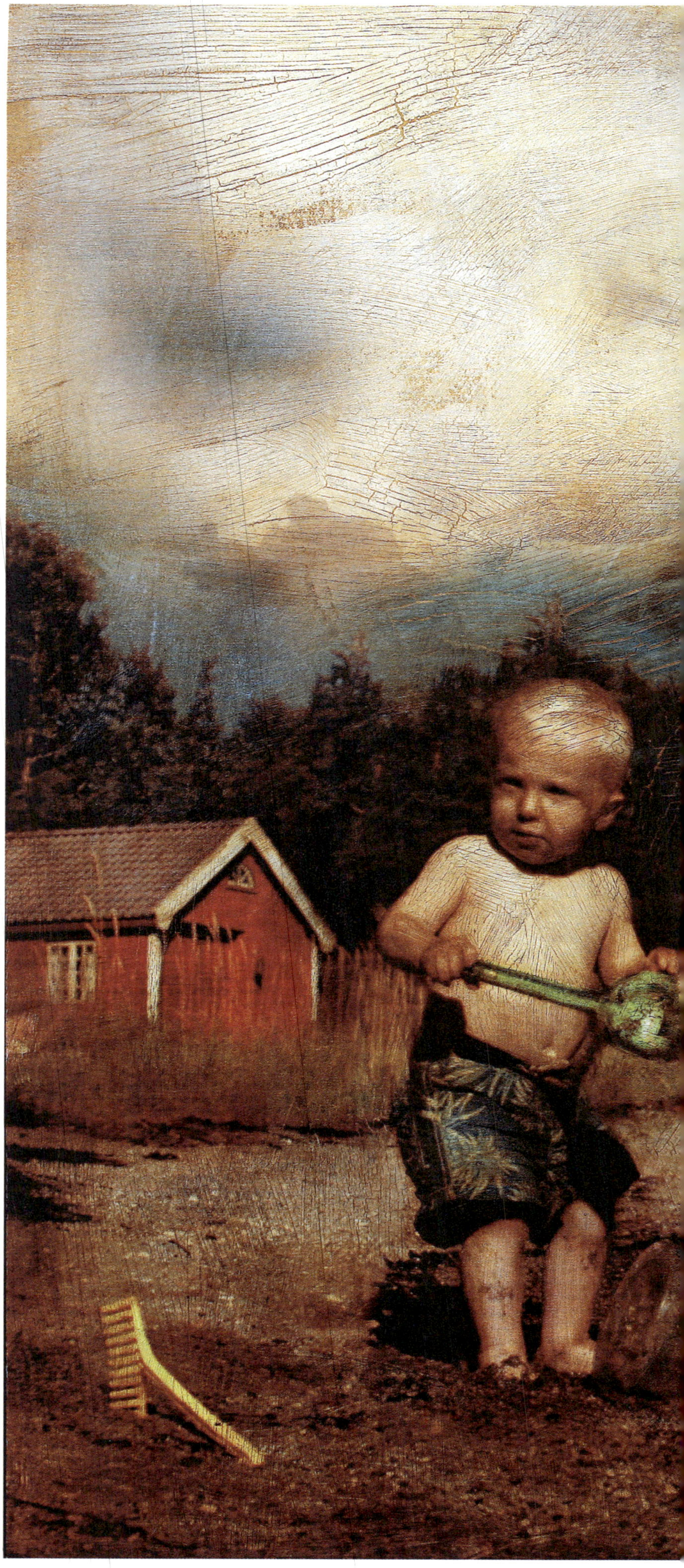

Red House (years of curiosity) 2003
Mixed Media / Oil on Canvas
135 x 108 cm / 53 x 42 in
Private Collection / Norway

Next spread:
Evolution of Melancholy 2006
(Portrait of Edvard Moseid, Founder Christianssand Zoo)
Mixed Media / Oil on Canvas
165 x 265 cm / 65 x 104 in
Commisioned by Dyreparken / Norway 2006
Ver I. Collection of Dyreparken Zoo
Ver II. Collection of Camilla & Bjarne Samuelsen
Ver III. Collection of Dan & Maureen Cahill / United States

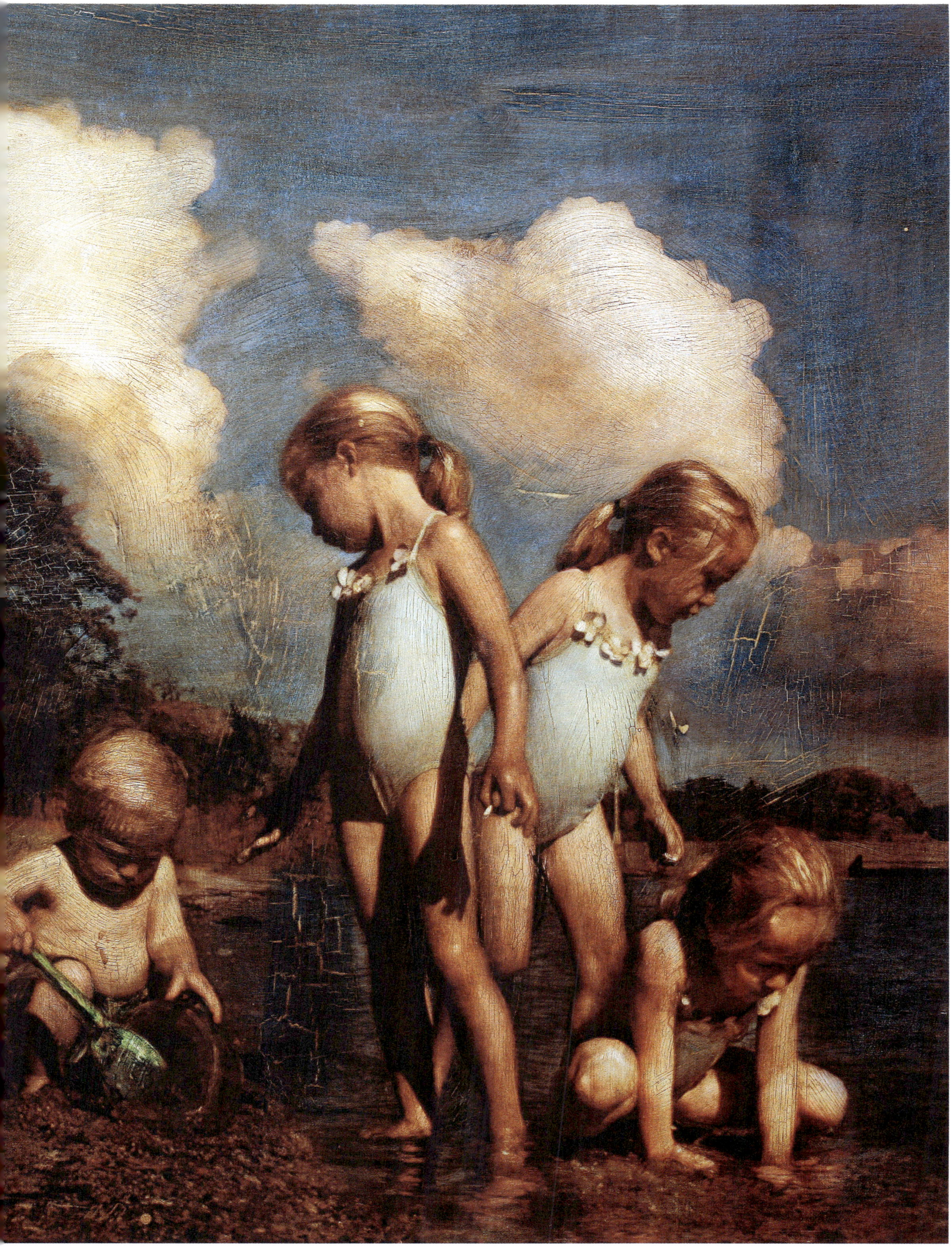

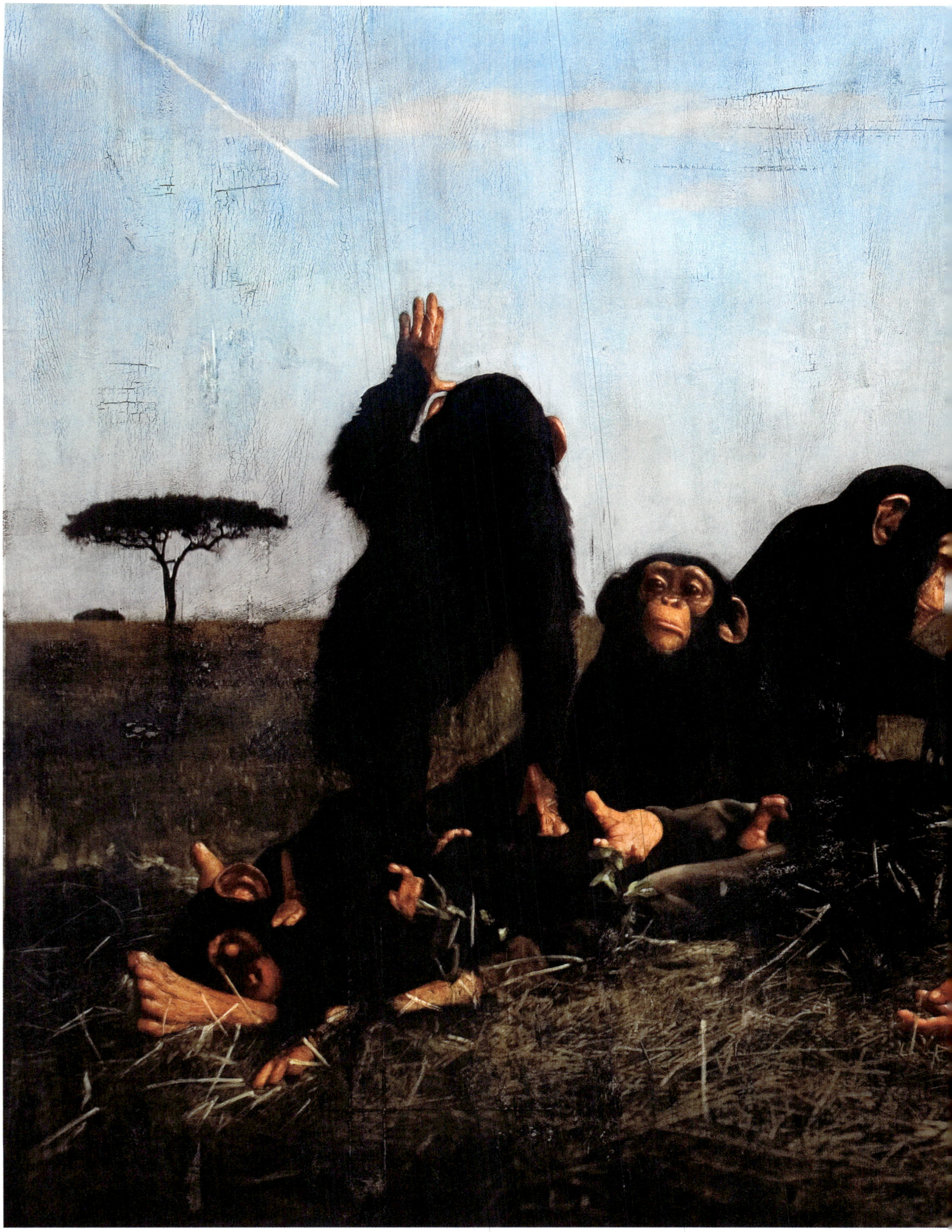

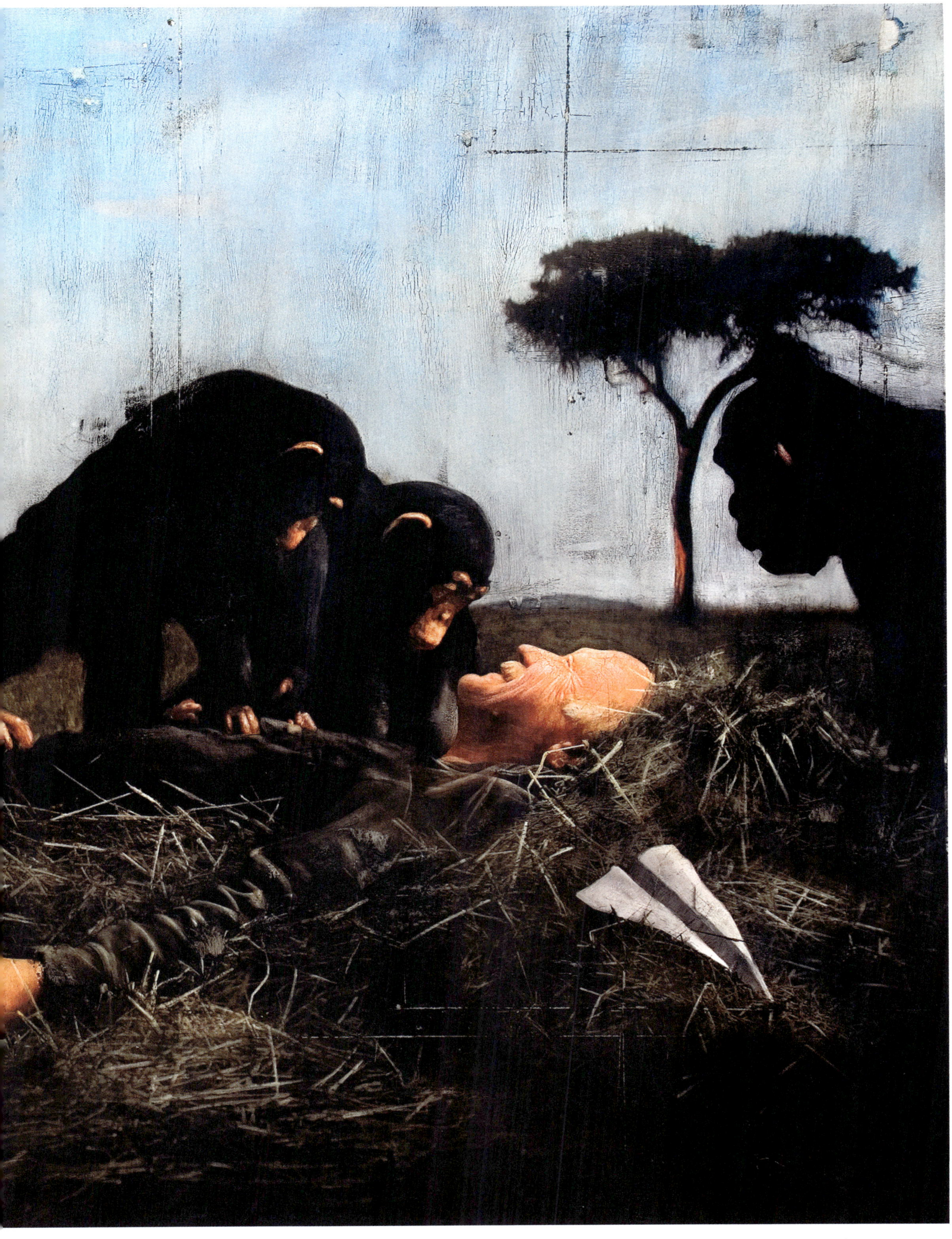

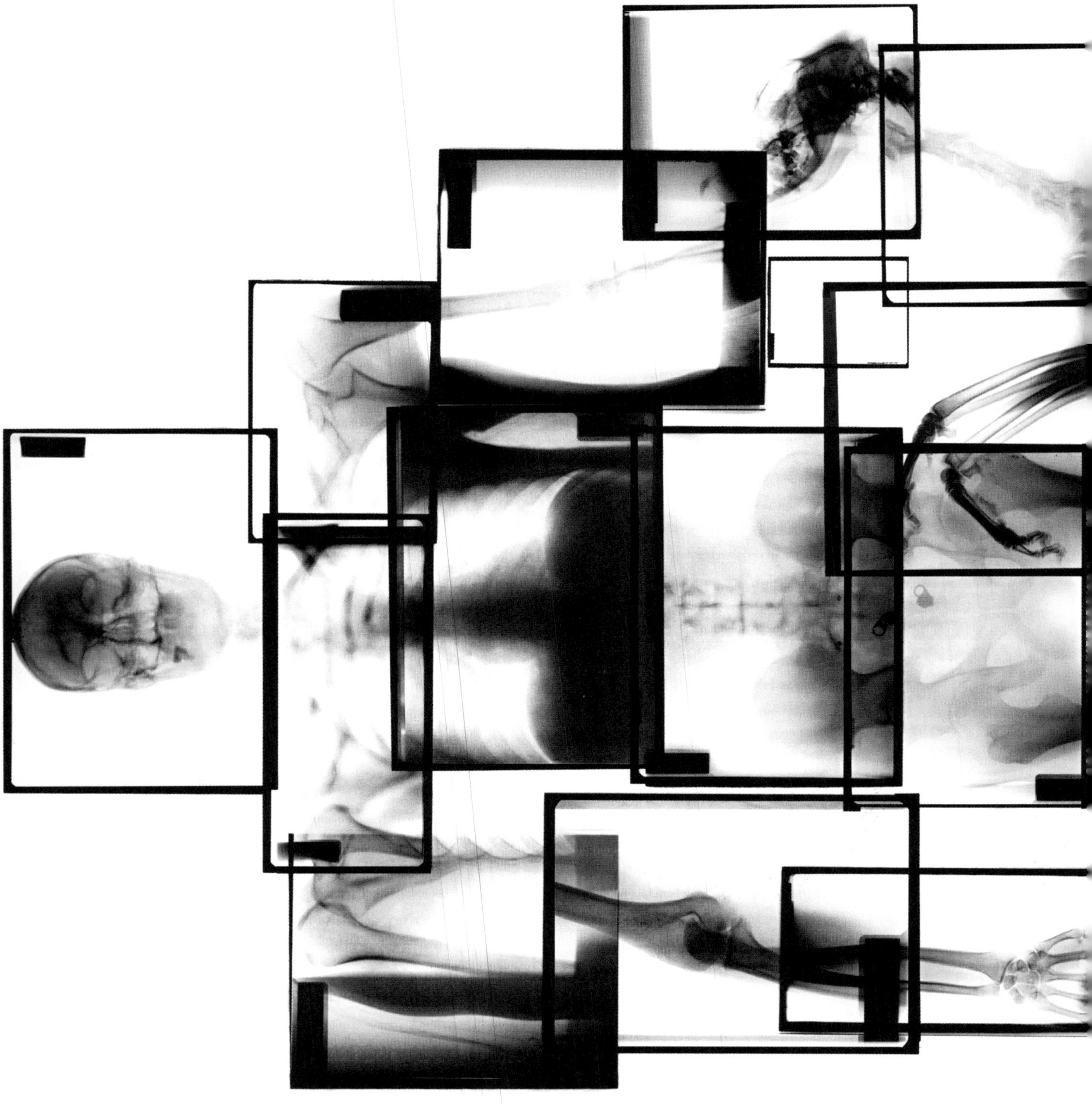

taa-taa / pf / xray my best friend & me / (remembrance) 2006
Original Digital Print
110 x 220 cm / 43 x 84 in

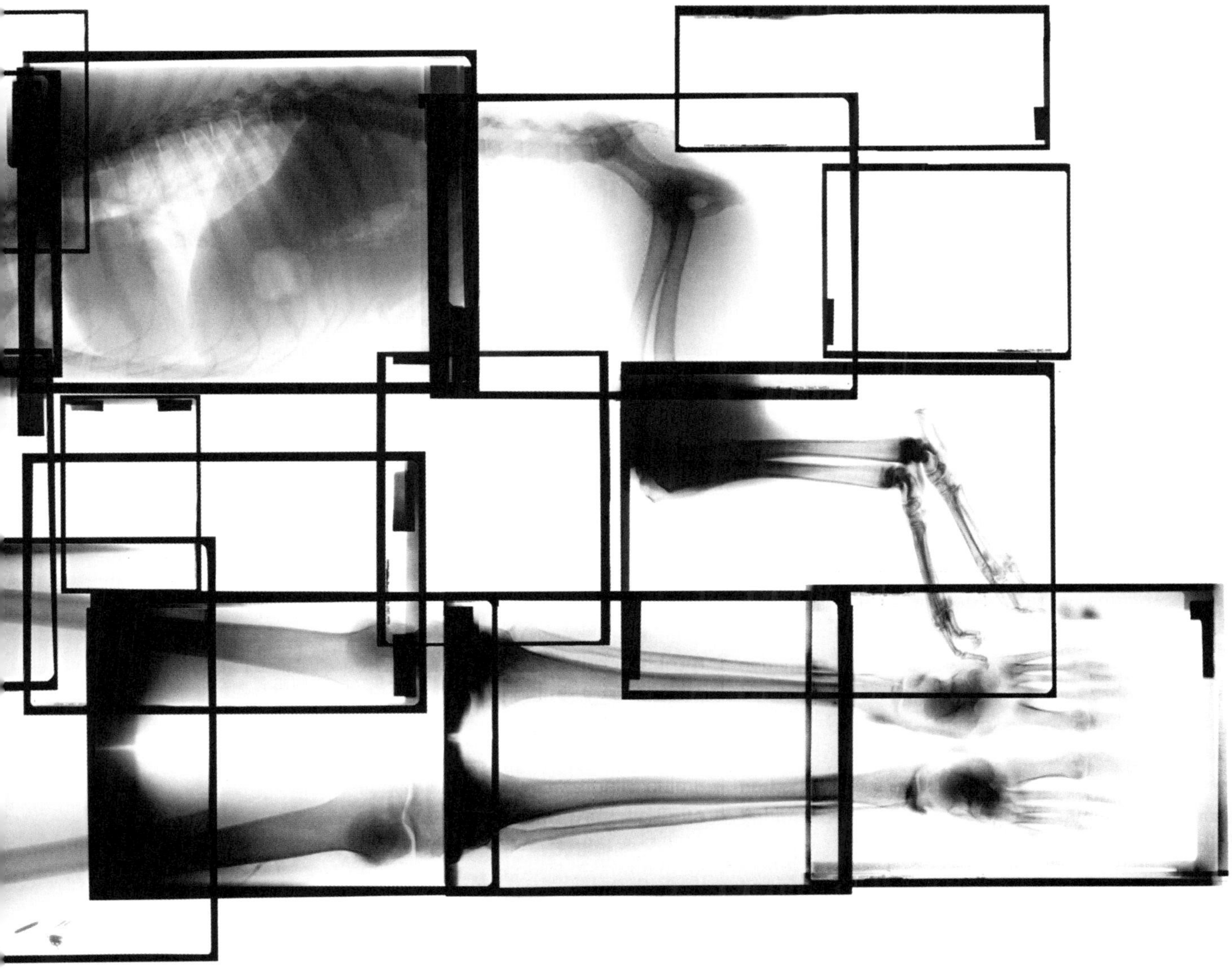

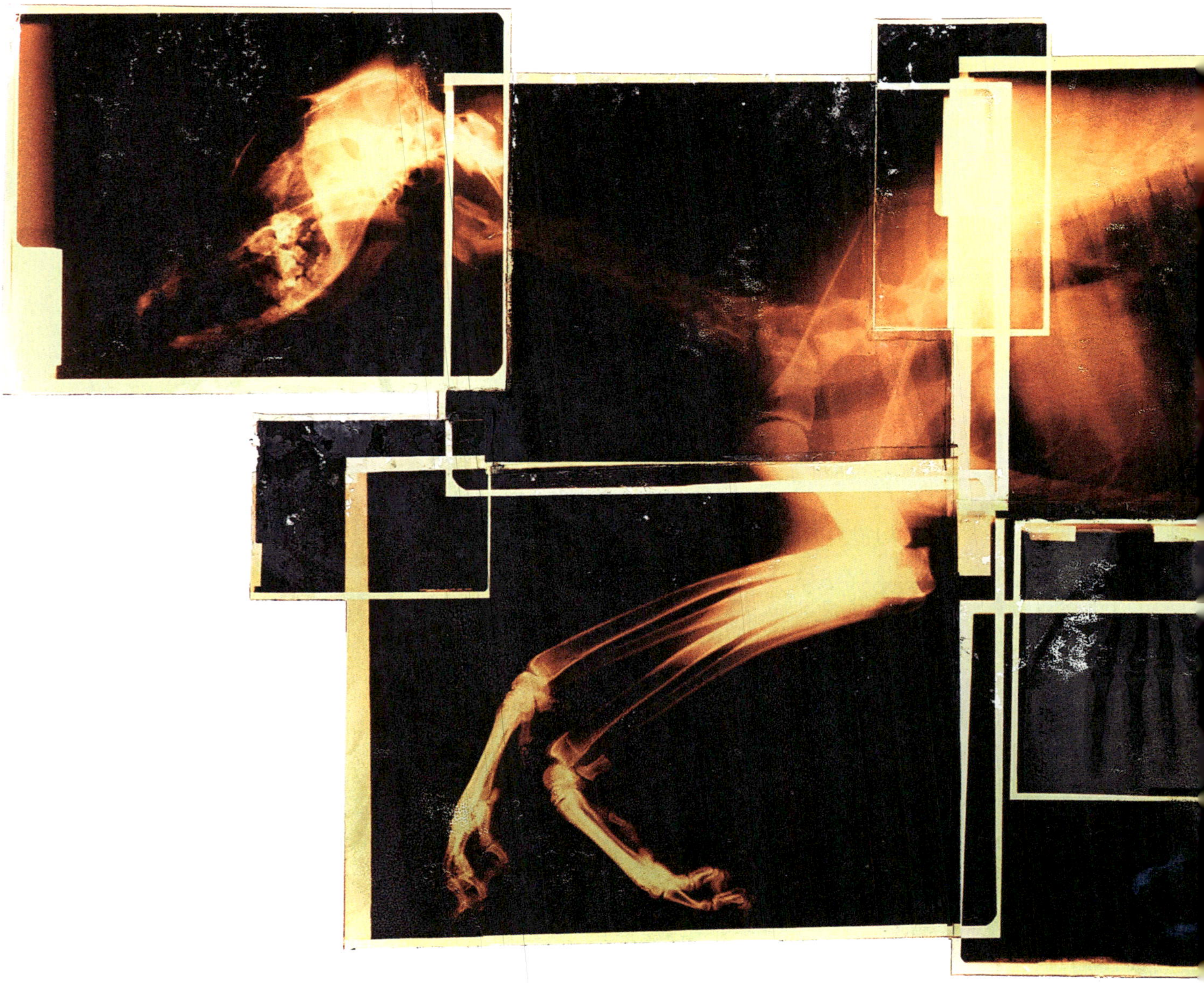

x-ray / taa-taa / extended selfportrait / (remembrance) 2008
Phototransfer on paper
43 x 105 cm / 17 x 40 in
Collection of Sørlandet Dyreklinikk / Norway

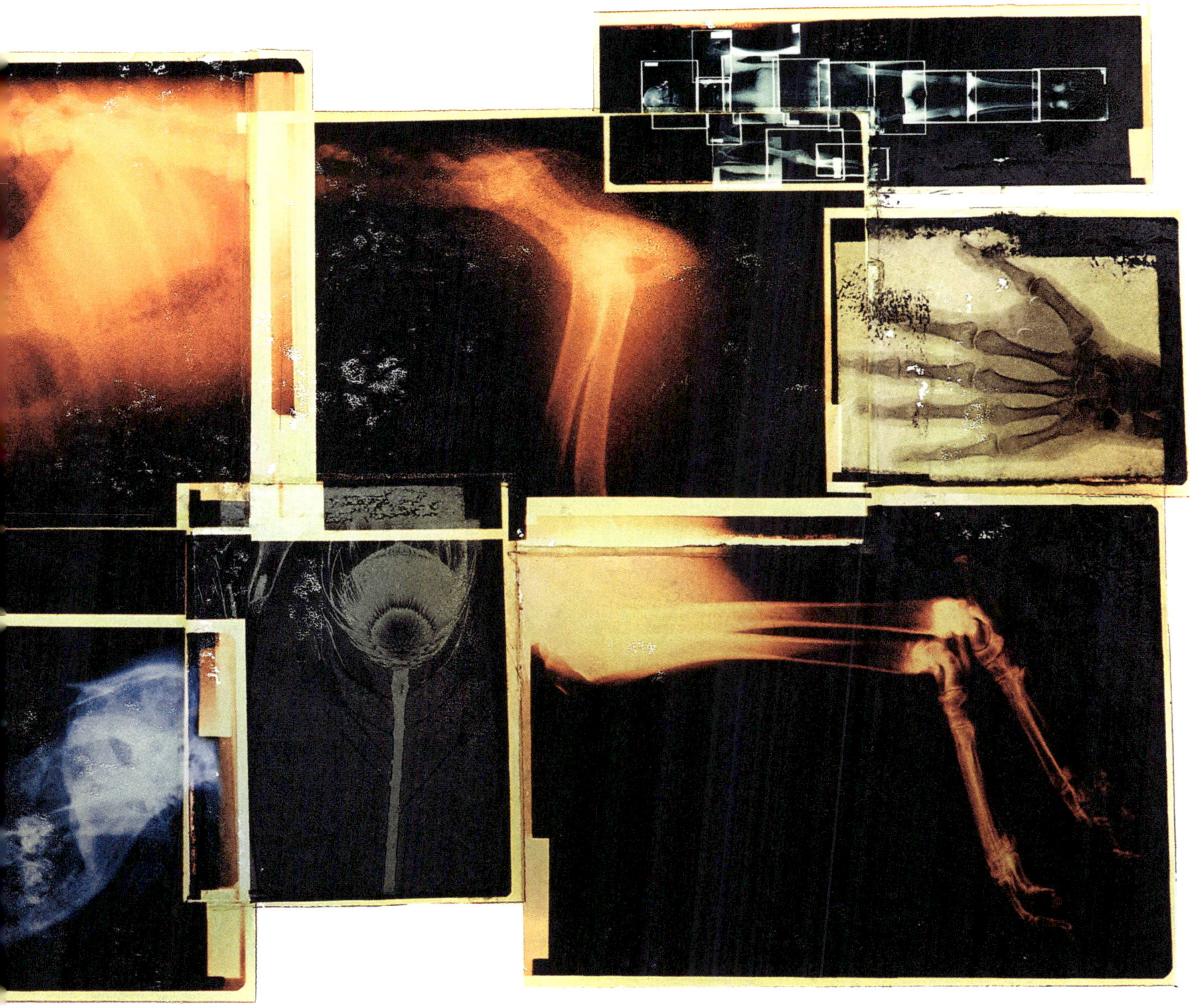

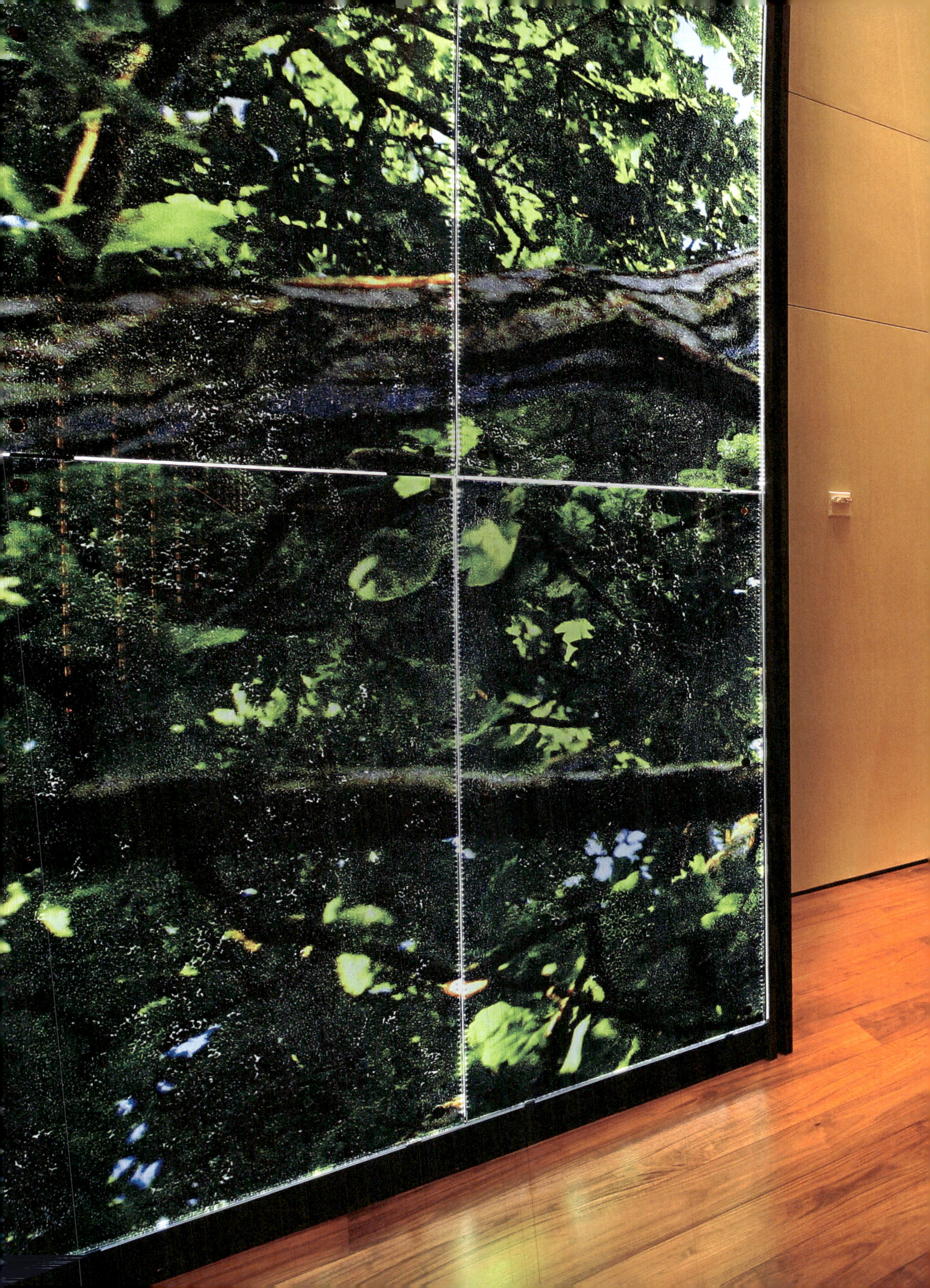

Commisions

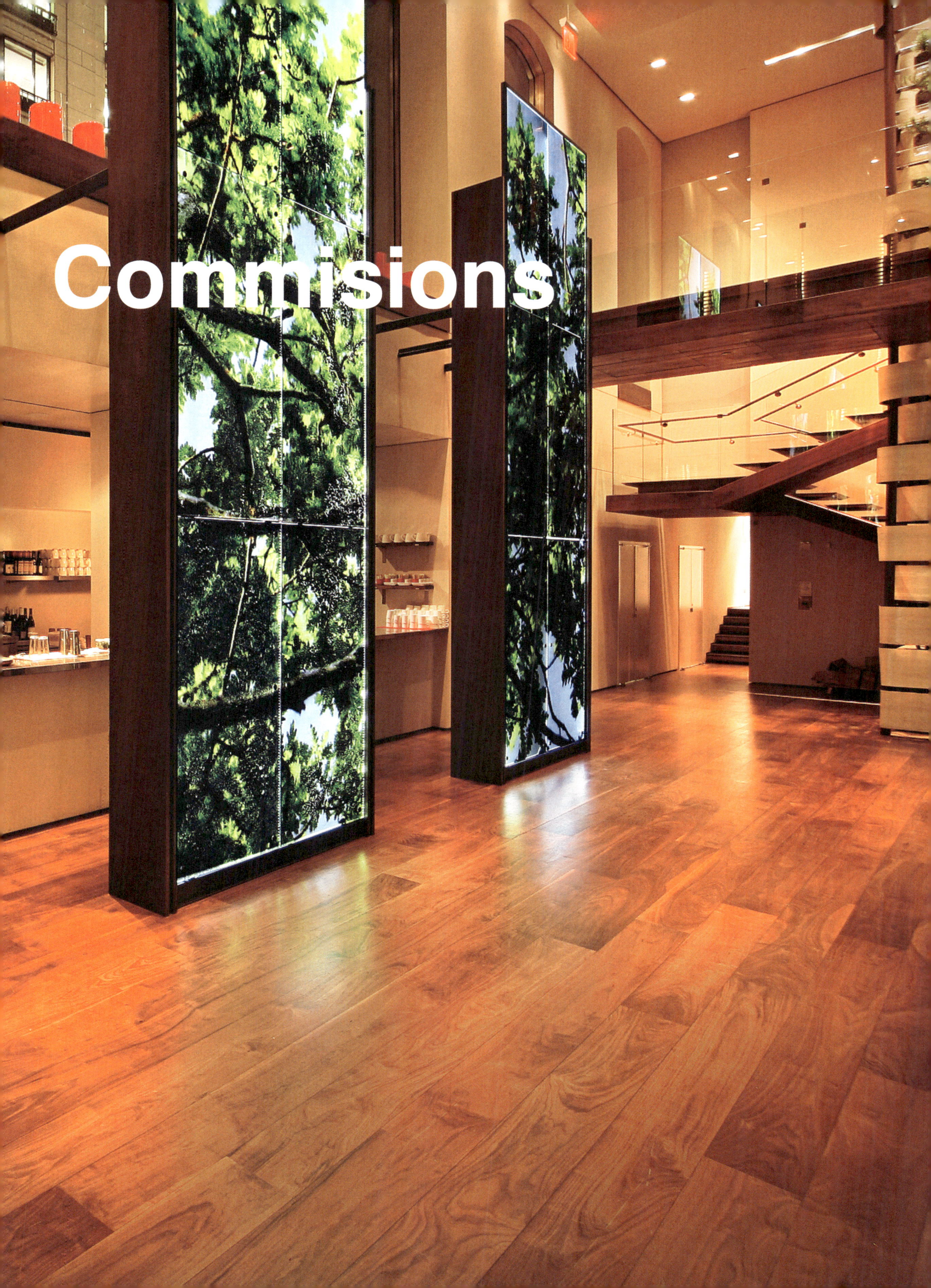

Commissions

Bestillingsverk

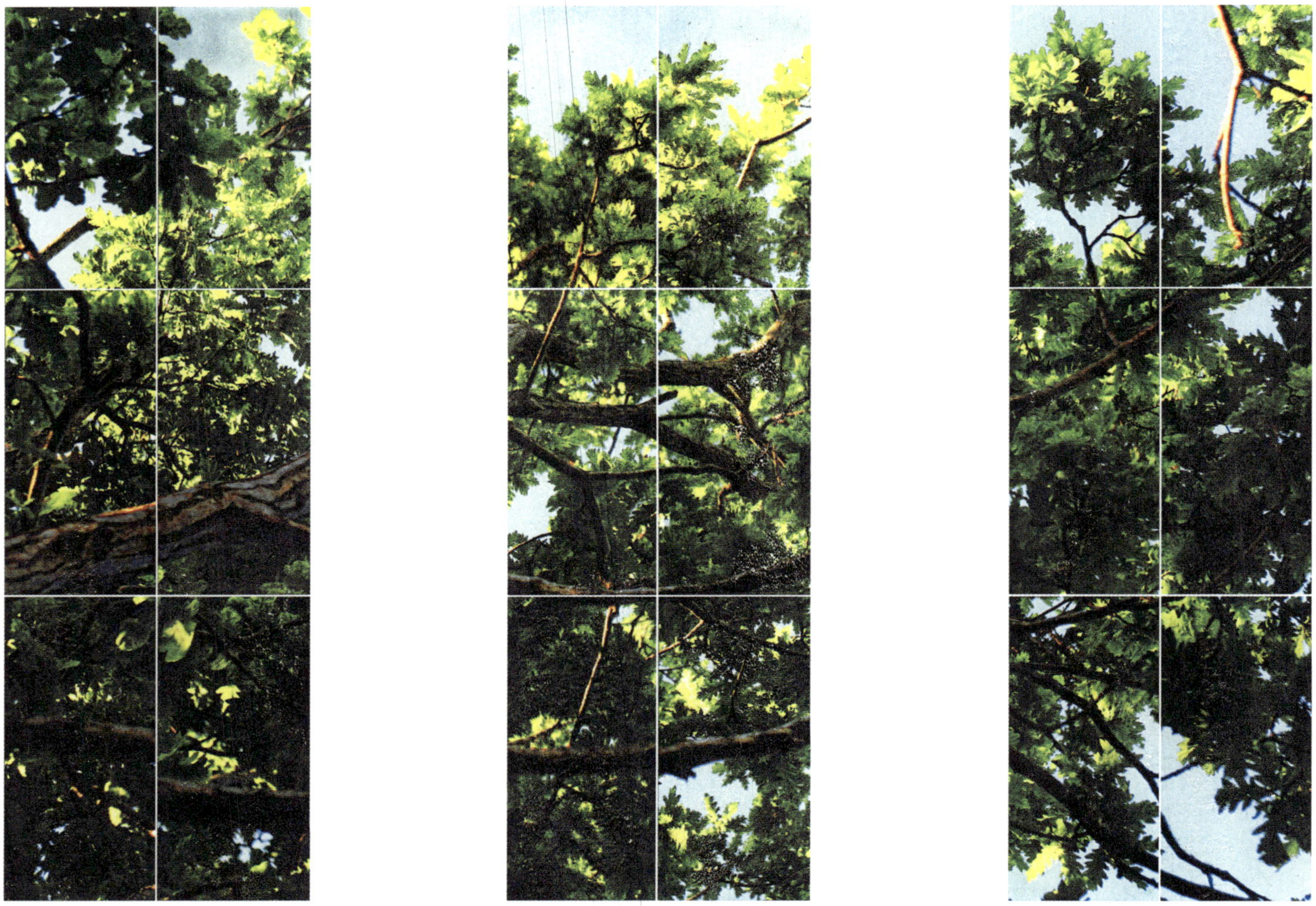

Photosynthesis 8:31 2008
(Young Oak Flekkerøya) Triptych
Pigment on Tempered Glass – 18 panels
Each Wall 182 x 534 cm / 72 x 210 in

Commissioned by Bentel & Bentel Architects, New York
for Rouge Tomate New York LLC.
Installed November 2008.

Frank Bruni of the New York Times writes:
"... that have been transformed by the architectual firm Bentel & Bentel into one of the prettiest, airiest dining environments this city has seen in some time."
New York Times / Jan 7th 2009

Per Fronth and Bentel & Bentel Architects have collaborated on three major projects in the US:
2008 Rouge Tomate Restaurant, Fifth Ave, New York
2006 Cielo, Boca Raton Resorts, Florida
2002 Craftsteak, MGM Grand Hotel, Las Vegas

Previous spread:
Installation views of the Photosynthesis 8:31
Photo: Oleg March
Next page:
Photo: Eduard Hueber of Archphoto

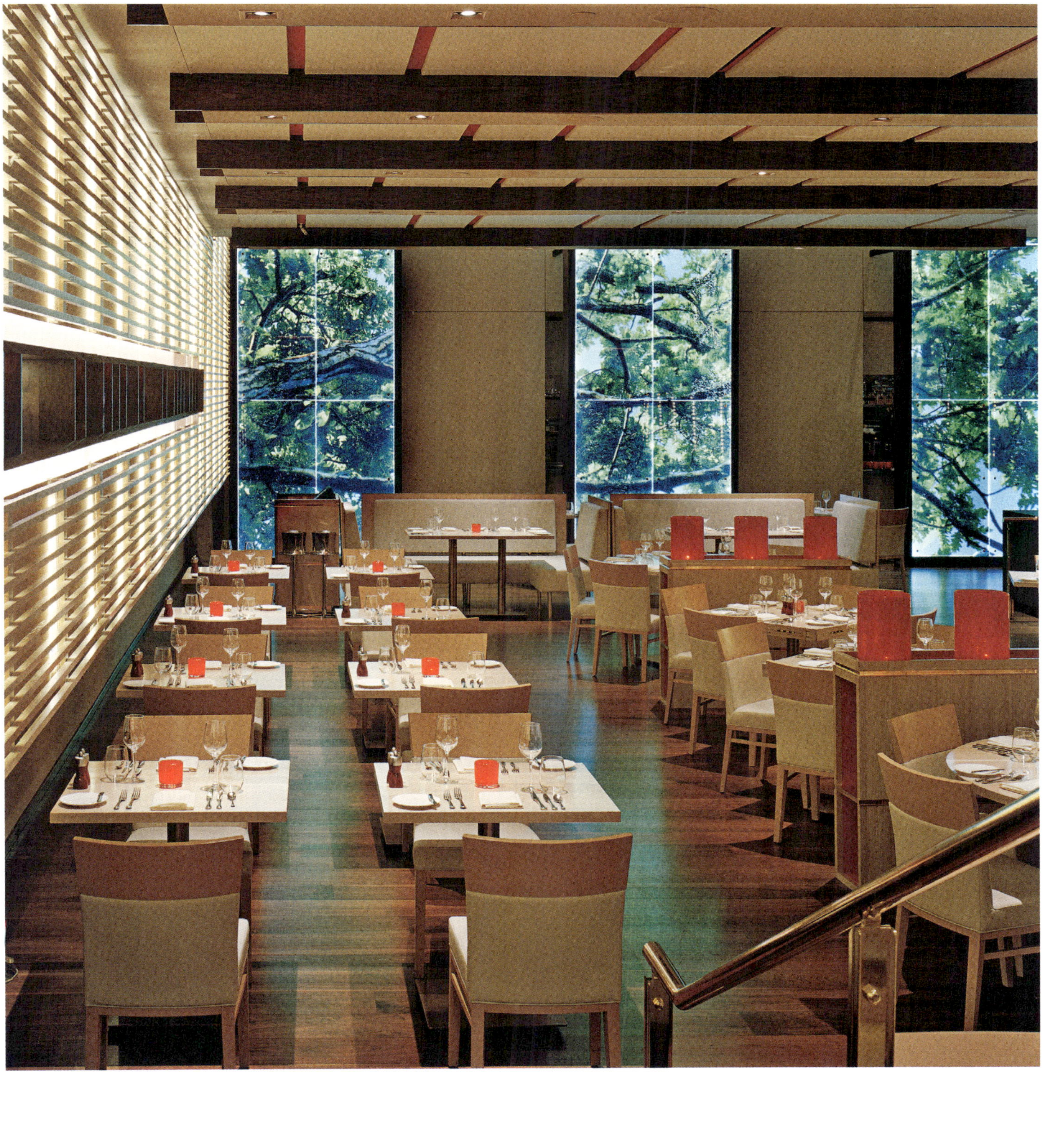

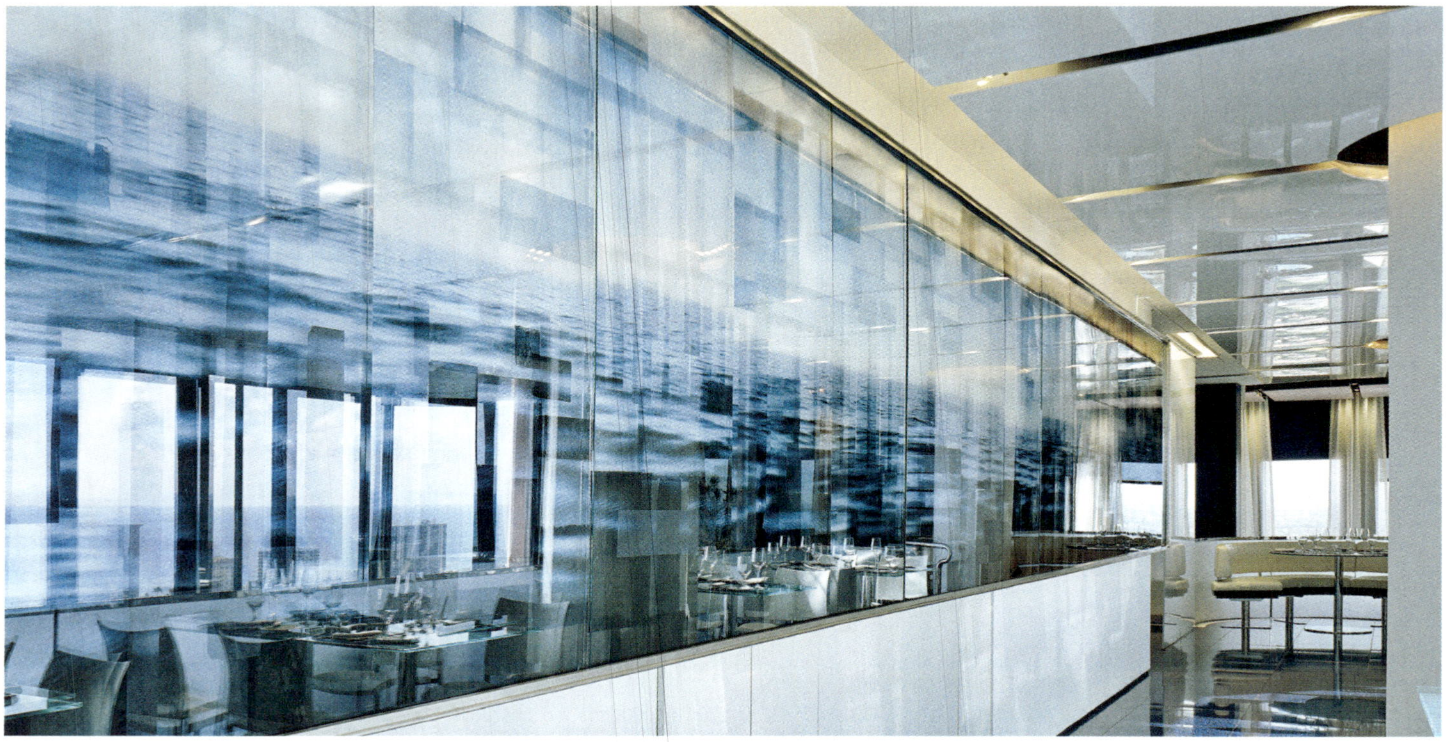

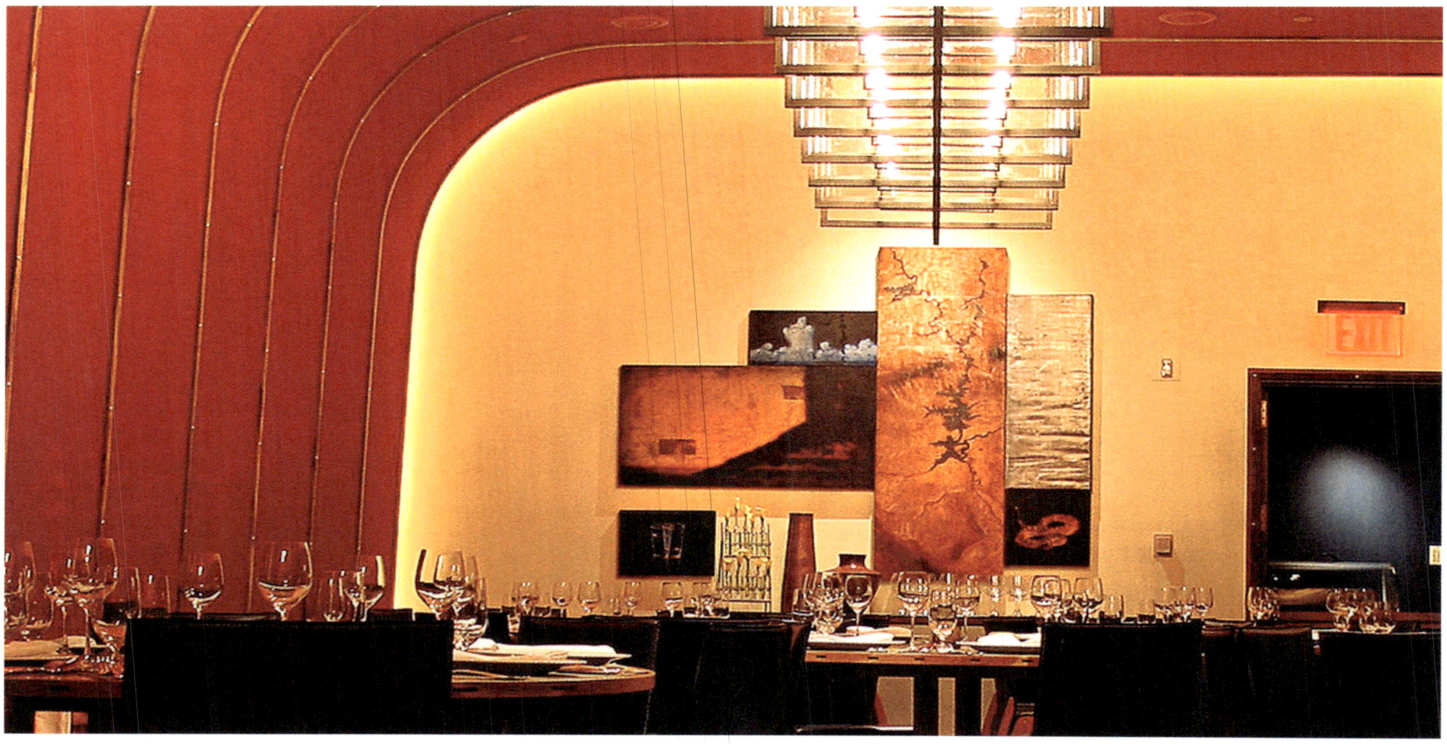

Installation view:
Split Sky / Approaching Storm (Atlantic Timeline) 2007
Phototransfer on Plexi
Overall size: 152 x 900 cm / 60 x 345 in
15 double panels – each 150 x 60 cm / 60 x 24 in

Commissioned by Bentel & Bentel Architects, New York for Cielo / Boca Raton Resorts

Winner of the 2007 GANA award (Glass Association of North America)

Installation view:
To be Alive is Pure Luck
Two separate multipanel installations
Mixed Media / Oil on Canvas / Wood / Lead
Approx. size each installation 200 x 300 cm / 78 x 118 in

Commissioned by Bentel & Bentel Architects, New York for CraftSteak / MGM Grand Hotel / Las Vegas 2002.

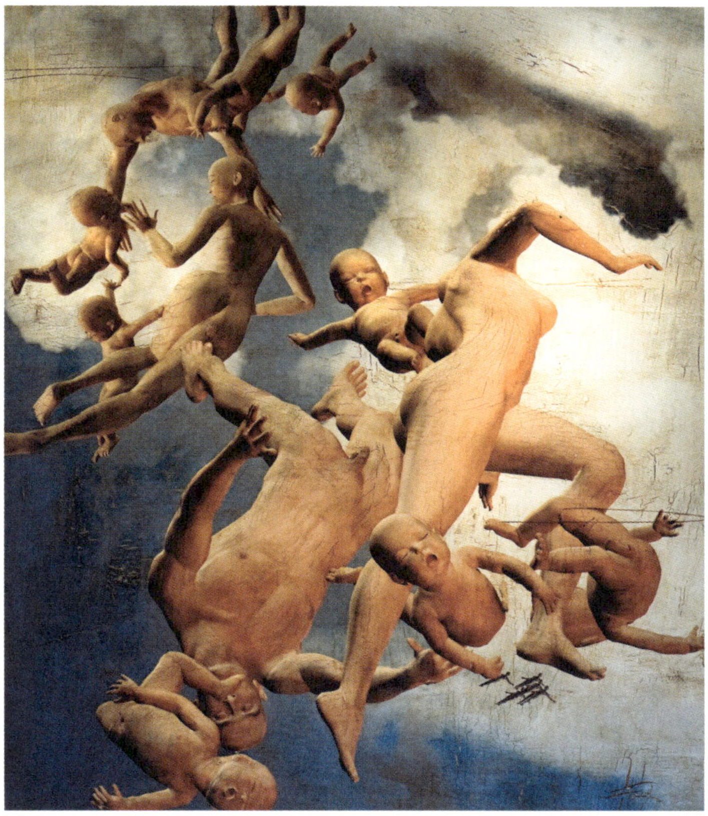

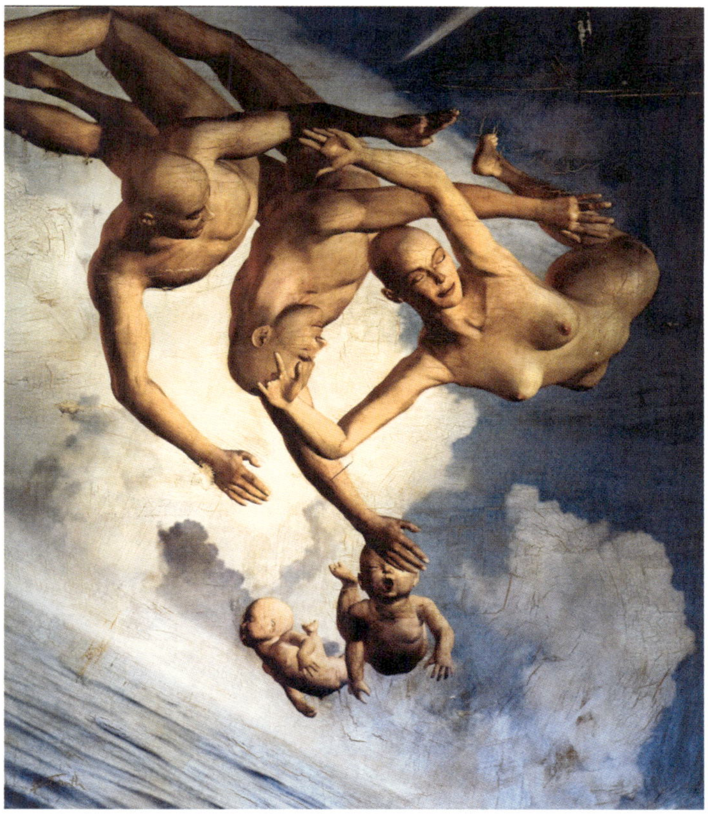

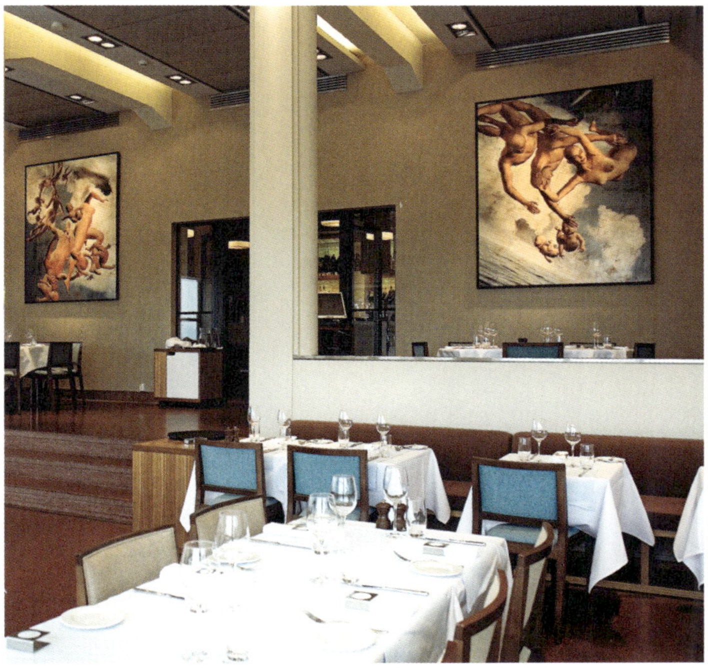

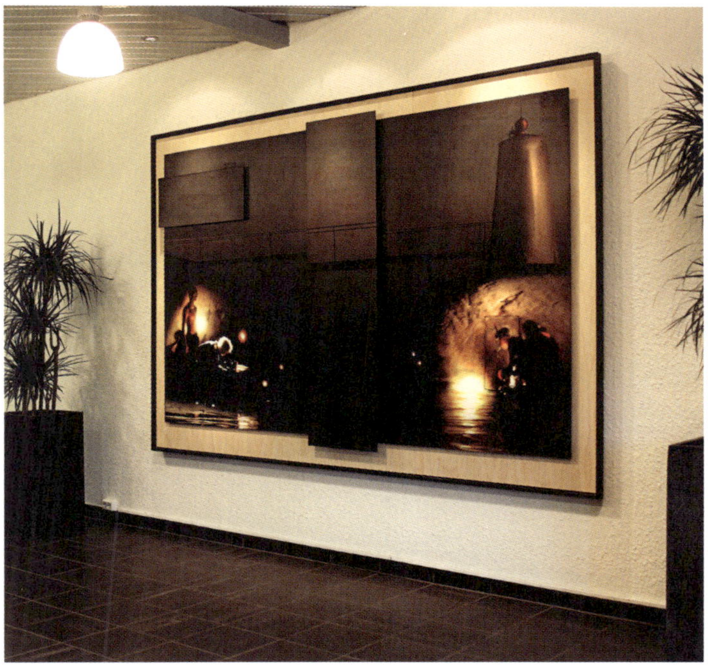

Cumulus I (The Gay Surrogat Mother Chase)
Cumulus II (PS3)
Mixed Media / Oil on Canvas
192 x 167 cm / 76 x 66 in

Commissioned by Eiendomsspar for Ekebergrestauranten 2007.

Bridge (teenage lux)
Mixed media / Oil on Paper
200 x 300 cm / 78 x 118 in

Commissioned by National Oilwell Varco 2009

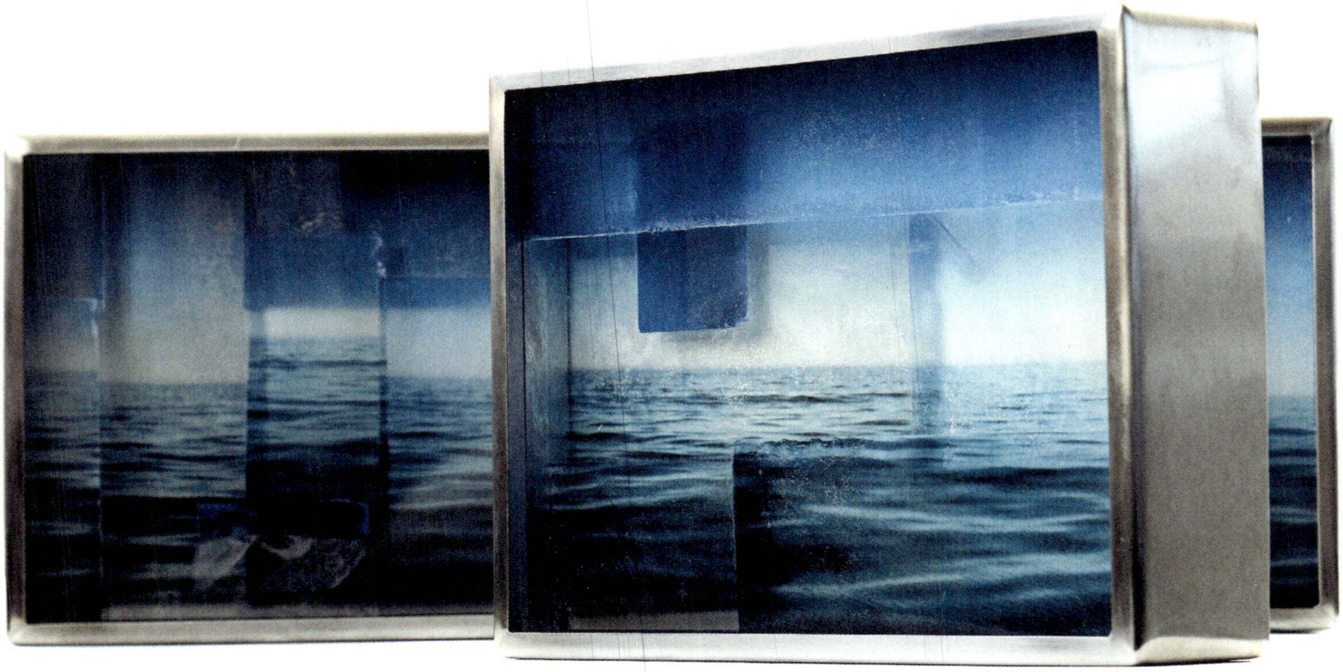

Sculpture works:
Split Sky (Atlantic timeline) 2005
Phototransfer on double 20 mm Plexiglass
20 x 25 cm / 8 x 10 in
20 x 50 cm / 8 x 20 in
Collection of Eiendomsspar / Norway

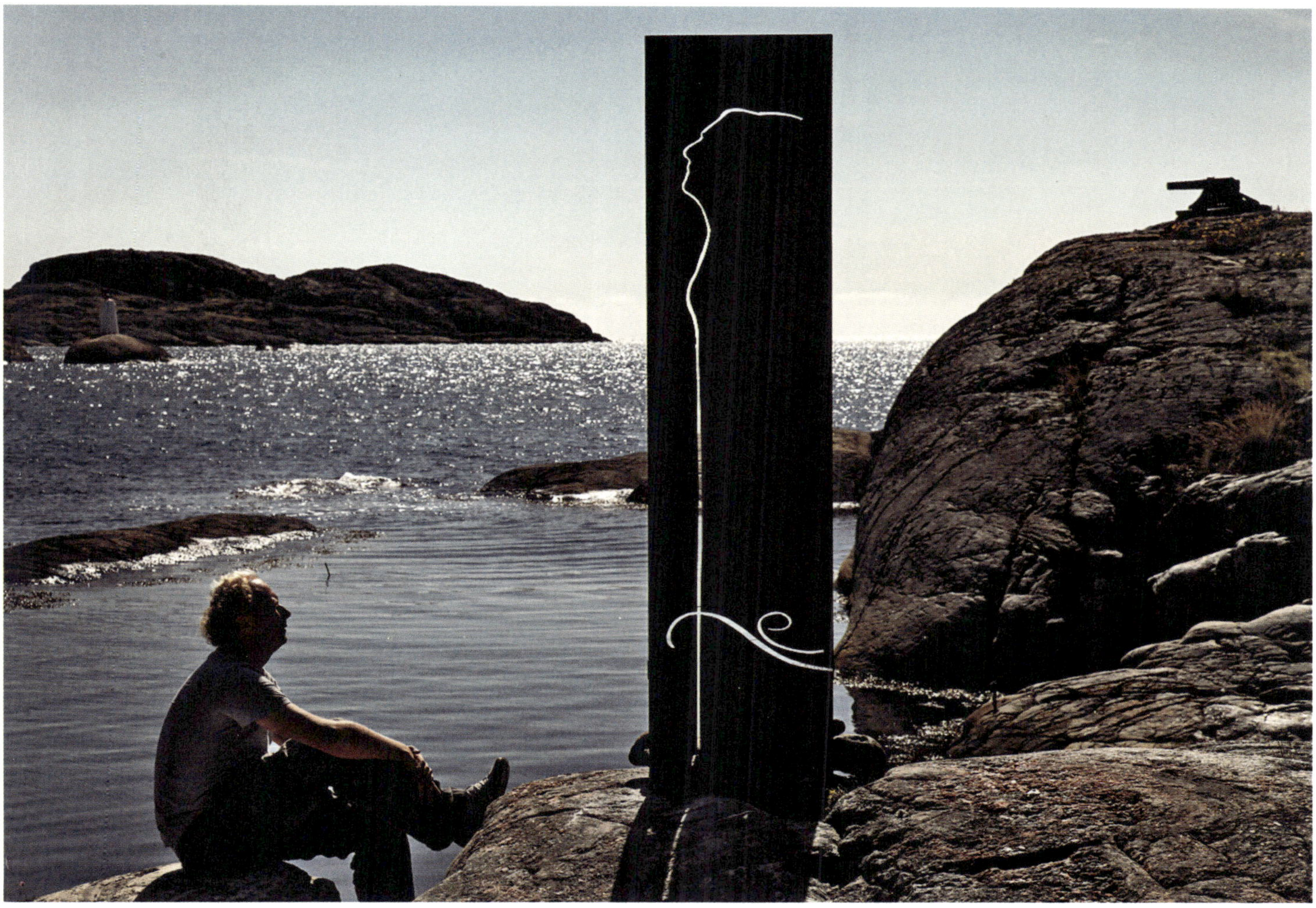

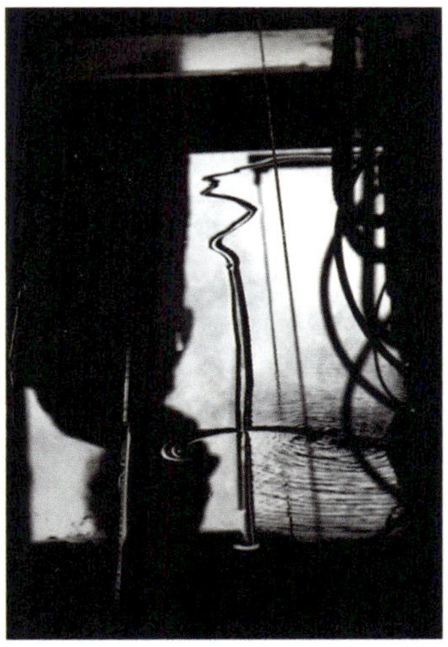

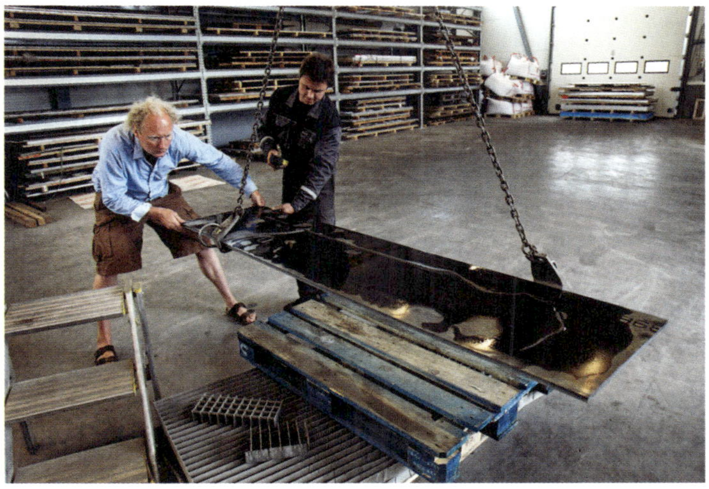

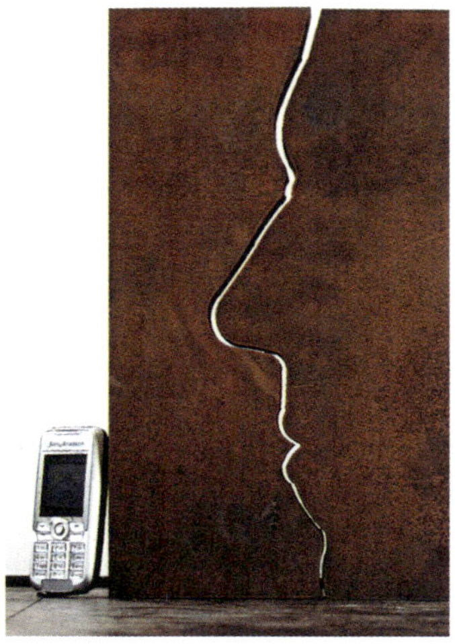

Is Eo 2009
Photography in steel
50 x 200 x 2 cm / 20 x 78 x 3/4 in
Installed at Kimboto / Ny- Hellesund / Norway

Per Fronth producing his sculptures at Sør-Stål / Norway
Utilizing state-of-the-art watercutter technology.

Study: Portrait of J. Høgetveit
40 x 40 cm / 16 x 16 in

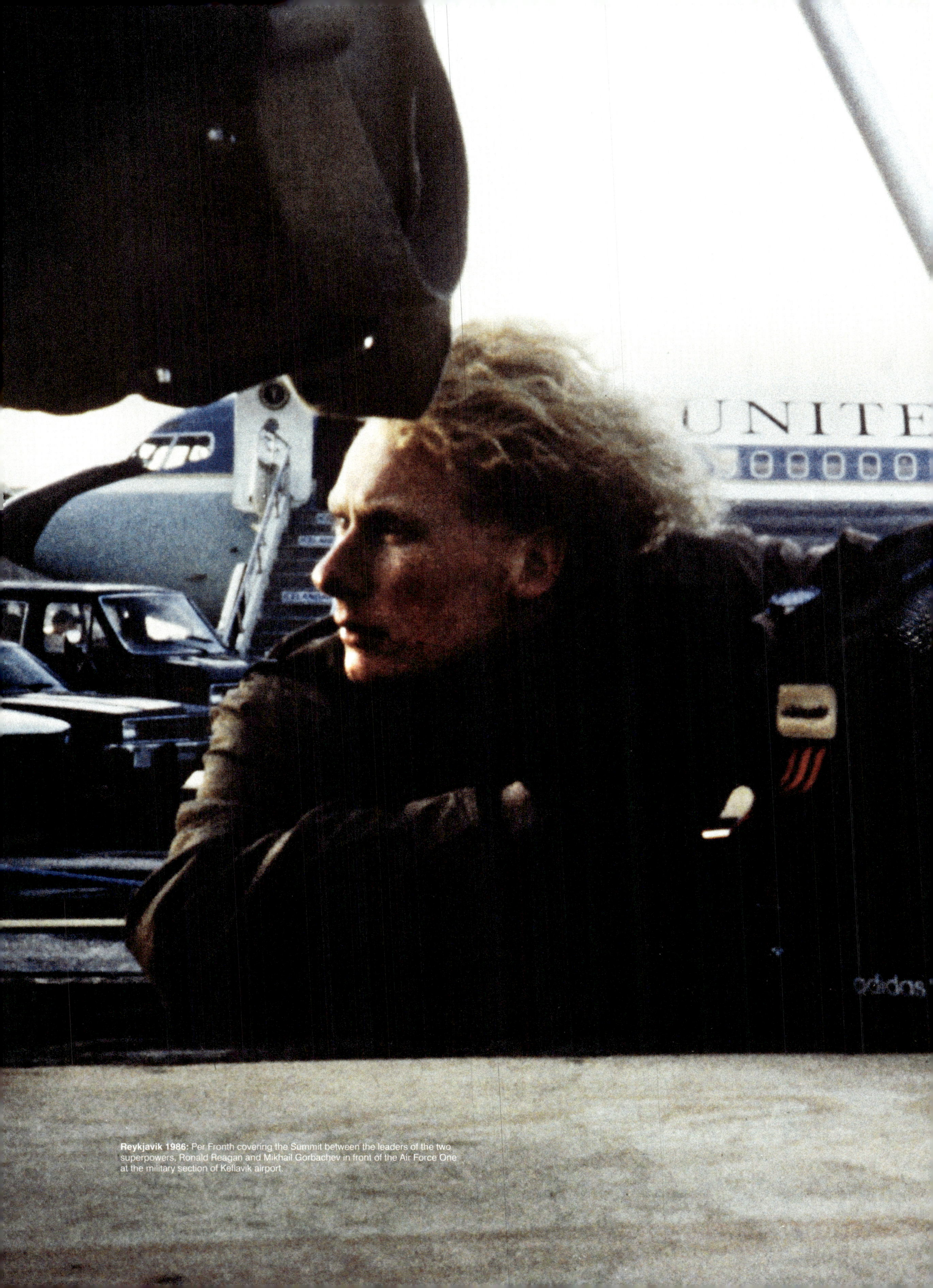

Reykjavik 1986: Per Fronth covering the Summit between the leaders of the two superpowers, Ronald Reagan and Mikhail Gorbachev in front of the Air Force One at the military section of Keflavik airport.

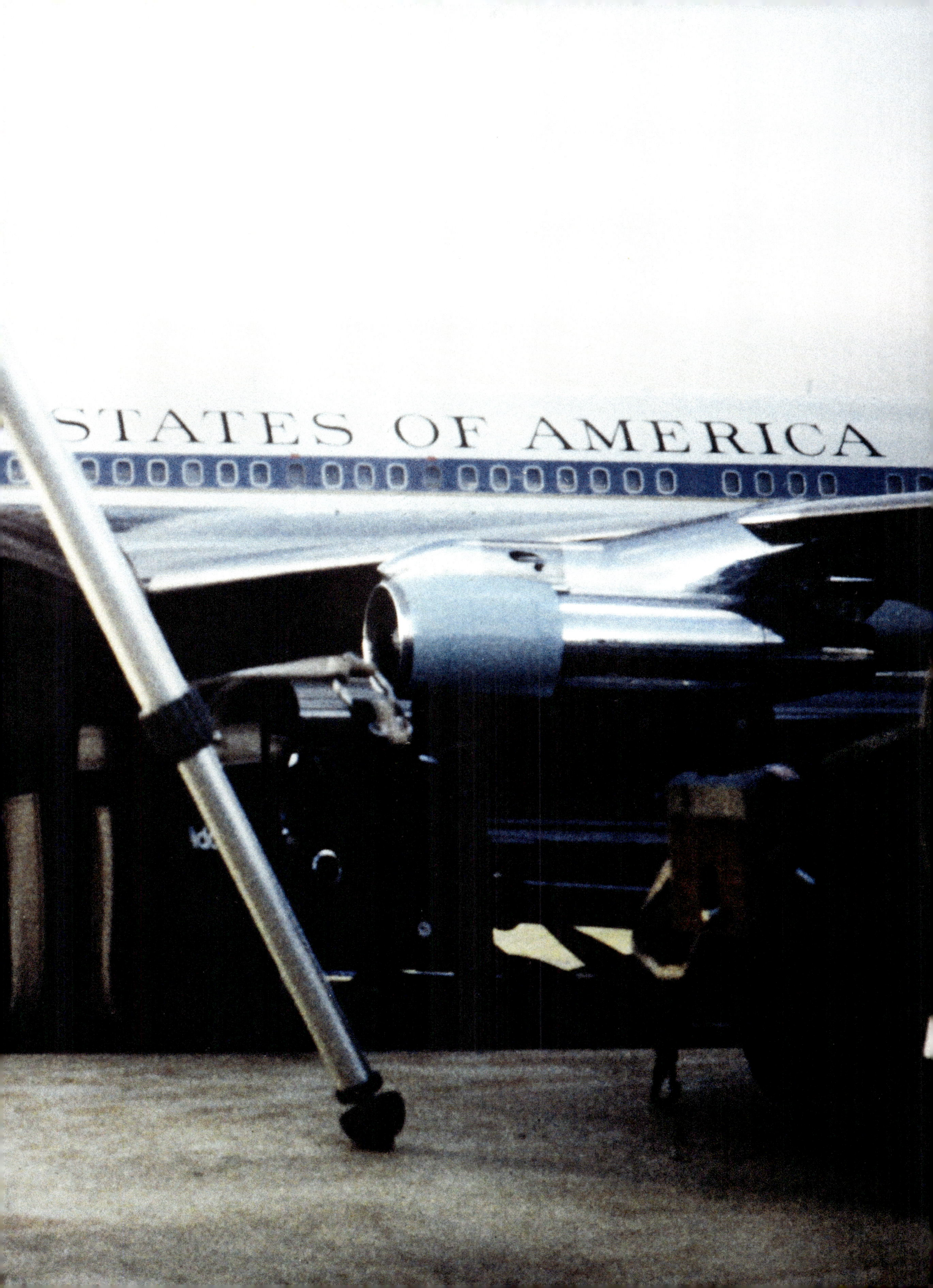
STATES OF AMERICA

Per Fronth: A Dialogue

Per Fronth i dialog

Cecilie Tyri Holt

Per Fronth Nygaard was born in Kristiansand in the south of Norway on 24 November 1963 as the son of merchant marine sailor, Sigurd Nygaard (b. 1921) and Anne-Lise Fronth (b. 1930). He grew up at a place called Weissers Jorde in Kristiansand together with his stepbrother Torfinn (b. 1954), his twin brother Ivar (b. 1963) and their younger sister Anne Ingeborg (b.1965).

Anne-Lise had lost her first husband to cancer at the age of 28 and had a son who was born with spinal bifida and was confined to a wheel chair.

"The best thing that happened is that my half brother Torfinn eliminated the usual meaning of the word *disabled*. He is the most active person I know. Today he is actually sitting in a car on his way to Hungary together with his girlfriend. She was formerly a lion tamer, but there is no way Torfinn is being tamed!!!"

Fronth grew up surrounded by love. He went to the same school and joined the same scout troop as his father, "1st Kristiansand: Capercaillie". Fronth got his first rifle when he was around 10 years old, and he was the second best sharpshooter out of 800 in the military service, thanks to his father being an accomplished hunter.

"My father and I were always hunting. He was almost like an Indian in the woods. He would even taste the droppings of a hare to decide how long ago the animal had been at that same location. He was like a captain of nature."

During Christmas dinners at the Fronth Nygaard family there was excitement in the competition among the siblings as to who would get the almond in the porridge, while they watched out for lead pellets in the hare meat. And while they ate, exotic stories from abroad flourished around the dinner table.

"My father would tell stories from America, the Philippines, Japan, Germany, Italy and Israel. He had travelled everywhere! I remember all those Christmas Eves when we heard my father's voice from far, far away, wishing us all a "Merry Christmas!"

Per Fronth Nygaard ble født i Kristiansand 24. november 1963. Han er sønn av tidligere krigsseiler og maskinsjef Sigurd Nygaard (f. 1921) og Anne-Lise Fronth (f. 1930) og vokste opp på Weissers Jorde på Lund i Kristiansand sammen med halvbroren Torfinn (f. 1954), tvillingbroren Ivar (f. 1963) og deres yngre søster Anne Ingeborg (f. 1965).

Da moren Anne-Lise mistet sin første mann som 28-åring, ble hun alenemor til Torfinn, Pers eldre bror, som var funksjonshemmet med ryggmargsbrokk og satt i rullestol.

– Mamma hadde nok å stri med da vi vokste opp, særlig i tiden før hun giftet seg med pappa. Det beste som har kommet ut av det, er at halvbroren min Torfinn har gjort ordet «handikap» til skamme. Han er det mest aktive mennesket jeg kjenner. I dag sitter han faktisk i en bil på vei til Ungarn sammen med kjæresten sin som tidligere var løvetemmer. Ikke det at Torfinn lar seg temme, altså!

Fronth forteller om en aktiv barndom. Han gikk på samme skole som faren hadde gått på, og var speider i samme tropp og patrulje: «1. Kristiansand: Tiur». Faren var en ivrig jeger, og Per fikk sitt første gevær som ti-elleveåring. Siden, i militæret, ble han nest beste skarpskytter av 800 mann.

– Vi var mye på jakt. Alltid på jakt. Pappa var nesten som en indianer. Han kunne plukke opp en harelort, putte den i munnen og tygge et par ganger for å avgjøre hvor lenge det var siden haren hadde vært der. Han hadde full kontroll i naturen.

Under julemiddagen hos familien Fronth Nygaard kunne det være større overraskelser enn hvem som fikk mandelen i grøten. De måtte også passe på tennene, for haresteken kunne være full av blyhagl. Og så var det pappas stemme på en dårlig linje fra Rogaland kystradio: «God jul!» fra ett eller annet sted i verden. Når han var hjemme fra reisene, gikk praten rundt bordet, med spennende historier fra fjerne hav.

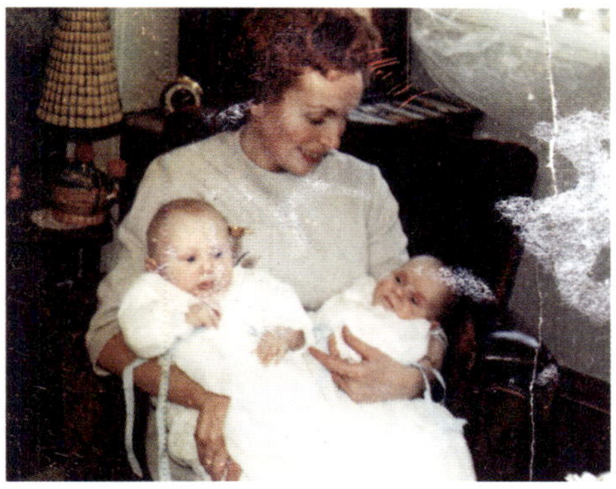

In the close comfort of the beloved:
Proud mother Anne- Lise holding her newly baptised twins Ivar and Per.

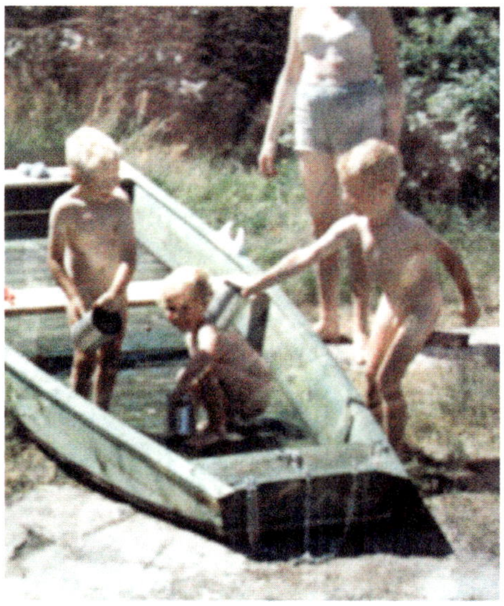

The journey together: Ivar, Per and their sister Anne Ingeborg filling their childhood years with watersplashes at their cabin in Setesdal.

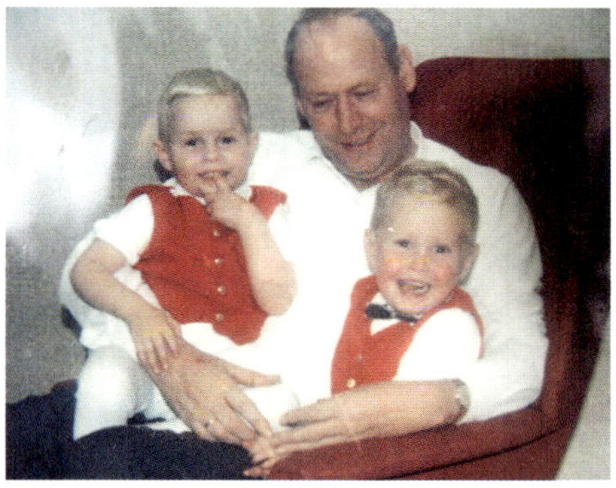

Christmas 1968: Father Sigurd returning from work abroad to spend long awaited time with his family, Ivar and Per captured moments before their presents will be opened.

through Rogaland Coastal Radio. These great memories made me want to travel. Early on I developed a keen interest in what may be found beyond the island of Oksøy and the lighthouse Grønningen. When my twin brother and I were down by the sea, I always said: "I want to travel!" My brother laconically replied: "I just want to go home."

Fronth says that the high quality of the stories, the places and the people his father had experienced abroad were almost unbelievable. Right before Sigurd Nygaard passed away, he told his son about one of his female escapades before he met Fronth's mother.

"During the war my father met someone he described as a very beautiful, slightly chubby and shy girl in the Norwegian seamen's church in San Pedro, Long Beach, California. A few years later he saw her picture in an American newspaper under a new name; Norma was now called Marilyn Monroe. "A terribly sad destiny" was the words he used to describe her life. My father confirmed this story only once."

Per and Ivar are fraternal twins, and Per describes his brother as the most generous and warm-hearted person you can imagine.

"My twin brother and I were separated in the first grade when Ivar was held back one year because he wasn't ready to attend school yet. I think the fact that we were separated has had an effect on me – and us – to a certain extent. I don't think the leadership at school fully evaluated the psychological impact the decision to separate twins could have. I experienced a great level of guilt – and I don't think they ever took that aspect into consideration. Ivar has always been good at logistics and planning, and he has an amazing ability to get things done"

The Fronth Nygaards were not an artistic or culturally minded family, but Fronth says that he shared a love for drawing with his mother. Every day after elementary school he ran home to sit

– Pappa kunne dra historier fra Amerika, Filippinene, Japan, Tyskland, Italia, Israel – han var over alt! Jeg fikk veldig tidlig en interesse for hva som befant seg forbi Oksøy og Grønningen fyr. Når tvillingbroren min og jeg var nede ved sjøen, sa jeg alltid: «Jeg vil reise!» mens Ivar sa: «Jeg vil bare hjem, jeg ... »

Fronth forteller at nivået på historiene, stedene og menneskene hans far hadde opplevd utenfor landets grenser nesten ikke var til å tro. Like før Sigurd Nygaard gikk bort, fortalte han sin sønn om en av sine kvinneeskapader fra tiden før han møtte Pers mor.

– Under krigen oppstod det søt musikk mellom pappa og det han kalte en veldig søt, litt lubben, men usikker jente som han møtte i den norske sjømannskirken i San Pedro, Long Beach, California. Noen år senere så han henne igjen, avfotografert i en amerikansk avis og med nytt navn; Norma het nå Marilyn Monroe. «En forferdelig trist sjebne», var ordene han brukte. Pappa bekreftet denne historien kun én gang til meg.

Per og Ivar er toeggede tvillinger og har aldri opplevd seg som ekstremt avhengige av hverandre, slik man ofte ser hos eneggede tvillinger. Per karakteriserer tvillingbroren sin som den rauseste og mest godhjerta personen du kan tenke deg.

Men det var tøft da vi ikke fikk begynne sammen i første klasse på barneskolen. Tvillingbror og jeg ble skilt i 1. klasse da Ivar ble holdt ett år tilbake fordi de mente at han ikke var skolemoden. Jeg tror ikke skolen tenkte så nøye gjennom hva de kunne utløse når de skilte tvillinger på denne måten. Jeg satt igjen med en stor skyldfølelse, og opp gjennom skoleårene var stempelet «bedre» eller «skoleflink» tungt å bære. Ivar har alltid vært så dyktig innen planlegging og logistikk, i tillegg til å ha en enorm gjennomføringsevne.

Familien Fronth Nygaard var ikke en spesielt kunstnerisk eller kulturell familie, men Fronth forteller om en stor tegneglede som han delte med moren. Hver dag etter barneskolen løp

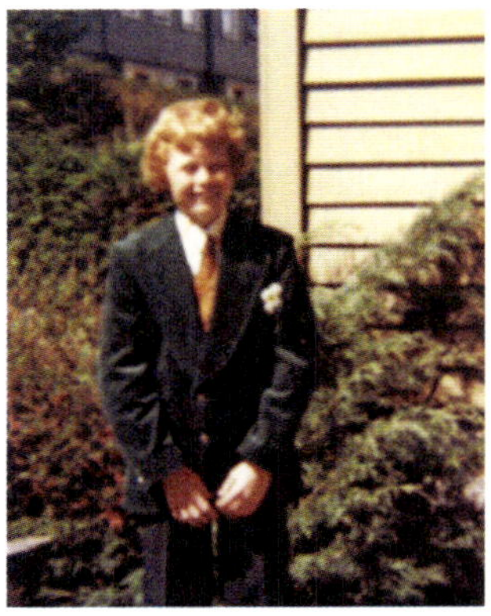

At Thirteen: Per Fronth in his National Day 17th of May best dress.

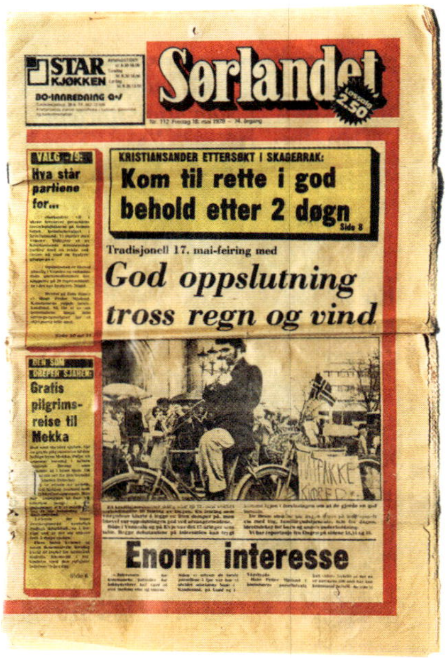

May 18th 1979: Per Fronths first picture on print in Dagbladet Sørlandet. From this day on Fronth devoted his life to photography and making a living from it. He is fiftheen years old.

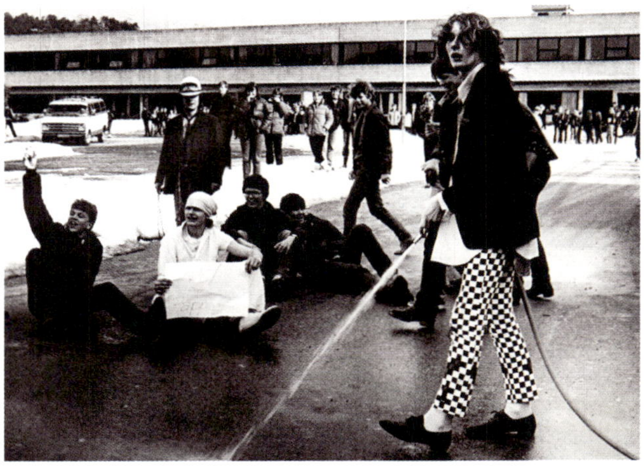

Rebel Days: Making a splash at the gymnasium Kristiansand Katedralskole 1981

at the dinner table, drawing with his mother. His father worked as an engineer, and he painted pictures as a hobby. The Fronth Nygaard house was decorated with naivistic paintings of landscapes and women, signed "Sigurd Nygaard".

When Fronth was confirmed into the church, he made a decision that would have a major effect on his life.

"A lot of money was bestowed on me for my confirmation, and one day I was on my way to the bank to fill up my account with the gifts. I was supposed to use the money to buy new alpine skis. But on the way to the bank I passed a photo shop called "Fotomiljø". A Minolta SRL camera was exhibited in the window, and it said "Yes!" when I looked at it. I went straight in and bought the camera. My father thought it was an absolute terrible choice. But suddenly I had a camera and I started to photograph my family and friends."

Fronth was already working at night as a paperboy for the newspaper *Dagbladet Sørlandet*. At the age of 15 years Per and his friend Trond were selling subscriptions for the same newspaper.

"One day a boy I knew from middle school came into the newspaper's darkroom. He had shot a photo of a car accident, and he was only 15 years old! I was in shock! From that moment on I started to understand the possibilities of a camera. The job selling subscriptions ended with a fight between Trond and me, which got us both fired. Suddenly I had no job, so on 16 May 1979 I went down to the Editorial staff and said to the News Editor, Arne Dalmo: "I would like to take pictures for you tomorrow on the Norwegian Independence Day. May I? I have a camera!" Dalmo just laughed and said: "You know what? I think you should be allowed to do just that." Then he gave me three rolls of Tri X-film from photographer Geir Vraa's camera bag. I had an assignment and a mission! I photographed all day long on the 17th, and the next day one of my pictures was on the front page of the newspaper! It was one of the most important moments in my life. Everything changed in an instant. Since 18 May 1979, I

han hjem for å sitte ved kjøkkenbordet og tegne sammen med henne. Faren var hobbymaler, og på veggene hang det naivistiske malerier av landskaper og kvinner signert Sigurd Nygaard. Etter konfirmasjonen tok 14-åringen Per en avgjørelse som kom til å påvirke livsretningen hans drastisk.

– Jeg hadde fått masse penger til konfirmasjonen og var på vei til banken for å sette dem på bok – enten skulle de brukes på langrennsski, eller på slalåmski. På veien gikk jeg forbi fotobutikken Fotomiljø. I vinduet lå et Minolta speilreflekskamera. «Pling!» sa det, da jeg så på det. Jeg gikk rett inn og kjøpte det, til stor forargelse for pappa. Jeg begynte å ta masse bilder av venner og kjente.

Fronth gikk avisbud for Dagbladet Sørlandet på den tiden. Da han ble 15, fikk han en ny jobb for avisen – sammen med kompisen Trond satt han i Sørlandets redaksjonslokaler og ringte rundt for å selge abonnement.

– En dag kom det inn en gutt som jeg kjente fra ungdomsskolen. Han hadde tatt et bilde av en bilulykke, og nå forsvant han inn i mørkerommet. Og han var bare 15 år! Jeg begynte å forstå muligheten som lå i fotoapparatet. Abonnementsjobben endte med en slåsskamp mellom Trond og meg, hvor vi begge fikk sparken. Så gikk jeg ned til redaksjonen, det var 16. mai 1979, og sa til redaksjonsjef Arne Dalmo: «Jeg vil gjerne ta bilder for dere på 17. mai. Kan jeg få lov til det? Jeg har kamera!» Dalmo lo, og svarte: «Vet du hva? Det syns jeg du skal få lov til. Her er tre ruller med film.» Så hentet han tre Tri-X-filmer fra kamerabagen til fotografen Geir Vraa. Jeg var ute hele 17. mai og dagen derpå var mitt bilde over hele førstesiden. Alt forandret seg i det øyeblikket. Fra den dagen har jeg ikke tjent til livets opphold på noe annet. Fra den dagen har det bare vært meg, et kamera, en eller annen linse og noe som skjer foran kamera. That´s it!

Etter at Fronth fikk bildet sitt på førstesiden av Sørlandet som 15-åring gikk det fort fremover. På gymnaset fikk han tilbud om

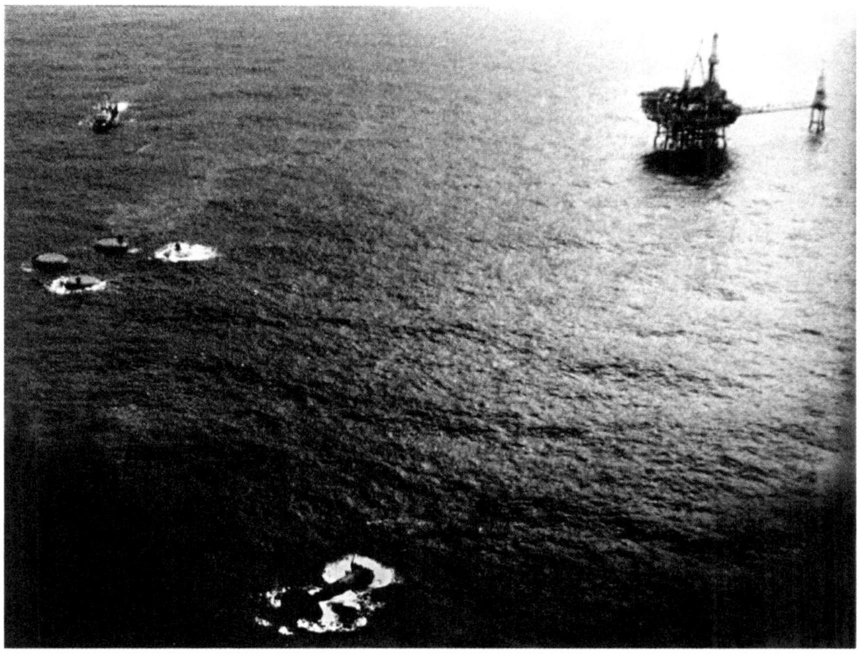

March 27th 1980: The semi-submersible oil-rig Alexander Kielland lose one leg and capsizes during a terrible storm in the North Sea. 123 souls were killed. Per Fronth at the age of 16 manages to get on board the first press plane. On his first flight ever he captures this telling photograph – published for the first time in this book.

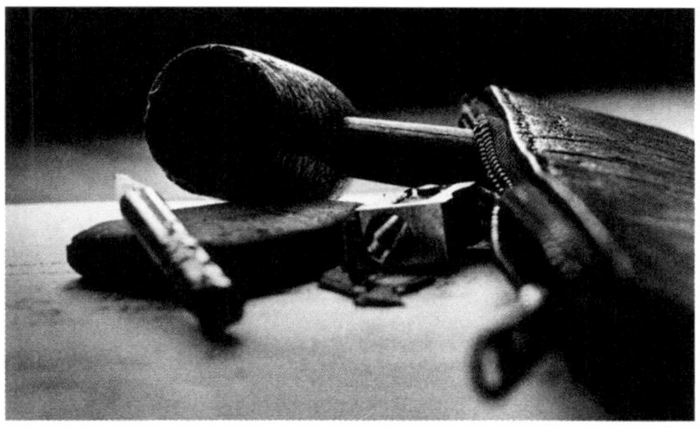

Pipe in penale: During the gymnasium years Per Fronth's urge to test himself and discover new territories also lead him to saturated experimentation with drugs. This image from his very own schooldesk helped the newspaper Fædrelandsvennen win prizes for excellent design.

have only worked with photography and earned all my money as a photographer. It has been just me, a camera, some kind of lens and something happening in front of the camera. That's it!"

After the 15-year-old Fronth got one of his photographs on the front page of the paper *Sørlandet* he enjoyed great progress. At high school he got a job for the regional newspaper *Fædrelandsvennen*, or "the old lady", as he calls it. Fronth had already photographed for the paper *Verdens Gang*, and editors started noticing him nationally. At 18 he got a summer job at *VG* in Oslo, and the next year *Aftenposten* called him. Then, back in Kristiansand in the spring of 1980 Fronth got his first big assignment as a press photographer.

"On the 27th of March 1980 at 6:30 p.m. I was working at *Dagbladet Sørlandet* as a freelance photographer. Suddenly the newswires sent out major alarms, and we received information about a huge accident at the Aleksander L. Kielland platform in the North Sea. 123 people died in the accident. The journalist Eivind Pedersen and I went to my house, where I had kept 600 kroner in a jar. I woke up my mother at 2 a.m. to tell her that we were going to Stavanger by train. I had to skip a mock math exam at school but that didn't worry me the least; my aim was set. We went to the airport in Stavanger, where Eivind Pedersen got hold of a boarding pass for the first press airplane and he gave it to me! So I got on the plane together with the *BBC, Aftenposten, VG*, the *New York Times* and all the major TV stations in the world. And this was my first flight ever! When we reached the oil field and got clear of the underbelly of the clouds, I leaned down and saw all the different parts from the accident floating in the water. All the other photographers took pictures of the parts. I was the only one using a wide-angle lens, simply because it was the only lens I owned, and I captured the entire scene. The photograph has unfortunately never been on print."

å jobbe for regionalavisen Fædrelandsvennen, eller Gamletanta, som han selv kaller avisen. Da hadde han allerede hatt noen bilder på trykk i VG, og folk begynte å legge merke til det unge talentet rundt om i redaksjonene. Det ble en sommerjobb i VG i Oslo. Tilbake i Kristiansand våren 1980 fikk Fronth sitt første store presseoppdrag.

– Det var 27. mars 1980 klokken 18.30, og jeg var jeg på jobb i Dagbladet Sørlandet da meldingen kom. Plattformen Aleksander L. Kielland hadde kantret i Nordsjøen. 123 mennesker omkom i den ulykken. Jeg og journalist Eivind Pedersen dro hjemom meg hvor jeg hadde 600 kroner på et norgesglass, jeg sa til mamma at jeg måtte reise til Stavanger med toget. Jeg måtte skulke påsketentamen i matte dagen etter, men jeg heiv meg med allikevel. Ute på Sola flyplass fikk Eivind Pedersen tak i et boardingpass til det første presseflyet – og stakk det i hånden min. Så jeg snek meg om bord, og der satt jeg i et pressefly sammen med BBC, Aftenposten, VG og New York. Jeg hadde aldri sittet i et fly før. Da flyet kom under skydekket igjen, lente jeg meg mot vinduet og kikket ned på alle vrakdelene som lå og fløt i vannet. Alle de andre fotografene tok bilder av delene. Jeg var den eneste som benyttet vidvinkel og fikk med meg hele greia, av den enkle grunn at det var det eneste objektivet jeg eide. Bildet har dessverre aldri stått på trykk.

Fronth har ingen formell kunstnerisk utdannelse, men traff tidlig på gode hjelpere som gikk inn i rollen som mentorer og støttespillere for det unge talentet.

– Da jeg var 14 år, før jeg hadde hatt et bilde på trykk i avisen, pleide jeg å oppsøke båtstevner for å ta bilder. En dag sto jeg ved siden av en fotograf for Fædrelandsvennen. Han så at jeg var veldig interessert i hva slags linse han hadde, og var veldig raus med å gi meg råd. Jeg ble så inspirert! Fotografen var Arild Jakobsen. Han lærte meg at jeg som pressefotograf

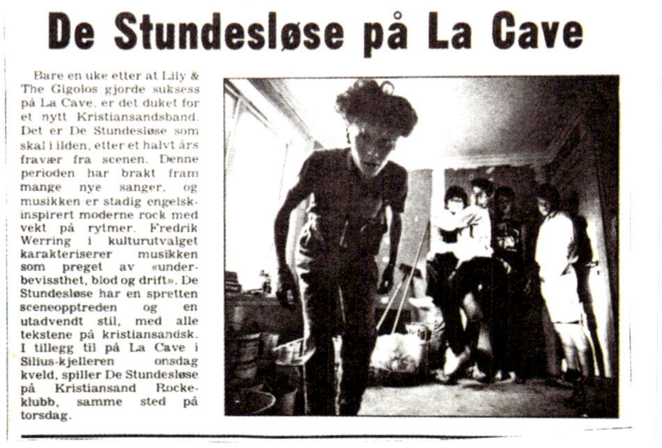

De Stundesløse på La Cave

Bare en uke etter at Lily & The Gigolos gjorde suksess på La Cave, er det duket for et nytt Kristiansandsband. Det er De Stundesløse som skal i ilden, etter et halvt års fravær fra scenen. Denne perioden har brakt fram mange nye sanger, og musikken er stadig engelsk-inspirert moderne rock med vekt på rytmer. Fredrik Werring i kulturutvalget karakteriserer musikken som preget av «underbevissthet, blod og drift». De Stundesløse har en spretten sceneopptreden og en utadvendt stil, med alle tekstene på kristiansandsk. I tillegg til på La Cave i Silius-kjelleren onsdag kveld, spiller De Stundesløse på Kristiansand Rocke-klubb, samme sted på torsdag.

Creative outlet and unlimited ambitions: In the fall of 1981 Per Fronth formed the rockband De Stundesløse with Knut Nærum and Steinar Vindsland. Performing their songs in Norwegian the band released their first single "Fortell oss en historie" after three months of existence.
It never hit the charts.

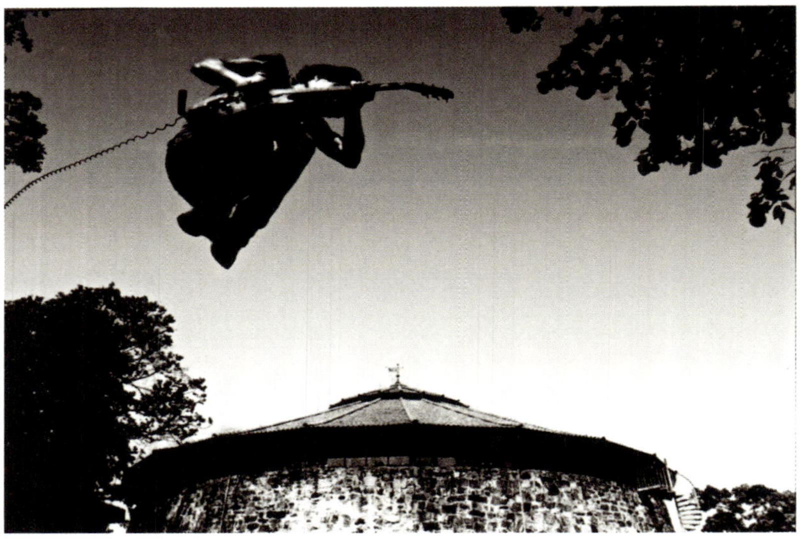

Festningsrock: Publicity photo of guitarist Harald Hempel by Fronth for Festningsrock, a music festival in Christianssand arranged at the Christiansholm fortress. The music scene Per Fronth was part of in the early eightees was a vital one and would later evolve into the infamous Quart festival.

Fronth has no formal training as a photographer, but he considers many people inspirational mentors from whom he has learned a lot.

"When I was 14 years old – before having published any photographs in the paper – I used to go to boat meetings to take pictures. One day I met a photographer working for *Fædrelandsvennen*. He saw that I was interested in what kind of lens he used, and he was very generous with his advice. I was so inspired! The photographer is Arild Jakobsen, and he early gave me very important professional and personal support. He taught me that as a photographer I am just as important for the story as the writer and that I tell stories through pictures."

At high school Fronth tried to combine his status as a professional photographer with being an ordinary youth. He nearly didn't finish high school because of his somewhat dangerous curiosity.

"I was out on a limb. I tried everything. I even took acid at work one time. I smoked pot until the last semester of high school; then I got caught. I was involved in really dangerous business. And I had already reached the point where I felt I was wasting my life and that I was going too far. We took every drug we got hold of. I still remember walking down the street on one specific day, and I felt at once that something was wrong. I actually felt it before entering the house. My mother, my father, my sister and my teacher sat in the living room, and my pipe was on the table. A strict program was put in place for me by the school, and I had to abide by it 100%. And I stopped smoking pot that same day. I immediately went down to my pot friends and said that I couldn't see them any more. I had to find some new friends, and so I did. I went down to the rock club and asked everyone there if they played an instrument and wanted to start a band with me."

er like viktig som den skrivende journalisten, at jeg forteller historier med bilder.

Gymnastiden var en tilværelse med sjonglering mellom fotograferingen og ungdomslivet forøvrig. Og han var like nysgjerrig på det siste som det første.

– Jeg var skikkelig ute å kjøre en stund. Testet alt. Jeg røykte rev frem til høsten i tredjegym – da ble jeg tatt. Jeg tok til og med syre på jobb en gang. Det var farlig det jeg drev med, og jeg ble jo helt noldus til slutt. Vi tok alt det var mulig å koke sammen av stoffer. En dag jeg gikk bortover gata på vei hjem, fikk jeg en sterk følelse av at det var noe galt. Jeg kjente det før jeg kom inn i huset. Da jeg kom inn, satt pappa, mamma, søster og læreren min i sofaen – og pipa mi lå på bordet. Jeg sluttet der og da. Jeg gikk rett bort til røykekameratene mine og sa at jeg ikke kunne være sammen med dem mer. Jeg måtte finne meg nye venner – og det gjorde jeg. Så jeg gikk rett ned på rockeklubben, bord etter bord, og spurte: «Spiller du et instrument? Har du lyst til å spille i band?»

De som svarte ja på spørsmålet fra Fotobusk – som var klengenavneet hans på denne tiden – var Steinar Vindsland, Kay Rune Rasmussen og Knut Nærum. Sammen staret de bandet De Stundesløse. De kom seg raskt på scenen, ble omtalt i Det Nye og ga ut singelen «Fortell oss en historie».

– Jeg har en spellemann blant mine aner, også. Det var på 1700-tallet. Han røyk ut etter å ha blitt slått ned på en bryllupsfest. Men fela finnes fortsatt i Moss!

For Fronth selv fikk altså musikken en mer konstruktiv funksjon.

Hjemme i huset på Flekkerøya hvor han nå bor sammen med kjæresten Eldbjørg, som Fronth liker å kalle Ella, og deres to år gamle datter Aya Augustine, er det konstant musikk. Enten det er ulike, særs kreative versjoner av favorittsangen «Trubbel» eller Fronth selv som klimprer på piano, mens Aya Augustine snurrer rundt og danser til hun ikke kan slutte å le:

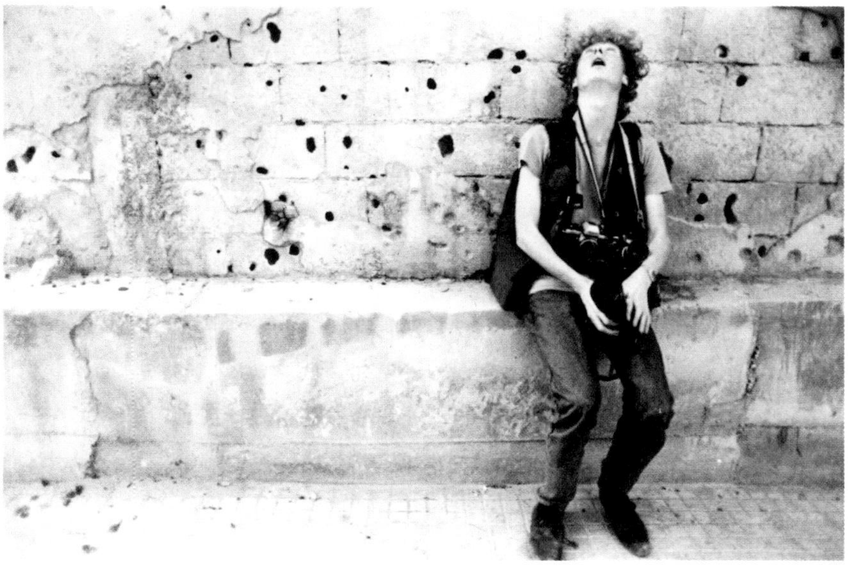

Beirut October 1983: Together with his friend Sigmund Kydland, also an aspiring photojournalist, Per Fronth went on a road-trip journey to war-torn Lebanon to "experience" war.

The ones who said "Yes!" to Fronth's question was Steinar Vindsland, Kay Rune Rasmussen and Knut Nærum. Together they started the band called "De Stundesløse". Just a few days later they were on stage, were mentioned in the magazine *Det Nye* and released their first single, called "Fortell oss en historie" ("Tell Us a Story").

Searching for creative people in his family, Fronth remembers that one of the greatest Norwegian musicians of the 16th century was one of his ancestors.

"He was killed in a fight at a wedding. That was the end of him – but his fiddle is supposedly still in the town of Moss!"

Music has always been a big part of Fronth's life, and it saved him by getting him into a constructive environment. There is always music at his house on the island Flekkerøya just outside Kristiansand, where he lives together with his girlfriend Eldbjørg, which he calls Ella, and their two year old daughter Aya Augustine. In the house you may hear very creative versions of his favourite song, "Trubbel", or Fronth playing the piano while Aya Augustine is dancing and laughing.

Nu lyser ängarna av sommarns alla blommor.
Nu surrar bin, och fåglar sjunger överallt.
Nu stryker vinden genom trädens höga kronor
men i min trädgård är det visset, mörkt och kallt.[1]

Their contemporary house on Flekkerøya was finished in 2007, and Aya Augustine and her parents, Ella and Per, moved in when she was 5 days old. The house is a signature work by the architect Janicke Jebsen Vinje, and the architectural design has already re-defined how people experience contemporary ideas. The house has huge windows that frame the beautiful light and the view of the ocean.

1 From "Trubbel" by the swedish artist Olle Adolphson (1934-2004).

Nu lyser ängarna av sommarns alla blommor.
Nu surrar bin, och fåglar sjunger överallt.
Nu stryker vinden genom trädens höga kronor
men i min trädgård är det visset, mörkt och kallt.[1]

I 2007 sto huset på Flekkerøya ferdig og en fem dager gammel Aya Augustine kunne flytte inn sammen med mamma Ella og pappa Per. Huset, som er tegnet av Janicke Jebsen Vinje, har allerede rukket å bli et signalbygg på øya. Huset har store vinduer som tar inn sjøutsikten og lyset.

– Ella vokste opp på en middelaldergård i Tuddal i Telemark og jeg i Kristiansand. Jeg kunne aldri bodd et sted uten sjø. Aldri. I hele min barndom var vi ved sjøen. Da jeg bodde i New York kunne jeg se Hudson River sige forbi mot havet. Jeg har alltid sett båter – selv i New York. Jeg var den eneste i min vennekrets som hadde sjøutsikt. Usikten ble riktig nok mindre og mindre jo bedre økonomien i New York gikk og jo flere high risers som kom opp, så til slutt var utsikten kun en liten glipe, men jeg så noe av vannet i hvert fall!

Da Fronth avtjente verneplikten 1983 utlyste VG fire nye faste stillinger som pressefotograf. Fronth trodde en slik jobb lå utenfor hans rekkevidde, men bestemte seg for å stikke innom på et intervju. Kanskje han kunne få en avtale om å frilanse for dem.

– Da jeg kom på intervjuet spurte de meg masse spørsmål, mens jeg begynte å legge ut om hva jeg mente VG var dårlig på. «Hvordan skal dere klare å beholde lesere når dere for eksempel ikke har noe stoff om min generasjon? Det er jo bare Grand Prix og greier!» sa jeg til VG. Jeg kom i setesdalsgenser, med bustete hår og sokker opp til knærne – jeg så ikke ut. Jeg var overbevist om at jeg ikke kom til å få jobben, og derfor tillot jeg meg å oppføre meg ganske laidback. De andre fotografene hadde slips og dress, mens jeg var en fremmed fugl, og det tror jeg sjefredaktør

1 Fra «Trubbel» av den svenske visekunstneren Olle Adolphson (1934–2004).

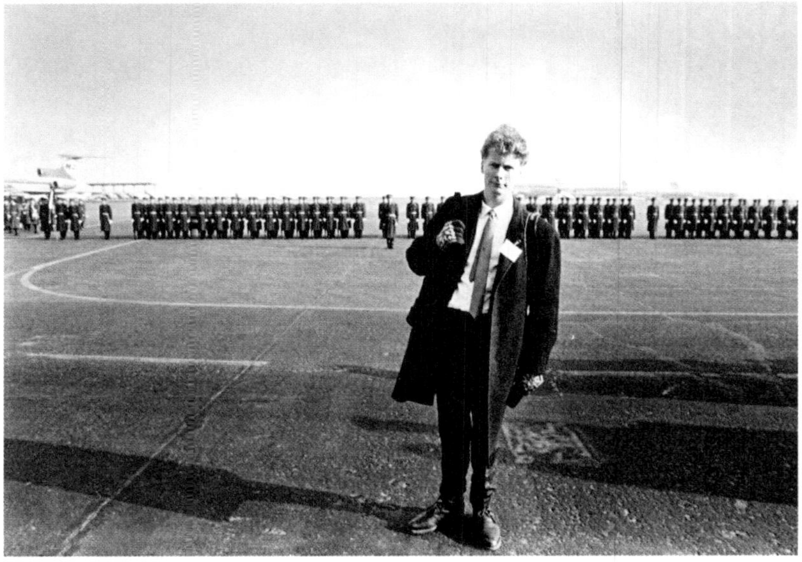

Budapest Airport 1985: On assignment for Verdens Gang waiting on the tarmac for the jet carrying Prime Minister Kåre Willoch on his official state visit to Hungary.

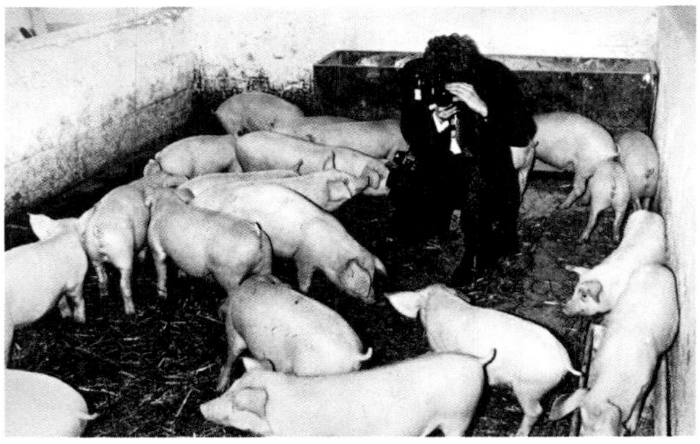

Prime Minister Kåre Willoch as photojournalist: Capturing Per Fronth in action at a Hungarian farming co-operative.

"Ella grew up at a farm from the Middle Ages in a place called Tuddal in the county of Telemark. And I grew up in Kristiansand. I could never live in a place without a connection with the ocean. I spent all my childhood years by the sea. When I lived in New York, I had a view of the Hudson River. I have always been surrounded by sailboats, even in New York. I was the only one of my friends with a view of the ocean. The view admittedly got smaller and smaller as the economy in New York got stronger and more high rises were constructed. So in the end I could see only a tiny strip of water, but nevertheless I saw some of the Hudson River moving towards the ocean!"

When Fronth was serving in the military in 1983, the newspaper *Verdens Gang* advertised for four permanent positions in the department of press photography. Fronth never thought he actually could get that kind of job, but he decided to drop by for an interview anyway, so that *VG* could get to know him and that perhaps he could work for them later as a freelance photographer.

"They asked me a lot of questions at the interview, while I on the other hand pointed out different aspects of *VG* that I didn't like. "How are you supposed to keep your readers when you don't print anything of interest for my generation?" I asked them. But my portfolio was really good though. At the interview I wore a Norwegian wool sweater, my hair was really ruffled, and I had pulled my socks all the way up to my knees. I didn't care about the way I looked because I really didn't think there was any way I could get the job. That's why I was totally relaxed, and I leant back without really believing I had a chance of being hired. The other photographers at the interview wore suits and ties, while I was myself all the way, and the Editor-in-Chief, Andreas Nordland, liked that. A few weeks later I was sleeping in a military tent at a place called Beitostølen in the Norwegian mountains. Suddenly a soldier from the Norwegian Royal Guard came into the tent and yelled: "316 Nygaard! Report to the main office!" When I arrived, I saw the head of *VG*'s photo

Andreas Nordland likte. Noen uker senere lå jeg i et militærtelt på Beitostølen og inn kommer en fra garden og roper: «316 Nygaard! Meld deg på hovedkontoret!» Og der står sjefen for fotoavdelingen i VG, Jan Greve og sier: «Gratulerer med fast jobb i VG!» Jeg fikk hakeslepp. Du kan tenke deg – fast ansettelse, helt nytt fotoutstyr, pass til å reise jorda rundt, fri bil, bensinpenger, drithøy lønn – alt du kan peke på. Tenk deg å være 20 år og begynne som fast fotograf i VG! I det øyeblikket forsto jeg at nå går jeg inn i en opplevelsesrik tid. Det var helt fantastisk!

Med fast jobb i VG flyttet Fronth til Oslo. Etter arbeidstid tilbrakte han mange timer i mørkerommet, han begynte å forstå at det var et vell av hemmeligheter å avdekke om dette mediet.

– Jeg ønsket å se hva fotografiet kunne gjøre. Jeg er så nysgjerrig av natur og syns det er veldig gøy å løfte på alle steiner for å se om det ligger noe under. Da jeg bodde i Oslo og jobbet for VG var jeg sammen med en amerikansk jente, Rachel Bullock, som var billedkunstner. Jeg forsøkte hele tiden å lage maleriske fotografier – og har alltid funnet fotografiene til Edward Steichen (1879–1973), Felix Nadar (1820–1910) og Edward S. Curtis (1868–1952) besnærende. Jeg var veldig nysgjerrig på mytene rundt disse kunstnerne. Man snakker om figurativt maleri, og du kan si at jeg nærmest driver med figurativt fotografi – hvis det i det hele tatt er et begrep. Jeg driver i hvert fall med en form for figurasjon.

Og ut av eksperimenteringen i VGs mørkerom kom bildene som ble stilt ut i Tvedestrand Kunstforening – Fronths første separatutstilling. Han fylte opp et tog fra Oslo med folk, booket fem rom som ble til ti rom som til slutt ble til alle rommene på Tvedestrand Hotell.

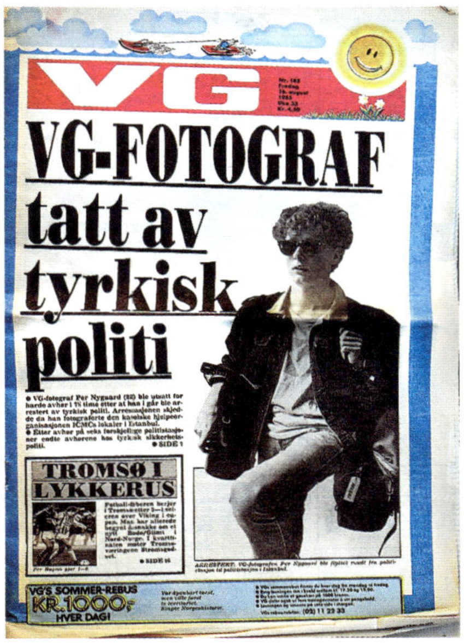

VG

VG-FOTOGRAF tatt av tyrkisk politi

TROMSØ I LYKKERUS

VG'S SOMMER-REBUS KR.1000,- HVER DAG!

Aug. 16th 1985: Working on an investigating story with fellow journalist Sverre Bjørnholdt about iranian refugees in Istabul, Per Fronth was arrested and later released by the Norwegian Amassador to Turkey. Bjørnholt and Fronth would later receive the Amnesty International Award for journalism for their efforts.

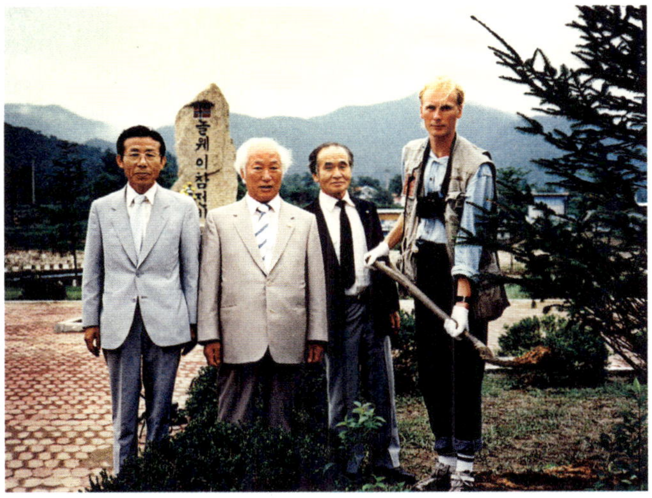

South-Korea 1988: Norwegian Field Hospital / South Korea committee gives Per Fronth the honor of planting a tree at site of hospital.

department, Jan Greve, and he said to me: "Congratulations on your new job! You are now a staff photographer for *VG*!" All I could say was: "WHAT??!" You can imagine what that meant to me – permanent employment, brand new photo equipment, a passport to travel all around the world, a car, money for fuel and a huge salary. Everything I could wish for. Imagine being 20 years old and working as a photographer for one of the biggest newspapers in Norway! At that moment I realized that I was entering an adventurous era of my life. It was fantastic!"

Fronth moved to Oslo to start his job at *VG*. After work he spent many hours in the darkroom, where he experimented with the photographic medium searching for ways to push the limitations for what defines a photograph.

"I wanted to see what I could to with photography. I'm curious by nature, and I have always found pleasure in moving things to see what lies beneath. When I lived in Oslo and worked for *VG*, I dated an American girl. Her name was Rachel Bullock, and she is a painter. At that time I tried to make my photographs look like paintings. And I've always found the works of Edward Steichen (1879-1973), Nadar (1820-1910), Edward S. Curtis (1868-1952) and Julia Margaret Cameron (1815-79) fascinating. I was very curious about the myth of these artists and I also wanted to impress people with the photographic medium. Figurative painting is a fixed concept, and you can say that I work with figurative photography – if that's even an expression or term. At least I work with some kind of figuration. And out of the experimentation in the darkroom at *VG* came the pictures that were exhibited at Tvedestrand Art Association in 1990."

Fronth invited people to his first solo exhibition in 1990. He filled a train from Oslo with friends, booked five rooms that became ten rooms that in the end became all the rooms at Tvedestrand Hotel.

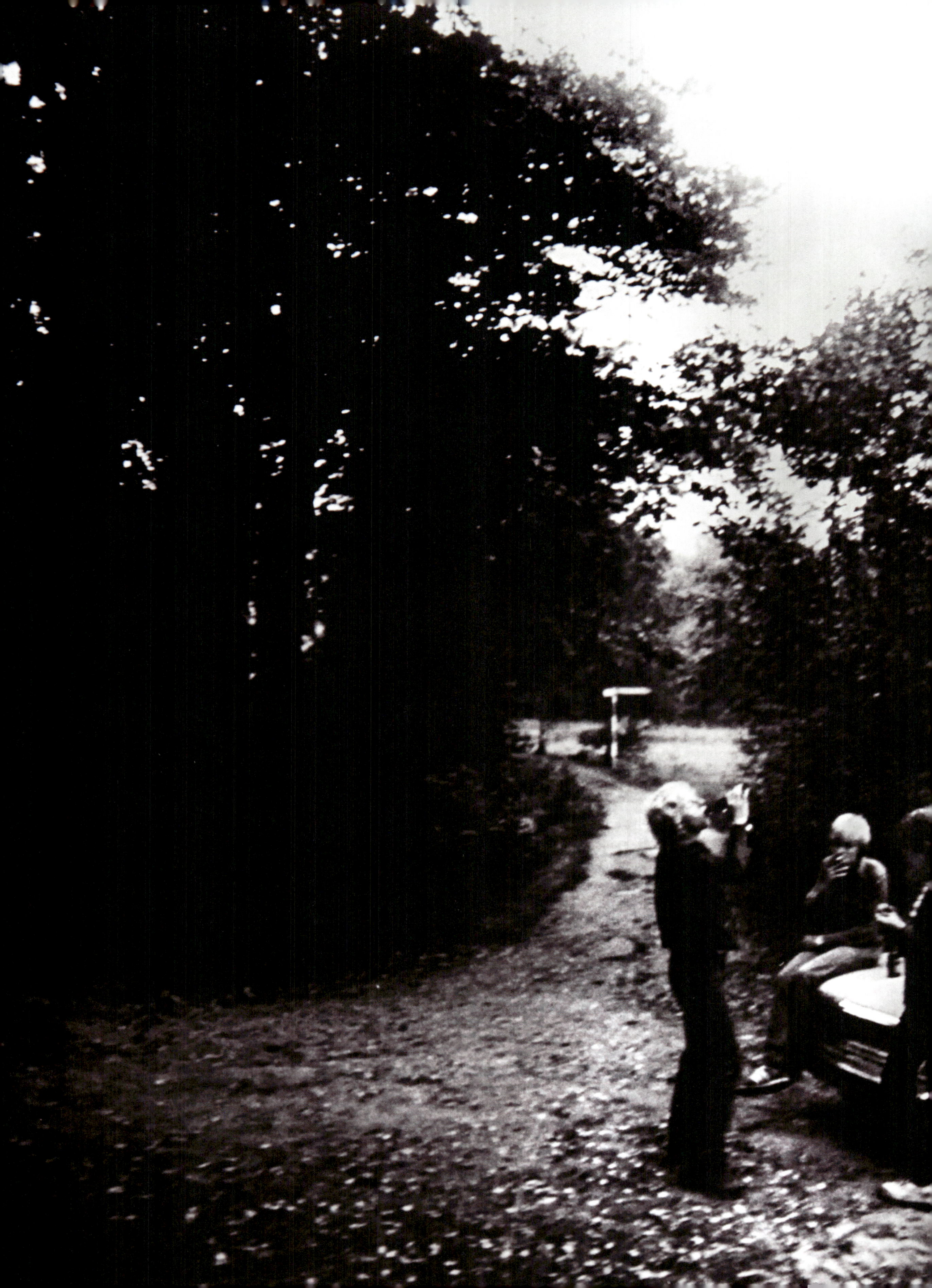

Photo Journalism

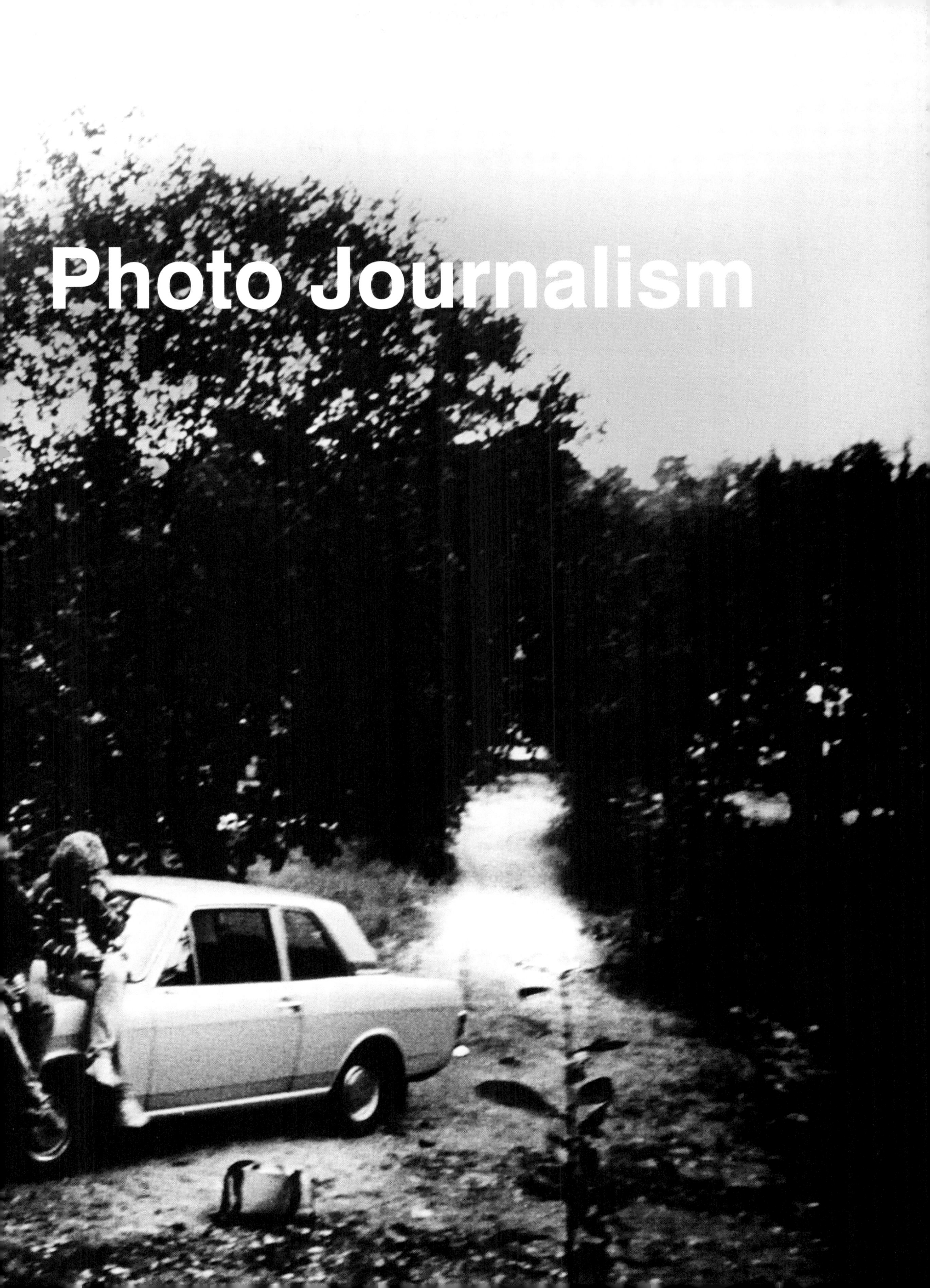

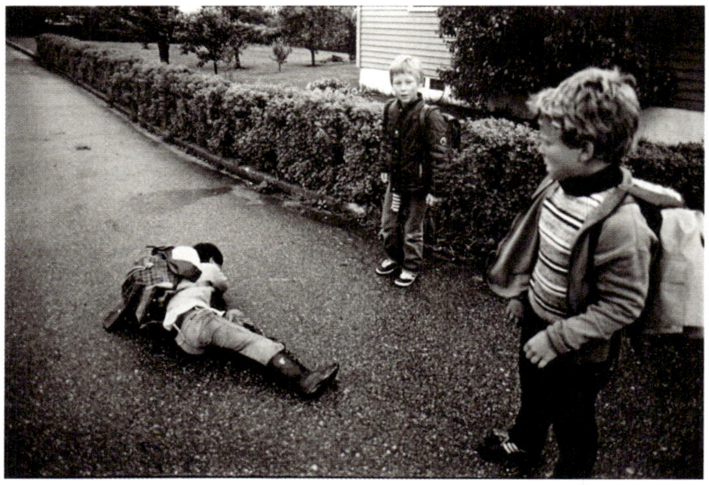

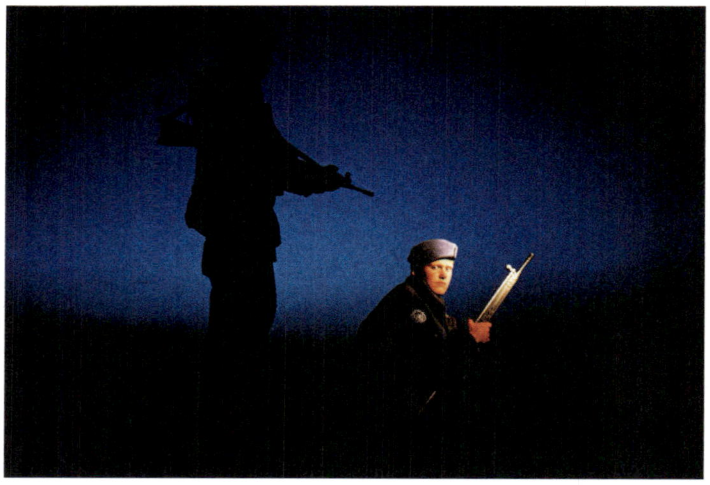

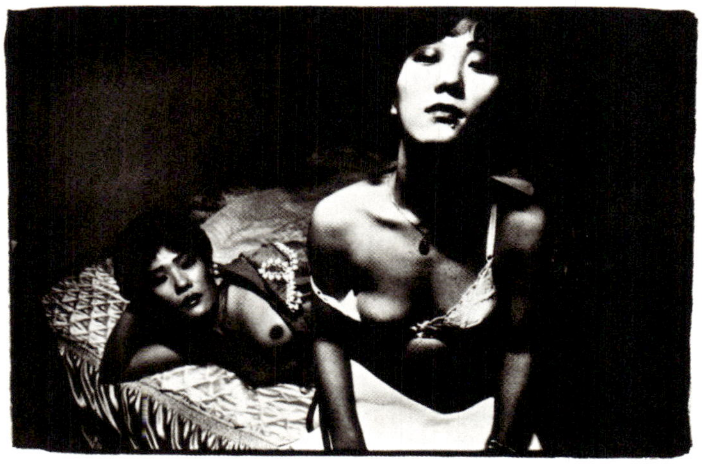

#1: Christianssand 1979: A Korean boy as the recipient of unjust anger by two Norwegian boys on their way back from school.

#2: Træna, Norway 1989: The local district doctor on her way back from visiting a patient in the archipelago in Norhtern Norway.

#3: Golan Heights, Lebanon: 1989: Two Norwegian soldiers on guard in the lebanese, israeli and syrian border.

#4: Tripoli, Libya 1986: Wife of Libyan leader Gadaffi raises her finger in anger after the American/ British bomb-attacks in response to the Lockerbie terror-attacks. They lost a child of their own during the air-raid.

#5: Seoul, Korea 1998: Two korean prostitutes pose for Fronth during a series of reportages made pior to the Summer Olympics in Seoul 1988.

#6: Reykjavik, Island 1993: Prime Minister Gro Harlem Brundtland returning to Norway after visiting Thingvellir, the ancient Islandic parlamentary seat established in 930.

Previous spread:
Using photography as his diary Per Fronth recorded the life he led as a restless youth – also those days of rebellion and experimentation.

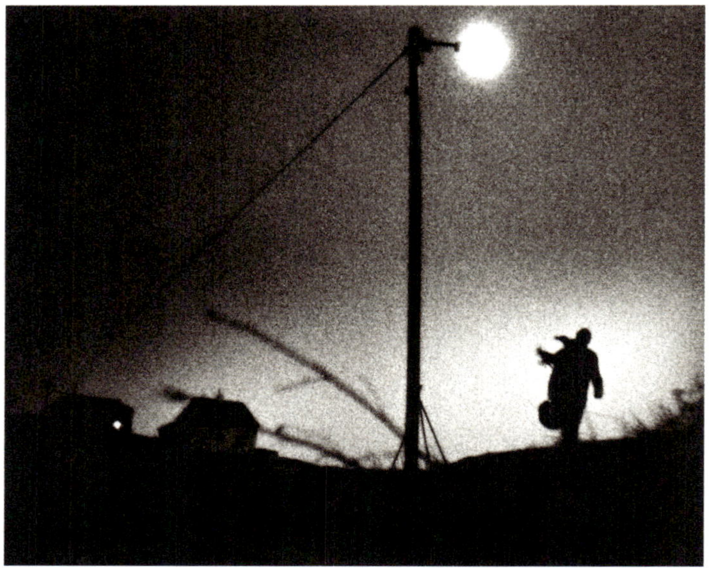

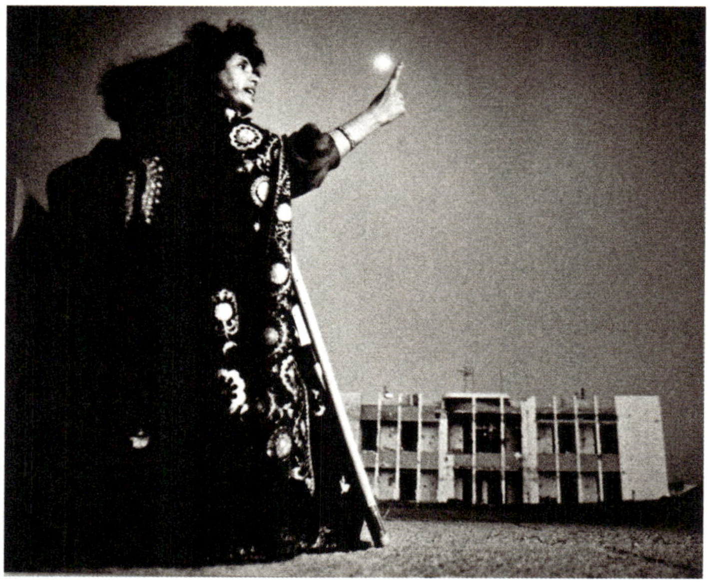

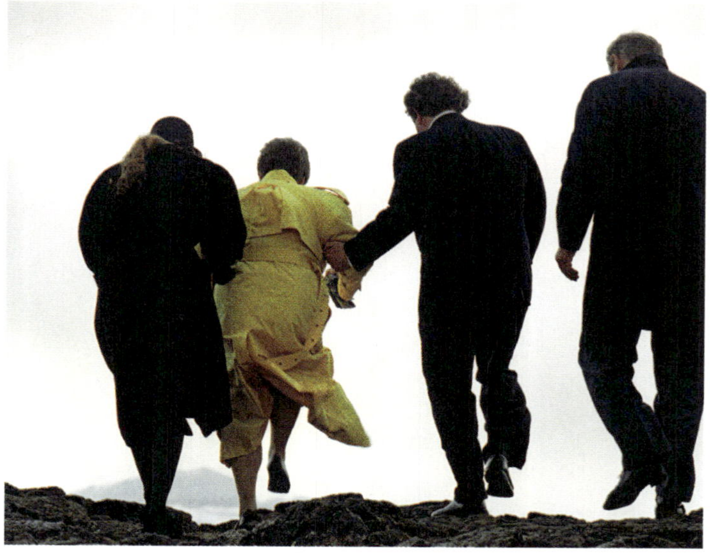

#7: Cleveland, Ohio: 1992: Governor Bill Clinton of Arkansas campaigning in the key state of Ohio for votes that would secure him a place among the American Presidents.

#8: Pine Ridge Resevation, South Dakota 1990: The grand, grandson of Chief Red Cloud attached to the wall behind him.

#9: Pine Ridge Reservation, South Dakota 1990: The expansion of the generic american culture on the prairie. A young Oglala Sioux produces a one-pointer.

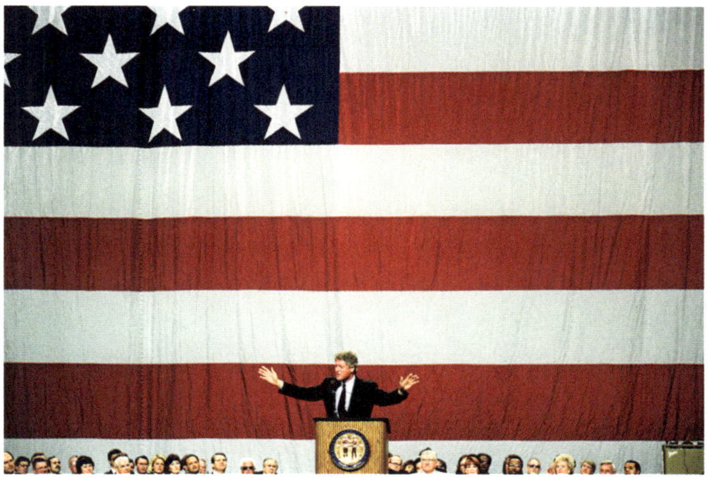

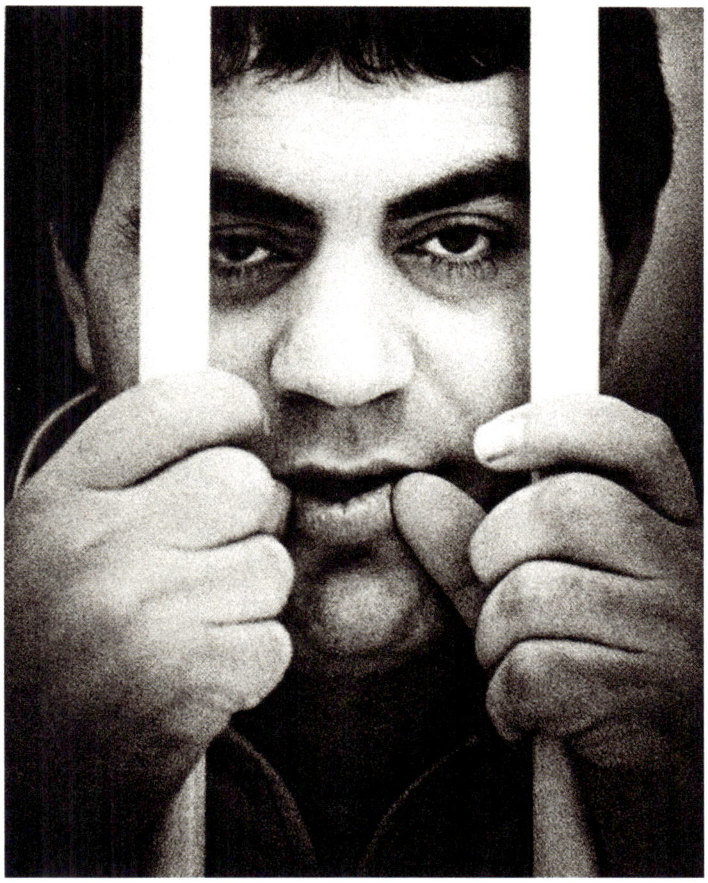

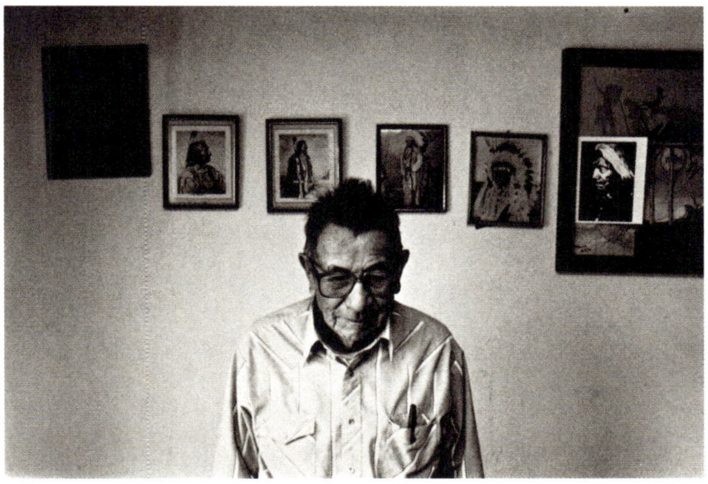

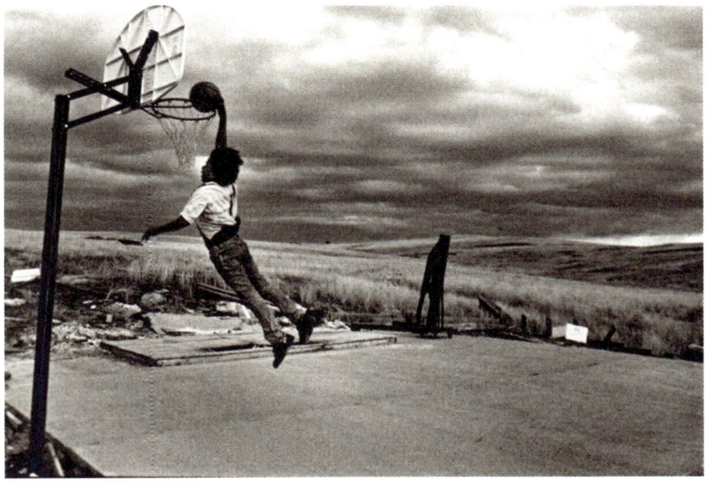

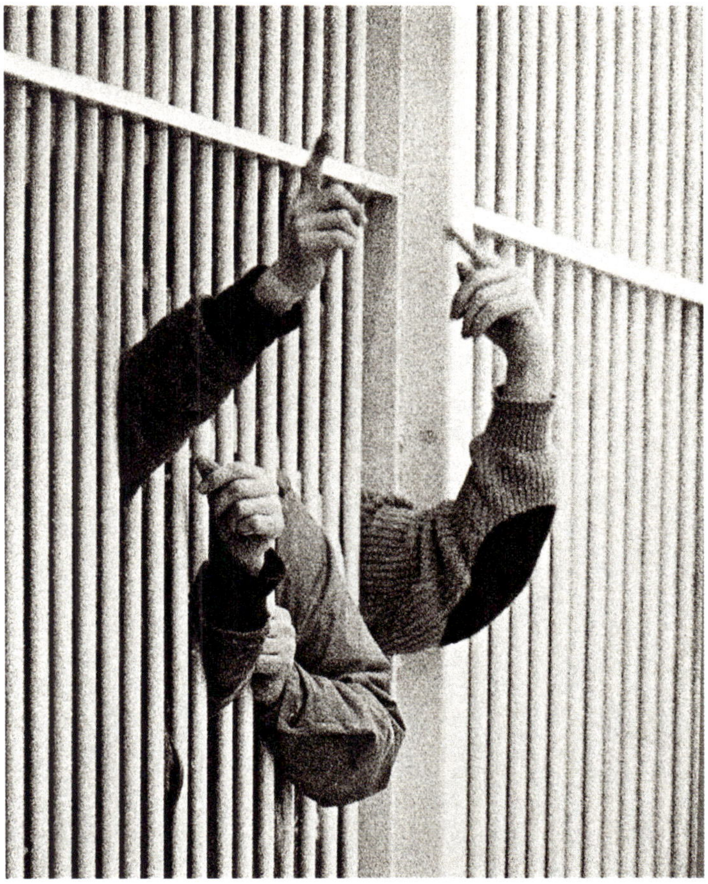

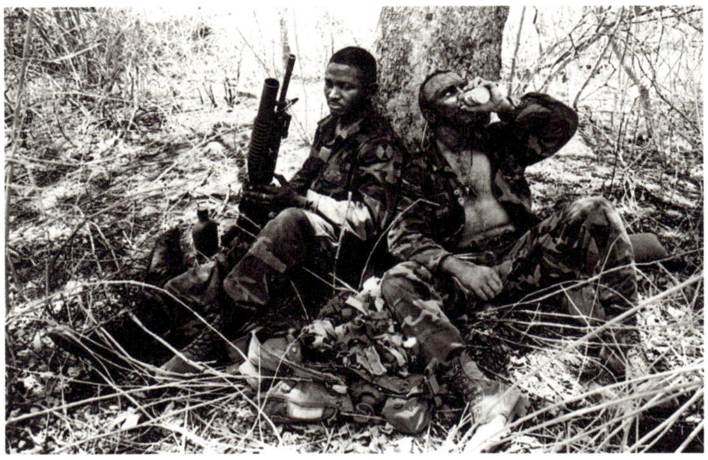

10#: Hunduras 1988: American soldiers resting during one of the numerous military excersises on the central-american territories.

11# – 12#: Naples, Italy 1985: Members of the Cosa Nostra during the Italian government attempts to control the organized crime scene in the country.

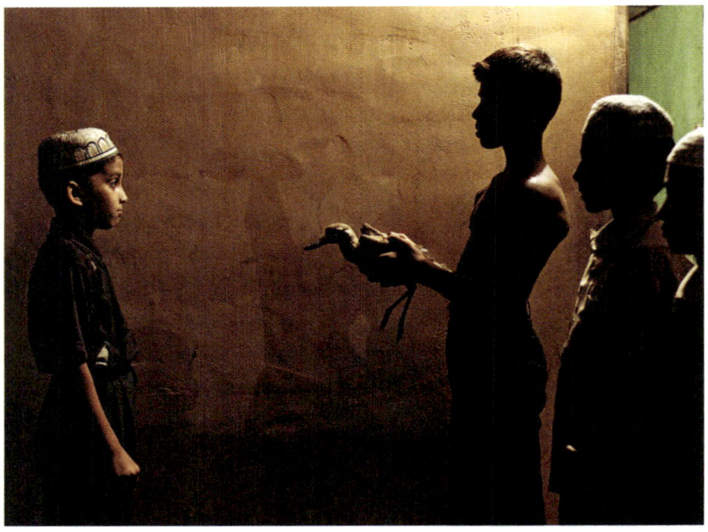

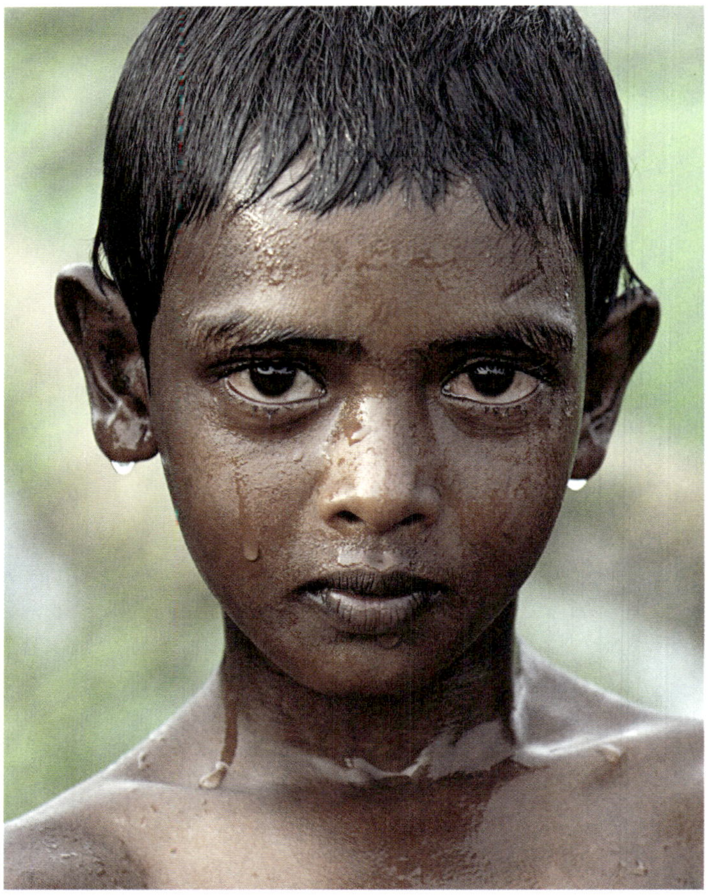

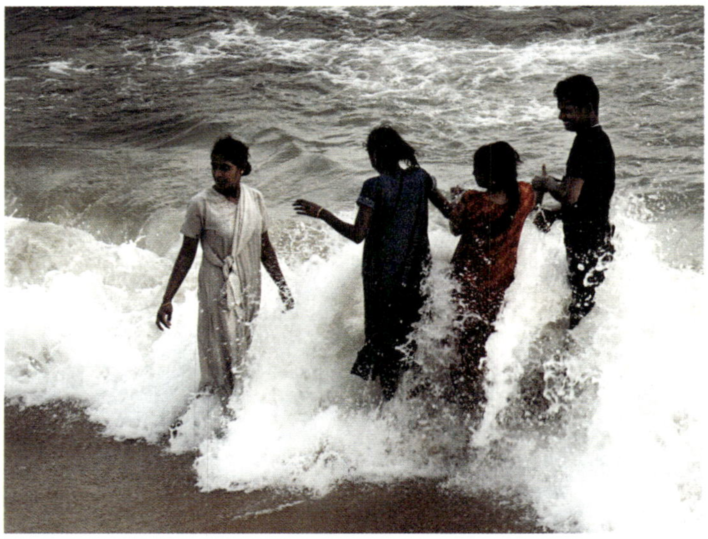

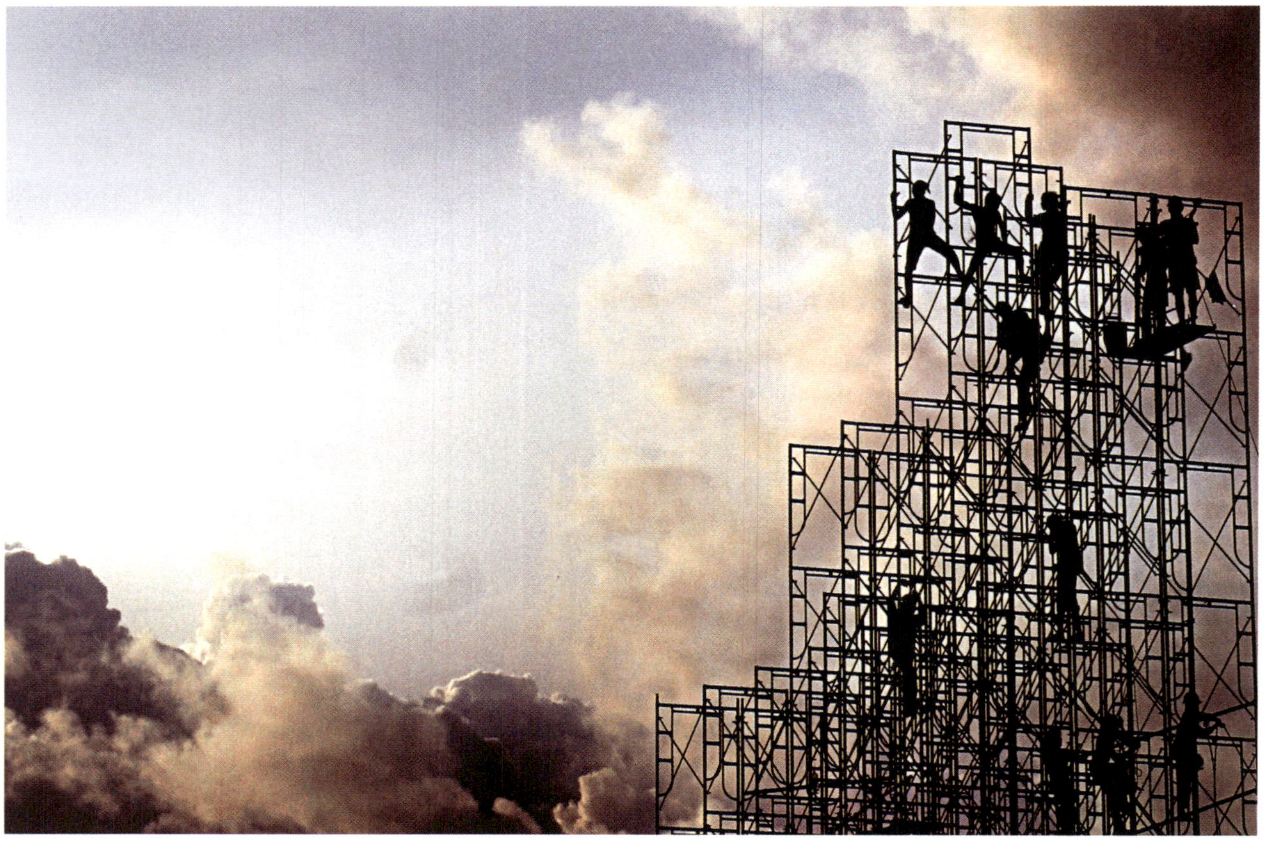

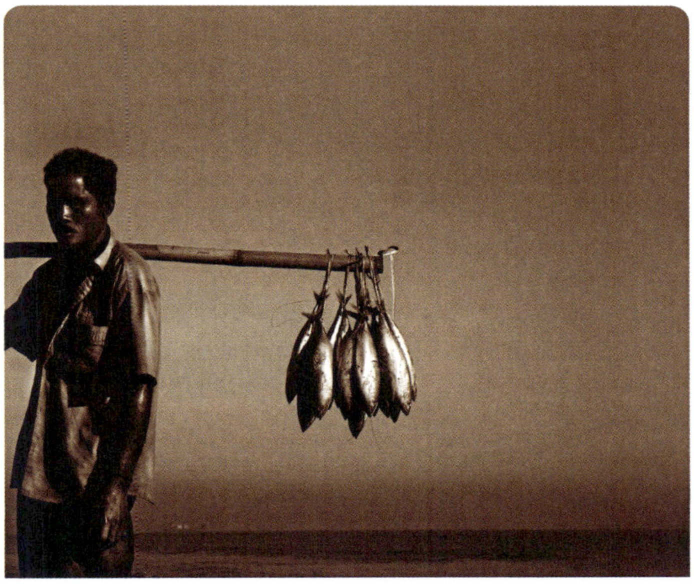

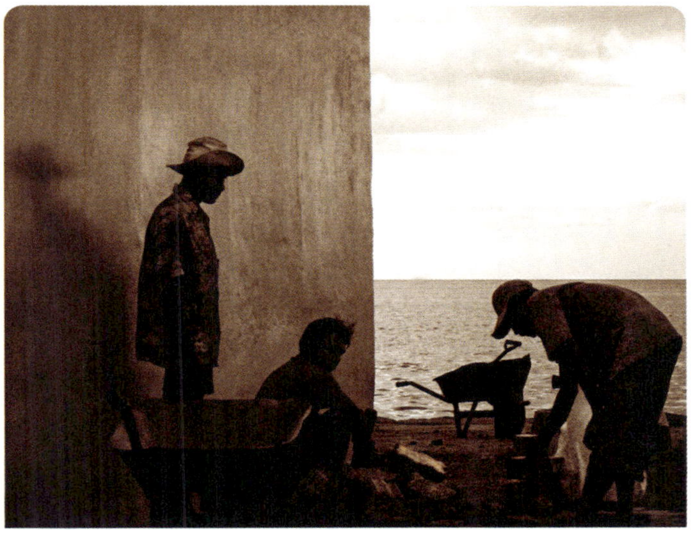

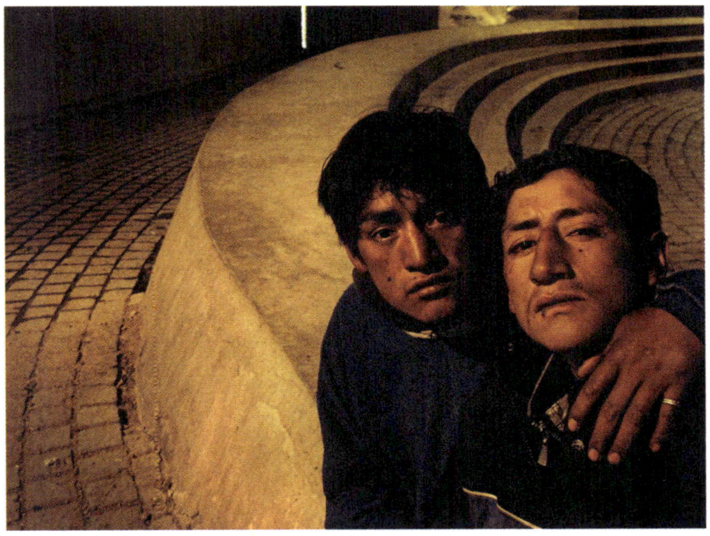

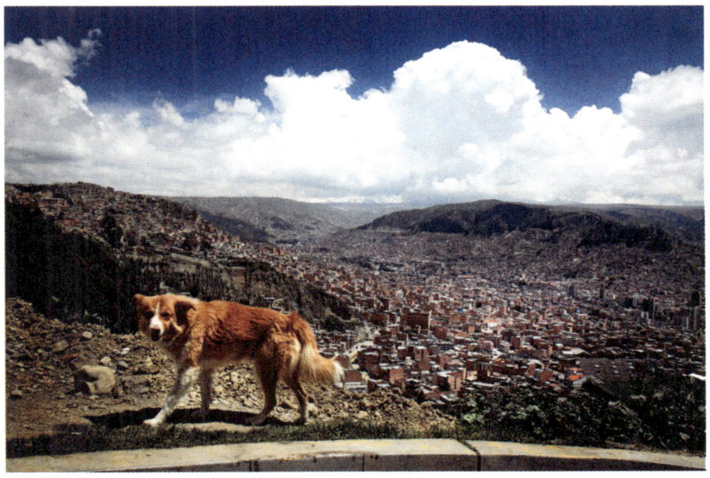

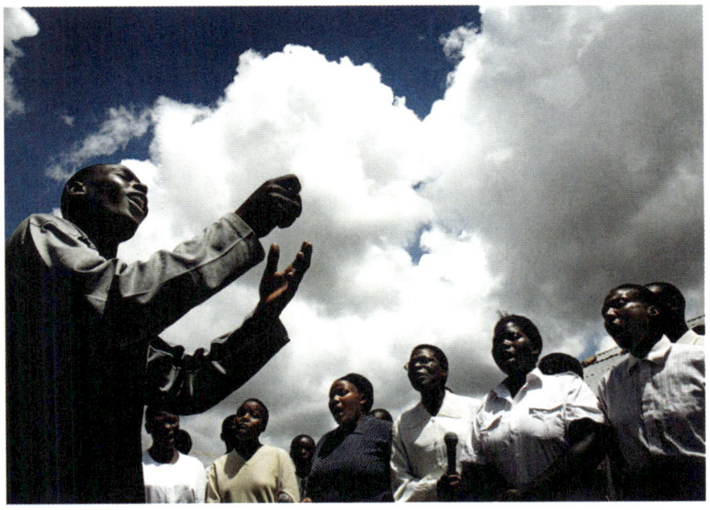

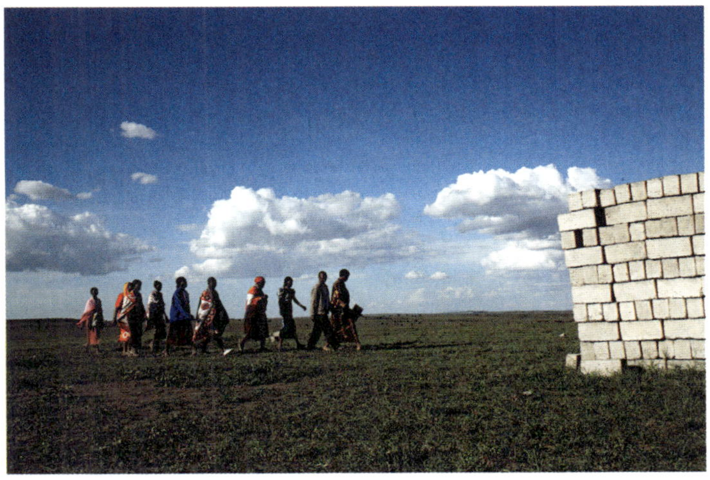

Strømmestiftelsen / Strommefoundation:
Stromme Foundation main goal is to eraticate poverty in the world. The organisation works through the instruments education, micro-finance and the culture initiative and only operate with local organisations around the world.
Funds are collected in the North and distributed in the South. Fronth has been engaged for Strømmestiftelsen for many years, having visited their projects in East-Timor, Sri Lanka, Kenya and Boliva.

Fisherman, East-Timor 2002
Edition of 30. Photolitho, 75 x 56 cm / 30x 22 in. Printed at Idem Mourlot, Paris

Wallmen, East-Timor 2002
Edition of 30. Photolitho, 75 x 56 cm / 30x 22 in. Printed at Idem Mourlot, Paris

Middle: Alalay project, Bolivia 2008: Street children in downtown La Paz. Entering the high altitude capital in the Andes.

Bottom: Jamibora project, Kenya 2006: The Jamii Bora project is based on helping people out of the degrading lives in theMatare -slum in Nairobi through microfinance. With over 160.000 memebers it is the fastest growing microfinance institution in Kenya. Outside Noirobi a new reality is merging as the people move from the slum to the newly established town at Kaputei.

Previous page: In 2005 Press Forlag published the book "Etterpå / Afterwards" by Johan Chr. Sandvand and Per Fronth which focused on the impact of the tsumani on the conflict-ridden Sri Lanka and the following rebuilding of the coastal areas.

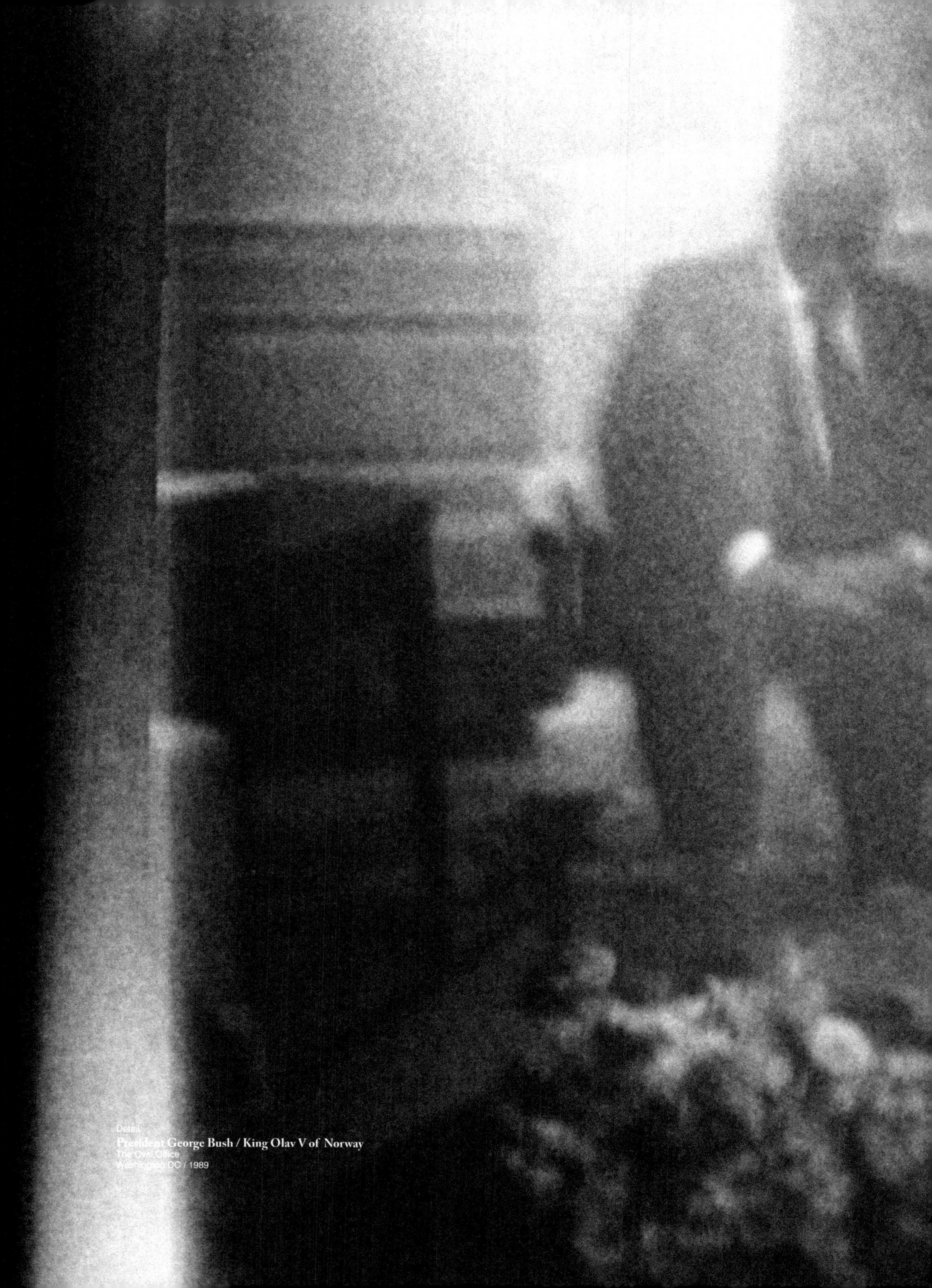

Detail
President George Bush / King Olav V of Norway
The Oval Office
Washington DC / 1989

Transition

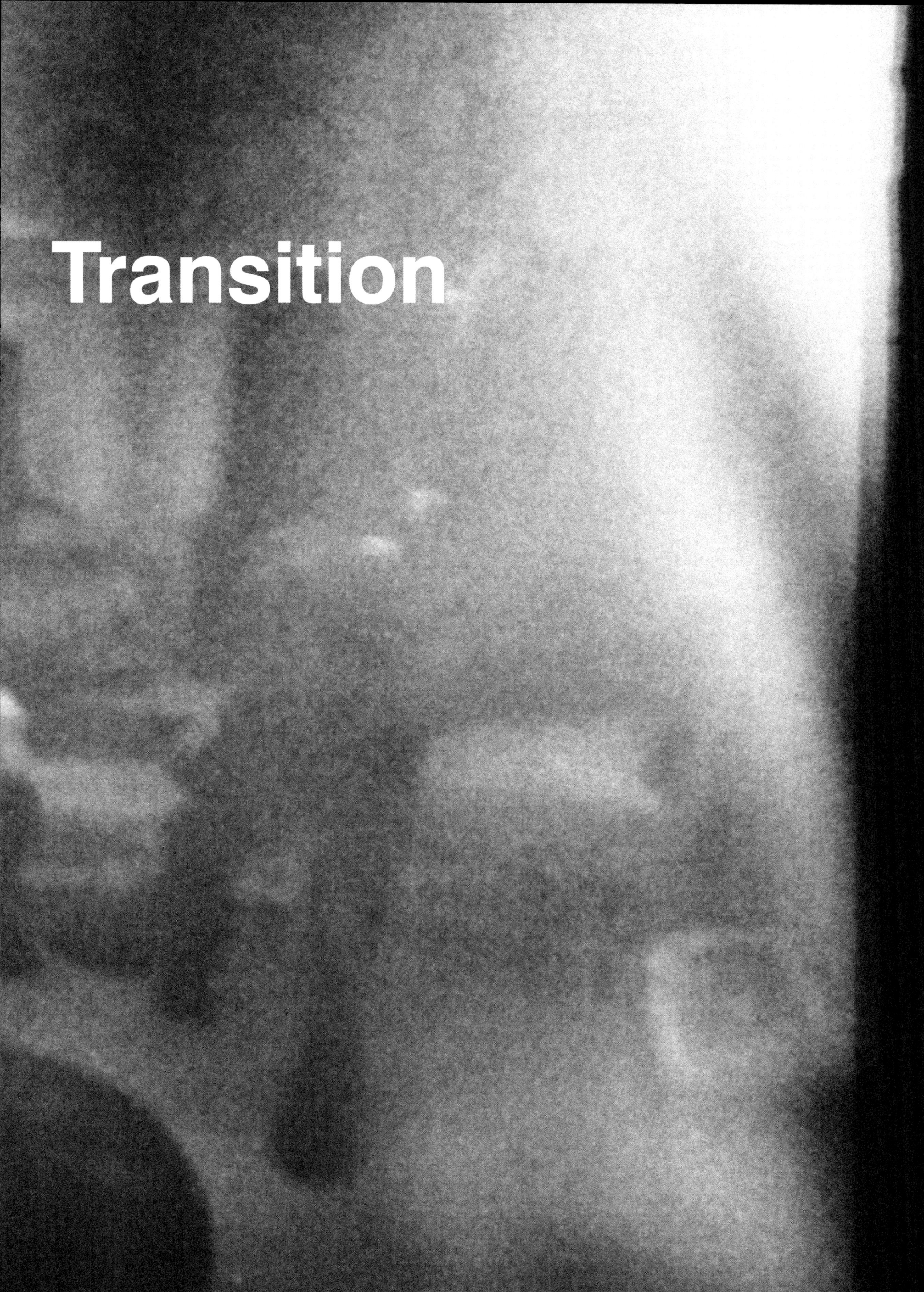

Transition

Overgangsfase

Per Fronth has always been aware of the world being full of images. Living in Oslo, Fronth began experimenting with painting techniques, but then one day he actively stopped painting altogether.

"Living in Dælenenggata i Oslo while 19-20 years old, I painted all the time. One of the rooms in the apartment was packed with huge paintings. But one day when I got home from work, my roommate had painted all the canvases white. He thought that I didn't paint enough and that he would give me a kick to start all over again! I actually never painted again from that day. For a while I really thought that I was going to be a painter, but I soon found out that for me photography is a much better approach to telling stories about life's deviousness. My artistic intention is manifested in accordance with my visions when I work with photography, but not so clearly when I paint."

Even though Fronth chose to stick to the photographic medium, he continued to push the limits of photography while experimenting with the boundaries by which a photograph actually can be defined. In the darkroom after work he tested different techniques, while keeping sight of his curious approach to press photography.

In a series called *Plastique Fantastique 1986-1990* Fronth used an old plastic camera leaking light. He brought the camera with him on his press assignments for *VG*, and when he was working on a scene, he first shot a few frames with the green plastic camera he had hanging around his neck. He thus managed to combine formal photographic experimentation with exciting motifs, situations and environments as a press photographer. Fronth describes *Plastique Fantastique* as "side-kick photojournalism".

"In 1988 I was on leave for 6 months from my job at *VG* to travel a while on my own. I felt the need to experience the world

Per Fronth har alltid sett at verden er full av bilder. Som barn tegnet han mye, og da han ble eldre, begynte han også å male. Men det ble det brått slutt på en dag.

– Jeg var 19 eller 20 og bodde i Dælenggata i Oslo. Jeg malte en masse og trodde at det var den veien jeg skulle gå – det ene rommet i leiligheten var proppet med svære malerier. Men en dag da jeg kom hjem hadde kameraten tatt et spann med hvitmaling og malt over alle bildene mine. Han syntes nemlig at jeg malte for lite, og nå fikk jeg en god anledning til å begynne på nytt, mente han! Men jeg gadd ikke å gå løs på de hvite flatene én gang, og dermed var det slutt på å male. For meg tilbyr fotografiet en bedre tilnærming når jeg ønsker å fortelle noe om livets underfundigheter. Etter hvert er det blitt det mediet jeg behersker, der intensjonene mine manifesterer seg. Det blir litt sånn «skomaker bli ved din lest».

I løpet av årene som pressefotograf videreutviklet han sin kunstneriske nysgjerrighet. Hvor langt kan man tøye grensene for det fotografiske mediet? Behovet for å eksperimenterte tok han med seg på jobb som fotojournalist, samtidig som han ble stadig mer opptatt av å prøve ut ulike teknikker i mørkerommet på kveldene.

I serien *Plastique Fantastique 1986–1990* har Fronth arbeidet med et gammelt kamera i plastikk som lekker lys. Dette kameraet, som i dag ligger bakerst i bilen, tok han med seg på ulike oppdrag for VG. Når han var på oppdrag med en journalistkollega og skulle ta avisbildene, knipset han først et par eksponeringer med det grønne plastikkameraet som han hadde hengende rundt halsen. På den måten kombinerte han jobb og eksperimentering. Som pressefotograf hadde han tilgang til en rekke spennende motiver og situasjoner, og med det grønne plastapparatet kunne han utfordre de formale kriteriene. Et stykke «side-kick photojournalism» har Fronth kalt serien *Plastique Fantastique.*

– I 1988 ble jeg innvilget permisjon i seks måneder fra min faste stilling som fotojournalist i VG. Jeg ville reise helt på egen-

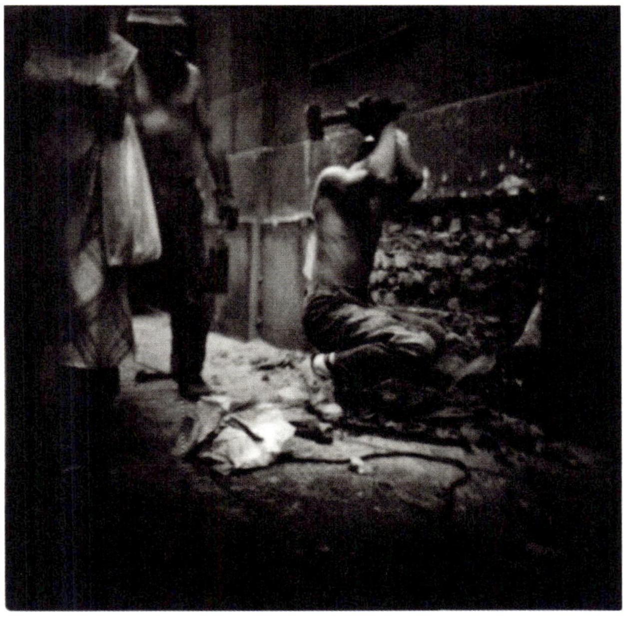

Warsaw 1989: Construction worker repairing the old Cathedral.

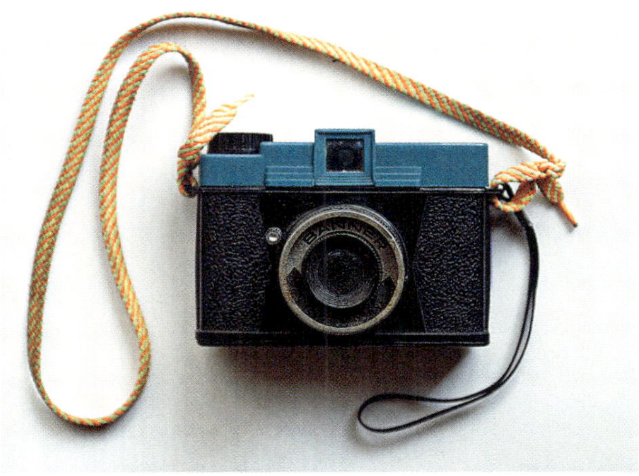

Plastique Fantastique: The Banner camera that became Fronths travelling companion.

without important events in the world defining where I had to go. I simply wanted to share in the same things my peers were experiencing at that time. I didn't want to miss my youth. So I went to Antigua, Guatemala, where I studied Spanish for two months and acquired knowledge that I still use to this day."

Fronth's only travel partner was his guitar, and he promised himself that he would take no photographs at all during those 2 months. It turned out he wasn't to be alone for the entire 2 months. One day he saw a familiar figure in the market square of Antigua.

"Isn't that Erik?"
It was his friend Erik Poppe who knew that he was somewhere in the neighbourhood, so he had travelled all the way to Antigua.

"We had a fantastic time in a place called Panajachel. We spent one night on a pier under two volcanoes in the sunset, and this reminded me of a scene from a cartoon. We said to each other – both being professional photographers: "We are not going to shoot even one frame. This is a picture for us just to remember." Now we both share that view of that scene only as an image in our heads."

Fronth went to New York after his trip to Guatemala.

"By coincidence I came across several so-called "banner" cameras, also known as "Diana-clone cameras", in New York. It's an amazing camera produced in China in the worst kind of plastic you can find. The camera takes 120-film, the lens is made out of poor plastic, and the shutter is just a spring that opens the shutter for about 1/60 seconds. The lid on the back of the camera is never really adjusted; that way lots of light leaks onto the film. But the camera takes pictures – bad ones and good ones with fantastic and incredible qualities. The camera transforms ordinary motifs, imbuing them with lyrical qualities. The quality of the lens is so poor that distortions and

hånd, ikke til et bestemt sted på et bestemt oppdrag. Et sterkt behov hadde vokst frem i meg for å oppleve verden uten at verdensbegivenhetene definerte hvor jeg til enhver tid befant meg. Jeg hadde rett og slett lyst til å gi meg ut «på loffen», ikke som yrkesutøver, men mer sånn som jevnaldrende venner reiste. Reisen gikk til Antigua, Guatemala, hvor jeg studerte spansk i to måneder og tilegnet meg kunnskaper som har kommet til nytte mange ganger senere i mitt virke.

Fronth var blitt redd for å gå glipp av ungdomstiden. Han forteller at han ikke hadde med seg stort annet enn gitaren sin, og at han av prinsipp nesten ikke tok et eneste bilde på hele reisen. Men han ble ikke alene på *hele* reisen. Plutselig en dag, på torget i Antigua, fikk han øye på en kjent skikkelse

– Faen, er det ikke Erik da?

Jo, det var den den tre år eldre vennen Erik Poppe som hadde forvillet seg ned til Guatemala for å finne ham.

– Vi dro på en fantastisk tur til Panajachel. En kveld satt vi på en pir under to vulkaner og så solen gå ned – det så nesten ut som en tegneserie. Da sa vi til hverandre, to fotografer: Nå skal vi ikke ta ett eneste bilde. Dette bildet skal vi bare huske. Den utsikten ville vi bevare som et unikt bilde i hodet. Bare han og jeg.

Etter litt etterlengtet ungdomstid på loffen i Guatemala reiste Fronth til USA.

– I New York,og nærmest ved en tilfeldighet, kom jeg over et såkalt «Banner»-kamera; også kjent som et «Diana-klone-kamera». Et fantastisk kamera, produsert i Kina i den dårligste plastikken som er å oppdrive. Kameraet tar 120-film, linsen er av slett plast, den også, og lukkeren består av en fjær som gir en lukkertid på ca. 1/60 sek. Lokket bak passer aldri helt med huset slik at lys lekker inn på filmen fra alle kanter. Men det tar bilder. Dårlige, gode fotografier helt opp til grensen av det utrolige og fantastiske. Ordinære motiver fremstår med en lyrisk kvalitet som man skal lete lenge etter. Kvaliteten på linsen er så hysterisk dårlig at forvrengninger og vignetteringer blir en del av uttrykket. Over tid blir

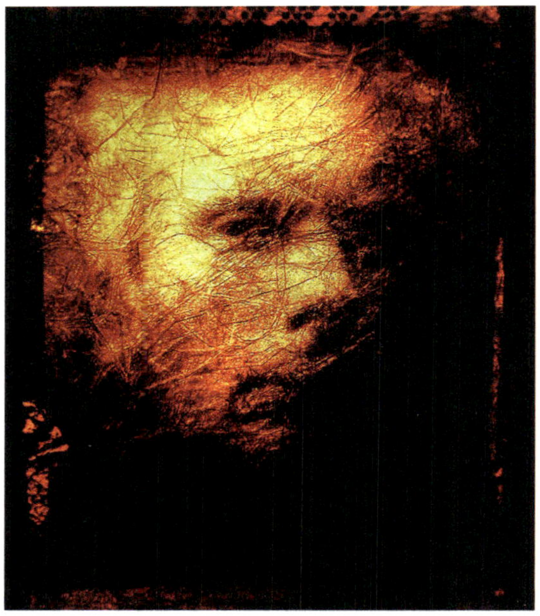

Tvedestrand Kunstforening 1990: Per Fronth makes his debut exhibition at Tvedestrand Kunstforening.

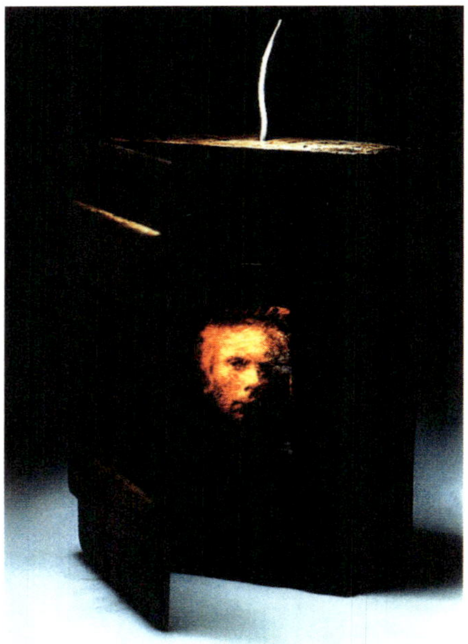

A selfportrait as it appeared in a self-made lightbox.

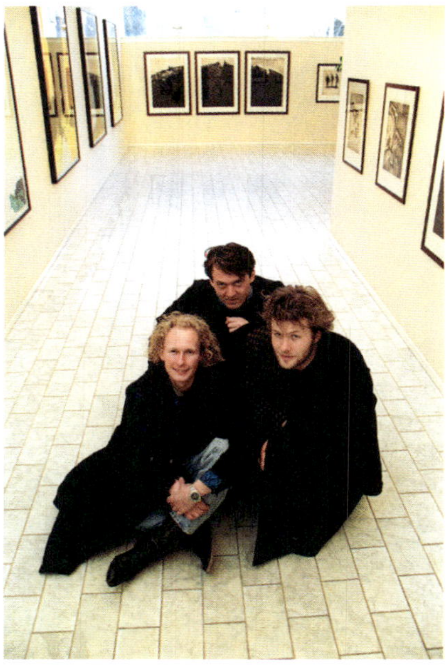

Galleri BI-Z, Christianssand 1993: Artist Kjell Nupen invited Magne Furuholmen and Per Fronth to produce a series of monotypes for a joint exhibition. Challenged by Nupen to do drawings and no photography based works, the results stand out as an interesting passage in Fronth's production.

vignettes become part of the photographic expression. After a while you get to know the camera's qualities – or lack of qualities – and the results represent a complete contrast to photographs made with modern equipment."

When Fronth started working as a photographer, he used analogue cameras with negative film that needed to be developed and copied before the photographer could decide whether the picture was up to his expectations. This anticipation made the old photographic process much more unpredictable than the digital cameras do today.

After his leave Fronth returned to his job at *VG* in the autumn of 1988. From then on he made it a routine to bring his plastic camera on his assignments all over the world.

"After a while the camera became a permanent companion on my journeys, and the pictures produced represent my diary from that period in my life. These are photographic notes made by light, a lens, placement on earth and the moment the shutter opened. The camera travelled around the world and witnessed the riots on Tiananmen Square, the Forbidden City in Beijing, former Norwegian King Olav together with former American President George Bush in the Oval Office, and my own father, the merchant marine sailor and hunter, during one of my visits at Weissers Jorde in Kristiansand. The camera produced an absurd version of photo journalism and documentation depending on the conditions and the situations the camera had to relate to and thus perform its magic."

Plastique Fantastique comprised portraits of celebrities like Mike Tyson, Phil Collins, Eric Clapton, Keith Richards, Nobel Peace Prize winner Andrej Sakarov, former Norwegian Prime Minister Gro Harlem Brundtland together with the first all-female

man kjent med kameraets kvaliteter, eller mangel på sådanne, og resultatene blir en sterk kontrast til bildene som moderne utstyr kan levere.

Da Fronth begynte som fotograf, arbeidet han med tradisjonelle, analoge kameraer. Filmen måtte fremkalles og kopieres før fotografen visste om bildet holdt mål eller ikke – noe som gjorde hele den fotografiske prosessen spennende og mye mindre forutsigbar enn med dagens digitale kameraer.

Etter endt permisjon høsten 1988 gjenopptok Fronth arbeidet som fotojournalist i VG, og plastikkameraet fulgte med eierens oppdrag rundt i verden.

– Etter hvert ble kameraet en fast følgesvenn på reisene mine. Og bildene som det produserte ble en form for dagbok fra denne tiden, personlige fotografiske notater nedfelt av lys, linse, plassering på kloden og øyeblikket lukkeren ble åpnet. Det reiste verden rundt og bevitnet opprøret på Den himmelske plass i Beijing, kong Olav og president George Bush i Det ovale rom, det dokumenterte min egen far, Sigurd, krigsseileren og jegeren i egne tanker på terrassen under et av mine snarbesøk hos familien på Weissers Jorde i Kristiansand. I sum ble det en absurd form for fotojournalistikk og dokumentarisme gitt de forholdene og situasjonene kameraet ble bedt om å utføre sitt magiske arbeid i.

Plastique Fantastique består av en rekke portretter av størrelser som Mike Tyson, Phil Collins, Eric Clapton, Keith Richards, Silje Nergaard, nobelsprisvinneren Andrej Sakharov og Gro Harlem Brundtland med kvinneregjeringen, samt fotografier av Den kinesiske mur og det gamle Øst-Tyskland.

Et portrett som Fronth har kalt *Philippe on the Run* viser en ung mann som har rømt fra en institusjon. Philippe er fotografert i profil idet han drikker melk fra en kartong han har fått av Fronths mor. Øverst i fotografiet er det en rekke hvite skyer som siver inn i billedflaten. Dette er lys som har lekket inn i kameraet og dannet hvite skyer på negativet.

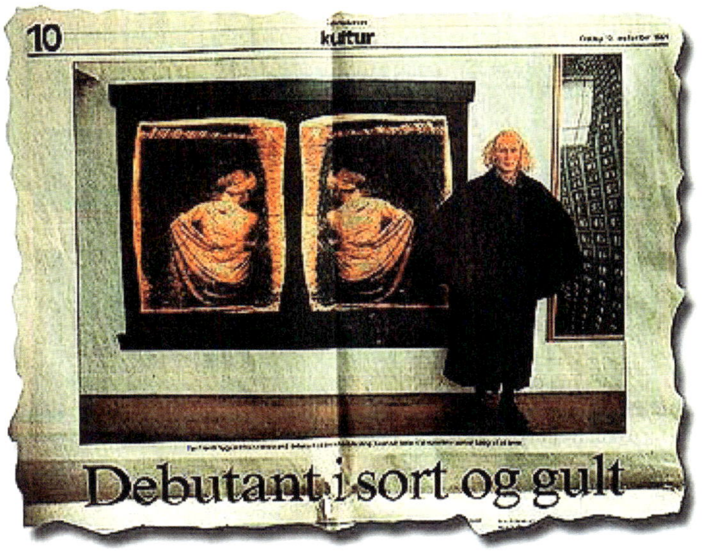

Høstutstillingen 1991: Per Fronths debut at the Annual National exhibition. "Lytteposten" was the first artwork Per Fronth sold.

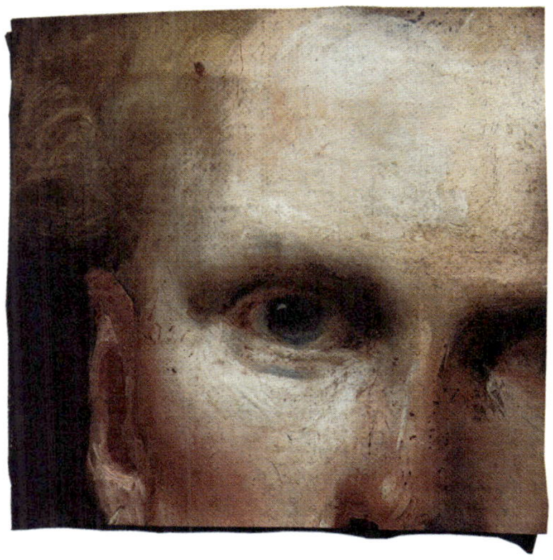

A piece of a portrait 1987: Part of Even Richardson's painting of Per Fronth. Richardson was unhappy with the result and cut it apart.

Norwegian Government, Norwegian singer Silje Nergaard and photographs of the Great Wall of China.

One of the photographs, called *Philippe on the Run*, portrays Fronth's friend Philippe from Kristiansand who had escaped from a mental institution there. The photograph is a portrait characterized by strong contrasts. Philippe is portrayed from the side while he drinks milk directly from a carton given to him by Fronth's mother. On the top part of the picture there are several great white clouds made by light that has leaked onto the film.

"*Philippe on the Run* is photographed right outside the house where I grew up. I had visited my friend Philippe in the mental institution in Kristiansand the day before, and suddenly he came wandering through the neighbour's bushes heading for the elementary school. I recognised him immediately and shouted to him. He responded and headed for me and my mother, who was terrified. He was really thirsty, and all he wanted was fresh cold milk. After drinking the milk he continued on his journey and disappeared, and my camera contained this exposure."

The *Plastique Fantastique* photographs are characterized as documentary, press and art photography. Fronth has never considered *Plastique Fantastique* an art project.

"*Plastique Fantastique* can be described as "primal photography", "trash photography" or "hip-shot photography". I think the importance of the plastic camera was that it re-introduced me to photography and its possibilities as an artistic expression. Working as a photographer for the largest newspaper in Norway, your individual expression as an artist can be suppressed because the primary focus is on the newspaper's need for clinical journalistic coverage. In a way the banner camera became the tool that made me go back to a more personal and playful photography."

– *Philippe on the Run* er tatt i gaten utenfor huset jeg vokste opp i. Jeg kjente Philippe og hadde besøkt ham to dager tidligere. Nå kom han plutselig ut av naboens buskas og vandret mot barneskolen. Jeg kjente ham igjen og ropte etter ham. Stiv av skrekk kom han mot meg og min mor. Han var like tørst som etter et døgn i en ørken og ba om kun én ting: Kald, frisk melk! Så forsvant han videre på sin reise. Rundt halsen min hang et kamera med denne eksponeringen.

Plastique Fantastique består av fotografier i grenselandet mellom dokumentarfotografi, pressefotografi og kunstfotografi. Fronth har ikke betraktet *Plastique Fantastique* som et spesifikt kunstnerisk prosjekt – verken da han arbeidet med disse bildene, eller nå i etterkant.

– Man kan kanskje kalle det primærfotografi, trashfotografi eller hofteskuddsjournalistikk. Jeg tror det viktigste med plastikkameraet var at det reintrodusere meg for fotografiet og dets muligheter som uttrykksform. Når man arbeider som fotograf i Norges største avis, blir nødvendigvis ens personlige uttrykket redusert på grunn av avisens behov for klinisk journalistisk dekning av saker. Banner-kameraet ble på mange måter det verktøyet som gav meg det personlige og lekende fotografiet tilbake, i et arbeid hvor det viktigste tross alt var å produsere så gode bilder som overhodet mulig for min arbeidsgiver, VG.

– Det eneste som kan forandre fotografier er konteksten, og hvordan *tiden* som har passert forandrer oppfatningen av denne konteksten. Derfor blir gamle, og dårlige, fotografier ofte opplevd som gode og med fornyet mening når tiden har arbeidet for dem.

20 år etter, i 2009, inntar *Plastique Fantastique* en særstilling i Fronths kunstnerskap, som et overgangsverk – en bro mellom fotojournalistikken og det frie kunstneriske uttrykk.

I 1990 åpnet Fronth sin første separatutstilling. I Tvedestrand Kunstforening viste han eksperimenterende fotografier som lå nært det maleriske uttrykket som Odd Nerdrum (f. 1944) representerte.

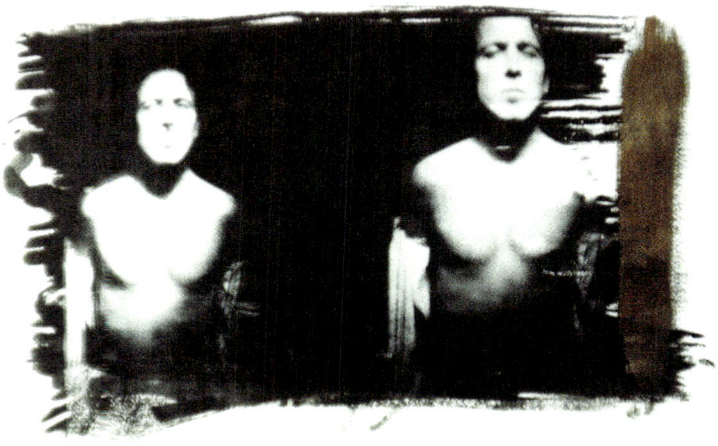

Liquid Light: Plastique fantastique works of the artist Phillippe. Fronth applied the light-sensitive material to handmade papers and experimented endlessly during the nightly hours in the Verdens Gang darkroom.

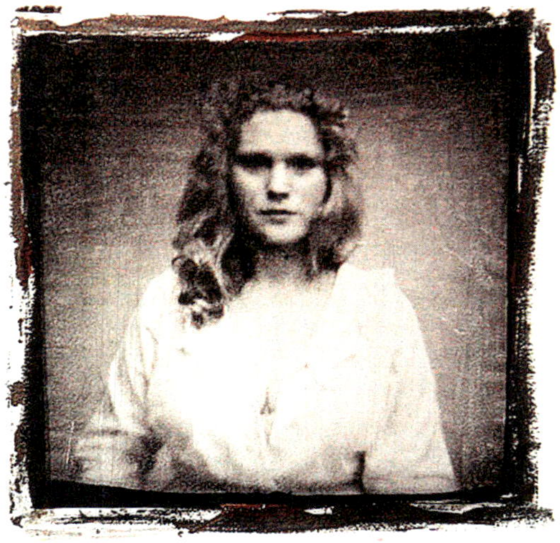

Portrait of artist, the painter Trine Folmoe.

"The only thing that can change in photography is the context described and the way Time changes the perception of a specific context. Old and even bad photographs are being presented as great photography with a renewed vision as soon as Time has worked its magic. When viewing *Plastique Fantastique* in 2009, after almost 20 years, the series occupy a unique position in Per Fronth's oeuvre by representing a transition in his artistic practise as a bridge between photojournalism and Fronth's independent photographic and artistic expression.

Fronth had his first solo exhibition at Tvedestrand Art Association in 1990, where he exhibited experimental photography that represented a similar artistic approach as that of the Norwegian painter Odd Nerdrum (b. 1944).

"Odd Nerdrum was a mentor for a lot of the painters I knew in Oslo in the 1980s. He is an incredibly generous person who shared his knowledge, and I was fortunate to experience his generosity. Both Nerdrum and the Norwegian artist Kjell Nupen have been invaluable mentors to me. Before hanging the exhibition at Tvedestrand I contacted Nerdrum to ask if he would be so kind as to take a look at my pictures. And he actually did! I borrowed a studio from the Norwegian painter Even Richardson (b. 1961) in Oslo to hold a press conference, and Nerdrum actually visited the studio. Through my photographic pictures I tried to comment on Nerdrum's way of working with form and content in a figurative painting. I worked with the painterly qualities of photography, and it was very important to me to be respected by the artists I myself respected so much."

The year after the exhibition in Tvedestrand, in 1992, Fronth made his debut at the highly prestigious group exhibition Høstutstillingen in Oslo. He was 27 years old and presented *The Listening Post*. Nerdrum participated in the exhibition with

– Nerdrum var en læremester for mange av de malerne som jeg kom i kontakt med i Oslo på 1980-tallet. Både Nerdrum og kunstneren Kjell Nupen var uvurderlige rådgivere for meg. Begge er veldig rause personer som lærer bort det de kan til lærevillige – og den rausheten har jeg fått ta del i. I forkant av debututstillingen i Tvedestrand Kunstforening ringte jeg Nerdrum og spurte om han kunne ta en titt på bildene mine. Jeg hadde lånt atelieret til Even Richardson i Oslo for å holde pressevisning. Og Nerdrum fant faktisk tid til å hive seg i bilen. Mine fotografiske arbeider den gang var på en måte kommentarer, både i form og innhold, til noe av det Nerdrum sto for – nemlig det figurative. Jeg jobbet med fotografier med maleriske kvaliteter, og det betydde mye for meg å føle at min respekt for dem jeg var inspirert av, ble gjengjeldt.

Året etter, i 1991, debuterte Fronth som 27-åring på Høstutstillingen på Kunstnernes Hus i Oslo med arbeidet *Lytteposten*. Nerdrum var også antatt på utstillingen med maleriet *Fem personer rundt et vannhull*. I den anledning intervjuet VG Fronth og Nerdrum sammen under tittelen «Billedkunstens bustehoder».[1]

På utstillingen i Tvedestrand viste Fronth noen av fotografiene fra serien *Plastique Fantastique*, blant annet portrettene av Mike Tyson fra 1986 og *Philippe on the run*. Fronth viste også en rekke arbeider utført både med liquid light, i tillegg til arbeider med utgangspunkt i såkalte polartransfers. Den sistnevnte teknikken går ut på at et polaroidfotografi legges for eksempel på et stykke papir for vannfarger, mens det fremkalles under press. Så fester bildet seg til papiret og får den karakteristiske teksturen som følge av teknikkens mer eller mindre tilfeldige uttrykk.

Polatransfers var en del av eksperimenteringen til Fronth, men han stilte ikke ut selve polariodene som originaler. Han avfotograferte polaroidene og overførte fotografiene til store lerreter. Fronth har

1 Jens Henrik Stemland: «Billedkunstens Bustehoder» Verdens Gang, 12.09.1991.

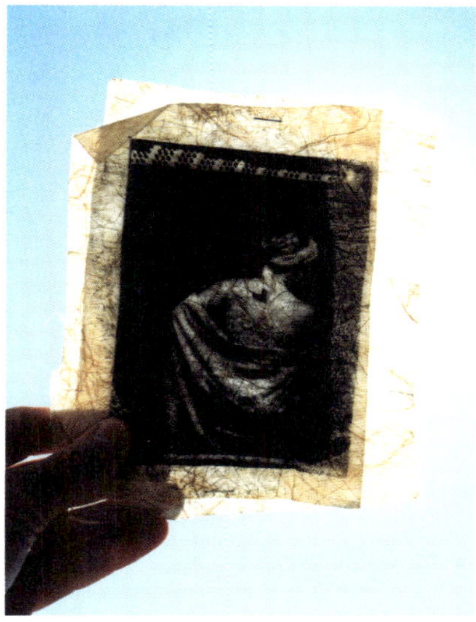

The original liguid light image that produced Per Fronths "Lytteposten".

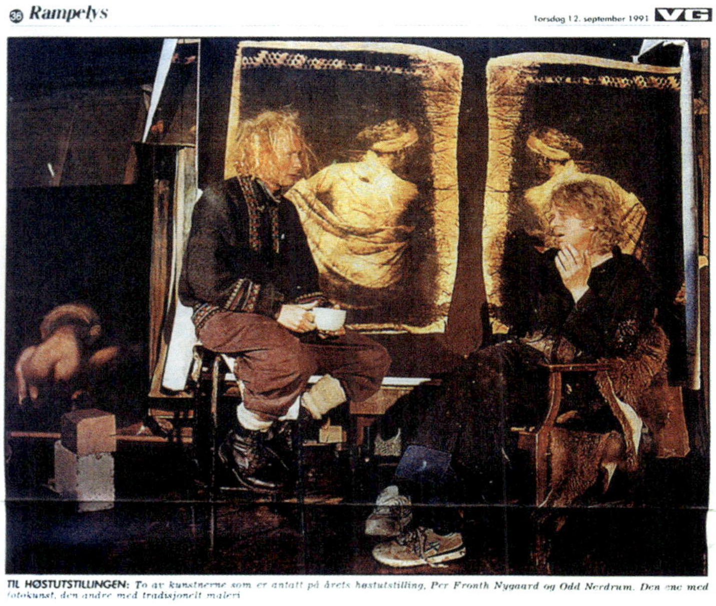

36 *Rampelys*

Torsdag 12. september 1991 VG

TIL HØSTUTSTILLINGEN: *To av kunstnerne som er antatt på årets høstutstilling, Per Fronth Nygaard og Odd Nerdrum. Den ene med fotokunst, den andre med tradisjonelt maleri*

Verdens Gang Sep. 13th 1991: Visiting Odd Nerdrum in his studio initiated by the newspaper. The headline read: "Billedkunstens Bustehoder" – impossible to translate. Nerdrum was happy to look at Fronth's early works and photoetchings and give him valuable insights.

Five people surrounding a waterhole. The newspaper *VG* interviewed Fronth and Nerdrum under the title "The Dishevelled Heads of Art".[1]

In Tvedestrand Fronth exhibited some of the *Plastique Fantastique* photographs, including the portrait of Mike Tyson from 1986 and *Philippe on the Run*. In addition, Fronth exhibited a number of works made with a liquid light technique and a few polar transfers. Polar transfer is a technique in which a Polaroid is developed under pressure onto a piece of watercolour paper. The image is transferred to the paper and has a characteristic texture because of the characteristic technique.

Fronth experimented with polar transfers but did not exhibit the original Polaroid photographs at Tvedestrand Art Association. He photographed the Polaroids and transmitted the photograph to large canvases. Polar transfers have a characteristic "worn" expression that resembles the surface of old cracked paintings. The portraits of the Norwegian artist Trine Folmoe (b. 1964) and Fronth's earlier companion Rachel Bullock thus refer to classic figurative portraiture.

Plastique Fantastique and Fronth's solo exhibition at Tvedestrand Art Association in 1990 represent two extremes that form the starting point for Fronth's distinctive artistic expression: his experimentation with the photographic medium and his approach to the textured and tangible figurative painting.

benyttet denne teknikken i et portrett av den norske maleren Trine Folmoe (f. 1964), en av de såkalte Nerdrum-elevene. Polartransfers gir et slitt og sprukkent uttrykk som kan minne om gamle krakelerte malerier. Portrettet av Folmoe og et portrett av Fronths tidligere kjæreste, maleren Rachel Bullock, har klare referanser til den klassiske figurative portrettkunsten.

Sammen med debututstillingen i Tvedestrand i 1990 danner prosjektet *Plastique Fantastique* ytterpunktene for Fronths særegne billeduttrykk – eksperimenteringen med det fotografiske mediet og tilnærmingen til det teksturerte og pastøse figurative maleriet.

1 Jens Henrik Stemland. «Billedkunstens Bustehoder» Verdens Gang, 12.09.1991.

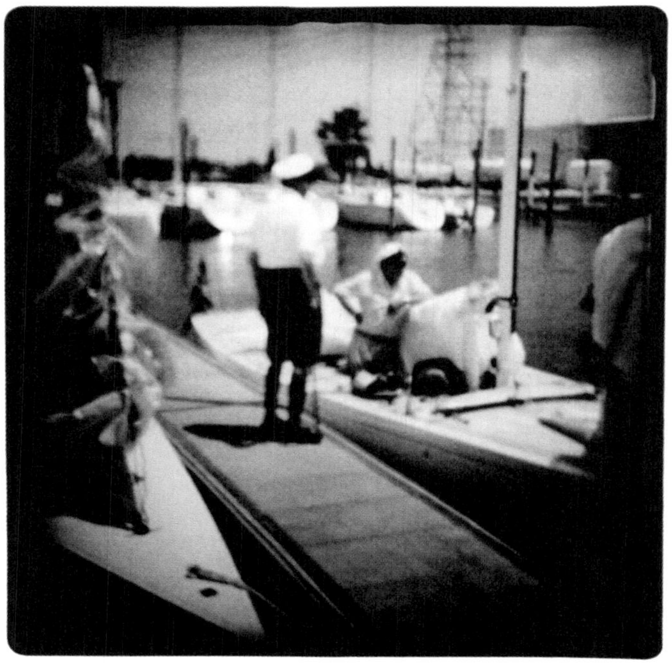

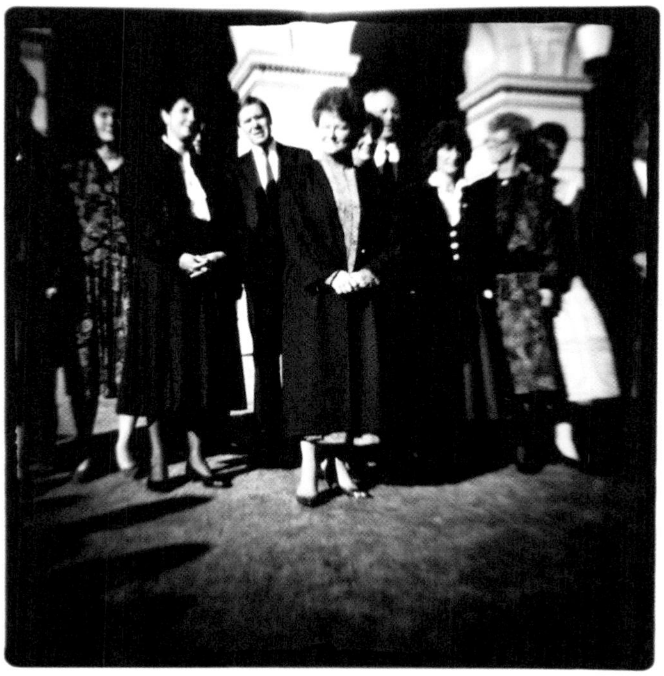

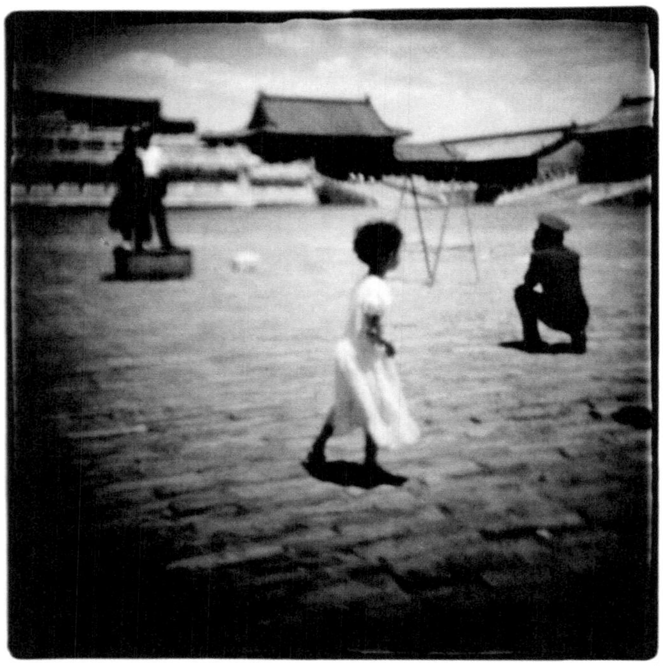

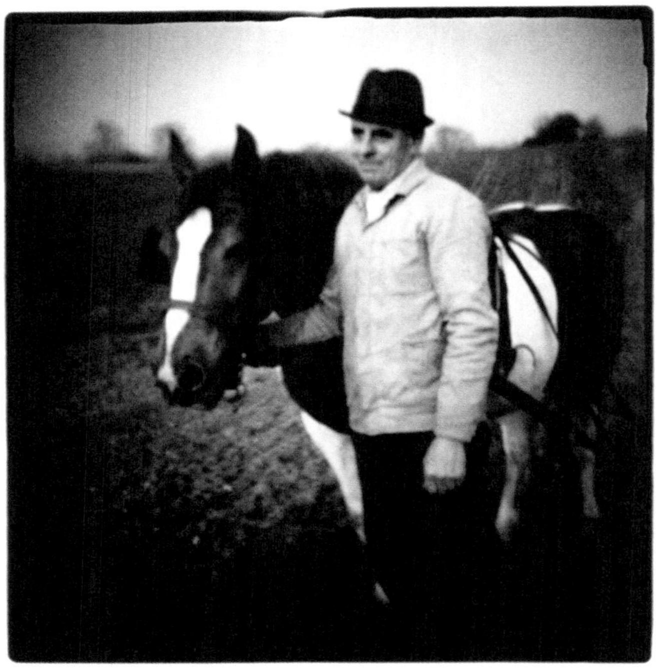

King Olav V of Norway
Corinthian Yachtclub
Houston / 1989

The Forbidden City
Bejing / June 1989

Presenting Female Cabinet 8/18
Prime Minister Gro Harlem Brundtland
Oslo / 1990

Modern Day Farmer
Neu-Brandenburg
East-Germany / June 1989

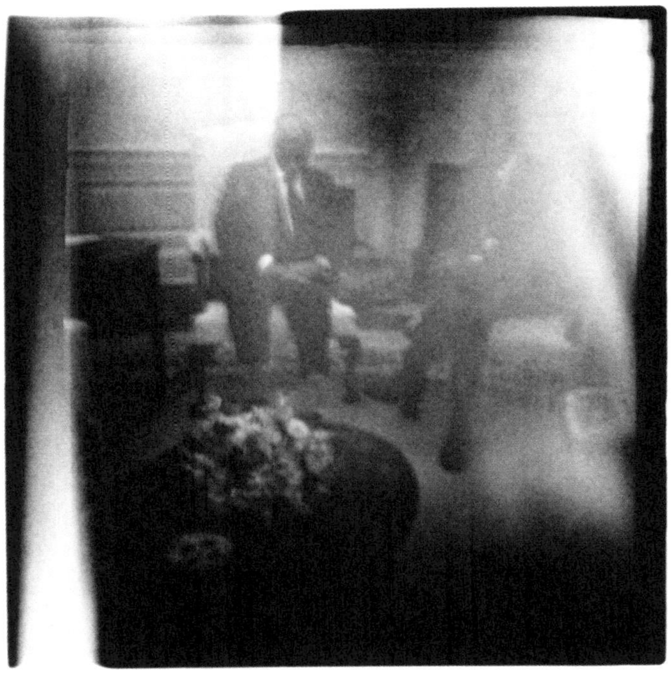

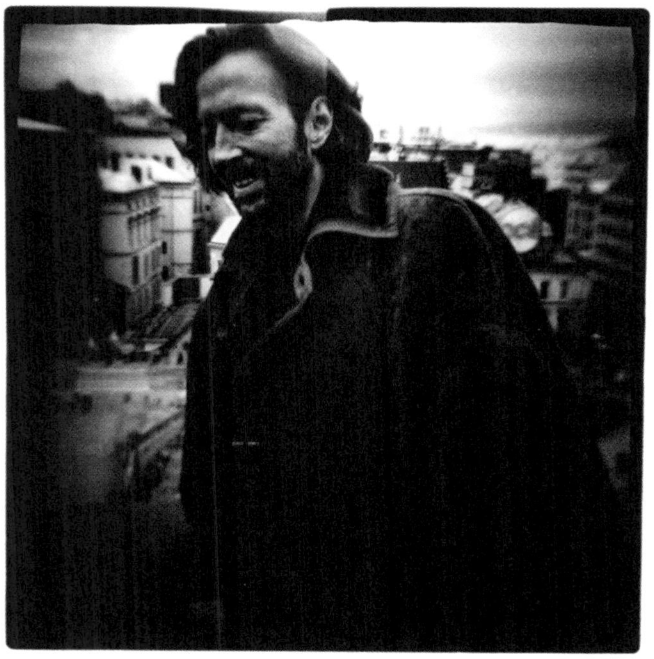

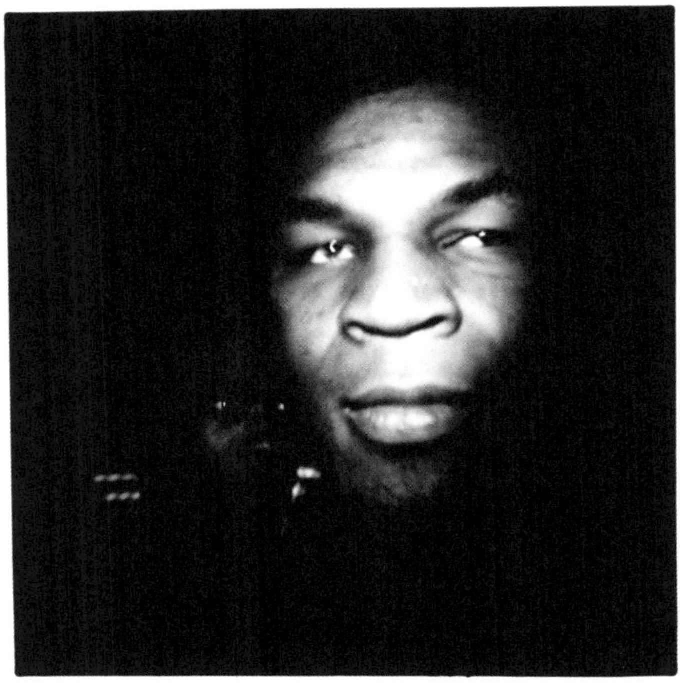

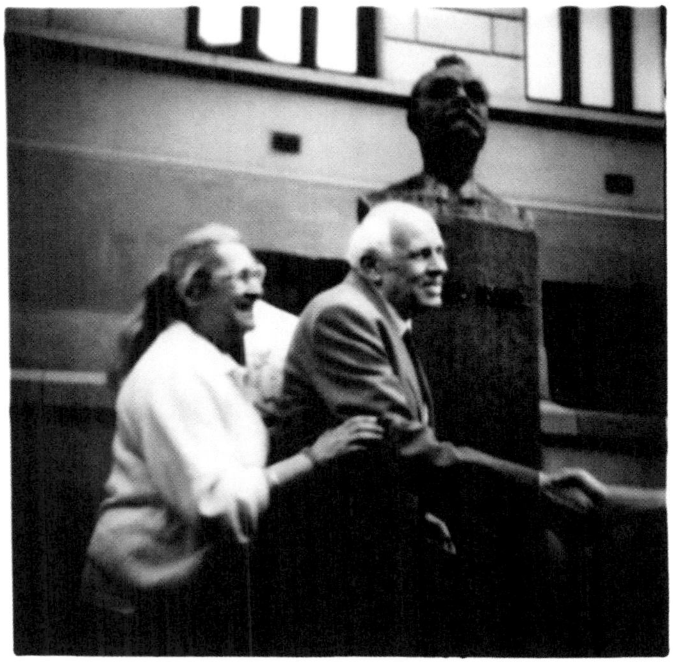

President George Bush / King Olav V of Norway
The Oval Office
Washington DC / 1989

Young Mike Tyson
Hotel Hilton
Las Vegas / 1986

Overcast (Eric Clapton)
Grand Hotel
Oslo / 1988

Andrei Sakharov & Jelena Bonner
Nobel Peace Laurate 1975
Oslo / 1990

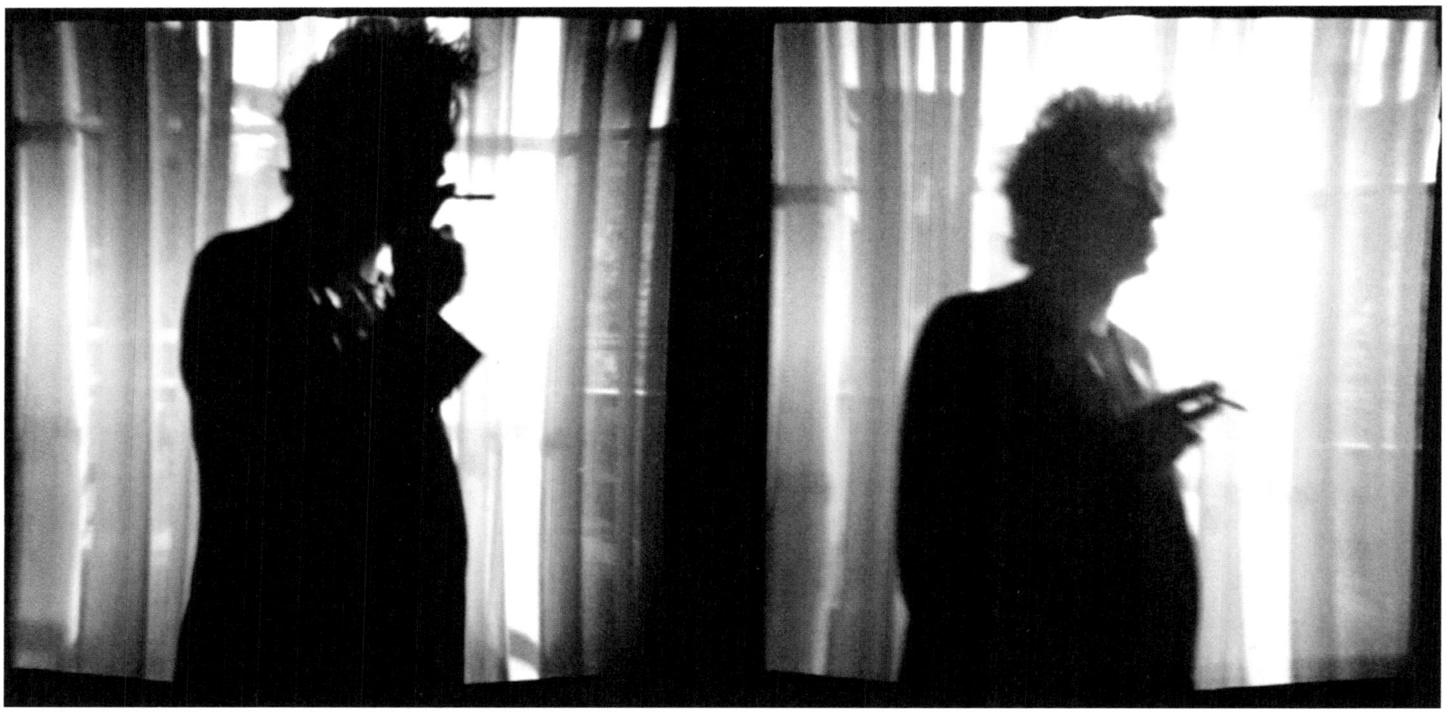

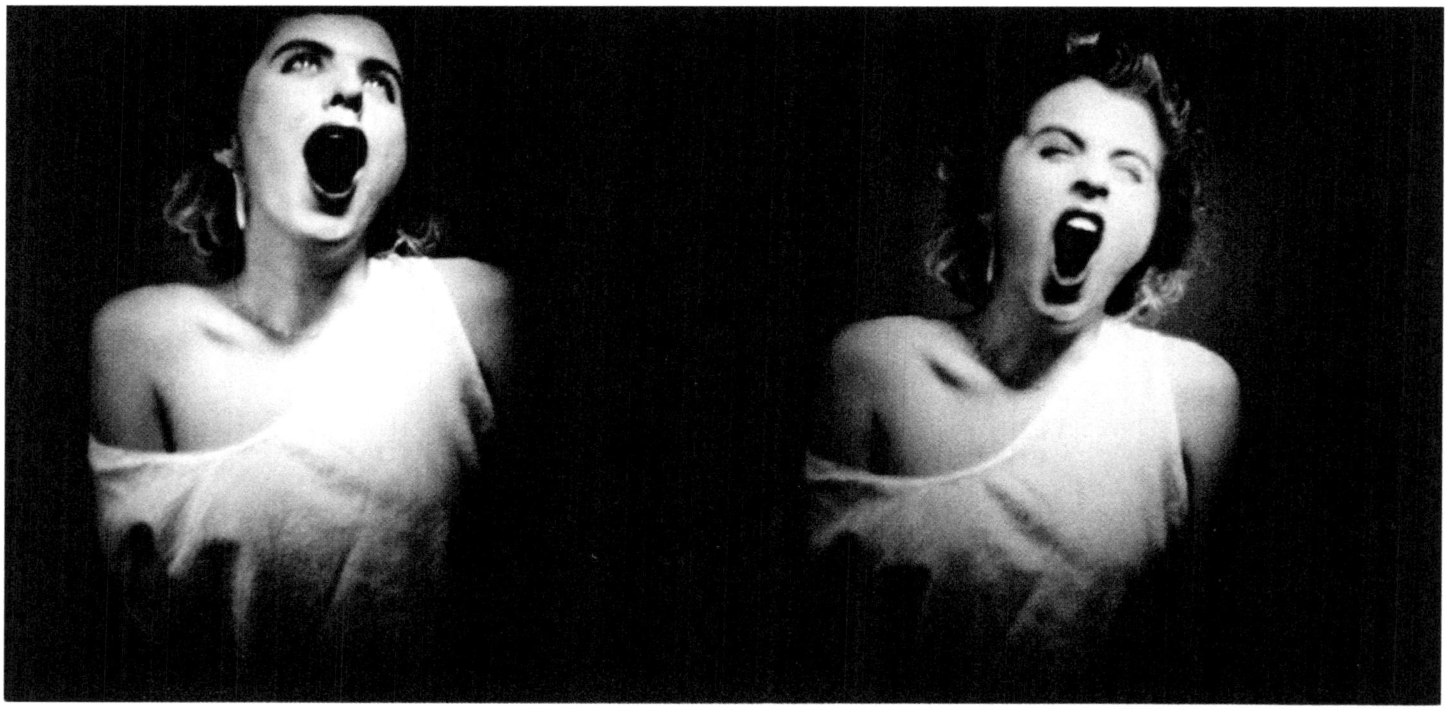

The Break (Keith Richards)
Grand Hotel
Oslo / 1988

Silje Nergaard
Singer / Composer
Oslo / 1988

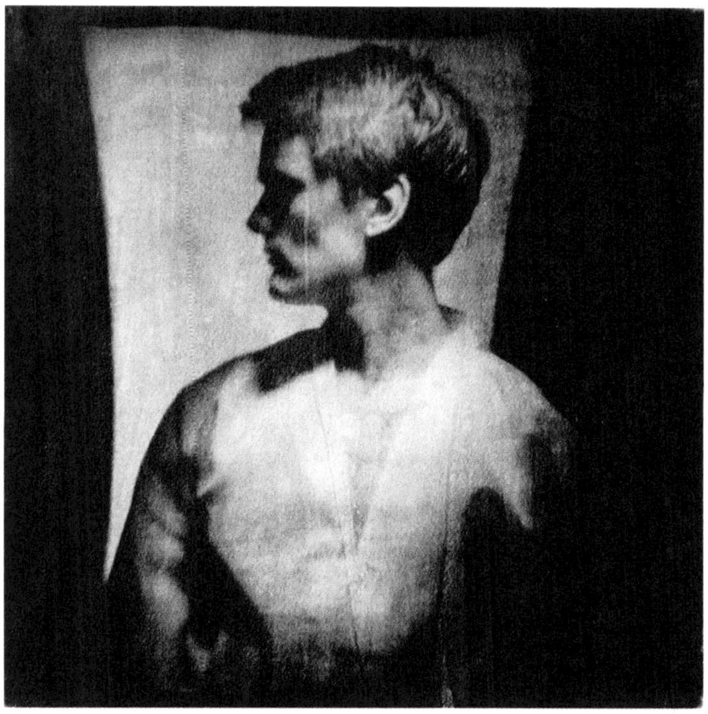

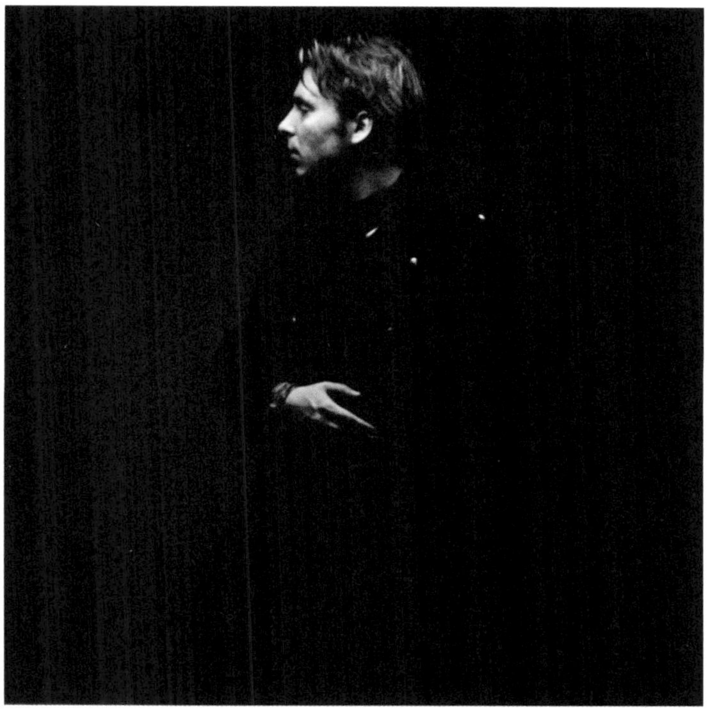

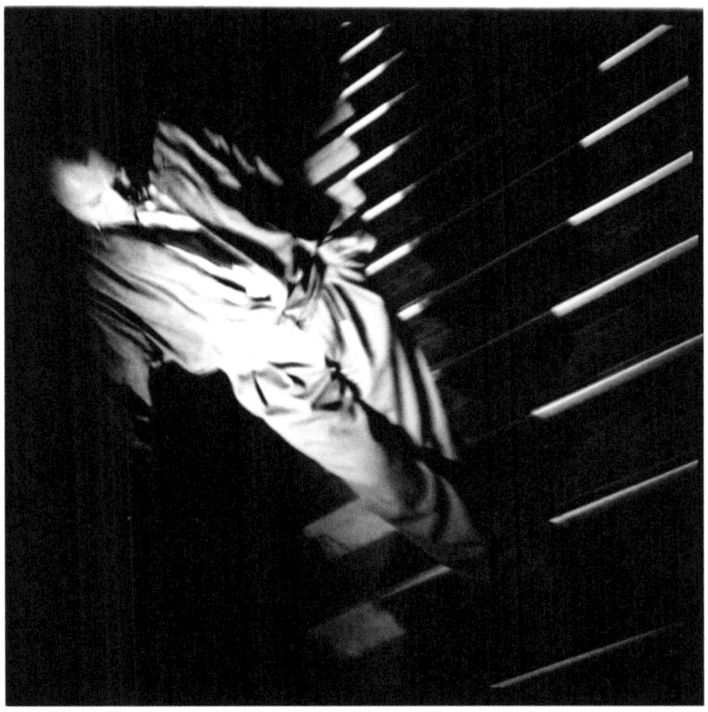

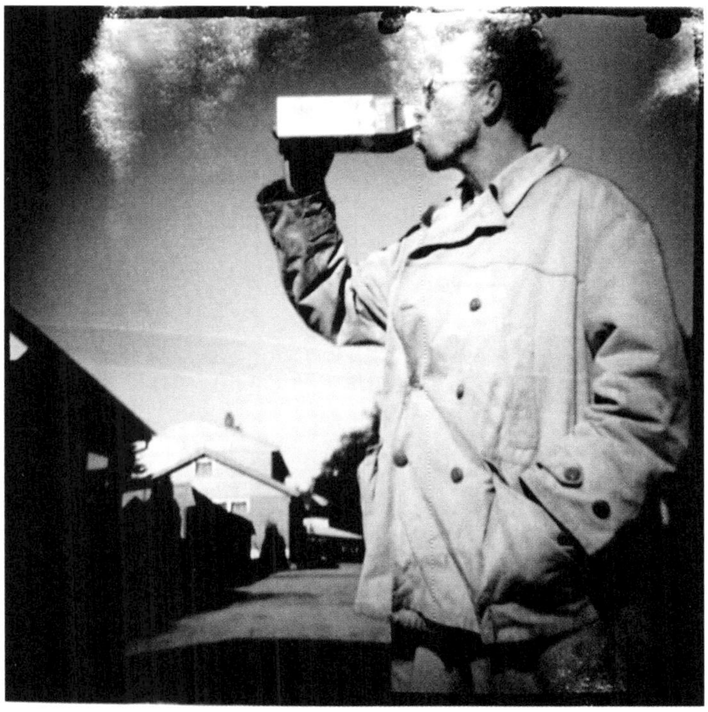

Portrait of Bonsak
Oslo / 1989

Even Richardson
Painter
Oslo / 1989

The Steps (Phil Collins)
Grand Hotel
Oslo / 1986

Philippe on the Run
The Street I grew up in
Christianssand / 1990

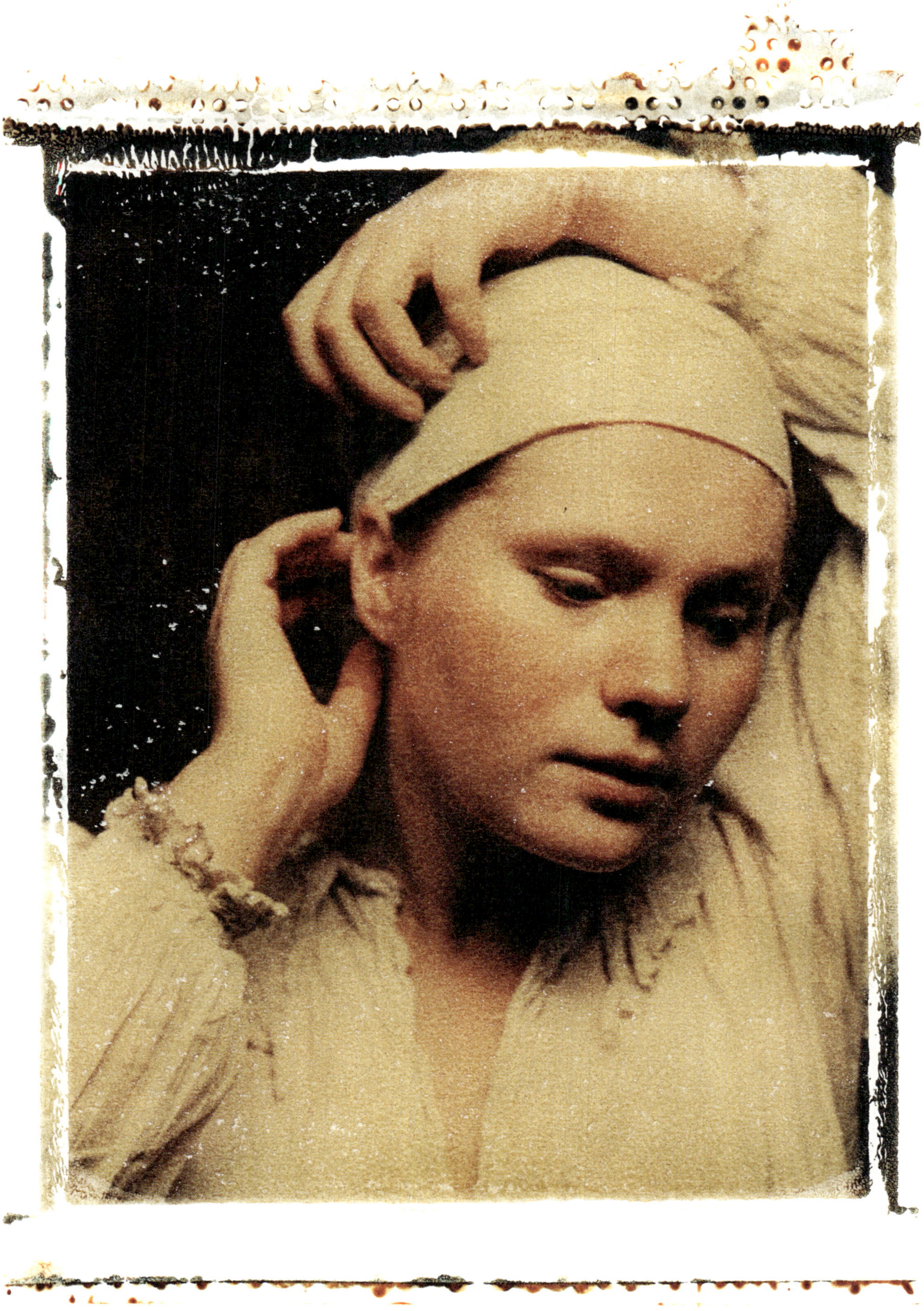

Polatransfer experiments:
Portrait of painter Trine Folmoe

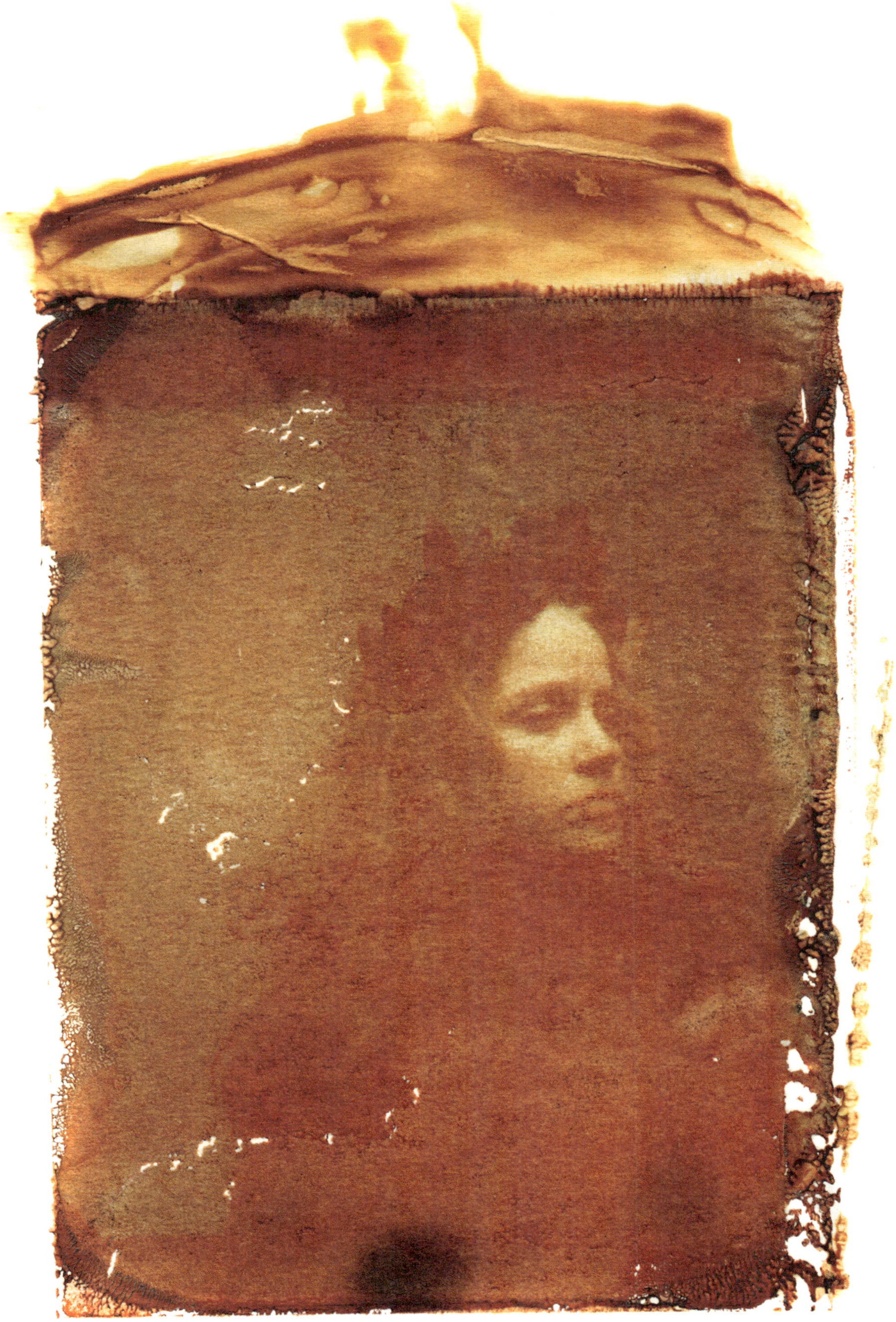

Ra 1990
from the debut at Tvedestrand Kunstforening
Scanachrome InkJet on Canvas
208 x 162 cm / 82 x 64 in

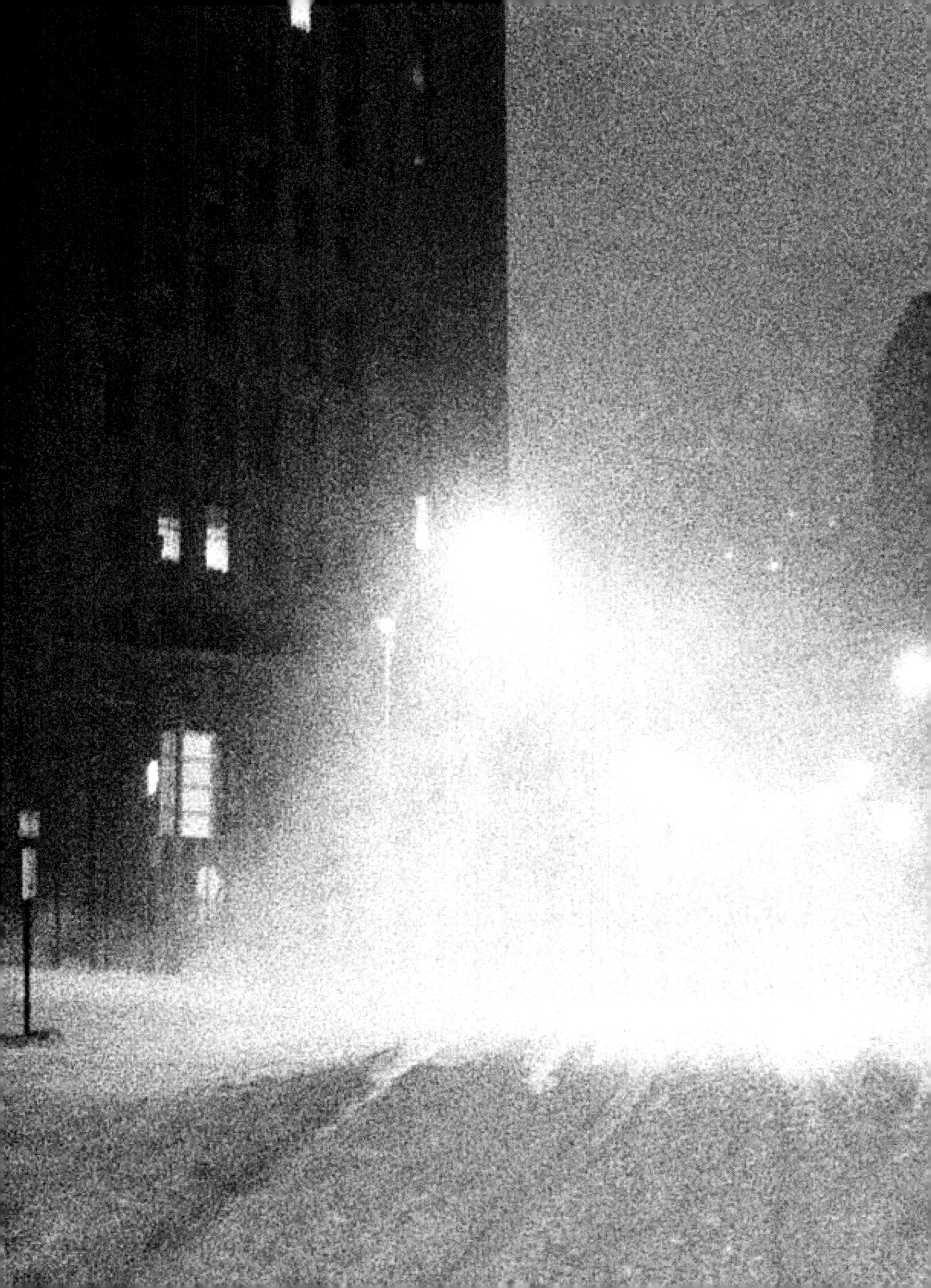

New York: Shaping the Artist

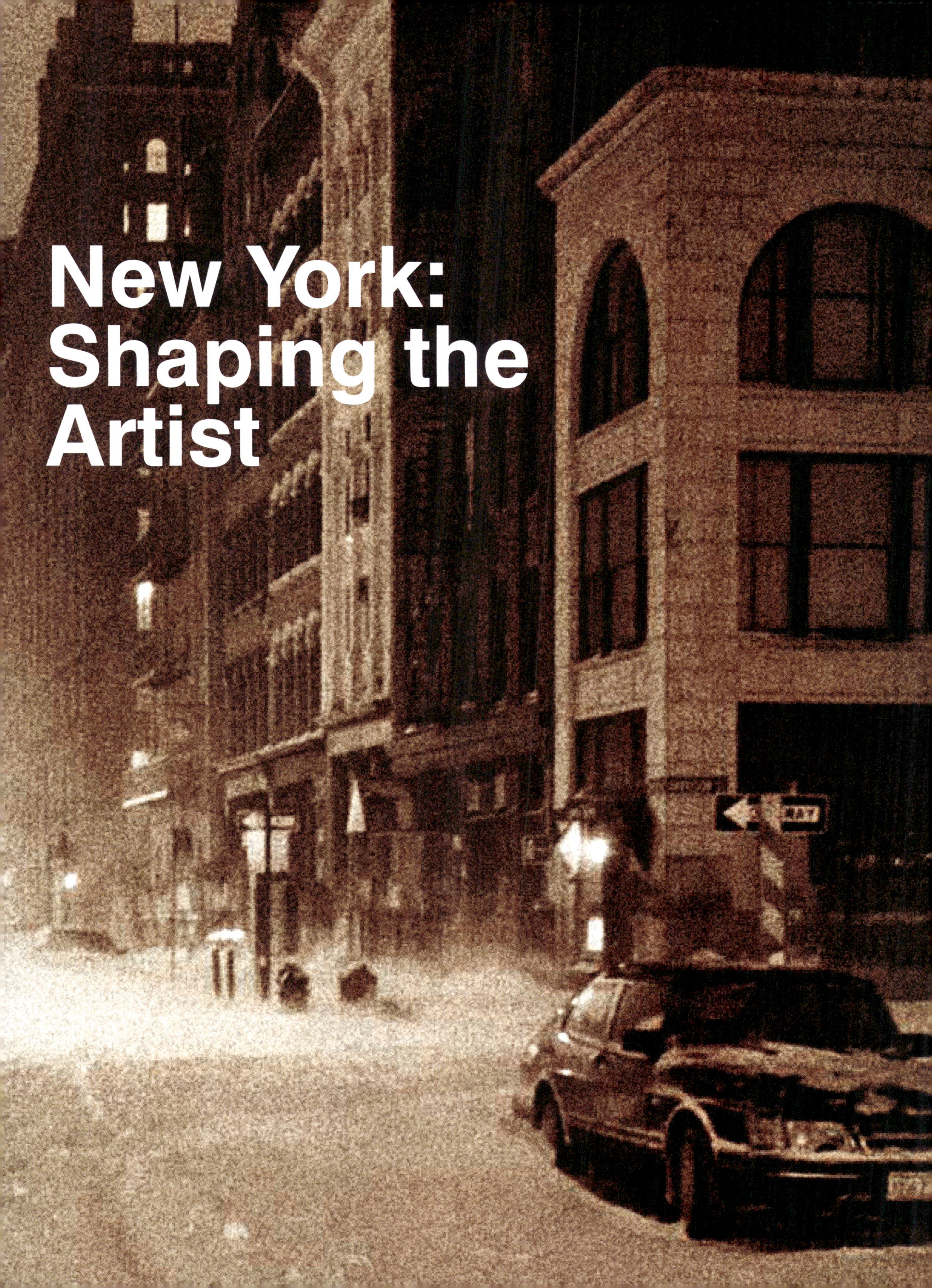

New York: Shaping the Artist

New York: Forming av en kunstner

Per Fronth moved from Oslo to New York in 1990. He became a part of a creative group of painters, writers, actors, people from the movie industry, graphic artists, gallery owners and art collectors. The 13 years he spent in New York would prove to be seminal to Fronth both as an artist and as a person. It was during his New York period that he experienced his first breakthrough as an artist.

"When I first got a studio outside my loft I became a bigger part of a social setting. I went to openings, interacted with other artists about their works and how they solved their professional problems. This education was perfect for me. These people dedicated their lives to creative impulses. You cannot get these experiences at the Art Academy. It's a completely different direction.

The artistic status of the photographic medium has been debated ever since 1839. Art photographers constantly battled to give photography the same established artistic status as that accorded painting.

"The 1990s was the decade for photographic breakthrough as an art form. People started to really see photography for what it was, and I found myself in the middle of that setting. I was in New York at that time working with photography when people first started to buy photographs as art. Photographers like Jeff Wall (b. 1946), Andres Serrano (b. 1950) and Cindy Sherman (b. 1954) initiated art photography in the New York art scene in the 1980s. Norwegian photographers like Tom Sandberg (b. 1953), Dag Alveng (b. 1953), Morten Krogvold (b. 1950) and Lavasir Nordrum were important figures in the establishment of photography as an art form in Norway."

Fronth has been inspired by artists like Robert Rauschenberg (1925-2008), Andy Warhol (1928-1987) and the contemporary American artists Mike and Doug Starn (b. 1961).

Per Fronth flyttet til New York i 1992, og her kom han inn et kreativt miljø av malere, grafikere, forfattere, skuespillere, folk fra filmbransjen, gallerister og samlere. Det var her han modnet som billedkunstner og fikk sitt gjennombrudd. Byen ble hans hjem og arbeidsplass i 13 år, men ser man på arbeidene hans fra disse årene, er det kun et fåtall av dem som bærer direkte preg av den amerikanske storbyen. Fronth forteller at det var først etter han flyttet tilbake til Europa og Norge at symboler som Brooklyn Bridge dukker opp i bildene hans.

– Da jeg fikk et verksted utenfor loftet mitt, ble jeg del av en sosial setting. Jeg gikk på åpninger, så hva andre kunstnere drev med og hvordan de løste problemene sine rent faglig. Den utdannelsen var helt fantastisk! Du får ikke den på Akademiet – det kan du bare glemme! Men det er bare et annet valg og en annen vei å gå.

Fotografiets status som kunst har på langt nær alltid vært fastsatt. Gjennom fotografiets forholdsvis korte historie har kunstfotografer jobbet hardt for å etablere dette mediet som en egen kunstform på linje med maleriet.

– Fotografiets gjennombrudd som som kunstnerisk uttrykk kom for fullt i 1990-årene. Folk våknet og så fotografiet – og da var jeg midt i sentrum av det hele. Jeg var i New York og jobbet med mediet da folk begynte å kjøpe fotografi som kunst. Fotografer som Jeff Wall (f. 1946), Andres Serrano (f.1950) og Cindy Sherman (f. 1954) hadde dradd i gang kunstfotografiet i New York på 1980-tallet. I Norge fikk vi navn som Tom Sandberg (f. 1953), Dag Alveng (f. 1953), Morten Krogvold (f. 1950) og Lavasir Nordrum.

Fra den tidlige generasjonen som eksperimentete med fotografiet som kunstform, nevner Fronth Robert Rauschenberg (1925–2008) og Andy Warhol (1928–1987) som inspirasjonskilder, og blant samtidskunstnerne trekker han særlig frem The Starn Twins (f. 1961).

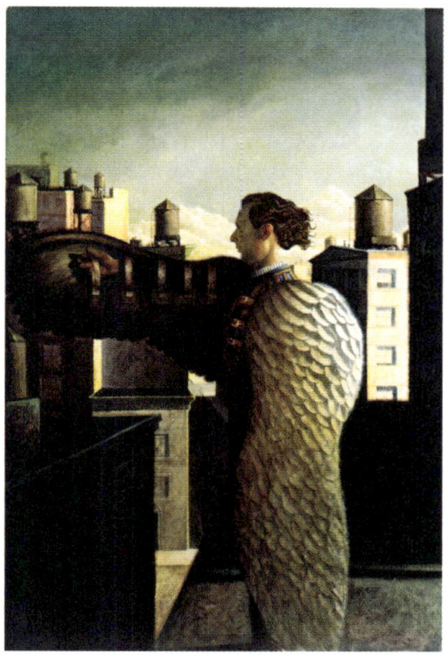

The Ledge 1995
Painting by Christian Vincent
203 x 152 cm / 60 x 80 In
Courtesy Mike Weiss Gallery / New York

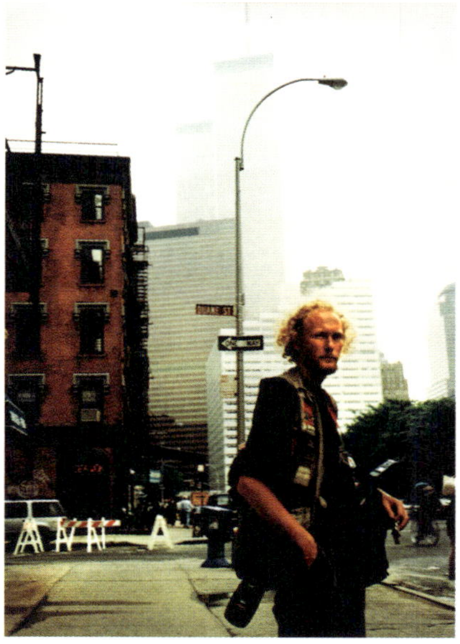

Per Fronth outside his loft on Duane St in Tribeca 1994.

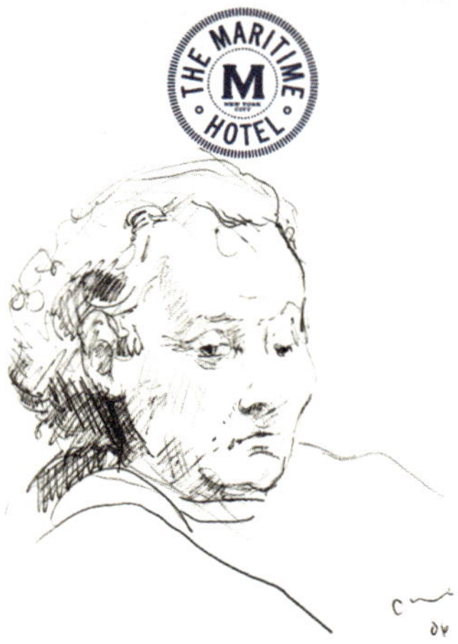

Drawing of Per Fronth by Christian Vincent 2006

"I studied these artists and I'm probably subconsciously influenced by them. It's interesting the way Rauschenberg used photography through appropriation. Andy Warhol didn't care whether he was a photographer or not. The Starn twins use photography in a playful way. They develop photographs on repro film and ordinary positive film and assemble them by framing pieces of the photographs. That's it! They started to construct new pictures out of different photographs like monumental pieces with a photographic foundation. I liked that approach. The path they had chosen and their imagery reveal them as distinct American romantics. They travelled around Europe to photograph old sculptures in their own way. They photographed their own lives – and even their shoes. I thought that was incredibly cool. Why not? The vibe in their works represents the duality of life – both the simplicity and the weighty side of life. I realize that in this exact moment I am drinking wine, but I'm also quite aware that I'm going to die some day."

Per Fronth applied for a leave of absence to spend some time in New York in 1990. The period was first extended a year, then two years. Eventually he went home to Norway in 1992 to quit his job as a photojournalist for *VG* to pursue his artistic development in New York.

"The only one from our generation ever to quit that kind of job was Erik Poppe. I had decided to focus on my own work. The first period in New York I lived in my studio on the corner of Duane Street and Greenwich Street in Tribeca. But from the day I signed the lease for my studio a few blocks north on Desbrosses Street in Tribeca I was an independent artist. That feeling was extremely satisfying and probably the most important moment of my career. That lease was a symbol of an inspiring and binding pledge to myself."

– Jeg studerte disse kunstnerne og er helt sikkert ubevisst influert av dem. Rauschenbergs måte å bruke fotografiet på gjennom appropriasjon, Warhol som ikke brydde seg om han var fotograf – han bare brukte mediet, og Mike og Doug Starn som bruker fotografiet på en veldig leken måte. De lager bilder på reprofilmer og vanlige positive filmer, henger dem opp i biter med tegnestifter i en ramme og sier: «That's it!» Plutselig konstruerte de bilder av fotografier – store monumentale verk med fotografi som fundament. Den innfallsvinkelen likte jeg. De greide å finne en løype til hoppet – og så hoppet de. Sporet de har valgt og billedspråket vitner klart om at de er amerikanske og romantikere. De har reist rundt i hele Europa for å fotografere gamle skulpturer, de har fotografert sitt eget liv, de har til og med tatt bilder av skoene side. Det syns jeg er utrolig kult. Why not? De skaper en tone eller en stemning av et sted der man han lyst til å være. Det er et eller annet som treffer en, som gir både en letthet og en tyngde på samme tid. Livet er jo både lett og tungt. Jeg drikker vin nå, men jeg skal jo dø en gang.

Det startet med at Per Fronth søkte om permisjon fra VG for å oppholde seg i New York noen måneder 1990. Månedene ble til et år, som ble til halvannet, som ble til to år. I 1992 dro han tilbake til Norge og sa opp sin faste stilling som fotojournalist i VG for å satse på et virke som billedkunstner.

– Det var bare Erik Poppe som hadde sagt opp en slik jobb før meg. Jeg hadde tatt avgjørelsen om å bruke mer tid på mine egne arbeider. Først bodde jeg i verkstedet mitt på loftet på hjørnet av Duane Street og Greenwich Street i Tribeca med utsikt til båtene på Hudson River. Og fra og med den dagen jeg signerte leiekontrakten på studioet mitt noen kvartaler nord på Desbrosses St. i Tribeca, var jeg en uavhengig kunstner som levde av bildene sine. Det var ekstremt tilfredsstillende og ekstremt forpliktende på samme tid.

Many people move to New York in pursuit of happiness. Frank Sinatra sings "If I can make it here, I'll make it anywhere." Fronth had his work cut out for him.

"New York is first of all a very interesting city with an abundance of resources as well as a market in which to sell art. By moving to New York as an artist you take your chances, but, on the other hand, I have always loved challenges. Luckily it went really well. I achieved my goal and I know how hard that is. It's almost impossible even to get an exhibition in New York. It's a lot of work, but you have to ally with the people you trust.

While living in New York Fronth was introduced to the American painter Christian Vincent (b. 1966). Vincent was going to play a big part in his life both as a friend and as a fellow artist.

"Christian is a figurative painter and I work with photography in a figurative way. We soon became close friends. We went to exhibitions together and thoroughly discussed each other's works. I went to his studio to discuss his paintings while he was working on them. That kind of feedback is the best form of critique there is. We lived and breathed in our studios and we reeked of turpentine and vodka tonics."

Christian Vincent was born and raised in Santa Monica, California. He was trained as a figurative painter at the Art Center College of Design, Pasadena, California.

"I was invited by the artist André von Morisse to join him at Per's first exhibition in New York at the Meisner Gallery in 1992. I hadn't met Per before, but I went to a gathering at his apartment before the opening. We were introduced, and it really is the fastest friendship I've ever experienced. We were kindred spirits," says Vincent.

Vincent and Fronth were part of a creative group that practically ate breakfast, lunch and dinner together every day. They lived their colourful days south of Hudson Street. Vincent's paintings are realistic with surreal and absurd elements. Ken Johnson at *The New York Times* wrote about Vincent's paintings at the Mike Weiss Gallery: "...his paintings are amusing, psychologically suggestive and made with admirable craft".[1]

Vincent has always been a work horse.

"Ever since I was 21 years old I have worked really hard at challenging myself in an expression that's realistic, refined and psychological. Per has also continually developed his artistic expression. I remember it being challenging for Per to combine being available for the newspaper and at the same time concentrating on developing an artistic language. The newspaper gave him financial security, and he thus had to forsake a lot of freedom when he actually decided to quit his job. I think his job as a press photographer in a way held his artistic development back."

Fronth was at that time working on getting a permanent New York gallery to represent him. The Meisner Soho Gallery shut down their Manhattan gallery and continued operating out of Long Island. Participation in different group shows became important for Fronth in order to expose his works. He participated in an exhibition at the gallery of the legendary Lower

1 Ken Johnson, "Christian Vincent, Runyon Canyon, Mike Weiss", *The New York Times*, August 2008.

Det er mange som kommer til kunstmetropolen New York for å søke lykken. «If I can make it here, I'll make it anywhere,» synger Frank Sinatra. Fronth fikk virkelig en by å bryne seg på.

– New York har en overflod av ressurser innenfor kunst – og ikke minst et marked. Du hiver deg virkelig ut til rottene! Og det har jeg alltid likt, utfordringer. Jeg tenkte at hvis jeg greier det her, så burde det vel også gå andre steder. Så gikk det heldigvis veldig bra. Nå opplever jeg gleden av å ha nådd målet jeg satte meg. Jeg vet hvor vanskelig det er å få det til. Bare det å få stille ut i New York er utrolig vanskelig. Det er veldig mye praktisk jobbing, og det er livsnødvendig å alliere seg med mennesker som er til å stole på.

I New York ble Fronth ganske raskt kjent med den amerikanske maleren Christian Vincent (f. 1966). Vincent kom raskt til å spille en viktig rolle i livet hans – både som en god venn og sparringspartner.

– Christian er en figurativ maler, og jeg jobber figurativt med fotografi. Vi ble veldig fort nære venner – gikk på utstillinger sammen og diskuterte arbeidene våre opp og ned og i mente. Jeg var i atelieret hans og kommenterte maleriene hans mens han jobbet med dem. Det er den sunneste formen for kritikk man kan få. Vi levde og åndet i studioene våre – og vi luktet sikkert en salig blanding av terpentin og vodka tonic.

Christian Vincent er født og oppvokst i Santa Monica og utdannet innen figurativt maleri ved Art Center College of Design, Pasadena, California. Han forteller om det første møtet med Per:

– Jeg var invitert av maleren André von Morisse til å bli med på åpningen av Pers første utstilling i New York på Meisner Gallery i 1992. Før åpningen ble jeg med på en samling i leiligheten. Der ble vi introdusert – og dermed var vennskapet etablert. Jeg har ikke opplevd noe lingnende. Vi var tvillingsjeler.

Vincent og Fronth ble en del av en kreativ gruppe som spiste frokost, lunsj og middag sammen praktisk talt hver eneste dag. Vincent arbeider i et realistisk billedspråk med surrealistiske og absurde elementer – eller som Ken Johnson ved The New York Times skriver: « ... his paintings are amusing, psychologically suggestive and made with admirable craft».[1]

Vincent har alltid vært en arbeidshest.

– Siden jeg var 21 år har jeg jobbet veldig hardt, jeg har utfordret meg selv i letingen etter et uttrykk som både er realistisk, raffinert og psykologisk. Per har også kontinuerlig utviklet arbeidene sine. Jeg husker at det den første tiden i New York var utfordrende for Per, han måtte være tilgjengelig for avisen som var hans arbeidsgiver, samtidig som han skulle konsentrere seg om å utvikle et kunstnerisk språk. Avisen representerte en økonomisk trygghet for ham, og det å si opp jobben innebar tap av mye frihet. Men samtidig var det ikke mulig å ri to hester, og valget falt på den kunstneriske karrieren.

Fronth arbeidet i denne perioden med å få et fast galleri til å representere seg i New York – en by som mottar en jevn strøm av nye sjeler som søker lykken. Meisner Soho, galleriet som sto for Fronths debututstilling i New York, la ned sitt Manhattan-galleri og fortsatte på Long Island. Å delta på gruppeutstillinger ble en viktig måte å eksponere sine arbeider på og Fronth var bl. a. med på en utstilling på det legendariske Lower East-Side musikklubben CBGB gallery sammen med David Byrne fra Talking Heads.

1 Ken Johnson: «Christian Vincent, *Runyon Canyon*, Mike Weiss». I: The New York Times, 8. august 2008.

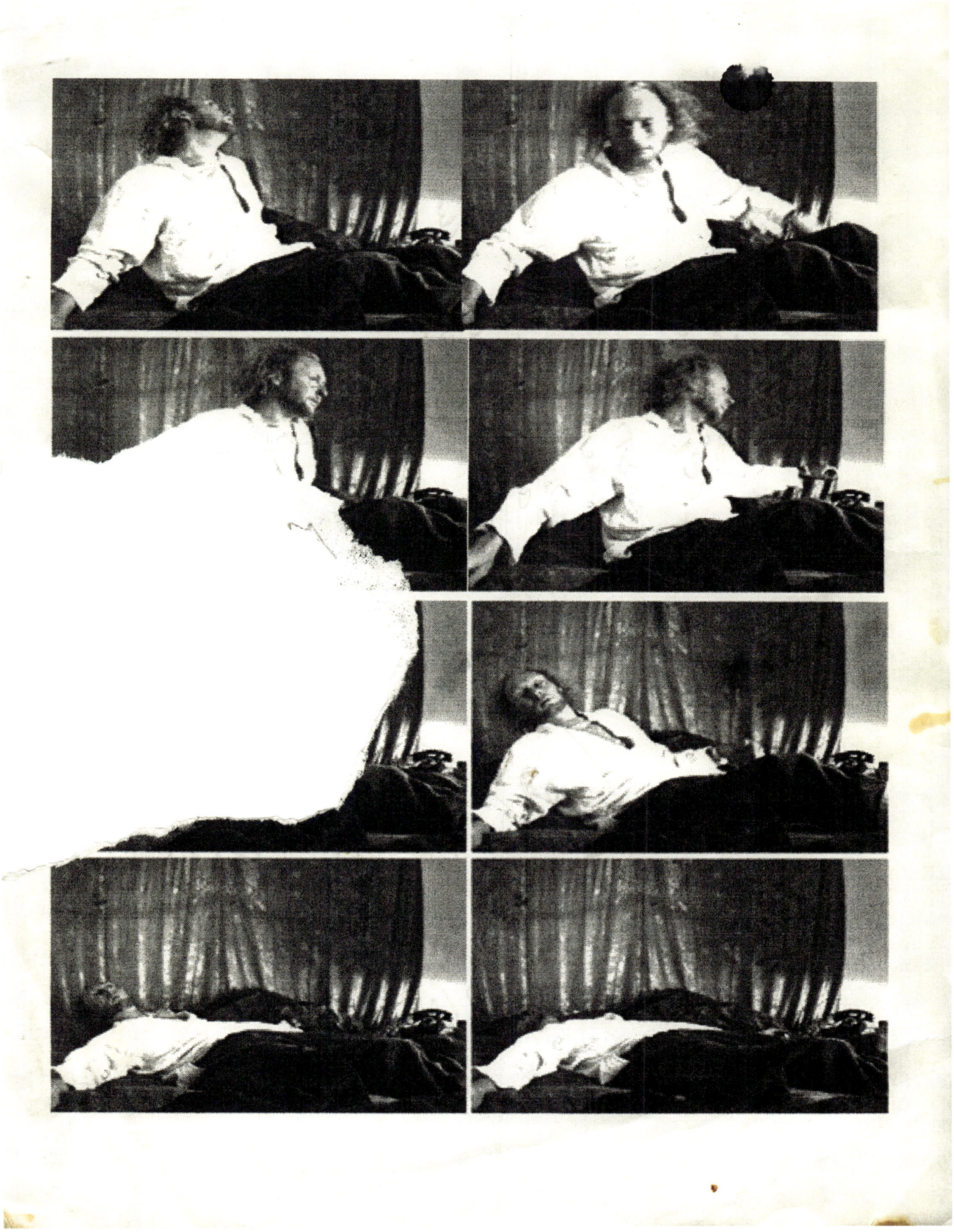

Imaginary Bullet (motion study) 1994
Inkjet on paper
25 x 20 cm / 10 x 8 in

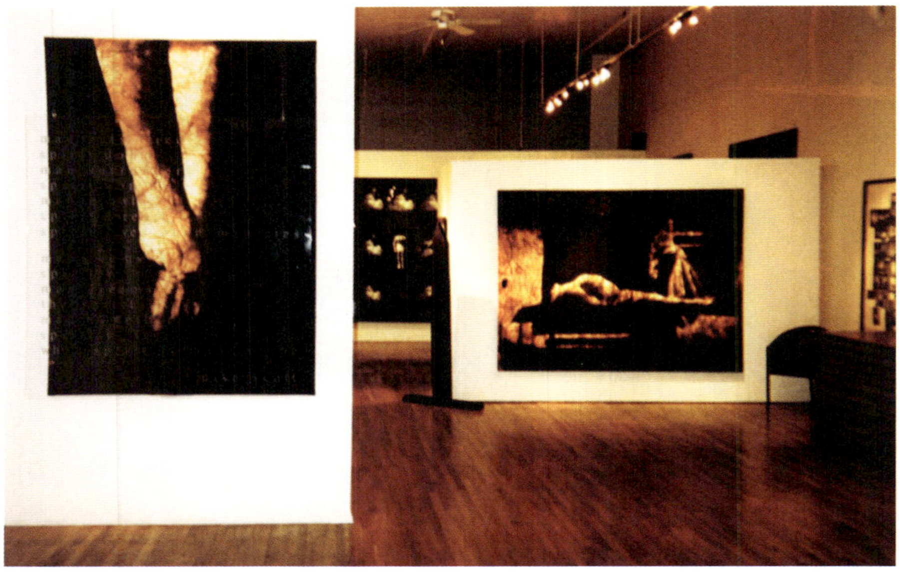

Installation view Meisner Soho Exhibition New York 1993

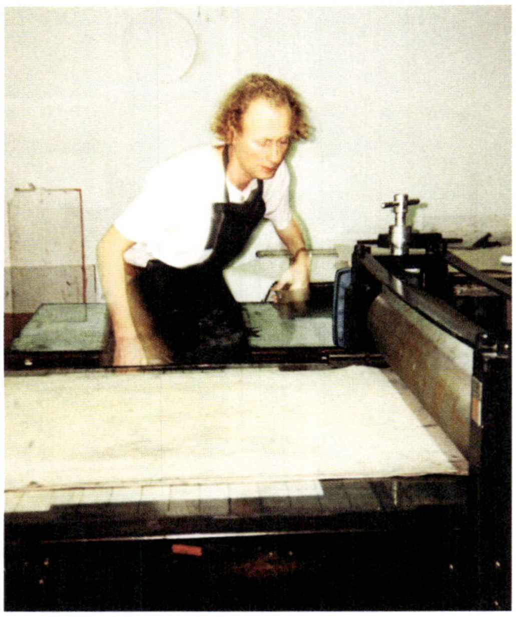

Making photoetching at Bob Blackburns The Printmaking workshop on 17th St. in New York 1991.

Eastside music club CBGBs together with David Byrne from the band "Talking Heads".

"Everyone knows how hard it is to get a gallery in New York to even look at your work. It's as difficult as breaking into the White House! It's like in Hollywood, where every waiter is an actor, only in New York everyone is an artist," Vincent relates.

Fronth was persistent and determined, and eventually he was lucky enough to engage Valerie Dillon at the Dillon Gallery. Dillon has represented him for years. From that day on, Fronth could focus on his art.

"Per has always struggled with his love-hate relationship with the camera. He is a photographer, but he was never interesting in showing "glossy" photographs. He wanted the texture and the feeling of an oil painting. He wanted to challenge the picture to tell another story and to give the picture patina," Vincent says.

Fronth started experimenting with technology and developed a technique to melt photographs onto canvas. That way he found exactly that handmade feeling he was looking for.

"At that time Per didn't know anything about oil paint or different media, so I helped him pick out his pallet, which still is the basis in his studio. Per has worked a lot with integrating his two personalities, the photojournalist and the artist, into his projects. He has some of the best eyes I know, and he brought a lot of his artistic ways of seeing things into his work as a photojournalist by giving the photographs his own perspective."

Vincent and Fronth gave each other feedback and functioned as each other's mentors.

"We went in and out of each other's studios all the time and invited friends whose opinions we wanted, and indeed the feedback wasn't all positive. We invited people over for vodka tonics

– Alle vet at det er like vanskelig å få et galleri i New York til å se på arbeidene sine som det er å bryte seg inn i Det hvite hus! Det er med kunstnere i New York som med skuespillere i Hollywood – alle servitører er *egentlig* skuespillere som venter på et gjennombrudd, forteller Vincent.

Men Fronth var iherdig og målbevisst, og med den nødvendige porsjonen flaks ble han etter hvert antatt av Valerie Dillon ved Dillon Gallery som nå har representert ham i en årrekke. Først da den avtalen var i boks, kunne Fronth konsentrere seg fullt ut om kunsten.

– Per har alltid kjempet med fotografiet, det faktum at han både elsker og hater kameraet på samme tid. Han er fotograf, men han har aldri vært interessert i «glatte» fotografier. Han ønsker teksturen og følelsen som oljemalingen gir. Han vil utfordre bildet slik at det forteller en annen historie – og gi bildet patina, sier Vincent.

Vincent forteller at da Fronth begynte å eksperimentere med teknologi og data og utviklet teknikken hvor han kunne stryke fotografier på lerret, fant han frem nettopp til det håndlagde preget han var ute etter.

– Per visste den gangen ingenting om oljemaling, så jeg hjalp ham med å velge ut paletten sin – som han fremdeles har som grunnutrusting i verkstedet sitt. Per har jobbet mye med å integrere to personligheter i sitt kunstneriske virke – fotojournalisten og kunstneren. Jeg har sett hvordan det særegne, kunstneriske blikket virket inn på Pers valg av perspektiv allerede mens han jobbet som fotojournalist

Vincent og Fronth dro gjensidig fordel av at de kunne være hverandres mentor.

– Vi gikk inn og ut av hverandres studioer hele tiden og inviterte venner som vi ønsket å høre meningene til – på godt og ondt. Tilbakemeldingene var ikke nødvendigvis positive. Jeg bodde først på et loft som lå et par kvartaler unna Pers loft. Vi bød hverandre inn på vodka tonic og white russian, eller «drunk norwegian» som

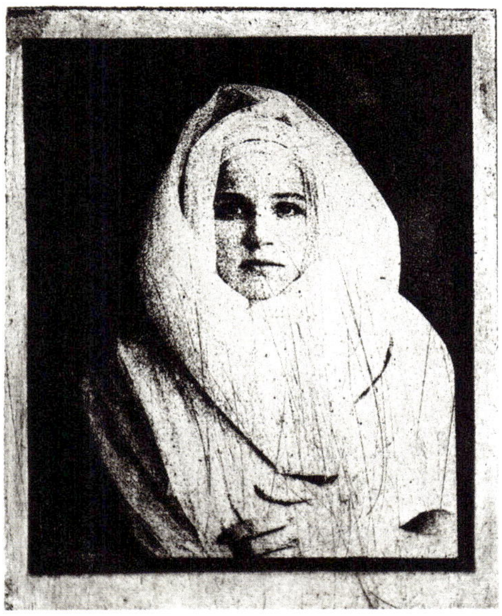

Rachel Arabesque 1991
Photoetching
19 x 15 cm / 7.5 x 6 in
Edition of 10
Printed at Printmaking Workshop, New York
US Library of Congress / Robert Blackburn Collection

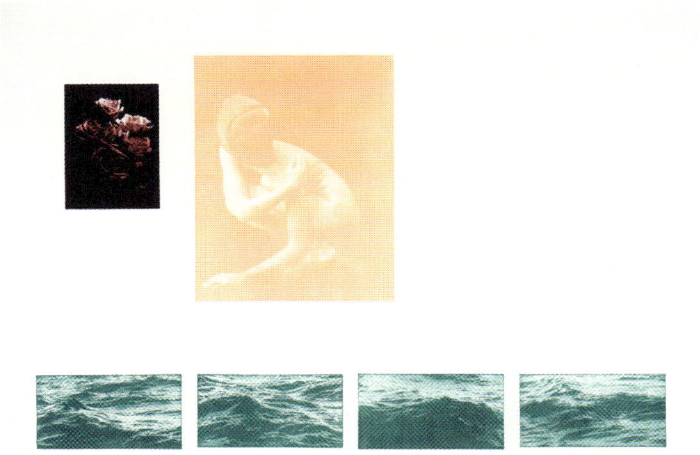

Torpedo 1994
Original
Multi-plate Silicon Intaglio Print
110 x 135 cm / 43 x 53 in
Printed by Nathan Kanofsky of Arak Kanofsky Studios, New Jersey

and white Russians – or "drunk Norwegian", as I started to call the drink. It was an amazing period. My wife use to call us "war buddies" because we experienced so much together before we went back home. We shared the years when we didn't yet fear old age or death. We stood at the brim of the boat, embracing the moment. We didn't care!" Vincent explains.

Vincent and Fronth are still working with two completely different techniques and artistic expressions, but that does not stop them from having opinions on each other's works.

"Art is about telling stories through pictures. People like to *tell* stories. It has been that way since the cavemen scribbled on walls. And people really like to *hear* stories through film, music, words or pictures. Both Per and I are constantly trying to improve and develop our own genre. I am much more impressed by an artist constantly renewing himself than by an artist who's really good at presenting one specific expression," Vincent says.

Vincent and Fronth have often used each other as models in their works. Vincent appears as a crooked figure holding a vase of sunflowers in *Apology* from the *Cargo* Exhibition in Chicago in 1999. Fronth is portrayed as a larger-than-life winged figure in one of Vincent's paintings. *Cockfight* is based on a scene in which Vincent and Fronth are fighting under water.

"*Cockfight* is a painting of a death match, where I was inspired by the movie *The Deer Hunter* from 1978 and the futuristic aspect of *Blade Runner* from 1982. The title refers to underground and illegal settings but also two men fighting for their honour," Vincent explains.

Vincent lives in his hometown Los Angeles with his wife Peri Gilpin and their twin daughters, Ava and Stella. He still talks to Fronth on Skype video almost every week.

jeg begynte å kalle drinken etter hvert. Det var en fantastisk tid. Kona mi pleier å kalle oss *war buddies*. Vi var jo i en form for strid, og langt fra hjemstedet begge to. Dette var de årene i livet hvor man ennå ikke frykter alderdom og død. Vi sto foran på båten og omfavnet øyeblikket. *We didn´t care!*

Vincent mener at det å jobbe i to ulike teknikker ikke er til hinder for å vurdere hverandre faglig:

– Kunst handler om å fortelle historier gjennom bilder. Mennesker ønsker å *fortelle* sine historier – slik har det vært helt siden hulemennesket skriblet på veggene. Og mennesker ønsker å *lytte til* historier – enten det er gjennom film, musikk, ord eller bilde. Slik vil det være i neste generasjon også. Både Per og jeg prøver hele tiden å bli bedre og utvikle oss innen hver vår sjanger. Jeg blir mye mer imponert over en kunstner som er dristig nok til å gjøre noe nytt, enn en som rendyrker ett spesifikt uttrykk til det perfekte.

Både Vincent og Fronth har brukt hverandre som modell i arbeidene sine. I *Apology* fra Cargo-utstillingen i Chicago 1999 kan Vincent ses som en lutrygget figur som holder en krukke med solsikker. Fronth er «larger than life», en bevinget figur i et av Vincents malerier. I *Cockfight* ser man Vincent og Fronth slåss under vann.

– Maleriet er et bilde av en dødskamp hvor jeg har blandet elementer fra filmen *The Deer Hunter* fra 1978 og det futuristiske aspektet ved *Bladerunner* fra 1982. Tittelen hentyder til undergrunns- og illegale miljøer, men bildet er samtidig konkret, det viser to menn som slåss om ære.

Vincent bor nå i hjembyen Los Angeles sammen med sin Peri Gilpin og deres tvillingdøtre Ava og Stella, men han snakker fortsatt nesten daglig med Fronth på Skype.

– Per og jeg er veldig like. Vi kjenner mange mennesker i byen, men rundt leirbålet er sirkelen trangere. Da vi møttes forsto vi hverandre umiddelbart og begynte å gi hverandre råd. Hvem er

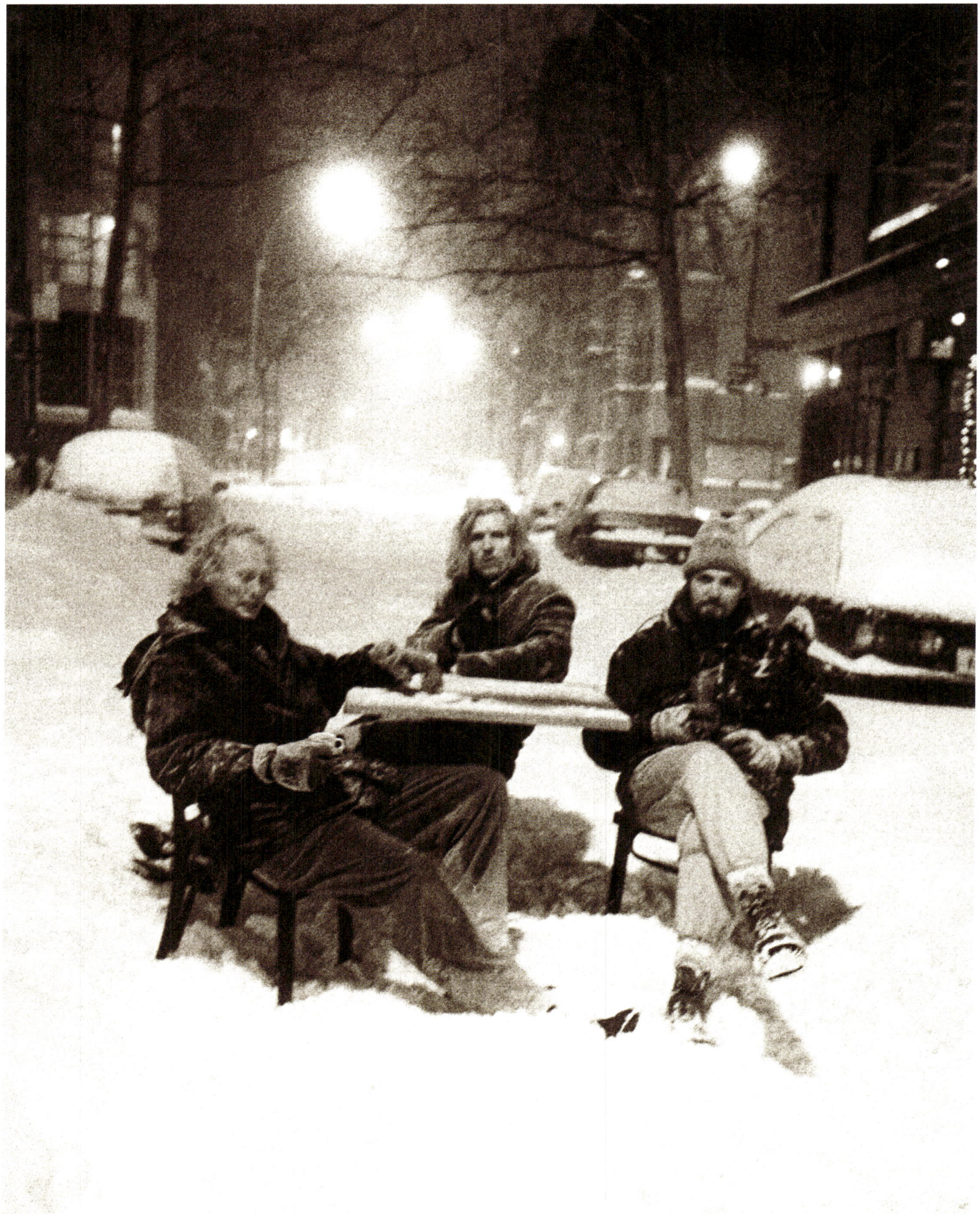

Blizzard of ´93. Enjoying outdoor service at Raoul's restaurant on Prince St. together with Fronth's "New York war buddies" painters Andre von Morisse and Christian Vincent.

Photo: Stephen Danelian

"Per and I are alike. We know a lot of people in town, but at the campfire there is only a small circle of friends. When we first met we immediately understood each other and started giving each other advice. Who does that?! Our friendship as close as you can get without being related to each other."

Fronth had his first solo exhibition in New York at the Meisner Soho Gallery in 1993. The exhibition comprised photography on canvas and photographic etchings. The pictures are gloomy, melancholic and experimental in an absurd and romantic way.

"I really wanted to start working with photography as a craft. That's when I contacted the Printmaking Workshop on 17th street in New York and asked if anyone there worked with printing and photography. Then I met the graphic artist Esteban Chavez. Chavez is trained at Yale, and he taught me the etching technique."

Etching is a printing technique that transfers a motif onto a copper plate. By lubricating the copper plate with KPR (Kodak Photo resist), you make it sensitive to light. An image is exposed onto the plate inside a vacuum press. Finally, the plate is put in contact with etching fluids. The light areas of the image are hardened on the plate, while the acid etches through the dark parts. Then you apply grime onto the plate and push it through a graphic press to make prints. Etchings are rougher and harder prints than *photogravure*, which offers a greater variety of gray shades.

One of the works at the exhibition is called *The Birthday of Evy*. The picture portray a group of people sitting at a table. The centre of the picture is illuminated by small flashes, in contrast to a totally dark background. The facial features of the people are barely visible. The colours are golden and warm, and the picture has a wrinkly and worn look.

"This is a funny picture! It was taken at Espen Tollefsen's place at the birthday party of his previous companion, the photographer Evy Andresen. It's almost reminiscent of a sacramental dinner. The picture portrays Nils Vik, who now works as an editor at the magazine *D2*; Erik Berg, a photographer for the Norwegian Opera; his companion, Evy; my previous companion, Rachel; her sister, Wheaton; the Norwegian art photographer Vibeke Tandberg; Espen Tollefsen; and myself. The picture is built up of small flashes of light during one long exposure in an entirely dark room. I must admit that I was intrigued by the role of an artist at that time."

Fronth has experimented a lot with the technique of *polar transfer* and *liquid light*. He applies liquid light onto rice paper to make the paper sensitive to light. He exposes and develops an image onto a piece of rice paper. Then he photographs the rice paper and finally transfers the photograph onto canvas in England.

"*The Birthday of Evy* is made with this technique at Scanachrome in England. The company delivered works for the commercial billboard industry, but artists from all over the world saw the potential of the technique. New techniques developed by different industries will always fascinate artists be-

det som gjør det helt begynnelsen av et bekjentskap? Vi hadde akkurat møttes, så begynte vi å gi hverandre råd! Vennskapet vårt er så nær man kommer et menneske uten blodsbånd.

Fronths allerede nevnte, første utstilling i New York ved Meisner Soho Gallery i 1993 besto av fotografier på lerret og fotoetsninger. Uttrykket i arbeidene er dystert, melankolsk og utforskende, med hint både av det absurde og det romantiske.

– Jeg hadde veldig lyst til å begynne å jobbe med fotografi som håndverk. Derfor tok jeg kontakt med The Printmaking Workshop på 17. gate i New York og spurte om det var noen der som arbeidet med fotografi og trykk. Slik kom jeg i kontakt med grafikeren Esteban Chavez. Chavez er utdannet ved Yale og lærte meg blant annet om fotoetsning.

Fotoetsning er en grafisk teknikk som går ut på å overføre et motiv til en plate som man deretter kan trykke med. Når man smører KPR (Kodac Photoresist) på en kobberplate, blir den lyssensitiv. Deretter eksponerer man film på platen i en vakuumpresse før man legger platen i et syrebad. I de lyse punktene blir platen herdet, mens i de mørke partiene etser syren gjennom platen. Etter dette påfører man platen sverte og fører den gjennom en trykkpresse for å lage grafiske blad. Fotoetsning gir et grovere og mer hardt uttrykk enn *photogravure* som gir mulighet for en større variasjon av gråtoner i trykket.

Et av arbeidene på utstillingen på Meisner Soho Gallery heter *The Birthday of Evy*. Bildet viser en gruppe mennesker som sitter rundt et bord. Midten av bildet er punktvis lyst opp, i kontrast til en helt mørk bakgrunn. Ansiktstrekkene til menneskene rundt bordet kan så vidt skimtes. Fargene er gylne og varme, nesten som fargene i et bål. Teksturen er skrukkete og slitt.

– Dette bildet er veldig morsomt! Det er tatt hjemme hos en fotografvenn av meg, Espen Tollefsen, på bursdagen til kjæresten hans, fotografen Evy Andersen. Det minner nærmest om et sakralt måltid. Rundt bordet sitter Nils Vik – nåværende billedredaktør i D2, Erik Berg som er fotograf i Operaen, hans kjæreste, bursdagsbarnet Evy, min daværende kjæreste Rachel og hennes søster Wheaton, kunstfotograf Vibeke Tandberg, Espen Tollefsen og meg. Bildet er bygget opp av blitzglimt i løpet av én lang eksponering i et helt mørkt rom. Jeg var nok litt besnæret av kunstnerrollen på den tiden. Det må jeg innrømme.

Fronth har arbeidet mye med *polar transfers* og *liquid light*. Han påfører *liquid light,* eller flytende fotoemulsjon, på rispapir, slik at papiret blir lyssensitivt. Rispapret eksponeres i mørkerommet på samme måte som et vanlig fotopapir. Når rispapiret er eksponert og fremkalt, avfotograferer Fronth det og overfører fotografiet til lerret i England.

– *Birthday of Evy* ble lagde på denne måten hos Scanachrome i England. Firmaet leverte arbeider til den kommersielle billboard-industrien, men kunstnere fra hele verden så raskt potensialet i teknikken. Nyutviklede teknikker i forskjellige industrier vil alltid tiltrekke seg kunstneres oppmerksomhet fordi de åpner opp for nye innfallsvinkler og eksperimentering. I dag kjenner vi denne teknikken fra printeren som står ved siden av alle computere i alle møblerte hjem. Marianne Heske og Lavasir Nordrum hadde benyttet dette firmaet til å produsere arbeider i store formater – 2 x cause they open new doors. Today we know this technique through the printer in everyone's home. The Norwegian artists Marianne Heske (b. 1946) and Lavasir Nordrum had used this English company to produce works in a large format that challenged the domain of painting. It was exactly the aspect of size that intrigued me. Heske had used this technique in connection with her video paintings of Norwegian mountains which she exhibited in Paris, and Nordrum used the technique in his devious photographs. Lavasir actually helped me to get in contact with Scanachrome. I spent a lot of time with musicians and painters in Oslo at that time, and I had really found a way to make photographs that lived up to my visions and expectations. This went to 11!"[2]

At the Printmaking Workshop Fronth met artists from all over the world and was exposed to different artistic expressions. He first experimented with combining many different-sized plates into one separate work.

"You have to experiment and push yourself as an artist. You have to have your head in the right place and start experimenting from one starting point. I still try new things in my studio to see where the process takes me. The most interesting image might not occur at the end, but rather in the middle of the process. When I try new techniques, new materials and new media, I expose myself to the unexpected. It's like a chef combining different ingredients to try something new and to lead the taste into one direction. Intuition becomes my companion towards the unknown."

3 meter; fotografier i størrelser som er over på maleriets domene. Det var nettopp størrelsesaspektet som var interessant for meg. Heske benyttet teknikken til sine videomalerier av norske fjelllandskap som hun hadde stor suksess med Paris, mens Lavasir Nordrum brukte teknikken i sine underfundige fotografier. Det var Lavasir som hjalp meg med å få kontakt med Scanachrome. Jeg vanket mye sammen med musikere og malere i Oslo på denne tiden, og her hadde jeg funnet en måte å lage fotografier på som var avstemt til mine visjoner. Dette gikk jo til 11![2]

På The Printmaking Workshop møtte Fronth kunstnere fra hele verden og ble eksponert for en rekke ulike kunstneriske uttrykk som medvirket til at han begynte å jobbe med grafikk på sin egen måte, blant annet ved å sette sammen ulike plater til ett verk.

– Man er nødt til å eksperimentere og strekke seg lenger. Samtidig må man ha hodet på rett plass og forsøke å eksperimentere ut fra ett utgangspunkt. Det blir fortsatt en del forsøk i verkstedet mitt med nye ting for å se hvor jeg ender opp. Da kan det hende at det ikke er der jeg ender opp som er det interessante, men heller noe som oppstår midt i prosessen. Jeg prøver nye teknikker, nye materialer, nye remedier, så skjer det ting som jeg ikke forventet. Det blir omtrent som en kokk som hiver sammen forskjellige ingredienser i en gryte, dels på måfå, dels på leting etter en smak som finnes i tanken. Intuisjonen er og blir min faste følgesvenn.

2 "This goes to 11!" Quote from the rockumentary *Spinal Tap* where one of the lead guitar players show an amplifier that actually goes to 11 in volume.

2 «This one goes to 11!» Replikk i den hysteriske rockumentaryfilmen *Spinal Tap* hvor gitaristen viser frem en forsterker med en volumknapp som går til 11.

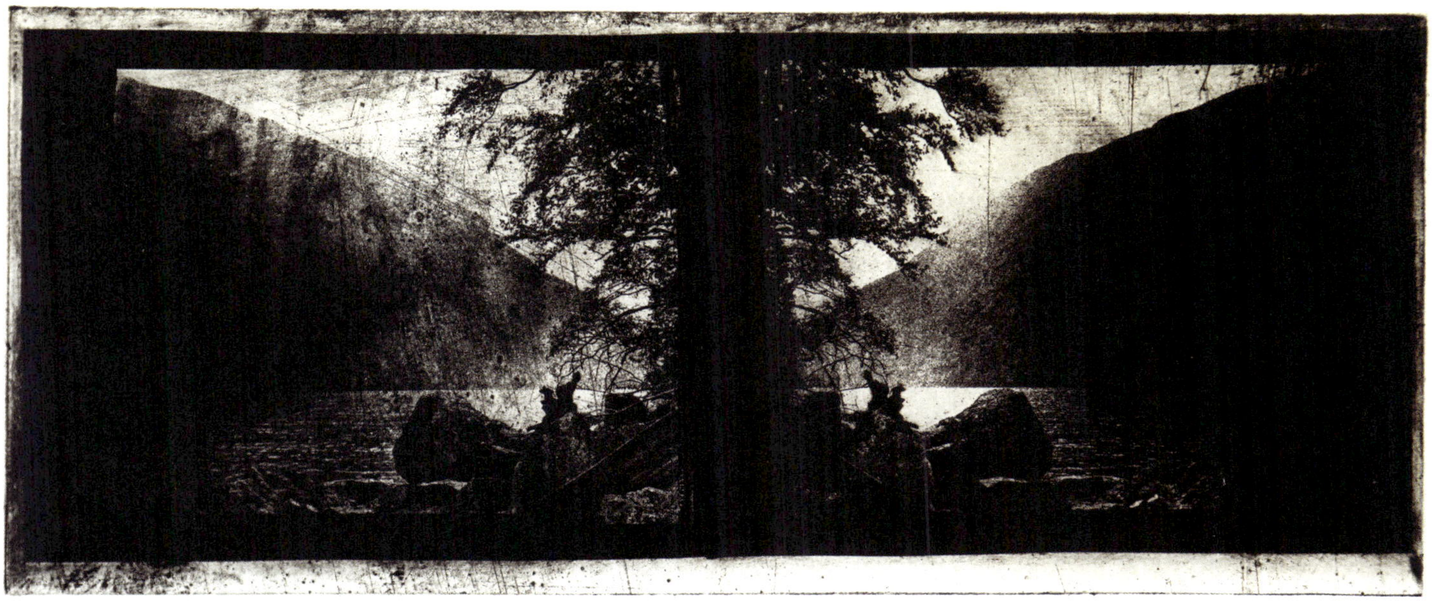

Lower Lake, Adirondack 1991
from the portfolio *A Limited Wilderness*
Photoetching
15 x 38 cm / 6 x 15 in
Edition of 10
Printed at Printmaking Workshop, New York

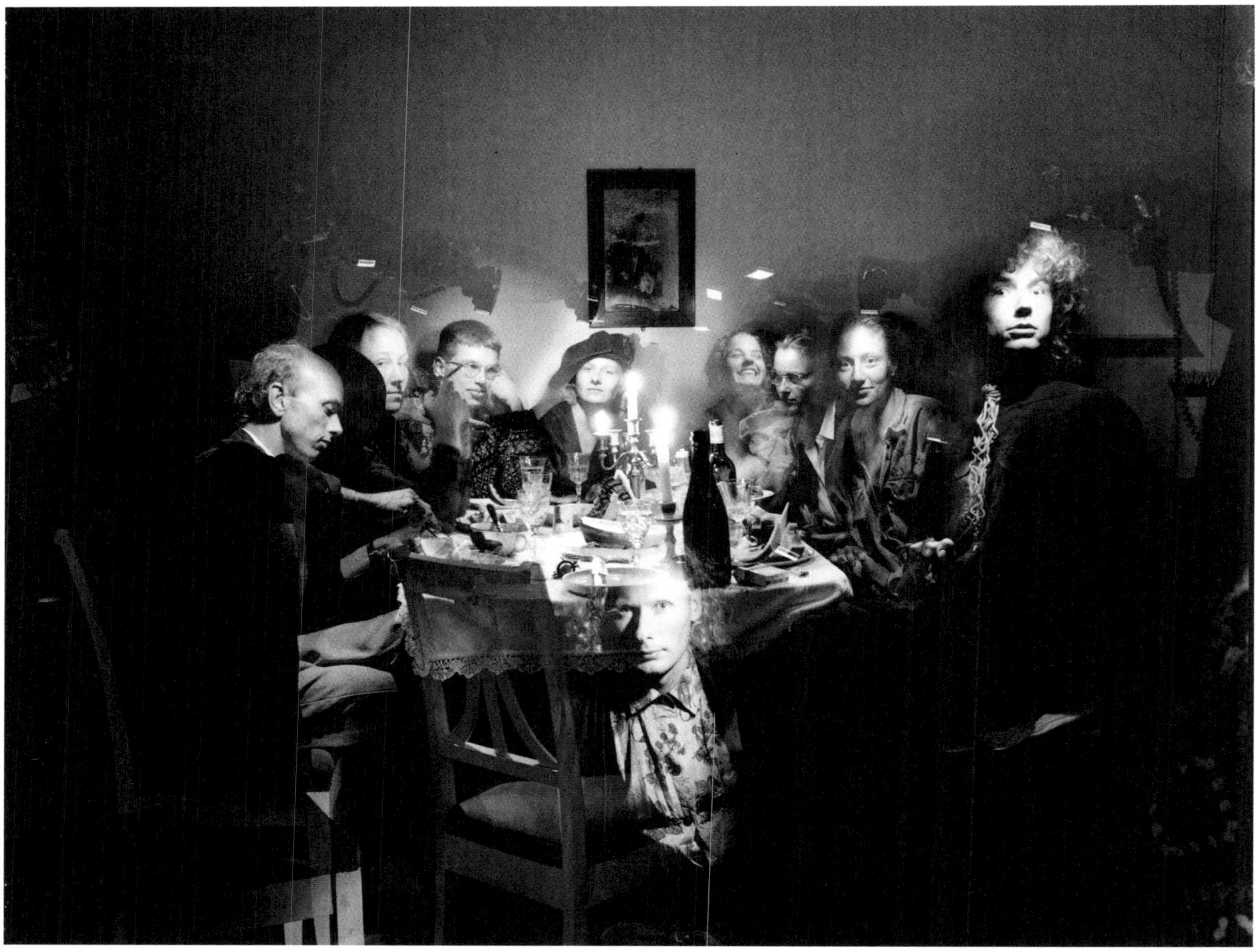

The Birthday of Evy
The Original 4 x 5 in Photograph.
From left: Erik Berg, Inger Masdal, Nils Vik, Evy Andersen, Rachel Bullock, Wheaton Bullock, Vibeke Tandberg, Espen Tollefsen and Per Fronth

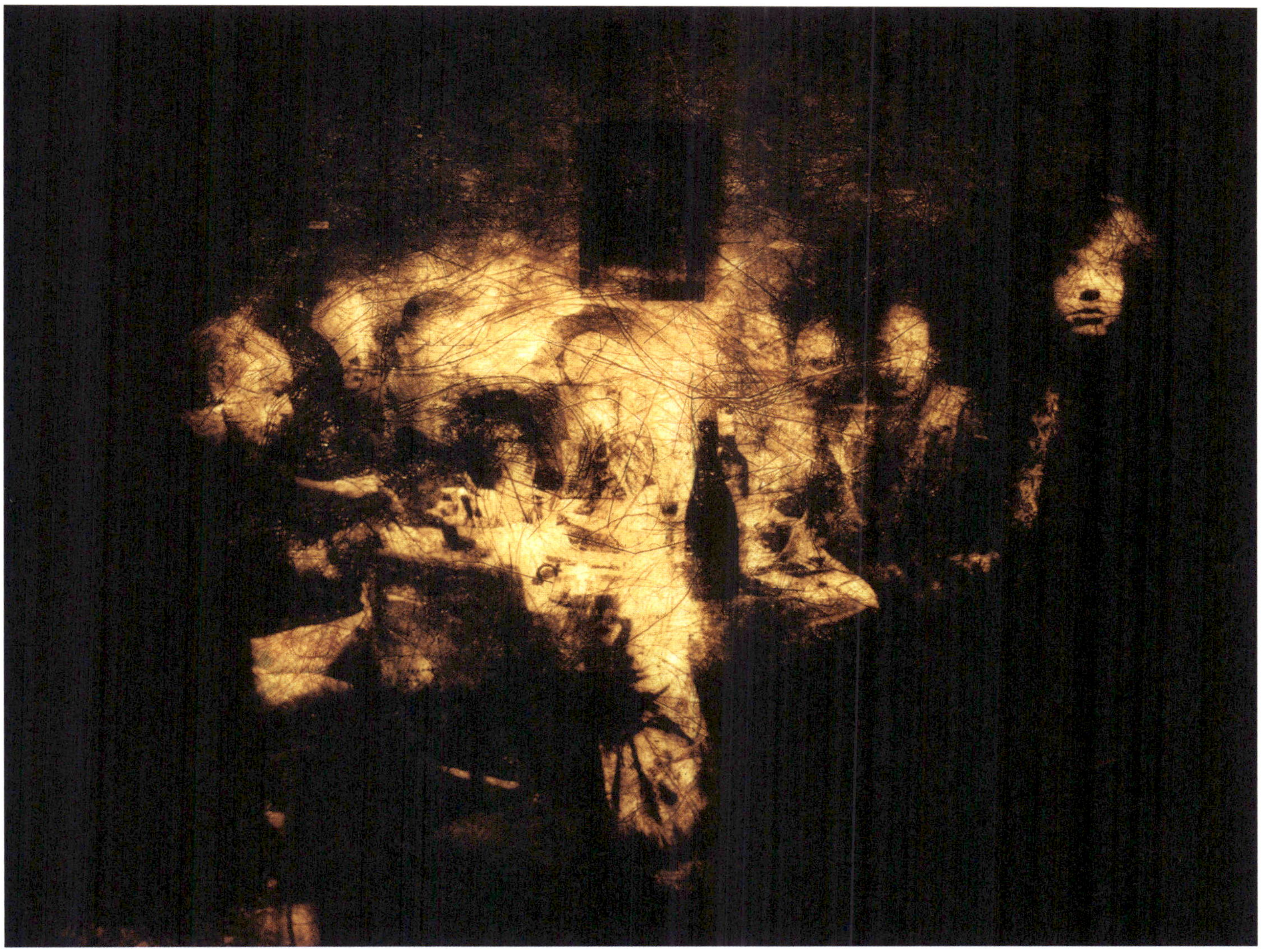

The Birthday of Evy 1993
216 cm x 252 cm / 85 x 99 in
Photograph on canvas / Edition 3

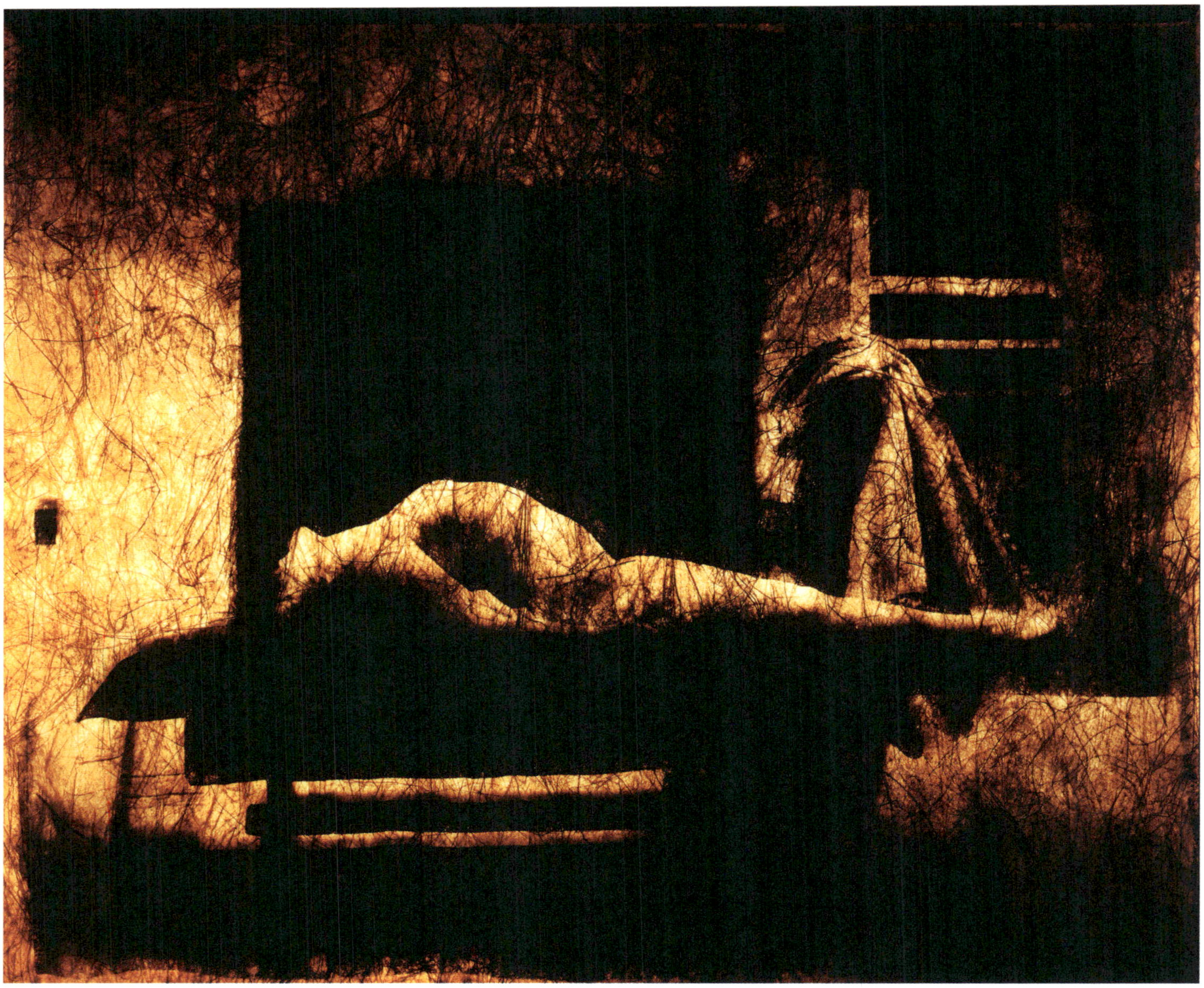

Rachel 89 Franklin 1993
216 cm x 252 cm / 85 x 99 in
Photograph on canvas / Edition 3

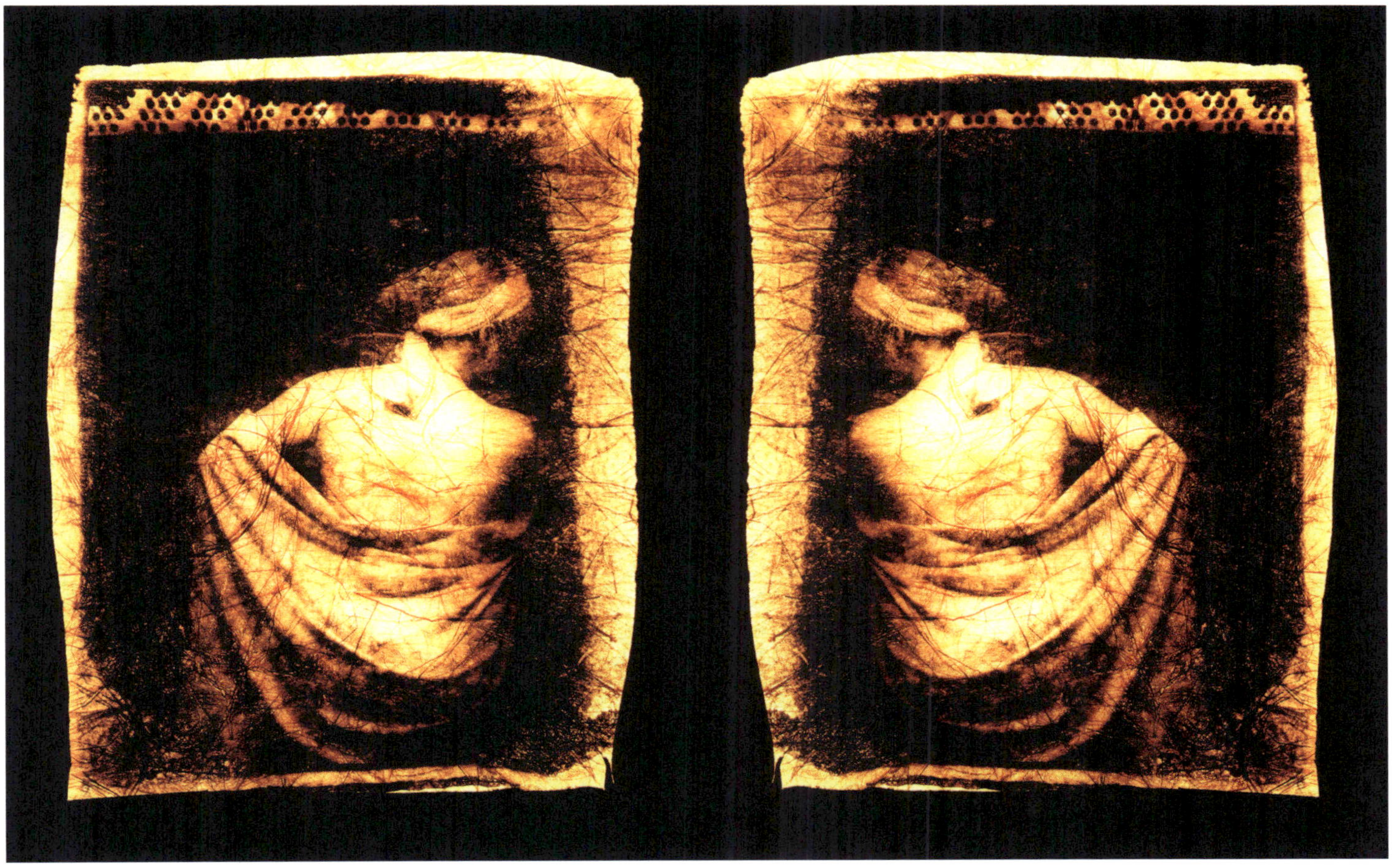

The Listeningpost / Lytteposten 1993
156 x 252 cm / 61 x 99 in
Photograph on Canvas / Edition 3

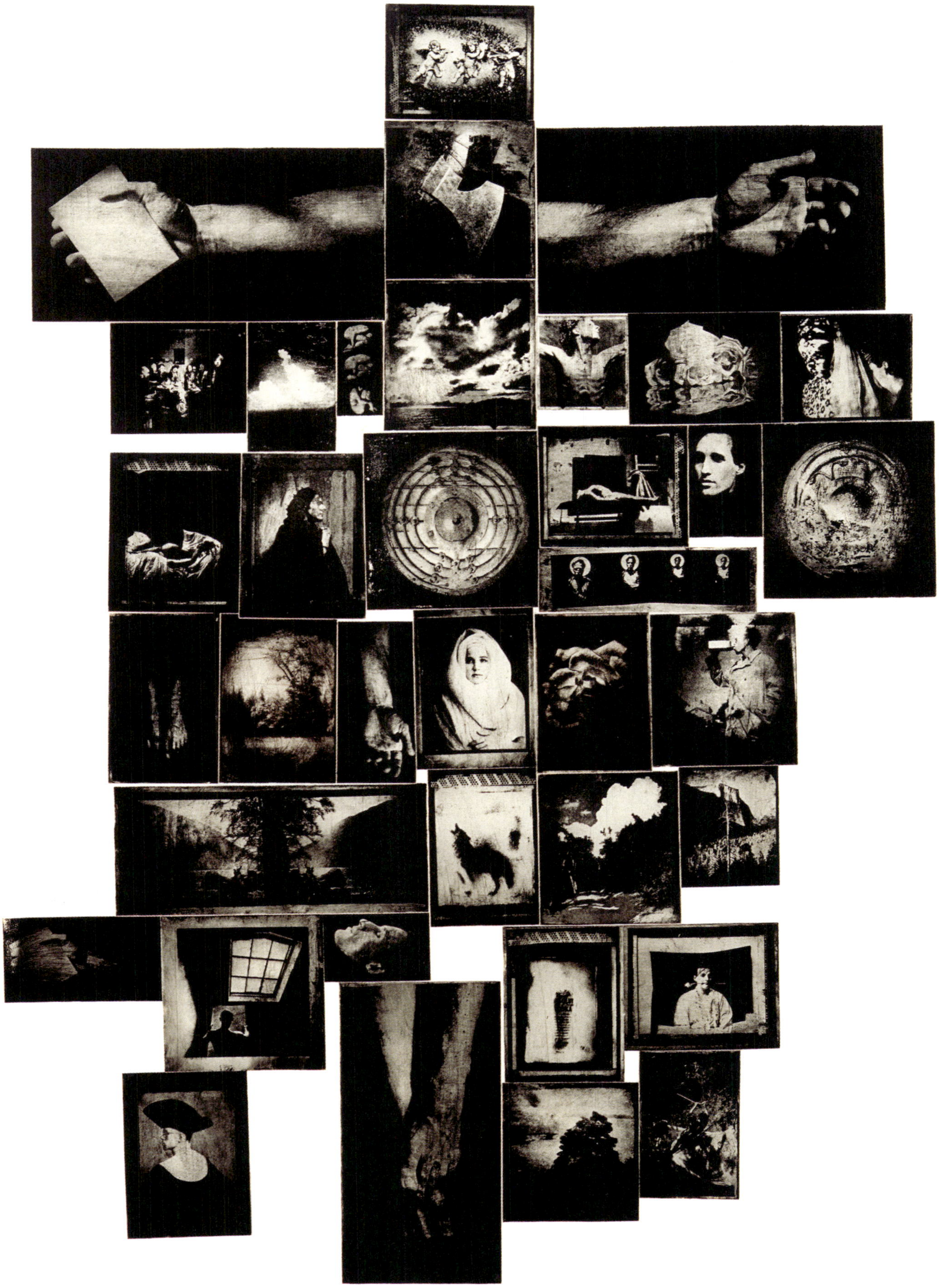

Extended Selfportrait 1993
Original
Photoengraving
132 x 102 cm / 52 x 40 in
Printed at Printmaking Workshop, New York
Collection of the Artist
Ver. II Collection of John Petter Opdahl & Francisco Cabrera Gatell

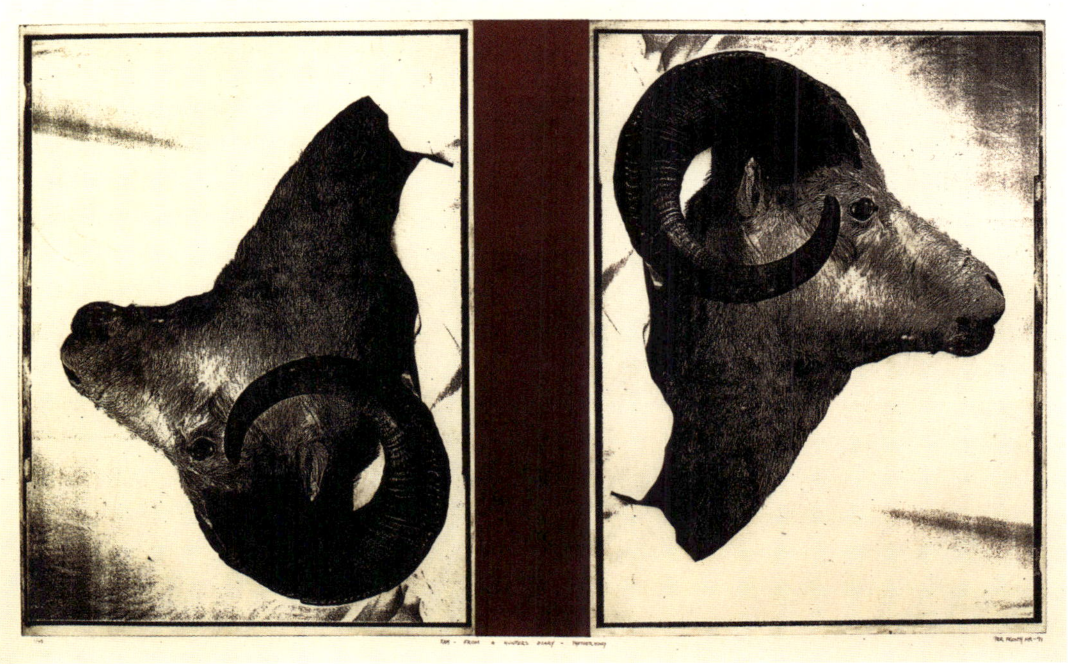

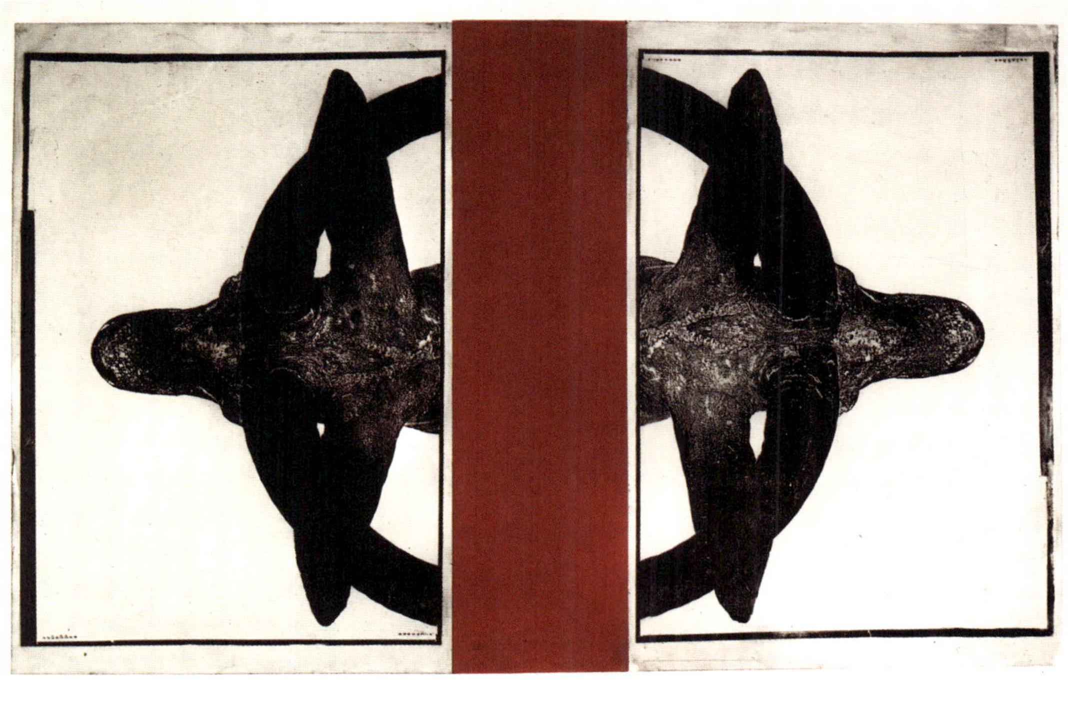

Ram – from a Hunters Diary 1991
Photoengraving
102 x 132 cm / 40 x 52 in
Edition 5
Collection of Museum of Modern Art, Wakayana, Japan

Circle – from a Hunters Diary 1991
Photoengraving
102 x 132 cm / 40 x 52 in
Edition 5
Private Collection / Norway

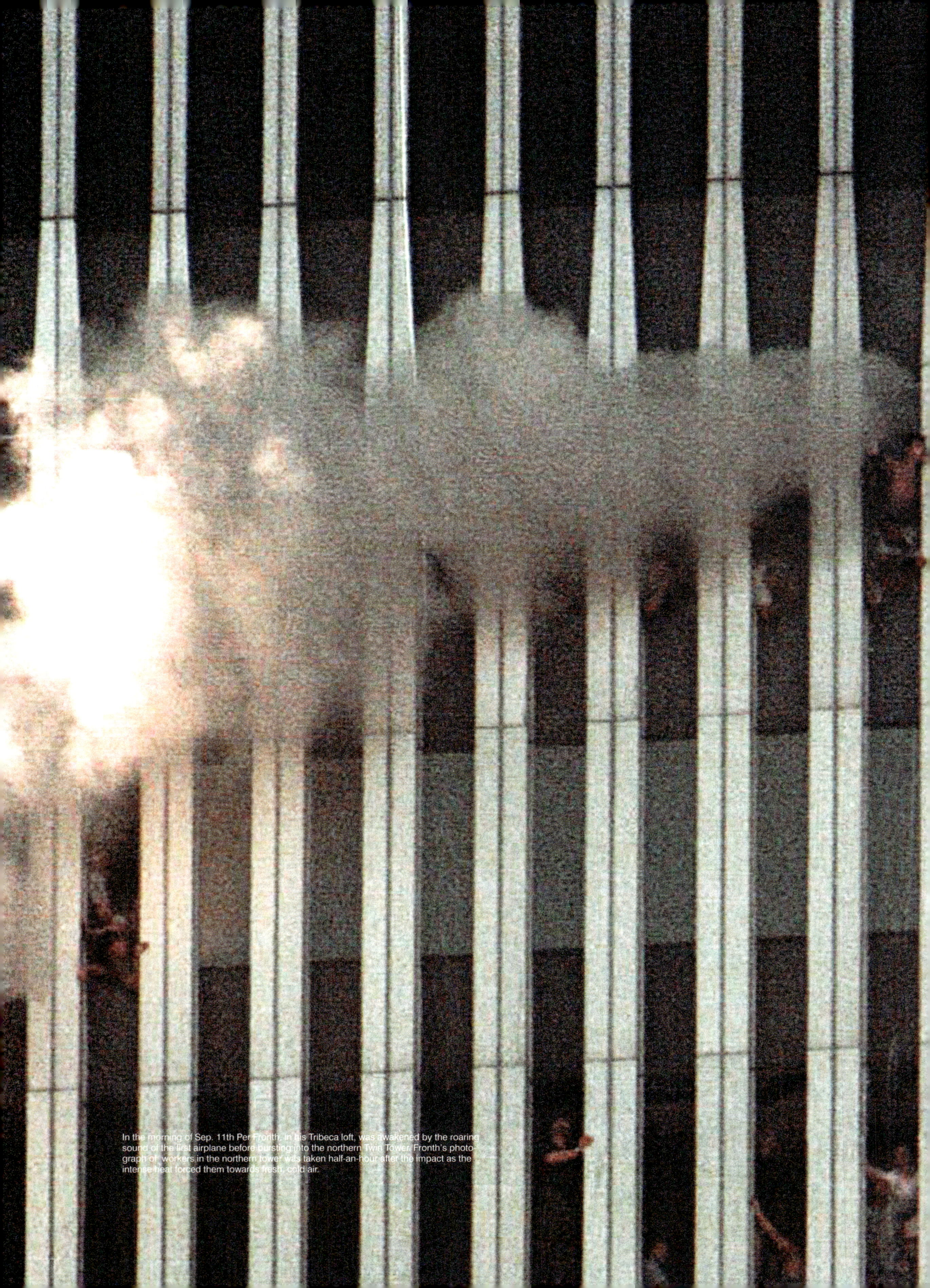

In the morning of Sep. 11th Per Fronth, in his Tribeca loft, was awakened by the roaring sound of the first airplane before bursting into the northern Twin Tower. Fronth's photograph of workers in the northern tower was taken half-an-hour after the impact as the intense heat forced them towards fresh, cold air.

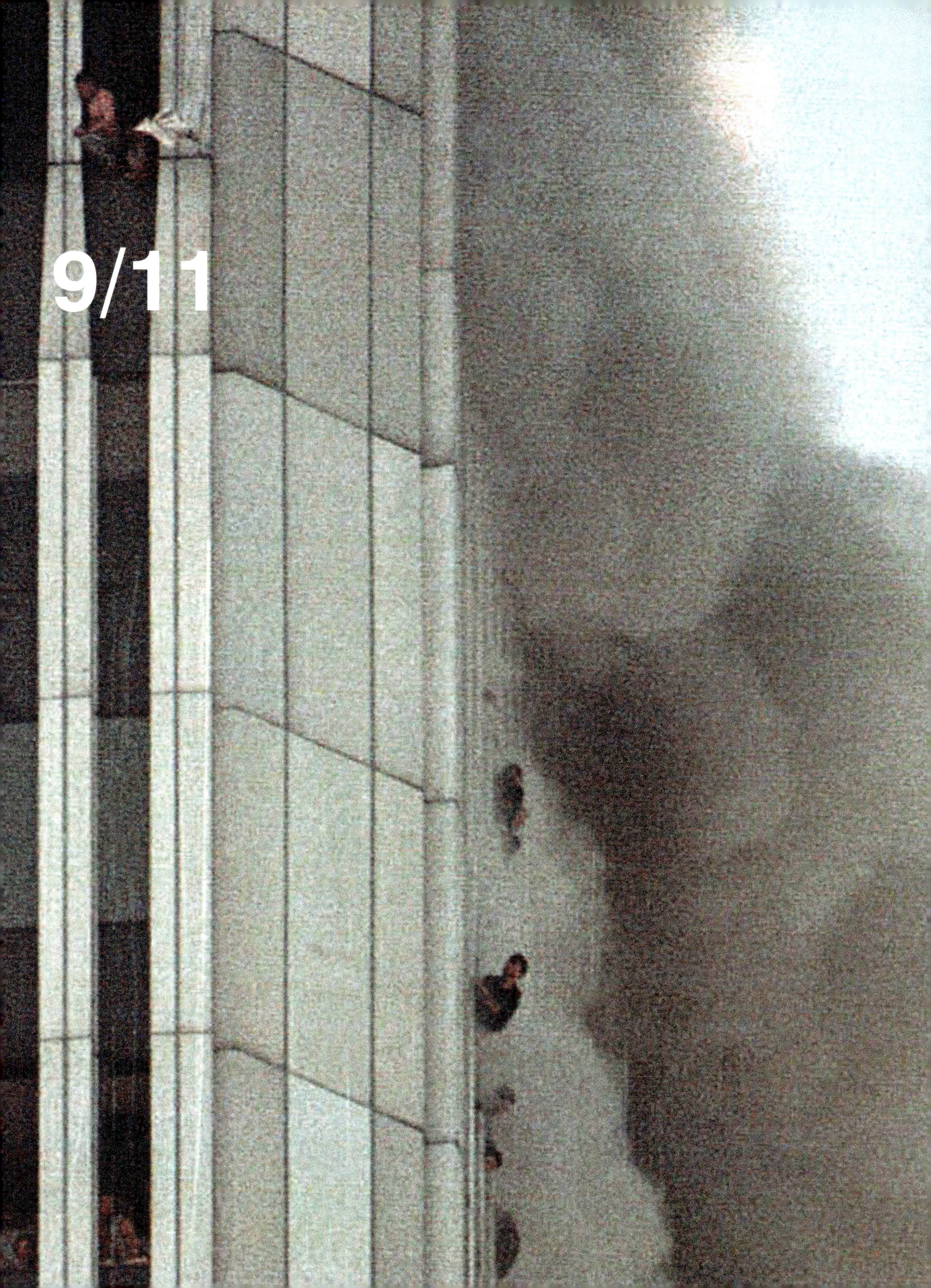
9/11

9/11

Ellevte september

Per Fronth had brought me to his beloved archipelago of Kristiansand one hot summer day. He was right in the middle of telling me about his idyllic childhood in Kristiansand and his addiction to the ocean/relationship with the sea when suddenly an *F-16* fighter cut though the sky, bringing his mind to a completely different place.

"I remember a time I was extremely happy to hear the sound of *F-16*s in the air. I waited so long for them on September 11th in New York, and when they came I was incredibly relieved that someone was actually *doing* something."

Fronth lived only few blocks away from the World Trade Center that fatal day in 2001 when New York and America was the victim of a massive terrorist attack, named after the date: *nine eleven*.

"I was really broken down after the experience of September 11th. Every single day I witnessed the two towers falling – again and again. I got a rash all over my body and a previously unknown anxiety took hold of my life. I lived only five blocks north of the towers. I didn't go south of my loft until 6 months after the terrorist attack. That day I decided to confront my fear head on."

Christian Vincent, André von Morisse and Per Fronth experienced September 11th, 2001, together. Vincent actually flew to New York the day before to meet with Per and André.

"September 10th we had breakfast and dinner at the hotel where I was staying. We had agreed to meet the next day to visit some galleries. Suddenly our little world changed radically. André and I planned to go down to the scene to take some historic photographs after the first tower had fallen, but we couldn't find Per. He was already busy photographing. Then the second tower fell. I have a video from that night, where I'm lying in bed in my hotel room watching the news at 3 in the morning. André and Per are sleeping beside me".

Per Fronth har tatt meg med til sin kjære skjærgård ved Kristiansand. Båten ligger og dupper på vannet en varm sommerdag, og Fronth forteller meg om sin idylliske oppvekst i Kristiansand og hans avhengighetsforhold til sjøen. Plutselig skjærer et jagerfly over himmelen og fører tankene til et helt annet sted – en helt annen stemning oppstår.

– Én gang har jeg vært utrolig glad for å høre jagerfly. Nemlig 11. september i New York. Herregud, så lenge jeg ventet på dem. Og da jagerflyene endelig kom, tenkte jeg at det heldigvis var *noen* som var på jobb.

Fronth befant seg bare et steinkast unna World Trade Center den skjebnesvangre dagen i 2001 da New York og USA opplevde tragedien som har fått navn etter datoen: *nine eleven*.

– Jeg var veldig oppløst etter 11. september. Hver eneste dag opplevde jeg at tårnene falt – igjen og igjen. Jeg fikk hudutslett og opplevde at en til da ukjent angst tok et kraftig grep i meg. Jeg gikk aldri sørover i byen fra loftet mitt, før på seksmånedersdagen for terroren. Først da jeg bestemte meg for å konfrontere angsten direkte. Da jeg var med på markeringen med lystårnene, løsnet grepet.

Christian Vincent, André von Morisse og Per Fronth opplevde 11. september 2001 sammen. Vincent forteller at han hadde fløyet inn til New York dagen før for å møte Per og André.

– 10. september hadde vi spist frokost og middag på hotellet der jeg bodde. Vi hadde avtalt å møtes tidlig neste dag for å gå en utstillingsrunde. Plutselig forandret vår lille verden seg fullstendig. Da det første tårnet falt, tenkte André og jeg at vi skulle dra ned til åstedet for å ta bilder. Så falt det andre tårnet. Jeg har et videoopptak fra natten etter 11. september hvor jeg ligger i sengen på hotellrommet mitt og ser på nyhetene klokken 03 om natten. På den ene siden av meg ligger Per og på den andre siden ligger André. De sover begge to.

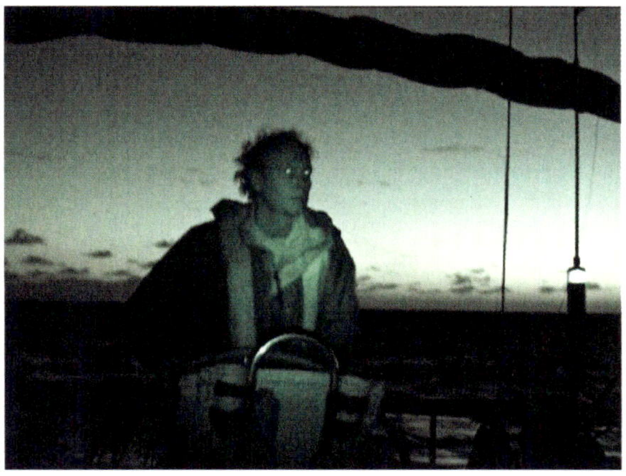

Crossing the Atlantic: On the early morning watch on S / Y Almeida sailing between the continents in the ARC-race.

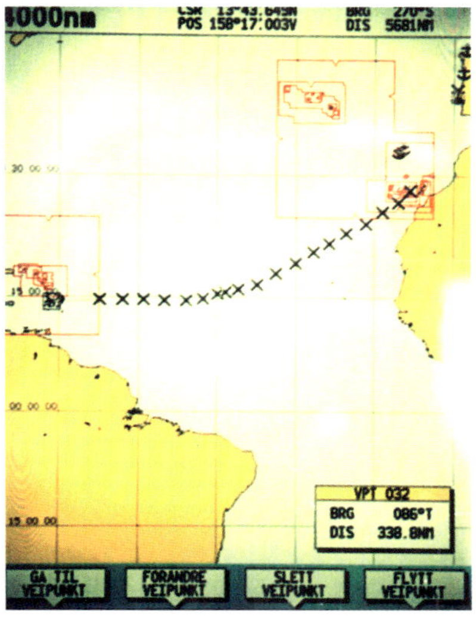

Daily position marks during the oceanic crossing. The trip would take 20 days 16 hours and two minutes from Las Palmas, Canary Islands to St. Lucia in the Caribbean.

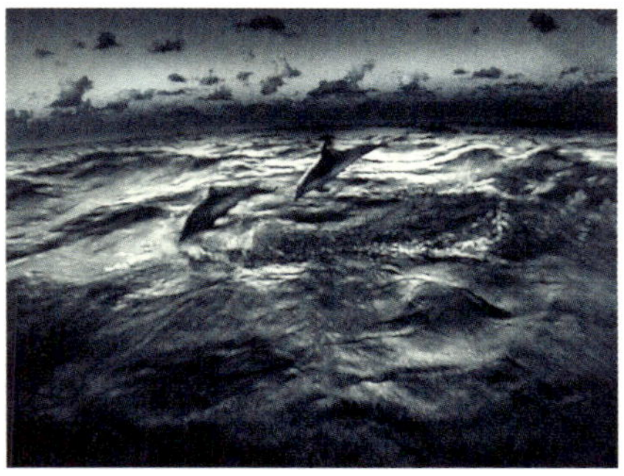

Two dolphins doing an afternoon synchronicity performance.

The experience on September 11th manifested itself in both Vincent's and Fronth's work. Vincent's painting *Bump in the Night* depicts a little girl in a white nightgown sleeping on her stomach on top of a big bump. The bump is hidden underneath a white sheet. The painting refers to the H. C. Andersen fairy tale about "The Princess on the Pea" who could not sleep because under all the soft mattresses a tiny pea was hidden.

"The girl is lying on a sheet that hides the weight of the problem we all became aware of after September 11th. From that day on everyone started living in fear. Under the sheet there is a circular shape that simulates the globe," Vincent says.

Fronth attempted to handle the situation in New York in his own way instead focussing his attention elsewhere. He had an urgent need to return back home. The hours following the terrorist attack his thoughts were all over the place. He visited the web camera of the Norwegian bank Søgne og Greipstad, and he downloaded photographs from Ny-Hellesund on September 11th. Fronth had for a long time made this a morning ritual in his studio. He travelled by the speed of electrons across the Atlantic to the camera placed on the wall of a white house situated on the other side of the earth – 6 hours ahead in time. He transferred the web photographs onto canvas in the series *Surveillance of the Sun*. A month after the tragedy in New York, Fronth exhibited this body of work called *Archipelago* at Gallery Bi-Z in Kristiansand.

"The exhibition was about identity and hometown. For the first time I had made a picture about Ny-Hellesund while being in New York. At that time New York was my hometown. I was still very confused after the experience of September 11th, but then I was suddenly asked to sail across the Atlantic. That question could not have come at a more convenient moment."

Fronth was born and raised in Kristiansand – a city where you cannot avoid seeing the ocean. He bought his first sailboat

Opplevelsen 11. september manifesterte seg både i Vincents og Fronths arbeider. Vincents maleri *Bump in the Night* viser en liten jente i hvit nattkjole som ligger og sover på magen oppå en stor rund form dekket av et hvitt laken. Maleriet har en klar referanse til H. C. Andersens eventyr «Prinsessen på erten», hun som ikke kunne sove fordi det langt under alle de myke madrassene hennes skjulte seg en bitteliten ert.

– Jenta ligger på et laken som skjuler vekten av problemet som vi alle ble så redde for etter 11. september, da alle begynte å leve i frykt. Den runde formen under lakenet er jordkloden vår, forteller Vincent.

Fronth taklet den dramatiske situasjonen som rammet New York ved å vende hjem – så godt det lot seg gjøre. Han ville bare komme seg bort så fort som mulig. Derfor gikk han inn på webkameraet til Søgne og Greipstad Sparebank og lastet ned fotografier fra Ny-Hellesund 11. september. Fronth hadde i lang tid praktisert dette som dagens første gjøremål i verkstedet: Å reise via Internett, med elektroners fart over Atlanterhavet til kameraet på den hvite husveggen på andre siden av jorden – seks timer foran i tid. Webfotografiene overførte han til lerret i serien *Surveillance of the Sun*. En måned etter tragedien i New York åpnet Fronth utstillingen *Archipelago* på Galleri Bi-Z i Kristiansand.

– Utstillingen handlet om hjemsted og identitet. Jeg hadde for første gang lagde et bilde i New York som handlet om Ny-Hellesund – og da var jo New York min hjemby. Jeg var fortsatt veldig fortumlet og preget av opplevelsen 11. september. Det varte faktisk et halvt år. Så ble jeg plutselig spurt om jeg kunne tenke meg å seile over Atlanterhavet – og det spørsmålet kunne ikke kommet på et mer passende tidspunkt.

Fronth er født og oppvokst i Kristiansand – en by hvor du vanskelig kan unngå sjøen. Han kjøpte sin første seilbåt da han var 20 og

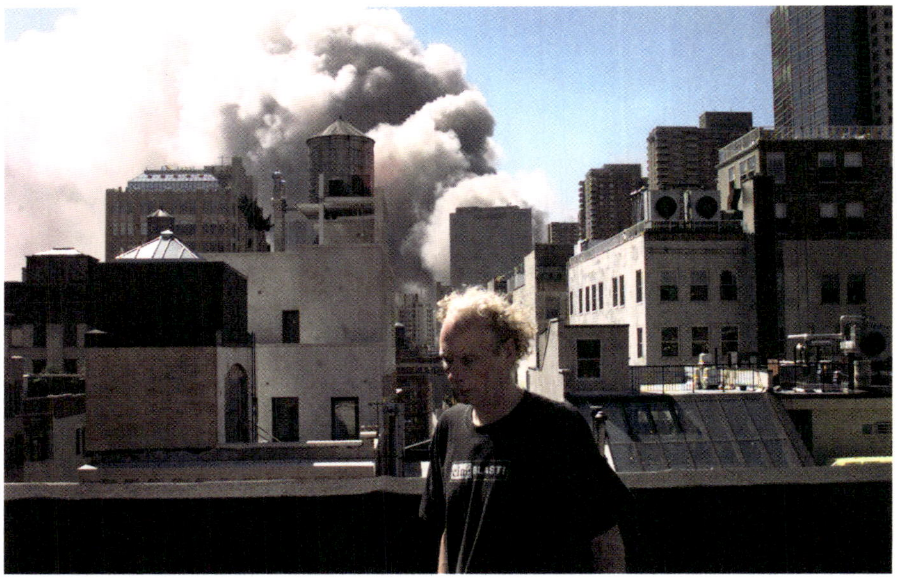

9/11 Aftermath: Per Fronth's photograph from his loft as the second Twin Towers cave in.

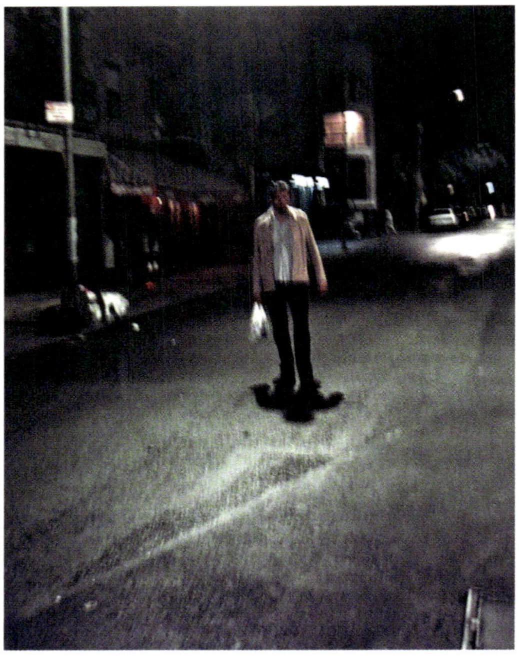

Empty streets of Tribeca: Close friend painter Christian Vincent in the hollow Gotham City.

when he was 20 and had a permanent job at *VG* in Oslo. He lived in a flat at Skøyen and had a berth next to that of King Olav at Bygdøy

"When we were in the boat at the pier after sailing and the King also had been out sailing; we had to jump up on the dock and salute him: "Your Majesty!" – "The sea is really wonderful, boys!" – "Oh yes, Your Majesty. It's very nice!"

Fronth had his boat for 17 years, and he still regrets selling it. He has many stories from various boat trips along the Norwegian coast to Lofoten as well as from the time he lived in New York. On his way home from New York he used to sail from Oslo to Kristiansand and Ny-Hellesund. Then he was asked if he wanted to sail across the Atlantic.

"The Norwegian author Vetle Lid Larsen asked me if I wanted to join them. I had often visited him in my own sailboat. I would take artists from the United States such as Christian Vincent and stop by Vetle's place for some tremendous dinners at Kilsund. We really were like highwaymen or pirates. Vetle had actually asked me a few times before if I wanted to cross the Atlantic in a sailboat, but it was not until after September 11th that it occurred to me to participate in such a journey. I had always wanted to sail across the Atlantic. My father was a marine sailor, so I was curious about how far it really is."

Fronth attended the Atlantic Rally for Cruisers (ARC) together with Vetle Lid Larsen and his brother, Gaute Lid Larsen.

"We embarked on the voyage along with 250 other boats. After 3 hours have passed you realise you no longer can see a single boat and start realising what you have embarked on and how long the journey actually is. The journey in all its simplicity is epic – seven people together in a sailboat carried by the Earth's winds. When 10 days have passed you can see the first boat as a light in the horizon. Then we sailed 10 more days before reaching the shore."

hadde fått fast jobb i VG i Oslo. Der bodde han i en leilighet på Skøyen og hadde båtplass ved siden av kong Olav på Bygdøy.

– Hvis vi lå i båten ved brygga når kongen hadde vært ute og seilt, måtte vi hoppe opp på brygga og hilse. «Deres majestet!» «Herlig med sjøen, gutter!» «Ja ja ja, Deres majestet. Veldig hyggelig!»

Fronth hadde seilbåten sin i 17 år og angrer fortsatt på at han solgte den. Han kan fortelle mang en historie fra turer med den båten – på norskekysten, til Lofoten, mellom Oslo og Kristiansand og Ny-Hellesund. Men så ble han altså spurt om å bli med på en aldri så liten seiltur – over Atlanterhavet.

– Det var forfatteren Vetle Lid Larsen som spurte om jeg ville bli med. Jeg hadde ofte besøkt ham med min egen seilbåt, jeg tok gjerne med meg kunstnere fra USA som Christian Vincent, stakk innom Vetle og hadde noen forrykende middager hos ham ved Kilsund, det ligger like innenfor det såkalte «Møkkalasset». Vi var noen ordentlige landeveisrøvere, eller pirater. Vetle hadde faktisk spurt meg før om jeg ville være med på en slik seiltur, men det var ikke før etter 11. september at spørsmålet igjen ble aktuelt. Jeg hadde alltid hatt lyst til å seile over Atlanteren. Faren min var krigsseiler, så jeg hadde alltid vært nysgjerrig på hvor langt det egentlig er.

Fronth deltok på Atlantic Rally for Cruisers (ARC) sammen med blant andre Vetle Lid Larsen og hans bror Gaute Lid Larsen.

– Man legger ut på et seilas sammen med 250 andre båter. I løpet av tre timer ser man ikke en eneste båt, og så begynner man å fatte hva i all verden man har begitt seg ut på. Da skjønner du hvor svært dette faktisk er. Så går det ti dager og man ser den første båten bare som et lys i horisonten som ikke er en stjerne. Så seiler vi ti dager til før vi kommer i land.

Gaute hadde vært ute i hardt vær før under sine tidligere kryssninger av blåmyra, så han fungerte som kaptein på seilaset. Og han

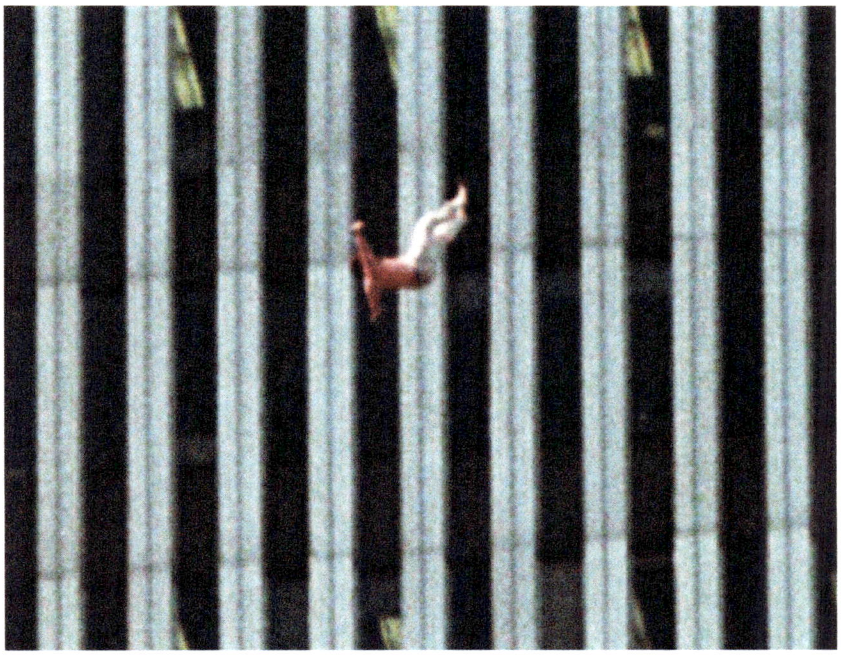

Forced by the increasing heat many people opted to make their final decision one of their own. "The scene was of such horrible proportions I remember I had to stop myself from counting the people jumping into the abyss. I probably eyewitnessed 40 humans juump before the towers gave in – I stopped counting at 18."

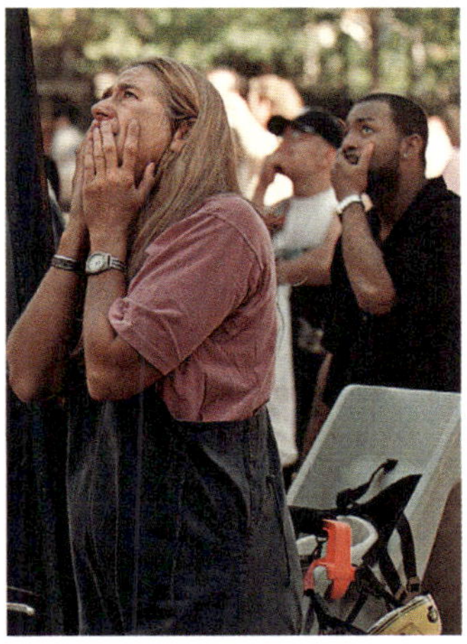

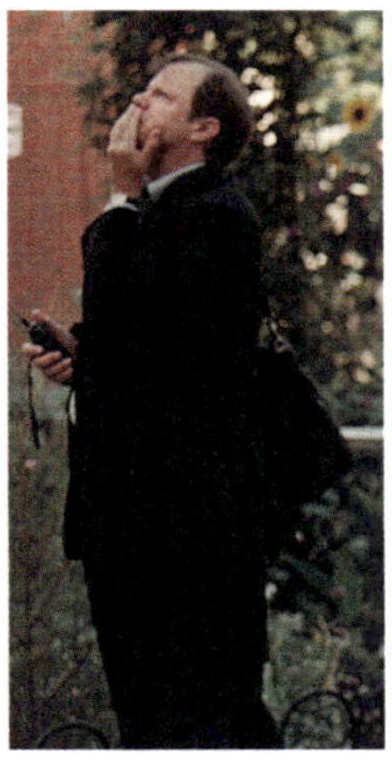

Pedestrians witnessing history on corner of Greenwich Street and Duane Street. At this point only one tower had been hit. At first it could have been an accident – total fear was released when the second plane hit the southern tower. Then Pennsylvania, Then Pentagon …

Gaute Lid Larsen had been out in rough weather before, and he served as captain of the sailboat. He knew the essential thing to bring to a sailboat crossing the Atlantic – a sushi chef!

"It was an ingenious move! When we got fish like dorado and tuna, the chef, Andreas, was on the spot immediately. You can imagine, there we where, in the middle of the ocean, 8 days one way and 12 days the other way, eating sushi. It was absolutely fantastic!"

The voyage took 20 days, 16 hours and 2 minutes, during which Fronth took several photographs that finally culminated in the work *Split Sky/Approaching Storm (Atlantic Time Line)* commissioned by the architectural firm Bentel & Bentel Architects in New York. The project won the Glass Association of North America – Gana Award in 2007.

Split Sky/Approaching Storm (Atlantic Time Line) is a landscape in which Fronth depicts the journey at sea. He presents the move from one place to another, in contrast to his job as a press photographer, where he travelled to a place with one goal – namely, to document an event. In this project Fronth experiments with photo transfer on huge sheets of Plexiglas. The fifteen sections the installation comprice of overlap. That way you can see into an installation that weighs a tonne. The work is based on Fronth's view of the horizon during the voyage.

"Bentel & Bentel Architects commissioned the work for the Boca Raton Resorts in Florida. Boca Raton is situated on the Atlantic Ocean just about where my journey ended. I started to experiment with French composer Debussy's "La Mer" while working on this project. You can read the picture from left to right. There are some beautiful clouds on the horizon that you can not avoid. The clouds will come for you – and they did. After about 6 hours we were right in the middle of a storm that was sweeping across the water. *Split Sky* is a panoramic image that is composed almost like a play by Ibsen with a peak in third act. I have deconstructed the entire journey to construct a new one."

hva man trenger mest av alt på en lang reise over Atlanterhavet: En sushikokk.

– Det var et genialt trekk! Når vi trakk opp dorado og tunfisk var kokken Andreas på pletten med en gang. Du kan tenke deg; der satt vi midt på havet, åtte dager den ene veien og tolv dager den andre veien, og spiste sushi. Det var helt fantastisk!

Seilaset tok 20 dager, 16 timer og to minutter. Underveis tok Fronth en rekke bilder til bestillingsverket *Split Sky / Approching Storm (Atlantic Timeline)* for arkitektfirmaet Bentel & Bentel Architects i New York. Prosjektet vant Glass Association of North America – GANA Award 2007.

Split Sky / Approching Storm (Atlantic Timeline) er et landskapsbilde hvor Fronth fremstiller selve reisen på havet. Han billedliggjør det å forflytte seg fra et sted til et annet, i kontrast til pressefotografens reise som handler om å komme til et sted for å dokumentere en stedlig hendelse. I dette prosjektet har Fronth eksperimentert med fototransfer på enorme plater i pleksiglass. Verket består av femten seksjoner som overlapper hverandre slik at man kan se 40 mm inn i installasjonen som veier ett tonn. Hele verket er 10 meter/345in bredt og tar utgangspunkt i Fronths utsikt mot horisonten under seilasen.

– Bestillingen på verket kom fra *Bentel & Bentel Architects* for Boca Raton Resorts i Florida ved Atlanterhavet – som ligger der min reise sluttet. Jeg begynte å leke litt med den franske komponisten Debussys «La Mer». Man leser bildet fra venstre til høyre. Først ser man noen deilige skyer i horisonten som man ikke kan seile rundt. Så kommer skyene og tar deg – og det gjorde de. Da var det bare å sele på. Seks timer til, og så var vi midt i været som kom feiende innover med flere og flere bølger. *Split Sky* er et panorama, ikke ulikt et Ibsen-drama med klimaks i tredje akt. Jeg har dekonstruert hele reisen for så å konstruere en ny reise.

Denne måten å jobbe med fotografiet på var ny for Fronth, og nå kom tanken om å omgjøre fotografiet til skulptur og installasjon.

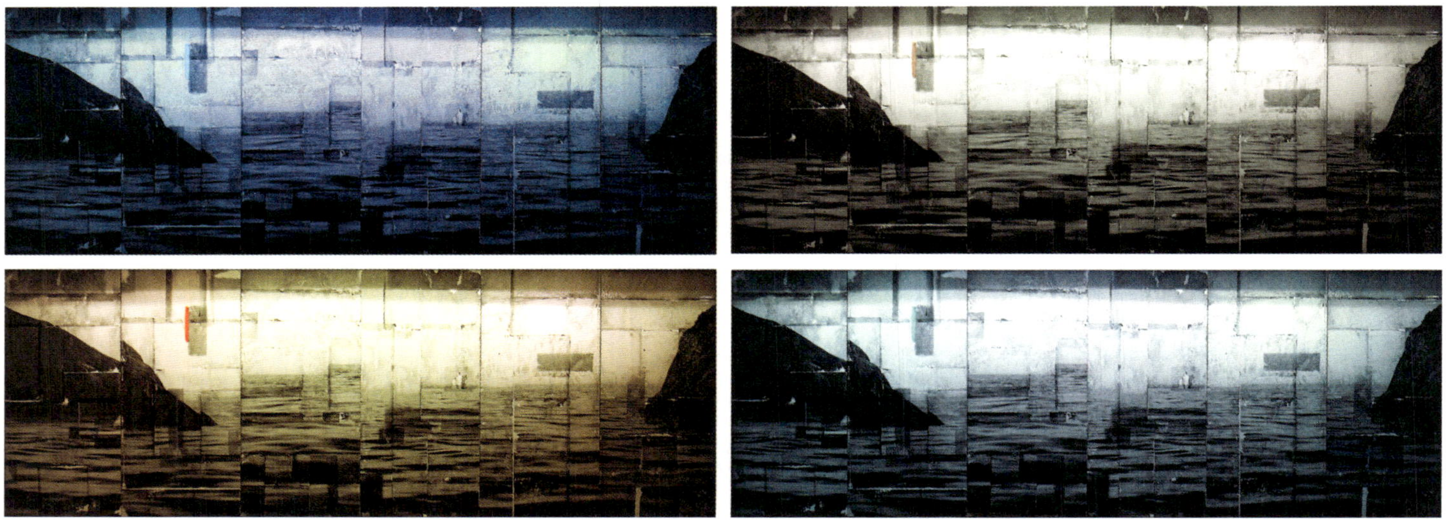

Split Sky (Atlantic Timeline)
Site-specific installation
Phototransfer on plexi 2 x 20 mm / LED light
Collection of Hotel Norge / Christianssand

This experimentation with the photographic medium was new to Fronth, and it opened radical possibilities of shaping photographs as sculptures and installations.

Fronth has collaborated with the renowned architectural firm Bentel & Bentel Architects in New York on various projects. In 2002 he made the commissioned work *To Be Alive Is Pure Luck* for the restaurant Craft at the MGM Grand Hotel in Las Vegas. The work is a collage consisting of 10 different pictures of 10 different subjects.

In 2008 a triptych entitled *Photosynthesis 8:31* was commissioned and delivered to the restaurant Rouge Tomate on Fifth Avenue in New York. This work is divided into three parts, which are divided into six parts each. The motif of the work is the crown of a great oak tree on the island of Flekkerøya seen from ground level. The young oak tree stretches its leaves against the sky, receiving the life-giving rays that left the sun 8 minutes and 31 seconds earlier. The technique is different from in the work *Split Sky/Approaching Storm*, where Fronth transferred parts of a photograph onto large Plexiglas surfaces. *Photosynthesis 8:31* was transferred onto large heat-treated glass surfaces via high-tech ultraviolet printing.

Photosynthesis 8:3 is a triptych-formed reference to early Christian art. An original triptych is divided into three panels that are connected with hinges so that the image can be function as an altarpiece in a church.

Each of the three panels in *8:31 Photosynthesis* is illuminated from behind, creating an illusion of being three enormous windows. Dividing the three main panels into six smaller parts reinforces the reference to the church windows.

Per Fronth often uses industrial techniques to create his works and has on several occasions worked with a technique by which he transfers the photographs onto steel plates. In connection with the 40th anniversary of the Kristiansand Zoo in

Fronth har samarbeidet med det anerkjente arkitektfirmaet Bentel & Bentel Architects i New York på ulike prosjekter. I 2002 lagde han bestillingsverket *To Be Alive is Pure Luck* for restauranten MGM Grand i Las Vegas. Verket er en collage bestående av 10 forskjellige billedflater sammensatt til en komposisjon av 10 forskjellige motiver.

I 2008 ble triptyket *Photosynthesis 8:31* bestilt og levert som hovedverk til restauranten Rouge Tomate på Fifth Avenue i New York. Dette arbeidet er delt opp i tre ulike deler som igjen er delt opp i seks deler hver. Motivet er likt på alle billedflatene: den store kronen til et eiketre på Flekkerøya sett fra bakkeplan. Den unge eika strekker seg med bladene mot himmelen og mottar de livgivende strålene som forlot solen åtte minutter og 31 sekunder tidligere. Teknikken er annerledes enn i *Split Sky / Approching Storm* hvor Fronth har overført deler av et fotografi til store pleksiglassflater. *Photosynthesis 8:31* ble produsert på store herdede glassflater via høyteknologisk UV-printing.

Fronths arbeide med triptyket som format, har klare referanser til tidlig kristen billedkunst. Et klassisk triptyk en en form for altertavle som består av tre paneler som er hengslet sammen og bemalt med religiøse motiver.

De tre panelene i *Photosynthesis 8:31* er belyst bakfra, og på den måten skapes en illusjon av tre enorme vinduer. Oppdelingen av de tre hovedpanelene i seks mindre deler forsterker referansen til kirkevinduer.

Per Fronth har også utviklet en teknikk hvor han overfører fotografi til stålplater. I forbindelse med 40-års jubileet til Dyreparken i Kristiansand i 2006, lagde han en todelt stålskulptur, et dobbeltportrett av en sjimpanse og Edvard Moseid, parkens leder fra 1967 til 1999. I august 2009 ble skulpturen *Is eo* – latin for «hun reiser», montert på Kimboto i Ny-Hellesund – en 75-års gave til Fronths nære venninne, globetrotteren Kim Knutsen.

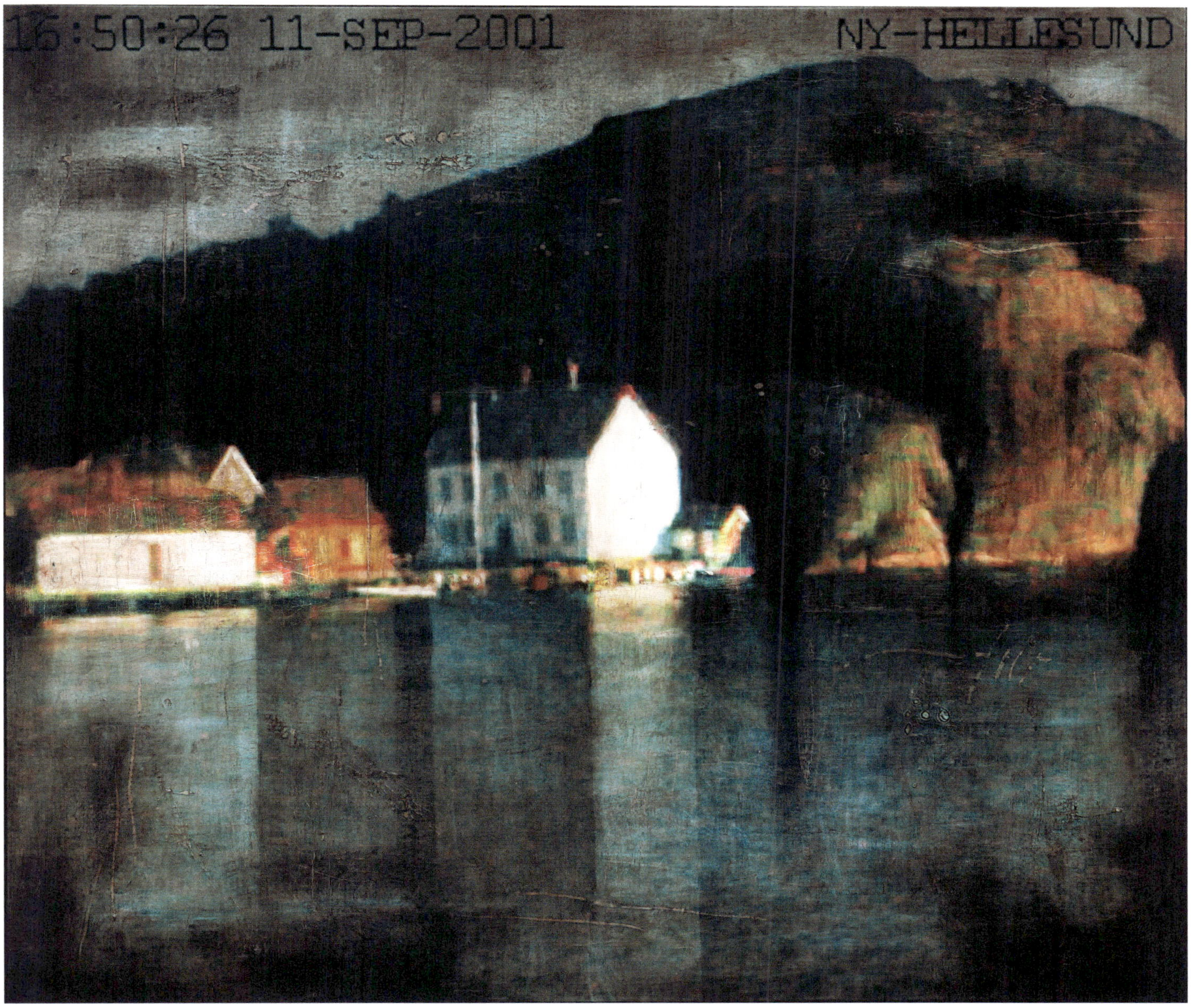

2006, Fronth made a two-part steel sculpture. The first part of the sculpture portrays the profile of a chimpanzee, while the other depicts the profile of the previous director of the zoo from 1967 to 1999, Edward Moseid. In August 2009 the sculpture "Is eo" – Latin for "she travels" – was mounted on Kimboto in Ny-Hellesund. The sculpture was a 75-year birthday gift for Fronth's close friend, the globetrotter Kim Knutsen.

Surveillance of the Sun – 11092001
Mixed Media / Oil on Canvas
40 x 50 cm / 16 x 20 in
Collection of Søgne og Greipstad Sparebank / Norway

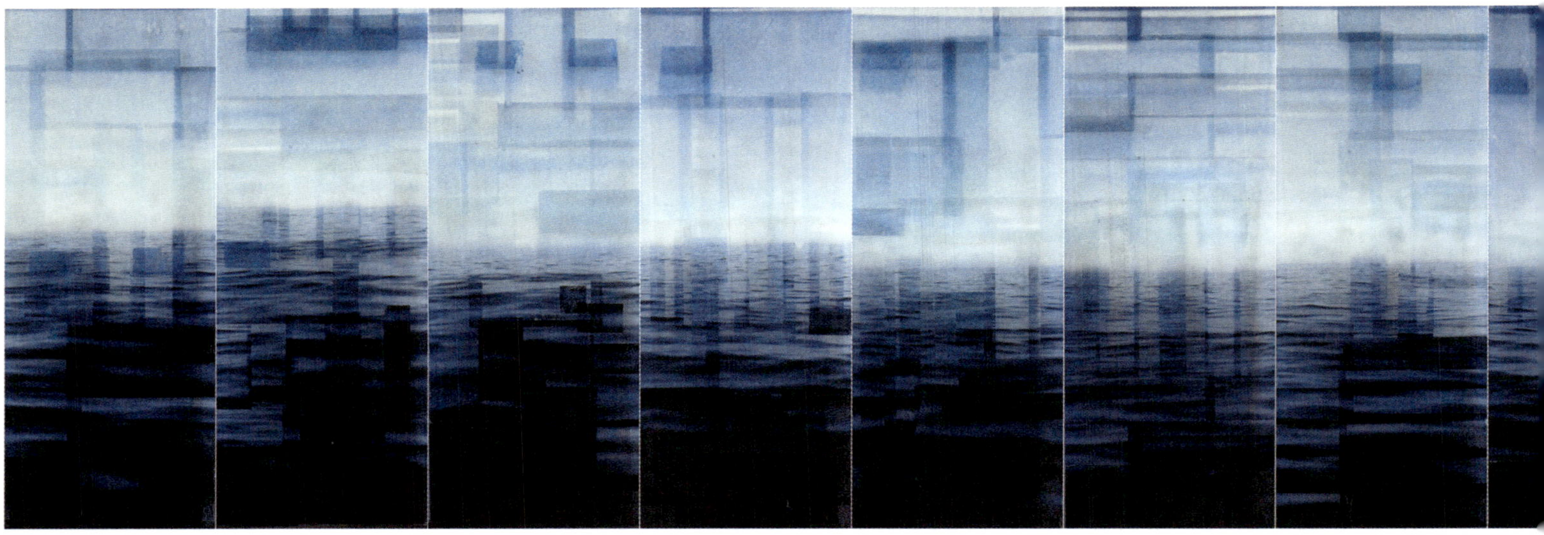

Split Sky / Approaching Storm (Atlantic Timeline)
Phototransfer on Plexi
Overall size: 152 x 900 cm / 60 x 345 in
15 double panels – each 150 x 60 cm / 60 x 24 in

Commissioned by Bentel & Bentel Architects, New York
for Cielo / Boca Raton Resorts 2007.

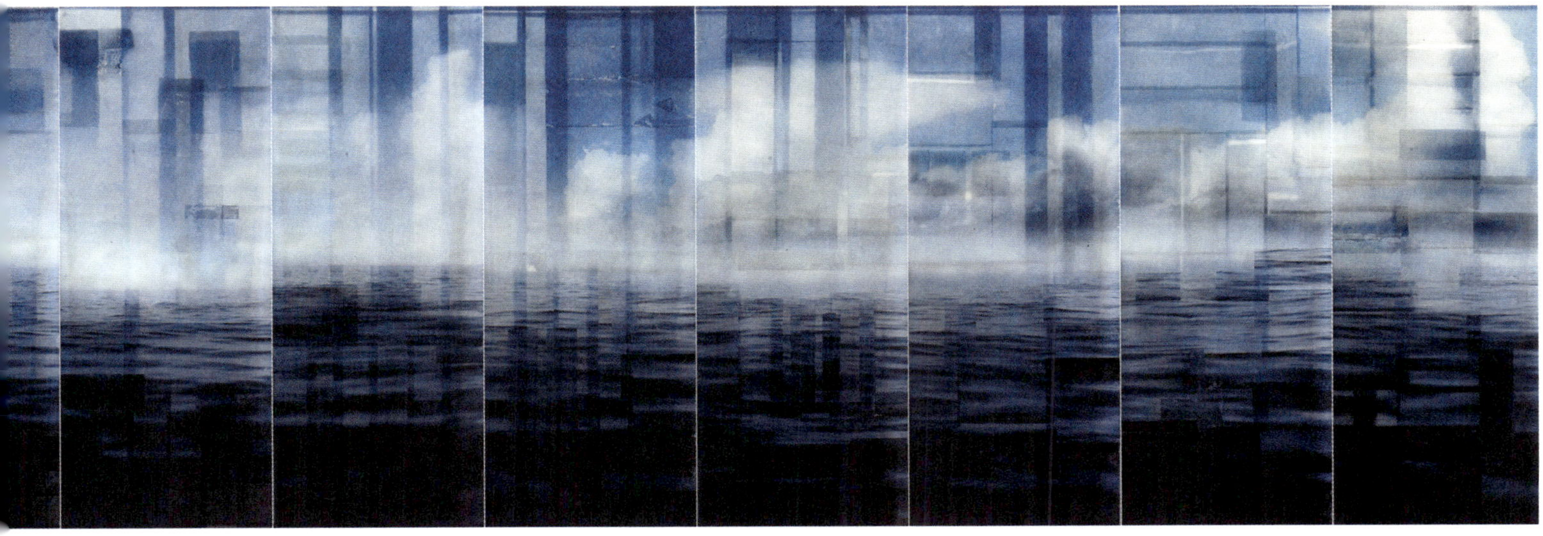

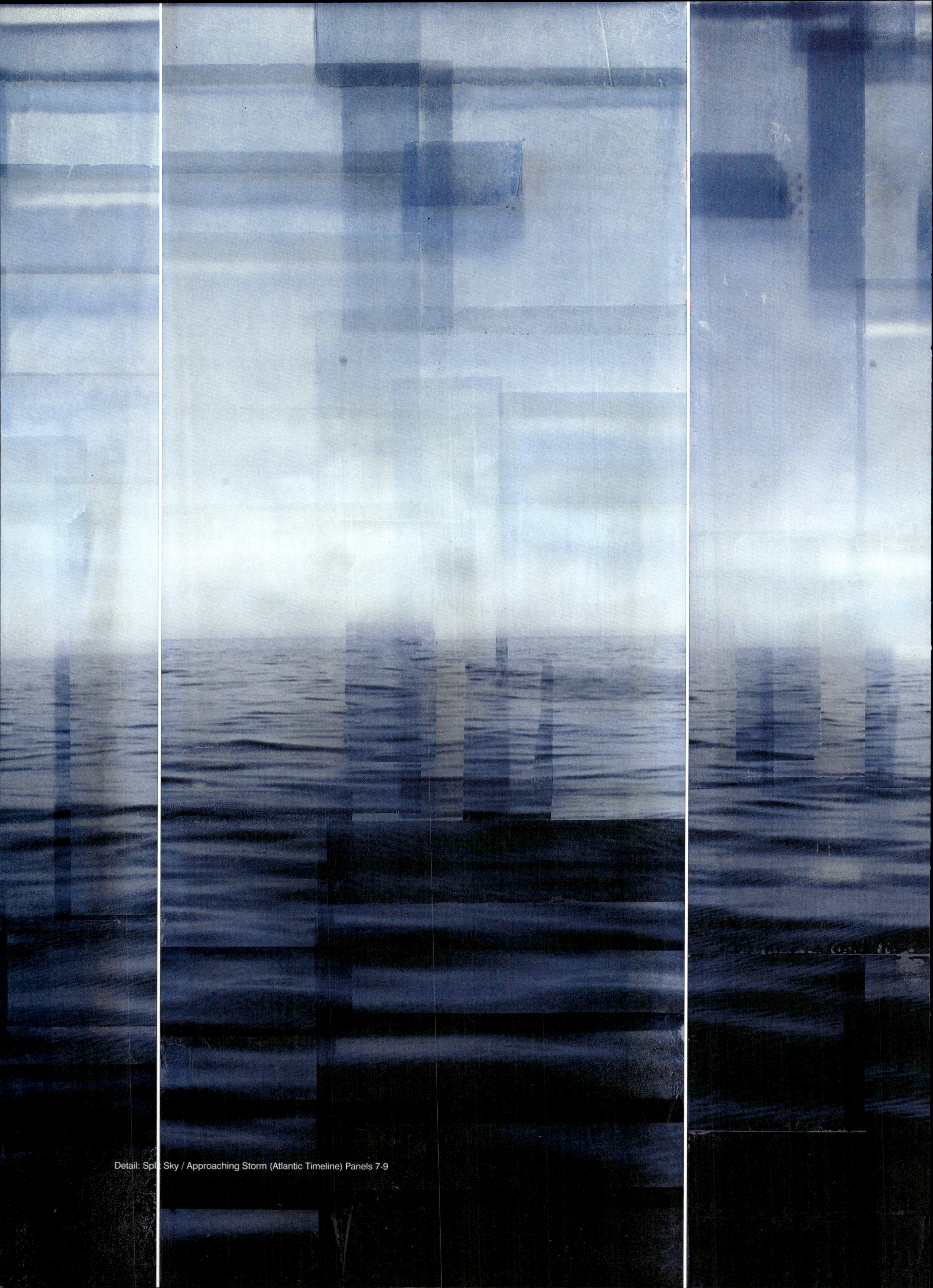

Detail: Split Sky / Approaching Storm (Atlantic Timeline) Panels 7-9

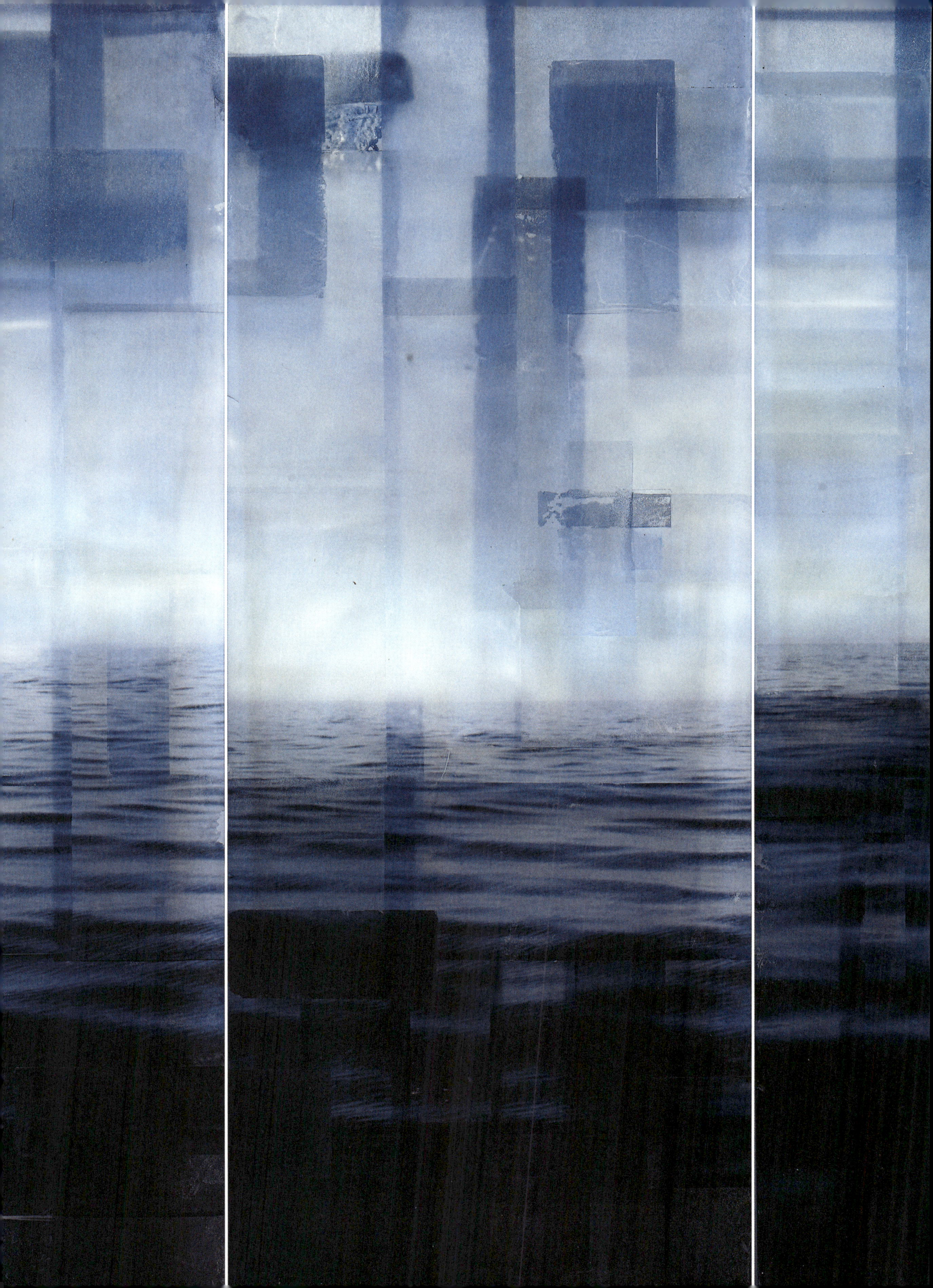

Per Fronth

Born November 24th, 1963 Christianssand, Norway
Photojournalist in Verdens Gang, Norway 1984–1993

www.perfronth.com

Solo Exhibitions

2009 Galleri Trafo
Aalesunds Kunstforening
2008 Dillon Gallery "Carbon Compositions"
Galleri Bi-Z "quattro"
2006 Dillon Gallery "new works"
Kunstgalleriet "in abundance"
Molde Kunstforening
2005 Ålesund Kunstforening " mms/metaphores"
2004 Galleri Bi-Z " / undertow"
2003 Kunstgalleriet "paradoxical sleep monologues"
Christian Dam Galleries "genome days"
"Independence Day" East-Timor, Sørlandets Kunstmuseum
2002 Dillon Gallery "Exit Christianssand"
2001 Galleri Bi-Z "Archipelago"
2000 Martha Schneider Gallery "cargo"
Galleri Christian Dam "Bloodlines"
Anderson Stewart Fine Art "Bloodlines"
1999 Dillon Gallery "lifedreams"
1998 "Xingu Chronicles" New York Golden Pencil Award,
Creative Director James Roven
Dillon Gallery " Xingu Chronicles"
Galleri Ericson "Xingu Chronicles"
1997 Galleri Bi-Z
1994 Bergen Kunstforening
Galleri Bi-Z
1993 Meisner Soho Gallery
1990 Tvedestrand Kunstforening

Public Collections

Museum of Modern Art, Wakayama
Bibliotèque Nationale de France
US Library of Congress
Sørlandets Kunstmusem
Museum of Setesdal
MGM Grand Hotel
Rouge Tomate Fifth Ave New York LLC
Boca Raton Resorts
Meringoff Properties
North Atlantic Strategic Alliance (NATO)
Ekebergrestauranten
Farsund Rådhus
Assuranceforeningen Gard, Arendal
Akershus Energi
Akershus Fylkeskommune
Fusion Group of Companies, Weston
Royal Norwegian Consulate General
The Cruiseships: "The World of Recidency" and "Navigator"
The Printmaking Workshop
Eiendomsspar – Victoria Eiendom
Front Restaurant, Aker Brygge
Choice Hotels
NRK Norsk Rikskringkasting
Sparebanken Pluss
Scandinavian Retail Group
Ventelo
N&T Leo Burnett
Norsk Plateproduksjon

Private Collections (selected)

Frm. US Vice President Hon. Al Gore
Meisner Collection
Sting & Trudie Styler
Lawrence Konner
Benjamin Macklowe
Peri Gilpin & Christian Vincent
Christina & Hubertus / Germany
Mrs. & Mr. Nix
Mrs. & Mr. Peter Jebsen
Paul Greenhalgh
Kristin and Andy Jacob
David Passerman
Yasmeen Ghauri
Lauren & Paul Savoy
Augusta Brown & Gill Holland jr.
Mrs. & Mr. Nathan Kanofsky
Daniel Franck
Ola Mæhle
Odd Nerdrum
Marius Jørgensen
Nicolette & Hans Herman Horn
Steve Meringoff
Mona & Thore Berthelsen
Camilla & Bjarne Samuelsen
Hildur & Erik Berge
Mark & Gretchen Zyndorf
Sandeep Bhammer
Ragnhild Hald & Jon Bjørgum

Selected Group Shows / Projects / Filmfestivals

2008 Rebecca Kormind Gallery "Curious & Curioser"
2004 KellerGreene Gallery
Gobal Art Venue
2002 Bomuldsfabriken: 100 kunstnere fra Sørlandet
"40" Nupen/Opdahl/Widerberg/Furuholmen/Fronth
Tribecca Temporary : Fronth / O'Connell / Sanderson / Simonelli
2001 Berlin Film Festival – Official selection: "Ode to a Hunter"
Toronto Film Festival – Official selection: "Ode to a Hunter"
Sundance Film Festival – Official selection: "Ode to a Hunter"
Flordia Film Festival: "GoDIVA!"
Wright Gallery
2000 Woodstock Film Festival: "Ode to a Hunter"
Shorts International Film Festival: "Ode to a Hunter" "GoDIVA!"
Martha Schneider Gallery
1999 Green Art Gallery "3"
Clink Wharf Gallery "Works on Paper + "
Bloomingdales Windows display / Trudie Styler /
Rainforest Foundation International
1997 The John McEnroe Gallery "An Invasion of Privacy"
1996 ROOM "Fourteen Days – A Salon"
"Aamlid-skjoldet" donated to Setesdalsmuseet
1995 Kodak Panther Generation Exhibit Part II/London, Invited Artist
New York Academy of Art
1994 Kodak Panther Generation Exhibit Part I/Frankfurt, Invited Artist
Compuserve Artist Forum – inaugeral online exhibition
Art Fair Genth, Genth
Portraits by Artist

	Art Fair Miami
1993	CD-release: "Simens Sang" Fronth/Jakobsen/Svendsen
	Museum of Modern Art, Wakayama Wakayama
	Copenhagen Photoweek/ 93 Copenhagen "Invited Artist"
	Fronth / Nupen / Furuholmen, Galleri Bi-Z Christianssand
	Artist Equity, 7th Regiment Armory
1992	Copenhagen Photoweek / 92 Copenhagen "Invited Artist"
	The Printmaking Workshop
	CB 313 Gallery "Working Papers"
	Quart Rock Festival Christianssand "Official Festival Artist"
	Fotografisk Vårutstilling
	Meisner Soho Gallery "A Limited Wilderness"
1991	Høstutstillingen Oslo, Debut at the Annual National Exhibition
	CB 313 Gallery "Art for Music's Sake"
	OIS Salon Show
1989	Galleri Kick, Christianssand

Commissions

2008	Rouge Tomate Fifth Ave New York LLC
	TV-aksjonen NRK – Official Artist
2007	Hotel Norge
	+bank
2006	Boca Raton Resorts
2005	Ekebergrestauranten
	Restaurant Front / Aker Brygge
2004	Ventelo ASA
2002	MGM Grand Hotel
	Meringoff Properties
	Navigator of the Seas – Cruiceship
	Recidency of the World – Cruiceship
2001	Eiendomsspar Norway
1999	Hotel Norge, Christianssand
	TV2
1997	Bico Company, Christianssand
1995	Assuranceforeningen Gard, Arendal
1991	N&T Leo Burnett, Oslo

Awards

2008	GANA Awards 2007 Glass Association of North America. Winner
	Bentel & Bentel Architects, New York, Cohen & Sons,
	Pennsylvania, Per Fronth, Norway,
	Boca Raton Resorts, Florida.
	Commisioned main artwork for Cielo Restaurant
2000	Shorts International Film Festival
	– Best Film – Experimental category: "GoDIVA!"
	PDN Digital Contest
	– Grand Prize: "Ode to a Hunter"
	from the Duke of Beauforts Foxhunt – 6 min. shortfilm
1997	Norwegian Photojournalist Association
	– Picture of the Year "Xingu Chief "
1993	Norwegian Fund for Photographers
1987	Amnesty International Award
	– For work on Iranian Refugees in Turkey

2009	Nobel Artist 2009
	Commissioned to make the Nobel Peace Prize Diploma artwork
2006	Master Thesis on Per Fronth's Photography
	By Kari Hellesøy, Bergen University / Norway

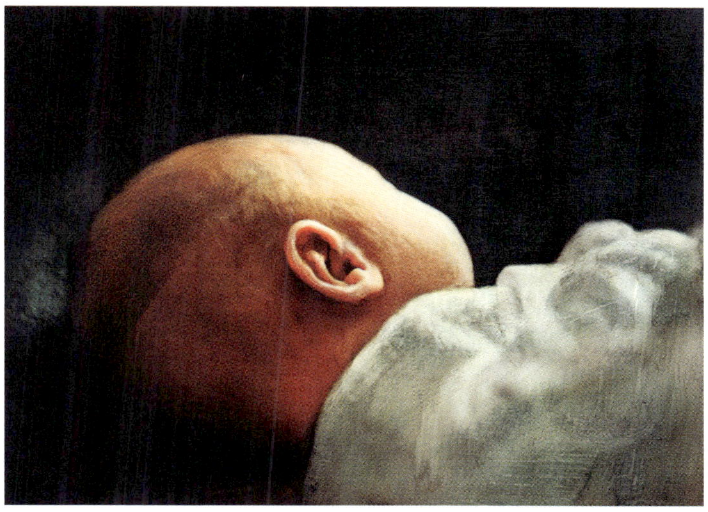

Grace (Aya Augustine / Day 14) 2007
Mixed Media / Oil on Canvas
40 x 55 cm / 16 x 22 in

Per Fronth

All texts translated by Cecilie Tyri Holt
Design: Henrik Haugan, Oslo Norway
Repro: Fälth & Hässler

Printed on Scandia 2000 150 g
at Fälth & Hässler, Värnamo, Sweden, www.foh.se

ISBN: 978-82-7547-364-4

Press Publishing, Kongens gt. 2, 0153 Oslo, Norway

www.forlagetpress.no

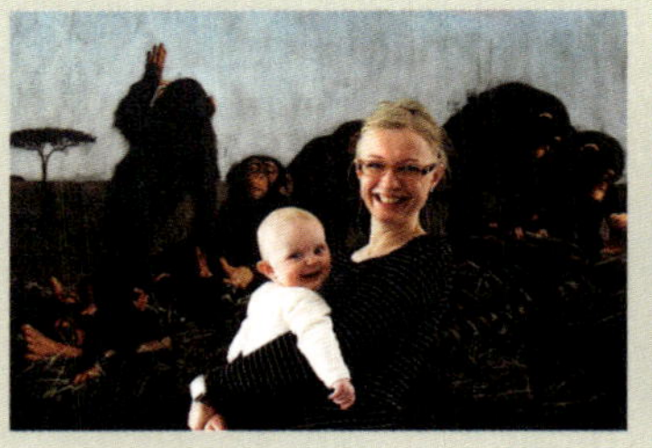
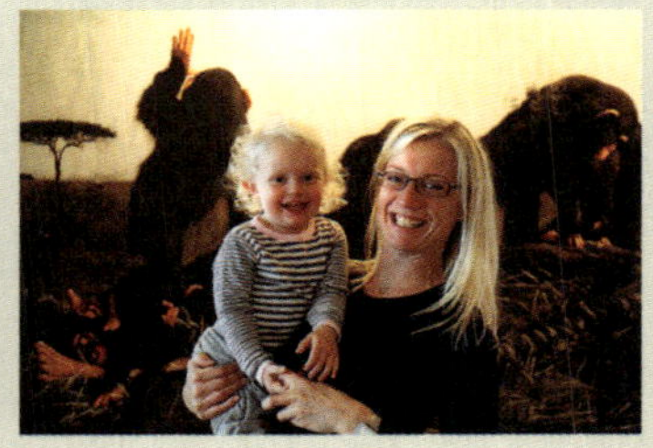

Special thanks to: / Hjertelig takk til:

Eldbjørg & Aya Augustine
For your endless love and support
For deres endeløse kjærlighet og støtte

Mamma & Pappa:
Anne-Lise Fronth Nygaard & Sigurd Nygaard (1921 - 2006)

Cecilie Tyri Holt / John August Wood / Henrik Haugan / Håkon Harket
Erik Poppe / Sigmund S. Bakken / Janicke Jebsen Vinje
Steinar Jakobsen / Christian Vincent / Gill Holland Jr. / James Roven / Fabiana Lutti
Eva & Bernt Bisseth / Valerie Dillon
Arild Jakobsen / Kjell Nupen / Mimi Kirk / Kim Knutsen
Verdens Gang / National Oilwell Varco
Lars Løvold / Elisabeth Forseth
Annabel Emson / Katie Howard / Lady & Lord Suffolk
Ole Asbjørn Fauske / Erling Bø / Knut Grandhagen / Kjetil Eide / Harald Hende

www.perfronth.com
Assistant to Per Fronth: Morten Pevik